L'OFFICE DU JUGE CONSTITUTIONNEL EN AFRIQUE SUBSAHARIENNE

Collection « Études africaines »
dirigée par Denis Pryen et son équipe

Forte de plus de mille titres publiés à ce jour, la collection « Études africaines » fait peau neuve. Elle présentera toujours les essais généraux qui ont fait son succès, mais se déclinera désormais également par séries thématiques : droit, économie, politique, sociologie, etc.

Dernières parutions

Jeanne HEURTAULT, *L'exode de jeunes sénégalais vers l'Europe, Une ethnographie en Casamance*, 2024.

Sylvain SHOMBA KINYAMBA, *Critique de l'université congolaise par l'université. Reculade scientifique et marchandisation des patrimoines*, 2024.

Babou DIENE, Modou Fatah THIAM et Mamadou Hady BA (dir.), *La littérature africaine à l'épreuve des récits de filiation. L'autofiction et le récit transpersonnel*, 2024.

Mamane HALIDOU, *Un pouvoir traditionnel à l'épreuve de l'histoire au Niger (1849-2017). La Sarauta Samna Karhe de Tibiri dans le Dallol Mawri*, 2024.

Joseph Pascal MBAHA, Armand LEKA ESSOMBA, Paul TCHAWA (dir.) *Territoires, pluralisme identitaire et coexistence communautaire en Afrique. Dynamique de conflits et imaginaires de l'espace*, 2023.

Jean-Pierre NZEZA KABU ZEX-KONGO, *Le Congolais, pire ennemi du Congo. Comment l'ancien Congo belge est-il devenu si pauvre ?* 2023.

Nouhoum DABITAO, *Géopolitique des rébellions touareg au Mali. (1960-2015)*, 2023.

Moriba TOUNKARA, *Cartographie des risques dans les institutions de microfinance de l'espace UMOA, Une contribution du professionnel comptable*, 2023.

Balla CISSÉ, *Le durcissement du régime de transition au Mali*, 2023.

Téphy-Lewis EDZODZOMO NKOUMOU

L'OFFICE DU JUGE CONSTITUTIONNEL EN AFRIQUE SUBSAHARIENNE

Étude comparative à partir des exemples béninois, gabonais et malgache

Préface de Jérôme GERMAIN

L'Harmattan

5-7, rue de l'Ecole-Polytechnique, 75005 Paris
http://www.editions-harmattan.fr
978-2-14-035437-3
9782140354373

SOMMAIRE

Une table des matières détaillées figure à la fin de l'ouvrage

REMERCIEMENTS

Je tiens tout d'abord à exprimer ma profonde gratitude à Monsieur Jérôme GERMAIN dont le soutien en qualité de directeur de thèse m'a permis d'aller au bout de ce travail. C'est grâce à sa confiance, sa disponibilité et ses nombreux conseils que cette recherche est allée à son terme. Mes remerciements s'adressent ensuite à Madame la professeure Isabelle BOUCOBZA, Monsieur le professeur Alexis ESSONO OVONO, Monsieur le professeur Xavier PHILIPPE, Madame la professeure Caterina SEVERINO et Monsieur le professeur Guillaume TUSSEAU qui m'ont fait l'honneur de lire et de juger cette thèse en acceptant de participer au jury de soutenance.

Mes pensées vont en outre à l'endroit de Léna IKOUBOU, Adèle MBA, Bourges MBA, Christian NTOUTOUME, Andrée MADINDA, Flore NTSATSIESSE, Grâce NZAMBA et Paul VERMA VERMA pour leur soutien incommensurable durant ces années de thèse.

Qu'il me soit encore permis de remercier mes compagnons et collègues ayant contribué à la finalisation de cette thèse par leurs conseils, encouragements, relectures et présence quotidienne : Flora ATCHO, Donatien EKOGHA, Héritage HEYEGHE, Yves Alain KOUMBA, Placide LASMOTHEY, Coeurbie MANGA, Prince MENGUE, Léandre MVÉ ELLA, Fiona MVOMAH, Arnold Noe NDONO NDONGO, Apollinaire NGOUA, Joëlle Gretha NKOUGHA, Darlin NGUEMA, Carlos ODJAGA, Vahatra RASAMOELY, Rodney NGAMILOLO, Bassirou OUSMANE.

Enfin, merci à ma famille au sens large du terme et particulièrement à mes frères et sœurs : Manuela, Ismaël, Christelle, Hilda, Elvis et Dufy pour leur soutient tant moral que matériel. Une pensée spéciale à Mélissa, Alissia, Scotty, Carine, Mirna ZANG et Audrey.

À la mémoire de la femme à qui je dois tout (éducation, amour pour la recherche et l'enseignement, passion pour l'écriture), ma mère, ***Madeleine BIKIÉ EBANG.***

PRÉFACE

Il en est des doctorants que l'on accompagne comme des professeurs qui vous forment. Certains vous laissent une trace plus indélébile que d'autres. M. Edzodzomo et sa thèse sur l'office du juge constitutionnel africain dans les pays francophones subsahariens en font indubitablement partie.

Jeune diplômé en droit de l'Université Omar Bongo de Libreville, M. Edzodzomo a été doté d'une prestigieuse bourse de recherche attribuée par le gouvernement gabonais afin de lui permettre de mener à bien son doctorat. Ces bourses du gouvernement gabonais (BGG) doivent être louées en ce sens qu'elles aident chaque année de nombreux scientifiques gabonais à compléter leur formation par une expérience internationale et une thèse à l'étranger. Depuis la rencontre réussie avec M. Edzodzomo, notre École doctorale s'efforce d'ailleurs de développer ce type de collaborations éminemment porteuses pour les universitaires et futurs universitaires de nos deux pays.

Pendant l'été 2017, M. Edzodzomo m'a contacté pour des motifs qui ne pouvaient me laisser indifférent. Mon modeste article sur les objectifs constitutionnels et leur utilisation par le juge constitutionnel allemand (J. Germain, « L'objectif de protection de l'environnement dans la Constitution allemande », *Pouvoirs*, 2005) l'avait inspiré pendant son mémoire de Master consacré à la technique des réserves d'interprétation dans la jurisprudence béninoise et gabonaise. Cette publication lui aurait montré à la fois l'ignorance dans laquelle les spécialistes de chaque ordre juridique baignent le plus souvent et l'urgence à consacrer plus d'efforts scientifiques au droit comparé. Probablement avait-il exagéré pour convaincre et trouver un directeur de thèse ? Son brillant plaidoyer m'a tout de même montré la finesse intellectuelle et la culture juridique de l'impétrant.

M. Edzodzomo est arrivé du Gabon en Lorraine début janvier en raison de tracas administratifs aussi fréquents qu'inutiles, donc en cours d'année, lorsque les autres doctorants ont déjà fait connaissance et formé des groupes de travail. Je craignais que l'isolement et le temps d'adaptation ne fassent perdre au doctorant un temps précieux. Sa bourse en effet prenait fin au bout de quatre ans et comme tous les universitaires, j'ai en mémoire le gâchis douloureux pour tout ce que représentent des thèses prometteuses abandonnées en cours de route en raison de l'interruption du financement. La dureté du système sert ici moins l'intérêt général bien compris que la production de jeunes diplômés amers et désillusionnés.

Heureusement pour notre Université, M. Edzodzomo a montré qu'il lui en fallait plus pour le désarçonner. Dès son arrivée en France, il s'est astreint à un impressionnant rythme de travail. Avec discipline, il s'est consacré pleinement à ses lectures et sa thèse. Dès les premières semaines, il m'a montré des plans, toujours très rigoureux et prouvant l'étendue de sa documentation. Allait-il tenir la distance, me demandais-je à cette époque ? Oui, parce que son ardeur au travail s'accompagnait d'une méthode de travail réfléchie. Soucieux de son équilibre, M. Edzodzomo a su en outre s'intégrer dans une équipe de football locale, devenant un de leurs défenseurs vedettes pendant plusieurs saisons. Au-delà de sa force de travail, ce que j'ai pu apprécier chez ce doctorant a en effet été son sens de la méthode. Par exemple, il a su organiser une équipe de collègues avec lesquels il travaillait tous les jours à la Bibliothèque universitaire, dans une salle réservée à ce groupe. Ce système a l'avantage d'obliger le doctorant à se structurer et à travailler de façon intense. Par ailleurs, entouré par des spécialistes de domaines proches du sien, il peut au fil du temps échanger avec d'autres doctorants de façon fort informelle sur les différents problèmes juridiques (ou autres) qu'il rencontre au cours de sa réflexion et de ses recherches. Être entouré est aussi sûrement un atout pour combattre la mélancolie et le doute. Ce sont malheureusement des phases inévitables lors de la rédaction d'un livre comme d'une thèse. Il faut savoir les prévenir, par exemple en évitant la solitude. Donc, bravo à M. Edzodzomo pour sa discipline et sa méthode !

Qu'apporte scientifiquement la thèse de M. Edzodzomo ? Beaucoup assurément, d'où les nombreuses interrogations et critiques qu'elle soulève en même temps. Beaucoup sur la justice constitutionnelle en Afrique francophone et sur ce que ses évolutions nous apprennent sur elle et sur nous. Mais rapidement on rencontre les mêmes limites et dérives communes à tous les systèmes de justice constitutionnelle et qui nous invitent à repenser le paradigme de la démocratie constitutionnelle.

Tout d'abord, l'étude de l'office du juge constitutionnel africain l'a amené à analyser longuement le droit processuel applicable devant les Cours constitutionnelles africaines. Disons-le d'emblée, le caractère artisanal et superficiel du droit processuel suivi devant le Conseil constitutionnel français en ressort immédiatement. Comme le montre le jeune docteur, le droit processuel est la garantie d'une bonne justice constitutionnelle et la France devrait prendre cette question plus au sérieux.

Ensuite, la réduction du nombre de pays étudiés au cours de la thèse montre que la justice constitutionnelle n'est pas encore un acquis définitif dans certaines régions du continent africain. Au cours de sa réflexion, l'auteur a d'ailleurs dû de plus en plus recourir à des références, à des systèmes ni africain, ni français pour approfondir son analyse. L'Allemagne et les USA demeurent des exemples dominants.

Enfin, la thèse illustre une fois de plus que dans les systèmes de justice constitutionnelle concentrée (dits kelsénien ou européen), la juridiction constitutionnelle se voit attribuer des fonctions juridictionnelles non constitutionnelles et des fonctions non juridictionnelles, notamment en matière de contentieux administratif, ce qui est inconnu en France et fait signe en direction du modèle américain de la Cour suprême où le juge constitutionnel n'est pas une juridiction spéciale mais un juge de cassation général (pour le dire rapidement). Si, par ailleurs, les fonctions non juridictionnelles ont été savamment analysées par l'auteur, l'auteur ne fait pas nécessairement de rapprochement, dans ce cadre, entre la Cour constitutionnelle et une Autorité administrative indépendante.

Donc, des apports marquants et précisément documentés par des recherches très précises et particulièrement exhaustives. Mais en même temps, le balisage de bornes et de risques déjà connus et propres au contrôle de constitutionnalité partout dans le monde, ce qui devrait pousser à penser autrement et sur un mode moins idéalisé les juridictions constitutionnelles.

D'une part, M. Edzodzomo note que le juge constitutionnel possède un grand pouvoir. Si sa présence parmi les institutions démocratiques est aujourd'hui considérée comme nécessaire dans une démocratie, il n'en demeure pas moins que sa jurisprudence n'est jamais neutre. Il est aussi législateur. En interprétant la loi, il la réécrit. Comment peut-il être à la fois garant de la démocratie et usurpateur du pouvoir législatif du Parlement démocratiquement élu ? Comment concilier cette contradiction ?

On connaît la réponse du Doyen Vedel, prolongeant celle de Kelsen. Le contrôle de constitutionnalité demeure malgré les apparences et les jurisprudences constructives du Conseil constitutionnel un contrôle de procédure. Autrement dit, il se borne à constater que le Parlement a utilisé la mauvaise procédure. Au lieu d'une loi, il aurait dû réviser la Constitution. En matière de révision constitutionnelle s'exprime le souverain et là nul contrôle de constitutionnalité n'est en principe possible. La juridiction constitutionnelle en tant que pouvoir constitué est soumise au pouvoir constituant.

Soit. Mais dans certains pays étudiés, le pouvoir constituant est lui-même placé sous le contrôle du juge constitutionnel. La révision constitutionnelle fait l'objet d'un contrôle du juge constitutionnel. Outre le Législateur, le souverain se trouve alors dépossédé de son pouvoir. En toute rigueur, la Cour constitutionnelle devient souveraine ou co-souveraine à la place ou à côté du souverain officiel (le peuple le plus souvent).

Force est de reconnaître que la plupart du temps les Cours constitutionnelles africaines francophones ont protégé la démocratie naissante de pratiques politiques encore moins démocratiques. Entre une classe politique parfois violente et souvent défaillante, d'un côté, et, d'un autre côté, des juges sages et intègres, chacun sait tout de suite où va sa préférence. Toutefois, ce n'est pas démocratique. On peut louer cet équilibre au service de la transition démocratique (du moins on l'espère) entre les élus de citoyens désillusionnés et abstentionnistes et des juges constitutionnels certes bien intentionnés mais sans légitimité démocratique. D'un point de vue scientifique, il faudrait trouver un nom et systématiser un tel régime sans oublier de comparer leurs destinées. C'est le premier changement de paradigme qui aurait pu être fait. Lorsque la Cour constitutionnelle a procéduralement le dernier mot (elle contrôle la révision constitutionnelle ou bien celle-ci est rendue quasi-impossible par sa complexité), la souveraineté n'est pas réellement démocratique.

Second changement de paradigme. Même lorsque la Cour constitutionnelle est soumise à une intervention éventuelle du pouvoir constituant susceptible de casser sa décision, est-ce vraiment le souverain démocratique qui s'exprime ? D'une part, si l'initiative de la révision appartient à des organes élus, il n'est pas évident que la révision aura lieu même si l'électorat la souhaite. D'autre part, dans la plupart des démocraties, la révision constitutionnelle s'opère exceptionnellement par referendum (ou RIC) mais par un vote renforcé du Parlement élu. Là encore, ce n'est pas la souveraineté active du peuple qui s'exprime. Une révision contraire à la volonté des électeurs pourrait même avoir lieu si une majorité parlementaire qualifiée suffit.

Je sais. Tout cela serait difficile à mettre en place en Afrique actuellement et on peut se féliciter des progrès réalisés dans certains pays en matière de liberté ces dernières années. M. Edzodzomo m'a bien fait comprendre que je parlais pour la France et que la notion de démocratie est imprégnée par les cultures politiques de chaque nation. Encore une fois la nécessité de l'approche comparée et de la remise des systèmes dans leur contexte... C'est donc une grande thèse à coup sûr que nous a livré M. Edzodzomo. Les belles discussions entre constitutionnalistes et politistes qu'elle suscite en est le lot et la preuve. Merci M. Edzodzomo pour nos échanges et votre exemplarité. Je vous souhaite la belle carrière universitaire que vous méritez.

Jérôme GERMAIN
Maître de conférences HDR en droit public
Faculté de droit de Metz IRENEE (UR 7303)

PRINCIPALES ABRÉVIATIONS

ABJC	*Annuaire béninois de justice constitutionnelle*
Afrilex	*Revue d'étude et de recherche sur le droit et l'administration dans les pays d'Afrique*
AIJC	*Annuaire international de justice constitutionnelle*
al.	*alinéa*
APD	*Archives de philosophie du droit*
art.	*article(s)*
CACS	*Chambre administrative de la Cour suprême (au Gabon)*
CADHP	*Cour africaine des droits de l'homme et des peuples — Charte africaine des droits de l'homme et des peuples*
CB	*Constitution béninoise*
CE	*Conseil d'État*
CEDEAO	*Communauté économique des États de l'Afrique de l'Ouest*
CEDH	*Cour européenne des droits de l'homme et des peuples — Convention européenne des droits de l'homme*
CES	*Conseil Economique et social CG Constitution gabonaise*
CJCA	*Conférence des Juridictions Constitutionnelles Africaines*
CM	*Constitution malgache*
Cons. Const.	*Conseil constitutionnel français*
dir.	*Sous la direction de*
Droits	*Revue française de théorie juridique puis Droits — Revue française de théorie, de philosophie et de culture juridique*
Ed.	*édition(s)*
EI	*Exception d'inconstitutionnalité*
et al.	*Et alius ou alii (et autres)*
HAAC	*Haute Autorité de l'Audiovisuel et de la Communication*
HCDDED	*Haut Conseil pour la Défense de la Démocratie et de l'Etat de Droit*
Ibid.	*Même auteur cité immédiatement avant*

Ibidem.	*Référence mentionnée dans deux notes de bas de pages consécutives*
Jus politicum	*Jus politicum — Revue de droit politique*
LGDJ	*Librairie générale de droit et de jurisprudence*
LPA	*Les petites affiches*
n°	*numéro*
Op. cit.	*opus citatum (ouvrage, arrêt, jugement ou décision déjà cité)*
p.	*page(s)*
pp.	*plage de numéros de pages*
Pouvoirs	*Pouvoirs — Revue française d'études constitutionnelles et politiques*
Préc.	*Précité.*
PUAM	*Presses universitaires d'Aix-Marseilles*
PUF	*Presses universitaires de France*
PUG	*Presses Universitaires de Grenoble*
PUN	*Presses universitaires de Nancy*
QPC	*Question prioritaire de constitutionnalité*
RDP	*Revue du droit public et de la science politique en France et à l'étranger*
RFDC	*Revue française de droit constitutionnel*
RFSP	*Revue française de science politique*
RIDC	*Revue international de droit comparé*
RQDI	*Revue québécoise de droit international*
S.	*Suivant(e)s*
t.	*tome(s)*
TA	*Tribunal administratif (de Libreville)*
TIDC	*Traité international de droit constitutionnel*
trad.	*fr. Traduction française*
TRI	*Théorie réaliste de l'interprétation*
TPD	*Théorie pure du droit*
V.	*Voir 2*
Vol.	*Volume(s)*

INTRODUCTION GÉNÉRALE

> « Personne ne niera que la fonction de juger connaît aujourd'hui de très profondes mutations qui se répercutent autant sur le statut du juge, que sur la méthode qu'il met en œuvre ou la procédure qu'il suit, de sorte qu'il devient urgent de poser la question : "quelle jurisprudence, pour quelle société ?" ».
>
> François OST.

1. Au lendemain des indépendances en Afrique subsaharienne dans la décennie 1960, à l'exception du Botswana et de l'île Maurice[1], presque tous les États étaient marqués par des régimes autoritaires et une ineffectivité du droit positif en raison de la prégnance du droit coutumier[2]. Dès 1980, la tendance semblait s'inverser du fait de l'émergence de la démocratie pluraliste[3]. Et, depuis les années 1990, ce souffle démocratique ne cesse de s'intensifier grâce à l'activisme d'un nouvel acteur[4] investi d'un office indéfectiblement lié à la garantie de l'État de droit[5], à la promotion du

1 VAN DE WALLE Nicolas, « Démocratisation en Afrique : un bilan critique », in : Mamoudou GAZIBO et al., *Le politique en Afrique*, Khartala, coll. « Hommes et sociétés », 2009, p. 135.

2 BOURGI Albert, « L'évolution du constitutionnalisme en Afrique : du formalisme à l'effectivité », *RFDC*, 2002/4, n°52, p. 722.

3 MOHAMED RAFSANDJANI Hassani, « La culture constitutionnelle dans les États d'Afrique francophone : le paradoxe du peuple constituant », *RFDC*, n°2020/3, n°123, pp. 613-629.

4 NGUELE ABADA Marcelin, *État de droit et démocratisation. Contribution à l'étude de l'évolution politique et constitutionnelle du Cameroun*, Thèse, Université Paris, I, 1995.

5 Par État de droit, on entendra le fait pour l'ensemble des citoyens et des pouvoirs publics d'être soumis au respect de la Constitution. Au sens formel, il implique la hiérarchie des normes. Au sens matériel, il désigne la protection des droits fondamentaux. Pour une synthèse sur cette notion, voir : CHEVALLIER Jacques, *l'État de droit*, 6e éd., Paris, LGDJ, 2017.

multipartisme[1], à la défense des droits et libertés fondamentaux[2], et donc au constitutionnalisme [3]: le juge constitutionnel[4].

2. L'ambition de la présente recherche est donc de révéler que le juge constitutionnel d'Afrique subsaharienne participe au raffermissement du constitutionnalisme dans cette région du globe en adoptant une double démarche. D'une part, il contribue à la garantie de la suprématie de la Constitution dans l'ordre juridique interne en standardisant son office, notamment par une mise en œuvre des principes, techniques et méthodes généralement partagés et reconnus[5]. D'autre part, il s'efforce d'assurer l'effectivité de la Constitution en singularisant son office, c'est-à-dire en faisant preuve d'originalité afin de s'adapter aux réalités africaines. Chemin faisant, nous conviendrons avec Jérôme GERMAIN que ce juge s'inscrit dans le processus d'apprentissage proclamé par Habermas parce qu'il transforme le droit constitutionnel en même temps qu'il se transforme lui-même[6].

3. Dès lors, nous avancerons que le juge constitutionnel d'Afrique subsaharienne exerce un office hybride car ses pouvoirs et devoirs oscillent entre tradition et modernité ; entre mimétisme et innovation, d'où l'intérêt de cette étude. Il convient préalablement de détailler cet intérêt **(I)**, ensuite de préciser l'objet **(II)** et le champ spatial de la présente recherche **(III)**, avant de voir comment elle sera structurée **(IV)**.

I. Intérêt de la recherche

4. L'intérêt de la recherche renvoie à son importance, aux raisons qui conduisent le chercheur à réfléchir sur un sujet déterminé. Cela étant, nous pensons qu'il est crucial d'étudier « l'office du juge constitutionnel en Afrique subsaharienne » pour trois grandes raisons. D'abord, ce juge et son office sont

1 Encore appelé démocratie pluraliste, le multipartisme désigne le fait pour un système politique d'être caractérisé par la coexistence de plusieurs partis politiques. On distingue généralement les partis politiques de la Majorité des partis politiques de l'Opposition.

2 L'expression « droits fondamentaux » s'entend habituellement comme l'ensemble des droits ayant une valeur constitutionnelle et conventionnelle. Cet aspect sera davantage examiné dans la première partie de cette étude, au niveau du titre II.

3 DUHAMEL Olivier et MÉNY Yves, *Dictionnaire constitutionnel*, 1re éd., Paris, PUF, 1992, p. 212.

4 MBORANTSUO Marie-Madeleine, *La contribution des Cours constitutionnelles à l'État de droit en Afrique*, Paris, Economica, 2007, pp. 1-11.

5 ROUSSEAU Dominique, « Préface », in : Mathieu DISANT et al., *Les standards constitutionnels mondiaux*, Bruxelles, Bruylant, 2018, p. 2.

6 GERMAIN Jérôme, « Vivre ensemble grâce au droit : le pouvoir communicationnel et la démocratie délibérative selon Habermas », in : Christophe BOURIAU et al., *Le vivre ensemble saisi par le droit*, Paris, Pedone, 2021, p. 110.

peu et/ou mal connus ; d'où la nécessité d'aller au-delà de ce constat en les vulgarisant (A). Puis, s'ils sont peu connus, c'est parce que la doctrine constitutionnaliste ne leur accorde qu'un infime intérêt à cause de l'ineffectivité « supposée » du constitutionnalisme en Afrique subsaharienne. Il convient alors de vérifier si ce présupposé est toujours d'actualité, trente ans après l'émergence du juge constitutionnel dans cet environnement[1] (B). Enfin, il est assez original de mener une telle étude en ce sens qu'aucune autre n'a encore été faite (C).

A. UN MANQUE À COMBLER : LE RELATIF INTÉRÊT DE LA DOCTRINE CONSTITUTIONNALISTE POUR L'OFFICE DES JUGES CONSTITUTIONNELS D'AFRIQUE SUBSAHARIENNE

5. En Afrique subsaharienne, la justice constitutionnelle est-elle un mythe ou une réalité ? La question mérite d'être posée tant la doctrine constitutionnaliste accorde très peu d'intérêt à l'activité des juridictions constitutionnelles appartenant à cette partie du globe. En guise d'exemple, nous relèverons l'absence de mobilisation d'experts de droit constitutionnel africain dans la liste des contributeurs du *traité international de droit constitutionnel* paru en France en 2012[2].

6. Le constat est d'autant plus alarmant que même dans les revues de droit constitutionnel comparé ou de droit constitutionnel interne mais de portée internationale, les travaux sur l'office des juges constitutionnels d'Afrique subsaharienne sont infimes. À titre d'illustration, dans *l'Annuaire International de Justice Constitutionnelle* (*AIJC*), seul l'office du juge constitutionnel sud-africain est souvent examiné sous la plume de Xavier PHILIPPE[3], alors que cette région compte quarante-huit (48) États[4]. De même, dans la *Revue du droit public* (en France), il n'y a à peu près que deux articles qui, chaque année, portent sur le droit constitutionnel africain, soit un total de

1 Dans les lignes qui vont suivre, nous verrons que c'est à partir de 1990 que les Cours constitutionnelles ont été instituées dans la plupart des pays en Afrique subsaharienne.

2 Dirigé par Michel TROPER et Dominique CHAGNOLLAUD, ce traité a surtout mobilisé l'attention de la doctrine constitutionnaliste occidentale, ce qui témoigne du relatif intérêt pour la justice constitutionnelle d'Afrique subsaharienne. V. TROPER Michel, CHAGNOLLAUD Dominique (dir.), *Traité international de droit constitutionnel* (tomes, 1, 2 et 3), Paris, Dalloz, 2012.

3 Une analyse de l'*Annuaire Internationale de Justice Constitutionnelle* (AIJC), par exemple, montre que de 1990 à 2019, Xavier Philippe a communiqué quatorze (14) fois sur l'état de la justice constitutionnelle sud-africaine.

4 Certes, dans cette revue de droit constitutionnel, une communication porte également sur la justice constitutionnelle malgache (v. *AIJC*, année 1992), une autre sur celle du Cameroun (v. *AIJC*, année 2003), une sur le Bénin (v. *AIJC*, année 2007), quelques-unes sur le Sénégal (v. *AIJC*, années : 1996 ; 2017 ; 2018 ; 2019) et d'autres d'envergure régionale (v. *AIJC*, années : 1997 et 2004), mais il n'en demeure pas moins que ces juges et leurs jurisprudences sont encore ignorés pour la doctrine constitutionnaliste, tant ils sont divers.

dix-huit (18) articles de 2011 à 2020[1]. La *Revue française de droit constitutionnel* n'est pas en reste car elle publie en moyenne un (1) ou deux (2) articles chaque année sur le droit constitutionnel africain. En dix ans, soit de 2010 à 2020, cette dernière revue n'a par exemple fait paraître que vingt-quatre (24) articles sur le droit africain[2].

7. Nous pensons que ces travaux sont insignifiants au regard du nombre de pays dont regorge l'Afrique subsaharienne (48 pays, comme nous l'avons précédemment indiqué). Et, quand bien même ils ont été des sources de première main pour cette étude en raison de leur qualité scientifique indéniable, il n'en demeure pas moins indispensable de les compléter par une recherche plus large. En effet, ce n'est pas en une dizaine ou vingtaine d'articles que l'on comprendrait le (ou les) système(s) de justice constitutionnelle d'une quarantaine d'États. Pour y arriver, il faudrait que la doctrine constitutionnaliste leur accorde davantage de l'intérêt. C'est ce que fait par exemple Guillaume TUSSEAU, dans la revue *Politeia* en 2018, lorsqu'il examine les évolutions récentes du droit constitutionnel gabonais en s'interrogeant sur son caractère autoritaire[3]. **L'intérêt de cette étude apparaît alors clairement : révéler, voire vulgariser le droit constitutionnel africain à partir d'un examen de l'office du juge constitutionnel. Il s'agit d'une ambition partagée par plusieurs autres chercheurs au cours de ces dernières décennies[4].** Comme le soutient Stéphane BOLLE, « [parce que] que toute Constitution est un "véritable miroir magique", celles d'Afrique méritent que l'aventure

1 En épluchant les sommaires des différents numéros de cette revue, depuis 2011, nous avons constaté que deux articles traitant du droit constitutionnel africain sont en moyenne publiés chaque année (Aucun article en 2011 ; 1 article en 2012, 2013, 2014 ; 2 articles en 2015, 2016 ; 2017 ; 4 articles en 2018, donc exception à la tradition, et 3 articles en 2019 et 2 articles en 2020).

2 Ce chiffre est pris à partir de l'analyse des différents sommaires de cette revue, de 2010 à 2020.

3 TUSSEAU Guillaume, « Constitutionnalisme autoritaire et créativité institutionnelle : remarques sur quelques évolutions récentes du droit constitutionnel gabonais », *Politeia*, n°34, 2018.

4 Depuis 1990, on note un effort de vulgarisation du droit constitutionnel africain par la doctrine. Sans prétendre à l'exhaustivité, on peut citer les travaux ci-après : SINDJOUN Luc, *Les grandes décisions de la justice constitutionnelle africaine. Droit constitutionnel jurisprudentiel et politiques constitutionnelles au prisme des systèmes politiques africains*, Bruxelles, Bruylant, 2009 ; BOLLE Stéphane, *Le nouveau régime constitutionnel du Bénin. Essai sur la construction d'une démocratie africaine par la Constitution*, Thèse de Doctorat en Droit, Université de Montpellier I, Montpellier, 1997 ; MBORANTSUO Marie-Madeleine, *La contribution des Cours constitutionnelles à l'État de droit en Afrique*, Paris, Economica, 2007 ; NZE-BITEGHE Jean-Christophe, *Le système gabonais de justice constitutionnelle : l'exemple de la Cour constitutionnelle*, Thèse de Doctorat, Toulouse 1, 2000, etc. Il convient de ne citer que ces quelques exemples car tout au long de nos développements, les références aux travaux sur la justice constitutionnelle africaine seront faites.

académique continue »[1]. La question reste cependant de savoir si cette ambition présente un intérêt scientifique.

B. Une interrogation à creuser : et si les juges constitutionnels d'Afrique subsaharienne participaient à la consolidation du constitutionnalisme ?

8. Il est possible de justifier le désintéressement de la doctrine constitutionnaliste pour la justice constitutionnelle africaine à partir d'un présupposé : cette région est marquée par une absence des constitutions « normatives » et une prégnance des constitutions « sémantiques » ou « nominales ». Selon Karl LOEWENSTEIN, la Constitution est dite normative dans les cas où « un ordre constitutionnel, une fois formellement accepté par la nation, possède non seulement la validité qu'assure la légalité mais encore la réalité que confère la mise en œuvre pleine et entière »[2]. Pour prendre une comparaison simple, on dira que la Constitution correspond à « un costume fait sur mesure et effectivement porté »[3]. Quant à la Constitution sémantique, elle concerne les cas où « la Constitution fonctionne et s'applique pleinement, mais à la seule fin de traduire les structures politiques existantes ». Ici, poursuit Karl LOEWENSTEIN, le costume n'en est plus un : « c'est un déguisement ou un simple masque »[4]. Enfin, une Constitution peut être qualifiée de nominale lorsqu'elle constitue « une simple déclaration de principes, une esquisse que l'on espère réaliser un jour ». L'auteur estime qu'on rencontre ce genre de constitutions « dans les pays où le constitutionnalisme occidental a été implanté dans des structures de type colonial [...] »[5], à l'instar des pays d'Afrique subsaharienne.

9. Cette déduction paraît plausible car, parfois, nombre de juridictions constitutionnelles africaines exercent leur office dans des situations de crise ou de sortie de crise et sont « ainsi sollicitées, plus ou moins volontairement et avec plus ou moins leur consentement, pour avaliser et consacrer une procédure irrégulière, un coup d'État, ou pour faciliter une sortie de crise dans un cadre juridique par définition incertain »[6]. Cela étant, une réflexion sur un tel constitutionnalisme paraît d'emblée peu crédible.

---

1 BOLLE Stéphane, « La Constitution en Afrique : pour le meilleur et pour le pire », in : *Mélanges en l'honneur de Dominique ROUSSEAU, Constitution, justice, démocratie*, Paris, LGDJ, 2020, p. 855.

2 LOEWENSTEIN Karl, « Réflexions sur la Valeur des Constitutions dans une Epoque Révolutionnaire. Esquisse d'une ontologie des Constitutions », *RFSP*, 1952, p. 20.

3 *Ibid.*

4 *Ibidem*, p. 21.

5 *Ibidem.*

6 DU BOIS DE GAUDUSSON Jean, « La justice en Afrique : nouveaux défis, nouveaux acteurs », *Afrique contemporaine*, 2014/2, n°250, p. 17. L'auteur prend pour exemple l'arrêt de la Cour électorale spéciale de Madagascar, du 3 mai 2013, déclarant valides des candidatures des principales parties prenantes au conflit politique ne remplissant pourtant pas exactement les

10. Pourtant, quand bien même le spectre d'un « constitutionnalisme autoritaire »[1] planerait sur les États de cette région, l'étude de leur droit constitutionnel nous paraît néanmoins incontournable pour des considérations à la fois juridiques et politiques. Sur le plan politique, nous admettrons avec Guillaume TUSSEAU qu'il serait gênant pour le constitutionnaliste de renoncer à l'étude du droit constitutionnel pratiqué dans une région aussi dense en population[2]. En effet, sur une population mondiale estimée à 7 milliards en 2017[3], l'Afrique subsaharienne, à elle seule, compte, depuis 2020, plus d'1,1 milliard d'habitants[4]. Il serait alors intéressant de voir comment le constitutionnalisme est appliqué dans cette région du monde. De plus, quand bien même un constitutionnalisme de façade régnerait dans ces pays, il importe de l'analyser non pas nécessairement pour le légitimer, mais pour attirer l'attention du pouvoir politique et des citoyens sur les travers possibles des usages du droit[5]. Les récentes études sur l'évolution du droit constitutionnel obéissent d'ailleurs à cette logique, d'où l'intérêt juridique de la présente recherche.

11. Sur le plan de la science du droit, en effet, des concepts comme « la démocratie illibérale », compris comme l'hypothèse où des « régimes démocratiquement élus ignorent [...] les limites que la constitution assigne à leurs pouvoirs et privent leurs citoyens des droits fondamentaux »[6], et « la démocrature », définie par Xavier PHILIPPE comme le « mouvement par lequel une démocratie se transforme progressivement à travers ses caractéristiques identitaires en un régime autoritaire, tout en conservant son apparence initiale [...] »[7], sont de plus en plus légitimés par les discours

---

dispositions du code électoral, en considérant notamment que « la Cour est soucieuse du principe de la liberté de tout citoyen de se porter candidat à toutes les élections, afin de permettre à tout un chacun de choisir librement celui ou celle qui dirigera leur destinée, pour instaurer un climat d'apaisement permettant de tenir des élections justes crédibles et acceptées par tous ».

1 Cette expression renvoie aux hypothèses où un régime, bien reposant sur une Constitution, méprise les valeurs relatives à l'État de droit, à la séparation des pouvoirs, aux droits de l'Homme, etc. On verra qu'elle a pour synonyme les termes « démocratie illibérale » et « démocrature ».

2 TUSSEAU Guillaume, « Constitutionnalisme autoritaire et créativité institutionnelle : remarques sur quelques évolutions récentes du droit constitutionnel gabonais », *op. cit.*, p. 107. Dans cet article, l'auteur relève que moins de 5% de la population du globe vit dans une démocratie pleine et entière. En conséquence, il serait gênant pour le constitutionnaliste de renoncer à l'étude des pratiques constitutionnelles en vogue dans les régions où vivent près de 95% de la population.

3 Tel est le chiffre qui ressort d'une étude menée en 2017.

4 BRUNO Schoumaker, TABUTIN Dominique, « La démographie de l'Afrique subsaharienne au XXIe siècle. Bilan des changements de 2000 à 2020, perspectives et défis d'ici 2050 », *Population*, 2020/2-3, (vol 75), p. 169.

5 *Ibid*, p. 111.

6 ZAKARIA Fareed, « De la démocratie illibérale », *Le Débat*, 1998/2, n°99, p. 17. V. aussi : MINEUR Didier, « Qu'est-ce que la démocratie illibérale ? », *Cités*, 2019/3, n°79, pp. 105-117.

7 PHILIPPE Xavier, « La légitimation constitutionnelle des démocratures », *Pouvoirs*, 2019/2, n°169, p. 33.

scientifiques. À titre d'exemple, la revue *Pouvoirs*, en France, a consacré un numéro spécial à la thématique des « démocratures » en 2019[1], ce qui confirme qu'une étude sur la justice constitutionnelle à partir des pays réputés pour leur caractère non démocratique n'est pas dénuée d'intérêt.

12. D'ailleurs, il suffit de faire table rase de ces apparences et d'analyser les attributions ainsi que la jurisprudence de certaines juridictions constitutionnelles africaines pour se rendre compte qu'elles contribuent à bien des égards au développement du constitutionnalisme. Cette étude est alors intéressante en ce qu'elle permet de voir comment des institutions évoluant dans des démocratures concourent à l'évolution du constitutionnalisme. Sur le plan procédural, par exemple, alors que l'accès au juge constitutionnel est exclusivement réservé aux autorités politiques dans certains pays européens, en Afrique, il est plutôt généralisé[2]. En conséquence, les juges constitutionnels africains participent à l'affermissement de l'État droit parce qu'ils se prononcent sur des saisines aussi diverses que variées. C'est ainsi qu'au Bénin, le juge constitutionnel apparaît comme un garant efficace de l'État de droit à cause de son rôle fondamental dans la garantie des droits humains. Il s'agit d'une compétence originale que ce juge partage avec les juridictions judiciaire et régionale[3] ; d'où l'importance de voir comment s'opère leur dialogue ou concurrence en la matière.

13. Au Gabon et à Madagascar, les Hautes juridictions concourent à une même finalité parce qu'elles sont aussi des juges de l'administration[4]. D'une manière générale, en contentieux des droits fondamentaux, de nombreux juges constitutionnels africains ont expérimenté certaines techniques juridictionnelles avant plusieurs juges constitutionnels européens. C'est le cas de la question préjudicielle ou du recours direct[5]. Il serait alors intéressant de voir si, en dehors de ces techniques qui leur sont propres, ils ne disposent pas d'autres instruments susceptibles d'inspirer les Hautes juridictions occidentales.

14. Sur le plan jurisprudentiel, il arrive parfois que les juges constitutionnels d'Afrique subsaharienne fassent montre d'un zèle excessif en transformant le

1 V. le numéro 169 de la revue *Pouvoirs* paru en 2019/2.

2 En France par exemple, la saisine du juge constitutionnel, dans le cadre du contrôle *a priori*, est exclusivement réservée aux autorités politiques. On examinera davantage cette question dans la première partie de cette étude, au titre I et au chapitre 1.

3 V. *infra*., première partie, titre II, chapitre 2.

4 V. *infra*., première partie, titre II, chapitre 1.

5 Cet aspect sera développé dans la première partie de cette étude, notamment dans le titre I, au chapitre 1 et à la section 2. À cette occasion, nous verrons que la question préjudicielle est désignée sous le vocable d'« exception d'inconstitutionnalité » (EI) en Afrique subsaharienne et y est pratiquée depuis la décennies 1990, tandis qu'en France elle est mise en œuvre par le Conseil constitutionnel depuis 2010 et a pour appellation : la question prioritaire de constitutionnalité (QPC). On verra aussi que si les juges constitutionnels africains peuvent être saisi par le procédé du recours direct, le juge constitutionnel français, lui, ne connaît pas encore de tels recours.

contrôle de constitutionnalité en technique de législation. C'est le cas lorsqu'ils réécrivent les lois par leurs décisions de rejet ou de validation ; ou encore quand ils réécrivent les constitutions en les enrichissant de normes non-écrites et écrites. Ce faisant, ils ne se contentent plus de dire le droit et de trancher les litiges ; ils participent, par-là même, aux fonctions législative et constituante par le biais de leur office jurisprudentiel. Cet office étant aujourd'hui reconnu à l'ensemble des organes juridictionnels, ne serait-ce que de manière implicite, il paraît alors nécessaire d'entreprendre une étude sur sa nature à partir des exemples africains. Nous pensons qu'il s'agit d'une entreprise pertinente du fait de son originalité.

C. UNE ORIGINALITÉ AVÉRÉE : L'ÉTUDE DE L'OFFICE DU JUGE CONSTITUTIONNEL À PARTIR DES CAS BÉNINOIS, GABONAIS ET MALGACHE

15. L'originalité de cette étude tient au fait qu'elle est la première qui traite de l'office du juge constitutionnel en Afrique subsaharienne à partir des cas béninois, gabonais et malgache. En effet, en dehors d'Edmond Claude FOUMANE ZE qui, en 1992, avait examiné la question du *contentieux constitutionnel en Afrique noire francophone et à Madagascar*[1], aucune autre étude, à notre connaissance, n'a porté sur ce thème. À cette époque, si ce dernier constate à juste titre une inertie du juge constitutionnel africain en matière de protection des droits fondamentaux[2] et émet le souhait d'un développement de la jurisprudence constitutionnelle, force est d'admettre qu'aujourd'hui son vœu tend à se réaliser. Nous tenterons de le montrer, et donc de compléter l'œuvre d'Edmond Claude FOUMANE ZE, en insistant sur le caractère hybride de l'office du juge constitutionnel en Afrique subsaharienne.

16. Il s'agit d'un office hybride car celui-ci est caractérisé par une spécificité et une normalisation. En effet, c'est en tenant compte de son histoire, de sa culture et de ses réalités que le juge constitutionnel d'Afrique subsaharienne singularise son office. Mais, en même temps, il ne peut s'empêcher de le banaliser, de le normaliser, de le standardiser car certaines pratiques sont inhérentes à l'exercice de toute activité juridictionnelle[3]. **Ainsi, l'originalité de cette étude est encore justifiée par ce caractère mixte de l'office du juge : la singularisation dans la normalisation de son office.** Mais avant

---

1 FOUMANE ZE Edmond Claude, *Le contentieux constitutionnel en Afrique noire francophone et à Madagascar*, Thèse, Université de Limoges, 1992, 614p.

2 Ce constat est juste et s'explique par le fait qu'à cette époque, les Cours constitutionnelles, en tant que juridictions spécialisées, venaient à peine d'être installées.

3 Nous verrons que l'interprétation, par exemple, est une technique inhérente à la fonction de juger. Cela étant, tout organe chargé de dire le droit est nécessairement compétent pour exercer un pouvoir normatif. V. *infra*, seconde partie, titre II, chapitre 1, section 2.

d'étayer cette assertion, il convient préalablement de cerner avec précision l'objet de notre étude.

II. L'OBJET DE L'ÉTUDE : L'OFFICE DU JUGE CONSTITUTIONNEL

17. Selon Jean DAVALLON, « l'objet de recherche est le phénomène, ou le fait, tel que le chercheur le construit pour pouvoir l'étudier »[1]. Il n'est pas à confondre avec l'objet scientifique qui, poursuit l'auteur, « se situe du côté du résultat de la recherche et de la connaissance produite »[2]. Suivant cette distinction, l'objet scientifique n'est connu qu'à la fin d'une réflexion, alors que l'objet de la recherche doit être clarifié dès le commencement de celle-ci. Dès lors, il convient de satisfaire cette première exigence, c'est-à-dire la précision de l'objet de l'étude, en définissant l'expression « office du juge constitutionnel ». Pour ce faire, nous identifierons tout d'abord les différentes acceptions que revêt le concept d'« office du juge » dans les diverses disciplines juridiques (A), avant de retenir celle qui sied à la notion de « juge constitutionnel » (B).

A. LE CONCEPT D'« OFFICE DU JUGE »

Le terme « office » est polysémique. Il importe préalablement de rappeler ses acceptions communes (1), avant d'insister sur ses acceptions juridiques (2).

1. Les acceptions communes du terme « office »

18. Le mot « office » est emprunté au latin *officium*, qui signifie « charge exercée par quelqu'un » ou simplement un « travail »[3]. C'est la raison pour laquelle on l'assimile généralement à une assistance, un service ou un bureau, c'est-à-dire à un lieu de travail des employés d'une administration, d'une entreprise. Ce terme désigne aussi un avis, un message ou une pièce,

---

1 DAVALLON Jean, « Objet concret, objet scientifique, objet de recherche », *Hermès,* 2004/1 (n°38), pp. 30-37. Pour l'auteur, les premiers s'attachent aux représentations déjà construites du réel alors que le dernier -l'objet de recherche- repose sur ce que le chercheur est amené à construire. Autrement dit, l'objet concret et l'objet scientifique se situent du côté du résultat de la recherche et de la connaissance produite

2 Ibid.

3 V. *Le petit LAROUSSE illustré*, 2016, p. 802.

notamment dans le langage diplomatique[1]. Disons-le tout de suite, aucune de ces acceptions ne sera retenue pour la présente étude parce qu'elles n'ont pas une dimension juridique.

19. L'autre acception courante du terme « office » est celle qui consiste à le définir comme un « devoir de la vie »[2], c'est-à-dire une obligation qu'une personne se doit d'accomplir. Tel est le sens privilégié par les auteurs comme LA FONTAINE, CORNEILLE, ROUSSEAU[3]. Cette acception nous semble plus intéressante que la précédente parce qu'elle assimile le mot « office » à une charge, une tâche, une fonction, une mission, voire une fonction juridictionnelle[4]. Il convient alors d'analyser la dimension juridique de ce mot afin de cerner le sens qu'il aura tout au long de cette recherche.

2. Les acceptions juridiques du terme « office du juge »

20. Polysémique, le terme « office » peine à trouver une véritable définition lorsqu'on l'associe à celui de « juge »[5]. Toutefois, grâce aux multiples travaux doctrinaux menés ces dernières années[6], il devient de plus en plus saisissable. Le but de cette étude n'est pas de proposer une nouvelle définition de cette notion, mais d'en choisir une, la plus adaptée à notre objet d'étude, parmi toutes celles qui ont été proposées par la doctrine. C'est la raison pour laquelle nous résumerons simplement les différentes acceptions de ce concept en philosophie du droit (a), en droit civil (b) et en droit administratif (c).

---

1 *Ibid.*

2 *Ibidem.*

3 Le dictionnaire *Littré* soutient cette définition en se référant aux citations desdits auteurs. Ainsi, LA FONTAINE partage cette acception de l'office comme « devoir de la vie » lorsqu'il affirme par exemple que : « si votre main puissante voulait favoriser jusqu'au bout des mortels, Ensemble nous mourrions en servant vos autels ; Clothon ferait d'un coup ce double sacrifice ; D'autres mains nous rendraient un vain et triste office ». CORNEILLE aussi partage cette acception lorsqu'il dit par exemple que : « le ciel plus propice M'envoie un compagnon en ce pieux office ».

4 V. CORNU Gérard, *Vocabulaire juridique*, 10ème éd., Paris, Puf, 2014, p. 706.

5 LE PRADO Didier, « Éditorial », *Justice et cassation*, Paris, Dalloz, 2010, p. 8.

6 Nombreuses sont les études qui portent sur l'office du juge. À titre d'exemples, voir : SÉNAC Charles-Édouard, *L'office du juge constitutionnel. Étude du contrôle de constitutionnalité par les juridictions françaises*, Paris, LGDJ, 2015 ; CONNIL Damien, *L'office du juge administratif et le temps*, Paris, Dalloz, 2012 ; MEYNAUD-ZEROUAL Ariane, *L'office des parties dans le procès administratif. Contribution à l'émancipation du droit du procès administratif*, Paris, LGDJ, 2020 ; LEBRUN Geoffroy, *Office du juge administratif et questions préjudicielles : recherche sur la situation du juge "a quo"*, Paris, LGDJ, 2017. D'ailleurs, celles-ci ont pour dénominateur commun d'insister sur la définition de ce concept dans leur introduction. Au risque de reproduire les analyses des auteurs de ces travaux, et donc de manquer d'originalité, il nous semble peu pertinent d'accorder de nombreuses lignes à l'étymologie de ce concept. Néanmoins, on s'efforcera de synthétiser ses diverses acceptions juridiques afin, non pas d'en proposer une nouvelle, car ce n'est pas l'objectif de cette recherche, mais d'en retenir celle qui semble la plus appropriée à l'objet de notre étude.

a. L'acception de l'office du juge en philosophie du droit

21. Sous l'angle de la philosophie du droit, l'office du juge correspond à « ce pour quoi est fait le juge, sa ou plutôt ses fonctions, sa ou plus exactement ses missions, le rôle qui est le sien dans l'ordonnancement juridique et dans la société »[1]. Ce qui implique qu'il possède une triple portée. D'abord, l'office du juge consiste à rendre la justice. Dans cette optique, il apparaît comme l'instrument de ce que le philosophe dénomme « la justice corrective en ce qu'il maintient la balance égale entre les deux parties »[2]. La philosophie du droit soutient ensuite que l'office du juge est d'apaiser les conflits[3]. En d'autres termes, la mission du juge consiste à pacifier les rapports sociaux. Enfin, l'office du juge est de participer à la production des normes. En cela, il est « l'occasion d'une interrogation sur la puissance judiciaire dans ses rapports aux autres pouvoirs publics et notamment au pouvoir législatif »[4]. Ces trois aspects de l'office du juge sont systématisés par François OST à partir des noms de trois divinités grecques : « Jupiter », pour désigner « le juge-arbitre » ; « Hercule », pour ce qui est du « juge-entraîneur » et « Hermès », en ce qui concerne « le juge-pacificateur »[5].

22. En tant qu'arbitre, le juge apparaît comme un légaliste parce qu'il est attaché à l'État de droit libéral, c'est-à-dire à la hiérarchie ou pyramide des normes[6]. En tant qu'entraîneur, le juge devient une source de droit importante[7]. Ici, l'auteur fait référence à l'office jurisprudentiel du juge. Enfin, en sa qualité de pacificateur, le juge opère comme un régulateur des conflits sociaux[8].

23. Pour Marie-Anne FRISON-ROCHE, ces trois figures de l'office du juge peuvent être résumées en ces termes : trancher le litige, apaiser le conflit et appliquer les règles de droit[9]. Pertinentes, ces différentes fonctions de l'office du juge ont néanmoins une faille : leur généralité. Il importe alors d'examiner les autres acceptions juridiques du concept « office du juge » afin de cerner celle qui se rapproche de notre objet d'étude, à savoir le contentieux

---

1 FRISON-ROCHE Marie-Anne, « Le juge et le sentiment de justice », in : *Mélanges P. BEZARD, Montchrestien*, 2002, p.3.

2 V. RAYNAUD (P), « Le juge, la loi, le droit : de Platon à Aristote », in : *CAYLA (O) et RENOUX-ZAGAME (M-F) (dir.), L'office du juge : part de souveraineté ou puissance nulle ?* Bruylant, LGDJ, 2001, P. 5.

3 RIALS Stéphane, « L'office du juge », Droits, 1989, n°9, p. 3 ; JEAMMAUD (A), « Conflit, différend, litige », *Droits*, 2002, n°34, p. 15.

4 CONNIL Damien, *L'office du juge administratif et le temps*, Paris, Dalloz, 2012, pp. 8-11.

5 OST François, *Dire le droit, faire justice*, 2e éd., Bruxelles, Bruylant, 2012, pp. viii-iv.

6 *Ibidem*. p. iv.

7 Ibid.

8 *Ibidem*.

9 FRISON-ROCHE Marie-Anne, « Les offices du juge », in *FOYER Jean, auteur et législateur : lege tulit, jura docuit. Écrits en hommage de à Jean Foyer*, Paris, PUF, pp. 466-472.

constitutionnel. Examinons pour ce faire la conception civiliste de cette notion.

b. L'acception de l'office du juge en droit civil

24. Le droit civil, précisément la procédure civile, retient une approche technique de l'office du juge. L'analyse se concentre sur les droits et les obligations du juge à l'égard du litige afin de déterminer et de distinguer les prérogatives qui lui reviennent de celles qui reviennent aux parties. Comme l'indique le *Lexique des termes juridiques*, « l'office du juge définit ce qu'est son rôle dans la direction du procès civil, quels sont ses pouvoirs et leurs limites »[1]. Henri MOTULSKI conforte cette idée lorsqu'il relève que l'office du juge est la « ligne de démarcation entre le rôle des parties et celui du juge »[2].
25. Bien qu'elle soit pertinente, cette approche est néanmoins insuffisante pour les besoins de cette étude. En effet, à la différence du procès civil qui met toujours aux prises deux parties, le demandeur et le défendeur, le procès administratif ou constitutionnel est généralement fait contre un acte ou une loi[3]. Dès lors, l'office du juge ne peut se limiter à ce que les parties veulent, puisque dans une telle hypothèse, il n'y a pas de parties en présence.

Pour cerner l'office des juges constitutionnels, il convient alors d'examiner la conception administrativiste du terme « office du juge » en raison de la proximité qu'entretiennent les juridictions administrative et constitutionnelle.

c. L'acception de l'office du juge en droit administratif

26. En droit administratif, le terme « office du juge » est d'abord défini de manière restrictive. Yves GAUDEMET estime à cet effet que l'office du juge « se détermine, pour chaque catégorie de juridictions, en termes de compétences fixées par la loi et que le juge ne doit ni déborder ni négliger »[4]. Autrement dit, l'office du juge s'entend comme la mission qui lui est formellement dévolue. Cette approche nous paraît critiquable car elle feint d'ignorer l'activisme jurisprudentiel des juges qui, parfois, les conduit à outrepasser leurs compétences ; d'où la nécessité d'adopter une définition extensive de l'« office du juge ».
27. C'est ce que fait par exemple Didier CHAUVAUX en soutenant que l'« office du juge » transcende les pouvoirs du juge. C'est « la fonction envisagée à la fois sous l'angle des pouvoirs qu'elle confère et des devoirs

---

1 V. *Lexique des termes juridiques*, 21ème éd., Dalloz, 2014, p. 644.

2 MOTULSKY Henri, *Droit processuel*, Paris, Montchrestien, 1973, p. 147. V. aussi : CAYROL (N), « Les métamorphoses de l'office du juge », in : *la Gazette du Palais*, n°212, 2014

3 Hypothèse du recours pour excès de pouvoir pour le juge administratif et contrôle et contrôle de constitutionnalité pour le juge constitutionnel.

4 GAUDEMET Yves, « Synthèse », *Justice et cassation*, *op. cit.*, p. 162.

qu'elle impose »[1]. Geoffroy LEBRUN semble partager cette conception lorsqu'il définit l'office du juge comme « l'ensemble des pouvoirs et devoirs juridiques pesant sur le litige dans le cadre de sa mission juridictionnelle qui est de dire le droit et trancher les litiges »[2]. Vu sous cet angle, l'office du juge renvoie alors à l'ensemble de ses techniques et méthodes[3]. Comme le soutiennent Francis DONNAT et Didier CASAS, « s'interroger sur l'office du juge administratif pourrait donc conduire à s'interroger sur les méthodes du juge, les limites assignées à sa compétence, les règles relatives à la recevabilité des recours et pourvois, mais aussi à la nature, éventuellement changeante, des relations qu'il tisse avec l'administration qu'il contrôle et le justiciable auquel il répond »[4].

28. Fort de tout ce qui précède, l'office du juge, en droit administratif, s'entend comme l'ensemble des pouvoirs et obligations ou encore l'ensemble des techniques et méthodes dont dispose le juge dans l'exercice de ses missions. Nous avancerons qu'il s'agit du rôle de droit ou de fait dévolu à une juridiction. Une telle définition aurait pour avantage de regrouper tous les éléments constitutifs de l'office du juge, à savoir : ses compétences, ses limites, ses techniques, etc. Cependant, elle a pour inconvénient d'être encore peu précise quant au domaine dans lequel s'inscrit le rôle assigné aux juges constitutionnels en Afrique subsaharienne. Il importe alors de circonscrire la définition de l'office du juge autour des juridictions constitutionnelles.

B. La définition du concept « office du juge » autour du juge constitutionnel

Le terme « juge constitutionnel » est équivoque tant il sied à divers organes juridictionnels. Il convient préalablement d'éclaircir ce terme afin d'identifier l'acception qui sera retenue tout au long de nos développements (1), ce qui permettra ensuite de mieux appréhender l'office de ce juge (2).

1. La notion de « juge constitutionnel »

29. Par « juge constitutionnel », il faut entendre tout organe juridictionnel chargé d'assurer le respect de la Constitution. Suivant cette logique, ont la qualité de juge constitutionnel : le juge ordinaire (juge judiciaire, juge administratif) et les Cours ou Conseils constitutionnels car chacun d'eux

1 CHAUVAUX Didier, « L'office du juge administratif : constantes et mutations », *Justice et cassation*, *op. cit.*, p. 58.
2 LEBRUN Geoffroy, *Office du juge administratif et questions préjudicielles. Recherches sur la situation du juge a quo*, Paris, LGDJ, 2017, p. 14.
3 CONNIL Damien, « Les métamorphoses de l'office du juge », *op.cit.*, pp. 16-17.
4 DONNAT (F) et CASAS (D), « L'office du juge administratif dans la jurisprudence récente du Conseil d'Etat », *in Droit administratif*, étude n°9, 2004.

assure, à son niveau, la suprématie de la Constitution[1]. Alors que le premier apparaît comme un « juge constitutionnel dérivé » parce qu'il ne dispose que d'une compétence d'attribution en matière constitutionnelle (par exemple la transmission d'une question préjudicielle à la Cour constitutionnelle), les seconds s'analysent comme des « juges constitutionnels originels » dans la mesure où ils ont pour unique objectif d'assurer la suprématie de la Constitution. De ces deux types de juges constitutionnels, seuls les Cours et/ou Conseils constitutionnels retiendront notre attention dans le cadre de cette étude. Ce choix a le mérite d'éviter un amalgame des contentieux constitutionnel et ordinaire qui, au demeurant, rendrait moins pertinent l'effort de systématisation de l'office de ces juges.

30. Précisons alors que par « Cours constitutionnelles », il faut généralement entendre toutes juridictions constitutionnelles du modèle kelsénien[2], c'est-à-dire une juridiction « créée pour connaître spécialement et exclusivement du contentieux constitutionnel, située hors de l'appareil juridictionnel ordinaire et indépendante de celui-ci comme des pouvoirs publics »[3]. De cette définition, il résulte qu'une Cour constitutionnelle est caractérisée par deux aspects cumulatifs : l'exclusivité du contentieux constitutionnel et l'indépendance par rapport à l'appareil juridictionnel ordinaire et aux pouvoirs publics. Bien qu'elle soit pertinente, cette acception des Cours constitutionnelles n'est pas pour autant exempte de critiques. D'abord, outre le contrôle de constitutionnalité, ces organes exercent d'autres fonctions. À titre d'illustration, ils disposent d'attributions administratives et sont habilités à connaître du contentieux électoral. Au surplus, si l'existence de la Cour constitutionnelle dans un système juridictionnel constitue le vecteur principal de la constitutionnalisation des branches du droit, la « tâche sera certainement rude de distinguer ce qui est "constitutionnel" dans un ensemble normatif, où tout apparemment se constitutionnalise »[4].

31. Puis, le fait pour le juge ordinaire de contrôler la constitutionnalité des actes infra-législatifs en l'absence de loi[5] rend cette définition inopérante. Comme le relève Guillaume TUSSEAU, certains juges ordinaires bénéficient des compétences particulières en matière constitutionnelle[6]. C'est le cas en Ouganda, car la Cour d'appel de ce pays est compétente pour trancher les questions d'interprétation de la Constitution (article 137 (I) de la

1 SENAC Charles-Édouard, *L'office du juge constitutionnel : Etude du contrôle de constitutionnalité par les juridictions françaises*, Paris, LGDJ, 2015, p. 18.

2 DRAGO Guillaume, *Contentieux constitutionnel français*, 5ème éd., Paris, Puf, 2020, p. 35.

3 FAVOREU Louis, MASTOR Wanda, *Les Cours constitutionnelles*, 2e éd., Paris, Dalloz, 2016, p. 3.

4 JOUANJAN Olivier, « Modèles et représentations de la justice constitutionnelle en France : un bilan critique », *Jus Politicum*, n°2, 2009 [en ligne], p. 10.

5 V. CE, section, SO. Eky, 12/02/1960.

6 TUSSEAU Guillaume, *Contre les « modèles » de justice constitutionnelle. Essai de recherche méthodologique*, Bononia University, 2009, p. 29.

Constitution)[1]. Nous conviendrons alors avec Caterina SEVERINO que la jurisprudence d'une juridiction ordinaire peut servir de sources d'inspiration à une juridiction constitutionnelle : c'est la « doctrine du droit vivant »[2]. Issue de la doctrine italienne et surtout systématisée en France sous la plume de Caterina SEVERINO, la doctrine du droit vivant s'entend en effet comme l'orientation jurisprudentielle de la Cour constitutionnelle selon laquelle, « lorsqu'il existe une interprétation consolidée de la disposition législative contrôlée, la Cour adopte cette interprétation "vivante" en renonçant à interpréter de façon autonome la disposition mise en cause »[3].

32. Au regard de toutes ces interférences entre le juge ordinaire et le juge constitutionnel, nous partagerons le point de vue d'Olivier JOUANJAN selon lequel la principale caractéristique d'une Cour constitutionnelle, c'est le monopole dont elle bénéficie pour prononcer la sanction de l'inconstitutionnalité déclarée de la loi[4]. Le fait pour une juridiction ordinaire de renvoyer une question à la Cour constitutionnelle à titre préjudiciel, que ce soit en Allemagne ou en Afrique subsaharienne, comme nous le verrons plus tard[5], confirme à bien des égards la réalité de cette affirmation. Ainsi, les juges constitutionnels sélectionnés pour l'étude sont ceux qui ont le monopole pour prononcer des déclarations de non-conformité de la loi à la Constitution. Qu'est-ce qui les distingue alors des Cours suprêmes ?

33. Par Cour suprême, il faut entendre toute juridiction placée au sommet de la hiérarchie d'un ordre juridictionnel, « exerçant une suprématie juridique et organique sur les juridictions inférieures de cet ordre »[6]. Une Cour constitutionnelle ne saurait donc être assimilée à une Cour suprême car, suivant la définition précédemment mentionnée, la Cour constitutionnelle n'est placée au-dessus d'aucune autre juridiction. Autrement dit, elle échappe à l'appareil juridictionnel ordinaire et a pour principale mission de contrôler la constitutionnalité de la loi[7]. C'est l'occasion de relever qu'en Afrique subsaharienne, surtout francophone, les Cours suprêmes ont précédé les Cours constitutionnelles.

34. En effet, l'histoire constitutionnelle de cette région révèle qu'au lendemain des indépendances, c'est-à-dire après la décennie 1960, « à l'exception notable de Djibouti, de Madagascar et de la République populaire du Congo, les juridictions africaines chargées des fonctions constitutionnelles n'étaient

1 *Ibid.*, p. 30.
2 SEVERINO Caterina, *La doctrine du droit vivant*, PUAM, Economica, 2003.
3 *Ibid.*, p. 13.
4 JOUANJAN Olivier, « Modèles et représentations de la justice constitutionnelle en France : un bilan critique », *op. cit.*, p. 16.
5 V. *infra*, première partie, titre I, chapitre 1, section 2.
6 DRAGO Guillaume, *Contentieux constitutionnel français*, précité.
7 Selon Olivier JOUANJAN, le contrôle de constitutionnalité peut être considéré comme l'attribution la mieux partagée par l'ensemble des Cours constitutionnelles. V. « Modèles et représentations de la justice constitutionnelle en France : un bilan critique », *op. cit.*, p. 15.

pas organisées sous forme de cours constitutionnelles »[1]. Elles étaient rattachées à l'ordre judiciaire. Ce rattachement s'opéra selon diverses modalités, soit que la Cour suprême, instance suprême de l'ordre judiciaire (mais aussi administratif), siégeait en qualité de juridiction constitutionnelle (Cameroun, Comores, Sénégal, Zaïre), soit que cette Cour accueillait en son sein une « chambre constitutionnelle » (Côte d'Ivoire, Gabon) ou encore une « section constitutionnelle » (Mali) ; soit que, à l'instar de la solution adoptée au Rwanda, la Cour constitutionnelle se constituait par la fusion de deux juridictions ordinaires suprêmes, Conseil d'État et Cour de cassation[2].

35. Durant cette période, l'activité jurisprudentielle de ces juridictions constitutionnelles était très faible et ne suscitait que peu d'intérêt pour la doctrine. Les raisons de cette timidité jurisprudentielle découlaient, entre autres, du caractère dictatorial des régimes politiques[3]. Celui-ci se matérialisait par le refus du multipartisme et l'exaltation du parti unique[4]. Cependant, las des injustices perpétrées par ce système politique, les sociétés civiles africaines et les acteurs politiques, soumis aux pressions internes et externes, décidèrent, dès 1990, de rompre avec la pratique des partis uniques et d'adopter le multipartisme. Pour parvenir à ce résultat, diverses voies furent suivies, plus ou moins précipitées et accomplies, mais toutes se sont inscrites dans la même perspective, à savoir l'instauration d'institutions démocratiques susceptibles de garantir l'État de droit[5]. Comme nous l'avons indiqué plus haut, c'est dans ce contexte que sont apparues des institutions indéfectiblement liées à l'État de droit et chargées d'assurer la justice constitutionnelle, à savoir : les Cours constitutionnelles.

Ainsi, les juges constitutionnels dont cette étude fait référence ne sont autres que ceux qui siègent au sein des Cours constitutionnelles, que nous appellerons encore Hautes juridictions. Il convient à présent de préciser les pouvoirs et devoirs qui leur incombent afin de cerner leur office, c'est-à-dire le rôle que ces organes exercent de droit ou de fait.

---

1 GNAMOU Dandi, « La Cour constitutionnelle du Bénin en fait-elle trop ? », in : *Mélanges en l'honneur de Maurice AHANHANZO-GLELE*, Paris, L'Harmattan, p. 687-715.

2 OULD BOUBOUTT Ahmed Salem, « Les juridictions constitutionnelles en Afrique-Evolutions et enjeux », in : *AIJC*, 1998, n°13-1997, p. 33 ; TUSSEAU Guillaume, « Les causes du choix d'un modèle de contrôle de constitutionnalité. Observations critiques sur un dogme explicatif de l'étude du contentieux constitutionnel », in : *Juspoliticum* [en ligne].

3 V. GUEYE Babacar, « La démocratie en Afrique : succès et résistances », *Pouvoirs*, 2009/2, n° 129, pp. 7-9.

4 *Ibidem*.

5 V. MBORANTSUO Marie-Madeleine, *La contribution des Cours constitutionnelles à l'Etat de droit en Afrique*, Paris, Economica, 2007.

2. La clarification de l'expression « office du juge constitutionnel »

36. De façon classique, une juridiction exerce deux types d'offices : un office non juridictionnel et un office juridictionnel. On parle d'office non juridictionnel lorsqu'une juridiction exerce par exemple une fonction consultative ou administrative[1]. En revanche, il y a office juridictionnel lorsqu'une juridiction dit le droit et tranche les litiges.

37. Dans les lignes qui vont suivre, nous n'accorderons que très peu de place à l'office non juridictionnel des Cours constitutionnelles d'Afrique subsaharienne car cette attribution leur est accessoire. L'essentiel de nos développements portera sur leur office juridictionnel car il constitue leur principale attribution. C'est ce qui ressort respectivement des articles 83 et 114 des constitutions béninoise et gabonaise lorsqu'ils disposent que les Cours constitutionnelles sont les plus Hautes juridictions de « l'État en matière constitutionnelle ».

38. Cela signifie que ces organes disent le droit au nom de l'État, mais surtout que leurs décisions sont revêtues de l'autorité absolue de la chose jugée. Comme l'affirme Marcel WALINE, l'élément essentiel qui caractérise une juridiction « c'est l'autorité de chose jugée qui s'attache à ses décisions, c'est-à-dire le fait que ce qui a été jugé, sous réserve des voies de recours, ne peut plus être remis en question, et s'impose de façon définitive à toutes les parties en cause »[2]. L'article 92 de la Constitution gabonaise qui dispose que « [les] décisions de la Cour constitutionnelle ne sont susceptibles d'aucun recours. Elles s'imposent aux pouvoirs publics, à toutes les autorités administratives et juridictionnelles et à toutes les personnes physiques et morales » confère une telle autorité aux décisions de la Cour constitutionnelle. Une formulation quasi-identique est prévue par le constituant béninois dans l'article 124, alinéa 2 de la Constitution du 11 décembre 1990[3] et par le constituant malgache à l'article 120, alinéa 3 de la Constitution du 11 décembre 2010[4]. À cet élément formel (l'autorité de la chose jugée) s'ajoute un élément matériel : le fait que la juridiction statue en droit et non en équité[5].

---

1 FAVOREU Louis et MASTOR Wanda, *Les Cours constitutionnelles*, 2e éd., Paris, Dalloz, 2016, pp. 126-129.

2WALINE Marcel, « Préface », in : GAIA Patrick et al., *Les grandes décisions du Conseil constitutionnel*, 18e éd., Paris, Dalloz, 2016, pp. 9-10.

3 Article 124, alinéa 2 CB : « Les décisions de la Cour constitutionnelle ne sont susceptibles d'aucun recours. Elles s'imposent aux pouvoirs publics et à toutes les autorités civiles, militaires et juridictionnelles ».

4 Article 120, alinéa 3 CM : « Les arrêts et décisions de la Haute Cour Constitutionnelle sont motivés ; ils ne sont susceptibles d'aucun recours. Ils s'imposent à tous les pouvoirs publics ainsi qu'aux pouvoirs ainsi qu'aux autorités administratives et juridictionnelles ».

5 WALINE Marcel, « Préface », *op. cit.*, p. 10.

39. De toutes ces analyses, il résulte que l'identification d'une juridiction s'opère à l'aune du caractère obligatoire de ses décisions. Puisque notre étude porte sur l'office juridictionnel des Cours constitutionnelles en Afrique subsaharienne, cette effectivité sera implicitement évoquée à chaque étape de notre démonstration. En conséquence, nous ne consacrerons pas une partie spécifique à l'examen des types de décisions rendues par ces organes.

40. Précisons par ailleurs que si l'on s'en tient aux dispositions constitutionnelles qui traitent des attributions de ces juridictions, il ressort que leur office juridictionnel se déploie sur deux pôles : le premier concerne le contrôle de constitutionnalité et le second a trait au contentieux électoral[1]. Craignant de trop étendre cette étude, il nous a paru judicieux de la limiter à l'analyse de l'office du juge constitutionnel d'Afrique subsaharienne en matière de contrôle de constitutionnalité. Quant à son office dans le contentieux électoral, nous pensons qu'il serait judicieux de l'examiner dans le cadre d'un travail ultérieur, tant les spécificités de ce contentieux méritent d'être examinées rigoureusement et non d'être exposées sommairement ; ce qui aurait pu être le cas si on avait examiné ces deux contentieux.

41. Dès lors, il convient de relever que l'office juridictionnel qu'exercent les Hautes juridictions, notamment en contentieux constitutionnel, et non en contentieux électoral, connaît deux déclinaisons. Selon une systématisation faite par Marcel WALINE, il est permis de distinguer, à partir des activités dévolues à une juridiction, son office juridictionnel non contentieux et son office juridictionnel contentieux.

42. Il y a office juridictionnel non contentieux lorsqu'une juridiction n'est pas en présence de deux prétentions opposées[2]. C'est la raison pour laquelle la notion de « litige » n'est pas déterminante dans la définition d'une juridiction[3]. C'est le cas lorsque les Cours constitutionnelles exercent un contrôle obligatoire (contrôle des lois organiques ou des règlements des institutions constitutionnelles)[4] ; interprètent le texte constitutionnel[5] ou régulent l'activité des institutions et le fonctionnement des pouvoirs publics[6].

---

1 Au Bénin, l'article 117-6 dispose à cet effet que la Cour veille « à la régularité de l'élection du président de la République ; examine les réclamations, statue sur les irrégularités qu'elle aurait pu, par elle-même, relever et proclame les résultats du scrutin ; statue sur la régularité du référendum et en proclame les résultats ». Au Gabon, l'article 84 *in fine* de la Constitution prévoit que la « Cour constitutionnelle est saisie en cas de contestation sur la validité d'une élection, par tout électeur, tout candidat, tout parti politique ou délégué du Gouvernement dans les conditions prévues par la loi organique sur la Cour constitutionnelle ». À Madagascar, l'article 120, alinéa 1 de la Constitution montre que la Cour est aussi un juge électoral lorsqu'il dispose : « [e]n matière de contentieux électoral et de consultation populaire directe, la Haute Cour constitutionnelle rend des arrêts ».

2 WALINE Marcel, « Préface », *op. cit.*,p. 12.

3 *Ibid.*, p. 10.

4 Cet aspect sera abordé dans la première partie de cette étude, dans le premier titre et au niveau du premier chapitre.

5 V. *infra*, seconde partie, titre II, chapitre 1.

6 *Ibid.*

43. En revanche, il y a office juridictionnel contentieux lorsqu'une juridiction statue sur un litige, c'est-à-dire lorsqu'elle est en présence de deux prétentions opposées[1]. Nous verrons qu'en Afrique subsaharienne, il en est ainsi quand le juge constitutionnel est saisi par le procédé de la plainte[2] ; lorsqu'il connaît du contentieux des actes réglementaires, notamment des recours pour excès de pouvoir[3], et quand il est saisi d'une question préjudicielle[4].
44. Ainsi, l'intégralité de cette réflexion s'articule autour de l'office juridictionnel que les Cours constitutionnelles d'Afrique subsaharienne exercent dans trois types de contentieux, celui des normes[5], celui des institutions[6] et celui des libertés[7]. Nous définirons alors l'« expression office des juges constitutionnels » comme le rôle de droit ou de fait que les juges exercent à l'occasion des contentieux normatif, institutionnel ou substantiel. **Cette précision est importante dans la mesure où le contrôle de constitutionnalité exercé par les Hautes juridictions africaines transcende la logique prônée par la figure de proue du modèle européen de justice constitutionnelle, Hans KELSEN[8]. En termes plus clairs, si la définition kelsénienne de la justice constitutionnelle a pour principale focale le contrôle des lois, l'« acception africaniste » de la justice constitutionnelle, elle, englobe non seulement ce type de contrôle mais aussi celui des faits, voire des agissements des institutions et des acteurs sociaux ou politiques[9].**

Mais, de quels juges s'agit-il précisément ? Serait-ce de tous les juges d'Afrique subsaharienne ou seulement d'une infime partie ? Il convient à présent de répondre à cette question afin de bien délimiter notre champ d'étude.

---

1 Marcel WALINE, *op. cit.*, p. xiii.
2 V. *infra*, première partie, titre II, chapitre 2.
3 V. *infra*, première partie, titre II, chapitre 1.
4 V. *infra*, première partie, titre I, chapitre 1, section 2.
5 Le contentieux normatif renverra à celui que les Hautes juridictions exercent lorsqu'elles assurent la primauté de la Constitution sur les lois constitutionnelles, organiques et ordinaires.
6 Le contentieux institutionnel renverra au pouvoir régulateur des juges. On examinera surtout cette question dans la seconde partie de la présente étude.
7 Le contentieux des libertés, en raison de son caractère hybride, sera examiné tout au long de la présente recherche. Il s'agit d'un contrôle hybride car, en Afrique subsaharienne, le juge l'exerce non seulement lorsqu'il examine la régularité d'un texte, mais aussi quand il statue sur la constitutionnalité d'une voie de fait. Cet aspect sera davantage développé dans la première partie, au niveau du titre II et du chapitre 2.
8 KELSEN Hans, *Théorie Pure du Droit*, traduction de Charles EISENMANN, Paris, Dalloz, 1992 ; « La garantie juridictionnelle de la Constitution », traduction Charles EISENMANN, *RDP*, 1927, p. 187.
9 On verra que le juge constitutionnel africain exerce un contrôle de constitutionnalité des faits dans le chapitre 2 du titre 2 de la première partie de cette étude ; et qu'il exerce un contrôle de constitutionnalité des actes des institutions dans la seconde partie, précisément au niveau de la section 2 du chapitre 1, titre 2.

III. LA DÉLIMITATION DE L'ÉTUDE : L'AFRIQUE SUBSAHARIENNE COMME CADRE SPATIAL

On désigne par « Afrique subsaharienne », l'étendue du continent africain au sud du Sahara. Elle est composée de 48 États[1] ayant une pluralité d'identité mais le plus souvent liés par un destin commun[2], à l'instar de la colonisation et de la décolonisation. Dans le cadre de cette recherche, il ne sera pas question d'examiner l'office de tous les juges constitutionnels appartenant à cette région géographique. Il nous semble plus réaliste de ne retenir que trois États, à titre principal, à savoir le Bénin, le Gabon et Madagascar (A) et, pour les besoins de la démonstration, d'élargir occasionnellement le champ spatial de l'étude en faisant des comparaisons avec d'autres juridictions constitutionnelles africaines et occidentales (B).

A. LES INCLUSIONS : LA COMPARAISON ENTRE LE BÉNIN, LE GABON ET MADAGASCAR

45. Pourquoi avons-nous choisi le Bénin, le Gabon et l'île de Madagascar comme champ d'étude au détriment des 45 autres États d'Afrique subsaharienne ? Cette question se pose d'emblée à la lecture de l'intitulé de la présente recherche. En guise de réponse, nous avancerons trois arguments.

46. D'abord, pour identifier les grandes tendances de la justice constitutionnelle africaine, il nous a paru nécessaire de sélectionner les juridictions dont l'activité jurisprudentielle est la plus intense en fonction des zones géographiques. C'est ainsi qu'il nous a semblé légitime de retenir le Bénin pour représenter les juridictions constitutionnelles d'Afrique de l'Ouest car, dans cette région, le juge constitutionnel béninois est incontestablement un modèle, c'est-à-dire un instrument de mesure[3], pour les autres juges. Nous verrons qu'il bénéficie non seulement des compétences protéiformes, mais

1 Liste des pays d'Afrique subsaharienne : Afrique du Sud ; Angola ; Bénin ; Botswana ; Burkina Faso ; Burundi ; Cameroun ; Cap-Vert ; Comores ; Côte d'Ivoire ; Djibouti ; Érythrée ; Éthiopie ; Gabon ; Gambie ; Ghana ; Guinée ; Guinée-Bissau ; Guinée équatoriale ; Kenya ; Lesotho ; Liberia ; Madagascar ; Malawi ; Mali ; Maurice ; Mauritanie ; Mozambique ; Namibie ; Niger ; Nigeria ; Ouganda ; République centrafricaine ; République démocratique du Congo ; République du Congo ; Rwanda ; São Tomé-et-Principe ; Sénégal ; Seychelles ; Sierra Leone ; Somalie ; Soudan du Sud ; Swaziland ; Tanzanie ; Tchad ; Togo ; Zambie ; Zimbabwe.

2 N'GOULAKIA Léon-Paul, « Afrique subsaharienne : une identité plurielle, un destin commun », *Géoéconomie*, 2015/1, n°73, pp. 59-72.

3 PONTHOREAU Marie-Claire, *Droit(s) constitutionnel(s) comparé(s)*, Paris, Economica, 2010, pp. 191-192.

aussi que la doctrine constitutionnaliste accorde un grand intérêt à sa jurisprudence.

47. De même nous a-t-il paru normal de retenir la juridiction constitutionnelle gabonaise pour représenter les États d'Afrique centrale, non parce qu'elle est leur modèle mais en raison de la stabilité de son système de justice constitutionnelle[1]. Cette stabilité s'explique par la timide alternance des membres siégeant au sein de cette Haute juridiction. En effet, depuis sa création en 1992, la Cour constitutionnelle gabonaise n'a connu qu'un seul président et ses membres n'ont été renouvelés que partiellement. Il importe alors de voir si cette situation permet à cette Haute juridiction de développer une jurisprudence cohérente et favorable au raffermissement du constitutionnalisme.

48. Enfin, la préférence pour Madagascar est justifiée par le rôle crucial que la Haute Cour est généralement amenée à jouer en période d'instabilité politique. En effet, de 1991 à 2021, ce pays a connu près de cinq (5) coups d'État et la Haute Cour est toujours sollicitée pour apprécier leur portée. Il convient alors de voir si les transitions constitutionnelles qu'elle assure sont souvent « démocratisantes », comme celles du Bénin[2]. De plus, la Haute la Cour constitutionnelle malgache fait partie des rares juridictions africaines qui diffusent leur jurisprudence sur internet. Alors que certaines juridictions constitutionnelles africaines ne disposent pas d'un site internet opérationnel (Burundi, Centrafrique, Tchad), la Haute juridiction malgache, comme celle du Bénin, du Burkina Faso, du Congo Brazzaville, du Mali, du Niger, du Sénégal, du Togo et bien d'autres, publie automatiquement ses décisions[3]. Vulgarisée, et donc accessible, cette jurisprudence reste cependant inexploitée. Or, elle comporte des spécificités tant à l'égard des jurisprudences des autres Cours constitutionnelles africaines qu'à l'égard des jurisprudences constitutionnelles des pays occidentaux. Il nous paraît alors nécessaire de souligner ces singularités à partir d'une analyse des standards constitutionnels mondiaux, afin de mieux apprécier la contribution du juge constitutionnel malgache à la consolidation du constitutionnalisme.

49. On pourrait alors nous reprocher d'oublier l'une des juridictions constitutionnelles les plus actives de l'Afrique subsaharienne, la Cour

---

1 Si par « modèle de justice constitutionnelle » il faut globalement entendre une construction intellectuelle, l'objet de ces constructions, à savoir les ensembles de règles, de procédures et d'institutions relatives à la justice constitutionnelle, désigne quant à lui un « système de justice constitutionnelle ». Il faudrait donc par exemple distinguer le « modèle américain » de justice constitutionnelle (construction intellectuelle) et le « système américain » de justice constitutionnelle (ensemble de règles de droit positif en vigueur aux États-Unis relatives au contentieux constitutionnel) ». V. CARPENTIER Mathieu, « Pour de nouveaux "modèles" de justice constitutionnelle », *RIDC*, 2016/68-1, pp. 183-184.

2 BESSE Magalie, *Les transitions constitutionnelles démocratisantes : analyse comparative à partir de l'expérience du Bénin*, Thèse, Université Clermont Auvergne, 2017.

3 Dans la présente étude, nous verrons que les décisions rendues par la Haute Cour constitutionnelle malgache auront pour source son site internet.

constitutionnelle sud-africaine. À cette remarque, nous répondrons que cette Haute juridiction sera examinée dans la présente étude mais n'occupera pas une place de choix en raison de son appartenance au système de *Common Law*, ce qui fait d'elle une Cour suprême et non une Cour constitutionnelle. Ainsi, outre le facteur géographique, la langue, notamment française, est la deuxième raison justificative du choix du Bénin, du Gabon et de Madagascar comme champ d'étude[1].

50. L'autre argument au cœur de cette sélection, le plus décisif sans doute, est relatif à la proximité de la politique juridictionnelle et/ou jurisprudentielle, c'est-à-dire le chemin suivi par la jurisprudence dans un domaine particulier ou sur une question spécifique[2], entre les Cours de ces trois États. En effet, les constituants béninois, gabonais et malgache ont habilité leurs juridictions constitutionnelles à exercer des compétences quasiment identiques. La doctrine constitutionnaliste le relève généralement. À ce propos, Delphine Edith EMMANUEL, à titre d'exemple, traitant du pouvoir normatif de la Cour constitutionnelle d'Afrique du Sud, montre que cette Cour développe une politique jurisprudentielle similaire à celle de la Cour constitutionnelle du Bénin en matière de réserves interprétatives[3]. C'est également le raisonnement retenu par Alexis ESSONO OVONO lorsque, traitant des normes et techniques de contrôle de constitutionnalité des lois au Gabon, il relève que la Haute juridiction de ce pays développe une politique jurisprudentielle semblable à celles des juridictions constitutionnelles béninoise et sud-africaine en matière interprétative[4]. De même, les récentes tendances jurisprudentielles conduisent à constater qu'il existe un dialogue entre ces juridictions. Dans une décision rendue le 28 mai 2018 par la Haute Cour constitutionnelle malgache, elle s'inspire par exemple des décisions des Cours constitutionnelles béninoise et gabonaise, en matière de régulation de la vie politique, pour justifier son verdict[5]. Par conséquent, c'est pour ces trois principales raisons que les juges constitutionnels du Bénin, du Gabon et de Madagascar retiendront notre attention.

---

1 Que ce soit au Bénin (article 1er –5 CB), au Gabon (article 2, alinéa 8 CG) ou à Madagascar (article 4, alinéa 7 CM), le français est institué comme langue officielle.

2 V. CANIVET Guy, « La politique jurisprudentielle », in *La politique jurisprudentielle-Cour de cassation* [en ligne].

3 V., EMMANUEL Delphine Edith, « Le pouvoir normatif de la Cour constitutionnelle d'Afrique du Sud », *RDP*, 2015.

4 V. ESSONO OVONO Alexis, « Les normes et techniques de contrôle de constitutionnalité des lois au Gabon », *Afrique juridique et politique*, la Revue du CERDIP, volume 2, numéro 02, 02 juillet-décembre 2006, pp. 148-181.

5 Dans la décision n°18-HCC/D3 du 25 mai 2018 relative à une requête en déchéance du Président de la République Hery RAJAONARIMAMPIANINA, par exemple, la Haute Cour constitutionnelle malgache se réfère à ses homologues béninois et gabonais pour réguler l'activité des pouvoirs publics. Cela atteste de l'existence d'un dialogue entre ces juges.

51. Comme nous venons de le voir, cette réflexion est axée sur trois principales juridictions constitutionnelles, celles du Bénin, du Gabon et de Madagascar. Cela implique d'emblée que nous adoptions une démarche comparative. L'objectif de cette étude étant de montrer que les juridictions susmentionnées exercent un office hybride, il convient alors de comparer leur pratique avec celle des autres juridictions afin de relever leurs points de ressemblances et de divergences. Selon Marie-Claire PONTHOREAU, tel est en effet l'objectif du droit constitutionnel comparé[1]. On ne pourrait d'ailleurs s'en soustraire car, si « le comparatisme est une méthode inhérente au droit processuel »[2], comme le relève Pascal JAN, il mérite d'être au cœur de notre étude dès lors que les règles de procédure sont indéfectiblement liées à l'office du juge.

52. Ainsi, les divergences qui seront mises en évidence auront surtout pour but de montrer que l'office du juge constitutionnel d'Afrique subsaharienne comporte des aspects singuliers, tandis que les ressemblances permettront de voir que cet office se standardise également. Pour ce faire, nous montrerons que les systèmes africains de justice constitutionnelle témoignent de l'obsolescence de la distinction théorique entre le modèle européen ou kelsénien de justice constitutionnelle et le modèle américain de justice constitutionnelle que souligne Guillaume TUSSEAU[3]. L'approche comparative retenue aura alors une dimension régionale, c'est-à-dire entre États d'Afrique subsaharienne, et une dimension internationale, avec les États situés en dehors du continent africain. En effet, pour rendre compte des trois systèmes de justice constitutionnelle retenus (celui du Bénin, du Gabon et de Madagascar) et afin de mieux mettre en perspectives leurs évolutions, il convient de recourir à des comparaisons internationales plus larges.

53. Sur le plan interne, la comparaison sera surtout élargie aux pays d'Afrique francophone en raison de leur proximité culturelle[4] et de leurs échanges de pratiques au sein de certaines institutions internationales telles que la Conférence des Juridictions Constitutionnelles Africaines (CJCA) et l'Association des Cours Constitutionnelles Ayant en Partage l'Usage du Français (ACCPUF). Cette comparaison est encore justifiée par la convergence de ces États dans le processus de démocratisation et leurs influences réciproques sur le chemin de l'État de droit. Nous ferons alors quelques incursions au Burkina-Faso, au Cameroun, en Centrafrique, au Congo, au Mali, au Niger, au Rwanda, au Sénégal, au Tchad et au Togo. Pour

1 PONTHOREAU Marie-Claire, *Droit(s) constitutionnel(s) comparé(s)*, *op. cit.*, pp. 103-134.
2 JAN Pascal, *La saisine du Conseil constitutionnel*, Paris, LGDJ, 1999, p. 38.
3 TUSSEAU Guillaume, *Contre les « modèles » de justice constitutionnelle*, *op. cit.*, pp. 25-57.
4 En raison de leur passé colonial, tous ces pays utilisent par exemple le « français » comme langue officielle.

mieux asseoir la démonstration, nous allons par ailleurs examiner les systèmes de justice constitutionnelle de certains pays anglophones comme l'Afrique du Sud, précédemment mentionné, le Nigéria et la Tanzanie. C'est d'ailleurs parce que ces pays anglophones serviront d'illustration que nous avons choisi le qualificatif « Afrique subsaharienne » à la place « d'Afrique francophone » comme titre de cet ouvrage.

54. Sur le plan extracontinental, le droit positif français servira de principal outil de droit comparé. Il en sera ainsi tant les juridictions constitutionnelles africaines ont tendance à s'inspirer du Conseil constitutionnel français, sûrement en raison du contexte historique : les trois États sélectionnés sont des anciennes colonies françaises. Hormis la France, la comparaison sera aussi élargie à l'Allemagne, aux États-Unis, à l'Espagne, à l'Italie, au Portugal, à la Belgique et à la Suisse, mais à des degrés moindres. **L'objectif de cette approche comparative sera de montrer que, quand bien même les juges constitutionnels d'Afrique subsaharienne évoluent dans des « démocratures », ils participent néanmoins à l'essor d'un véritable constitutionnalisme parce qu'ils développent des techniques et méthodes similaires à celles des juridictions des grandes démocraties.** Comme le précise Mario SARFATTI, l'avantage d'une telle approche est « de tirer de l'apparente diversité un fond commun »[1]. Précisons à présent l'esprit de notre démonstration.

IV. Esprit de la démonstration

Après avoir réfléchi sur l'utilité de la présente recherche ; son objet et sa délimitation ; il ne reste plus qu'à préciser l'esprit de notre démonstration, c'est-à-dire la manière dont l'étude sera menée. Pour ce faire, il conviendra préalablement de déterminer la problématique qu'elle soulève (A), puis d'énoncer notre réponse, mieux, notre thèse (B), ainsi que les outils et opérations qui seront mobilisés pour la soutenir (C), avant de voir, enfin, la manière de la défendre dans une démarche raisonnée (D).

A. La problématique

55. Quel est l'office du juge constitutionnel en Afrique subsaharienne ? Telle est la problématique qui sous-tendra l'intégralité de notre recherche. Celle-ci mérite d'être analysée car si les constitutions africaines précisent que le juge

1 SARFATTI Mario, « Le droit comparé en fonction de l'unification du droit », in : *RIDC*, n° 3-1, 1951, p. 69.

susmentionné est un organe juridictionnel, elles ne nous renseignent pas plus sur l'étendue et les limites de son pouvoir juridictionnel.

D'abord, en ce qui concerne l'étendue de ce pouvoir, il est à noter que les constituants africains ont doté les Hautes juridictions de nombreuses attributions. Outre le contrôle de constitutionnalité des lois, elles sont habilitées à connaître des contentieux des actes réglementaires[1] et de voies de fait[2]. Or, ces contentieux étant aussi dévolus au juge ordinaire, il convient de se demander si, en les connaissant, les juges constitutionnels ne s'érigent pas en juridictions suprêmes de l'ordre juridictionnel. Il pourrait en être ainsi car, si l'État de droit, entendu comme un État dans lequel la Constitution prime sur toute autre norme, subsume désormais l'État légal, compris comme un État dans lequel la loi est supérieure à toute autre norme, il est fort probable qu'en cas de concurrence entre le juge constitutionnel et le juge ordinaire, le dernier mot revienne au premier. Dès lors, la question de savoir si l'office juridictionnel des juges constitutionnels d'Afrique subsaharienne n'est pas en réalité similaire à celui du juge ordinaire s'avère incontournable.

56. Puis, en ce qui concerne les limites du pouvoir de ces juges, il importe de se demander s'ils n'outrepassent pas leurs compétences originelles à l'occasion de leur activité jurisprudentielle, c'est-à-dire lorsqu'ils produisent des normes. En termes plus clairs, en participant aux fonctions législative et constituante par le biais de leur office juridictionnel[3], les juges constitutionnels ne portent-ils pas atteinte au principe de la séparation des pouvoirs et à celui de la souveraineté nationale ? Ne transforment-ils pas plutôt ces principes, notamment celui de la souveraineté nationale en souveraineté mixte, c'est-à-dire en démocratie-prétorienne, comme le pense Jérôme GERMAIN ?[4] Ce faisant, ne modifient-ils pas leur place au sein des institutions constitutionnelles ? Classiques, certes, ces questions méritent néanmoins d'être revisitées à l'aune de l'expérience constitutionnelle africaine car elles sont d'actualité.

57. L'enjeu de la présente recherche est donc d'identifier la nature réelle de l'office des juges constitutionnels en Afrique subsaharienne et, chemin faisant, de mesurer l'apport de ces organes dans l'affermissement du constitutionnalisme en Afrique. Le sujet se résume alors en une série d'interrogations : l'office juridictionnel des Cours constitutionnelles d'Afrique subsaharienne est-il spécialisé ou banalisé, c'est-à-dire quasiment identique à celui qu'exerce le juge ordinaire ? L'office jurisprudentiel des Cours constitutionnelles d'Afrique subsaharienne a-t-il une dimension

---

1 V. *infra*, première partie, titre II, chapitre 1.

2 V. *infra*, première partie, titre II, chapitre 2.

3 V. *infra*, Seconde partie, titre I.

4 GERMAIN Jérôme, « La critique kantienne de la justice constitutionnelle chez Ingeborg Maus », in : Christophe BOURIAU et Jochen SOHNLE (dir.), *La dimension kantienne de l'État de droit : regards croisés de juristes et de philosophes dans une optique européenne*, Presses universitaires de Nancy, 2020.

politique ? Dans tous les cas, les Cours constitutionnelles susmentionnées contribuent-elles à la garantie de l'État de droit et au respect des principes de séparation des pouvoirs et de souveraineté nationale ? *Quid* de leur légitimité ?

B. La thèse proposée

58. Toute notre démonstration est animée par la défense d'une idée difficilement contestable : en Afrique subsaharienne, le juge constitutionnel exerce un office hybride. Cette hybridité résulte du décalage entre ce que disent les textes encadrant les pouvoirs et devoirs des juges constitutionnels et la pratique ou les techniques mises en œuvre par ces derniers pour atteindre leur ultime objectif, la garantie de la suprématie de la Constitution. En effet, si les textes attestent que les juges constitutionnels d'Afrique subsaharienne disposent des compétences juridictionnelles, parce qu'ils doivent dire le droit et trancher les litiges, la pratique, elle, révèle qu'ils ne peuvent, à cette occasion, s'empêcher de créer des normes, de produire du droit, et donc d'exercer un pouvoir normatif. Ainsi que le soutient Isabelle BOUCOBZA, la présentation « traditionnelle de la fonction juridictionnelle, soit comme fonction d'application, soit comme fonction de création du droit, ne rend pas du tout compte de la réalité »[1]. En effet, il ne s'agit pas de deux conceptions alternatives et/ou chronologiquement séparées, mais de deux opérations inhérentes à l'activité juridictionnelle[2]. C'est la raison pour laquelle nous soutiendrons la thèse selon laquelle les juges constitutionnels d'Afrique subsaharienne exercent un office juridico-politique. Si cet office est partagé par l'ensemble des juridictions constitutionnelles, en Afrique il a une originalité parce qu'il se normalise en même temps qu'il se singularise.

59. Soutenir que les juges constitutionnels d'Afrique subsaharienne sont à la fois des organes juridictionnels et politiques qui se normalisent tout en se singularisant signifie alors que leur office a un caractère hybride. Leur normalisation est justifiée par le fait qu'ils obéissent à la logique du « constitutionnalisme global »[3] et s'arriment aux exigences des « standards constitutionnels mondiaux »[4]. Le but de cette thèse n'étant pas d'analyser les mécanismes de diffusion du droit constitutionnel et de ses valeurs sous l'angle des interactions entre ordres juridiques à travers le double prisme de l'internationalisation des constitutions nationales et de la constitutionnalisation du droit international public[5], les analyses sur le

---

1 BOUCOBZA Isabelle, *La fonction juridictionnelle. Contribution à une analyse des débats doctrinaux en France et en Italie*, Paris, Dalloz, 2005, p. 5.

2 *Ibid.*

3 CHÉROT Jean-Yves et FRYDMAN Benoît (dir.), *La science du droit dans la globalisation*, Bruxelles, Bruylant, 2012.

4 DISANT Mathieu et al., *Les standards constitutionnels mondiaux*, Bruxelles, Bruylant, 2018.

5 DISANT Mathieu et al., *Les standards constitutionnels mondiaux*, précité ; PINON Stéphane, « Les visages cachés du constitutionnalisme global », *RFDC*, 2016/4, n°108, p. 927.

constitutionnalisme global, expression qui, selon Guillaume TUSSEAU, se rapporte à la « manière dont nous sommes aujourd'hui gouvernés globalement »[1], n'occuperont alors qu'une place subsidiaire lors de nos développements.

60. Il en ira différemment des réflexions relatives à l'application des standards constitutionnels mondiaux par les juges. En d'autres termes, la présente recherche consiste aussi à montrer qu'en exerçant un office juridico-politique, les juges constitutionnels d'Afrique subsaharienne s'adaptent à leur temps, dans la mesure où la majeure partie des juridictions constitutionnelles du monde exerce également un office similaire. À titre d'exemple, le Conseil constitutionnel français a été institué en tant qu'organe politique. D'ailleurs, le choix du terme « Conseil » à la place du terme « Cour », dès 1958, témoigne de cette volonté du constituant d'attribuer une nature politique à cet organe. Cependant, en affinant ses méthodes et techniques de travail, d'une part, et en voulant légitimer sa nature juridictionnelle, d'autre part[2], ce Conseil s'est transformé en authentique organe juridico-politique[3]. En sens inverse, les constituants africains de la décennie 1990 ont institué de véritables « Cours constitutionnelles » et non des « Conseils », mais celles-ci se sont transformées en organes politiques. Il ressort alors de ces deux exemples que l'office juridictionnel du juge constitutionnel est consubstantiellement politique. À cet effet, cette étude vise aussi à caractériser la forme particulière prise en Afrique de ce double office. Telle est, en résumé, la thèse que nous tenterons de défendre dans la présente recherche. Notre thèse étant identifiée, il convient de préciser la manière dont elle sera traitée.

C. La méthode retenue

61. Selon Madeleine GRAWITZ, la méthode désigne « un ensemble concerté d'opérations mises en œuvre pour atteindre un ou plusieurs objectifs » »[4]. Elle est intrinsèquement liée aux techniques qui s'entendent comme des « procédés opératoires, des outils permettant d'atteindre les buts fixés par les méthodes »[5]. Les techniques et les méthodes sont donc nécessaires à une recherche parce qu'elles permettent de mettre en évidence la manière dont elle sera menée. Pour ce faire, il nous parait nécessaire de préciser tout d'abord les

---

1 TUSSEAU Guillaume, « Un chaos conceptuel qui fait sens : la rhétorique du constitutionnalisme global », in : CHÉROT Jean-Yves et FRYDMAN Benoît (dir.), *La science du droit dans la globalisation*, Bruxelles, Bruylant, 2012, p. 184.
2 ROUSSEAU Dominique, « L'office du juge constitutionnel », précité.
3 ROUSSEAU Dominique et al., *Droit du contentieux constitutionnel*, 12e éd., Paris, LGDJ, 2020, pp. 87-94.
4 GRAWITZ Madeleine, *Méthodes des sciences sociales*, 9ème éd., Paris, Dalloz, 1993, p. 302 ; BOUILLON Henri, *La technique juridique*, Paris, L'Harmattan, 2016, p. 24.
5 *Ibid.*

outils que nous allons mobiliser pour essayer de défendre notre thèse, avant de justifier la démarche à suivre.

62. S'agissant des techniques ou des outils mobilisés pour la présente recherche, ils seront de trois sortes. Nous convoquerons d'abord les sources formelles primaires. Celles-ci renvoient d'une part aux lois fondamentales et, d'autre part, aux lois organiques sur les Cours constitutionnelles. Il est utile d'analyser ces instruments car ce sont eux qui définissent les missions dévolues aux juges constitutionnels. Il sera ensuite nécessaire de mobiliser les sources formelles secondaires, à savoir la jurisprudence et la doctrine. L'étude de la jurisprudence de ces Cours permettra de connaître la portée de leur office. On verra qu'elle révèle qu'en disant le droit, les juges constitutionnels réécrivent les lois et la Constitution. Il importera alors d'analyser les significations que la doctrine donne de cette immixtion des juges dans les fonctions législative et constituante. En effet, c'est grâce à la doctrine que nous pourrons mieux mesurer les conséquences de la politisation de l'office des juges dans l'ordre constitutionnel, ainsi que les formes africaines de ce phénomène mondial.

63. S'agissant de la méthode retenue, trois solutions étaient envisageables. La première consistait à analyser l'office des juges à partir de leur finalité. En ce sens, en nous inspirant de l'article 16 de la Déclaration des Droits de l'Homme et du Citoyen (DDHC) de 1789[1], nous aurions pu distinguer l'office des juges dans la garantie des droits fondamentaux, d'une part, et leur office dans la protection de la séparation des pouvoirs, d'autre part. Pertinente et cohérente parce qu'elle permet de mesurer la portée de la contribution des juridictions constitutionnelles dans le renforcement du constitutionnalisme, cette démarche est cependant critiquable car elle n'apporte pas suffisamment d'informations sur la nature des juges, leur degré d'indépendance, leur place dans la société, etc. De plus, notre plan aurait été substantiellement déséquilibré, tant le contentieux des libertés publiques et droits fondamentaux n'est pas abondant dans les trois pays sélectionnés[2]. C'est eu égard à ces deux raisons qu'il nous a semblé judicieux d'écarter cette approche.

64. La deuxième approche que nous avons voulu retenir est celle qui insiste sur les moyens permettant aux juridictions constitutionnelles d'atteindre leurs objectifs. Celle-ci nous aurait permis d'identifier d'un côté l'office juridictionnel des juges, c'est-à-dire les techniques et méthodes que les juges utilisent pour dire le droit, et, de l'autre, leur office jurisprudentiel, entendu

---

1 Selon l'article 16 de la DDHC, « [toute] société dans laquelle la garantie des droits n'est pas assurée, ni la séparation des pouvoirs déterminée, n'a point de constitution ».

2 Au Gabon et à Madagascar, le contentieux des droits fondamentaux n'est pas abondant car les citoyens recourent rarement à la technique de l'exception d'inconstitutionnalité. Au Bénin, en revanche, ce contentieux est très prolixe car la Cour constitutionnelle est compétente pour protéger les droits humains. Pour ce faire, il faut qu'elle soit saisie au moyen d'une plainte, tel un juge pénal. Cet aspect sera davantage examiné dans la première partie de cette étude, au titre II et au chapitre 2.

comme les instruments et les démarches auxquels ils ont recours pour créer des normes. Mais en droit administratif, par exemple, cette orientation ayant déjà été retenue par Yves GAUDEMET[1] et dans une large mesure par Damien CONNIL[2], on nous aurait reproché, à juste titre, d'avoir manqué d'originalité.

65. C'est la raison pour laquelle il nous a semblé judicieux de proposer une troisième démarche susceptible d'englober les deux précédentes. Celle-ci s'articule autour de la nature de l'office des juges constitutionnels. Elle est intéressante parce qu'elle permet d'identifier l'étendue du pouvoir juridictionnel et les limites du pouvoir jurisprudentiel des Hautes juridictions. Nous verrons par exemple que si l'office juridictionnel des juges constitutionnels d'Afrique subsaharienne est banalisé, leur pouvoir normatif, lui, prend les allures d'une fonction politique. C'est pour cette troisième démarche que nous avons exprimé notre préférence parce qu'elle permet de mieux identifier les particularités et généralités de ces juges lorsqu'ils exercent un office inhérent à tout organe chargé d'assurer la garantie juridictionnelle de la Constitution. **Dès lors, une approche inductive nous a paru la plus commode. En effet, c'est en partant des faits, des exemples jurisprudentiels et de la prégnance de la présidentialisation des régimes politiques en Afrique[3] qu'une systématisation de l'office des juges constitutionnels sus-évoqués a été possible.** Certes pourrait-on trouver cette démarche inductive peu rigoureuse parce qu'elle débouche parfois sur des conclusions "hâtives", voire fragiles. **Mais, en réalité, elle reste à n'en point douter pertinente parce qu'elle repose sur un syllogisme implacable.** À titre d'exemple, pour conclure à la banalisation de l'office du juge constitutionnel en Afrique, le syllogisme suivant irrigue toute la première partie de l'étude : toute juridiction compétente pour connaître des affaires de droit commun — droit civil, pénal, administratif, social, etc. — est une juridiction ordinaire (la majeure). Or, le juge constitutionnel d'Afrique subsaharienne connait des litiges de droit commun (la mineure). Alors, il est un juge ordinaire (conclusion). **Raisonnement juridique indéboulonnable, ce syllogisme sous-tend par ailleurs l'intégralité de la seconde partie de cette réflexion.** La méthode et les modes de raisonnement retenus pour mener à bien cette recherche ayant été exposés, il convient, en définitive, de préciser le plan choisi.

D. Le plan choisi

66. Toute cette étude s'articulera autour de deux types d'offices qu'exerce le juge constitutionnel en Afrique subsaharienne, à savoir un office juridictionnel et un office politique. Il convient de rappeler que ces deux

---

1 GAUDEMET Yves, *Les méthodes du juge administratif*, Paris, LGDJ, 2013.

2 CONNIL Damien, *L'office du juge administratif et le temps*, Paris, Dalloz, 2012.

3 Voir, seconde partie, titre 1, chapitre 2, section, paragraphe 2 ; titre 2, chapitre 2, section 2.

offices sont intrinsèquement liés, notamment parce que le second, l'office politique, est immanent au premier, l'office juridictionnel. L'analyse de ce caractère hybride de l'office des juges est d'ailleurs d'actualité, en témoignent les récents travaux ci-après : *Les grands arrêts politiques de la jurisprudence administrative*[1] ; *Les juges : décideurs politiques ?*[2] Les juges constitutionnels d'Afrique subsaharienne exercent alors un office hybride car, comme les autres juges, **ils font de la politique en disant le droit.** Nous tenterons de défendre cette thèse en insistant sur le fait que si leur office est éminemment juridictionnel, il est aussi consubstantiellement politique. Notre plan obéira donc à la structuration suivante :

Première partie : Un office éminemment juridictionnel

Seconde partie : Un office consubstantiellement politique

1 CAILLOSSE Jacques et al., *Les grandes arrêts politiques de la jurisprudence administrative*, 1re éd., Paris, LGDJ, 2019.

2 GRANDJEAN Geoffrey, WILDEMEERSCH Jonathan, *Les juges : décideurs politiques ? Essais sur le pouvoir politique des juges dans l'exercice de leur fonction*, Bruxelles, Bruylant, 2016.

PREMIÈRE PARTIE : UN OFFICE ÉMINEMMENT JURIDICTIONNEL

Dès leur émergence dans la décennie 1990, plusieurs Cours constitutionnelles en Afrique subsaharienne ont été investies d'une mission et/ou d'un statut juridictionnel par les constituants[1]. Si l'on s'en tient à l'acception que François OST et Marcel WALINE accordent à la notion de juridiction, il est permis d'avancer qu'elles ont reçu une habilitation expresse pour dire le droit et trancher les litiges[2]. Au fil du temps, elles renforcèrent cet office, au point où elles apparaissent désormais comme des juridictions quasi-ordinaires. L'objet de cette première partie est alors de montrer que les Cours constitutionnelles sélectionnées pour cette étude sont de véritables juridictions parce qu'elles exercent un office quasiment similaire à celui du juge ordinaire, en l'occurrence le juge administratif et le juge judiciaire. La juridictionnalisation incontestée de leur procédure **(Titre I)** et la banalisation progressive de leurs compétences contentieuses l'attestent suffisamment **(Titre II)**.

---

1 Au Bénin, l'article 114 de la Constitution du 11 décembre 1990 dispose à cet effet que « [l]a Cour constitutionnelle est la plus haute juridiction de l'État en matière constitutionnelle ». On retrouve une formule similaire dans l'article 83 de la Constitution gabonaise du 26 mars 1991.
2 OST François, *Dire le droit, faire justice*, 2e éd., Bruxelles, Bruylant, 2012, p. VII ; WALINE Marcel, « *Préface. Les grandes décisions du Conseil constitutionnel* », in : GAIA Patrick et al., *Les grandes décisions du Conseil constitutionnel*, Paris, Dalloz, 2018, p. v.

TITRE I : LAJURIDICTIONNALISATION INCONTESTÉE DE LA PROCÉDURE

67. Par « juridictionnalisation de la procédure », il faut entendre le fait de confier à une juridiction le contrôle de l'ensemble des formalités qu'elle doit suivre pour parvenir à une solution ; ou encore le fait pour cette juridiction d'assurer elle-même le contrôle de ces formalités. La première hypothèse concerne la juridictionnalisation par voie législative, c'est-à-dire celle qui s'opère au moyen des textes[1]. Elle est identifiable à partir des règlements de procédure des juridictions constitutionnelles. La seconde hypothèse se rapporte à la juridictionnalisation empirique. Elle a lieu lorsqu'une juridiction, en l'absence de toute codification, adopte une méthode de travail qui aboutit à un résultat favorable au principe du contradictoire. Les Cours constitutionnelles d'Afrique subsaharienne exercent incontestablement un office éminemment juridictionnel car leur procédure obéit à cette double logique. On avancera qu'un véritable procès constitutionnel se développe en Afrique subsaharienne en raison de la flexibilité de l'action, d'une part **(chapitre 1)**, et de la judiciarisation de l'instance, d'autre part **(chapitre 2)**.

---

1 C'est à elle que font allusion les professeurs Henry ROUSSILLON et Pierre ESPULGAS lorsqu'ils soutiennent que « la mise en vigueur de la QPC a conduit à faire évoluer radicalement les méthodes de travail du Conseil dans le sens de leur juridictionnalisation ». V. ROUSSILLON, Pierre ESPULGAS, *Le Conseil constitutionnel*, 7ème éd., Paris, Dalloz, 2011, p. 26.

CHAPITRE I :
LA NORMALISATION DE L'ACTION

Dès l'ouverture des procès constitutionnels en Afrique subsaharienne, les signes d'une juridictionnalisation de l'office des juges sont perceptibles. La normalisation de l'action, c'est-à-dire la banalisation de la procédure de saisine des juges, en est la preuve. En témoignent la généralisation du droit d'accès aux juges constitutionnels **(Section 1)** et la simplicité des conditions de recevabilité des recours **(section 2).**

SECTION I : LA GÉNÉRALISATION DU DROIT D'ACCÈS AUX JUGES CONSTITUTIONNELS D'AFRIQUE SUBSAHARIENNE

68. Le prétoire des juges constitutionnels d'Afrique subsaharienne est ouvert à divers acteurs, à savoir : les institutions (I) et les personnes privées (II). Cette situation témoigne de la juridictionnalisation de l'office de ces organes parce qu'elle favorise le développement d'un procès constitutionnel. Il y a en effet procès constitutionnel car les saisissants susmentionnés invitent les juges à statuer sur deux éléments clés du droit processuel : la prétention juridique et la contestation.

I. UN DROIT ACCORDÉ À DIVERS ACTEURS INSTITUTIONNELS

69. En Afrique subsaharienne, le droit de saisir les juges constitutionnels est accordé à l'ensemble des pouvoirs publics, c'est-à-dire à tous les organes étatiques qui exercent des compétences souveraines. Ces organes sont :

l'exécutif (A), le législatif (B), les juges (C) et dans une large mesure les autorités administratives indépendantes (D).

A. Les autorités exécutives

La saisine des juges constitutionnels d'Afrique subsaharienne est ouverte à la quasi-totalité des autorités exécutives, c'est-à-dire à la majeure partie des organes disposant d'un pouvoir décisionnel de nature politique[1] en vue d'assurer la continuité de la vie nationale[2]. Banalisée, et donc juridictionnalisée, cette saisine peut être enclenchée aussi bien par les autorités exécutives centrales (1) que par les autorités exécutives locales (2).

1. Les autorités exécutives centrales

70. Au niveau central, deux autorités exécutives sont habilitées à saisir les juges constitutionnels : le Président de la République et le Premier Ministre (particulièrement au Gabon).

71. Le Président de la République. En sa qualité de garant politique de la Constitution, le chef de l'État est habilité à saisir le juge constitutionnel dans deux hypothèses : à l'occasion d'un contrôle de constitutionnalité et à l'occasion d'une consultation. Dans le premier cas, le Chef de l'État sollicite de la Haute juridiction une authentification des textes adoptés par le Parlement. Cette saisine peut tout d'abord conduire le juge constitutionnel à exercer un office juridictionnel non contentieux. Il en est ainsi quand le Président de la République défère au juge constitutionnel les lois organiques aux fins d'un contrôle de constitutionnalité, et ce, avant leur promulgation. Telle est l'exigence qui figure à l'article 121 de la Constitution béninoise[3] et à l'article 117 de la Constitution malgache[4].

72. À ce niveau, le caractère non contentieux de l'office juridictionnel du juge constitutionnel est attesté par l'absence de contestation. En effet, le contrôle des lois organiques par le juge constitutionnel étant automatique en raison de son caractère obligatoire[5], le Président de la République exerce en quelque sorte une compétence liée quand ils les défèrent devant la Haute juridiction. En statuant sur de telles lois, l'office du juge n'est pas de trancher un litige

1 JAN Pascal, *Le procès constitutionnel*, Paris, LGDJ, 2010, p. 106.

2 GICQUEL Jean et GICQUEL Jean-Éric, *Droit constitutionnel et institutions politiques*, 32ème éd., 2018-2019, Paris, LGDJ, p. 627.

3 Art. 121 CB : « la Cour constitutionnelle, à la demande du Président de la République (…), se prononce sur la constitutionnalité des lois avant leur promulgation ».

4 Art. 117 CM : « avant leur promulgation, les lois organiques, les lois et les ordonnances sont soumises obligatoirement par le Président de la République à la Haute Cour constitutionnelle qui statue sur leur conformité à la Constitution ».

5 BLANQUER Jean-Michel, *Les méthodes du juge constitutionnel*, Thèse, Paris 2, 1993, p. 56.

mais de donner un brevet de constitutionnalité ou une valeur juridique à ces textes. Il s'agit alors d'une « saisine-constatation » dans la mesure où il est simplement demandé au juge de dire si la loi organique est conforme ou non à la Constitution.

73. Par ailleurs, le Président de la République peut inviter le juge constitutionnel à exercer un office juridictionnel contentieux, notamment s'il estime qu'une loi ordinaire ou qu'un acte réglementaire est contraire à une règle ou à un principe de valeur constitutionnelle. Il exerce alors une « saisine-contestation » dans la mesure où il remet en cause un texte approuvé par le Parlement ou par l'administration. De tous les pays sélectionnés pour cette recherche, cette forme de saisine n'est prévue que par le constituant gabonais[1]. Ainsi, alors que les Chefs d'État béninois et malgache exercent des « saisines-constatations », le Chef de l'État gabonais est habilité à déclencher des « saisines-contestations ». Il existe tout de même une forme de saisine commune à tous ces Présidents : celle qui intervient en matière consultative.

74. Seconde forme de saisine susceptible d'être déclenchée par le Président de la République, la « saisine-consultation », pour reprendre l'expression de Jean Michel BLANQUER[2], conduit aussi le juge constitutionnel à exercer un office juridictionnel. Il en est ainsi parce que cette forme de saisine consiste à obtenir du juge un avis sur une question de droit. Ces avis sont par exemple sollicités lorsque les institutions de la République, l'indépendance ou les intérêts supérieurs de la Nation, l'intégrité du territoire ou l'exécution des engagements internationaux de l'État sont menacés d'une manière grave et immédiate[3] ; ou encore en cas d'initiation d'un référendum[4]. Cette « saisine-consultation » est la preuve d'une collaboration entre le garant politique de la Constitution, le Président de la République, et le garant juridictionnel de la Constitution, le juge constitutionnel. Cette collaboration implique une troisième autorité exécutive : le Premier Ministre[5].

75. Le Premier Ministre. En ce qui concerne cette figure de proue du gouvernement, il importe de souligner que sa saisine n'intervient que dans les pays où le constituant l'y habilite. Ce n'est pas par exemple le cas à Madagascar qui, pourtant, connaît un exécutif bicéphale, c'est-à-dire un pouvoir exécutif composé d'un Président de la République et d'un Premier Ministre chef du Gouvernement. **Cela pourrait s'expliquer par la nature présidentialiste du régime politique, lequel est concrétisé par un**

---

1 Art. 85 CG : « Les autres catégories de loi ainsi que les actes réglementaires peuvent être déférés à la Cour constitutionnelle [...] par le Président de la République [...] ».
2 BLANQUER Jean-Michel, *Les méthodes du juge constitutionnel*, *op. cit.*, p. 59.
3V. art., 26 CG; art. 68 CB; art. 61 CM.
4 V. art., 58 CB.
5 CARCASSONE Guy et GUILLAUME Marc, *La Constitution*, 13e éd., Paris, Seuil, 2016, p. 133.

bicéphalisme inégalitaire[1]. Ce n'est pas non plus le cas au Bénin en raison du caractère monocéphale de l'exécutif[2].

Au Gabon, en revanche, le Premier Ministre a le droit d'accéder au prétoire de la Cour constitutionnelle. Dans ce pays, en effet, le Premier Ministre doit, tout d'abord en tant que principale autorité réglementaire de l'Etat[3], saisir la Cour constitutionnelle aux fins d'un contrôle de conformité à la Constitution des lois organiques, avant leur promulgation[4], et des traités, avant leur ratification (article 87 CG). Il s'agit d'une saisine obligatoire qui, comme nous l'avons précédemment mentionné, amène le juge constitutionnel à exercer un office juridictionnel non contentieux, dans la mesure où le Premier Ministre ne conteste pas les textes déférés au contrôle du juge mais exerce simplement une « compétence ligotée »[5], à savoir la sollicitation d'un brevet de conformité à la Constitution sur les textes pris par les autorités étatiques.

76. Comme le Président de la République, le Premier Ministre gabonais peut par ailleurs pousser la Cour constitutionnelle à exercer un office juridictionnel contentieux en cas de contestation d'une loi ordinaire ou d'un acte réglementaire, et ce, dans le mois de leur publication (article 87 CG)[6]. On ne saurait conclure cette partie sans préciser qu'au sein de l'exécutif, notamment au niveau central, le droit de saisir le juge constitutionnel est cependant dénié aux autres ministres et au Vice-Président de la République (s'agissant particulièrement du Gabon)[7]. En conséquence, le Premier Ministre apparaît comme le deuxième interlocuteur du juge constitutionnel au sein du pouvoir exécutif central. Les autres interlocuteurs se trouvent au niveau local.

---

1 Cette expression traduit la logique selon laquelle au sein de l'Exécutif, le Président disposerait d'attributions plus importantes que le Premier ministre.

2 Au Bénin, la Constitution ne prévoit pas le poste de Premier ministre. Selon l'article 54, c'est le Président de la République qui est le chef du Gouvernement. Dès lors, c'est lui qui détermine et conduit la politique de la Nation.

3 C'est ce que l'article 29 de la Constitution gabonaise affirme par exemple en ces termes : « le Premier Ministre dirige l'action du Gouvernement. Il assure l'exécution des lois [...] il exerce le pouvoir réglementaire [...] » ; V. aussi, GOHIN Olivier, *Institutions administratives*, 5ème éd., Paris, LGDJ, p. 110.

4 Art. 85 CG : « les lois organiques sont soumises par le Premier Ministre à la Cour constitutionnelle avant leur promulgation ».

5 V. Note bibliographique de LETOURNEUR sur Lino DI QUAL, « La compétence liée », in : *RIDC*, 1965/17 n°2, pp. 513-514. Pour plus de précision, V. DI QUAL Lino, *La compétence liée*, Paris, LGDJ, 1946.

6 Art., 87 CG.

7 Au Gabon, le Vice-Président fait également partie du pouvoir Exécutif. Selon l'article 14d de la Constitution, le Vice-Président a en effet pour rôle de suppléer « le Président de la République dans les fonctions que celui-ci lui délègue ».

2. Les autorités exécutives locales : une singularité malgache

77. Des trois pays étudiés, seul Madagascar habilite les autorités locales[1] à saisir le juge constitutionnel. Il s'agit principalement des autorités décentralisées, c'est-à-dire celles qui, élues sur le plan local, administrent et gèrent librement les affaires de leur communauté[2]. Comme l'énonce l'article 118 de la Constitution : « [...] les organes des collectivités territoriales décentralisées [...] peuvent déférer à la Cour constitutionnelle, pour contrôle de constitutionnalité, tout texte à valeur législative ou réglementaire ainsi que toutes matières relevant de sa compétence ». Ces organes des collectivités territoriales sont : les maires, agissant pour le compte des communes, les chefs des régions, notamment au niveau régional, et les gouverneurs, au niveau provincial[3].

78. Les maires. À Madagascar, l'article 148 de la Constitution précise que « les communes constituent les collectivités décentralisées de base ». À ce titre, elles sont, en vertu de l'article 118 de la Constitution précédemment mentionné, compétentes pour saisir la Haute Cour constitutionnelle. Cette saisine ne peut intervenir que par le truchement de leur représentant : les maires. Par « maire », il faut entendre l'autorité centrale d'une commune en ce sens qu'elle est à la fois l'agent de l'État dans la commune et l'agent de la commune auprès du Conseil départemental[4].

79. En accordant à ces agents de l'État le droit de saisir la Haute Cour, les constituants leur donnent la possibilité de contester, au nom de leur commune, tout texte législatif qu'ils jugent contraire à la Constitution. Lorsqu'une telle hypothèse se produit, le juge constitutionnel n'a pas d'autres choix que d'ouvrir un véritable procès constitutionnel contre l'acte contesté. Ce procès, qui oppose le maire, auteur de la saisine, au législateur, auteur du texte contesté, donne un caractère juridictionnel à l'office du juge parce qu'il porte en définitive sur une prétention : le désaveu du texte querellé.

Par ailleurs, les maires peuvent consulter la Haute Cour constitutionnelle sur toutes les questions qui relèvent de sa compétence[5]. À l'instar des autorités

---

1 Par autorités locales, il faut entendre des entités de droit public correspondant à des groupements humains géographiquement localisés sur une portion déterminée du territoire national, auxquels l'Etat a, en vertu du principe de décentralisation, conféré la personnalité juridique et le pouvoir de s'administrer par des autorités élues. V. *Lexique des termes juridiques*, *op.cit.*, p. 178.

2 GAUDEMET Yves, *Droit administratif*, 22ème éd., Paris, LGDJ, 2018, p. 213.

3 Article 143 CM : « Les collectivités territoriales décentralisées de la République sont les communes, les régions et les provinces ».

4 OBERDORFF Henri, KADA Nicolas, *Les institutions administratives*, 9e éd., Paris, Dalloz, 2019, p. 223.

5 Décision n°01-HCC/D3 du 27 juin 2011, projet de Loi organique n° 007-2011 du 5 mai 2011 relatif à la création d'une Cour Spéciale. Dans cette décision, la Haute Juridiction déclare recevable l'avis soumis à son interprétation par le maire aux motifs que « les maires des

exécutives centrales, comme nous l'avons précédemment indiqué, les maires disposent alors du droit de déclencher une « saisine-consultation » et/ou une « saisine-constatation ». Le même constat est valable en ce qui concerne la saisine du juge malgache par les Chefs des Régions et les Gouverneurs.

80. Les Chefs des Régions et les Gouverneurs. Hormis les maires, le droit de saisir le juge constitutionnel malgache est aussi étendu aux Chefs des Régions et aux Gouverneurs. En tant qu'autorités décentralisées, cette prérogative leur est également accordée par l'article 118 de la Constitution (précédemment mentionné). Formellement prévu par les textes, ce droit d'accès à la Haute juridiction est cependant rarement utilisé par ces organes décentralisés[1]. Cette sous-utilisation (ou inutilisation) de leur droit de saisine résulte peut-être de leur difficile distinction.

81. En effet, si les Gouverneurs doivent veiller au développement économique et social des provinces qu'ils dirigent[2] et les Chefs des Régions en faire autant au niveau régional[3], en réalité il n'en est rien tant les Gouverneurs exercent les fonctions dévolues aux Chefs des Régions et inversement. Dès lors, il n'est pas absurde de penser que chacune de ces autorités s'abstient de saisir le juge constitutionnel par crainte d'essuyer une décision d'irrecevabilité pour défaut de qualité à agir en raison d'une immixtion dans la sphère de compétences dévolues à l'autre autorité. Or, la mise en œuvre de leur droit de saisine serait opportune parce qu'elle renforcerait la garantie juridictionnelle de la Constitution.

Mais, qu'à cela ne tienne, l'extension du droit d'accès au juge constitutionnel malgache aux organes décentralisés témoigne déjà du caractère ordinaire de la procédure de saisine de ce juge. Et, en Afrique subsaharienne en général, bien que cette saisine ne soit pas ouverte aux organes déconcentrés, elle reste tout de même banale dans la mesure où toutes les autorités législatives peuvent aussi la déclencher.

---

communes, exerçant la fonction exécutive, figurent parmi les organes des collectivités décentralisées »

1 Tout au long de nos recherches, nous n'avons détecté aucune décision rendue par la Haute Cour Constitutionnelle, à la suite d'une saisine d'un Chef de Région ou d'un Gouverneur.

2 Art. 157 CM : Les Gouverneurs assurent « la coordination et l'harmonisation des actions de développement d'intérêt provincial et veillent au développement équitable et harmonieux des collectivités territoriales décentralisées dans la province ».

3 Art. 153, alinéa 1 : « Les régions ont une vocation économique et sociale ».

82. Les autorités législatives désignent celles qui sont chargées de voter la loi, d'arrêter le budget de l'État et de contrôler l'action du pouvoir exécutif[1]. Encore appelées parlementaires, ces autorités sont habilitées à saisir les Cours constitutionnelles d'Afrique subsaharienne de deux manières : soit par le truchement des Présidents de Chambres (1), soit par l'intermédiaire de certains parlementaires (2).

1. Les Présidents de Chambres

83. Au Gabon et à Madagascar, les constituants ont choisi d'instituer des Parlements bicaméraux, c'est-à-dire des Parlements composés de deux chambres : le Sénat et l'Assemblée nationale. Chacune de ces chambres parlementaires est dirigée par un président. Celui-ci est habilité à saisir la Cour constitutionnelle aux fins d'un contrôle de constitutionnalité du Règlement intérieur de l'institution qu'il préside[2]. Il peut en outre soumettre au contrôle de la Haute juridiction les engagements internationaux avant leur ratification[3] et, enfin, solliciter un avis[4]. Mais pour que cette saisine soit recevable, il ne faut pas qu'elle émane d'un Président intérimaire. La Haute Cour Constitutionnelle malgache, par exemple, le précise dans la décision du 07 septembre 2018 en ces termes :

> « [considérant] que le fait d'assurer l'intérim pour absence temporaire du Président de l'Assemblée nationale ne confère pas au requérant la qualité de Chef d'Institution et,

1 Cette définition fera l'objet d'un approfondissement dans la seconde partie de cette étude, notamment lorsqu'il s'agira de montrer que les juges constitutionnels d'Afrique subsaharienne sont aussi des législateurs.

2 Article 84 CG : « La Cour constitutionnelle statue obligatoirement sur (...) Les Règlements de l'Assemblée nationale et du Sénat avant leur mise en application, quant à leur conformité à la Constitution » ; à Madagascar, l'article 117, alinéa 4 de la Constitution dispose : « Le règlement intérieur de chaque Assemblée est soumis au contrôle de constitutionnalité avant sa mise en application ».

3 C'est le cas dans la décision n°008/CC du 22 juin 2000 rendue par la Cour constitutionnelle du Gabon, à propos d'un Accord de coopération en matière de pêches maritimes entre le Gouvernement de la République Gabonaise et le Gouvernement du Royaume du Maroc, *Recueil des décisions et avis*, 2008.

4 C'est ce que fait par exemple le Président de l'Assemblée nationale gabonaise lorsqu'il saisit la Cour aux fins d'une interprétation de l'article 52 de la Constitution. V. Décision n°025/CC du 16 décembre 1993, Interprétation de l'article 52 de la Constitutionnel, *Recueil des décisions et avis*, 1993, p. 127 et s. ; Décision n°007/CC du 20 juin 2000, interprétation de l'article 52 de la Constitution, *Recueil des décisions et avis*, 2000, pp. 82-83.

partant, de saisir la Cour de Céans [...], il échet de déclarer la présente saisine irrecevable en la forme »[1].

Hormis cette hypothèse, la saisine des Présidents de Chambres est recevable et conduit les juges à exercer un office juridictionnel aussi bien lorsqu'elle intervient *a priori* que lorsqu'elle est déclenchée *a posteriori.*

84. Intervenant *a priori* ou avant la promulgation de la loi, cette saisine est à la fois automatique et non contentieuse en ce qu'elle invite simplement le juge constitutionnel à constater la constitutionnalité des mesures destinées à régir la vie intérieure des assemblées[2]. Actionnée *a posteriori* ou après la promulgation de la loi, cette saisine a un caractère facultatif car les Présidents de Chambres sont libres de contester ou non la constitutionnalité des autres catégories de lois.

85. Au Bénin, en revanche, le constituant a fait le choix d'un Parlement monocaméral, composé uniquement d'une Assemblée nationale. Comme au Gabon et à Madagascar, le Président de cette assemblée doit nécessairement soumettre les Règlements intérieurs de l'Assemblée nationale au contrôle de constitutionnalité[3]. Sur ce point, la procédure de saisine des juges constitutionnels béninois, gabonais et malgache par les Présidents de Chambres parlementaires semble identique. En revanche, tel n'est pas le cas de la procédure de saisine des minorités parlementaires.

2. Les minorités parlementaires

86. Au sein des Parlements d'Afrique subsaharienne, les députés et sénateurs peuvent aussi, au même titre que les Présidents de Chambres d'ailleurs, accéder aux juges constitutionnels. Cet accès est garanti à 1/10 des députés au

---

1 Décision n°29-HCC/D3 du 07 septembre 2018 relative à une saisine du Président par intérim de l'Assemblée nationale.

2 Telle est par exemple la définition du règlement intérieur de l'Assemblée Nationale proposée par Djibrihima OUEDRAOGO lorsqu'il estime que « le règlement est [...] un acte adopté, à la majorité de ses membres, par une assemblée législative en vue de régir sa vie intérieure ». V. OUEDRAOGO Djibrihima, « Le contrôle de constitutionnalité des règlements des Assemblées parlementaires dans les Etats de l'Afrique de l'ouest francophone », *RFDC*, n°117, 2019, p. 120. Ce dernier s'inspire sans doute de la définition proposée par Olivier DUHAMEL et Yves MENY selon laquelle : « le règlement de chaque assemblée qui s'analyse comme une résolution votée par la seule assemblée concernée, regroupe l'ensemble des prescriptions relatives à l'organisation de ses travaux, à la composition de ses organes, à leurs attributions ». Ils comprennent « des mesures d'ordre interne : mode de désignation des organes de l'assemblée, discipline des délibérations, temps de parole, description des procédures à suivre pour le bon ordre des discussions, modes de votation par exemple, mais aussi des dispositions qui concernent les autres pouvoirs publics [...] ». V. DUHAMEL Olivier, MENY Yves, *Dictionnaire constitutionnel*, PUF, 1992, p. 910.

3 Article 123 CB : « [...] les Règlements intérieurs de l'Assemblée nationale [...] doivent être soumis à la Cour constitutionnelle qui se prononce sur leur conformité à la Constitution ».

Gabon[1] ; à 1/4 des membres composant l'une des Assemblées parlementaires à Madagascar[2] et à tout député au Bénin[3]. Cette saisine minoritaire conduit les juges constitutionnels susmentionnés à exercer un office juridictionnel en ce qu'elle porte sur un litige qui, pour être traité, nécessite une judiciarisation des débats politiques.

87. Généralement, cette judiciarisation est provoquée par les parlementaires de l'Opposition lorsqu'ils contestent les lois adoptées par la majorité au pouvoir. Il y a en effet judiciarisation car, saisis d'une question politique, les juges constitutionnels ont l'obligation de la trancher en des termes juridiques[4]. En réalité, cette forme de saisine obéit plus à une logique politique que juridique. Comme l'écrit Guy CARCASSONE à propos de la saisine de la minorité parlementaire pratiquée en France depuis 1974, il s'agit du « premier, en date et en importance, des droits nouveaux à l'opposition »[5]. Julie BENETTI partage cet avis lorsqu'elle affirme que ce droit de saisine devient « pour l'opposition parlementaire le plus sûr moyen de mettre en cause le programme législatif du gouvernement et de sa majorité, le meilleur rempart à la toute-puissance majoritaire »[6].

88. Il s'agit alors d'une saisine qui favorise le déclenchement de l'office juridictionnel des juges parce qu'elle met nécessairement aux prises deux catégories d'acteurs : l'Opposition et la Majorité. Au Gabon, par exemple, c'est le cas dans les décisions n°0019/CC du 05 août 2005[7] et n° 042/CC du 28 novembre 2011[8]. Juridicisée du fait de son extension aux minorités

---

1 Cf articles 85 et 87 CG et article 36 Loi organique sur la Cour ; article 131, CN.

2 Article 118, CM : « Un chef d'institution ou le quart des membres composant l'une des Assemblées parlementaires [...] ».

3 Article 21 CB : « La Cour constitutionnelle, à la demande de (...) tout membre de l'Assemblée Nationale, se prononce sur la constitutionnalité des lois avant leur promulgation ».

4 GRANDJEAN Geoffrey, « Les fonctions politiques des juges. Propos introductifs sur le pouvoir politique des juges dans l'exercice de leur fonction », in : GRANDJEAN Geoffrey et WILDEMEERSCH Jonathan (dir.), *Les juges : décideurs politiques ? Essais sur le pouvoir politique des juges dans l'exercice de leur fonction*, Bruxelles, Bruylant, 2016, p. 21.

5 CARCASSONE Guy, « La place de l'opposition : le syndrome français », *Pouvoirs*, n° 85, 1998, p. 77.

6 BENETTI Julie, « La saisine parlementaire (au titre de l'article 61 de la Constitution) », *NCCC*, n°38-12, 2013, p. 87.

7 Dans cette décision, la Haute juridiction est saisie par plusieurs parlementaires de l'Opposition gabonaise, à savoir, Messieurs Zacharie MYBOTO, Daniel KOMBE LEKAMBO, aux fins de voir déclarer inconstitutionnelles plusieurs dispositions des articles 119, 121, 122, 74 bis, 74 ter et 103 bis de la loi n°15/2005 portant modification de certaines dispositions de la loi n°7/96 du 12 mars 1996 portant dispositions communes à toutes les élections politiques.

8 En l'espèce, plusieurs parties de l'Opposition gabonaise (parmi lesquels, le Congrès pour la Démocratie et la Justice, représenté par son Secrétaire Général Monsieur Jules Aristide BOURDES OGOULINGUENDE, le Rassemblement National des Bûcherons, représenté par son Président Monsieur Pierre André KOMBILA, l'Union Républicaine pour la Démocratie et le Progrès, également représentée par son Président Monsieur Jean Marcel MALOLAS, ainsi que le Moréna Unioniste, représenté par son Président Victor Alain Eya MVEY) décident de saisir la Cour aux fins de voir déclarer inconstitutionnelles les dispositions de certains articles

parlementaires, la saisine des juges constitutionnels l'est encore en raison de son ouverture aux institutions juridictionnelles.

C. LES INSTITUTIONS JURIDICTIONNELLES

Définies comme des organes compétents pour trancher les litiges et dire le droit[1], les autorités juridictionnelles constituent la dernière catégorie de pouvoirs publics habilités à saisir les juges constitutionnels en Afrique subsaharienne. Il convient d'étayer ce propos en analysant tour à tour les saisines juridictionnelles émanant des juges ordinaires (1) et l'autosaisine du juge constitutionnel, hypothèse spécifiquement rencontrée au Bénin (2).

1. Le juge ordinaire

89. En Afrique subsaharienne, le juge ordinaire est compétent pour saisir le juge constitutionnel. Par « juge ordinaire », il faut en effet entendre les juges de droit commun (juge civil, juge pénal), d'une part, et le juge de l'administration (le juge administratif), d'autre part. Au Gabon particulièrement, cette saisine est d'abord facultative. Selon l'article 36 de la loi organique sur la Cour constitutionnelle, elle peut être exercée par les Présidents de la Cour de cassation, du Conseil d'État et de la Cour des Comptes. Intervenant après la promulgation de la loi, cette saisine pousse la Cour constitutionnelle à exercer un office juridictionnel car, en vertu de l'article 85 de la Constitution, elle porte sur la contestation des lois ordinaires et des actes réglementaires.
90. Dans les autres pays choisis pour cette étude, et y compris au Gabon, cette saisine est obligatoire, notamment quand elle porte sur une exception d'inconstitutionnalité[2]. Face à ce genre d'hypothèse, le juge du siège saisit la juridiction constitutionnelle par voie préjudicielle et sursoit à statuer jusqu'à

de l'ordonnance n°009/PR/2011 du 11 août2011 modifiant, complétant et abrogeant certaines dispositions de la loi n° 7/96 du 12 mars 1996 portant dispositions communes à toutes les élections politiques.

1V. WALINE Marcel, « Préface », in : Louis FAVOREU et Loïc PHILIP, *Les grandes décisions du Conseil Constitutionnel*, *op. cit.* p. v ; OST François, *Dire le droit, faire justice*, *op. cit.*, p. vii.

2 Au Gabon, cette exigence est prévue à l'article 86 de la Constitution en ces termes : « Tout justiciable peut, à l'occasion d'un procès devant un tribunal ordinaire, soulever une exception d'inconstitutionnalité à l'encontre d'une loi ou d'un acte réglementaire qui méconnaîtrait ses droits fondamentaux. Le Juge du Siège saisit la Cour Constitutionnelle par voie d'exception préjudicielle ». On retrouve la même exigence à l'article 118 de la Constitution de Madagascar : « Si, devant une juridiction, une partie soulève une exception d'inconstitutionnalité, cette juridiction sursoit à statuer et saisit la Haute Cour constitutionnelle qui statue dans le délai d'un mois ».

ce que la Haute juridiction se prononce sur la constitutionnalité de l'acte querellé. Cette forme de saisine transforme alors le juge constitutionnel en une juridiction suprême de l'ordre judiciaire car l'interprétation qu'il fait de la loi contestée s'impose au juge ordinaire[1]. Devenant ainsi « juge suprême d'exception » du fait d'une saisine par voie préjudicielle, le juge constitutionnel exerce alors un office juridictionnel. Au Bénin singulièrement, hormis le fait qu'elle soit saisie par le juge ordinaire, la Cour constitutionnelle confirme encore qu'elle est une véritable juridiction en se saisissant d'office.

2. L'autosaisine du juge constitutionnel : une originalité béninoise

91. Par « autosaisine », il est possible d'entendre la faculté pour le juge de « déclencher spontanément une procédure autonome, indépendamment ou accessoirement à une instance déjà engagée devant lui, et au terme de laquelle il va rendre une décision revêtue de l'autorité de la chose jugée »[2]. Parmi les pays étudiés, seule la Cour constitutionnelle béninoise est compétente pour exercer cette forme de saisine. Cette attribution lui est dévolue par le constituant dans l'article 121 de la Constitution, et ce, afin de mieux protéger les droits fondamentaux. Celui-ci dispose : « la Cour constitutionnelle [...] se prononce d'office sur la constitutionnalité des lois et de tout texte réglementaire censés porter atteinte aux droits fondamentaux de la personne humaine et aux libertés publiques ». La Haute juridiction actionne par exemple cette technique procédurale dans la décision DCC 01-046 du 21 juin 2001[3]. Au début de celle-ci, on peut lire ce qui suit :

92. « la Cour constitutionnelle, se prononçant d'office, en vertu de l'article 121 de la Constitution, suite à une lettre ouverte adressée le 28 août 2000 au Président de la République et dont copie a été enregistrée au Secrétariat de la Haute Juridiction le 31 août 2000 sous le numéro 1308/0077/REC, par laquelle la population de Houéganmè, sous-préfecture de Dogbo, se plaint de l'arrestation de Monsieur Germain KOKOU [...] ». Comme l'atteste l'expression « se prononçant d'office », aucune requête n'a explicitement été soumise à la Cour. Cependant, en vertu de son habilitation à s'autosaisir, elle déclenche elle-même un procès constitutionnel à partir de la simple lettre écrite par la population de Houégamnè. Ce faisant, elle active ses attributions

1 La notion de « Cour suprême » sera mieux examinée dans le chapitre 2 du titre 2 de cette première partie. À ce stade, il convient de relever qu'une Cour suprême est généralement placée au-dessus d'une hiérarchie juridictionnelle ou judiciaire. L'une des manifestations de cette suprématie est concrétisée par la supériorité de l'interprétation du juge suprême sur celle du juge ordinaire.

2 SENAC Charles-Edouard, *L'office du juge constitutionnel. Étude du contrôle de constitutionnalité par les juridictions françaises*, Paris, LGDJ, 2015, p. 172.

3 Décision DCC O1-046 du 21 juin 2001, Cour constitutionnelle.

juridictionnelles afin de mieux garantir les droits fondamentaux. Cette forme de saisine fait partie des compétences excentriques dont dispose le juge constitutionnel béninois.

93. Au Gabon et à Madagascar, en revanche, les Hautes juridictions ne disposent pas encore du droit d'exercer ce genre de saisine. De même en droit comparé, notamment français, ce droit à « l'auto-déclenchement de la procédure juridictionnelle » est interdit au Conseil constitutionnel, mais « seul le choix d'y mettre un terme lui incombe »[1]. Autrement dit, le Conseil constitutionnel ne peut se saisir d'office ; il dispose juste de la faculté de mettre un terme au procès lorsqu'il est saisi par les requérants habilités. La technique de l'autosaisine est donc d'emblée sujette à controverse.

94. Si en vertu de l'adage *ne procedat judex ex officio*[2], la prohibition de l'autosaisine a été consacrée par le Conseil constitutionnel français dans sa décision du 7 décembre 2012[3], aux motifs qu'elle remet en cause l'exigence d'impartialité, au Bénin en revanche la Cour constitutionnelle n'éprouve aucune hésitation à se saisir d'office, et ce, aux fins d'une protection des droits fondamentaux et des libertés publiques de la personne humaine. L'autosaisine du juge constitutionnel est donc, en droit positif béninois, un procédé juridictionnel favorable à une meilleure garantie des droits et libertés fondamentaux.

En définitive, le juge constitutionnel béninois est non seulement saisi par divers acteurs mais aussi dispose-t-il de la possibilité de s'autosaisir. Son prétoire, à l'instar de celui des autres juges constitutionnels en Afrique subsaharienne, est donc constamment sollicité. Leur saisine par les autorités administratives indépendantes en est encore la preuve.

D. Les autorités administratives indépendantes

Nombreuses sont, en Afrique subsaharienne, les Chefs d'institutions consultatives et techniques, c'est-à-dire celles qui n'exercent pas directement des fonctions exécutive, législative ou juridictionnelle, qui bénéficient du droit d'accéder au prétoire d'une Cour constitutionnelle. Dans le cadre de cette étude, ces institutions porteront la dénomination d'Autorités Administratives Indépendantes (AAI). C'est le cas des Présidents du Conseil Économique et Social (1), du Conseil National de la Communication (2) et du Haut Conseil

1 SENAC Charles-Edouard, *L'office du juge constitutionnel. Étude du contrôle de constitutionnalité par les juridictions françaises*, *op.cit.*, p. 169.
2 Cet adage signifie que « le juge ne procède pas d'office ».
3 V. CC., n° 2012-286 QPC, 7 déc. 2012, Société Pyrénées services et autres.

pour la Défense de la Démocratie et de l'État de Droit (3)[1]. Pour une meilleure connaissance de ces trois institutions, il convient de présenter successivement le rôle de chacune d'elle.

1. Le Conseil Économique et Social (CES)

95. En Afrique, plusieurs constituants habilitent le CES à accéder au prétoire du juge constitutionnel. Tels sont les cas des constituants béninois et gabonais. Mais, pour que cet accès soit valable, il faut que la saisine porte sur le Règlement intérieur de ladite institution et qu'elle intervienne avant sa mise en application. Autrement dit, le CES n'est pas compétent pour déclencher une « saisine-contestation » ; il ne peut déclencher que des « saisines-constatations ». C'est ce qu'atteste par exemple l'article 123 de la Constitution béninoise lorsqu'il dispose : « les [...] Règlements intérieurs du Conseil Économique et Social, avant leur mise en application, doivent être soumis à la Cour constitutionnelle qui se prononce sur leur conformité à la Constitution ». Au Gabon, la même exigence figure à l'article 84, alinéa 4 de la Constitution[2]. Tel est d'ailleurs le cas dans la décision du 21 avril 1993[3].
96. Nous pensons que ces « saisines-constatations » sont opportunes, dans la mesure où le CES concourt, par ses avis, rapports et recommandations, à la bonne gestion du pays au même titre que les pouvoirs publics[4]. En France,

1 Pour un résumé général des principaux auteurs de la saisine du juge constitutionnel béninois, cf. articles 121, 122, 123 CB et articles 19, 20, 21, 22 et 24 de la Loi n° 91-009 du 04 mars 1991 portant Loi organique sur la Cour constitutionnelle ; art., 139 CG et art., 118 CM.

2 « La Cour constitutionnelle statue obligatoirement sur (...) les Règlements du (...) Conseil Economique et Social avant leur mise en application, quant à leur conformité à la Constitution ».

3 Décision n°012/93/CC du 21 avril 1993, Règlement intérieur du Conseil Economique et Social, *Recueil des décisions et avis*, 1993.

4 Au Gabon par exemple, le champ de compétence dudit conseil est clairement délimité par les articles 103 et 104 de la Constitution. L'article 103 prévoit que le CES a compétence sur tous les aspects de développement économique, social, culturel et environnemental du pays. De ce fait, il est habilité à étudier quasiment tous les aspects de la vie du pays, en devenant partie prenante sur des réflexions en matière de : politique financière et budgétaire, politique des matières premières, politique sociale, culturelle et environnementale. A l'article 104, il est mentionné que le CES participe à toute commission d'intérêt national à caractère économique et social ; il est en outre chargé de donner son avis sur les questions à caractère économique, social ou culturel portées à son examen par le Président de République, le Gouvernement, le Parlement ou toute institution publique. Au Bénin, la Constitution habilite également le CES à exercer les attributions précédemment mentionnées. L'article 139 prévoit à cet effet que le Conseil peut, « de sa propre initiative, sous forme de recommandation, attirer l'attention de l'Assemblée Nationale et de Gouvernement sur les réformes d'ordre économique et social qui lui paraissent conformes ou contraires à l'intérêt général ». Cependant, cette institution n'est pas que titulaire de prérogatives, elle est aussi débitrice d'obligations. C'est ainsi qu'elle doit obligatoirement être consulté sur tout projet de plan ou tout projet de programme à caractère économique, social ou culturel, ainsi que sur toutes dispositions législatives à caractère fiscal,

Dominique CHAGNOLLAUD DE SABOURET qualifie d'ailleurs le CES comme « une assemblée constitutionnelle consultative placée auprès des pouvoirs publics, discrète mais influente »[1]. Cette analyse est partagée par Marc GUILLAUME lorsqu'il relève que le CES n'est pas « une assemblée parlementaire, mais [...] une assemblée constitutionnelle »[2]. En dehors du CES, la Haute Autorité de (l'Audiovisuel et de) la Communication jouit aussi du droit d'accès à la juridiction constitutionnelle.

2. La Haute Autorité de l'Audiovisuel et de la Communication (HAAC)

97. En tant qu'organe de régulation des médias[3], la HAAC est compétente pour saisir le juge constitutionnel. À l'instar des autres acteurs institutionnels, son droit de saisine a un caractère à la fois contentieux et non contentieux. Il est non contentieux lorsqu'il est actionné aux fins d'un contrôle de conformité à la Constitution des Règlements intérieurs de cette institution, notamment

---

économique, social ou culturel. De même, obligation est aussi faite au Gouvernement et au Parlement, quand ils sont saisis, de donner une suite aux avis et rapports formulés par le CES. Le CES, dans les pays étudiés, exerce encore deux types de missions : la facilitation et l'aide à la décision. Il est prédisposé à assurer pleinement le rôle d'une institution de facilitation en menant des actions visant à anticiper les conflits ; en cherchant préalablement à harmoniser les divergences d'intérêts susceptibles de surgir dans la société et en s'impliquant dans la mise en œuvre des solutions ou axes de travail retenus. Comme institution d'aide à la décision, il est « un véritable baromètre économique et social dans la mesure où il est chargé de donner son avis sur la formulation et la mise en œuvre des politiques publiques ». Ainsi, s'il est toujours loisible de se poser la question de savoir comment représenter la société dans toute sa diversité au sein des institutions de la République, force est de convenir avec Dominique CHAGNOLLAUD DE SABOURET que certes, cette « question n'a jamais été pleinement résolue, mais le Conseil économique, social et environnemental y contribue ». V. CHAGNOLLAUD DE SABOURET Dominique, *Droit constitutionnel contemporain*, t.2. *La Constitution de la Ve République*, 7e éd., Paris, Dalloz, 2015, p. 530.

1 CHAGNOLLAUD DE SABOURET Dominique, *Droit constitutionnel contemporain*, *op. cit.*

2 V. CARCASSONE Guy et GUILLAUME Marc, *La Constitution introduite et commentée*, Paris, le Seuil, 2017, p. 350.

3 Au Gabon par exemple, la HAC a pour mission de veiller, entre autres, au respect de l'expression de la démocratie et la liberté de la presse sur toute l'étendue du territoire, à l'accès des citoyens à une communication libre, au traitement équitable par les médias publics de tous les partis politiques et associations politiques reconnus ainsi que de la société civile, au respect par les médias publics des règles et conditions de production, de programmation et de diffusion des émissions relatives aux campagnes électorales. Au Bénin, l'article 142 de la Constitution prévoit que la HAAC « a pour mission de garantir et d'assurer la liberté et la protection de la presse, ainsi que tous les moyens de communication de masse dans le respect de la loi. Elle veille au respect de la déontologie en matière d'information et l'accès équitable des parties politiques, des associations et des citoyens aux moyens officiels d'information et de communication ».

avant leur application[1]. En revanche, le droit de saisine a une portée contentieuse, au Gabon surtout, quand l'objet porté devant la juridiction constitutionnelle est un « conflit opposant le Conseil National de la Communication à un autre organisme public »[2]. Ces deux formes de saisine ayant déjà été traitées abondamment, nous ne les analyserons pas davantage.

98. Signalons toutefois que des trois pays examinés, seul Madagascar n'a pas prévu une telle autorité administrative indépendante dans sa loi fondamentale. Cet État a, en revanche, fait preuve d'originalité par rapport au Bénin et au Gabon en créant un Haut Conseil pour la Défense de la Démocratie et de l'État de Droit (HCDDED) et en lui accordant le droit d'accéder à la Haute Cour Constitutionnelle.

3. Le Haut Conseil pour la Défense de la Démocratie et de l'État de Droit (HCDDED)

99. À Madagascar, l'accès au juge constitutionnel par le HCDDED est garanti par l'article 118 de la Constitution. Selon cette disposition, le HCDDED peut « déférer à la Cour constitutionnelle, pour contrôle de constitutionnalité, tout texte à valeur législative ou réglementaire ainsi que toutes matières relevant de sa compétence ». Cette saisine nous paraît opportune car, en tant que garant politique de l'État de droit et de la démocratie[3], le HCDDED ne cherchera à accéder au prétoire de la Haute Cour que s'il estime que les principes sus-évoqués sont susceptibles d'être bafoués. En droit comparé, cette institution tend à se rapprocher de l'*Ombudsman* en Scandinavie, du *Parliamentary Comissioner for Administration au Royaume-Uni*, du *Defensor del Pueblo* en Espagne et du Défenseur des Droits (DDD) en France, dans la mesure où elles exercent des missions quasiment identiques[4].

100. En effet, à l'instar du DDD en France, le HCDDED de Madagascar assure le respect des droits et libertés, la lutte contre les discriminations, la déontologie des activités de sécurité et bien d'autres[5]. Mais à la différence du DDD qui ne peut saisir le Conseil constitutionnel, le HCDDED de

---

1 Au Bénin, l'article 123 de la Constitution qui dispose à cet effet que « Les Règlements intérieurs de [...] la Haute Autorité de l'Audiovisuel et de la Communication [...] doivent être soumis à la Cour constitutionnelle qui se prononce sur leur conformité ». V. aussi, article 84 CG.

2 L'article 97 CG dispose : « tout conflit opposant le Conseil National de la Communication à un autre organisme public sera tranché à la diligence de l'une des parties par la Cour Constitutionnelle ».

3 Selon l'article 43 de la Constitution, « Le Haut Conseil pour la Défense de la Démocratie et l'Etat de Droit est chargé d'observer le respect de l'éthique du pouvoir, de la démocratie et du respect de l'Etat de droit, de contrôler la promotion et la protection des droits de l'homme ». a

4 V. CARCASSONE Guy et GUILLAUME Marc, *La Constitution introduite et commentée*, 16e éd., Paris, Seuil, 2016, p. 355.

5 *Ibid*, p. 356.

Madagascar, lui, est compétent pour le faire. Il convient toutefois de noter que les cas de saisine émanant de cette autorité sont rares dans la jurisprudence constitutionnelle malgache, sûrement parce que les personnes privées préfèrent elles-mêmes saisir le juge en cas d'atteinte à leurs droits fondamentaux.

II. UN DROIT ACCORDÉ À DIVERSES PERSONNES PRIVÉES

101. La saisine des Cours constitutionnelles d'Afrique subsaharienne n'est pas seulement généralisée en raison de son ouverture à l'ensemble des acteurs institutionnels ; elle l'est aussi du fait de son extension à toutes les personnes privées. Cette situation a pour corollaire le développement d'un véritable procès constitutionnel, tant les saisines des personnes privées amènent généralement les juges à trancher des litiges[1]. Dans les trois pays concernés par nos analyses, les personnes privées habilitées à déclencher un tel procès sont d'une part les individus (A) et, d'autre part, les personnes morales de droit privé (B).

A. LES INDIVIDUS

Deux catégories d'individus peuvent saisir les juges constitutionnels en Afrique subsaharienne : les citoyens (1) et les étrangers (2). Alors que les premiers sont formellement habilités à saisir la juridiction constitutionnelle, les seconds disposent d'une telle attribution grâce à l'audace jurisprudentielle de cet organe.

1. Les citoyens ou nationaux

102. Les saisines individuelles des juges constitutionnels d'Afrique subsaharienne proviennent surtout des citoyens, c'est-à-dire des membres d'un État jouissant de leurs devoirs et de leurs droits civils et politiques[2]. Il

1AKEREKORO Hilaire, « Le procès constitutionnel au Bénin », in : *Annuaire Béninois de Justice Constitutionnelle* (ABJC), 2013, p. 77.
2 V. ALLAND Denis et RIALS Stéphane, *Dictionnaire de la culture juridique*, Paris, Puf, 2003, pp. 198-200.

s'agit, en d'autres termes, des nationaux. Les constituants d'Afrique subsaharienne le prévoient en ces termes : « tout citoyen peut saisir la Cour constitutionnelle sur la constitutionnalité des lois soit directement soit indirectement par la procédure de l'exception d'inconstitutionnalité, invoquée dans une affaire qui le concerne devant une juridiction ». Autrement dit, le recours direct et le recours indirect constituent les deux techniques qui permettent aux citoyens d'Afrique subsaharienne d'accéder au prétoire du juge constitutionnel, et donc de déclencher un procès constitutionnel.

103. En effet, par « recours direct », il convient d'entendre un « acte de procédure par lequel la personne (physique ou morale) saisit, sans intermédiaire, le juge constitutionnel en vue de contrôler la constitutionnalité d'un acte »[1]. Ce recours n'est recevable que s'il intervient *a posteriori* et en dehors de tout litige concret. Nous avancerons que ce procédé est favorable à la garantie de l'État de droit parce qu'il promeut la protection juridictionnelle des droits subjectifs[2] et objectifs[3]. Au Bénin par exemple, la prégnance d'un tel recours dans la jurisprudence de la Cour constitutionnelle amène Théodore HOLO à conclure que le citoyen est, dans cet État, « la pierre angulaire de la justice constitutionnelle »[4]. Hormis le Bénin, le constituant gabonais habilite aussi les citoyens à intenter ce genre de recours[5]. Les citoyens malgaches, en revanche, ne bénéficient pas d'un tel droit.

104. Il importe de préciser qu'il ne s'agit pas d'une technique créée par les constituants béninois et gabonais, mais d'un procédé commun à diverses juridictions constitutionnelles. En Allemagne par exemple, les articles 93, alinéa 1, 4a° de la Constitution[6] et 90 de la loi relative à la Cour constitutionnelle fédérale habilitent toute personne qui « estime avoir été lésée par la puissance publique dans l'un de ses droits fondamentaux ou dans l'un de ses droits garantis par les articles 20, alinéas 4, 33, 38, 101, 103 et 104 » à saisir directement la Cour constitutionnelle fédérale. Cet acte de la puissance publique peut donc être une loi, un règlement, une décision de justice ou un acte administratif[7].

1 PFERSMANN Otto, « Le recours direct entre protection juridique et constitutionnalité objective », *CCC*, n°10, Dossier : l'accès des personnes à la justice constitutionnelle [en ligne].

2 ARNOLD Rainer, « Constitution et droits sociaux, Allemagne », Table ronde, *AIJC*, 2016/31-2015, p. 144

3DITTMANN Armin, « Le recours constitutionnel en droit allemand », *CCC*, n°10, Dossier : l'accès des personnes à la justice constitutionnelle [en ligne].

4 HOLO Théodore, « Le citoyen : pierre angulaire de la justice constitutionnelle au Bénin », Communication au 6ème congrès de l'Association des Cours et Conseils Constitutionnelles ayant en partage l'usage du français (ACCPUF), Marrakech-Royaume du Maroc, les 4, 5 et 6 juillet 2012 [Disponible en ligne].

5 Au Gabon, cette voie de recours est prévue à l'article 85 de la Constitution précédemment mentionné. En Afrique, un tel recours existe aussi au Burundi et au Congo.

6 Article 93 de la Constitution allemande (CA) : (1) La Cour constitutionnelle fédérale statue sur (…) 4.a. sur les recours constitutionnels qui peuvent être formés par quiconque estime av

7 V. Sénat, « Les recours devant le juge constitutionnel. Etude de législation comparée », n°208, septembre 2010 [Disponible en ligne] p. 16.

105. Cependant, ce type de recours n'est en principe exercé, dans cet État, qu'à titre subsidiaire à cause du respect de la règle de l'épuisement de toutes les autres voies de recours. En d'autres termes, un citoyen allemand ne peut saisir la Cour constitutionnelle de manière directe que si sa saisine n'a pas connu une issue fructueuse devant les juges ordinaires. Pour Armin DITTMAN, un tel mécanisme est opportun dans la mesure où « l'épuisement des voies de recours devrait permettre à la Cour constitutionnelle fédérale de connaître l'opinion acquise par les tribunaux ordinaires tant au regard des faits que des problèmes juridiques ». C'est donc un procédé favorable au développement du « droit vivant », entendu comme « la prise en compte de la signification que la loi déférée a acquise lors de son application concrète »[1]. Ce qui permettrait au juge de contourner « le risque de rendre des décisions de grande portée sans disposer de fondements assurés »[2]. Toutefois, il peut arriver que la Cour constitutionnelle fédérale soit saisie alors même que les voies de recours internes n'ont pas été épuisées. C'est le cas lorsque la requête présente une portée générale ou lorsque le passage par la totalité des voies de droit ordinaires entrainerait un risque grave et irréversible pour le requérant[3].

106. De même en Espagne, la saisine directe est prévue par le chapitre III (articles 53 à 56) de la loi organique n°2 du 3 octobre 1979 consacré à la procédure d'*amparo*[4]. Selon Jacques GUASCH, le terme espagnol *amparo* signifie « abri » ou « soutien » ; il est dérivé du latin *anteparare*, c'est-à-dire « mettre en place une défense »[5]. L'examinant sous l'angle juridique, Carlos RUIZ MIGUEL le définit comme un recours en protection. Il montre en effet que l'article 53.2 de la Constitution espagnole instaure deux mécanismes de protection des droits fondamentaux : d'une part, un recours d'*amparo* "ordinaire" ou "judiciaire", à la charge des tribunaux ordinaires, et un recours d'*amparo* "constitutionnel", confié à un Tribunal constitutionnel[6]. Ce recours d'*amparo*, poursuit-il, se rapproche du recours constitutionnel allemand (*verfassungsbeschwerde*) en ce qu'il oblige le requérant à épuiser toutes les voies de recours judiciaires existantes, avant de saisir la Cour constitutionnelle. Nous avancerons qu'il se rapproche également du recours

1 SEVERINO Caterina, *La doctrine du droit vivant*, PUAM, Economica, 2003, p. 27.
2DITTMAN Armin, « Le recours constitutionnel en droit allemand », précité.
3 V. Sénat, « Les recours devant le juge constitutionnel. Etude de législation comparée », *op.cit.*, p. 16.
4 Cf. Sénat, « Les recours devant le juge constitutionnel. Etude de législation comparée », *op.cit.*, p. 28.
5 GUASCH Jacques, « La mise en cause de la constitutionnalité des lois à travers le recours d'*Amparo* en Espagne », *AIJC*, 1994, n°8-1992, p. 27.
6 RUIZ MIGUEL Carlos, « L'amparo constitutionnel en Espagne : droit et politique », *CCC*, n°10, Dossier : l'accès des personnes à la justice constitutionnelle, mai 2001 [Disponible en ligne].

direct intenté par les citoyens devant la Cour Européenne des Droits de l'Homme (CEDH)[1]. Ce recours direct diffère quelque peu du recours indirect.

107. Seconde voie d'accès des citoyens aux prétoires des juridictions constitutionnelles, le recours indirect est concrétisé par la technique de l'exception d'inconstitutionnalité (EI)[2]. Cette technique renvoie à la possibilité reconnue à un justiciable, à l'occasion d'un procès devant une quelconque juridiction, d'invoquer qu'une disposition légale est non-conforme à la Constitution[3]. Comme le souligne Alexis ESSONO OVONO, il s'agit d'un acte de procédure par lequel le justiciable, au cours d'une instance, demande au juge constitutionnel, par l'intermédiaire d'un juge ordinaire, de vérifier la constitutionnalité d'une loi que l'on veut lui appliquer[4]. C'est donc un recours incident et non un recours individuel[5]. C'est la raison pour laquelle cette saisine n'est recevable que si elle s'opère par simple renvoi de juge à juge, et non par le truchement du justiciable[6].

108. En droit comparé, ce procédé est à rapprocher de la question prioritaire de constitutionnalité (QPC) applicable en France depuis le 1er mars 2010[7],

---

1 Selon l'article 34 de la Convention européenne des droits de l'homme, « [la] Cour peut être saisie d'une requête par toute personne physique, toute organisation non gouvernementale ou tout groupe de particuliers qui se prétend victime d'une violation par l'une des Hautes Parties contractantes des droits reconnus dans la Convention ou ses protocoles ». Cependant, cette saisine n'est admise qu'après l'épuisement des voies de recours internes (article 35 de la Convention européenne des droits de l'homme).

2 Au Gabon, cette technique est prévue à l'article 86 de la Constitution qui dispose : « tout justiciable peut, à l'occasion d'un procès devant un tribunal ordinaire, soulever une exception d'inconstitutionnalité à l'encontre d'une loi ou d'un acte qui méconnaîtrait ses droits fondamentaux ». Au Bénin, à Madagascar et au Niger2, le même mécanisme est prévu par les articles 122, 118 et 132 de leurs constitutions respectives. Lorsqu'il est intenté, la conséquence immédiate est que le juge ordinaire doit surseoir à statuer jusqu'à la décision de la Cour constitutionnelle ».

3 V. FAVOREU Louis, « l'exception d'inconstitutionnalité est-elle indispensable en France ? », *AIJC*, n°8-1992, 1994, pp. 11-22.

4 V. ESSONO OVONO Alexis, « La question préjudicielle de constitutionnalité dans les constitutions africaines », in : *Mélanges en l'honneur de Maurice Ahanhanzo-Glélé. La Constitution béninoise du 11 décembre 1990 : un modèle pour l'Afrique ?* Paris, L'Harmattan, 2014, p. 526.

5 Selon Hans KELSEN, « il s'agirait là, non pas d'un droit de recours directement ouvert aux particuliers, mais d'un moyen de fait, indirect, de provoquer l'intervention du tribunal constitutionnel : car il supposerait que l'autorité judiciaire ou administrative appelée à prendre une décision se rallie aux vues de la partie et présente en conséquence la requête en annulation ». V. KELSEN Hans, « La garantie juridictionnelle de la Constitution. La justice constitutionnelle », *RDP*, 1928, p. 246.

6 V. Décision n°026/CC du 7 juin 2011 ; Cf., arrêt n°06/CC/MC du 10 août 2004, Madame Rabi BATOURE ; arrêt n°7/CC/MC du 27 octobre 2004, *Recueil des décisions et avis*, 2004.2

7 V. article 61-1 CF : « Lorsque, à l'occasion d'une instance en cours devant une juridiction, il est soutenu qu'une disposition législative porte atteinte aux droits et libertés que la Constitution garantit, le Conseil constitutionnel peut être saisi de cette question sur renvoie du Conseil d'Etat ou de la Cour de cassation qui se prononce sur un délai déterminé » ; MATHIEU Bertrand, ROUSSEAU Dominique, *Les grandes décisions de la question prioritaire de constitutionnalité*, Paris, LGDJ, 2013, p. 8.

mais s'en démarque tout de même. En effet, alors qu'une EI peut être soulevée devant n'importe quel juge ordinaire (juge de première instance, de fonds et de cassation)[1] ; la QPC ne peut prospérer qu'après l'aval du juge de cassation, en l'occurrence le Conseil d'État et la Cour de Cassation. De même, tandis que la procédure de l'exception n'obéit à aucun filtre[2], celle relative à la QPC en revanche est soumise au filtrage des juges de cassation. Ce filtrage repose sur la réunion de certaines conditions cumulatives : la disposition législative que la question prioritaire tend à écarter doit être applicable au fond même du litige ; elle ne doit pas avoir été déclarée conforme à la Constitution dans les motifs et le dispositif d'une décision du Conseil constitutionnel, sauf changement de circonstances ; elle doit avoir un caractère sérieux ou nouveau et il faut qu'elle porte atteinte aux droits et libertés que la Constitution garantit[3]. Au titre des convergences entre l'EI et la QPC, il convient de relever que les deux techniques s'inscrivent dans le cadre du contrôle *a posteriori* et ont pour but de garantir les libertés et droits fondamentaux. Reste à savoir si les ressortissants étrangers peuvent également avoir accès aux Cours constitutionnelles africaines au même titre que les nationaux.

2. Les étrangers

110. Les constitutions des pays africains étudiés ne précisent pas si les Cours constitutionnelles peuvent ou non être saisies par les ressortissants étrangers. Face à ce silence textuel, c'est au juge constitutionnel qu'est revenue la tâche de lever cette équivoque. Au Bénin, par exemple, après quelques hésitations en 1992[4], la Cour constitutionnelle accorda finalement aux étrangers le droit de déclencher un procès constitutionnel cinq ans plus tard, donc en 1997[5].

En effet, dans une décision rendue le 13 août 1992, le Haut Conseil de la République, siégeant en qualité de Cour constitutionnelle, déclare irrecevable la requête n'émanant pas d'un citoyen béninois. En l'espèce, la Haute Juridiction est saisie par trois avocats, dont deux sénégalais et un Béninois, agissant pour le compte du Sieur Mohamed Amadou CISSE, lui aussi de nationalité sénégalaise. Constatant que seules les signatures des citoyens béninois figurent sur la requête et, *a contrario*, que celle du seul ressortissant béninois est absente, le juge constitutionnel conclut que la

1 En Belgique, elle peut aussi être posée par n'importe quelle juridiction. Telle est l'exigence qui découle de l'article 26 de la loi spéciale du 6 janvier 1989 sur la Cour constitutionnelle.
2 V. ESSONO OVONO Alexis, *op.cit.*, p. 532.
3 HAMON Francis, WIENER Céline, *La justice constitutionnelle en France et à l'étranger*, Paris, LGDJ, 2011, pp. 45-46 ; BENZINA Samy, *L'effectivité des décisions QPC du Conseil constitutionnel*, Paris, LGDJ, 2017.
4 Décision DCC du 13 août 1992, Mohamed AMADOU CISSE [Disponible en ligne].
5 Décision DCC 97-045 du 13 août 1997, Sven PEDERSEN [Disponible en ligne].

requête qui lui est soumise est irrecevable en la forme parce qu'elle émane de saisissants étrangers[1].

111. En revanche, dans la décision du 13 août 1997, la Cour opère un revirement de jurisprudence en statuant favorablement sur le recours d'un expatrié danois. Dans cette affaire, le Sieur Sven PEDERSEN, d'origine danoise, défère au contrôle de constitutionnalité les décisions administratives de retrait et de rétention de son passeport prises et exécutées par les autorités administratives béninoises. Dans ses motifs, la Cour s'appuie sur les dispositions de l'article 139 de la Constitution pour déclarer le recours de l'expatrié danois recevable. Cet article dispose en effet que « les étrangers bénéficient sur le territoire de la République du Bénin des mêmes droits et libertés que les citoyens béninois et ce, dans les conditions déterminées par la loi [...] ». En conséquence, comme tout citoyen béninois, les étrangers peuvent saisir la Cour constitutionnelle aux fins d'une garantie de leurs droits fondamentaux. Le procès constitutionnel béninois peut alors être déclenché tant par les nationaux que par les étrangers.

112. Comme au Bénin, le prétoire du juge constitutionnel gabonais est ouvert aux étrangers. La Cour constitutionnelle l'affirme lors du 2ème congrès de l'Association des Cours et Conseils Constitutionnels ayant en partage l'usage du français (ACCPUF) en ces termes : « toute personne physique ou morale, y compris les non-nationaux, bénéficie du droit de saisir la Cour constitutionnelle »[2]. Dans la jurisprudence constitutionnelle gabonaise, cette forme de saisine est cependant très rare. Il en est de même à Madagascar. La saisine des juges constitutionnels par les personnes morales de droit privé, quant à elle, est autorisée dans les trois pays.

B. LES PERSONNES MORALES DE DROIT PRIVÉ

113. Selon l'article 31, alinéa 12 du Règlement intérieur de la Cour constitutionnelle béninoise, « toute association non gouvernementale de défense des Droits de l'Homme, toute association, ou tout citoyen [...] » peut saisir la Haute Juridiction aux fins d'un contrôle de constitutionnalité. En conséquence, en dehors des personnes physiques, les personnes morales de droit privé, entendues comme des entités, le plus souvent des groupements dotés de la personnalité juridique et qui, à ce titre, ont des droits et des

1V. Considérant n°4 de la décision du 13 août 1992 : *« Considérant qu'en l'absence de la signature du seul citoyen béninois, maître Paul ATTITA, sur la requête du 30 juillet 1992, la présente requête est irrecevable en la forme, conformément à l'article 122 de la Constitution ».*

2V. ACCPUF, 2e congrès, *L'accès au juge constitutionnel : modalités et procédures*, Libreville, 14 et 15 septembre 2000, p. 277.

obligations[1], peuvent déclencher un procès constitutionnel au Bénin[2]. Il en est de même dans les autres pays africains, notamment au Gabon[3] et à Madagascar. Cela prouve à suffisance que le prétoire du juge constitutionnel africain est largement accessible, ce qui le conduit à simplifier la procédure de recevabilité des recours qui lui sont soumis.

SECTION II : LA SIMPLICITÉ DES CONDITIONS DE RECEVABILITÉ DES RECOURS

114. Pour être déclarée recevable, il ne suffit pas qu'une saisine émane d'un requérant habilité à saisir le juge ; encore faudrait-il que le recours[4] soit exempt de vices. En droit processuel, ces vices peuvent porter sur la forme, le fond et les délais d'ouverture des saisines[5].

Nous avancerons qu'un véritable procès constitutionnel se développe devant les juges constitutionnels d'Afrique subsaharienne car ces derniers, à l'instar du juge ordinaire, apprécient la régularité des requêtes à l'aune de ces trois conditions. La question des délais ayant été implicitement abordée lors de l'analyse de la généralisation du droit d'accès aux juges, seules les conditions de recevabilité formelle (I) et substantielle (II) des requêtes retiendront désormais l'attention.

---

1 CORNU Gérard, *Vocabulaire juridique*, 10e éd., Paris, Puf, 2014, p. 759.

2 Décision DCC 08-172 du 04 décembre 2008, Maître TCHIAKPE, Conseil de la société MOBILIA.

3 Décision n°001/CC du 21 janvier 1993, EKAMA, *Recueil des décisions et avis*, 1993.

4En droit processuel, le terme "requête" est synonyme de "recours". Comme le relève Rémi ROUQUETTE, certes, le mot requête est réservé aux demandes des personnes autres que l'État et le mot recours aux demandes de l'État ; certes encore le terme requête désigne plutôt le document, tandis que recours désigne plutôt l'action de saisir le juge ou l'exercice de l'action en justice, force est de constater qu'en pratique, ces deux mots sont utilisés de manière indifférenciée et qu'ils poursuivent un but commun. En effet, conclut l'auteur, même dans le code de justice administrative, "recours" et "requête" sont utilisés dans le même sens. V. ROUQUETTE Rémi, *Le procès administratif*, 4ème éd., Paris, Dalloz, 2010, p. 430. V. aussi : HAÏM Victor, "Requête", Dalloz, Février 2019 (actualisation : Mars 2019), [en ligne] ; LEBOT Olivier, *Contentieux : mode d'emploi*, Dalloz, 2015 [en ligne]. Pour cet auteur, la requête est un « document (l'instrumentum) par lequel un justiciable saisit la juridiction administrative d'un recours ». Il s'agit, en d'autres termes, d'un acte adressé à une juridiction pour faire valoir un droit ou demander au juge qu'il ordonne une mesure.

5 V. BELLOIR Philippe, « Le contrôle de la régularité de la procédure », Dalloz, 2015 (actualisation, septembre 2019), [en ligne] ; CAZIN Bernard, « La requête », Dalloz, 2019 [en ligne].

I. La simplicité des conditions formelles de recevabilité des requêtes

Dans les procès ordinaires, une requête n'est recevable que si elle est dûment formée. Généralement, cette recevabilité est conditionnée par la forme écrite de la requête. En contentieux administratif, cet « écrit » est concrétisé par un acte dénommé « mémoire »[1]. En contentieux pénal, il porte la dénomination de « plainte »[2]. En Afrique subsaharienne, certains juges constitutionnels peuvent être saisis non seulement par ces deux types d'actes écrits, mais aussi par un troisième type : la lettre. Nous pensons que leur procédure de recevabilité des requêtes est alors simplifiée, voire normalisée parce qu'elle se rapproche de celle mise en œuvre par les juridictions ordinaires. L'analyse des actes écrits sus-évoqués (A) et les mentions qu'ils comportent permet de mieux étayer cette idée (B).

A. Le caractère protéiforme des requêtes écrites comme condition simpliste de recevabilité des requêtes

Comme nous l'avons précédemment mentionné, les juges constitutionnels sélectionnés pour cette étude connaissent deux types de requêtes écrites : les lettres ou mémoires et les plaintes. Alors que la lettre apparaît comme le procédé privilégié par les requérants institutionnels en raison de son caractère simpliste, la plainte, elle, s'analyse comme le moyen préféré par les personnes privées requérantes parce qu'elle concourt efficacement à la garantie de leurs droits. Il importe cependant de préciser que si les juges constitutionnels gabonais et malgache sont compétents pour statuer sur les requêtes soumises au moyen d'une lettre (1), seul le juge constitutionnel béninois peut se prononcer sur les requêtes intentées par le procédé de la plainte (2).

---

1 ROUQUETTE Rémi, *Petit traité du procès administratif*, 9e éd., Paris, Dalloz, 2020-2021, p. 430.

2 En procédure pénale, la plainte désigne en effet l'acte par lequel « la partie lésée par une infraction porte celle-ci à la connaissance du procureur de la République, directement ou par l'intermédiaire d'une autre autorité ». V. *Lexiques des termes juridiques*, 21e éd., Paris, Dalloz, 2014, p. 698.

1. La lettre, un procédé facilitant la soumission des requêtes institutionnelles

115. « Saisie par lettre du Premier Ministre en date du […] »[1] ; « Vu la lettre du Président de l'Assemblée nationale en date du […] »[2] ; « Considérant que la Haute Cour constitutionnelle a été saisie par […] lettre n° […] »[3]. Telles sont les formules classiques que l'on retrouve aux en-têtes des décisions rendues par les Cours constitutionnelles béninoise, gabonaise et malgache. Ces formules témoignent d'un fait : la lettre est l'instrument utilisé par les requérants institutionnels[4] pour saisir les Hautes juridictions. Ce constat nous amène à faire deux observations.

116. La première est qu'il n'est pas possible d'introduire des requêtes par voie orale devant ces juges constitutionnels. Cela étant, leur procédure de saisine diffère de celle suivie devant le juge civil, mais se rapproche de celle mise en œuvre devant le juge administratif. En effet, alors que le juge civil connaît des procédures de saisine orales, dont l'objectif est de « faciliter l'accès à la justice »[5] ; le juge administratif, lui, connaît surtout des procédures de saisine écrites. Comme le précise Olivier LE BOT, en contentieux administratif, notamment français, « la requête est un document écrit. Elle est rédigée sur papier libre, aucun formulaire n'étant prévu ni exigé »[6].

117. La deuxième observation est relative au mode de soumission de cet écrit. Dans la majeure partie des pays africains, cette soumission est faite par la voie du télégramme. Certes, ce procédé simplifie l'accès des requérants aux juges constitutionnels appartenant à cet espace géographique, mais nous pensons que cet accès serait davantage aisé si ces organes admettaient aussi des saisines dématérialisées. Ils pourraient par exemple s'inspirer des pratiques juridictionnelles des juges administratif et constitutionnel français[7] ; ou encore

---

1 Décision n°005/CC du 18 août 1994, Loi organique n°3/93 du 11 mars 1993 relative à l'élection des députés à l'Assemblée nationale, in *Recueil des décisions*, 1994, p. 146.

2 Décision n°025/CC du 16 décembre 1993, Interprétation de l'article 52 de la Constitution, in *Recueil des décisions et avis*, 1993, p. 127.

3 Décision n°16-HCC/D3 du 05 septembre 2019 Relative au Règlement intérieur de l'Assemblée nationale.

4 Dans un rapport publié par l'ACCPUF en 2000, la Cour constitutionnelle du Bénin confirme cette hypothèse. Dans celui-ci, elle montre en effet qu'en ce qui concerne les lois, le Président de la République les transmet au juge constitutionnel pour contrôle au moyen d'une lettre. Le Président de l'Assemblée nationale agit autant, mais à la différence du Président de la République, il doit motiver la sienne. Quant aux Députés, ils se doivent aussi de saisir la Cour par lettre, mais celle-ci doit être accompagnée du texte de loi. V. ACCPUF, « accès au juge constitutionnel : modalités et procédure », *op. cit.*, p. 63.

5 GILLET Jean-Louis, « L'office du juge dans les procédures orales », in : *Justice et Cassation*, Dalloz, p. 97.

6 LE BOT Olivier, *Contentieux : mode d'emploi*, Dalloz, 2015 [en ligne], précité.

7 En France, en effet, une requête peut être déposée au greffe d'une juridiction tant au moyen d'une lettre manuscrite que par courriel. Olivier LE BOT affirme à ce sujet qu'en contentieux

de celles des juges constitutionnels de la Belgique, de la Hongrie, de la Roumanie et de la Suisse[1].

Outre les "lettres", le second instrument par lequel les requêtes peuvent être soumises aux juges constitutionnels en Afrique subsaharienne, béninois en particulier, est : la plainte.

2. La plainte, un procédé facilitant la soumission des requêtes individuelles en procès constitutionnel béninois

118. Affirmer qu'un juge constitutionnel peut être saisi au moyen d'une plainte peut, de prime abord, paraître insolite, tant ce procédé trouve son terrain de prédilection dans les procès de droit privé, notamment en droit pénal[2]. Dans cette discipline, en effet, la plainte est définie comme l'acte par lequel la victime d'une infraction [...] porte ce fait à la connaissance de l'autorité compétente[3]. Ce qui suppose, sous réserve de quelques exceptions marginales, que l'infraction qui sous-tend la plainte constitue nécessairement un crime, un délit ou une contravention[4]. Pour qu'elle soit établie, trois éléments doivent être réunis : un élément matériel (le fait ou l'acte extérieur) ;

---

administratif, « la requête peut se présenter sous forme dématérialisée (électronique) dans les cas autorisés par le Code de justice administrative ». V. LE BOT Olivier, *Contentieux : mode d'emploi*, Dalloz, 2015 [en ligne], précité. Tatiana SHULGA-MORSKAYA montre qu'il en est de même en ce qui concerne la procédure à suivre devant le Conseil constitutionnel en matière de QPC. Elle soutient en effet qu'avec le développement du numérique, « la saisine du Conseil a évolué puisque certaines requêtes et l'instruction de certaines affaires se font désormais par voie électronique ». V. SHULGA-MORSKAYA Tatiana, « Le numérique saisi par le juge, l'exemple du Conseil constitutionnel », *NCCC*, n°57, 2017/4, p. 95. L'article 3 du Règlement intérieur sur la procédure suivie devant le Conseil constitutionnel pour les QPC va dans ce sens lorsqu'il prévoit qu'« au cours de l'instruction, les actes et pièces de procédure ainsi que les avertissements ou convocations sont notifiés par voie électronique ». Commentant ces dispositions, Marc GUILLAUME montre qu'elles posent en règle « la dématérialisation des échanges avec le Conseil d'Etat et la Cour de Cassation, les parties et les plus hautes autorités de l'Etat ». V. GUILLAUME Marc, « Le Règlement intérieur sur la procédure suivie devant le Conseil constitutionnel pour les questions prioritaires de constitutionnalité », *in : Les petites affiches*, n°38 et *La gazette du palais*, n°54 du 23 février 2010, p. 5.

1 Dans ces Etats en effet, les Cours ont d'abord procédé à une diffusion des décisions *via* leurs sites Internet, puis à une extension aux documents périphériques, avant d'expérimenter des procédures de communication dématérialisées et sécurisées avec les parties. V. Association des Cours Constitutionnelles Ayant en Partage l'Usage du Français (ACCPUF), « L'information et la dématérialisation des procédures au sein des Cours constitutionnelles », in 8ème séminaire des correspondants de l'ACCPUF, Paris, 2013 [en ligne].

2 V. *infra.*, note de bas de page n°189

3 *Ibid.*

4 DESPORTES Frédéric, LE GUNEHEC Francis, *Droit pénal général*, 16ème éd., Paris, Economica, 2009, p. 65.

un élément légal et un élément moral[1]. En tenant compte de ces considérations, la plainte s'analyse alors comme l'acte par lequel un requérant déclenche un procès pénal.

119. Dans les pays de tradition romano-germanique, il est rare de voir une juridiction constitutionnelle se prononcer sur de tels actes pour une raison très simple : le juge constitutionnel est compétent pour exercer un contrôle virtuel et non un contrôle factuel. En termes plus clairs, le juge constitutionnel des pays de tradition romano-germanique se prononce sur la constitutionnalité des normes et non sur celle des faits[2].

120. En Afrique subsaharienne, si les juges constitutionnels gabonais et malgache partagent cette politique juridictionnelle[3], le juge constitutionnel béninois s'en démarque. En effet, en vertu de l'article 120 de la Constitution béninoise, la Cour constitutionnelle est compétente pour connaître des plaintes en plus des recours[4]. Nous estimons qu'une telle attribution a pour conséquence de normaliser le procès constitutionnel béninois, dans la mesure où la différence entre ce procès et celui conduit par le juge ordinaire, en l'occurrence le juge pénal, tend à s'estomper dès lors que les deux juges se prononcent sur des actes identiques : les infractions. Nicaise MEDE, par exemple, partage cette idée quand il relève qu'en connaissant des plaintes, le juge constitutionnel du Bénin statut, tel un juge pénal, sur les actes de torture, de sévices, de traitements cruels, inhumains et dégradants[5]. Il agit par exemple de la sorte dans la décision DCC 03-120 du 20 août 2003[6] et dans plusieurs autres décisions que nous examinerons plus tard[7].

121. Ainsi, par le procédé de la plainte, la saisine du juge constitutionnel béninois est banalisée en ce sens que toute victime d'une infraction est habilitée à le saisir. Ce faisant, la nature juridictionnelle de son office relève

---

1 STEFANI Gaston, LEVASSEUR Georges, BOULOC Bernard, *Droit pénal général*, Paris, Dalloz, 2003, p. 199. V. aussi : MEDE Nicaise, *Les grandes décisions de la Cour constitutionnelle du Bénin*, Saarbrücken, Editions universitaires européennes, 2012, pp. 21-22.

2 Nous analyserons davantage cette notion et ce contentieux dans le chapitre 2 du titre II de cette première partie. À ce stade, il importe simplement de relever que le juge constitutionnel béninois apprécie la régularité des agissements (paroles, actes, communiqués) des citoyens et de l'administration.

3 Les juges constitutionnels gabonais et malgache apprécient la régularité des normes et non celle des faits.

4 Article 120 CB : « la Cour constitutionnelle doit statuer dans le délai de quinze jours après qu'elle a été saisie d'un texte de loi ou d'une plainte en violation des droits de la personne humaine et des libertés publiques ».

5 MEDE Nicaise, *Les grandes décisions de la Cour constitutionnelle du Bénin*, Saarbrücken, Éditions universitaires européennes, p. 22.

6 Dans cette décision, la Cour considère par exemple que les traitements susmentionnés s'apprécient « non seulement en fonction de leur effet sur l'état physique ou moral de l'individu, mais également au regard de leur durée, de leur caractère délibéré et des circonstances dans lesquelles ils ont été infligés ». L'analyse de la jurisprudence de la Cour en matière de droits humains fera l'objet d'un chapitre ultérieur.

7 Cf., *infra*, première partie, titre 2, chapitre 2.

de l'évidence car, comme un juge pénal, il est obligé de trancher un litige qui oppose la victime d'une infraction à l'auteur de cette dernière. Cependant, la plainte, comme la lettre d'ailleurs, ne peut être recevable que si elle comporte certaines mentions obligatoires.

B. La simplicité des mentions exigées dans les requêtes

Comme dans les autres procès, les requêtes soumises aux juges constitutionnels en Afrique subsaharienne doivent, sous peine d'irrecevabilité, comporter des mentions permettant d'identifier l'auteur de la requête (1) et l'authenticité de celle-ci (2).

1. Les mentions relatives à l'identification de l'auteur de la requête : les noms, prénoms et adresses des requérants

122. Aucun recours ne peut être examiné par les Cours constitutionnelles en Afrique subsaharienne si l'auteur de celui-ci n'est pas clairement identifié. Cette exigence figure par exemple à l'article 48 du Règlement intérieur de la procédure à suivre devant la Cour constitutionnelle du Bénin en ces termes : « pour être valable, la requête émanant d'une organisation non gouvernementale, d'une association ou d'un citoyen doit comporter ses nom, prénom, adresse précise […] ». On retrouve les mêmes conditions à l'article 48 du texte portant Règlement de la procédure à suivre devant la Cour constitutionnelle gabonaise[1] et à l'article 31 de la loi organique relative à la Haute Cour Constitutionnelle malgache[2]. Il s'agit d'une politique juridictionnelle communément admise[3] et que les Hautes juridictions développent aussi bien lorsqu'elles sont saisies des requêtes individuelles[4] que quand elles se prononcent sur les requêtes collectives[5].

---

1 Art., 48 du Règlement de procédure de la Cour constitutionnelle du Gabon : « La requête, adressée au Président de la Cour constitutionnelle et déposée au Greffe de la Cour ou auprès du délégué du Gouvernement, doit contenir, à peine d'irrecevabilité, les noms, prénoms, adresses et qualités du ou des requérants […] ».

2 Art., 31 : « La requête, établie en double exemplaire, dispensée de tous frais de timbre et d'enregistrement, doit, à peine de nullité, être signée et comporter :
-les noms et prénoms du requérant ;
-son domicile […] ».

3 En droit comparé, notamment français, l'article 35 de la loi organique sur le Conseil constitutionnel dispose par exemple que « Les requêtes doivent contenir le nom, les prénoms et qualité du requérant […] ». Il en est de même de l'article R. 411-1 du code de justice administrative qui prévoit que la « requête indique les nom et domicile des parties ».

4 DAEL Serge, *Contentieux administratif*, 3e éd., Paris, Puf, 2010, p. 149.

5 BROYELLE Camille, *Contentieux administratif*, 6è éd., Paris, LGDJ, 2018, pp. 135-136.

123. Outre ces mentions relatives à l'auteur de la requête, les juges constitutionnels d'Afrique subsaharienne affirment encore leur nature juridictionnelle lorsqu'ils conditionnent la recevabilité des requêtes à leur authenticité.

2. Les mentions relatives à l'authenticité de la requête : l'exigence d'une signature (et la non-exigence du timbre)

124. Après vérification de l'identité de l'auteur d'une requête, les juges constitutionnels d'Afrique subsaharienne se comportent encore comme des juridictions ordinaires parce qu'ils apprécient l'authenticité de celle-ci. Pour ce faire, ils s'assurent que la requête a été signée par son véritable auteur. Cette condition est prévue aux articles 31 et 48 (déjà examinés) des textes régissant les procédures à suivre devant les juridictions constitutionnelles béninoise, gabonaise et malgache.

125. Mais, alors que les décisions d'irrecevabilité pour défaut de signature des requêtes sont rares en procès constitutionnels gabonais et malgache, elles abondent en revanche en procès constitutionnel béninois. Deux décisions peuvent nous servir d'illustration. La première est celle du 08 octobre 1997[1]. Dans celle-ci, les requérants se plaignent de ce que la loi fixant les conditions d'exercice en clientèle privée des professions médicales et paramédicales, votée par l'Assemblée nationale du Bénin, crée des disparités et des inégalités entre groupes et citoyens soumis à la même Constitution. Bien que cette requête soulève de sérieux griefs, la Haute juridiction conclut à son irrecevabilité aux motifs qu'elle ne comporte pas de signature. Dans l'unique considérant de cette décision, on peut en effet y lire : « [c]onsidérant que [...] dans le cas d'espèce, la requête des sieurs AWADON Victoria et AKPARI Dama ne porte pas leur signature [...] ; dès lors, il y a lieu de la déclarer irrecevable ».

126. La seconde décision de la Cour constitutionnelle du Bénin qui servira d'illustration est celle du 13 janvier 1999[2]. En l'espèce, la Cour déclare irrecevable la requête de Monsieur Constant DAWENON aux motifs qu'elle « ne porte ni signature ni empreintes digitales ». Cette décision est prise en application de l'article 29, alinéa 2 du Règlement de la Cour constitutionnelle (en 1999) qui fait de la figuration de la signature ou de l'empreinte digitale une condition indispensable à l'admissibilité des requêtes. On estime que l'empreinte digitale a pour avantage de permettre aux illettrés d'authentifier leurs requêtes. Elle est, de ce fait, un moyen simpliste d'authentification des requêtes.

Outre une signature, certaines juridictions exigent souvent que la requête soit assortie d'un timbre. Il convient de relever que cette règle ne s'applique

1 Décision DCC 97-057 du 08 octobre 1997, AWADON Victoria et AKPARI Dama.

2 Décision DCC 99-004 du 13 janvier 1999, DAWENON.

pas dans les procès constitutionnels en Afrique subsaharienne en raison de la gratuité de la procédure[1].

127. En droit comparé, le principe de la gratuité de la procédure est aussi observé par diverses juridictions constitutionnelles. En Belgique, par exemple, Pierre VANDERNOOT et Brigitte PATY affirment que devant la Cour d'arbitrage « ni dans l'hypothèse du recours en annulation ni dans celle de la question préjudicielle, les auteurs de la saisine ne sont tenus de s'acquitter d'un droit de timbre ou d'une quelconque autre somme d'argent »[2]. Il en est de même en Moldavie et en Roumanie[3].

Fort de tout ce qui précède, il convient de conclure qu'en Afrique subsaharienne, les règles formelles de recevabilité des recours, mises en œuvre par les juges constitutionnels, sont identiques à celles que suivent les juges ordinaires. La même observation peut être faite à propos des règles de recevabilité substantielle des recours.

II. LA SIMPLICITÉ DES CONDITIONS MATÉRIELLES DE RECEVABILITÉ DES REQUÊTES

128. La simplicité de la procédure de saisine des juridictions constitutionnelles d'Afrique subsaharienne pourrait avoir pour conséquence la prolifération des recours farfelus[4]. Pour conjurer ce risque, les Hautes juridictions déclarent

1 V. Article 28 du Règlement Intérieur de la Cour constitutionnelle du Bénin ; article 25 du Règlement Intérieur de la procédure de la Cour constitutionnelle du Gabon et article 29 de l'ordonnance portant loi organique relative à la Haute Cour Constitutionnelle de Madagascar.

2 V. ACCPUF, *op. cit.*,

3 *Ibid.*

4 C'est le cas de bon nombre de requêtes soumises à la Cour constitutionnelle du Bénin aux fins d'un contrôle de constitutionnalité. Peuvent être citées : la requête par laquelle il est demandé à la Cour de restaurer le vrai nom d'un village (Décision DCC 07-172 du 27 décembre 2007, Dowou Lamboudi Dayou et alii) ; celle dans laquelle il lui est demandé d'apprécier le congé forcé puis l'exclusion du CEG au motif qu'il ne peut tripler la classe (Décision DCC 01-025 du 16 mai 2001, Imorou Aziz, Rec. 2001, p. 117) ; ou encore celle dans laquelle il est demandé à la Haute juridiction de ramener à la raison le père de famille qui a décidé un jour contre toute attente de ne plus payer les frais de scolarité de ses six (6) enfants mineurs (Décision DCC 01-082 du 17 août 2001, Enfants Okpéitcha Mathieu, Rec. 2001, p. 239). Pour plus de précision, voir N. MEDE, *Les grandes décisions de la Cour constitutionnelle du Bénin,* Sarrebruck, Editions universitaires européens, 2012, pp. 72-73.

irrecevables, outre les recours présentant des vices de formes comme nous venons de le voir, les recours ayant un objet défaillant. Par objet du recours, il convient d'entendre la (ou les) prétentions (s) d'un requérant[1]. En termes plus clairs, l'objet de la requête est la réclamation du requérant[2].

129. En contentieux administratif par exemple, notamment en matière de recours pour excès de pouvoir, tout recours a généralement pour objet de demander au juge de statuer sur la légalité d'une décision attaquée[3]. Si l'on transpose cette logique au contentieux constitutionnel, on peut aisément conclure que tout recours constitutionnel a pour objet de demander au juge de statuer sur la constitutionnalité d'un acte ou d'une loi. Ce qui suppose que toute demande ou tout recours qui n'obéirait pas à cette logique pourrait être déclaré irrecevable. Il est alors permis d'avancer que les juges constitutionnels d'Afrique subsaharienne sont de véritables juridictions dans la mesure où, comme le juge administratif français[4], ils ne déclarent recevables que les recours ayant un objet compatible avec leurs pouvoirs ou compétences.

130. Nous tenterons d'étayer cette idée en examinant deux catégories de déclarations d'irrecevabilité prononcées par ces juges : les déclarations d'irrecevabilité pour incompétence relative au domaine du contrôle (A) et les déclarations d'irrecevabilité pour incompétence fondée sur l'étendue du contrôle (B).

A. Les déclarations d'irrecevabilité pour incompétence relative au domaine du contrôle

131. En Afrique subsaharienne, les Cours constitutionnelles sont en principe compétentes pour exercer un contrôle de constitutionnalité et non un contrôle de légalité[5]. En effet, selon une séparation classique des fonctions entre organes juridictionnels, le contrôle de légalité est du ressort du juge administratif, tandis que le contrôle de constitutionnalité relève de la compétence du juge constitutionnel[6]. Les juridictions constitutionnelles d'Afrique subsaharienne accordent un grand intérêt au respect de cette répartition des compétences contentieuses, et ce, afin de montrer aux

1 MOTULSKY Henri, *Droit processuel*, *op.cit.*, p. 2016.
2 *Ibid.*
3 MICHEL Jérôme, DELVIGNE Jean-Pierre, « Occupations domaniales-objet du recours », Rec. Dalloz, 2014.
4 TURPIN Dominique, *Contentieux administratif*, 5ème éd., Paris, Hachette, 2010, p. 93.
5 On verra plus tard que le juge constitutionnel gabonais fait exception à cette règle.
6 V. FAVOREU Louis, « Légalité et constitutionnalité », *CCC*, n°3, 1997. [Disponible en ligne].

requérants que leur office juridictionnel n'est pas similaire à celui d'une Cour suprême[1].

132. D'une manière générale, ce sont surtout les actes administratifs à caractère individuel que les Hautes juridictions africaines refusent d'examiner. Signalons qu'il existe deux catégories d'actes administratifs : les actes réglementaires et les actes individuels. Si les seconds ont une portée personnelle, les premiers, en revanche, ont une portée générale et impersonnelle. Dès lors, la frontière que ces derniers entretiennent avec la loi est très poreuse.

133. En effet, comme les actes réglementaires, la loi aussi est une norme générale et impersonnelle. Elle est, depuis la Déclaration des Droits de l'Homme et du Citoyen (DDHC) de 1789, définie comme l'expression de la volonté générale (article 6). S'agissant de son régime juridique, la Cour constitutionnelle du Bénin précise qu'elle est « un acte écrit, général et permanent, élaboré par le Parlement et promulgué par une autorité exécutive »[2].

134. La différence entre une loi et un acte réglementaire reposerait donc sur le critère organique et non matériel. Autrement dit, c'est parce qu'un acte émane d'un organe administratif qu'il a une nature réglementaire ; et c'est parce qu'un acte provient du Parlement qu'il est qualifié de loi. Mais au fond, la loi et le règlement ont une nature identique, laquelle repose sur leur généralité et impersonnalité. C'est sans doute en raison de cette proximité que les constituants africains autorisent les Cours constitutionnelles à examiner la conformité à la Constitution des actes réglementaires et leur prohibent le contrôle des actes individuels[3]. Les Hautes juridictions attachent un intérêt profond au respect de cette division du contentieux des actes administratifs et le manifestent lorsqu'elles apprécient l'objet des requêtes soumises à leur examen.

135. Au Gabon, le juge constitutionnel opère de la sorte dans une pluralité de décisions. Dans celle du 12 septembre 1996, à titre d'exemple, il rejette une requête portant sur l'examen d'un décret de nomination en ces termes : « [considérant] que le décret de nomination en question est un acte individuel, par conséquent non réglementaire ; qu'il s'ensuit que la Cour n'est pas compétente pour en contrôler la constitutionnalité »[4]. Il s'agit d'une jurisprudence constante de la Cour car cette décision confirme une autre qu'elle avait rendue quelques années auparavant, en l'occurrence la décision

---

1 Cette notion fera l'objet d'une analyse plus approfondie dans le chapitre 4 de la première partie de cette étude.

2 Décision DCC 04-091 du 08 octobre 2004, Cour d'appel de Cotonou. [Disponible en ligne].

3 En Afrique subsaharienne, les juges constitutionnels sont compétents pour contrôler la constitutionnalité des actes réglementaires. Nous le verrons dans le chapitre 1er du titre 2 de cette première partie.

4 Décision n°011/96/CC du 12 septembre 1996, Décret portant nomination (...)

du 27 octobre 1992[1]. En l'espèce, la Cour rejette les requêtes qui lui sont soumises aux motifs qu'elles « ne comportent pas les dispositions générales et impersonnelles qui caractérisent les actes réglementaires ». La Haute juridiction agit encore ainsi dans la décision du 10 juin 1992[2].

136. En droit comparé africain, le juge constitutionnel du Niger développe aussi cette politique jurisprudentielle. Dans son arrêt n°008/CC/MC du 15 novembre 2016, par exemple, il se déclare incompétent pour analyser le recours du Sieur Yamoussa aux motifs que sa requête vise en réalité à lui faire apprécier la conformité du décret portant nomination des membres du Gouvernement ; alors qu'un tel contrôle ne relève pas de sa compétence[3].

Outre ces irrecevabilités liées au domaine du contrôle de constitutionnalité, les Cours constitutionnelles d'Afrique subsaharienne prononcent des irrecevabilités relatives à l'étendue de ce contrôle.

B. Les déclarations d'irrecevabilité pour incompétence relative à l'étendue du contrôle

137. En droit processuel, la recevabilité d'un recours est généralement conditionnée par la conformité de son objet aux pouvoirs dévolus au juge. C'est ainsi que dans certaines jurisprudences constitutionnelles africaines, plusieurs recours sont déclarés irrecevables parce qu'ils invitent les juges non pas à s'immiscer dans les compétences dévolues aux autres juridictions, mais à outrepasser leurs propres compétences. Il en est ainsi des recours dans lesquels les saisissants confondent les saisines autorisées par voie d'action avec les saisines admises par voie d'exception.

138. En effet, il arrive souvent que le juge soit saisi par voie d'action, c'est-à-dire en dehors de tout litige concret ; alors que l'acte querellé devrait normalement lui être soumis par voie d'exception et inversement. Devant ce genre de situation, le juge se déclare généralement incompétent. Au Gabon, la Cour précise à ce propos qu'elle ne saurait contrôler une loi par voie d'action alors qu'elle a déjà été promulguée. Pour elle, « [le] contrôle de constitutionnalité des lois, des ordonnances et des actes réglementaires », par voie d'action, « ne peut s'exercer qu'avant la promulgation pour ce qui

1 Décision n°017/CC du 27 octobre 1992, Décrets n°17/33/PR, 1735/PR et 1736/PR du 06 octobre 1992. *Recueil des décisions et avis*, 1992.

2 Décision n°010/CC du 10 juin 1992, Requête présentée par le Sieur NDOUTOUME-MISSO Thomas. *Recueil des décisions et avis*, 1992. Dans cette décision, la rejette la requête dont elle fait l'objet aux motifs qu'elle porte sur un acte administratif individuel et non sur un acte administratif à caractère réglementaire.

3 Arrêt n°008/CC/MC du 15 novembre 2016, M. Youmoussa Ali et autres [Disponible en ligne].

concerne les Lois ou dans le mois de leur publication pour ce qui concerne les ordonnances et actes réglementaires »[1].

C'est dans la même veine que la Haute juridiction malgache déclare irrecevable la requête de Monsieur Andrianiaina Franklin James RAKOTOMAHANINA aux motifs qu'elle porte sur une exception d'inconstitutionnalité alors que « la Cour constitutionnelle ne saurait s'ériger en juridiction du second degré par rapport à la Cour Électorale Spéciale »[2]. La Cour constitutionnelle du Bénin n'échappe pas à la tradition lorsqu'elle affirme par exemple que pour être recevable, une « exception d'inconstitutionnalité doit porter sur une loi et non sur une décision de justice »[3].

139. Par ailleurs, les juges constitutionnels se déclarent incompétents pour examiner les recours qui remettent en cause leur « autorité de la chose jugée ». Cette notion s'entend comme « la présomption de vérité attachée à la décision de justice — *res judicata pro veritate habetur* — » et qui a pour effet d'« interdire aux parties de recommencer le procès – *non bis in idem* »[4]. Au Niger, par exemple, l'autorité de la chose jugée est considérée comme une cause d'irrecevabilité des recours dans l'arrêt du 28 novembre 2014. Dans cette affaire, la Cour déclare irrecevable la requête tendant à constater la vacance au poste de Président de l'Assemblée nationale introduite par onze (11) députés le 24 novembre 2014 aux motifs qu'elle « constitue en réalité un recours en rétractation qui est une voie de recours fondée sur des causes spécifiées par la loi permettant à la même juridiction de statuer à nouveau sur la décision qu'elle a rendu », c'est-à-dire de remettre en cause son autorité de la chose jugée[5].

140. Comme la Cour constitutionnelle nigérienne, les Cours constitutionnelles béninoise et gabonaise déclarent également des requêtes irrecevables parce qu'elles tendent à méconnaître l'exigence de l'autorité de la chose jugée dans les décisions du 16 février 1993[6] et du 1er février 2018[7].

---

1 Décision n°007/CC du 7 mai 1992, Requête présentée par le Sieur Samuel NTOUTOUME NZENG. *Recueil des décisions et avis*, 1992.

2 Co2nsidérant n°2 de la décision n°11-HCC/D3 du 28 août 2013 concernant une demande « pour annulation et sursis à exécution de la décision inconstitutionnelle de la Cour Electorale spéciale ».

3 Décision DCC 04-091 du 08 octobre 2004, Cour d'appel de Cotonou.

4 ANDRIANTSIMBAZOVINA Joël, *L'autorité des décisions de justice constitutionnelles et européennes sur le juge administratif français : Conseil constitutionnel, Cour de Justice des Communautés Européennes et Cour Européenne des Droits de l'Homme*, Paris, LGDJ, 1998, p. 11.

5 Considérants n°3 à 8 de l'arrêt n° 17/CC/MC du 28 novembre 2014.

6 Décision n°003/93/CC du 16 février 2003, Loi n°13/92 du 07 janvier 1993 portant code électoral, et à titre subsidiaire les articles 31, 38 et 52 de ladite loi. *Recueil des décisions et avis*, 1993.

7 Décision DCC 18-019 du 1er février 2018, KOLADJO ADELAKOUN Landry Angelo.

Conclusion du chapitre I

Le but de ce premier chapitre était de justifier la nature juridictionnelle de l'office des Cours constitutionnelles d'Afrique subsaharienne à partir de leur procédure de saisine. Pour ce faire, il a été vu que la généralisation du droit d'accès à ces organes constitue une des causes de leur juridictionnalisation. Il en est ainsi tant les saisissants peuvent déclencher des procès constitutionnels lorsqu'ils contestent ou demandent aux juges de constater la constitutionnalité d'un texte.

Face à de telles demandes, les juges constitutionnels affirment encore leur caractère juridictionnel parce qu'ils conditionnent l'examen des prétentions soulevées par les requérants au respect des règles classiques de recevabilité des recours. En effet, comme dans les procès ordinaires, les procès constitutionnels ne sont déclenchés en Afrique subsaharienne que si les recours soumis aux juges ne comportent pas de vices de formes et de fonds. Dès lors, il ne fait l'ombre d'aucun doute que les Hautes Juridictions d'Afrique subsaharienne sont de véritables juridictions. Les techniques et méthodes qu'elles utilisent lors de l'instance confortent encore cette idée.

CHAPITRE II : LA NORMALISATION DE L'INSTANCE

Les procès constitutionnels africains ne ressemblent pas aux procès ordinaires du seul fait de la flexibilité de l'action ; ils ont encore une dimension ordinaire en raison de la normalisation de l'instance. On entendra par « normalisation de l'instance » le fait que les règles processuelles ainsi que les techniques et méthodes à l'aune desquelles est conduite cette seconde phase de la procédure, dans les contentieux constitutionnels africains, soient quasiment identiques à celles en vogue devant les juridictions de droit commun. La conduite contradictoire de l'instruction **(section 1)** et le prononcé secret du délibéré légitiment cette affirmation **(section 2).**

SECTION I : LA CONDUITE CONTRADICTOIRE DE L'INSTRUCTION

141. La *Summa divisio* oppose l'instruction inquisitoire à l'instruction accusatoire. Il y a instruction inquisitoire lorsque le procès est conduit par le juge, et instruction accusatoire quand ce sont les parties qui jouent un rôle actif dans la direction du procès[1]. Autrement dit, avec une instruction inquisitoire, le juge, qui est un technicien, joue un rôle actif notamment dans la recherche des preuves. Il agit au nom de l'intérêt général. En revanche, l'instruction accusatoire oppose l'accusateur — qui a l'initiative de la poursuite — et la personne qui est poursuivie[2]. Le dénominateur commun entre ces deux modalités classiques de procédure est leur caractère contradictoire. Mais, alors que l'instruction inquisitoire n'est que partiellement contradictoire ; l'instruction accusatoire en revanche l'est totalement[3].

---

1 DANILENKO Denis, *Le procès constitutionnel et le droit processuel*, Thèse, Aix-en-Provence, 2008, pp. 135-146.
2 V., GUINCHARD Serge, BUISSON Jacques, *Procédure pénale*, 11ème éd., LexisNexis, 2018, pp. 23-24 et 29 ; BORRICAND Jacques, SIMON Anne-Marie, *Droit pénal. Procédure pénale*, 8ème éd., Paris, Dalloz, 2013, p. 254.
3 CAYROL Nicolas, « La procédure devant le tribunal de grande instance », *Recueil* Dalloz [en ligne], avril 2015 (Actualisation : Décembre 2019).

Dans les procès constitutionnels d'Afrique subsaharienne, l'intensité de cette contradiction varie en fonction de la nature du contrôle exercé par le juge constitutionnel. À cet effet, lorsque le contentieux porte sur une norme, la règle du contradictoire s'applique avec souplesse. Tel est le cas à l'occasion d'un contrôle *a priori* (I). En revanche, elle est rigoureusement appliquée lorsque ce contrôle est exercé *a posteriori*, que ce soit sur un acte normatif ou sur un acte extra-normatif[1] (II).

I. UNE CONTRADICTION SOUPLE À L'OCCASION D'UN CONTRÔLE *A PRIORI*

142. Le principe du contradictoire désigne l'« ensemble des règles tendant à garantir la libre discussion dans le procès »[2]. Pour ce faire, il est une composante essentielle du droit à un procès équitable[3]. S'il s'applique intensément dans les contentieux de droit commun, c'est-à-dire à l'occasion d'un litige devant les juges administratif et judiciaire, tel n'est pas nécessairement le cas en contentieux constitutionnel. La singularité du contrôle *a priori*, c'est-à-dire l'examen de la loi avant sa promulgation, en est la cause.

En effet, du fait de sa nature et son objet, un tel contrôle n'est pas favorable à l'exercice d'un débat contradictoire. Ce débat est néanmoins réalisé avec souplesse (A). Le rapporteur participe d'ailleurs à son éclairage au moyen d'une expertise (B). Il convient d'examiner ces deux aspects qui donnent un caractère juridictionnel à la procédure d'instruction des juges constitutionnels d'Afrique subsaharienne de façon plus détaillée.

---

1 Dans la présente étude, l'acte extra-normatif désignera tout acte non écrit susceptible d'avoir un incident juridique. Il s'agit généralement des faits, des agissements, des comportements des personnes publiques et privées pouvant porter atteinte à l'intégrité de la Constitution. Ces actes sont surtout sanctionnés par le juge constitutionnel béninois.

2 CORNU Gérard, *Vocabulaire juridique*, 10ème éd., Paris, Puf, 2014, p. 258.

3 Le texte qui définit le mieux les règles du procès équitable est l'article 6-1 de la Convention européenne des droits de l'homme (CEDH). Celui-ci dispose que toute *« personne a droit à ce que sa cause soit entendue équitablement, publiquement et dans un délai raisonnable, par un tribunal indépendant et impartial, établi par la loi, qui décidera, soit des contestations sur ses droits et obligations de caractère civil, soit du bien-fondé de toute accusation en matière pénale dirigée contre elle [...] »*. Il ressort de ce texte que la contradiction est indéfectiblement liée à l'idée de procès. Comme le soutient Andrew GROTRIAN, l'article 6-1 de la CEDH autorise les contestations sur des « droits et obligations à caractère civil » ; promeut les débats et garantit à tout accusé le droit de se défendre, entre autres. V. GROTRIAN Andrew, *L'article 6 de la Convention européenne des Droits de l'Homme. Droit à un procès équitable*, Conseil de l'Europe, 1994, pp. 9-61.

A. LA SOUPLESSE DE LA CONTRADICTION EN RAISON DE LA NATURE ET DE L'OBJET DU CONTRÔLE *A PRIORI*

Après avoir montré que la nature du contrôle *a priori* n'est pas favorable à l'application du principe du contradictoire (1), nous verrons qu'il en est de même en ce qui concerne l'objet de ce contrôle (2).

1. Une souplesse tributaire de la nature du contrôle *a priori*

143. Il n'est pas vain de rappeler que le contrôle *a priori* est celui qui intervient avant la promulgation de la loi. Abstrait, il se distingue du contrôle *a posteriori* qui, lui, a un caractère concret en ce sens qu'il s'opère à l'occasion d'un litige[1]. C'est ce caractère abstrait qui explique l'absence d'un véritable débat contradictoire au cours de ce contrôle.

En effet, l'inexistence des débats est justifiée par l'inadaptation de la notion de « parties au procès ». En droit pénal, par exemple, les parties au procès sont : la victime et l'accusé[2]. Or, lors d'un contrôle de constitutionnalité *a priori*, il n'y a ni victime ni accusé car la requête n'émane pas des particuliers, mais des autorités politiques habilitées à exercer un devoir constitutionnel : soumettre une loi au contrôle du juge avant sa promulgation[3]. À cet effet, le terme « intervenants » serait plus adapté à ce type de procès par rapport au terme « parties »[4] pour deux raisons. Premièrement, les saisissants de la juridiction constitutionnelle n'ont pas souvent des intérêts à défendre. Leur saisine résulte d'une compétence liée car la Constitution leur impose de soumettre certains textes au contrôle du juge, et ce, avant leur promulgation[5]. Pour ce faire, les saisissants procèdent parfois à des « saisines blanches », entendues comme des saisines sans motivation[6]. Or, l'absence de motivation a pour conséquence la faiblesse de la contradiction, dans la mesure où aucune thèse à contester n'est soumise au juge.

144. Puis, le « défendeur » de la loi n'est pas la majorité parlementaire qui, généralement, la vote mais un organe gouvernemental : le Secrétaire général du Gouvernement (SGG). Certes, au cours des réunions qui se tiennent entre

1 Pour une distinction plus approfondie, voir : BONNET Julien, « Les contrôles a priori et a posteriori », *NCCC,* n°40 (Dossier : le Conseil constitutionnel : trois ans de QPC) -juin 2013.

2 GUINCHARD Serge, BUISSON Jacques, *Procédure pénale*, *op. cit*., pp. 714-765.

3 DRAGO Guillaume, « Quels principes directeurs pour le procès constitutionnel ? », in : *Mélanges en l'honneur de Serge GUINCHARD, Justice et droit au procès : du légalisme procédural à l'humanisme processuel*, , Paris, Dalloz, 2010, p. 442.

4 DRAGO Guillaume, *Contentieux constitutionnel*, *op. cit*., p. 393.

5 C'est le cas des lois organiques et des règlements des Assemblées parlementaires.

6 En France, le Conseil constitutionnel mentionne souvent ce genre de saisine dans sa décision par la formule *« considérant que les auteurs de la saisine n'ont développé à l'appui de celle-ci aucun moyen particulier ».* Pour une étude doctrinale, V. DRAGO Guillaume, *Contentieux constitutionnel français*, *op. cit*., pp. 381-382.

ce SGG et le rapporteur, certaines informations sont échangées. Mais, elles « ne peuvent donner lieu ni même constituer une amorce au débat contradictoire au sens des principes généraux de procédure »[1]. Guillaume DRAGO conclut, à propos du Conseil constitutionnel français, par exemple, que ces informations « ne sont pas l'expression d'une contradiction organisée puisqu'elles ne réunissent pas tous les acteurs du contentieux et n'ont pas lieu devant le Conseil constitutionnel en réunion plénière »[2]. Bertrand MATHIEU développe un point de vue similaire lorsqu'il rappelle qu'en 1982, « il ressort de certaines discussions que le Conseil estime impossible de formaliser le caractère contradictoire de la procédure en absence de parties face à la nécessité de statuer rapidement »[3]. Cependant, l'absence des parties au procès n'est pas la seule raison du caractère timoré de l'instruction à l'occasion d'un contrôle *a priori*. L'objectif poursuivi lors de ce contrôle en est aussi la cause.

2. Une souplesse tributaire de l'objet du contrôle *a priori*

145. Le contrôle *a priori* porte sur la contestation de la constitutionnalité d'une norme législative objective[4]. C'est cette contestation qui permet de conclure à l'existence d'un infime débat contradictoire au cours d'un tel contrôle. En effet, il n'y a pas de contentieux sans contestation ou litige. La notion de litige s'entend comme un différend, un désaccord, un conflit. Elle met en présence deux catégories d'acteurs : un demandeur, qui soumet une action en justice, et un défendeur, qui s'oppose à cette action. De cette situation naît une discussion, une contradiction, à l'issue de laquelle le litige sera tranché par un arbitre ou par un juge.

146. Lors d'un contrôle *a priori*, certes, il n'y a pas de conflit ou de différend entre individus, mais il faut bien admettre qu'il peut y avoir une contradiction entre les intervenants. Ce débat contradictoire s'opère au moyen d'un échange d'écrits et/ou oral. Vecteur indispensable de la procédure d'instruction[5], l'écrit est contenu dans les mémoires que les intervenants s'échangent. De façon classique, on distingue le mémoire en défense[6] du mémoire en réplique[7].

---

1 DRAGO Guillaume, *Contentieux constitutionnel français*, *op. cit.*, p. 393.
2 *Ibid.*
3 MATHIEU Bertrand et autres, *Les grandes délibérations du Conseil constitutionnel*, Paris, Dalloz, 2009, p. 14.
4 DRAGO Guillaume, *Contentieux constitutionnel français*, Paris, Puf, 4ème éd., 2016, pp. 389.
5 En France par exemple, la procédure à suivre devant le juge administratif est essentiellement écrite. La doctrine plaide d'ailleurs pour qu'elle soit aussi orale. V. en ce sens : AZOUAOU Philippe, « L'écrit, vecteur suffisant de l'instruction ? », *Civitas Europa*, 2019/1, n°42, pp. 63-68.
6 CORNU Gérard, *Vocabulaire juridique*, *op.cit.*, p. 650.
7 *Ibid.*, p. 901.

147. En contentieux constitutionnel normatif, c'est-à-dire lorsque la requête soumise au juge porte sur la détermination du sens d'un texte, l'échange de mémoires s'opère généralement entre le Gouvernement, représenté par son Secrétaire Général (SGG), et les requérants. Tout d'abord, c'est le rapporteur qui transmet un questionnaire au SGG. En guise de réponse, ce dernier lui présente des observations écrites. Après réception de ces observations, le rapporteur les communique aux requérants. Ceux-ci peuvent formuler des répliques aux arguments du SGG qui, éventuellement, peut adresser au rapporteur de nouvelles observations. Ainsi, les débats devant le rapporteur revêtent généralement un caractère écrit[1].

148. Sur le continent africain, nombreuses sont en effet les juridictions constitutionnelles qui témoignent d'un attachement sans faille au caractère écrit de la procédure. Peuvent être mentionnées : les Cours constitutionnelles du Niger et du Togo[2]. Ces dernières appliquent la maxime chère au juge administratif selon laquelle « les agents passent mais l'administration demeure, d'où l'importance des traces écrites »[3]. Avec l'écrit, la phase d'instruction est certes plus longue mais plus sûre, parce que l'argumentaire des intervenants s'en trouve mémorisé par les services de la Cour constitutionnelle.

149. D'autres juridictions constitutionnelles ont, pour des raisons de rapidité de la procédure, institué le procédé de l'oral à côté de celui de l'écrit. C'est le cas au Bénin[4] et à Madagascar[5], pour ne citer que ces deux exemples. Cette méthode d'instruction semble opportune car, il peut arriver qu'au cours de la rédaction d'un mémoire, une partie oublie de mentionner un argument ou de relever une observation. En exposant oralement, elle peut alors combler cette omission. En conséquence, le procédé oral favorise la conduite rapide de l'instruction. En droit comparé, les Hautes juridictions constitutionnelles d'Albanie, de France et de Roumanie agissent de la même manière[6].

Il résulte de tout ce qui précède qu'à l'occasion d'un contrôle *a priori*, le principe du contradictoire a une portée limitée, notamment parce que le procès est de type inquisitorial. Cette déduction est légitimée par le rôle actif joué par le juge lors de l'éclairage des discussions.

---

1 V. DUTHEILLET DE LAMOTHE Olivier, « La procédure devant le Conseil constitutionnel français », in rapport de l'ACCPUF-bulletin n°8-novembre 2007, [en ligne] p.68.

2 V. à ce propos, rapport de l'ACCPUF, *op.cit.*, p. 35.

3 Affirmation de WEBER, dans sa théorie de l'administration. [en ligne].

4 L'article 29 du règlement intérieur de la Cour constitutionnelle du Bénin donne aussi au juge constitutionnel dudit pays la possibilité d'entendre les intervenants lorsqu'il le juge nécessaire. Cet article dispose en effet que lors de l'instruction, le rapporteur peut entendre, *« le cas échéant, les parties »*.

5 Article 29 du règlement intérieur de la Haute Cour Constitutionnelle de Madagascar : « en matière contentieuse, la procédure devant la Haute Cour Constitutionnelle est essentiellement écrite. Toutefois, lorsqu'un avocat est constitué, celui-ci peut, s'il en informe à l'avance la Cour, présenter à l'audience des observations orales ».

6 *Ibidem*, pp. 34-35.

150. « Qui instruit au sein des juridictions constitutionnelles ? » Cette question examinée par Pascal JAN mérite d'être traitée, tant elle nous renseigne sur l'autorité compétente pour éclairer les débats tenus devant le juge constitutionnel. Pour cet auteur, ne peut instruire une affaire qu'un rapporteur. En Turquie par exemple, ce rapporteur peut être un procureur, un inspecteur en chef, un maître-assistant. En France, c'est nécessairement un juge constitutionnel[1]. Fortement attachés à la tradition juridique française, les pays africains font également de leurs juges constitutionnels les principaux « juges-instructeurs » ou « juges-rapporteurs » du procès constitutionnel.

151. En effet, en Afrique subsaharienne, lorsqu'il instruit une affaire, le rapporteur ne se fie pas uniquement aux arguments écrits et oraux produits par les parties. En plus de ceux-ci, il se doit de réunir toutes les informations nécessaires à la rédaction de son rapport. Pour ce faire, il procède à des investigations ou expertises. Celles-ci ont un objet scientifique : elles permettent au juge de vérifier si les allégations avancées par les parties au procès lors des débats ne souffrent d'aucune ambigüité ou encore si elles ne sont pas erronées. Mais, vers qui se tourne le juge lors d'une demande d'expertise ? La réponse à cette question est à rechercher dans deux directions : au sein de l'institution juridictionnelle (1) et en dehors (2).

1. Le recours à l'expertise interne

152. Pour mieux conduire l'instruction, le rapporteur est assisté par le secrétaire général de la juridiction constitutionnelle. En France, la doctrine estime qu'il fait office de « dixième membre » du Conseil constitutionnel[2]. Cela s'explique par le rôle fondamental qu'il joue tout au long de l'instruction. En premier, c'est lui qui maîtrise surtout la somme documentaire détenue par l'institution. Il est, selon le Doyen Henry ROUSSILLON, « la cheville ouvrière […] qui connaît les jurisprudences, prépare les décisions avec le

1 JAN Pascal, « Qui instruit au sein des juridictions constitutionnelles ? », *in : Les cahiers de l'Institut Louis Favoreu*, n°6 (Dossier : les pouvoirs d'instruction des juridictions constitutionnelles et la formation de l'intime conviction des juridictions constitutionnelles), Presses Universitaires d'Aix-Marseille, 2015, p. 13.

2 GAY Laurence, « De la "Cour suprême junior" au "dixième membre du Conseil constitutionnel". Le pouvoir des assistants juridiques des juridictions constitutionnelles en question », *in : Les cahiers de l'Institut Louis Favoreu*, n°6 (Dossier : les pouvoirs d'instruction des juridictions constitutionnelles et la formation de l'intime conviction des juridictions constitutionnelles), Presses Universitaires d'Aix-Marseille, 2015, p. 46 ; ROUSSILLON Henry, ESPULGAS Pierre, *Le Conseil constitutionnel*, 7ème éd., Paris, Dalloz, p. 25.

conseiller-rapporteur ou les autres membres avant la délibération finale »[1]. En d'autres termes, c'est lui la « mémoire de la juridiction constitutionnelle ».

153. Ainsi, lorsque le rapporteur butte sur une question, il peut recourir à l'expertise du secrétaire général. Celui-ci peut rapidement réunir, outre les travaux parlementaires, tous les éléments de droit positif susceptibles d'aiguiser le jugement du « juge-instructeur ». Il lui est donc possible de rassembler et de mettre à la disposition du rapporteur l'état de la législation, de la réglementation et de la jurisprudence tant nationale qu'internationale, en rapport avec le sujet. Aussi peut-il fournir les tendances du droit comparé, l'état du débat public à travers la presse, ainsi que tous autres documents utiles. Mémoire de l'institution, le secrétaire général exerce donc « d'emblée un rôle auxiliaire d'instruction »[2]. Mais, ce rôle ne se résume pas au rassemblement de cette somme documentaire. Outre cette fonction, il exerce un véritable office d'intermédiaire entre le rapporteur et les autres intervenants. Pour ce faire, il rassemble l'argumentaire des tiers et le soumet à l'appréciation du rapporteur. Puis, en cas d'autres demandes, il les recontacte.

154. Il est cependant regrettable que cette somme documentaire fournie par le secrétaire général ne soit jamais communiquée aux parties ni même révélée dans le corps de la décision. Ce caractère secret a été instauré par la pratique juridictionnelle du Conseil d'État français. Cette Haute juridiction influencerait sans doute le juge constitutionnel français en raison de la spécialisation administrative dont font montrent les secrétaires généraux au Conseil. Le Doyen Henry ROUSSILLON affirme à ce propos que dans « l'histoire du Conseil, il n'est pas anodin d'observer que tous les secrétaires généraux jusqu'à ce jour (sauf un) ont été des conseillers d'État. Ceux-ci ont ainsi pu calquer les méthodes de travail façonnées depuis des décennies par le Conseil d'État et transposer ses jurisprudences »[3]. Or, en diffusant les informations recueillies, le rapporteur pourrait davantage promouvoir le caractère contradictoire des débats. De même, en rappelant dans la décision ne serait-ce que les informations ayant inspiré les juges, la motivation gagnerait en teneur.

155. Il serait sans doute judicieux pour le juge constitutionnel africain d'engager une réforme en ce sens. La réalisation d'une telle réforme semble cependant peu plausible, tant ce juge tend à standardiser ses méthodes de travail. En droit comparé, l'analyse des procédés d'instruction utilisés par le juge constitutionnel français légitime cette affirmation. Dans ce pays, les rapports entre le secrétaire général du Conseil constitutionnel et le rapporteur s'inscrivent dans la logique définie plus haut. En effet, la procédure

---

1 ROUSSILLON Henry, ESPULGAS Pierre, *Le Conseil constitutionnel*, *op. cit.*, p. 25.

2 SCHRAMECK Olivier, « Les aspects procéduraux de la saisine », *in : 20 ans de la saisine parlementaire*, Economica, 1994, p. 4. Disponible sur : http//www.conseil-constitutionnel.fr, (Consulté le 28/02/2020).

3 ROUSSILLON Henry, ESPULGAS Pierre, *Le Conseil constitutionnel*, *op. cit.*, p. 25.

constitutionnelle est assimilable à la procédure administrative contentieuse. Olivier SCHRAMECK rappelle à cet effet que les réunions organisées entre le rapporteur au Conseil constitutionnel et les collaborateurs du secrétaire général pour des séances de réflexion et de travail collectifs, lorsqu'il instruit une affaire, ne diffèrent pas de celles des sous-sections d'instruction du Conseil d'État[1]. S'inspirant largement des techniques et méthodes procédurales du juge constitutionnel français, il ne fait l'ombre d'aucun doute que les rapporteurs et les secrétaires généraux des juridictions constitutionnelles d'Afrique subsaharienne travaillent de concert.

Finalement, la première expertise à laquelle recourt le rapporteur a une nature endogène. Elle provient de l'institution et est fournie par le secrétaire général. En dehors de celle-ci, le rapporteur peut aussi faire appel à une expertise exogène.

2. Le recours à l'expertise externe

156. Dans sa fonction consultative, le rapporteur ne sollicite pas uniquement les avis du secrétaire général de l'institution et des autres intervenants au procès. Outre ceux-ci, il dispose du droit de recourir à d'autres expertises. Selon Bernard PACTEAU, l'expertise est la mesure d'instruction la plus fréquente. C'est celle « à laquelle pense tout juge quand il se sent embarrassé »[2]. Au Bénin, elle a pour base juridique l'article 29, alinéa 3 du règlement intérieur de la Cour constitutionnelle. Selon cet article, le rapporteur peut, outre les parties, « également entendre toute personne dont l'audition lui paraît opportune ou solliciter par écrit des avis qu'il juge nécessaires »[3]. Autrement dit, au cours de l'instruction, si le rapporteur est obligé de tenir compte des moyens et arguments développés par les parties au procès, rien ne s'oppose à ce qu'il consulte aussi des tiers. Ces derniers interviennent au procès au moyen des « portes étroites » et formulent des avis dignes d'intérêt.
157. L'audition des tiers au moyen des portes étroites. Encore appelée « saisines sauvages », l'expression « portes étroites » a été forgée par le doyen Georges VEDEL qui, s'inspirant des paroles de l'Évangile, voulait illustrer combien il est difficile aux personnes et/ou à des organes non habilités à saisir le juge constitutionnel d'accéder à son prétoire[4]. Il s'agit du procédé par lequel les tiers au procès constitutionnel prennent part à l'instruction. Ces tiers sont

---

1 SCHRAMECK Olivier, « Les aspects procéduraux de la saisine », *op.cit.*, p. 6.

2 PACTEAU Bernard, *Traité de contentieux administratif*, *op.cit.*, p.318.

3 On retrouve l'esprit de cette disposition dans la plupart des règlements intérieurs des juridictions constitutionnelles africaines. C'est le cas de l'article 29 de la loi organique n°9/91 du septembre 1991 sur la Cour.

4 V. VEDEL Georges, « L'accès des citoyens au juge constitutionnel. La porte étroite », in : *la Vie judiciaire*, n°2344, 11-17 mars 1991, cité par DRAGO Guillaume, *Contentieux constitutionnel français*, *op.cit.*, pp.396-397.

le plus souvent des associations, des groupements professionnels, des particuliers et, dans une large mesure, des professeurs de droit[1]. On parle à ce sujet de « lobbying devant le Conseil constitutionnel »[2].

158. En France, commentant la décision « liberté d'association » du 16 juillet 1971, Guillaume BOUDOU révèle que ces interventions permirent au Conseil de décider d'élargir son bloc de constitutionnalité en reconnaissant une valeur constitutionnelle au Préambule de la Constitution de 1958[3]. Dans tous les cas, ces interventions ont un caractère alternatif. À cet effet, soit elles viennent au soutien de la loi mise en cause, soit elles sont adressées pour combattre celle-ci. Au rang des productions qui viennent au soutien de la loi figurent celles de certains groupes économiques ou sociaux, notamment lorsque leurs intérêts sont menacés. En France, par exemple, tel fut le cas du Syndicat national de l'industrie pharmaceutique (SNIP), pour les lois de financement de la sécurité sociale. Ce fut également le cas de l'Association française des entreprises privées (AFEP), pour la loi de modernisation sociale[4]. Ainsi, plusieurs personnes et/ou organes non habilités à saisir le juge constitutionnel peuvent accéder au prétoire de ce dernier pour soutenir la constitutionnalité d'une loi au moyen des « portes étroites ». Mais, pour que cela soit possible, il faut que ces derniers présentent un intérêt à agir. Cet intérêt peut être justifié lorsque le juge constitutionnel lui-même sollicite l'avis d'un éminent membre de la doctrine. Il peut en outre être justifié quand un tiers au procès apporte la preuve que l'issue du litige le concerne directement.

159. La seconde hypothèse est celle où l'action des tiers au procès constitutionnel consiste à contester la constitutionnalité d'une loi. Dans cette optique, leurs demandes peuvent revêtir trois formes. Elles peuvent tout d'abord pourfendre la loi en contestant la constitutionnalité des dispositions critiquées par les saisissants. Elles peuvent ensuite soulever le caractère inconstitutionnel d'autres dispositions non combattues par les auteurs de la saisine. Il peut enfin y avoir des contributions mixtes, c'est-à-dire des « interventions » qui, en même temps qu'elles viennent au soutien de la loi, en contestent aussi la constitutionnalité d'autres dispositions de celle-ci[5]. Il s'agit donc pour les tiers de remettre en cause le caractère constitutionnel de la loi.

160. Dans tous les cas, il n'est pas rare de voir le juge constitutionnel consulter d'éminents représentants de la doctrine[6] lorsque la loi dont il est saisi présente

---

1 SEVERINO Caterina, « L'influence de la doctrine sur la jurisprudence du Conseil constitutionnel », *RFDC*, 2016/1, n°105, p. 81.

2 JANUEL Pierre, « Le lobbying devant le Conseil constitutionnel : derrière les portes étroites », Dalloz, actualité : 17 juillet 2019.

3 BOUDOU Guillaume, « Autopsie de la décision du Conseil constitutionnel du 16 juillet 1971 sur la liberté d'association », *RFDC*, 2014/1 (n°97), pp. 5-120.

4 V. ACCPUF, *op.cit.*, p. 68.

5 SCHRAMECK Olivier, « Les aspects procéduraux de la saisine », *op.cit.*, p. 4 et s.

6 MASTOR Wanda, « L'influence de la doctrine sur la formation des convictions pré-délibératives », in : *Les cahiers de l'Institut Louis Favoreu*, n°6, *op. cit*, pp. 61-64.

un intérêt majeur. Mais, avec la nomination sans cesse croissante des professeurs de droit tant au Conseil constitutionnel français[1] qu'au sein des juridictions constitutionnelles africaines[2], le recours aux avis de la doctrine semble aujourd'hui limité.

Ainsi, par le procédé des « portes étroites », le rapporteur bénéficie des avis supplémentaires et nécessaires à l'appréciation de la constitutionnalité de la loi. Mais, quelle est la portée de ces avis ?

161. La portée des avis recueillis par le rapporteur. Si, pour instruire une affaire, le rapporteur peut recueillir tous les avis dont il établit la nécessité, est-il tenu de les intégrer au débat contradictoire ? De plus, ces avis le lient-il ? Ces questions en apparence simplistes présentent au fond un intérêt certain. Elles permettent de mesurer la portée des avis recueillis par le juge constitutionnel africain. En guise de réponse à la première question, nous avancerons que les avis recueillis par le rapporteur ne sont pas intégrés au débat contentieux parce qu'ils « n'ont pas le caractère d'interventions au sens procédural du terme »[3]. Leur exclusion résulte par ailleurs de leur antagonisme aux dispositions souvent mises en cause par les saisissants. Cependant, ils sont communiqués à l'ensemble des membres des juridictions constitutionnelles en raison de leur caractère indispensable au délibéré.

162. La deuxième question en revanche suscite une réponse ambivalente. En principe, le rapporteur n'est pas tenu de suivre les avis qu'il recueille lors de l'instruction. Affirmer le contraire serait remettre en cause l'indépendance des juges constitutionnels. Or, toutes les constitutions s'accordent à leur conférer une inamovibilité et indépendance indéfectibles[4]. À cet effet, lorsque la loi prévoit que le rapporteur puisse « solliciter par écrit des avis qu'il juge nécessaires »[5], ni la lettre ni l'esprit de cette disposition ne présupposent que ces avis soient susceptibles de s'imposer au juge constitutionnel. Au contraire, il résulte de cette disposition que ceux-ci jouent un rôle purement informatif. Par conséquent, les juges constitutionnels d'Afrique subsaharienne sont libres de les suivre ou pas ; car, en réalité, ce ne sont que des moyens d'élucidation des problèmes posés par les saisissants.

163. Toutefois, on peut se demander si l'avis d'un éminent membre de la doctrine peut laisser un rapporteur insensible. Répondre à cette question par la négative relèverait de la naïveté. En effet, bien qu'ils s'en cachent souvent, les juges constitutionnels s'inspirent fortement de la doctrine pour diligenter l'instruction. Les positions doctrinales sont tellement cruciales que certains

---

1 CASTERA Pierre, *Les professeurs de droit membres du Conseil constitutionnel*, Thèse, université de Bordeaux, 2015.

2 À l'instar du professeur Théodore HOLO qui fut président de la Cour constitutionnelle du Bénin de 2013- à 2018.

3 DRAGO Guillaume, *Contentieux constitutionnel français*, *op.cit.*, p. 397.

4 Ces aspects seront analysés et discutés dans la seconde partie de cette étude, au titre II et au chapitre 1, section 1.

5 Article 29, alinéa 3 du règlement intérieur de la Cour constitutionnelle du Bénin.

juges les rappellent parfois subtilement dans les décisions. En Afrique, tel est le cas du juge constitutionnel béninois. C'est ainsi que dans une décision rendue en 2007, il recourt par exemple à la doctrine pour clarifier les conséquences d'une proposition de nomination obligatoire[1].

164. D'une manière générale, la présence des tiers au procès constitutionnel est la preuve que le contrôle de constitutionnalité est toujours politique, comme on le verra plus tard[2], et d'intérêt public. C'est sans doute la raison pour laquelle le rapporteur prend toutes les mesures nécessaires à la bonne conduite de l'instruction. Ces mesures ne sont pas seulement ordonnées par le juge lors du contrôle *a priori* ; elles interviennent aussi à l'occasion du contrôle *a posteriori* au cours duquel le principe du contradictoire est davantage renforcé.

II. UNE CONTRADICTION RIGIDE À L'OCCASION D'UN CONTRÔLE *A POSTERIORI*

165. Les Cours constitutionnelles africaines ont généralement pour mission d'assurer un contrôle de constitutionnalité des lois. Au Bénin cependant, outre ce contentieux, la Cour est compétente pour exercer un contrôle de constitutionnalité des faits[3]. Selon Frédéric Joël AIVO, ce contrôle sert à « vérifier la compatibilité d'un acte extra-normatif, un fait voire des propos avec les dispositions constitutionnelles »[4]. Dès lors, le contentieux « extra-normatif » béninois diffère du contentieux normatif en ce qu'il porte non pas sur des textes mais sur des faits sociaux. Il convient de préciser qu'il ne s'agit que des faits relatifs à la violation des droits humains. Lorsqu'il les apprécie, le juge constitutionnel du Bénin instaure un véritable débat entre les parties et le publie parfois (B). Ce débat diffère complètement de celui qui a lieu lors d'un contrôle *a priori*. Loin d'être souple ou timide, il est plutôt intense. Ce caractère rigide de la contradiction résulte de la place prépondérante

---

1 Décision DCC 07-093 du 21 août 2007, Serge Roberto Prince Agbodjan. V., MEDE Nicaise, *op.cit.*, pp. 388-396.

2 V. *infra*, seconde partie.

3 Dans la Constitution du Bénin, le contentieux extra-normatif a pour fondement l'article 120. Celui-ci dispose que la *« Cour constitutionnelle doit statuer dans le délai de quinze jours après qu'elle a été saisie d'un texte de loi ou d'une plainte en violation des droits de la personne humaine et des libertés publiques »*.

4 AIVO Frédéric Joël, « La Cour constitutionnelle du Bénin », *ABJC*, 2013, p. 20 et s.

qu'occupent les parties dans le procès constitutionnel en Afrique subsaharienne (A).

A. L'INSTAURATION D'UN VÉRITABLE DÉBAT ENTRE LES PARTIES AU PROCÈS

Qu'il soit normatif ou extra-normatif, le contrôle *a posteriori* est favorable à la réalisation d'un véritable débat entre les parties. D'abord, parce qu'il est favorable à l'amoindrissement des prérogatives du rapporteur (1). Ensuite, parce qu'il ouvre aux parties le droit de fournir elles-mêmes des preuves susceptibles de légitimer leurs thèses (2).

1. L'amoindrissement des prérogatives du rapporteur, moyen de renforcement du débat contradictoire entre les parties

166. Si la notion de « parties au procès » semble discutable en contentieux normatif, notamment lorsque le contrôle du juge intervient *a priori*, il en est autrement en contentieux *a posteriori* et extra-normatif. En effet, ce dernier type de contentieux met toujours aux prises deux catégories d'acteurs : un plaignant et un accusé. Lorsqu'il a lieu, le juge constitutionnel opte pour la prudence. Il impose une discussion entre les parties, et ce, conformément aux règles de procédure auxquelles il est tenu. Ce n'est qu'à l'issue de ce débat contradictoire qu'il tranche le litige qui lui est soumis. Cette discussion s'opère à travers les mêmes outils utilisés à l'occasion d'un contrôle *a priori*, c'est-à-dire par voie écrite, essentiellement, et par voie orale, à titre subsidiaire.

167. En contentieux constitutionnel normatif, que ce soit en France ou en Afrique, cette procédure fait entrer le justiciable dans le prétoire du juge constitutionnel et doit être analysée différemment en termes de principes directeurs du procès constitutionnel. Le juge du fond, la Cour suprême concernée et la juridiction constitutionnelle se trouvent ici en présence de la défense d'un droit subjectif que le requérant estime lésé par la loi applicable à son litige. Cette modification de perspective est essentielle en ce qu'elle conduit à introduire dans le procès constitutionnel, à tous les niveaux, les exigences du procès équitable[1].

168. En contentieux constitutionnel extra-normatif, cette discussion s'opère comme dans les contentieux de droit privé. En effet, c'est d'abord au plaignant d'exposer sa thèse. Celle-ci comporte toujours les éléments suivants : l'argument juridique sur lequel il fonde son action, le rappel des faits, ainsi

1 DRAGO Guillaume, « Quels principes directeurs pour le procès constitutionnel ? », in : *Mélanges en l'honneur de Serge GUINCHARD, Justice et droit au procès : du légalisme procédural à l'humanisme processuel*, Paris, Dalloz, 2010, pp. 448.

que ses prétentions[1]. Puis, vient le tour de l'accusé. Ce dernier émet des critiques sur les arguments développés par le plaignant ; il expose une antithèse. Le juge n'intervient à la fin que pour faire une synthèse et trancher le litige.

169. Une abondante jurisprudence constitutionnelle béninoise confirme ce constat[2]. Dans la décision du 19 février 2002 par exemple, une plainte est portée par Monsieur Boris GBAGUIDI contre le roi de la Sous-Préfecture de Dassa-Zoumè. Le requérant estime que le Sous-Préfet viole les droits humains lorsqu'il inflige des traitements cruels, inhumains et dégradants à des voleurs. En guise de réplique, l'accusé avance plusieurs arguments. Pour lui, tant la coutume que la religion recommandent d'administrer des châtiments corporels aux auteurs d'infractions. Il affirme en effet que « l'homme n'a pas que des droits. Il a aussi des devoirs dont il faut respecter [...]. Le défaut de respect de ces devoirs [...] ne saurait être exclusif de moindres sanctions que demeurent les sévices corporels »[3]. Du raisonnement de l'accusé, il ressort que la loi n'est pas la seule source du droit au Bénin. Outre celle-ci, il y a lieu de tenir compte des règles morale et religieuse. En cas d'infraction, ce sont d'ailleurs ces dernières qui devraient l'emporter sur la règle de droit. Pour le juge, un tel raisonnement n'est pas recevable en raison de la nature strictement juridique de l'État. En effet, le Bénin est un État de droit. Par conséquent, le défendeur a effectivement porté atteinte aux droits humains en infligeant des châtiments corporels aux voleurs. Cette affaire illustre le caractère rigide de la contradiction lors d'un contrôle extra-normatif. Celle du 31 mai 2002 s'inscrit dans la même mouvance[4]. Ce renforcement de la contradiction à l'occasion

---

1 La décision DCC 02-014 du 19 février 2002, Monsieur Boris GBAGUIDI en est une parfaite illustration. Dans celle-ci, le requérant porte plainte contre une Sous-Préfecture aux motifs que son administration porte généralement atteinte aux droits de la personne humaine. En termes plus clairs, elle inflige souvent des traitements inhumains et dégradants aux citoyens accusés de certaines infractions. Dans le considérant n°1 de cette décision, le requérant expose en effet sa thèse comme suit : *« considérant que le requérant fonde son action sur l'option en faveur de l'Etat de droit proclamé dans le préambule de la Constitution du 11 décembre 1990 ainsi que sur l'article 126 de ladite Constitution qui dispose : « la Justice est rendue au nom du peuple béninois » ; qu'il soutient : « [...] pour crime ou délit commis, c'est le roi et sa cour qui décident du sort du coupable. En exemple, à Dassa-Zoumè, lorsqu'un citoyen vole quelque chose, le fameux roi EGBAKOTAN II donne des instructions à ses associés afin qu'on lui mette la main dessus. Ensuite, il est conduit au palais royal et là, il subit de véritables et humiliants sévices corporels qui lui sont honteusement administrés, et ce pour la plupart du temps par des bandits, les délinquants, les va-nu-pieds de Dassa-Zoumè » [...] ; que « pire, il se permet d'administrer ou de faire subir des sévices corporels, ce qu'aucune institution, quelle que soit sa qualité, n'est autorisée à faire : il y a violation flagrante de la Constitution [...] Il faut que cela cesse tout de suite ».*

2 Cet aspect sera davantage examiné dans la première partie de cette étude, au titre II et au chapitre 1.

3 V. Décision DCC 02-014 du 19 février 2002, *op. cit.*, considérant n°2.

4 En l'espèce, la Haute Juridiction est saisie par Monsieur Laurent FANOU. Ce dernier se plaint tout d'abord des agissements de ses employeurs Paul MONTCHIO et Nabil KHOURY, respectivement directeur commercial et directeur général du restaurant Acropole. Il condamne

d'un tel contrôle témoigne dès lors du caractère accusatoire de la procédure suivie devant le juge constitutionnel béninois. Ce constat est confirmé par le droit reconnu aux parties de fournir des preuves pour renforcer leurs moyens.

2. L'effacement du rapporteur et l'essor des parties lors de la recherche des preuves, cause de rigidité de la contradiction

170. Si le contrôle *a priori* a une nature inquisitoire, il ne fait l'ombre d'aucun doute que celui exercé *a posteriori* est de type accusatoire. Cela se justifie par la possibilité ouverte aux parties d'apporter les preuves de leurs allégations au cours du procès constitutionnel. Au Bénin, les parties agissent ainsi dans la décision du 31 mai 2002[1]. En l'espèce, le juge se fonde sur le certificat médical qui lui est fourni par le requérant pour conclure à une atteinte à ses droits humains. Au considérant numéro quatre (4), on peut y lire : considérant qu'il ressort du certificat médical présenté par Monsieur Laurent FANOU qu'il a subi un endolorissement dans « le dos, les épaules, une douleur provoquée lors de la palpation […] une douleur exquise au niveau des bourses lors de la palpation de ces dernières, une réaction de défense lors de la flexion des membres inférieurs sur l'abdomen […] il y a violation des droits humains ». Cette décision est riche d'enseignements. Elle confirme non seulement le caractère rigide de la contradiction lors d'un contrôle extra-normatif, mais aussi le caractère accusatoire de la procédure d'instruction.

171. Le contrôle extra-normatif qu'exerce le juge constitutionnel béninois l'invite à adopter une technique d'instruction accusatoire pour diverses raisons. D'abord, parce qu'il laisse les parties débattre entre elles. Dans un second temps, parce qu'il leur octroie la possibilité de fournir elles-mêmes les preuves de leurs allégations. Il en résulte un amoindrissement de ses prérogatives au cours de cette phase. Le qualificatif « amoindrissement » suppose qu'il n'y a pas d'effacement complet du rôle du juge mais une simple limitation de ses interventions. Autrement dit, loin d'être absent, le juge prend part au procès timidement. Cette faible présence se justifie doublement. Premièrement par la possibilité qu'il détient d'ordonner des mesures

aussi l'arrestation illégale et la détention arbitraire dont il a fait l'objet de la part de certains agents de police en service à la sûreté nationale. Avant de conclure au caractère arbitraire de la détention de Monsieur Laurent FANOU, ainsi qu'au caractère inhumain des violences exercées sur sa personne, la Haute Juridiction prend la peine de confronter les thèses de chaque partie à l'instance. Pour le plaignant, il aurait subi des traitements inhumains lors de sa détention au poste de police. Laquelle détention est survenue à la suite d'une contestation d'une décision administrative. Celle-ci porte sur son licenciement qu'il qualifie d'abusif. Pour les accusés, il a effectivement fait l'objet d'un licenciement en raison d'une absence non justifiée de deux semaines. Il n'est donc pas abusif. Cependant, soutiennent-ils, il n'a nullement été victime de traitements dégradants.

1 Décision DCC 02-052 du 31 Mai 2002, Laurent FANOU.

d'instruction et, deuxièmement, par son intervention lors de la résolution du litige.

172. En ce qui concerne les mesures d'instruction, il n'est pas vain de rappeler qu'elles s'entendent comme des injonctions ordonnées d'office par le juge et tendant à établir la réalité et l'exactitude des faits sur lesquels porte une difficulté juridique ou un litige. Elles sont fréquemment utilisées par le juge constitutionnel du Bénin au cours d'un contrôle extra-normatif. Babakar KANTE affirme à ce sujet qu'il arrive souvent que « le juge béninois, dans cette matière surtout, adresse des injonctions de procédure à l'État, et y attache un certain nombre de présomptions »[1].

173. Dans les décisions susmentionnées, le juge rappelle qu'il a usé de cette technique d'instruction par les formules suivantes : « considérant que des mesures d'instruction ont été diligentées à l'endroit de la Gendarmerie [...] »[2], en ce qui concerne la première ; « considérant qu'en réponse à la mesure d'instruction de la Cour [...] »[3], dans la seconde. La présence de ces mesures d'instruction dans le contentieux extra-normatif béninois permet de conclure à son caractère hybride. Elle est donc à la fois inquisitoire et accusatoire. Le rôle incontournable que joue le juge lors d'un contentieux des droits humains conforte ce point de vue.

174. Ce rôle actif du juge se manifeste en effet lorsqu'il synthétise les thèses en présence et tranche le litige qui lui est soumis. Certes, il respecte une exigence de la procédure accusatoire et du procès équitable en agissant de la sorte : l'impartialité. Mais, force est de reconnaître que cette impartialité n'est assurée que par le truchement d'une immixtion dans le débat contradictoire à travers la mesure d'instruction.

En définitive, il y a lieu de retenir que le principe du contradictoire s'applique avec plus de rigueur en contentieux *a posteriori* et extra-normatif qu'en contentieux normatif. Le juge constitutionnel du Bénin promeut d'ailleurs cette règle du contradictoire dans ses décisions, par un rappel des débats survenus lors de l'instruction.

B. LA PUBLICITÉ RASSURANTE DES DISCUSSIONS TENUES ENTRE LES PARTIES

Rappelons que si en contentieux normatif la phase d'instruction est occultée dans la décision, c'est certainement en raison du caractère souple ou subtil des discussions. C'est fréquemment le cas au Gabon et à Madagascar (1). Or, en contentieux extra-normatif, ces discussions doivent figurer dans la

---

1 V. KANTE Babacar, « Les méthodes et techniques d'interprétation de la Cour constitutionnelle : l'exemple des pays d'Afrique occidentale francophone », in : *L'interprétation constitutionnelle*, Paris, Dalloz, 2005, pp. 162-163.

2 V. Considérant n°2.

3 V. Considérant n° 3.

décision parce qu'elles légitiment la solution rendue par le juge. Il en est ainsi au Bénin (2).

1. Le rappel succinct de l'instruction dans les jurisprudences constitutionnelles gabonaise et malgache

175. Il n'est pas vain de rappeler que la procédure juridictionnelle des Cours constitutionnelles d'Afrique subsaharienne est dominée par cinq caractéristiques : la gratuité, le contradictoire, l'écrit et l'oral, ainsi que le secret[1]. Si les quatre premiers traits offrent les garanties d'un procès équitable au justiciable, le dernier en revanche mérite d'être critiqué dans la mesure où il constituerait un frein à la démocratisation des décisions du juge constitutionnel. En termes plus clairs, en rendant secrète la procédure constitutionnelle, principalement la phase d'instruction, le juge constitutionnel ne donne pas la possibilité au citoyen de connaître toutes les raisons qui ont présidé à l'élaboration de sa décision. Or, l'exposé de ces raisons pourrait davantage légitimer son office. Il est donc regrettable que les débats animés par les intervenants et/ou les parties au procès constitutionnel ne fassent pas l'objet d'une publication.

176. Tel est le cas au Gabon, à Madagascar et au Niger. En effet, au Gabon, pour confirmer que la décision rendue par le juge constitutionnel a fait l'objet d'une instruction préalable, le juge utilise la formule suivante : « le rapporteur ayant été entendu ». Placée en deçà des *visas* et au-dessus des considérants, cette formule constitue en quelque sorte la phrase de transition qui marque la fin de la phase d'instruction et annonce celle du délibéré, ce qui révèle que, dans ce pays, l'instruction est toujours diligentée par un seul rapporteur.

177. À Madagascar, la même formulation est reprise. Mais il convient de relever que, contrairement à son homologue gabonais, le Président de la Haute Cour constitutionnelle de Madagascar peut, pour une seule affaire, désigner un ou plusieurs rapporteurs. C'est ainsi que dans la décision n°02-HCC/D3 du 15 mai 2013, il confie par exemple l'instruction à plusieurs rapporteurs. La phrase « les rapporteurs ayant été entendus »[2], rédigée au pluriel, est révélatrice de cette méthode. Sûrement, c'est par souci de rapidité et d'efficacité que la Haute Cour constitutionnelle de Madagascar procède de la sorte. En effet, il y a parfois des affaires très sensibles et complexes au point où confier leur instruction à un seul rapporteur susciterait sans nul doute de

1 Article 25 du Règlement intérieur de la Cour constitutionnelle du Gabon ; article 28 du règlement intérieur de la Cour constitutionnelle du Bénin et article 29 de l'Ordonnance n°2001-003 portant loi organique relative à la Haute Cour Constitutionnelle.

2 Décision n°02-HCC/D3 du 15 mai 2013 concernant le règlement intérieur du Filankevitry ny Fampihavanana Malagasy (FFM) et la procédure relative à l'instruction des requêtes aux fins d'amnistie devant le FFM.

nombreuses controverses lors du délibéré[1]. C'est certainement pour amoindrir ces controverses que le Président de la Haute Cour constitutionnelle préfère souvent désigner un ou plusieurs rapporteurs pour instruire une même affaire.

178. Au Niger, la procédure d'instruction est conduite par un seul rapporteur. Elle est rappelée par le juge constitutionnel dans sa décision par le groupe d'expression « après audition du Conseiller-rapporteur et en avoir délibéré conformément à la loi »[2].

179. Au Bénin, c'est plutôt l'expression « Ouï », suivie du nom du rapporteur, qui est préférée au verbe « entendre » dans la formulation retenue par le juge constitutionnel. Ainsi, le rappel du respect de la procédure d'instruction est matérialisé dans la jurisprudence de la Cour constitutionnelle béninoise par la phrase suivante : « ouï Maître [...] en son rapport ». Celle-ci est semblable à la formule utilisée autrefois par le Conseil constitutionnel français. Formellement, les formules utilisées par les juges constitutionnels des trois premiers pays susmentionnés diffèrent de celle du juge constitutionnel béninois par le fait que ce dernier, contrairement aux autres, nomme le rapporteur ayant instruit l'affaire. À cet effet, il est constant de voir des phrases comme : « ouï Maître Zimé Yérima KORA-YAROU en son rapport »[3] ; « ouï le Professeur Théodore HOLO en son rapport »[4] ; « ouï Monsieur Jacob ZINSOUNON en son rapport »[5] dans les décisions de la Cour constitutionnelle béninoise. Mais au fond, cette nuance recèle peu d'intérêt car les échanges de mémoires et arguments réalisés par les intervenants devant le rapporteur demeurent dissimulés. Or, il serait sans doute intéressant aussi bien pour les citoyens, la doctrine, les parlementaires, le Gouvernement que l'administration de prendre connaissance du contenu du débat contradictoire qu'il y a à ce stade de la procédure contentieuse. Cela permettrait sans doute à tous les acteurs sociaux de porter un jugement plus objectif sur l'activité juridictionnelle du juge constitutionnel. Une telle réforme à l'échelle continentale pourrait par ailleurs démocratiser la phase d'instruction ; ce faisant la procédure juridictionnelle aussi. De même cette procédure pourrait-elle être davantage rassurante si tous les juges africains publiaient les débats qu'ils tiennent lors de la phase d'instruction, ne serait-ce que partiellement comme le fait le juge constitutionnel béninois.

---

1 Le délibéré désigne la phase du procès constitutionnel au cours de laquelle une décision est adoptée après examen. V. CORNU Gérard, *Vocabulaire juridique*, *op.cit.*, p.316.

2 V. par exemple arrêt n°18/CC/2002 du 20 décembre 2002.

3 Décision DCC 10-144 du 14 décembre 2010, L'autonomie financière de l'Assemblée nationale, in : *ABJC*, p. 379.

4 Décision DCC 11-047 du 21 juillet 2011, Désignation des membres du Parlement dans les organes parlementaires, *in : ABJC*, p. 391.

5 Décision EP 11-014 du 22 février 2011, Désignation de l'Assemblée nationale à la CENA, in : *ABJC*, p. 421.

2. La révélation partielle de l'instruction dans la jurisprudence constitutionnelle béninoise

180. Sur le continent africain, l'instruction de l'affaire en contentieux constitutionnel apparaît sous deux traits : un classicisme et une excentricité. Le classicisme se traduit par une dissimulation du débat contradictoire tant lorsque le juge constitutionnel exerce un contrôle *a priori* que lorsqu'il est saisi au moyen d'une exception d'inconstitutionnalité.

181. Quant à l'excentricité, elle est manifeste dans la jurisprudence de la Cour constitutionnelle du Bénin, surtout lorsque le contrôle exercé par celle-ci porte sur la violation d'un droit humain. Il s'agit, dans cette hypothèse, d'un contrôle de constitutionnalité des faits, par opposition au contrôle de constitutionnalité de la loi. En effet, l'excentricité se traduit par une révélation du débat contradictoire dans le corps de la décision. L'analyse de la jurisprudence de la Cour constitutionnelle béninoise montre qu'un titre est souvent consacré à l'instruction lorsque le contrôle de constitutionnalité porte sur un droit humain ou une liberté fondamentale. Tel est le cas dans la décision DCC 11-042 du 21 juin 2011 portant discrimination dans le traitement salarial[1]. C'est encore le cas dans la décision DCC 17-255 du 07 novembre 2017[2]. Dans cette dernière, par exemple, le juge constitutionnel du Bénin rappelle le caractère fondamental de la liberté de culte, de conscience et de religion, en publiant les débats tenus lors de l'instruction.

182. Cependant, l'échange survenu lors de l'instruction est rarement rappelé quand le contrôle de ce juge porte sur une norme. Mais qu'est-ce qui justifie cette dissimulation intermittente des débats ayant eu lieu au cours de l'instruction ? La jurisprudence n'apporte pas de réponse à cette question. Sans prétendre en détenir une, il convient néanmoins d'esquisser quelques réponses.

183. Tout d'abord, il semble soutenable que l'infléchissement du caractère secret de l'instruction découle de la nature du contentieux exercé. À cet effet, puisqu'il n'y a pas, à proprement parler, de parties dans le cadre d'un contentieux normatif, le juge constitutionnel ne se sent pas dans l'obligation de divulguer les informations qu'il regroupe lors de l'instruction. En revanche, étant donné que le contentieux substantiel béninois met toujours en cause deux parties, il est logique que le juge rapporte leur argumentaire dans la décision afin de mieux étayer son argumentation.

184. En outre, la publicité des débats peut se justifier par l'attachement du juge à la démocratie et à l'État de droit. En effet, en rendant public le débat

---

1 Décision DCC 11-042 du 21 juin 2011, institution d'un coefficient de revalorisation des traitements indiciaires des agents de l'Etat du ministère de l'économie et des finances, in : *ABJC*, *op.cit.*, p. 455-465.

2 Décision DCC 17-225 du 07 novembre 2017, KINNINVO.

qui oppose deux requérants, le juge constitutionnel démocratise sa procédure d'instruction et démontre que la solution qu'il retient est conforme au droit positif.

En somme, l'instruction a un caractère hybride en Afrique. Elle est à la fois inquisitoire et accusatoire. Dans tous les cas, elle reste fortement dominée par le principe du contradictoire. Celui-ci est révélé soit partiellement, soit totalement par le juge dans ses décisions. Il en va différemment du délibéré qui, lui, est toujours secret.

SECTION II : LE PRONONCÉ SECRET DU DÉLIBÉRÉ

185. Après la phase d'instruction, les juges constitutionnels africains rendent un jugement. Celui-ci est adopté à l'issue d'un délibéré secret. Au Bénin par exemple, l'article 28 du Règlement intérieur de la Cour constitutionnelle précise que « les débats ne sont pas publics, sauf décision contraire de la Cour Constitutionnelle notamment en ce qui concerne le contentieux électoral ». La même exigence figure à l'article 25 de la loi organique sur la Cour constitutionnelle gabonaise du 25 septembre 2011[1] et à l'article 42, alinéa 2, de la loi organique relative à la Haute Cour constitutionnelle malgache du 14 novembre 2001[2]. La question se pose de savoir si les discussions tenues lors de ce délibéré figurent dans le corps de la décision rendue. À l'analyse de la jurisprudence, une réponse négative s'impose : les débats menés par les juges au cours du délibéré ne figurent pas dans les décisions qu'ils rendent (I). Une telle dissimulation de la procédure du délibéré pourrait fragiliser la légitimité de la solution énoncée. C'est pour contourner cet obstacle que les juges constitutionnels d'Afrique subsaharienne, à l'instar du juge ordinaire, légitiment leur solution lors de la rédaction finale de leur décision (II).

---

1 Article 25, alinéas 2 et 3 de la Loi Organique n°9/91 du 26 septembre 1991, modifiée par la Loi Organique n°13/94 du 17 septembre 1994, la Loi Organique n°003/2003 du 2 juin 2003 et la Loi Organique n°009/2011 du 25 septembre 2011 sur la Cour constitutionnelle : « En matière de contentieux électoral, les débats sont publics et les décisions sont prononcées en audience publique. Dans les autres matières, les débats ne sont pas publics et les décisions sont prononcées hors de la présence du public, sauf appréciation contraire de la Cour ».

2 Article 42, alinéa 2 de l'ordonnance n°2001-003 portant Loi Organique relative à la Haute Cour Constitutionnelle : « La procédure est écrite ; elle ne donne lieu à une audience publique que dans les cas prévus à l'article 29 », à savoir en cas de contentieux.

I. La dissimulation de la procédure du délibéré dans les corps des décisions

Les décisions rendues par les juges constitutionnels africains comportent-elles l'intégralité des échanges tenus au cours de la délibération ? Cette question est digne d'intérêt en ce qu'elle permet de cerner comment ces juges apprécient l'exigence du secret du délibéré. Au regard de leur jurisprudence, une réponse négative s'impose. Nous verrons que si les Hautes juridictions indiquent sommairement qu'elles délibèrent de manière régulière (B), elles dissimulent cependant les discussions qui se tiennent entre les juges (A).

A. La dissimulation des discussions

Le délibéré prononcé par les Cours constitutionnelles africaines est éminemment secret, tant les décisions rendues par ces organes ne comportent que les noms des membres présents au cours de cette phase, abstraction faite de leur position (1). Ce silence est concrétisé par l'absence de la pratique des opinions séparées (2).

1. L'indication des noms des juges présents au délibéré et le silence sur leurs positions

186. En Afrique subsaharienne, le délibéré ne peut être prononcé qu'à l'issue d'un vote entre les membres de la juridiction constitutionnelle. Le quorum exigé n'est pas le même dans tous les États. Si au Gabon il faut au moins la présence de six (6) membres sur neuf (9) pour que la Cour constitutionnelle délibère valablement[1], au Niger il en faut plutôt cinq (5) membres sur sept (7)[2]. Nous pensons qu'à travers ces quorums, le législateur organique souhaite que les verdicts prononcés par les juges soient toujours le fruit d'une

1 V. la loi organique n°9/91 du 26 septembre 1991 sur la Cour constitutionnelle, modifiée par la loi organique n°13/94 du 17 septembre 1994 et par la loi organique n°003/2003 du 2 juin 2003, en son article 20 qui dispose : « *pour délibérer valablement, la Cour constitutionnelle doit comprendre au moins 6 membres* ».
2 V. article 18, de la loi organique n°2012-35 du 19 juin 2012, déterminant l'organisation, le fonctionnement de la Cour constitutionnelle et la procédure suivie devant elle, au Niger : « *les arrêts et avis rendus par la Cour constitutionnelle sont rendus par cinq (5) membres au moins* ».

discussion et non celui d'une décision unilatérale. Seulement, il peut arriver qu'un cas de force majeure survienne et que seule une minorité de juges constitutionnels soit prompte à assister au délibéré. C'est dans une telle hypothèse que la Cour constitutionnelle du Bénin brille par son excentricité.

187. Dans ce pays, le législateur organique a, en effet, prévu une exception en ce qui concerne la phase du délibéré. L'article 16 de la loi organique portant sur la Cour constitutionnelle énonce à ce propos que les « décisions et avis de la Cour constitutionnelle sont rendus par cinq conseillers au moins, sauf cas de force majeure dûment constaté au procès-verbal »[1]. Autrement dit, si en principe la délibération ne peut avoir lieu au Bénin qu'en présence de cinq (5) membres de la Cour sur sept au moins (7), ce quorum peut exceptionnellement être revu à la baisse dès lors qu'un cas de force majeure est dûment constaté au procès-verbal. La jurisprudence constitutionnelle béninoise montre à ce sujet que ce quorum peut être ramené à quatre, voire à un seul juge. La première hypothèse peut être illustrée par les décisions du 16 octobre 2003[2] et du 23 avril 2004[3]. Dans celles-ci, la Haute juridiction estime qu'elle est habilitée « à siéger et à rendre sa décision avec seulement (04) de ses membres »[4], notamment lorsque les trois autres sont empêchés, en congés ou en mission.

188. La seconde hypothèse trouve une illustration saillante dans la décision du 04 juin 2003[5]. En l'espèce, la Cour franchit le Rubicon en affirmant qu'elle « est habilitée à siéger et à rendre sa décision avec seulement un (1) de ses membres »[6], dans la mesure où les six (6) autres ont un lien direct avec le litige dont elle est saisie. Mais, est-il opportun ou légitime pour une juridiction de ne délibérer qu'en présence d'un seul juge ? Une réponse affirmative semble la plus appropriée, et ce, pour des raisons de bonne administration et d'efficacité de la justice.

Ainsi, seul le caractère secret des votes survenus lors d'un délibéré réunissant plusieurs juges paraît regrettable dans la mesure où il ne permet pas de prendre connaissance des opinions séparées.

2. Le caractère secret des opinions séparées

189. Les opinions séparées sont les derniers éléments occultés tant du corps des décisions qu'après leur publication. Elles trouvent leur origine dans la jurisprudence de la Cour suprême des Etats-Unis, notamment dans l'affaire

---

1 Cf, article 16, loi n°91-009 du 04 mars portant loi organique sur la Cour constitutionnelle, modifiée par la loi du 31 mai 2001.

2 Décision DCC 03-144 du 16 octobre 2003, Cour constitutionnelle.

3 Décision DCC 04-044 du 23 avril 2004, Tanimo Pascal.

4 Cf, considérants n°2 des deux décisions commentées.

5 Décision DCC 03-091 du 04 juin 2003, Quenum David Abel.

6 V., considérant n°2.

Huidekoper's Lessee du fait de la rédaction de la décision par un seul juge[1]. Wanda MASTOR les définit comme « des opinions alternatives à celle de la majorité, rédigées par un ou plusieurs juges, soit parce qu'elles proposent une solution différente, soit parce qu'elles proposent un fondement différent pour une solution identique »[2]. Les premières, poursuit l'auteur, sont des opinions dissidentes, les secondes, les opinions concordantes[3] ou individuelles. Elles sont donc inhérentes au processus du délibéré.

190. Pourtant, force est de constater que certaines juridictions constitutionnelles s'opposent à leur pratique. C'est particulièrement le cas des Cours constitutionnelles béninoise, gabonaise et malgache. Mais, quelles en sont les raisons ? Bien que cette question n'ait pas encore donné lieu à une abondante littérature sur le continent africain, il n'est cependant pas impossible de proposer quelques éléments de réponse. La première réponse plausible est relative à la culture juridique ayant inspiré les Cours examinées. En effet, les juges des pays concernés s'étant largement inspirés de la pratique judiciaire française, ils s'abstiennent alors de recourir aux opinions séparées. François LUCHAIRE, ancien membre du Conseil constitutionnel français, affirmait à ce propos que le refus de pratiquer les opinions séparées tient tout d'abord de la tradition juridique d'un pays. Pour lui, le système judiciaire français, à titre d'exemple, « ne connaît pas l'opinion dissidente ; il l'interdit car elle irait à l'encontre du principe du secret des délibérations »[4]. C'est sans doute en s'inspirant de leur homologue français que les juges constitutionnels africains ont estimé inutile de recourir à ce mécanisme.

191. De même, peut-être conviennent-ils avec leur homologue français pour reconnaître que les opinions séparées présentent de nombreux inconvénients. François LUCHAIRE soutient à ce sujet qu'elles affaibliraient l'autorité des décisions, leur crédibilité et leur efficacité[5]. Dominique ROUSSEAU aussi émet quelques inquiétudes quant aux avantages de cette pratique. Selon lui, elles affecteraient les relations entre les juges, fragiliseraient la collégialité des membres de la juridiction constitutionnelle et effriteraient les rapports entre les juges et les autorités politiques auxquelles ils doivent leur nomination[6]. Mais très vite, il relativise sa position en montrant qu'elles comportent aussi de nombreux avantages. D'une part, elles obligent les juges à aller le plus loin possible dans la démonstration de la validité de leur interprétation d'un énoncé

---

1 Cour suprême, *Affaire Huidekoper's Lessee v. Douglass*, 7 US (3 Cranch 1), 1805, p. 72-73).

2 MASTOR Wanda, « Point de vue scientifique sur les opinions séparées des juges constitutionnels », *Recueil Dalloz* [en ligne], 2010, p. 714.

3 *Ibid.*

4 LUCHAIRE François, VEDEL Georges, « La transposition des opinions dissidentes en France est-elle souhaitable ? "Contre" : Le point de vue de deux anciens membres du Conseil constitutionnel », *NCCC*, n°8 (Dossier : Débat sur les opinions dissidentes), juillet 2000.

5 *Ibid.*

6 ROUSSEAU Dominique, « La transposition des opinions dissidentes en France est-elle souhaitable ? "Pour" : une opinion dissidente en faveur des opinions dissidentes », *NCCC*, n°8 (Dossier : Débat sur les opinions dissidentes), juillet 2000.

constitutionnel. D'autre part, leur publication renforcerait la légitimité de la décision majoritaire en ce qu'elle témoigne de la confrontation des interprétations et préserve l'existence et l'avenir des conceptions minoritaires[1]. Wanda MASTOR, quant à elle, soutient que les opinions séparées ont des vertus visionnaires, pédagogiques, performatives et automatiques[2].

192. De ces analyses doctrinales, il ressort que les opinions séparées sont à la fois avantageuses et pernicieuses. À la question de savoir s'il serait opportun pour les juges constitutionnels africains de les mettre en œuvre, une réponse affirmative semble la plus appropriée. En effet, par l'éclairage qu'elles apportent, elles permettraient par exemple à ces juridictions de renforcer leur légitimité ; légitimité qui, au regard du mode de nomination de leurs membres, est souvent décriée. Par leur instauration, tout acteur social pourrait assurément mieux cerner l'étendue du contrôle exercé par le juge ; contrôle dont l'étendue n'est pas aisée à comprendre.

B. La dissimulation de l'étendue du contrôle

193. C'est surtout en matière de contrôle de constitutionnalité des lois que le juge constitutionnel dissimule souvent l'étendue de son contrôle. Cette dissimulation est perceptible lorsque le juge utilise deux techniques de contrôle : le « considérant-balai » et la déclaration de conformité sans motivation. Selon Guillaume DRAGO, l'expression « considérant-balai » a été forgée par la doctrine[3]. Elle désigne une technique de contrôle classique par laquelle le juge affirme que son examen porte à la fois sur les dispositions querellées et sur celles qui ne le sont pas. Généralement placé à la fin de sa motivation, le « considérant-balai » est manifeste dans la jurisprudence de la Cour constitutionnelle gabonaise, à titre d'exemple, par les formulations suivantes : « considérant que l'ensemble des autres dispositions de la loi organique déférée à la Cour est conforme à la Constitution »[4] ; ou « considérant que les autres dispositions de la loi [...] ci-dessus mentionnées sont déclarées conformes à la Constitution »[5]. Le terme qui retient notre attention dans ces formules est l'épithète « autres ». Son utilisation par le juge montre qu'en dehors des dispositions contestées et auxquelles il apporte une ou plusieurs réponses, son contrôle s'étend sur l'ensemble de la loi. Le juge

---

1 *Ibid.*

2 V., MASTOR Wanda, « Point de vue scientifique sur les opinions séparées des juges constitutionnels », *op. cit.*, p. 714.

3 DRAGO Guillaume, *Droit du contentieux constitutionnel, op. cit.*, p. 419.

4 Décision n°001/CC du 8 janvier 2003, Loi organique n°003/2003 du 2 juin 2003 modifiant et complétant la Loi Organique n°9/91 du 26 septembre 1991 sur la Cour Constitutionnelle.

5 Décision n°012/CC du 10 février 2003, Loi n°006/2002 instituant un régime de répression de l'Enrichissement Illicite en République Gabonaise.

confirme alors implicitement que le contrôle qu'il opère sur la loi porte à la fois sur les dispositions contestées par les saisissants et sur celles qui ne le sont pas.

194. Cependant, force est de constater qu'il ne rappelle pas souvent les différentes étapes de cet autre contrôle dans le corps de sa décision. En d'autres termes, s'il révèle aux saisissants les motifs pour lesquels les dispositions contestées sont ou non conformes à la Constitution, il leur dissimule en revanche les raisons pour lesquelles les autres dispositions non contestées le sont aussi. Or, le but d'une motivation étant d'expliquer et de justifier une décision, ne devrait-il pas souvent faire figurer les « autres » dispositions dans le corps de sa décision et se prononcer clairement sur leur constitutionnalité ? Au regard des délais dont dispose le juge constitutionnel pour trancher une affaire[1], d'une part, et de l'accroissement des saisines, d'autre part, il semble difficile de répondre à cette question par l'affirmative. En effet, si le juge n'expose pas son autre contrôle portant sur les « autres » dispositions conformes à la Constitution, c'est sans doute pour ne pas alourdir le contenu de ses décisions. À l'instar de leur homologue français qui pratique l'*imperatoria brevitas*[2], les juges constitutionnels d'Afrique subsaharienne préfèrent aussi, pour des raisons d'efficacité sans doute, rendre des décisions précises et concises sur la forme et au fond.

195. Il en est encore ainsi quand le juge constitutionnel nigérien dissimule l'étendue de son contrôle à travers la technique de la « déclaration de conformité sans motivation ». Celle-ci, comme nous le verrons plus tard, peut s'entendre comme la technique par laquelle le juge constitutionnel déclare conforme à la Constitution certaines dispositions de la loi qu'il contrôle sans justifier en quoi ou pourquoi elles le sont[3]. Soulignons tout de même que ce laconisme rédactionnel n'intervient que très rarement. Généralement, les juges constitutionnels s'efforcent de légitimer leurs décisions, quand bien même le délibéré demeure secret.

---

1 La Cour constitutionnelle du Gabon dispose par exemple d'un délai d'un mois pour se prononcer sur la conformité à la Constitution des lois organiques. En cas d'urgence, ce délai peut être ramené à huit jours. Cf., article 30 de la loi organique sur la Cour constitutionnelle.

2 V. MALHIERE Fanny, *La brièveté des décisions de justice (Cour de cassation, Conseil d'Etat, Conseil constitutionnel) : Contribution à l'étude des représentations de la justice*, thèse, Montpellier, 2011.

3 Cette technique sera davantage étudiée dans la seconde partie de cette étude, notamment au niveau du titre I, chapitre 1, section 2 et paragraphe 2.

II. La légitimation formelle du délibéré prononcé secrètement

Comme le juge ordinaire, les juges constitutionnels d'Afrique subsaharienne utilisent des procédés rédactionnels convaincants (A) et des techniques de diffusion des décisions à caractère classique (B), afin de légitimer leurs verdicts.

A. La rédaction convaincante des décisions

196. Les techniques rédactionnelles des juges constitutionnels africains sont convaincantes car leurs décisions comportent toujours une armature ternaire classique : *visas*, motifs et dispositifs (1). Cependant, on constate un effort d'appropriation de cette structure par certains juges. Cet effort est matérialisé tantôt par un inversement (2), tantôt par une redynamisation de l'armature ternaire classique (3).

1. La forme classique : visas-motifs-dispositif

197. Les éléments formels de toute décision de justice sont : les *visas*, les motifs et le dispositif. Concernant tout d'abord les *visas*, ils désignent la partie de la décision impliquant les textes sur lesquels elle repose[1]. En d'autres termes, les visas s'entendent précisément comme « une technique de présentation formelle de la décision, témoignant de la régularité du jugement rendu et permettant d'en apprécier la légalité externe [...] et [...] interne »[2]. C'est par leur truchement que le juge énonce le texte auquel il va se référer pour apprécier les éléments qui lui sont soumis ainsi que sa propre compétence. Mais comment les rédige-t-il ? Comment se présentent-ils ?
198. S'agissant de la première question, la jurisprudence constitutionnelle africaine montre que le style rédactionnel des *visas* est unique. Ils sont traditionnellement précédés de la mention « vu ». La deuxième question, quant à elle, est largement traitée par Ariane VIDAL-NAQUET. Pour elle, il est possible de distinguer trois types de *visas* : les *visas* de référence, les *visas*

---

1 BARRUE-BELOU Rémi, « Le développement des références juridictionnelles dans les visas du Conseil constitutionnel : vers une fonction de Cour suprême ? », *RFDC*, 2016/2, N°106, p. 259.
2 VIDAL-NAQUET Ariane, « Les visas dans les décisions du Conseil constitutionnel », *RFDC*, 2006/3, n°67, p. 537.

informatifs et les *visas* argumentatifs. Si les premiers renvoient aux textes composants le « bloc de constitutionnalité », les deuxièmes à des textes de rang législatif (et même supra nationaux), les derniers, eux, ont une nature hybride : ils servent à la fois de référence et d'information[1]. Si cette classification est pertinente en France, elle l'est aussi dans la jurisprudence constitutionnelle de certaines Cours africaines, à l'instar de celles du Bénin et de Madagascar.

199. Au Gabon et au Niger cependant, le « juge-rédacteur » brouille quelque peu cette systématisation en introduisant l'objet de la requête dans ses *visas*. Au Gabon, par exemple, les *visas* du juge constitutionnel commencent toujours par la formule suivante : « vu la requête en date du [...] », avant la mention des normes de référence, et ce, quel que soit la nature du contentieux. Au Niger, en revanche, ils commencent par la mention des normes de référence et se poursuivent avec celle de la requête. Généralement placée en troisième position suivant l'ordre rédactionnel des *visas*, la référence à la requête est faite, dans cet État, par la formule suivante : « vu la requête du [...] »[2].

200. Cette excentricité pourrait conduire à penser que les *visas* des Cours constitutionnelles du Gabon et du Niger obéissent à une systématisation particulière. Pourtant, force est de reconnaître qu'ils s'insèrent aisément dans la typologie mentionnée précédemment, dans la mesure où la référence à la requête n'est faite qu'à titre informatif. Autrement dit, les *visas* relatifs à la requête intègrent parfaitement la catégorie des *visas* argumentatifs. Après cette phase vient celle des motifs.

201. Deuxième temps fort de la décision du juge, les motifs ont pour but d'expliquer et justifier la solution rendue[3]. C'est en ce sens qu'ils constituent un vecteur de compréhension et de découverte du raisonnement qui fonde la décision constitutionnelle[4]. Dans la jurisprudence constitutionnelle africaine, les motivations se présentent sous la forme de « considérants », en une seule phrase. Cette solution contraste avec la pratique en vogue en France depuis 2016[5]. Mais, alors qu'au Bénin et au Niger ces considérants ne sont jamais numérotés, au Gabon et à Madagascar il en va autrement. Dans ces deux pays,

---

1 Pour plus de précision, voir : VIDAL-NAQUET Ariane, « Les visas dans les décisions du Conseil constitutionnel », *op. cit.*, pp. 546-557.

2 Toutes les décisions de la Cour constitutionnelle du Niger sont rédigées de la sorte. Il n'est donc pas nécessaire de citer quelques exemples. Nous illustrerons néanmoins notre propos en apposant certaines décisions en index.

3 CAMPBELL Ian B., « Réflexions autour de la rédaction de la décision de justice », *RIDC*, 1998, 50-3, p. 848.

4 BELLOUBET Nicole, « La motivation des décisions du Conseil constitutionnel : justifier et réformer », *NCCC*, 2017/2-3 (N°55-56), pp. 7-8.

5 Le professeur Guillaume DRAGO montre à ce propos que depuis mai 2016 la rédaction des décisions du Conseil constitutionnel français est simplifiée. Cela se traduit par la disparition de la formule du « considérant », pour une rédaction par phrase successives. V. DRAGO Guillaume, Contentieux constitutionnel français, *op. cit.*, p. 684.

en effet, le juge constitutionnel numérote toujours les considérants qui structurent l'ensemble de ses décisions. Il renforce de ce fait l'exigence de lisibilité et de clarté des décisions de justice[1]. Nous pensons que les autres juridictions constitutionnelles africaines pourraient s'inspirer de cette pratique afin d'améliorer la qualité formelle de leurs décisions.

202. Par ailleurs, certaines juridictions constitutionnelles répartissent leurs motifs en deux catégories : la première porte sur le contrôle formel et l'autre concerne le contrôle substantiel. Il en est ainsi à Madagascar et au Niger. Dans ces pays, les motivations du juge sont toujours précédées des mentions : « en la forme » et « au fond ». Par la première formule, le juge montre que son contrôle s'étend tout d'abord sur la forme de la requête. Celle-ci conditionne sa compétence. Cette phase se termine toujours par une déclaration d'irrecevabilité ou de recevabilité. Par la seconde, c'est-à-dire le contrôle au fond, le juge indique qu'il procède véritablement à l'examen de la requête qui lui est soumise.

203. D'autres juridictions, en revanche, s'abstiennent d'établir une distinction entre le contrôle formel et le contrôle matériel. Elles préfèrent statuer suivant l'ordre des griefs soulevés par les saisissants ou encore selon la logique imposée par l'acte contrôlé. C'est le cas au Gabon et au Bénin[2]. Mais, alors que le juge constitutionnel gabonais adopte cette posture dans la majeure partie de ses décisions, celui du Bénin adopte plutôt une posture fluctuante. Parfois, il structure ses motifs de la manière suivante : contenu du recours, instruction du recours et analyse du recours[3]. Lors du contenu du recours, il revient généralement sur les prétentions des requérants. Lors de la phase d'instruction, il expose les résultats de ses recherches. C'est finalement lorsqu'il analyse le recours qu'il dégage une solution. Il est à noter que cette structuration est surtout adoptée par ce juge lorsqu'il exerce un contrôle extra-normatif.

204. D'autres fois, ce juge structure les motifs de la sorte : analyse des dispositions conformes à la Constitution, analyse des décisions conformes sous réserve d'observations et enfin analyse des décisions contraires à la Constitution, notamment quand il exerce un contrôle de constitutionnalité des lois[4]. Ces différentes manières de structurer le texte conduisent à une seule conclusion : le juge constitutionnel béninois s'efforce de rendre ses décisions

---

1 La clarté, l'intelligibilité, l'accessibilité et la lisibilité sont des objectifs à valeur constitutionnelle. Tout juge se doit donc de les atteindre. Telle est l'exigence qui ressort par exemple de la décision de la Cour constitutionnelle du Gabon rendue le 27 février 2004. En France, par exemple, le Conseil constitutionnel a consacré ces objectifs dans ses décisions : n°99-421 DC, 16 déc. 1999 ; n°2014-694 DC, 28 mai 2014, Loi OGM.

2 La Cour procède ainsi dans les décisions du 10 février 2003, Jean Christophe NZE-BITEGHE, *op. cit*, et du 03 janvier 2003, loi organique n°13/94 du 17 septembre 1994, *op. cit.*, in : *Recueil des décisions et avis*, 1993 et 1994.

3 V. décision du juge constitutionnel du Bénin en matière de protection des droits humains, première partie, titre 2, chapitre 2, *infra*.

4 V. décisions de ce juge en matière de contrôle de constitutionnalité. V. chapitre 5, *infra*.

à la fois lisibles, claires et compréhensibles. Sa démarche, bien qu'étant singulière, s'inscrit dans la même logique que celle de ses homologues de Madagascar et du Niger, à savoir la clarté formelle des décisions de justice. Le juge constitutionnel gabonais, en plus de la numérotation de ses considérants, gagnerait donc à développer une technique de présentation formelle des motivations similaire à celle de ses homologues africains. *Quid* de l'exposé du dispositif ?

205. Le dispositif désigne la « partie finale d'un jugement qui, faisant suite aux motifs énoncés afin de la justifier, contient la décision du juge »[1]. Dans la jurisprudence constitutionnelle africaine, il se présente principalement sous deux formes : en articles et en formule déclarative. Les pays africains qui préfèrent la première forme ou technique rédactionnelle sont, entre autres, le Bénin, le Gabon et Madagascar. Mais, si dans la jurisprudence des deux premiers pays susmentionnés l'énoncé du dispositif est toujours précédé de la mention : « décide », dans celle du dernier, le juge constitutionnel utilise plutôt la mention : « en conséquence, la Haute Cour Constitutionnelle décide que [...] ». Certes, les deux formules remplissent un objectif identique : l'énonciation de la décision. Mais, force est de constater que la formule utilisée par le juge de Madagascar est la plus intelligible. En effet, en utilisant la locution adverbiale « en conséquence » plutôt que le verbe « décider », le juge constitutionnel de Madagascar prouve qu'il ne se prononce pas *ex nihilo*. Sa décision n'est que la conséquence de toutes les analyses qui précèdent son dispositif, et non le fruit de sa propre volonté.

206. La forme déclarative, quant à elle, est affectionnée par le juge constitutionnel du Niger. Ce dernier adopte à cet effet une technique rédactionnelle atypique. Tout d'abord, il use de l'expression : « par ces motifs » au détriment du verbe « décider », ou encore de la locution adverbiale « en conséquence », pour énoncer ses solutions. En outre, tandis que les autres juridictions structurent leurs dispositifs en articles, le dispositif du juge constitutionnel nigérien n'en comporte aucun. Il est simplement articulé par les verbes « déclarer » et « dire »[2]. Enfin, si les autres juridictions constitutionnelles s'abstiennent souvent de rappeler, du moins formellement, dans leurs dispositifs, que leur contrôle a porté à la fois sur la forme et sur le fond, le juge constitutionnel du Niger ne se prive pas de le faire. Ainsi lui arrive-t-il souvent de structurer ses dispositifs de la sorte : « par ces motifs [...] En la forme [...] Au fond [...] »[3].

207. Cependant, en dépit de ces divergences de présentation, force est de constater que le contenu du dispositif est le même. Les premiers articles (déclarations au Niger) portent souvent sur la recevabilité ou non de la requête ; sur la conformité (avec ou sans réserve) ou non de la loi contrôlée et

---

1 CORNU Gérard, *Vocabulaire juridique*, *op. cit.*, p. 357.
2 V. l'ensemble de sa jurisprudence.
3 V. arrêt n°53/09/CC/ME du 30 décembre 2009 ; arrêt n°50/09/CC/ME du 24 décembre 2009.

sur la compatibilité ou non des textes internationaux avec la Constitution. S'agissant particulièrement du Bénin, les premiers articles du dispositif peuvent aussi porter sur l'exigence ou non d'une réparation des dommages subis à la suite d'une violation de la Constitution, notamment lorsque le juge exerce un contentieux substantiel. Quant au dernier article (ou à la dernière déclaration), il (ou elle) impose toujours que la décision rendue soit notifiée et publiée au journal officiel. Pour ce faire, il est le dernier élément du dispositif de la décision du juge constitutionnel en Afrique subsaharienne.

Certes, il est vrai que les décisions de ces juges obéissent toujours à l'armature suivante : *visas*, motifs, dispositifs, mais force est de constater que l'ordre de ces éléments est parfois inversé.

2. La forme classique inversée : visas, dispositif assortit de motifs

208. Dans leur office juridictionnel, les cours constitutionnelles africaines adoptent traditionnellement une triple démarche. Dans l'ordre, celle-ci consiste à instruire, convaincre et contraindre. La première étape est illustrée, dans leurs décisions, par la mention des *visas*, la deuxième par la référence aux motifs et la dernière par l'exposé du dispositif.

209. Seulement, au cours de la décennie 1990, le juge constitutionnel béninois, à l'exception des autres juges, donnait l'impression de remettre en cause cette structure classique. En effet, bien que ses décisions fussent assorties des trois éléments précédemment mentionnés, il bouleversa néanmoins leur ordre chronologique. C'est ainsi qu'à la structure classique : instruction, justification et imposition, il proposa la suivante : instruction, imposition et justification. Autrement dit, sa méthode consistait tantôt à instruire, convaincre et contraindre ; tantôt à instruire, contraindre et convaincre. Il procède de la sorte dans plusieurs décisions. Celle du 02 juillet 1991 en est une parfaite illustration[1].

210. En l'espèce, le Haut Conseil de la République, exerçant, conformément à l'article 159 alinéa 3 de la Constitution du 11 décembre 1990, les attributions dévolues à la Cour constitutionnelle, est saisi par le président du Bureau provisoire de l'Assemblée nationale aux fins d'un contrôle du Règlement intérieur adopté par l'Assemblée nationale le 13 juin 1991. Après avoir mentionné les *visas* sur lesquels il se fonde pour rendre sa décision, le juge constitutionnel expose immédiatement son dispositif. Et, ce n'est qu'à l'intérieur de ce dernier qu'il mentionne ses motifs. À l'article 2 de ce dispositif, par exemple, il déclare plusieurs dispositions de la loi contrôlée conformes à la Constitution, sous réserve d'observations. Il développe par la suite ses réserves dans vingt et huit (28) « considérants ». De même, à l'article 3 de ce dispositif, il opère une déclaration de non-conformité et recourt à seize

1 Décision 3 DC du 02 juillet 1991, Président du Bureau provisoire de l'Assemblée nationale.

(16) « considérants » pour justifier sa solution. Mais, si dans la décision sus-évoquée, il prend la peine de motiver sa solution au sein du dispositif, dans celles du 03 février 1992[1] et du 09 juillet 1992[2], il s'abstient de le faire. Dans ces dernières, en effet, il se borne simplement à viser les textes auxquels il se réfère et à énoncer son dispositif, abstraction faite des motifs.

211. La question qui se pose est celle de savoir si une telle présentation de la décision est opportune ou légitime. Une réponse négative s'impose. D'abord, étant une exigence constitutionnelle, la motivation ne saurait être soustraite d'une décision juridictionnelle[3]. Ensuite, en tant que moyen de légitimation de la jurisprudence, le juge constitutionnel ne saurait l'ignorer. Il se doit en effet d'expliquer et justifier sa solution pour conjurer la critique d'un juge arbitraire ou celle d'un juge qui gouverne. C'est certainement pour éviter ces critiques que le juge constitutionnel béninois a, par la suite, décidé d'adopter une structure décisionnelle classique. Toutefois, sa récente jurisprudence montre qu'il n'a pas totalement renoncé à cette ambition de structurer ses décisions de façon atypique.

3. La forme classique redynamisée : visas, motifs-visas, dispositifs-visas

212. En Afrique, précisément au Bénin, la structure classique des décisions juridictionnelles (*visas*, motifs et dispositif) est à la fois inversée et redynamisée. Cette redynamisation se traduit par l'incorporation des *visas* au sein même des motifs. En effet, l'année 2018 a été marquée, au Bénin, par une rédaction insolite des décisions de la Cour. Celle-ci se traduit par une référence aux *visas* tant au-dessus des motifs qu'en leur sein. Deux décisions permettent d'illustrer cette assertion. La première est celle du 15 novembre 2018[4]. Dans celle-ci, bien que la Cour se réfère à la Constitution béninoise dans ses « visas », elle n'hésite pas à utiliser une fois de plus les *visas* dans ses motifs afin de mieux apprécier le recours qui lui est soumis. Tel est le constat qui ressort de la lecture des considérants n° 4 et n°5 de la décision commentée[5].

---

1 Décision 5 DC du 03 février 1992, Président de l'Assemblée nationale.

2 Décision 10 DC du 09 juillet 1992, Président de l'Assemblée nationale.

3 L'article 52 de la loi organique portant sur la Cour constitutionnelle gabonaise, à titre, impose une obligation de motivation des décisions par la Cour. En droit comparé, notamment en France, l'article 20 de l'ordonnance de 1958 impose à ce propos que la décision du Conseil constitutionnel soit motivée, qu'importe la matière sur laquelle porte son contrôle.

4 Décision DCC 18-227 du 15 novembre 2018, Bertin HOUNGNIBO.

5 Au sein même de ceux-ci, la Cour se réfère à la Constitution par le truchement de la formule : « vu l'article 22 de la Constitution ».

213. La décision du 13 décembre 2018 peut servir de second exemple[1]. Comme dans la précédente, la Haute juridiction utilise les formules : « vu l'article 6 de la Charte africaine des droits de l'homme et des peuples » ; « vu l'article 18 alinéa 4 de la Constitution » non pas dans les considérants de ses motifs, mais entre ceux-ci. Or, plus haut, notamment dans ses *visas*, elle se réfère à la Constitution béninoise du 11 décembre 1990 qui, dans son Préambule, se réfère à la Charte africaine des droits de l'homme et des peuples. Il convient alors de s'interroger sur l'opportunité d'un tel procédé rédactionnel. En guise de réponse, nous soutiendrons qu'il comporte de nombreux avantages.
214. D'abord, il est clair qu'au niveau des *visas*, les juges constitutionnels africains se réfèrent généralement à la Constitution dans son ensemble. Pourtant, seuls quelques articles contenus dans celle-ci sont généralement utilisés lors d'un contrôle. En mentionnant de tels articles dans les motifs, le juge permet ainsi aux destinataires de ses décisions de cerner avec précision l'argument juridique à l'aune duquel il parvient à sa conclusion. Ce faisant, il renforce la légitimité de ses décisions.
215. De plus, en « visant » explicitement les articles du texte de référence dans les motifs, le juge constitutionnel structure mieux son raisonnement en révélant progressivement les dispositions constitutionnelles sur lesquelles il s'appuie pour décider. Ce faisant, il rend davantage la structure des motifs intelligible, claire et précise. Il redynamise dès lors l'armature intégrale de la décision juridictionnelle. Les autres juges constitutionnels du continent gagneraient alors à réformer leur technique rédactionnelle et à s'inspirer de la pratique béninoise, du moins en ce qui concerne l'intégration des *visas* dans les considérants. Cela rendrait leurs décisions plus claires et plus convaincantes.
216. Le juge nigérien rédige également ses décisions de manière insolite. Le style qu'il utilise parfois pour énoncer son dispositif en est symptomatique. Il lui arrive en effet d'assortir son dispositif de *visas*. Il rédige souvent ce dernier de la manière suivante : « par ces motifs [...] Vu les textes susvisés ; en la forme [...] Au fond [...] »[2]. L'avantage d'une telle présentation réside dans le résumé qu'opère le juge tant pour ce qui est de sa démarche qu'en ce qui concerne la solution qu'il dégage. L'inconvénient réside dans sa singularité par rapport aux procédés mis en œuvre par les autres juridictions.

En définitive, nous retiendrons que les décisions rendues par les juges constitutionnels africains ont une forme tantôt classique ; tantôt atypique. Il en va différemment quant à leur modalité de diffusion.

1 Décision DCC 18-266 du 13 décembre 2018, Samadou OROU.
2 Arrêt n°003/09/CC/MC du 26 février 2009 ; arrêt n°04/09/CC/MC du 24 novembre 2009.

B. LA DIFFUSION AUTOMATIQUE DES DÉCISIONS

Une fois la rédaction de la décision achevée, le juge constitutionnel africain la diffuse. Il utilise pour ce faire les mêmes moyens que les juridictions ordinaires, à savoir : la notification (1) et la publication (2).

1. La diffusion des décisions au moyen d'une notification

217. D'essence administrative, la notification désigne le mode de publicité employé normalement en matière d'actes individuels et consistant à informer personnellement l'intéressé de la mesure en cause[1]. Gérard CORNU la définit comme l'acte par lequel le juge impose que la décision rendue soit portée à la connaissance des personnes intéressées : requérants et autorités publiques[2]. En contentieux constitutionnel, c'est le procédé par lequel le juge informe les parties au procès de la décision rendue.

218. Dans le cadre d'un contentieux abstrait, c'est-à-dire lors d'un contrôle en dehors de tout litige, cette qualité de « parties au procès » est assumée par les autorités politiques et les autres requérants (personnes physiques ou morales de droit privé). C'est la raison pour laquelle le dernier article du dispositif des décisions rendues par le juge constitutionnel en Afrique subsaharienne est souvent libellé de la manière suivante : « [La] présente décision sera notifiée au requérant, au président de la République, au président du Sénat, au président de l'Assemblée nationale [...] »[3] ; ou encore : « la présente décision sera notifiée au requérant, au Président de la République, au premier ministre ; aux présidents des chambres du Parlement [...] »[4].

219. En revanche, lors d'un contrôle concret, c'est-à-dire à l'occasion d'un litige, la décision est notifiée à la partie ayant saisi le juge constitutionnel d'une part et, d'autre part, à la juridiction devant laquelle la question est soulevée, mais non à la partie défenderesse[5]. Cette pratique ne diffère pas seulement de celle qui est en vogue lors d'un contrôle *a priori* ; elle se démarque aussi de celle suivie par le juge constitutionnel lors d'un contentieux extra-normatif.

220. En effet, à l'occasion de ce dernier contentieux, la décision n'est notifiée qu'au plaignant et à l'accusé[6]. Cela se justifie par le fait qu'ils sont les seuls

---

1 V. *Lexique des termes juridiques*, *op. cit.*, p. 631.

2 CORNU Gérard, *Vocabulaire juridique*, *op. cit.*, p. 693.

3 Au Gabon

4 Au Gabon.

5 C'est le cas au Bénin. V. en ce sens : AKEREKORO Hilaire, « Le procès constitutionnel au Bénin », *in : ABJC*, Cotonou, 2013, p. 91.

6 V. Décision DCC 95-035 du 1er septembre 1995, Société OLUWA LONY KPE KOYENI, DOVONOU Corneille. L'article 5 du dispositif précise : *« la présente décision sera notifié à la Société OLUWA LONY KPE KOYENI, à Monsieur DOVONOU Corneille (...) »* ; Décision

concernés par le procès. Or, dans un contentieux normatif, outre les intérêts des acteurs en présence, ceux de l'ensemble des citoyens sont également en cause du fait du caractère général et impersonnel de la loi. C'est la raison pour laquelle les décisions rendues dans le cadre d'un contrôle normatif sont revêtues de l'autorité absolue de la chose jugée ; alors que celles rendues à l'occasion d'un contrôle extra-normatif n'ont qu'une autorité relative de la chose jugée. La première implique que les décisions rendues par un juge constitutionnel s'imposent tant aux citoyens, à l'administration qu'aux pouvoirs publics[1]. La seconde implique que la décision rendue ne s'impose qu'aux parties au litige. Ces modalités de notification diffèrent quelque peu de celles que l'on pratique en droit comparé. En France par exemple, la décision rendue par le Conseil constitutionnel dans le cadre d'une QPC est notifiée aux parties et communiquée à la Cour de cassation et au Conseil d'État. Elle est en outre communiquée aux autorités politiques de l'État : le Président de la République, le Premier ministre, les Présidents de Chambres et, parfois, aux Présidents du Gouvernement de la Nouvelle Calédonie, du congrès et des assemblées de province.

221. Bien que ces modalités de notification diffèrent d'un système juridictionnel à un autre, force est de reconnaître qu'elles ont un dénominateur commun : la légitimation de la décision rendue par le juge constitutionnel. En effet, en notifiant aux requérants la décision qu'il rend, le juge leur donne la possibilité d'apprécier la justesse de son raisonnement et de le critiquer si besoin. De ce fait, le juge prouve, à travers la notification, qu'il n'a pas statué arbitrairement mais en droit. La publicité de ses décisions dans un journal d'annonces légales témoigne par ailleurs de cette légitimation.

2. La diffusion des décisions au moyen d'une publicité

222. Toutes les décisions rendues par le juge constitutionnel sont impérativement publiées dans un journal d'annonces légales. Par publication, il faut entendre l'action de porter un acte de portée générale à la connaissance du public, normalement par son insertion dans un périodique officiel. En Afrique comme en France, ce périodique est : le journal officiel. Cette publication par voie écrite coexiste avec une diffusion par voie numérique, notamment *via* les sites des Cours constitutionnelles. La doctrine parle à ce

---

DCC 04-046 du 23 avril 2004, LAMISSI Fidèle. A l'article 3 du dispositif, on peut y lire : *« La présente décision sera notifiée à Monsieur Fidèle LAMISSI, au Directeur Général de Police Nationale, au Procureur Général près la Cour d'Appel de Cotonou (...) ».*

1 Article 92 de la Constitution du Gabon : *« Les décisions de la Cour constitutionnelle ne sont susceptibles d'aucun recours. Elles s'imposent aux pouvoirs publics, à toutes les autorités administratives et juridictionnelles et à toutes les personnes physiques et morales ».*

propos de saisine du numérique par le juge[1], c'est-à-dire la maîtrise de l'internet par les juridictions. Ces formes de diffusion sont favorables à la légitimation des décisions des Hautes juridictions pour diverses raisons. D'abord, elles contribuent à une meilleure vulgarisation de l'activité jurisprudentielle des Cours. Cette vulgarisation est opportune tant sur le plan national que sur le plan international.

223. Sur le plan national, elle permet aux citoyens de prendre connaissance du contenu des décisions de ces Hautes juridictions ; décisions qui, dès leur publication, sont opposables à tous les acteurs de la société. Sur le plan international, elle est opportune parce qu'elle permet à ce juge de mieux se faire connaître. La forme écrite et numérisée des décisions rendues par les Cours constitutionnelles africaines est en outre opportune parce qu'elle favorise une meilleure conservation de leur jurisprudence. On ne saurait clore cette partie sans mentionner les éléments à travers lesquels les juges constitutionnels africains assument leurs positions lorsqu'ils rendent leurs décisions. Il s'agit de leurs noms et signatures.

224. À l'analyse des lois organiques portant sur les Cours constitutionnelles africaines, il ressort qu'elles sont administrées par divers organes. On y retrouve : le Président de la juridiction, le Greffier en chef[2], le directeur du centre d'études de recherche[3] et le secrétaire général[4]. Mais de tous, seules les signatures de deux membres figurent régulièrement sur les décisions juridictionnelles : celle du Président (ou de son Vice-Président en cas d'intérim) et celle du Greffier en chef. Au Bénin cependant, la signature du Greffier est remplacée par celle du juge-rapporteur.

225. Les signatures de ces deux administrateurs de l'institution juridictionnelle revêtent un intérêt certain. Elles sont la preuve du caractère authentique de la décision rendue. Ainsi, en apposant sa signature sur les décisions rendues par la juridiction dont il a la charge, le président montre qu'il est l'auteur et le responsable de la politique jurisprudentielle que prône l'institution. En ce qui concerne le Greffier en chef, sa signature est gage du bon déroulement du délibéré et de la retranscription exacte de la solution adoptée lors de cette phase. Son rôle étant, entre autres, de tenir la plume lors des audiences et réunions de la juridiction constitutionnelle[5], il se doit alors de veiller à ce que la décision finale retranscrive l'essentiel des éléments développés par les membres de la juridiction constitutionnelle lors du délibéré.

226. Une interrogation demeure tout de même : pourquoi le secrétaire et le directeur du centre de recherche ne sont pas habilités à signer les décisions rendues par la juridiction constitutionnelle au même titre que le Président et

---

1 V. SHULGA-MORSKAYA Tatiana, « Le numérique saisi par le juge, l'exemple du Conseil constitutionnel », *NCCC*, 2017/4, n°57, pp. 93-105.

2 Au Gabon, cf., article 17 de la loi n°003/03 du 02 juin 2003.

3 Au Gabon, cf., article 17a de la loi n°003/03 du 02 juin 2003.

4 Au Gabon, cf., article 18 de la loi n°13/94 du 17 septembre 1994.

5 Article 17, loi n°003/03 du 02 juin 2003 au Gabon précédemment mentionné.

le Greffier ou le rapporteur ? Cette question suscite peu l'intérêt de la doctrine. Sans prétendre donner une réponse de principe, il est cependant possible de proposer la suivante : l'exclusion des signatures du secrétaire et du directeur de recherches se justifie pour la simple raison que leur travail s'opère en amont du délibéré. Autrement dit, n'ayant pas participé à la délibération, il est logique qu'ils ne puissent pas signer la décision prise par ceux qui, au contraire, y étaient. En effet, ils ne sauraient engager leur responsabilité pour des actes auxquels ils n'ont pas pris part. Les juges ayant participé au délibéré, eux, engagent toujours la leur en émargeant à la fin de la décision.

Conclusion du chapitre II :

Tout au long de ce chapitre, il était question de montrer que les méthodes par lesquelles le juge constitutionnel d'Afrique subsaharienne traite les requêtes qu'il déclare recevables ne diffèrent pas des méthodes utilisées par les juridictions ordinaires. Cette assertion repose sur une double observation. Premièrement, ce juge instruit les requêtes qui lui sont soumises soit de manière inquisitoire, soit de manière accusatoire. Ce caractère hybride de la procédure d'instruction est tributaire de la nature du contentieux. Si elle est inquisitoire en contentieux des normes, elle se caractérise par son caractère accusatoire en contentieux extra-normatif. Mais dans les deux cas, cette procédure a un caractère ordinaire parce qu'elle est dominée par le principe du contradictoire. Deuxièmement, ce juge délibère dans le secret. La dissimulation de l'étendue de son contrôle dans les décisions rendues en est la preuve. Néanmoins, il s'efforce de légitimer ses jugements en les diffusant. À ce propos, il notifie d'une part ceux-ci à l'ensemble des requérants et, d'autre part, il les publie dans le journal officiel et les vulgarise *via* son site internet. Ces procédés étant communs à tout organe juridictionnel, la juridictionnalisation de la procédure à suivre devant les juges constitutionnels d'Afrique subsaharienne ne souffre alors d'aucune contestation. Leurs compétences ne sont pas en reste.

CONCLUSION DU TITRE I :

S'il est possible d'attribuer un caractère juridictionnel à un organe à partir d'une analyse de sa procédure, il est indéniable que tel est le cas des Cours constitutionnelles en Afrique subsaharienne. La normalisation de leur action et de leur instance l'atteste suffisamment.

Toutefois, nous pensons qu'il y a encore quelques étapes à franchir pour que la procédure de ces Hautes juridictions gagne davantage en légitimité. Il faudrait par exemple la dématérialiser et, pourquoi pas, consacrer la pratique des opinions dissidentes. Ce qui permettrait au juge d'asseoir sa légitimité tant à l'égard de l'opinion publique et des acteurs politiques qu'à l'égard des juges ordinaires, comme il tente d'ailleurs de le faire en banalisant ses compétences contentieuses.

TITRE II : LA BANALISATION PROGRESSIVE DES COMPÉTENCES CONTENTIEUSES

Si la procédure suivie par les Cours constitutionnelles d'Afrique subsaharienne atteste qu'elles exercent indéniablement un office juridictionnel, leurs attributions le confirment davantage. Deux arguments permettent de soutenir cette thèse. Le premier concerne l'extension du contentieux constitutionnel vers le contentieux administratif, notamment lorsque les juges constitutionnels d'Afrique subsaharienne examinent la régularité des actes réglementaires **(chapitre 1)**. Le second est relatif à l'extension du contentieux constitutionnel vers le contentieux judiciaire. Il en est ainsi lorsque le juge constitutionnel africain, celui du Bénin surtout, protège les droits humains **(chapitre 2)**.

CHAPITRE I : L'EXTENSION DU CONTENTIEUX CONSTITUTIONNEL VERS LE CONTENTIEUX ADMINISTRATIF

227. Les juges constitutionnels d'Afrique subsaharienne n'apprécient pas seulement la constitutionnalité des lois ; ils contrôlent également la régularité des actes administratifs[1]. À l'occasion de ce second contrôle, ces juges exercent incontestablement un office juridictionnel dans la mesure où ils se muent en juge administratif.

228. Seulement, cette dualité de la fonction contentieuse, voire cette extension du contentieux constitutionnel vers le contentieux administratif, s'opère avec une intensité différente dans les ordres juridictionnels sélectionnés pour cette recherche. Alors qu'au Bénin et à Madagascar l'office du juge constitutionnel en matière administrative semble timoré parce qu'il ne contrôle que la constitutionnalité des actes administratifs **(section 1)**, au Gabon cet office est accentué en raison des immixtions croissantes du juge constitutionnel dans le contentieux administratif **(section 2)**.

SECTION I : UNE EXTENSION RELATIVE AU BÉNIN ET À MADAGASCAR : L'ADMISSION D'UN CONTRÔLE DE CONSTITUTIONNALITÉ DES ACTES RÉGLEMENTAIRES

Les juges constitutionnels béninois et malgache sont compétents pour examiner la constitutionnalité des lois avant et après leur promulgation. Ils ne sauraient étendre cet office sur les actes administratifs, à l'exclusion des actes réglementaires. Toutefois, ce contrôle n'est possible que sous certaines conditions (I) que les juges respectent d'ailleurs scrupuleusement (II).

1 V. article 117 CB ; article 84 CG ; article 116 CM déjà cités.

I. UN CONTRÔLE CONDITIONNÉ

Le contrôle de constitutionnalité des actes réglementaires par les juges constitutionnels béninois et malgache n'est ni automatique, comme celui des lois organiques et des règlements des institutions constitutionnelles, ni facultatif, comme celui des lois ordinaires ; il est exceptionnel et empreint de particularisme. En effet, si son exercice par le juge constitutionnel béninois est tributaire du contenu de l'acte réglementaire (A), à Madagascar, il dépend plutôt de la qualité de l'auteur ainsi que de l'objet de l'acte (B).

A. UN CONTRÔLE CONDITIONNÉ PAR LE CONTENU DE L'ACTE EN CONTENTIEUX CONSTITUTIONNEL BÉNINOIS

229. Au Bénin, la compétence du juge constitutionnel en matière administrative contentieuse est consacrée par les articles 114 et 117 de la Constitution. Selon ces dispositions, la Cour constitutionnelle garantit « les droits fondamentaux [...] et les libertés publiques »[1]. Pour ce faire, elle statue obligatoirement sur : « la constitutionnalité des actes réglementaires censés porter atteinte aux droits fondamentaux de la personne humaine et aux libertés publiques »[2].

230. Il résulte de ces dispositions que l'intervention du juge constitutionnel béninois dans le contentieux administratif n'est possible que si deux conditions cumulatives sont réunies. Premièrement, il faut que l'acte administratif querellé ait un caractère réglementaire. Il convient de préciser cette notion d'acte réglementaire, tant elle est au cœur du glissement du contentieux constitutionnel vers un contentieux administratif en Afrique subsaharienne (1). Secondement, l'acte réglementaire contesté doit impérativement porter atteinte à une liberté ou à un droit constitutionnellement protégé (2).

1. L'identification des actes réglementaires et leurs précisions terminologiques

231. Pour expliquer la notion d'acte réglementaire, il faut davantage tenir compte de son critère matériel que de son critère organique. En effet, sur un plan organique, les actes réglementaires, comme les actes individuels, émanent généralement des mêmes autorités administratives. Il est par exemple

1 Article 114 CB.
2 Article 117, tiret 3 CB.

possible qu'un décret ait un caractère réglementaire et qu'un autre décret ait un caractère individuel, alors même que tous deux ont été édictés par une même autorité administrative. Pour identifier les actes réglementaires passibles du contrôle de constitutionnalité au Bénin, il importe alors de les distinguer des actes individuels.

232. Alors que les actes individuels ont une portée nominative en ce qu'ils visent une ou plusieurs personnes dénommées[1], les actes réglementaires se singularisent par leur nature générale et impersonnelle[2]. De plus, contrairement aux actes non réglementaires qui ne posent pas de règle de droit, les actes réglementaires, eux, fixent nécessairement une règle de droit. Celle-ci peut être prohibitive, permissive ou répressive[3]. Dès lors, nous avancerons que la principale caractéristique des actes réglementaires est leur normativité générale, en ce sens qu'ils s'adressent anonymement à tous ceux auxquels ils s'appliquent.

Au Bénin, comme dans de nombreux autres pays, ces actes ont généralement la dénomination de « décret » (a)[4], d'arrêté (b), d'ordonnance (c). Il convient de clarifier chacune de ces notions afin de mieux cerner, par la suite, la portée du glissement du contentieux constitutionnel vers le contentieux administratif en Afrique subsaharienne.

a. La notion de décret réglementaire

233. En droit administratif, le terme décret est « réservé [...] aux actes du président de la République et du Premier ministre correspondants à leurs attributions constitutionnelles »[5]. Comme nous l'avons précédemment mentionné, la portée des décrets pris par ces deux autorités est variable. Ils ont un caractère réglementaire, lorsqu'ils posent une règle générale et s'appliquent à un nombre indéterminé de personnes. C'est le cas des décrets délibérés en Conseil des ministres pris par le Président de la République, comme le précise l'article 55 de la Constitution béninoise[6].

---

1 TRUCHET Didier, *Droit administratif*, 8e éd., Paris, Puf, 2019, p. 225.

2 CHAPUS René, *Droit administratif général*, t. 1., 15e éd., Paris, Montchrestien, 2001, p. 526 ; KPODAR Adama, « Commentaire de la décision DCC 01-005 du 11 janvier 2001 », in : *ABJC*, 2013, p. 174. Si pour la majeure partie de la doctrine l'acte réglementaire se caractérise par sa généralité et son impersonnalité, pour Benoît PLESSIX, il se caractérise aussi par son abstraction et sa permanence, ce qui ne signifie pas qu'il est éternel ; mais qu'il continue d'exister et de s'appliquer tant qu'il n'a pas été abrogé.

3 V. PLESSIX Benoît, *Droit administratif général*, 3e éd., Paris, LexisNexis, 2020, pp. 1124-1125.

4 Article 54 CB : « Le président de la république [...] exerce le pouvoir réglementaire ».

5 DUHAMEL Olivier et MENI Yves, *Dictionnaire constitutionnel*, 1re éd., Paris, Puf, 1992, p. 277.

6 Article 55 CB : « Le président de la République préside le Conseil des Ministres. Le Conseil des Ministres délibère obligatoirement sur : [...] les décrets réglementaires ».

234. Il importe de relever que la loi fondamentale béninoise est silencieuse quant à l'énumération des décrets devant être délibérés en Conseil des ministres. Nous conviendrons avec Jean WALINE qu'il s'agit sans aucun doute des décrets les plus importants[1], à l'instar de ceux que le Président peut prendre en période de circonstance exceptionnelle[2].

235. La deuxième catégorie de décrets réglementaires concerne ceux qui sont édictés après avis du Conseil d'État. Ces derniers émanent généralement du Premier ministre. En effet, il dispose du pouvoir réglementaire lorsque le décret n'est pas délibéré en Conseil des ministres, ou lorsqu'aucun texte ne vient donner compétence à une autre autorité administrative[3]. C'est dans cette dernière hypothèse qu'il édicte des décrets simples.

236. Par ailleurs, le Président de la République et le Premier ministre peuvent édicter des décrets individuels qui, comme nous l'avons précédemment mentionné, concernent une ou plusieurs personnes déterminées. Dans le cadre de cette étude, nous n'examinerons pas davantage ce type de décrets parce qu'ils échappent au contrôle de constitutionnalité que le juge constitutionnel exerce sur les actes réglementaires en Afrique subsaharienne.

237. Précisons enfin qu'il existe une autre catégorie de décrets insusceptibles de contestation : les actes de gouvernement, c'est-à-dire des actes politiques par leur objet[4]. Il s'agit par exemple des décrets intéressant les rapports entre les pouvoirs publics ou les relations diplomatiques[5] ; ou encore des décrets de convocation du Parlement ou de dissolution de l'Assemblée nationale.

238. Ainsi, de tous les décrets susceptibles d'être édictés par les deux principales autorités exécutives, le Président de la République et le Premier ministre, seuls ceux ayant un caractère général et impersonnel sont susceptibles d'être contestés devant le juge constitutionnel béninois. Le même constat est fait s'agissant des actes pris par les autorités exécutives subsidiaires, à savoir les arrêtés.

b. La notion d'arrêté réglementaire

239. En dehors des décrets réglementaires, le juge constitutionnel béninois peut aussi vérifier la conformité à la Constitution des arrêtés réglementaires. Comme les premiers, les seconds sont des décisions administratives pourvues

1 WALINE Jean, *Droit administratif*, 28e éd., Paris, Dalloz, 2020, p. 61.

2 L'article 68 de la Constitution béninoise prévoit en effet que lorsque les institutions de la République sont menacées, « le président de la République […] prend en Conseil des Ministres les mesures exceptionnelles exigées par les circonstances sans que les droits des citoyens garantis par la Constitution soient suspendus ».

3 WALINE Jean, *Droit administratif*, *op. cit.*, p. 65.

4 FRIER Pierre-Laurent et PETIT Jacques, Droit administratif, 12e éd., Paris, LGDJ, 2018-2019, p. 369.

5 V., en France, CE 29 novembre 1968, *Tallagrand* ; CE 3 novembre 1933, *Desrumeaux*.

d'un caractère général et impersonnel, à la différence qu'ils émanent cette fois-ci des autorités autres que le Président de la République et le Premier Ministre. Dès lors, la différence entre un décret réglementaire et un arrêté réglementaire est plus organique que substantielle. En effet, l'arrêté réglementaire se singularise du décret réglementaire du fait qu'il émane d'une autorité exécutive subsidiaire : les ministres (même si leur pouvoir réglementaire est parfois discuté)[1], les recteurs, les chefs locaux (à l'instar des maires de communes) ou les présidents d'universités[2].

240. Il importe de préciser que ces autorités sont également compétentes pour édicter des arrêtés individuels, par exemple la nomination d'un fonctionnaire par un ministre. Mais ceux-ci ne sont pas susceptibles de recours devant le juge constitutionnel béninois. Ainsi, dans sa fonction contentieuse en matière administrative, ce juge ne se prononce que sur les actes administratifs de portée générale. La question se pose alors de savoir si ce contrôle porte également sur les ordonnances.

c. La notion d'ordonnance

241. Au Bénin, la Constitution n'habilite pas expressément la Cour constitutionnelle à apprécier la régularité des ordonnances. Il semble alors insolite de traiter de cette notion dans des lignes réservées à l'analyse du contentieux constitutionnel béninois. Toutefois, nous estimons qu'il est indispensable de le faire pour les besoins de la démonstration générale, d'une part, et afin de mieux comparer le droit constitutionnel béninois aux droits constitutionnels gabonais et malgache, d'autre part.

242. En effet, si les ordonnances échappent au contrôle du juge constitutionnel béninois, tel n'est pas le cas dans les contentieux constitutionnels gabonais (article 84 de la Constitution) et malgache (article 117 de la Constitution). La nature hybride des ordonnances est sûrement la cause de leur justiciabilité devant ces deux juridictions constitutionnelles. Définies comme les actes que les autorités exécutives sont exceptionnellement autorisées à prendre dans le domaine législatif[3], les ordonnances ont, d'une part, un caractère réglementaire parce qu'elles sont édictées par l'Administration en des termes généraux et impersonnels et, d'autre part, un caractère législatif, parce qu'elles

---

1 En principe, on peut douter de la compétence réglementaire du ministre, tant les constitutions attribuent généralement celle-ci au Président de la République et au Premier ministre. Cependant, la réalité est qu'il bénéficie d'une telle compétence et peut l'exercer dans plusieurs cas. Il peut en être ainsi lorsqu'il prend des décisions s'inscrivant dans le cadre de l'organisation de ses services ; lorsqu'un texte lui confère expressément une telle attribution et plus généralement lorsqu'il suggère au titulaire du pouvoir réglementaire, par exemple le Premier ministre, de prendre tel ou tel décret. En France par exemple, la pratique montre que les ministres prennent parfois de véritables règlements, sous le couvert de circulaires. V. WALINE Jean, *Droit administratif*, *op. cit.*, p. 69.

2 DUHAMEL Olivier et MENI Yves, *Dictionnaire constitutionnel*, *op. cit.*, p. 46.

3 *Ibid.* p. 679.

interviennent dans le domaine de la loi. Plus précisément, cette intervention n'est effective qu'après le vote d'une loi d'habilitation par le Parlement. Comme le montre Caterina SEVERINO, l'habilitation consiste dans « l'autorisation, donnée par le Parlement au Gouvernement après que celui-ci le lui ait demandé, de prendre des mesures qui relèvent du domaine de la loi »[1].

243. Une fois cette habilitation donnée, le Gouvernement peut, pendant la durée prévue, prendre des ordonnances dans les limites et les conditions établies par la loi d'habilitation. Il faut par la suite que les ordonnances soient ratifiées par le Parlement pour qu'elles acquièrent une valeur législative. Avant cette ratification, elles ont une valeur réglementaire et peuvent être appliquées dans l'ordre juridique, voire contrôlées par le Conseil d'État[2].

244. Ainsi, c'est sans aucun doute en raison de ce caractère hybride des ordonnances que les constituants gabonais et malgache habilitent les Cours constitutionnelles à les apprécier. Après avoir identifié la nature des actes réglementaires susceptibles d'être contrôlés par le juge constitutionnel béninois (et les autres), il convient à présent de voir le contenu qu'ils doivent comporter.

2. La justiciabilité des actes réglementaires : un recours conditionné par la potentielle atteinte aux droits fondamentaux

245. Suivant la lettre et l'esprit des articles 114 et 117 de la Constitution béninoise précédemment mentionnés, le juge constitutionnel a pour devoir de soumettre l'ensemble des pouvoirs publics, et donc l'administration, au respect des libertés publiques et droits fondamentaux. Par conséquent, il lui est loisible d'assurer la régularité des actes réglementaires, notamment lorsqu'ils sont susceptibles de porter atteinte à ces libertés publiques et droits fondamentaux. Il importe de définir préalablement les « libertés publiques » et les « droits fondamentaux », avant de mettre en exergue quelques décisions dans lesquelles la Cour constitutionnelle les protège en sanctionnant les actes réglementaires susceptibles de leur porter atteinte.

246. En effet, la « liberté » désigne généralement la faculté reconnue à l'homme d'agir de manière autonome[3]. Dans son acception naturelle, elle s'entend comme « ce qui n'est pas soumis à une contrainte (physique, psychologique ou morale) »[4]. Dans son acception juridique, elle est synonyme

---

1 SEVERINO Caterina, *La doctrine du droit vivant*, PUAM-Economica, 2003, pp. 164-165.
2 DE BÉCHILLON Denys, « La vraie nature des ordonnances », in : *Mélanges en l'honneur du Président Bruno GENEVOIS. Le dialogue des juges*, Paris, Dalloz, 2009, pp. 209-215.
3 OBERDORFF Henri, *Droits de l'homme et libertés fondamentales*, 7e éd., Issy-les-Moulineaux Cedex, 2019, p. 51.
4 ROBERT Jacques, DUFFAR Jean, *Droits de l'homme et libertés fondamentales*, 8e éd., Paris, Montchrestien, 2009, p. 13.

de « licéité »[1]. Quant au qualificatif « publiques », il exprime l'opposabilité de la liberté à la puissance publique[2]. C'est la raison pour laquelle les libertés publiques sont définies comme des pouvoirs d'autodétermination encadrés et protégés par le droit[3].

247. Quant aux droits fondamentaux, ils ont une nature identique à celle des libertés publiques, mais s'en démarquent graduellement. Cela revient à dire qu'un droit fondamental est d'abord une liberté publique. Mais toute liberté publique n'est pas un droit fondamental ; elle ne le devient que dès lors qu'elle bénéficie d'une protection juridique renforcée. Ainsi, alors que les libertés publiques sont des facultés d'agir de rang législatif, les droits fondamentaux, eux, sont consacrés par une norme constitutionnelle ou internationale. De même, alors que les libertés publiques sont en principe garanties par le juge ordinaire, les droits fondamentaux ont pour gardien le juge constitutionnel[4]. Comme l'affirment Bertrand MATHIEU et Michel VERPEAUX, les droits fondamentaux constituent des principes majeurs ou matriciels de la Constitution, c'est-à-dire ceux qui « engendrent d'autres droits de portée et de valeur différentes »[5].

248. En tenant compte de ces acceptions, il résulte que le juge constitutionnel béninois est compétent pour censurer tous les actes réglementaires attentatoires aux libertés et droits garantis par les blocs de légalité et de constitutionnalité. Le titre deux (2) de la Constitution béninoise, par exemple, dresse une liste (non exhaustive) de tels droits. En guise d'illustration, cette disposition consacre, entre autres, la liberté de la presse, de conscience, de religion, de culte, d'opinion, d'expression (article 23, CB), d'association (article 25 CB) et le droit à l'égalité (article 26 CB).

249. S'agissant par exemple de la liberté d'association, elle est protégée par le juge constitutionnel béninois depuis sa décision du 27 mai 1994 relative à un arrêté du ministère de l'Intérieur[6]. Selon ce juge, si le législateur peut limiter l'exercice de la liberté d'association en l'organisant, il ne saurait la supprimer ou l'annihiler. Ainsi, eu égard à la hiérarchie des normes, un décret ne peut interdire l'exercice d'une telle liberté sans porter atteinte à la Constitution[7].

250. Comme seconde illustration, nous pouvons mentionner la décision du 3 juin 1994 dans laquelle le juge constitutionnel garantit le principe d'égalité.

---

1 *Ibid.*

2 DENIZEAU Charlotte, *Droits des libertés fondamentales*, Vuibert, 2012.

3 BIOY Xavier, *Droits fondamentaux et libertés publiques*, Paris, LGDJ, 2020, coll. Cours, 6e éd., p. 83.

4 ESSONO OVONO Alexis, « Commentaire de la décision DCC 03-140 du 25 septembre 2003 », *in : ABJC,* Cotonou, PUB, 2013, p. 544.

5 V. MATHIEU Bertrand, VERPEAUX Michel, *Contentieux constitutionnel des droits fondamentaux*, Paris, LGDJ,2002, p. 422.

6 Décision DCC 16-94 du 27 mai 1994, Moïse BOSSOU.

7 *Ibidem.*

Dans celle-ci, il sanctionne des arrêtés interministériels qui limitent l'accès au test de recrutement des préposés de douanes aux seuls agents du ministère des Finances aux motifs que cette limitation est contraire au droit à l'égalité garanti par l'article 26 de la Constitution[1]. Il agit encore de la sorte dans une décision rendue le 12 août 1996, lorsqu'il invalide certains arrêtés interministériels à cause de la distinction qu'ils établissent entre les fonctionnaires du ministère des Finances et ceux des autres départements ministériels[2]. La Cour censure par ailleurs des actes réglementaires portant atteinte à la liberté religieuse dans la décision des 29 avril et 06 mai 1997[3].

251. Au regard de tout ce qui précède, il est clair que le juge constitutionnel béninois est un juge administratif original ou exceptionnel. En effet, son office ne consiste pas à annuler les actes réglementaires en raison de leur illégalité comme le fait le juge administratif traditionnel ; son office est plutôt de veiller à ce que ces actes ne portent pas atteinte aux droits et libertés bénéficiant d'une protection juridique renforcée. La compétence du juge constitutionnel béninois en contentieux administratif est donc conditionnée par le contenu de l'acte querellé. Il en est de même à Madagascar, à la seule différence que la compétence du juge constitutionnel malgache pour connaître du contentieux des actes réglementaires est conditionnée par la qualité de l'auteur de la requête.

B. Un contrôle conditionné par la qualité du requérant en contentieux constitutionnel malgache

252. Le juge constitutionnel malgache est, à l'instar du juge constitutionnel béninois, un juge administratif d'exception parce qu'il ne contrôle que la constitutionnalité des actes réglementaires. Mais, contrairement au juge constitutionnel béninois dont la compétence en contentieux constitutionnel des actes administratifs est conditionnée par le contenu de l'acte réglementaire, la compétence du juge constitutionnel malgache en contentieux administratif, elle, est conditionnée par la qualité du requérant.

253. En effet, la loi fondamentale malgache prévoit que le contrôle de constitutionnalité des actes réglementaires n'est possible que si la Haute Cour constitutionnelle est saisie par deux types de requérants. D'une part, et ce, sur la base de l'article 116 de la Constitution[4], il faut nécessairement que la requête relative au contrôle d'un acte réglementaire émane d'une collectivité territoriale décentralisée. Nous avons vu qu'à Madagascar, ces collectivités

---

1 Décision DCC 18-094 du 3 juin 1994.

2 Décision DCC 96-049 du 12 août 1996.

3 Décision DCC 97-019 des 29 avril et 6 mai 1997, Chrétiens de l'Union Renaissance d'Hommes en Christ (URHC) Région Allada.

4 « […] la Haute Cour constitutionnelle […] statue sur la conformité à la Constitution […] des actes réglementaires […] ».

sont : les communes, représentées par les maires ; les régions, représentées par les gouverneurs et les provinces, représentées par les chefs de provinces[1]. Ce qui suppose, *a contrario*, que la Haute juridiction n'est pas compétente pour apprécier la constitutionnalité des actes réglementaires contestés par les autorités déconcentrées et les citoyens. Ces derniers ne peuvent alors exercer un tel recours que devant le Conseil d'État malgache.

254. D'autre part, le contrôle de constitutionnalité des actes réglementaires n'est admis qu'à la condition que de tels actes soient contestés par un chef d'institution[2]. C'est ce que prévoit l'article 118 de la Constitution malgache en ces termes : « [un] chef d'institution ou [...] les organes des collectivités territoriales décentralisées [...] peuvent déférer à la Cour constitutionnelle, pour contrôle de constitutionnalité, tout texte à valeur législative ou réglementaire ainsi que tout texte relevant de sa compétence ». Il importe de préciser que ces saisines ne sont encadrées par aucun délai.

255. La question se pose alors de savoir quelle est la nature des actes réglementaires susceptibles d'être contestés par ces deux catégories de requérants devant le juge constitutionnel malgache. Dans une décision rendue le 17 février 2021, ce juge précise qu'il s'agit d'une part des règlements autonomes (c'est-à-dire des actes pris par le Gouvernement sur un sujet autre que ceux qui sont réservés à la loi) et, d'autre part, des règlements d'application (entendus comme ceux qui sont nécessaires à l'exécution d'une loi)[3]. En conséquence, à la différence du juge constitutionnel béninois qui n'examine que les actes réglementaires susceptibles de porter atteinte aux droits fondamentaux, le juge constitutionnel malgache, une fois saisi par un requérant habilité, étend son contrôle sur l'ensemble des actes réglementaires, peu importe leur contenu.

256. C'est ainsi que si dans la décision du 17 février 2021 susmentionnée, à titre d'exemple, il déclare un décret non-conforme à la Constitution parce qu'il instaure une discrimination entre les candidats aux emplois publics[4], dans celle du 28 novembre 2019, il constate plutôt la constitutionnalité d'un décret qui confère la qualité de Gouverneur aux chefs de régions[5]. Dans cette seconde décision, en effet, ce juge ne garantit ni un droit fondamental, ni une liberté publique ; il précise simplement la signification du terme « Gouverneur » et délimite le champ de compétence de cette autorité décentralisée.

1V. *infra.*, première partie, titre 1, chapitre 1.

2 *Ibid.*

3 Décision n°03-HCC/D3 du 17 février 2021 relative à une saisine du Haut Conseil pour la Défense de la Démocratie et de l'État de Droit aux fins de contrôle de constitutionnalité du décret n°2020-013 du 15 janvier 2020 portant restructuration du BIANCO et ses textes subséquents.

4 *Ibid.* Considérant n°8.

5 Décision n°17-HCC/D3 du 28 novembre 2019 concernant le décret n°2019-1866 du 25 septembre 2019 relatif au Gouverneur.

257. Ce faisant, le contrôle qu'il exerce sur les actes réglementaires le transforme en « juge administratif partiel » dans la mesure où il lui est loisible d'invalider les décisions administratives. Nous estimons qu'il y a un glissement du contentieux de constitutionnel vers un contentieux administratif parce que le juge constitutionnel malgache ne s'immisce pas dans le contrôle de légalité des actes administratifs. Comme au Bénin, la Haute juridiction malgache respecte scrupuleusement les attributions qui lui sont dévolues par le constituant en matière administrative.

II. Une conditionnalité scrupuleusement respectée

L'habilitation des juges constitutionnels béninois et malgache à connaître du contentieux des actes réglementaires a un caractère exceptionnel et non ordinaire pour une raison principale : ces juges ne se prononcent pas sur la légalité de tels actes mais sur leur constitutionnalité. Nous étayerons ce propos par des illustrations jurisprudentielles (A) et des considérations théoriques (B).

A. Le refus d'un contrôle de légalité des actes réglementaires par les juges

258. Au Bénin et à Madagascar, les juges constitutionnels interprètent restrictivement les dispositions constitutionnelles qui les habilitent à apprécier la régularité des actes réglementaires. Cette autolimitation est concrétisée par leur refus d'étendre le contrôle de constitutionnalité qu'ils exercent sur ces actes vers un contrôle de légalité.

259. Si les décisions dans lesquelles le juge constitutionnel malgache affirme solennellement son incompétence à contrôler la légalité des actes administratifs sont extrêmement rares, il en est de même de celles dans lesquelles un tel contrôle a pu être opéré[1]. En revanche, les décisions relatives au contrôle de constitutionnalité des actes réglementaires étant les plus récurrentes, nous estimons que ce juge s'abstient d'exercer un contrôle de

1 Tout au long de nos recherches, nous n'avons pas trouvé de décision dans laquelle la Haute Cour constitutionnelle malgache se déclare incompétente pour connaître de la légalité des actes administratifs. On ne saurait cependant affirmer qu'elles n'en existent pas, tant nous n'avons pas lu toutes les décisions.

légalité sur de tels actes. Ainsi, il interprète fidèlement la Constitution. Il en est de même du juge constitutionnel béninois.

260. En effet, selon une jurisprudence constante de la Cour constitutionnelle béninoise, le contrôle de constitutionnalité qu'elle exerce sur les actes administratifs ne saurait se muer en contrôle de légalité. La formule qu'elle retient pour l'attester est la suivante : « [considérant] [...] que la Cour, juge de la constitutionnalité et non de la légalité est incompétente pour connaître de la présente affaire [...] »[1]. Certes, cet aspect a déjà été examiné dans les développements qui précèdent[2], il importe tout de même, pour les besoins de la démonstration, de relever que la Cour agit ainsi dans les décisions DCC 07-122 du 18 octobre 2007[3] ; DCC 07-144 du 20 novembre 2007[4] ; DCC 96-049 du 12 août 1996[5] et DCC 96-042 du 25 juillet 1996[6]. Dans cette dernière décision, par exemple, il est demandé à la Cour de se prononcer sur la régularité d'un arrêté préfectoral suspecté de porter atteinte au droit de propriété. Dans ses motivations, la Haute juridiction rappelle d'abord qu'elle est « juge de la constitutionnalité et non de la légalité », avant de se déclarer incompétente pour contrôler la régularité de cet arrêté parce qu'il vise non pas la protection d'une liberté fondamentale, mais la réparation d'un préjudice subi du fait d'une dépossession d'un domaine foncier[7]. Comme son homologue malgache, il s'abstient donc d'examiner la légalité des actes administratifs.

261. Dès lors, nous avancerons que les juges constitutionnels béninois et malgache refusent de s'immiscer dans la sphère de compétence dévolue au juge administratif. Ce *self restreint* nous paraît légitime, tant ces juges respectent ainsi le principe de la dualité des ordres juridictionnels selon lequel : au juge administratif incombe la garantie du principe de la légalité et au juge constitutionnel revient la charge de protéger le principe de la constitutionnalité. En d'autres termes, le juge administratif est compétent pour connaître du contentieux de l'« excès de pouvoir administratif », tandis que le juge constitutionnel est habilité à se prononcer sur les recours pour « excès de pouvoir législatif »[8]. Fort de ces considérations théoriques, le *self restreint* des

---

1 Décision DCC 96-049 du 12 août 1996 ; DCC 97-002 et DCC 01-003 du 11 janvier 2001.

2 V. *infra*, première partie, titre I, chapitre 1, section 2.

3 Décision DCC 07-122 du 18 octobre 2007, AGBANTOU Saidou.

4 Décision DCC 07-144 du 20 novembre 2007, AHOUANDJINOU.

5 Décision DCC 96-052 du 12 août 1996, DO REGO Fréjus.

6 Décision DCC 96-042 du 25 juillet 1996, FAGBEMI Badarou.

7 En l'espèce, le requérant FAGBEMI Badarou saisi la Cour parce qu'il a été dépossédé de son terrain en 1997. Pour le dédommager, le préfet a pris un arrêté afin de lui attribuer un autre terrain. Selon le requérant, cet arrêté est contraire à la Constitution parce qu'il viole son droit de propriété, droit fondamental. Il demande pour ce faire à la Cour d'enjoindre au préfet de réparer le préjudice qu'il a subi du fait de la dépossession de sa parcelle de terre.

8 L'expression « excès de pouvoir législatif » a été forgée par le Doyen Georges VEDEL pour désigner le rapprochement qu'il y a entre les méthodes que le juge constitutionnel utilise lorsqu'il contrôle la loi et celles que le juge administratif met en œuvre quand il examine la

juridictions constitutionnelles béninoise et malgache en contentieux des actes réglementaires nous paraît alors justifié.

B. UN REFUS JUSTIFIÉ EN THÉORIE

262. En contrôlant la constitutionnalité des actes réglementaires, les juges constitutionnels se transforment en juge administratif d'exception. On peut alors s'interroger sur l'opportunité de confier une portion du contentieux administratif à un juge constitutionnel. Nous répondrons à cette question par l'affirmative pour diverses raisons.

263. D'abord, interdire au juge constitutionnel la possibilité de connaître du contentieux des actes réglementaires lorsque ceux-ci sont susceptibles de porter atteinte aux droits fondamentaux reviendrait à lui dénier la qualité de garant de l'État de droit. En effet, au sens substantiel, l'État de droit s'entend comme un état dans lequel les droits et libertés bénéficient d'une protection juridique renforcée[1]. En tant que plus haute juridiction de l'État en matière constitutionnelle, la juridiction constitutionnelle semble alors la plus apte à garantir de tels droits.

264. En outre, un tel contrôle nous paraît logique dans la mesure où le principe de constitutionnalité englobe désormais le principe de légalité. Le Doyen Louis FAVOREU, dans un article paru en 1997 dans les *Cahiers du Conseil Constitutionnel*[2], défend cette idée en relevant que si autrefois, dans un état légal, la constitutionnalité était un élément de la légalité, aujourd'hui, avec l'état de droit, la légalité est un élément de la constitutionnalité[3]. Autrement dit, au règne de la loi a succédé le règne de la Constitution. Célestin KEUTCHA TCHAPNGA partage également ce constat lorsqu'il affirme :

> « [jadis] on parlait du principe de légalité ; aujourd'hui du principe de constitutionnalité. La volonté générale n'est plus logée dans la loi qui peut mal faire comme elle peut être mal faite. Elle l'est désormais dans la Constitution qui a cessé d'être de nos jours un document décoratif ou fictif pour se transmuer en véritable règle de droit s'imposant au respect de toutes les autorités étatiques »[4].

265. En tenant compte de ces considérations théoriques, il ressort qu'en resserrant la contrainte de constitutionnalité sur l'administration au moyen

---

régularité d'un acte infra-législatif. V. VEDEL Georges, « excès de pouvoir administratif et excès de pouvoir législatif », *CCC*, n°2, 1997.

1 V. MBORANTSUO Marie-Madeleine, *Cours constitutionnelles africaines et Etat de droit*, Thèse, PUAM, Economica, 2002.

2 *Ibid.*

3 FAVOREU Louis, « Légalité et constitutionnalité », *CCC*, n°3, 1997 [en ligne].

4 KEUTCHA TCHAONGA Célestin, « Le juge constitutionnel, juge administratif au Bénin et au Gabon ?», *RFDC*, 2008/3, n°75, p. 553.

d'un contrôle des actes réglementaires qu'elle édicte, le juge constitutionnel en Afrique subsaharienne renforce le constitutionnalisme.

266. Enfin, l'élément de droit comparé permet de justifier la mise en œuvre d'un tel contrôle. En effet, en Autriche, par exemple, la Constitution habilite également la Cour constitutionnelle à connaître du contentieux des actes administratifs[1]. Il s'agit d'une attribution « d'autant plus surprenante qu'il existe une Haute Cour administrative compétente pour connaître des recours contre les actes administratifs »[2]. Dès lors, on ne peut que s'interroger sur la répartition des compétences entre la Haute Cour administrative et la Cour constitutionnelle autrichienne en matière de contentieux administratif. Examinant cette question, le Doyen Louis FAVOREU et Wanda MASTOR relèvent qu'en Autriche, la Cour constitutionnelle n'est compétente que pour juger des atteintes à des droits *constitutionnellement* garantis, tandis que la Haute Cour administrative l'est pour les atteintes à des droits *légalement* garantis[3]. Cette solution retenue par la Constitution autrichienne ne diffère donc pas de celle mise en œuvre par les juges constitutionnels béninois et malgache. En effet, ces juridictions n'interviennent en matière administrative que lorsqu'une disposition constitutionnelle est en cause.

267. En dehors de l'Autriche, le Tribunal constitutionnel portugais contrôle lui aussi la constitutionnalité des actes réglementaires. Ce contrôle peut s'opérer aussi bien *in abstracto* qu'*in concreto*[4]. Nous pensons qu'un tel mécanisme est à la fois opportun et pernicieux pour le justiciable. Opportun, il l'est en ce sens que les droits lésés peuvent être doublement garantis : par le juge constitutionnel et le juge administratif. Le caractère pernicieux, quant à lui, se justifierait par le risque d'une concurrence des juges qui pourrait survenir si un justiciable venait à saisir ces deux juridictions d'une même affaire. C'est sans doute pour contourner cet obstacle que les constituants africains ont préféré ériger le juge constitutionnel en juge administratif d'exception.

268. En définitive, les juges constitutionnels béninois et malgache peuvent être considérés comme des « juges administratifs d'exception » car leur contrôle de constitutionnalité s'étend sur les actes administratifs. S'ils apprécient la constitutionnalité des actes réglementaires, ils s'abstiennent cependant d'en contrôler la légalité. Cette politique jurisprudentielle diffère

---

1 Article 144 de la Constitution autrichienne : « la Cour constitutionnelle statue sur les recours contre les décisions des autorités administratives indépendantes, dans la mesure où le plaignant prétend avoir été lésé par la violation d'un droit qui lui est garanti par la Constitution ou par l'application d'un règlement non conforme à la loi, d'une loi inconstitutionnelle ou d'un traité international non conforme au droit. Le recours ne peut être introduit qu'après épuisement des voies de recours ordinaires ».

2 FAVOREU Louis, MASTOR Wanda, *Les Cours constitutionnelles*, 2ème éd., Paris, Dalloz, 2016, p. 123.

3 *Ibid.*

4 *Ibidem.* pp. 123-124.

de celle du juge constitutionnel gabonais. Nous tenterons de montrer que ce dernier a conquis le contentieux de l'excès de pouvoir. Il est alors un véritable juge administratif.

SECTION II : UNE EXTENSION « ABOUTIE » AU GABON : LA DÉVOLUTION DU CONTENTIEUX DE L'EXCÈS DE POUVOIR AU JUGE CONSTITUTIONNEL

269. Théorisé par Edouard LAFERRIÈRE, le recours pour excès de pouvoir s'entend comme « un procès fait à un acte »[1]. Il s'agit, selon René CHAPUS, de « la voie de droit par laquelle est demandée au juge l'annulation d'un acte administratif, en raison de l'illégalité dont il serait entaché »[2]. Lors de ce contentieux, il est demandé au juge d'apprécier non pas la constitutionnalité d'un acte administratif, mais sa légalité. Ce recours relève donc nécessairement de la compétence d'un juge administratif car c'est ce dernier qui utilise la loi comme norme de référence à son contrôle.

270. Forts de toutes ces considérations théoriques, nous avancerons que la Cour constitutionnelle gabonaise est aussi une juridiction administrative concurrente parce qu'elle est compétente pour connaître des recours pour excès de pouvoir. Cette compétence étant le fruit d'une conquête jurisprudentielle, il convient d'examiner préalablement son processus de dévolution (I), avant de mesurer son ampleur (II).

I. LE PROCESSUS DE DÉVOLUTION

271. À l'origine, le juge constitutionnel gabonais disposait d'une compétence d'attribution en matière d'appréciation de la régularité des actes réglementaires. Comme au Bénin, il n'était compétent que pour connaître des

1 LAFERRIÈRE Edouard, *Traité de la juridiction administrative et des recours contentieux*, 2e éd., Paris, Hachette, 1896, p. 560.
2 CHAPUS René, *Droit administratif général*, *op. cit.*, p. 786.

actes réglementaires censés porter atteinte aux libertés publiques et droits fondamentaux. Mais à la suite d'une audace jurisprudentielle (A), il cessa d'être un juge administratif d'attribution ou d'exception pour s'ériger en juge administratif de l'excès de pouvoir. Contre toute attente, cette entreprise fut entérinée en droit positif gabonais, notamment par le juge administratif de droit commun et le législateur (B).

A. UNE DÉVOLUTION ENCLENCHÉE PAR VOIE PRÉTORIENNE

Au Gabon, le glissement du contentieux constitutionnel vers le contentieux de la légalité, notamment celui de l'excès de pouvoir[1], résulte d'une interprétation discutable de l'article 84-2 de la Constitution (1). Mais, eu égard à la politique jurisprudentielle de la Cour, force est d'admettre que cette discussion est actuellement dépassée (2).

1. L'article 84-2 de la Constitution comme fondement discutable de la compétence du juge constitutionnel gabonais en matière de recours pour excès de pouvoir

272. L'article 84-2 de la Constitution gabonaise est clair : « la Cour constitutionnelle statue obligatoirement sur [...] la constitutionnalité des actes réglementaires censés porter atteinte aux droits fondamentaux de la personne humaine et aux libertés publiques »[2]. Comme au Bénin, cette disposition habilite la Haute juridiction gabonaise à exercer un contrôle conditionné[3]. En interprétant littéralement cet article, ce contrôle ne peut porter que sur la constitutionnalité des actes réglementaires, c'est-à-dire que le juge devrait seulement vérifier si l'acte administratif querellé est contraire ou non à une disposition de rang constitutionnel, et non sur leur légalité, ce qui suppose que le juge ne saurait examiner si ces actes sont conformes ou non à un texte de rang législatif.

---

1 Il existe un autre type de contentieux de légalité : le recours en appréciation de la légalité. Il ne faut pas le confondre avec le recours pour excès de pouvoir car, alors que le recours pour excès de pouvoir a un caractère objectif (il donne réponse à une question de droit objectif) et est d'utilité publique (parce que le droit objectif ou la légalité est le bien de tous), le recours en appréciation de légalité est un recours incident, et non principal, visant, non une annulation, mais une déclaration relative à la légalité de l'acte administratif en cause et, enfin, il peut porter sur les décisions, les contrats et même les circulaires interprétatives (ce qui n'est pas le cas du recours pour excès de pouvoir). *Ibid.*, pp. 788-789.

2 V. article 117, tiret 3 CB ; article 84, tiret 1 CG.

3 ZEH ONDOUA Jean, « La répartition du contentieux des actes juridiques entre les juges constitutionnel et administratif au Gabon », *Afrique juridique et politique*, vol. 3., n°1 et 2, janvier-décembre 2008, p. 86.

273. Certes, il est vrai que la frontière entre ces deux formes de contrôle est parfois poreuse. Sylvestre KWAHOU montre à ce sujet qu'il y a un corpus de règles qui s'imposent tant au juge constitutionnel qu'au juge administratif[1]. En France, ce fut le cas du Conseil d'État lorsqu'il exerça un contrôle de constitutionnalité et de conventionnalité en sanctionnant, en l'absence de loi-écran, les actes administratifs contraires à la Constitution[2] ou aux conventions internationales[3].

274. Mais, cette perméabilité ne saurait justifier l'appropriation du contentieux de l'excès de pouvoir par le juge constitutionnel, et ce, pour diverses raisons. La première raison tient au fait que la Constitution encadre rigoureusement le domaine d'intervention de la Cour en matière de protection des droits fondamentaux et libertés publiques. En effet, la Haute juridiction exerce cet office soit au moyen d'un recours direct en annulation, soit par voie d'exception d'inconstitutionnalité[4]. Nul besoin qu'elle s'approprie encore la totalité du contrôle de la légalité des actes administratifs.

275. L'autre raison est intimement liée à la formulation de l'article 84 de la Constitution gabonaise susmentionné. Celui-ci ne fait pas mention d'un contrôle général sur les actes administratifs à caractère réglementaire. Il fait plutôt allusion au contrôle que peut exercer la Cour lorsqu'un acte administratif à caractère réglementaire porte atteinte à un droit fondamental ou à une liberté publique[5].

276. À ces deux raisons, nous ajouterons une troisième. Le contrôle des actes administratifs dont il s'agit invite le juge constitutionnel à exercer une compétence liée qu'il ne devrait pas étendre discrétionnairement. En effet, l'article 84 de la Constitution gabonaise affirme clairement que la Cour « statue obligatoirement », et non « discrétionnairement », sur « la constitutionnalité des actes réglementaires censés porter atteinte aux droits fondamentaux de la personne humaine et aux libertés publiques ». Cela suppose que son contrôle intervient dans le cadre d'une compétence liée et non discrétionnaire.

277. La politique jurisprudentielle de la Cour constitutionnelle gabonaise en contentieux des actes réglementaires diffère alors de celle de la Cour constitutionnelle béninoise. Si cette dernière interprète littéralement la Constitution en assumant simplement son statut de juge administratif

---

1 KWAHOU Sylvestre, *Le contentieux administratif gabonais en 13 leçons*, Saint-Denis, Éditions Publibook, 2016, pp. 65-66.

2 CE. 26 juin 1959, *Syndicat général des ingénieurs-conseils*, Rec. p. 934.

3 CE. Ass. 30 mai 1952, *Dame Kirkwood*, Rec. p. 291.

4 V. article 86, alinéa 1 CG : « Tout justiciable peut, à l'occasion d'un procès devant un tribunal ordinaire, soulever une exception d'inconstitutionnalité à l'encontre d'une loi ou d'un acte qui méconnaît ses droits fondamentaux ». Par ailleurs, ces techniques contentieuses ont déjà été examinées dans le cadre de ce travail. V. première partie, titre I, chapitre 1, section 2.

5 KWAHOU Sylvestre, *Le contentieux administratif gabonais en 13 leçons*, *op. cit.*, p. 66.

d'exception, le premier l'interprète extensivement en se transformant en juge administratif de droit commun.

2. L'auto-habilitation du juge constitutionnel gabonais à connaître du contentieux de l'excès de pouvoir

278. En interprétant extensivement l'article 84-2 précité de la Constitution gabonaise, la Cour constitutionnelle a fini par banaliser ses compétences en devenant juge du contentieux de l'excès de pouvoir. Cette audace jurisprudentielle est manifeste dans plusieurs décisions. Elle débute avec la décision du 28 février 1993[1]. En l'espèce, la Cour est saisie aux fins d'une appréciation de la régularité du décret n°2056/PR/MDNDI du 27 novembre 1992, fixant les modalités de délivrance et de renouvellement de la carte nationale d'identité. Au terme de son contrôle, la Haute Instance invalide les articles 9, 10 et 11 de cet acte réglementaire alors qu'ils ne se rapportent pas aux droits fondamentaux. Elle les censure plutôt parce qu'ils violent « le principe de la légalité républicaine », c'est-à-dire une loi et non un texte à valeur constitutionnelle. Ce faisant, elle s'octroie une nouvelle compétence : la résolution du contentieux de l'excès de pouvoir.

279. Elle atteste explicitement qu'elle dispose d'une telle compétence dans la décision du 15 septembre 1994. En l'espèce, le Premier ministre saisi la Cour aux fins d'un contrôle de conformité à la Constitution de l'article 35 de la loi organique sur la Cour Administrative. Cet article prévoit que la Cour Administrative est compétente pour connaître, en premier et dernier ressort, « des recours pour excès de pouvoir formés contre les décrets à caractère réglementaire et les actes administratifs unilatéraux réglementaires ». Lors de son contrôle, la Haute juridiction constitutionnelle gabonaise invalide cet article aux motifs qu'il invite le juge administratif à connaître du contentieux des actes réglementaires, alors qu'il ne relève pas de sa compétence. Elle l'affirme en ces termes :

> « [considérant] qu'aux termes de l'article 84-1°[il s'agissait du tiret 1° en 1994] de la Constitution, la Cour constitutionnelle statue obligatoirement sur la constitutionnalité des lois organiques, des lois ordinaires, avant leur promulgation, et des actes réglementaires censés porter atteinte aux droits fondamentaux de la personne humaine et aux libertés publiques ; qu'il en résulte que le contrôle de la régularité juridique des actes

---

1 Décision n°2/93/CC du 28 janvier 1993, relative au décret n°2056/PR/MDNDI du 27 novembre 1992, *Recueil des décisions et avis*, 1992-1995, p. 93.

réglementaires relève de la compétence de la haute instance »[1].

Autrement dit, pour la Cour constitutionnelle, l'article 84-1 de la Constitution, tel qu'il est libellé, lui donne compétence pour se prononcer tant sur la constitutionnalité que sur la légalité de tous les actes administratifs à caractère réglementaire.

280. Elle adopte encore cette posture dans sa décision du 17 avril 2001. Dans cette affaire, la Haute juridiction est appelée à connaître d'un recours pour excès de pouvoir. Elle est en effet saisie aux fins d'annulation d'un arrêté du ministre des transports relatif à la production des plaques d'immatriculation des véhicules automobiles. En se prononçant, elle déclare ce recours recevable aux motifs qu'il s'inscrit dans son champ de compétence, à savoir la résolution « du contentieux de la régularité juridique des actes réglementaires »[2]. Près d'une année plus tard, elle confirme cette orientation jurisprudentielle en affirmant :

> « [...] à la différence de la Constitution française qui limite l'intervention de la juridiction constitutionnelle, en matière de contrôle de constitutionnalité, aux seules lois organiques et ordinaires [...] le constituant gabonais a confié la compétence du contrôle de la régularité juridique des actes réglementaires à la seule Cour constitutionnelle ».

281. Dès lors, elle est compétente pour connaître du contentieux de l'excès de pouvoir. Cette orientation jurisprudentielle est confirmée dans plusieurs autres décisions[3].

283. À travers ces illustrations jurisprudentielles, on peut aisément conclure que le juge constitutionnel gabonais n'est plus un juge administratif d'attribution comme le voulait le constituant originaire. Il est désormais un juge de l'excès de pouvoir. Ce faisant, il exerce deux types de contrôle sur les actes administratifs. D'une part, un contrôle de constitutionnalité, lorsque sont en cause certains principes constitutionnels. D'autre part, un contrôle de légalité, dans les hypothèses où un acte administratif porterait atteinte à un principe législatif.

284. Cette dualité de la fonction contentieuse n'est pas exempte de critiques. Elle nous pousse à nous interroger sur la place de la Cour constitutionnelle gabonaise dans la hiérarchie juridictionnelle. En effet, en s'appropriant l'exercice d'un contrôle de légalité, ne devient-elle pas une sorte de Cour suprême ? Il est possible d'y répondre par l'affirmative, tant la Cour

---

1 Décision n°16/CC du 15 septembre 1994 sur la Cour administrative. *Recueil des décisions et avis*, 1994.

2 Décision n°008/CC du 17 avril 2001, COGAPNEU. *Recueil des décisions et avis*, 2001.

3 V., Décision n°009/CC du 3 mai 1996, Loi relative à la Décentralisation. *Recueil des décisions et avis*, 1996 ; Décision n°011/CC du 14 avril 1993, Conseil Economique et Social, *Recueil des décisions et avis*, 1993 ; Décision n°010/CC du 29 juin 2001, Confédération Syndicale Gabonaise. *Recueil des décisions et avis*, 2001.

constitutionnelle se comporte comme l'ancienne Cour suprême gabonaise qui était composée, entres autres, d'une chambre administrative et d'une chambre constitutionnelle[1]. Cette remarque semble d'ailleurs légitimée par les pouvoirs publics, notamment parce qu'ils approuvent la politique jurisprudentielle de la Cour.

B. Une dévolution approuvée en droit positif gabonais

Au Gabon, la conquête du contentieux de l'excès de pouvoir par le juge constitutionnel a été entérinée par les autres pouvoirs publics. Contre toute attente, c'est d'abord le juge administratif qui a décliné sa compétence en la matière, au profit de la Cour constitutionnelle (1). Par la suite, le législateur est intervenu pour codifier cette répartition des compétences (2).

1. L'approbation par le juge administratif gabonais

285. Si l'on s'en tient au texte constitutionnel, la Cour constitutionnelle gabonaise n'est pas une juridiction suprême de l'ordre judiciaire[2]. Elle apparaît plutôt comme une juridiction spécialisée dans le contentieux constitutionnel. Pour reprendre la formule utilisée par le constituant, elle est la plus Haute juridiction de l'État en matière constitutionnelle[3], et non en matière civile, pénale ou administrative. Suivant cette logique, elle n'est pas hiérarchiquement supérieure à la Cour de cassation et au Conseil d'État. Cela suppose que les interprétations qu'elle dégage lors de son office juridictionnel ne devraient pas lier les juridictions ordinaires susmentionnées.

286. Pourtant, force est de constater que le juge administratif gabonais se comporte souvent comme s'il était subordonné au juge constitutionnel. C'est le cas lorsqu'il se dessaisit du contentieux des actes réglementaires au profit du juge constitutionnel. En effet, c'est dans la décision du 23 juin 2000 que la Cour administrative gabonaise agit de la sorte. Dans celle-ci, elle affirme ce qui suit :

> « [considérant] que [...] s'agissant de la compétence de la Cour administrative à connaître du recours pour excès de

---

1 Comme nous l'avons dit dans l'introduction de cette thèse, avant 1990, le pouvoir juridictionnel, au Gabon, était assuré par une Cour suprême. Celle-ci avait en son sein : une chambre civile, une chambre administrative et une chambre constitutionnelle.

2 Ici, l'expression pouvoir judiciaire doit être entendue au sens du droit positif gabonais. En effet, le titre V de la Constitution gabonaise qui traite du pouvoir judiciaire montre qu'il est composé des juridictions suivantes : la Cour de cassation, le Conseil d'Etat, la Haute Cour de Justice et d'autres juridictions d'exception. La Cour constitutionnelle, elle, ne figure que dans le titre VI de cette loi fondamentale. Cela suppose que pour le constituant gabonais, elle ne relève pas de l'ordre judiciaire. Elle constitue une juridiction spéciale, hybride, *sui generis*.

3 Article 83, CG.

pouvoir formé contre cette décision dont le caractère réglementaire est acquis, qu'il résulte des motifs essentiels au dispositif de la Décision n°16/CC du 15 septembre 1994 de la Cour constitutionnelle que le contrôle de la régularité juridique des actes réglementaires relève de la compétence de cette haute instance ; qu'il s'ensuit que la Cour administrative est désormais incompétente à connaître des recours pour excès de pouvoir formés contre tous les actes réglementaires [...] »[1].

287. C'est donc à travers ce considérant que le juge administratif gabonais a entériné la compétence contentieuse de la Cour constitutionnelle gabonaise dans le domaine des actes réglementaires. Dès lors, on ne peut que s'interroger sur les motivations d'une telle concession de compétence. La première raison que nous pouvons évoquer est d'ordre juridique. Elle est relative à la perception que le juge administratif gabonais se fait de l'autorité des décisions du juge constitutionnel. Celles-ci sont revêtues à la fois d'une autorité de la chose jugée, que l'on retrouve dans le dispositif de la décision juridictionnelle, et d'une autorité de la chose interprétée qui, elle, se loge dans les motifs.

288. L'autorité de la chose jugée est prévue par l'article 92 de la Constitution gabonaise en ces termes : les « décisions de la Cour constitutionnelle ne sont susceptibles d'aucun recours. Elles s'imposent aux pouvoirs publics, à toutes les autorités administratives et juridictionnelles et à toutes les personnes physiques et morales ». L'autorité de la chose interprétée, quant à elle, est le fruit d'une construction doctrinale[2]. Mathieu DISANT l'examine, en France, notamment à propos de l'activité jurisprudentielle du Conseil constitutionnel. Dans ses travaux, il estime qu'« au nom de l'autorité de la chose interprétée [...], l'interprétation du Conseil constitutionnel s'impose valablement à tout destinataire. Elle exige de la part des pouvoirs publics et juridictionnels un comportement déterminé »[3]. Ainsi, bien qu'elle soit logée dans les motifs de la décision juridictionnelle, l'autorité de la chose interprétée a la même portée juridique que l'autorité de la chose jugée qui, elle, se trouve dans les dispositifs des décisions juridictionnelles. Le Conseil constitutionnel français, par exemple, affirme à ce propos que l'autorité de ses décisions « s'attache

1 CA., 23 juin 2000, Comptoir Gabonais du Pneumatique c/Etat Gabonais. *Recueil des décisions et avis*, 2000.

2 V., ANDRIANTSIMBAZOVINA JOEL, *L'autorité des décisions de justice constitutionnelle et européennes sur le juge administratif français. Conseil constitutionnel, Cour de Justice des Communautés européennes et Cour européenne des droits de l'homme*, LGDJ, 1998 ; du même auteur : « De l'autorité à l'effectivité des décisions du Conseil constitutionnel. De quelques paradoxes de l'usage du formalisme et du pragmatisme juridiques », *Politeia*, 2003, n°4, p. 25 ; DRAGO Guillaume, *L'exécution des décisions du Conseil constitutionnel. L'effectivité du contrôle de constitutionnalité des lois*, Paris, Economica, 1991.

3 V. DISANT Mathieu, *L'autorité de la chose interprétée par le Conseil constitutionnel*, Paris, LGDJ, 2010, p. 47 ; DISANT Mathieu, « L'autorité de la chose interprétée par le Conseil constitutionnel-Permanence et actualité(s) », *CCC*, n°28, juillet 2010.

non seulement à leur dispositif mais aussi aux motifs qui en sont le soutien nécessaire et en constituent le fondement même »[1].

289. Si l'on apprécie la solution retenue par la Cour Administrative gabonaise au regard de ces considérations, il est possible de déduire que c'est pour respecter ces deux formes d'autorités attachées aux décisions du juge constitutionnel que le juge administratif gabonais a cédé une partie de sa compétence contentieuse à la Cour constitutionnelle. Comme le soutient Mathieu DISANT, la supériorité des décisions du juge constitutionnel en matière d'interprétation de la constitutionnalité des lois conduit à « considérer que c'est moins par conviction que par discipline que le juge ordinaire [en l'espèce le juge administratif] est conduit à tenir pour droit la chose interprétée et, le cas échéant, à appliquer la Constitution ou la loi en fonction de cette interprétation »[2].

290. La seconde raison susceptible de justifier cette renonciation d'une partie de la compétence contentieuse par le juge administratif est d'ordre pratique. Sylvestre KWAHOU remarque à ce propos qu'au Gabon, « l'analyse de l'activité de la juridiction administrative depuis 1960 montre une prépondérance du contentieux de pleine juridiction par rapport à celui de l'excès de pouvoir »[3]. Sur la base de cette observation, on peut avancer qu'en réalité, le juge administratif a préféré conférer à la Cour un contentieux qui lui était accessoire afin de redynamiser celui qui lui était principal, à savoir le contentieux de pleine juridiction, et ce, avec l'approbation du législateur.

2. L'approbation par le législateur organique et le constituant dérivé

291. La doctrine constitutionnaliste et administrativiste en Afrique subsaharienne estime que l'appropriation du contentieux des actes administratifs réglementaires par le juge constitutionnel gabonais résulte d'une interprétation erronée de la Constitution[4]. Selon elle, tout porte à croire qu'en se déclarant compétente pour connaître du contentieux de la régularité juridique des actes administratifs, la Cour opère un amalgame entre la constitutionnalité et la légalité[5]. Or, si elle est compétente pour exercer un contrôle de constitutionnalité, elle devrait, en toute logique, être incompétente pour exercer un contrôle de légalité qui, normalement, relève de la compétence du juge administratif. Pour rétablir cette situation, le législateur

1 Décision n°62-18 L du 16 janvier 1962.
2 DISANT Mathieu, *L'autorité de la chose interprétée par le Conseil constitutionnel*, précité.
3 KWAHOU Sylvestre, *Le contentieux administratif gabonais en 13 leçons*, *op. cit.*, p. 125.
4 *Ibid.*, pp. 66-67 ; ZEH ONDOUA Jean, « La répartition du contentieux des actes juridiques entre les juges constitutionnel et administratif au Gabon », *op. cit.*, p. 93.
5 KEUTCHA TCHAPNGA Célestin, « Le juge constitutionnel, juge administratif au Bénin et au Gabon », *op. cit.*, p. 559.

organique aurait pu restaurer le juge administratif dans sa mission originelle : le contrôle de légalité.

292. Seulement, il opta pour une solution différente. Plutôt que de déposséder la Cour constitutionnelle de ce nouvel office, le législateur lui octroya le droit d'en assurer pleinement l'exercice. Il érigea donc le juge constitutionnel gabonais en juge du contentieux de l'excès de pouvoir, notamment en matière d'actes réglementaires. L'article 35 de la loi n°10/94 sur la Cour administrative et l'article 38 de la loi n°5/2002 sur le Conseil d'État sont des illustrations saillantes de cette dévolution du contentieux de l'excès de pouvoir au juge constitutionnel gabonais par voie législative. Ce second article, par exemple, énonce ce qui suit :

> « [en] matière contentieuse, le Conseil d'État connaît, en premier et dernier ressort : des recours pour excès de pouvoir formés contre les actes individuels des autorités administratives à compétence nationale [...] ; des recours contre les actes administratifs unilatéraux et individuels dont le champ d'application s'étend au-delà du ressort d'une Cour d'Appel administrative [...] ».

293. En d'autres termes, pour le législateur organique gabonais, le juge administratif peut apprécier la régularité de tous les actes administratifs, à l'exception des actes réglementaires. Ainsi, ceux-ci ne sont susceptibles de recours que devant la juridiction constitutionnelle. Cette répartition des compétences semble convenir à la Haute juridiction constitutionnelle. Elle se déclare par exemple incompétente pour vérifier la régularité des actes individuels dans de nombreuses décisions[1]. De même se déclare-t-elle incompétente pour se prononcer sur la régularité des actes de gouvernement[2].

294. Toutefois, cette répartition du contentieux des actes juridiques entre ces juges fut remise en cause en 2016, notamment lors de la révision de la Constitution gabonaise. En effet, au terme de cette révision, l'article 84-1 de la Constitution, qui habilitait la Cour constitutionnelle gabonaise à statuer sur les actes administratifs, fut supprimé. Ce qui conduisit à penser que le juge administratif fut réhabilité dans sa fonction contentieuse. Cependant, force fut de constater que la loi organique n° 33/2018 du 11 juin 2018 portant

---

1 Décision n°10/CC du 10 juin 1992, NDOUTOUME Misso : recours d'un chef de canton contre une décision de révocation. *Recueil des décisions et avis*, 1992 ; Décision n°11/CC du 27 octobre 1992, EKAMA : recours d'une association contre deux décrets portant reconduction des membres du Conseil économique et social dans leurs fonctions. *Recueil des décisions et avis*, 1992.

2 Décision n°091/CC du 29 juillet 2003, Décret n°000851/PR du 28 juillet 2003. Au considérant n°4 de cette décision, on peut y lire : Considérant que « le décret [...] soumettant une proposition de loi constitutionnelle au Parlement réuni en congrès, du fait qu'il est par nature, non pas un acte réglementaire au sens des dispositions constitutionnelles précitées, mais un acte de gouvernement, est inattaquable ; que par conséquent, il ne peut être soumis à la Cour Constitutionnelle pour un contrôle de conformité à la Constitution ». *Recueil des décisions et avis*, 2003.

ratification de l'ordonnance n°26/2018 du 11 août 2018 fixant l'organisation, la composition, la compétence et le fonctionnement des juridictions de l'ordre administratif ne concéda pas ce contentieux au juge administratif. En son article 59, elle attribua juste au Conseil d'État la compétence de connaître des recours pour excès de pouvoir contre les actes individuels et bien d'autres, exception faite des actes réglementaires.

295. Ce n'est qu'en 2020, à l'occasion d'une autre réforme constitutionnelle (loi n°046/2020 portant révision de la Constitution de la République gabonaise) que le constituant dérivé, c'est-à-dire l'organe habilité à réviser la Constitution[1], confia à nouveau cet office à la Cour constitutionnelle[2]. Ainsi, en droit positif gabonais, le juge constitutionnel est non seulement juge de la constitutionnalité des lois, mais aussi partiellement juge de la légalité des actes administratifs. Nous ne saurions clore cette étude sans mesurer la portée de cette dévolution.

II. L'AMPLEUR DE LA DÉVOLUTION

La conquête du contentieux de l'excès de pouvoir par le juge constitutionnel gabonais réduit énormément l'office du Conseil d'État (A). Désormais, cette plus Haute juridiction administrative n'est compétente que pour connaître du contentieux de l'excès de pouvoir intenté contre les actes individuels et du contentieux de pleine juridiction. Cette situation semble préjudiciable aux administrés (B).

A. LA RÉDUCTION DES COMPÉTENCES DU CONSEIL D'ÉTAT

Incompétent pour se prononcer sur la légalité des actes réglementaires, le juge administratif gabonais ne peut désormais connaître que des contentieux relatifs à la régularité des actes individuels (1) et ceux de pleine juridiction (2).

---

1 Cette notion est davantage examinée dans la seconde partie de cette étude, notamment dans le titre I, chapitre 2.

2 L'article 84-2 de la Constitution gabonaise, à la suite de la révision constitutionnelle de 2020, réhabilite à nouveau la Cour constitutionnelle à examiner la régularité des actes réglementaires.

1. La conservation du contentieux des actes individuels par le juge administratif

296. Avant que la Cour constitutionnelle gabonaise ne s'approprie le contentieux de l'excès de pouvoir des actes réglementaires, le juge administratif était compétent pour assurer la protection des droits et libertés dépourvus de valeur constitutionnelle et pour contrôler la légalité des actes réglementaires[1] et individuels. Après avoir été dépossédé du contentieux des actes réglementaires, ce juge n'est plus compétent que pour apprécier la régularité des actes individuels ou collectifs ainsi que des décisions d'espèce qui édictent des normes ni individuelles ni générales[2].

297. On avancera que ce déclin de compétence du juge administratif est préjudiciable aux administrés. En effet, si autrefois les administrés avaient la possibilité de saisir le juge du fond et le Conseil d'État pour contester la légalité d'un acte réglementaire, augmentant ainsi leur chance de voir leur recours prospérer, aujourd'hui, ils ne peuvent porter leur demande que devant une seule juridiction : la Cour constitutionnelle. Cette situation nous paraît équivoque en ce qu'elle invite en réalité la Cour à s'ériger en « Conseil d'État », dès lors qu'elle détient le premier et le dernier mot en matière de contrôle juridictionnel des actes réglementaires. Or, les décisions du juge constitutionnel n'étant susceptibles d'aucun recours, les administrés perdent alors, en définitive, leur droit d'introduire des pourvois en cassation. Il serait donc souhaitable, pour une préservation du recours en cassation, que le constituant réhabilite le juge administratif dans sa fonction traditionnelle. Il faudrait en outre veiller à ce que le juge constitutionnel ne s'immisce pas dans le contentieux de pleine juridiction.

2. La conservation du contentieux de pleine juridiction par le juge administratif

298. En contentieux administratif, le contentieux de pleine juridiction peut s'entendre comme celui de la responsabilité administrative[3]. Nous pensons que si le juge constitutionnel gabonais a pu s'approprier l'exercice du contentieux de l'excès de pouvoir, il est peu probable qu'il s'arroge également celui de la responsabilité administrative. Deux arguments peuvent être avancés à l'appui de cette idée.

---

1 ZEH ONDOUA Jean, « La répartition du contentieux des actes juridiques entre les juges constitutionnel et administratif au Gabon », *op. cit.*, pp. 88-92.

2 KEUTCHA TCHAPNGA Célestin, « Le juge constitutionnel, juge administratif au Bénin et au Gabon ? », *op. cit.*, p. 578.

3 V. BELRHALI Hafida, *Responsabilité administrative*, 2e éd., Paris, LGDJ, 2020.

299. D'abord, aucune disposition constitutionnelle n'habilite la Cour constitutionnelle à exercer un contrôle de pleine juridiction[1]. Ainsi, si elle est compétente pour annuler les actes administratifs, elle ne saurait les réformer ou encore condamner l'Administration à réparer les préjudices subis par les administrés du fait d'une irrégularité des actes réglementaires. La Haute juridiction constitutionnelle l'affirme par exemple dans la décision du 30 avril 1992.

300. En l'espèce, le requérant sollicite une réparation du préjudice que lui causent les décrets n°1135/PR en date du 20 août 1990 portant dissolution du Conseil Municipal de Mouila et 1278/PR du 24 septembre portant constitution d'une délégation spéciale. Sans déclarer la saisine irrecevable, la Cour rejette la requête dans son objet aux motifs qu'elle a « une compétence d'attribution strictement délimitée par la Constitution [...] » ; et que celle-ci ne porte pas sur l'appréciation et la réparation des préjudices résultant des actes réglementaires[2].

301. Par ailleurs, il semble peu évident que le juge constitutionnel gabonais s'immisce dans le contentieux de pleine juridiction parce que cette attribution est dévolue au Conseil d'État. En effet, en droit administratif gabonais, le Conseil d'État, en sa qualité de plus Haute juridiction en matière administrative (article 74 CG), est compétent pour connaître des recours dirigés contre l'Administration en matière de responsabilité extracontractuelle et contractuelle.

302. Au Gabon, c'est d'abord en contentieux de la fonction publique que ce type de responsabilité est le plus fréquent. La jurisprudence administrative montre à ce propos que le recours en responsabilité est surtout intenté par les cadres supérieurs de l'administration civile (administration, finances, enseignements, diplomatie)[3] et accessoirement par ceux de l'administration

---

1 Le recours de pleine juridiction (ou recours de plein contentieux) a été théorisé par le juge et la doctrine administrative française. À ce propos, les professeurs Emmanuel GUILLAUME et Ludovic COUDRAY montrent que par un arrêt d'assemblée du 16 février 2009 (CE., 16 février 2009, sté ATOM, Req. n° 274000), le Conseil d'État a jugé d'une manière générale : « [qu'] il appartient au juge du fond, saisi d'une contestation portant sur une sanction que l'administration inflige à un administré, de prendre une décision qui se substitue à celle de l'administration [...] ; compte tenu des pouvoirs dont il dispose ainsi pour contrôler une sanction de cette nature, le juge se prononce sur la contestation dont il est saisi comme juge de plein contentieux ».

2 Décision n°006/CC du 30 avril 1992, Décrets n°1135/PR et 1278/PR. *Recueil des décisions et avis*, 1992.

3 TA de Libreville, 7 juin 1961, MAINDO-SIPAMIO, Rép. n°4 : cadre supérieur ; 10 avril 1987, RENOMBO, Rép. n°8 : inspecteur des affaires administratives et financières ; CE, 7 avril 2006, BOUMA MAURICE c/Etat Gabonais ; Rép. n°11/2005-2006 : professeur de l'enseignement supérieur.

judiciaire[1] ou des services de police[2]. Selon Sylvestre KWAHOU, une analyse sociologique de toutes ces décisions montre qu'elles ont surtout pour requérants les fonctionnaires de catégorie A1 et accessoirement ceux des catégories A2, B1 et B2[3].

303. Outre ce contentieux, le juge administratif gabonais connaît du contentieux de responsabilité résultant des dommages provoqués par les travaux et ouvrages publics. C'est le cas lors des accidents survenus du fait du mauvais entretien de la voirie publique[4], de la mauvaise manœuvre de bacs[5], des effondrements de ponts[6], etc. La responsabilité de l'administration peut encore être engagée en cas de dysfonctionnements des services publics. Il en est ainsi dans les domaines hospitalier et scolaire[7].

304. Quant à la responsabilité contractuelle, elle aussi échappe au contrôle du juge constitutionnel mais ressortit à la compétence du juge administratif. Devant le Conseil d'État gabonais, cette forme de responsabilité peut être engagée en cas de mauvaise exécution ou d'inexécution totale ou partielle des obligations contractuelles[8]. On définit généralement le contrat comme un accord de volonté entre au moins deux personnes[9]. Et, en droit administratif, cet échange de volontés a souvent lieu entre l'État et une entreprise privée. Cette dernière est parfois chargée par l'État de réaliser une mission de service public. On distingue ainsi les contrats de marchés publics, les contrats d'occupation du domaine public, les contrats de travaux publics.

305. En ce qui concerne particulièrement le contrat de marché public, le juge administratif gabonais est par exemple appelé à se prononcer sur sa régularité dans ses arrêts du 27 février 1998[10], du 28 mai 2010[11] et du 25 juin 2010[12]. Dans ces différentes affaires, ce juge est saisi par des personnes privées qui

1 CE, 30 avril 2010, MAISSA François c/État Gabonais, Rép. n°17/2009-2010 : Greffier retraité ; CE, 12 octobre 2005, LEBONDO LEMALI Vincent, Rép. n°02/2005-2006 : Magistrat.

2C.A.C.S., 4 juillet 1980, MOUROU, Rép. n°144 : commissaire régional de police ; CE, 23 juin 2006, RETENOT ONOUVIET Guy c/État Gabonais, Rép. n°36/2005-2006 : Officier des Forces de Police Nationale.

3 KWAHOU Sylvestre, *Le contentieux administratif gabonais en 13 leçons*, op. cit., pp. 155-155 ; CE, 30 avril 2010, MOUENDINGUI Jean Claude, Rép. n°17/2004-2005 : Adjudant-Chef Major de Gendarmerie ; CE, 11 mars, MAVIOGA Adrien, Rép. n°20/2004-2005 : Adjudant-Chef de l'Armée de Terre.

4 C.A.C.S., 30 novembre 1964, Société l'Urbaine la Seine, Rép. n°117.

5 C.A.C.S., 23 mai 1966, SOCERO et ALLOGHO-MINTSA, Rép. n°76.

6 T.A., Gab., 17 janvier 1971, BOUROUBOU-NZIGOU et autres, Rép. n°76.

7 C.A.C.S., 9 juillet 1971, WOJDYLA, Rép. n°95 ; 31 mars 1978, DIENGA, Rép. n° 75.

8 En France par exemple, ce régime de responsabilité est prévu par les articles 1231 à 1231-7 du code civil.

9 TRUCHET Didier, *Droit administratif, op. cit.*, 2019, p. 283.

10 Cour Administrative Ass., 27 février 1998, Gapresse international c/Etat Gabonais, Rép. n°22.

11 CE, 28 mai 2010, Etablissement Roc Séculaire c/Etat Gabonais, Rép. n°6/09-10

12CE, 25 juin 2010, Société Batimaq c/Etat Gabonais, Rép. n°31/09-10.

estiment avoir subi un dommage du fait de la mauvaise exécution du contrat qui les lient à l'autorité publique.

306. Incompétent pour se prononcer sur les préjudices subis par les administrés en raison des irrégularités des actes administratifs, le juge constitutionnel gabonais ne saurait non plus condamner l'administration à réparer les dommages qu'elle cause à des tiers. Cet office ne peut être exercé que par le Conseil d'État. En effet, en matière de responsabilité administrative, la compétence du Conseil d'État gabonais ne se limite pas à la constatation d'une faute commise par l'Administration. Elle s'étend aussi sur la fixation du montant de l'indemnité que l'État doit allouer aux personnes ayant subi des préjudices du fait de son inaction ou de son action. Dans le premier cas, on parle de responsabilité sans faute. Hafida BELRHALI montre qu'elle consiste à « imputer à une personne publique les conséquences dommageables d'une activité, alors même qu'aucune faute n'est établie »[1]. En réalité, elle ne signifie pas qu'aucune faute n'a été commise, mais qu'aucune faute n'a été requise[2].

307. Dans le second cas, il est question de responsabilité pour faute de l'administration. Celle-ci peut être personnelle ou résulter d'un dysfonctionnement du service public. Dans ses conclusions sur l'arrêt *Laumonnier-Carriol,* le commissaire du gouvernement Édouard LAFERRIÈRE définissait la faute personnelle comme celle qui révèle « l'homme avec ses faiblesses, ses passions, ses imprudences », et la faute de service comme celle qui existe « si l'acte dommageable est impersonnel, s'il révèle un administrateur plus ou moins sujet à erreur »[3].

308. Au Gabon, lorsqu'un administré subi une de ces fautes, il peut alors saisir le Conseil d'État, et non la Cour constitutionnelle, pour obtenir une réparation. Cela s'explique par le fait que le Conseil d'État est le juge de pleine juridiction et que ce contentieux n'incombe pas à la juridiction constitutionnelle, comme nous l'avons précédemment relevé.

309. En résumé, si le Conseil d'État gabonais a perdu sa compétence en contentieux de l'excès de pouvoir des actes réglementaires, force est d'admettre qu'il conserve ses attributions en contentieux de pleine juridiction et en contentieux de l'excès de pouvoir contre les actes individuels. Il convient de s'interroger sur les effets d'une telle répartition des compétences contentieuses dans l'ordre juridique interne.

---

1 BELRHALI Hafida, *Responsabilité administrative*, *op. cit.*, p. 201.
2 *Ibid.*
3 T.C., 5 mai 1877, Laumonnier-Carriol, R. 347, concl. Edouard LAFFERIÈRE.

B. Les imperfections du contrôle de légalité des actes réglementaires opéré par le juge constitutionnel gabonais

310. La dévolution du contentieux de l'excès de pouvoir au juge constitutionnel gabonais n'est pas sans conséquences. À première vue, elle semble profitable au juge administratif en ce qu'elle favorise le désengorgement de son prétoire. En effet, en ôtant au juge administratif une partie du contentieux de l'excès de pouvoir, il pourrait satisfaire à l'exigence de célérité de la justice, d'autant plus qu'au Gabon la lenteur de la justice administrative a parfois été préjudiciable aux justiciables[1]. Mais, en approfondissant l'analyse de cette répartition des compétences contentieuses entre les juges administratif et constitutionnel en matière de contrôle des actes réglementaires, il est possible de déceler de nombreux « effets pervers »[2].
Premièrement, les actes réglementaires autonomes pris par les autorités administratives par rapport aux traités et accords internationaux introduits dans l'ordre juridique interne bénéficient désormais d'une totale « immunité judiciaire »[3].

311. Deuxièmement, les conditions classiques de recevabilité des recours pour excès de pouvoir tendraient à disparaître. En effet, au Gabon, la recevabilité du recours en annulation des actes réglementaires devant le juge administratif est conditionnée par l'exercice d'un recours administratif préalable et l'observation des délais impartis. Or, en se déclarant compétente pour apprécier la régularité des actes réglementaires sans conditionner la recevabilité de ceux-ci au respect de ces deux règles, la Cour constitutionnelle gabonaise limite alors, d'une part, les chances des administrés de voir leurs requêtes prospérer. Il en est ainsi dans la mesure où elle leur enlève une voie de recours non juridictionnelle, le recours administratif préalable. D'autre part, elle permet aux administrés de contester les décisions administratives à tout moment[4]. Ces derniers ne sont plus astreints au délai de deux (2) mois qui conditionne généralement l'exercice d'un recours pour excès de pouvoir, mais peuvent désormais attaquer une décision administrative plusieurs années après son édiction.

312. Troisièmement, les administrés se trouvent désormais privés du droit de récuser les juges. Soulignons que s'il est possible de récuser un juge

---

1 KEUTCHA TCHAPNGA Célestin, « Le juge constitutionnel, juge administratif au Bénin et au Gabon ? », *op. cit.*, p. 580.

2 ZEH ONDOUA Jean, « La répartition du contentieux des actes juridiques entre les juges constitutionnel et administratif au Gabon », *op. cit.*, p. 100.

3 *Ibid.*

4 *Ibid.*, p. 101.

administratif dans le cadre d'un procès, il n'en est pas autant en ce qui concerne le juge constitutionnel en raison de son impartialité renforcée[1].

313. Enfin, contrairement aux décisions du juge administratif qui font l'objet d'un suivi aux fins de leur exécution[2], celles du juge constitutionnel ne bénéficient pas encore d'un tel privilège. Ce qui pourrait être préjudiciable aux administrés au cas où l'autorité administrative auteur de l'acte annulé refuserait de faire droit à ces derniers. Voilà autant d'imperfections que le juge constitutionnel gabonais et le législateur devraient corriger afin de rendre le contentieux de l'excès de pouvoir des actes administratifs moins polémique.

---

1 Cette question sera davantage examinée au chapitre 1, au titre 2 de la seconde partie de cette étude.

2 Au Gabon, l'article 151 de la loi n°17/84 du 29 décembre 1984 portant Code des juridictions administratives dispose qu'une « commission consultative est chargée du suivi des décisions rendues, en matière administrative [...] ».

CONCLUSION DU CHAPITRE II :

En définitive, le juge constitutionnel d'Afrique subsaharienne apparaît comme une véritable juridiction en raison de son immixtion dans le contentieux administratif. Juge administratif, il l'est de manière exceptionnelle, notamment lorsqu'il contrôle la constitutionnalité des actes réglementaires susceptibles de porter atteinte aux libertés publiques et aux droits fondamentaux de la personne humaine, d'une part. Juge administratif, il l'est encore quand il s'arroge le contentieux de l'excès de pouvoir, et ce, avec l'approbation du législateur, du constituant dérivé et du juge administratif lui-même. Aussi intervient-il dans les domaines traditionnellement réservés au juge judiciaire.

CHAPITRE II : L'EXTENSION DU CONTENTIEUX CONSTITUTIONNEL VERS LE CONTENTIEUX JUDICIAIRE

314. « Toute Société dans laquelle la garantie des Droits n'est pas assurée [...] n'a point de Constitution »[1]. Posé par l'article 16 de la Déclaration des Droits de l'Homme et du Citoyen (DDHC) de 1789, ce principe a sans conteste trouvé un écho favorable auprès des constituants africains de la décennie 1990. La constitutionnalisation de plusieurs instruments internationaux protecteurs des droits de l'Homme[2] et le renforcement du rôle du juge constitutionnel dans la garantie de ces droits peuvent légitimer cette assertion. Ce second aspect, objet de la présente étude, trouve une originalité dans les contentieux constitutionnels africains, précisément béninois, dans la mesure où, en protégeant les droits de l'Homme, le juge constitutionnel de ce pays s'érige en juge judiciaire. On verra qu'il est à la fois un juge du fond **(section I)** et un juge suprême de l'ordre judicaire ou juridictionnel **(section II)**.

SECTION I : LE JUGE CONSTITUTIONNEL BÉNINOIS, JUGE DU FOND

315. L'expression « juge du fond » désigne tout magistrat ou tribunal qui dit le droit et juge les faits[3]. Le juge constitutionnel béninois en est un parce qu'il apprécie la régularité des faits (I) et prononce des verdicts partiellement similaires à ceux d'un juge pénal (II).

1 V. Article 16 de la Déclaration des Droits de l'Homme et des Peuples (DDHC) du 26 août 1789.

2KAMTO Maurice, « charte africaine, instruments internationaux de protection des droits de l'homme, constitutions nationales : articulations respectives », in : FLAUSS Jean-François, LAMBERT-ABDELGAWAD Elisabeth (dir.), *L'application nationale de la Charte africaine des droits de l'homme et des peuples*, Bruxelles, Bruylant, 2004, pp. 30-46 ; MBOUSNGOK Aubain-Didier, *La protection constitutionnelle des droits de l'homme dans les États d'Afrique noire francophone*, Thèse, Nancy, 2016.

3 BARDONNET Daniel, *Le tribunal des conflits, juge du fond*, Paris, LGDJ, 1959, p. 3.

I. UN JUGE DE LA CONSTITUTIONNALITÉ DES FAITS

316. Au Bénin, le juge constitutionnel est un juge des faits sociaux en ce sens qu'il se prononce sur la régularité de tous les actes susceptibles de produire un effet juridique dans la société. Il peut s'agir des faits divers, des faits politiques, des faits économiques, notamment lorsque ceux-ci portent atteinte aux droits de l'Homme. Soulignons à cet effet que les cas de violations des droits de l'homme sont nombreux. Ils résultent souvent d'actes de torture, d'homicide, de traitements cruels, dégradants et inhumains.

317. Mais à l'analyse de la jurisprudence de la Cour constitutionnelle béninoise, il semble que tous ces actes attentatoires aux droits de l'Homme ne sont pas sanctionnés par le juge. Il convient alors, dans un premier temps, d'identifier les faits qu'il sanctionne généralement (A). Puis, dans un second temps, il sera nécessaire de montrer que les sanctions prononcées par ce juge ont un caractère ordinaire car elles mettent en cause les individus et non les textes (B).

A. LA SANCTION DES VOIES DE FAIT PAR LE JUGE CONSTITUTIONNEL

318. D'origine administrative, la notion de voie de fait se rapporte aux hypothèses où il n'y a pas de voie de droit. En contentieux administratif, ces hypothèses sont relatives aux cas d'atteinte grave à la propriété privée ou à une liberté fondamentale, d'une part, et aux actions administratives ayant un caractère gravement illégal, d'autre part[1]. En contentieux constitutionnel béninois, c'est surtout la seconde condition d'établissement d'une voie de fait, l'atteinte à une liberté fondamentale, en l'occurrence un droit humain, que la Cour sanctionne. Ce faisant, il ne fait l'ombre d'aucun doute qu'elle est une juridiction du fond. La jurisprudence révèle à cet effet que la Haute Instance connaît du contentieux des voies de fait tant lorsqu'elle sanctionne explicitement les actes portant traitements dégradants et inhumains (1) que lorsqu'elle condamne implicitement les actes de torture (2).

1 CHAPUS René, *Droit administratif général*, 15e éd., Paris, Montchrestien, t. 1, 2001, pp. 868-873.

1. La sanction explicite des traitements dégradants et inhumains

Il convient de voir tour à tour comment la Cour constitutionnelle béninoise sanctionne les traitements dégradants (a) et les traitements inhumains (b).

a. La sanction des traitements dégradants

319. Au Bénin, les traitements dégradants sont prohibés par l'article 5 de la Charte africaine des droits de l'homme et des peuples (CADHP) en ces termes : « [...] Toutes formes d'exploitation et d'avilissement de l'homme notamment [...] les peines ou les traitements cruels inhumains ou dégradants sont interdites ». Il ne saurait en être autrement, car les traitements dégradants découlent indirectement du droit à la vie et directement du droit à l'intégrité physique de la personne[1]. Ils font partie du noyau dur des droits de l'homme[2]. Mais, bien que leur interdiction soit prévue par la Constitution béninoise et garantie par la Cour constitutionnelle, les traitements dégradants peinent à constituer un motif à part entière d'atteinte à un droit humain. La Cour, pour admettre la violation d'un tel droit, préfère fusionner les expressions « traitements dégradants » et « traitements inhumains ». Il en est ainsi lorsqu'elle sanctionne un officier de police, pour traitements inhumains et dégradants, aux motifs qu'il aurait contraint un enseignant à sarcler la devanture du commissariat situé au bord de la voie publique « au vu et au su de tous »[3]. Or, en l'espèce, la Cour aurait bien pu ne retenir que le seul qualificatif de traitement dégradant. Ce seul qualificatif suffirait, dans la mesure où la victime du traitement dégradant n'avait subi aucun dommage physique.

320. Si dans cette décision la Haute juridiction définie l'expression « traitements dégradants » de manière positive, dans une autre, elle la clarifie de manière négative. Pour elle, ne constitue pas un traitement dégradant l'insistance d'un officier de police judiciaire pour amener une plaignante à accepter de prendre la moitié du prix d'achat d'un billet gagnant de la Loterie nationale du Bénin afin de donner le droit de copropriété de ce billet à une autre personne, alors qu'elle considère l'avoir acheté toute seule[4].

321. Dans ces deux affaires, la Cour indique simplement ce qu'est ou non un traitement dégradant sans pour autant établir des critères de reconnaissance. Elle se comporte comme si ces deux notions étaient similaires. Or, bien qu'elles aient une nature identique, force est de reconnaître qu'elles ont une

---

1 SUDRE Frédéric, *La Convention européenne des droits de l'homme*, Paris, Puf, 2015, pp. 83-91.

2 *Ibidem.*

3 Décision DCC 02-074 du 20 juin 2002.

4 Décision DCC 98-065 du 05 août 1998.

différence de degré. En effet, c'est en tenant compte de l'intensité ou encore de la gradation du traitement subi par une victime que la Cour constitutionnelle béninoise pourrait, à l'instar de la Cour européenne des droits de l'homme, ériger les traitements dégradants en motif unique de violation des droits de l'homme. En effet, selon une jurisprudence constante de la Cour européenne des droits de l'homme, il y a traitement dégradant lorsqu'une personne est atteinte dans son intégrité morale, et traitement inhumain lorsqu'elle est touchée physiquement. Ainsi, l'expression traitement dégradant indique un acte qui « humilie l'individu grossièrement devant autrui ou le pousse à agir contre sa volonté ou sa conscience » ou qui abaisse l'individu « à ses propres yeux »[1]. Dans tous les cas, il y a traitement dégradant lorsqu'une personne subie une violence morale et non corporelle. Nous pensons que cette politique jurisprudentielle développée par la Cour européenne des droits de l'homme pourrait inspirer le juge constitutionnel béninois. Ce qui le conduirait à mieux distinguer les « traitements dégradants » des traitements « inhumains ».

b. La sanction des traitements inhumains

322. Si le juge constitutionnel béninois n'opère aucune distinction entre les traitements dégradants et les traitements inhumains, c'est parce qu'ils sont opposés par une frontière poreuse. Comme les traitements dégradants, les traitements inhumains renvoient aux hypothèses de violence. Celle-ci doit être à la fois mentale et physique. Il s'agit des traitements provoquant volontairement des souffrances mentales ou physiques d'une intensité particulière[2]. Ils diffèrent des traitements dégradants en ce qu'un pas de plus est franchi dans la gravité des souffrances infligées[3].

323. En droit comparé, la Cour européenne des droits de l'homme a par exemple qualifié de traitement inhumain, les interrogatoires « serrés » des détenus consistant à les « encapuchonner », à les soumettre à un sifflement bruyant et continu, à les priver de sommeil, à restreindre leur alimentation et à les forcer à rester debout contre un mur dans une position pénible durant plusieurs heures[4]. De cette énumération résulte l'idée selon laquelle un traitement inhumain est nécessairement celui qui provoque volontairement de

1 Cour eur. DH., Arrêt *Tyrer c/Royaume-Uni*, 25 avril 1978, A., 26 §29 et §32, J.D.I., 1980, 457, obs. P. Rolland ; Cour eur. DH., Arrêts *Campbell et Consorts c/Royaume-Uni* du 25 février 1982 et *Castello-Roberts c/Royaume-Uni* du 25 mars 1993.

2 BADET Gilles, « Commentaire de la décision DCC 99-11 du 04 février 1999 », *in : ABJC*, *op. cit.*, p. 532.

3 ERGEC Rusen, *Protection européenne et internationale des droits de l'homme*, Bruxelles, Bruylant, 2004, p. 171.

4 Cour eur. DH., *Irland c/Royaume-Uni*, 18 janvier 1978, §167.

graves souffrances mentales et physiques[1]. En confrontant cette logique à la jurisprudence de la Cour constitutionnelle béninoise, peuvent donc relever des traitements inhumains, le fait pour le Directeur de la Police nationale de « mettre à genoux un journaliste », de lui « tirer les oreilles », de « le mettre en slip », de le « menotter et de l'enfermer dans une cellule »[2]. On peut encore mentionner le fait de retenir un individu menotté contre les barreaux de la fenêtre d'un local de Police pendant dix (10) heures en lui refusant l'autorisation d'uriner[3].

324. Cependant, pour la Haute juridiction constitutionnelle béninoise, ces faits ne sauraient être simplement qualifiés de traitements inhumains. En réalité, ils sont constitutifs de traitements inhumains et dégradants. La Cour constitutionnelle béninoise adopte à ce propos une politique jurisprudentielle différente de celle de la Cour européenne. Elle préfère associer les termes traitements inhumains et dégradants pour sanctionner toutes les atteintes aux droits de l'homme. Cette orientation jurisprudentielle nous semble opportune dans la mesure où une même situation pouvant donner lieu à des traitements inhumains et dégradants, la Cour évite de créer une confusion terminologique qui pourrait entraîner une distinction des verdicts. Il est néanmoins regrettable de voir la Cour constitutionnelle béninoise s'abstenir d'utiliser le mot « torture » pour sanctionner certains agissements qui en revêtent pourtant le caractère.

2. La sanction implicite des actes de torture

En principe, en tant que protecteur des droits humains, le juge constitutionnel béninois est aussi compétent pour condamner les actes de torture[4]. Seulement, force est de constater qu'il hésite à utiliser le terme « torture » quand bien même il condamne les faits susceptibles d'en revêtir le caractère. Après avoir clarifié ce terme (a), il conviendra d'identifier les décisions dans lesquelles la Cour aurait pu en faire usage afin de condamner certains agissements (b).

---

1 BADET Gilles, *op. cit.*,

2 Décision DCC 03-088 du 28 mai 2003.

3 Décision DCC 03-143 du 16 octobre 2003.

4 Article 18, CB : « Nul ne sera soumis à la torture, ni à des sévices ou traitements cruels, inhumains ou dégradants » ; article 5, CADHP : « Tout individu a droit au respect de la dignité inhérente à la personne humaine et à la reconnaissance de sa personnalité juridique. Toute de [...] de torture physique ou morale, et les peines ou traitements cruels inhumains ou dégradants sont interdites ».

a. Approche théorique de la notion de torture

325. S'interrogeant sur l'*être et la torture*, Muriel MONTAGUT montre qu'il faut saisir la torture dans ses acceptions étymologique et juridique[1]. Sur le plan étymologique, le mot « torture » était autrefois entendu comme un supplice pouvant entraîner la mort ou une peine corporelle ordonnée par une décision de justice. À l'époque contemporaine, il désigne une injustice, un acte cruel[2]. C'est sans doute la raison pour laquelle Amnesty international, organisation non gouvernementale qui promeut la défense des droits de l'homme, estime que la torture et les peines ou traitements cruels, inhumains et dégradants ne doivent pas être considérés comme deux catégories distinctes[3]. Cette formulation doit plutôt se comprendre comme le fait que certaines peines et certains traitements cruels, inhumains ou dégradants, constituent des actes de torture. Autrement dit, les actes de torture sont de la même nature que ceux relatifs aux traitements cruels, dégradants et inhumains mais ils s'en démarquent au niveau de leur degré. Cette idée de gradation est d'ailleurs le socle de la conception juridique de la torture.

326. Sur le plan juridique, en effet, la torture constitue une forme aggravée ou délibérée de peines ou de traitements cruels, inhumains ou dégradants. C'est la raison pour laquelle sa prohibition a une portée universelle. L'universalité de l'interdiction de la torture est manifeste par son érection au rang de normes de *jus cogens*[4], entendue comme une norme impérative, relevant du droit international général et susceptible de frapper de nullité les traités passés en violations de ses dispositions[5]. La Cour internationale de justice affirme à ce sujet que « l'interdiction de la torture relève du droit international coutumier

---

1 MONTAGUT Muriel, *L'être et la torture*, Paris, PUF, 2014.

2 Selon *le dictionnaire étymologique et historique de la langue française* (Baumgartner, Ménard : 1996, p. 785), le mot « torture », datant du XIIe siècle, vient de torture et renvoie à l'action de tordre (torquere). Au XVe siècle, le mot torture était réservé au vocabulaire pénal et était à entendre au sens de « supplice pouvant entraîner la mort », puis de « souffrances physiques infligées à quelqu'un pour le faire avouer ». La torture renvoie donc à l'idée de contorsion, mais également à celle de supplice (du latin supplicium), terme du vocabulaire pénal, dont la définition dans le droit ancien est une peine corporelle ordonnée par décision de justice. Ce n'est que tardivement au cours du XVIIe siècle que la signification de ce terme s'étend aux souffrances morales. V., MONTAGUT Muriel, *op.cit.*, p. 18.

3 On peut trouver cette affirmation d'Amnesty International sur son site [en ligne].

4 La définition des normes de *jus cogens* est fournie par l'article 53 de la Convention de Vienne sur le droit des traités : « Est nul tout traité qui, au moment de sa conclusion, est en conflit avec une norme impérative du droit international général. Aux fins de la présente Convention, une norme impérative du droit international général est une norme acceptée et reconnue par la communauté internationale des Etats dans son ensemble en tant que norme à laquelle aucune dérogation n'est permise et qui ne peut être modifiée que par une nouvelle norme du droit international général ayant le même caractère ».

5 VIRALLY Michel, « Réflexions sur le "jus cogens" », in : *AFDI*, n°2, 1996, p. 8.

et elle a acquis le caractère de norme impérative *(jus cogens)* »[1]. En somme, il faut entendre par « torture » : la mise en pratique d'une intention de nuire, par la recherche d'une douleur ou d'une souffrance aiguë. « Les moyens utilisés peuvent être physiques ou/et mentaux et visent à chosifier l'être humain qui les subit dans l'intention de provoquer un état de déréliction, par cruauté, et/ou afin d'intimider ou d'obtenir des renseignements ou une action »[2].

C'est à l'aune de cette définition, qui présente le mérite de réunir les approches étymologique et juridique de la notion de torture, qu'il convient d'identifier les occasions manquées par la Cour constitutionnelle béninoise de qualifier certains faits de torture.

b. L'absence de condamnation pour torture

327. La Cour constitutionnelle béninoise s'abstient d'employer le terme torture pour sanctionner les agissements qui s'en apparentent. Consciente qu'elle ne dispose pas de toutes les armes nécessaires à la sanction d'un acte de torture, elle préfère ranger les actes de cette nature dans la rubrique des traitements inhumains et dégradants. Nous pensons qu'il s'agit d'une timidité jurisprudentielle de la part du juge constitutionnel béninois, tant les affaires d'actes de torture lui sont souvent soumises. Il suffit, pour s'en convaincre, d'établir une comparaison entre sa jurisprudence et celle de la Cour européenne des droits de l'homme.

328. Pour la Cour européenne des droits de l'homme, répondent par exemple à la qualification de « traitements inhumains et dégradants » le fait de soumettre des détenus à des privations de sommeil et de nourriture, de les exposer à un fort sifflement continu et de les obliger à rester debout pendant de longues heures contre le mur[3]. Mais, doit être qualifié de torture, le fait d'administrer « des coups de poings », « des coups de pieds » à une personne, au cours d'une garde à vue, et de la « mettre à genoux »[4]. Entre ces deux affaires, le degré d'atteinte à l'intégrité physique de la personne humaine n'est pas identique. Dans le premier cas, les victimes ont subi une punition. Celle-ci porte moins atteinte à leur intégrité physique qu'à leur intégrité morale. Or, dans le second cas, les atteintes à l'intégrité physique et morale de la victime sont de la même intensité. De plus, ici, la victime a bel et bien un bourreau : la personne qui lui inflige directement des sévices corporels. En s'inspirant de la jurisprudence de la Cour européenne des droits de l'homme, on peut conclure que la Cour constitutionnelle béninoise aurait pu par exemple qualifier de « torture » le fait qu'une personne ait été battue par un agent de

---

1 CIJ., *Belgique c/Sénégal*, Questions concernant l'obligation de poursuivre ou d'extrader, 2012, rec. 422 au paragraphe 99 [Poursuivre ou extrader].
2 MONTAGUT Muriel, *L'être et la torture, op. cit.*, p. 21.
3 Irland c/Royaume-Uni, *op. cit.*
4 Cour eur. DH., *Selmouni c/France*, 28 juillet 1999.

police, jetée en pâture aux moustiques et au courant d'air marin très froid[1]. Le juge constitutionnel béninois a encore eu l'occasion d'user du qualificatif « torture » pour condamner les actes par lesquels des militaires soumirent des individus aux roulades dans des urines et « leur demandèrent de s'en fuir afin de pouvoir tirer sur eux, assouvissant ainsi leur avidité de meurtre »[2].

329. De ces deux exemples ressort l'idée selon laquelle la Cour constitutionnelle béninoise refuse de qualifier certains faits sociaux d'actes de « torture ». Sa jurisprudence diffère alors de celle du juge européen des droits de l'homme, d'autant plus qu'il se borne simplement à établir la responsabilité des auteurs des actes de torture.

B. Les auteurs répressibles

Lorsqu'il tranche un litige relatif à une violation d'un droit humain, le juge constitutionnel béninois sanctionne à la fois le fait dommageable et la personne à l'origine de sa survenance. Autrement dit, il condamne non seulement les faits litigieux mais aussi les auteurs de ceux-ci. Ce faisant, tel un juge judiciaire, le juge constitutionnel béninois prononce des verdicts dont l'objectif consiste non plus à mettre en cause un acte écrit, mais à condamner un acte posé par un individu. Celui-ci peut être un agent public (1) ou une personne privée (2).

1. La répression des agents publics : la question de la verticalité des droits fondamentaux

330. Au Bénin, deux types d'agents publics sont généralement mis en cause devant le juge constitutionnel pour violations des droits humains. Il y a tout d'abord les agents de police. Ceux-ci relèvent du ministère de l'Intérieur et ont la responsabilité principale de faire respecter la loi et de maintenir l'ordre dans les zones urbaines. Il y a en outre les agents de la gendarmerie. Ces derniers relèvent du ministère de la Défense et remplissent les mêmes fonctions que les forces de police mais dans les zones rurales. Dans tous les cas, aussi bien les policiers que les gendarmes béninois sont tenus d'assurer l'ordre public. Mais, en essayant de remplir cette mission régalienne de l'Etat[3], ces agents publics exercent parfois des violences sur les citoyens.

---

1 Décision DCC 98-100 du 23 décembre 1998.

2 Décision DCC 98-101 du 23 décembre 1998.

3 CHEVALIER Jacques, « La police est-elle encore une activité régalienne ? », *Archives de politique criminelle*, n°33, 2011/1, p. 15.

331. À titre d'exemple, il en est ainsi lorsqu'un enseignant subi une arrestation par des agents en arme qui le conduisent torse nu au commissariat[1] ; lorsque des agents de police obligent un individu à laver un cyclomoteur et à sarcler l'enceinte d'un commissariat[2] ; ou encore le fait pour des agents de police de menotter un citoyen sans que celui-ci manifeste une quelconque résistance[3]. Illégitimes, ces violences le sont dès lors qu'elles ne respectent pas la présomption d'innocence reconnues à tout homme[4]. Illégales, elles le sont aussi, car il s'agit d'irrégularités grossières que le langage juridique qualifie de voie de fait.

332. En principe, le règlement des litiges portant sur les voies de faits relève de la compétence du juge judiciaire. Mais au Bénin, comme nous l'avons précédemment mentionné, le juge constitutionnel est exceptionnellement habilité à connaître des affaires survenues à l'occasion d'une voie de fait parce qu'elles mettent en cause les droits humains. Ce faisant, son office juridictionnel s'assimile à celui qu'exerce un juge ordinaire, en l'occurrence le juge judiciaire. Transformé en juge judiciaire, le juge constitutionnel béninois est alors amené à garantir la verticalité des droits de l'homme.

333. Cette théorie veut qu'un ordre juridique inférieur respecte un ordre juridique supérieur[5]. Il y a alors « effet vertical » d'un droit dans l'hypothèse où une personne privée agit contre une autorité publique, notamment aux fins d'une meilleure protection d'un droit humain[6]. En droit international par exemple, la verticalité des droits de l'homme a lieu lorsque ceux-ci sont à la fois garantis au niveau régional et au niveau de chaque État[7]. De même, en droit interne, l'effet vertical des droits de l'homme implique leur opposabilité aussi bien aux personnes publiques qu'aux personnes privées. Dans les décisions précédemment mentionnées, il y a un effet vertical des droits de

---

1 Décision DCC 02-136 du 18 décembre 2002, *KOI franck.*

2 Décision DCC 05-075 du 28 juillet 2005, *MAGAZI Mamah.*

3 Décision DCC 04-036 du 20 avril 2004, *LOUDE Z. Daniel.*

4 Dans sa définition commune, la présomption d'innocence signifie qu'un individu, même suspecté de la commission d'une infraction, ne peut être considéré comme coupable avant d'en avoir été définitivement jugé tel par un tribunal. V., « Présomption d'innocence loi du 15 juin 2000 » [en ligne] ; HENRION Hervé, « La présomption d'innocence, un ''droit à...'' ? Comparaison franco-allemande », *RIDC*, 2005/57-4, pp. 1031-1054.

5 La question de savoir si l'ordre juridique interne est ou non inférieur à l'ordre juridique international est au cœur des rapports de systèmes. Notre objectif n'étant pas d'aborder cette question, on se bornera simplement à dire que sur le plan formel, l'ordre juridique interne semble soumis à l'ordre juridique international, d'où notre assertion. Cependant, on admet que ce rapport hiérarchique n'est pas toujours évident. Pour plus de précisions sur cette question, v., par exemple : NDJIMBA Kévin Ferdinand, *L'internationalisation des Constitutions des Etats en crise : réflexion sur les rapports entre Droit international et Droit constitutionnel*, Thèse, Nancy, 2011.

6 BARBE Vanessa, « Le débat sur l'effet horizontal des droits de l'homme au Royaume-Uni depuis l'entrée en vigueur du Human Rights Act de 1998 », *RDP*, n°2, 2007, p. 1.

7 V., par exemple : ARNOLD Rainer, « La Cour constitutionnelle fédérale allemande et la Cour européenne des droits de l'homme », *RIDC*, n°57-3, 2005, pp. 805-815.

l'homme dans la mesure où la Cour constitutionnelle béninoise soumet à la fois les agents de force de l'ordre et les individus au respect des droits. Nous avons vu que la Cour sanctionne les premiers pour rétablir les seconds dans leurs droits.

334. Cette politique jurisprudentielle n'est pas particulière au juge constitutionnel béninois. On la retrouve dans les décisions rendues par les autres Cours constitutionnelles, notamment en contentieux normatif. À cet effet, lorsqu'un juge constitutionnel est saisi d'une exception d'inconstitutionnalité et qu'il annule une loi à l'issue de son contrôle, il protège en réalité un citoyen contre une atteinte à un de ses droits fondamentaux par la puissance publique. Toutefois, ce qui distingue la Cour constitutionnelle béninoise de ses homologues c'est qu'en plus de cet effet vertical des droits de l'homme, elle assure leur horizontalité.

2. La répression des particuliers : la question de l'horizontalité des droits fondamentaux

335. Théorisée par la Cour constitutionnelle allemande, la notion d'« effet horizontal » des droits fondamentaux ou des droits de l'homme signifie que les normes fondamentales s'imposent non seulement aux pouvoirs publics (effets verticaux) mais aussi aux particuliers qui doivent les respecter à l'égard d'autres particuliers. Cet effet horizontal peut être direct ou indirect. Il est dit « direct » lorsque la seule violation du droit est le fondement de l'action contre la personne privée. Il est « indirect » lorsqu'une action sur cette seule base n'est pas possible : une obligation positive pèse alors sur les pouvoirs publics[1]. Il en est ainsi lorsque les juridictions ont l'obligation de respecter les droits fondamentaux dans les litiges purement privés. C'est ce que fait le juge constitutionnel béninois lorsqu'il connaît des plaintes pour violation des droits de l'homme.

336. Seulement, il semble que ce juge se mue en juridiction judicaire en agissant de la sorte. En effet, le règlement des litiges opposant des personnes privées entre elles est du ressort originel du juge judiciaire. La création d'une Cour suprême, chargée de régler les contentieux de droit privé, à côté d'une Cour constitutionnelle, compétente pour se prononcer sur la constitutionalité des actes, témoigne de la volonté du constituant béninois d'éviter toute collusion entre les deux types de contentieux.

337. Cependant, l'office juridictionnel qu'exerce la Cour constitutionnelle en matière de protection des droits de l'homme n'est pas favorable au respect de la frontière imposée par le constituant. Compétente en effet pour se prononcer sur les affaires relatives aux droits humains, la Haute juridiction

1 BARBE Vanessa, « Le débat sur l'effet horizontal des droits de l'homme au Royaume-Uni depuis l'entrée en vigueur du Human Rights Act de 1998 », *op. cit.*, p. 2.

constitutionnelle béninoise ne peut éviter d'exercer une compétence judiciaire lorsqu'elle est saisie par un particulier qui estime avoir été lésé dans son droit par un autre particulier. Cette affirmation est incontestable au regard de la décision rendue par la Cour constitutionnelle béninoise le 25 septembre 2003[1]. En l'espèce, un particulier demande à la Haute juridiction de condamner d'autres particuliers[2] aux motifs qu'ils auraient violé sa liberté de culte. Après avoir délibéré, la Cour fait droit à la demande soumise par le requérant[3].

338. En tranchant un litige mettant au prise deux individus, le juge constitutionnel béninois impose alors le respect des droits fondamentaux, voire le respect des droits humains aux individus. Il construit d'emblée une théorie de l'« effet horizontal »[4] telle que la pratique la Cour constitutionnelle allemande. Ce faisant, la Cour constitutionnelle béninoise s'érige en juridiction du fond. Mieux, elle constitutionnalise un contentieux de masse[5]. Il en est ainsi lorsqu'elle contrôle la constitutionnalité d'un dessin satirique[6], celle d'un agissement[7], celle d'un comportement[8] ou celle d'un enlèvement des statues[9].

En définitive, le contentieux des droits de l'homme pousse le juge constitutionnel béninois à adopter une politique juridictionnelle similaire à celle du juge ordinaire, notamment en raison du contrôle qu'il exerce sur les faits. Néanmoins, il ne s'agit que d'un office judicaire incomplet, tant il se comporte en réalité comme un juge pénal partiel.

---

1 Décision DCC 03-140 du 25 septembre 2003.

2 Dans cette décision, le requérant, Monsieur Roger AKIGBE, porte plainte contre Messieurs Simplice HOUNVENOU, chef du quartier de Louho et Messieurs Félix PADONOU, Michel PADONOU, Bienvenu WACHINOU, Florent HOUNVENOU, Pascal ZOSSOU et consorts.

3 V. en ce sens l'article 1er du dispositif de cette décision : « Monsieur Simplice HOUNVENOU, chef du quartier de Louho et Messieurs Félix PADONOU, Michel PADONOU, Bienvenu WACHINOU, Florent HOUNVENOU, Pascal ZOSSOU et consorts ont violé la Constitution ».

4 ESSONO OVONO Alexis, « Commentaires de la décision DCC 03-140 du 25 septembre 2003. Liberté de culte ou de religion », *ABJC*, p. 545.

5 MEDE Nicaise, *Les grandes décisions de la Cour constitutionnelle du Bénin, op. cit.*, pp. 20.

6 Décision DCC 01-024 du 16 mai 2001, Ministre du commerce, de l'artisanat et du tourisme.

7 Elle affirme par exemple que « les agissements de [...] sont contraires à la Constitution ». V., Décision DCC 03-028 du 27 février 2003, Comités paroissiaux de l'église « Union renaissance d'homme en Christ ».

8 Décision DCC 97-019 du 6 mai 1997.

9 Décision DCC 00-067 du 15 novembre 2000, Midiohouan Ossito GUY.

II. LE PRONONCÉ DES VERDICTS PARTIELLEMENT SIMILAIRES À CEUX DES JUGES JUDICIAIRES

À l'issue d'un contrôle de constitutionnalité des faits, le juge constitutionnel béninois prononce un verdict ayant pour but de condamner l'auteur d'une violation d'un droit humain. À l'origine, cette condamnation se résumait en une simple déclaration de violation des droits humains (A). Mais actuellement, outre cette simple déclaration, la Cour constitutionnelle béninoise exige une indemnisation (B). Ce faisant, elle rend désormais des verdicts quasiment similaires à ceux d'un juge judiciaire.

A. DE LA CONSTATATION D'UNE VIOLATION DES DROITS HUMAINS…

Au Bénin, en contentieux constitutionnel des droits de l'homme, la Cour constitutionnelle condamne toujours les faits dont la gravité est indéniable. Pour ce faire, elle recourt à la technique de la déclaration pour violation des droits de l'homme. Effective, cette technique a pour principal avantage de permettre aux victimes des préjudices d'obtenir une satisfaction morale (1). Son inconvénient demeure cependant son inefficacité (2).

1. L'effectivité de la déclaration portant violation des droits de l'homme : un moyen de satisfaire moralement les victimes

339. Tout juge des droits de l'Homme est amené à recourir à la technique décisionnelle qu'est la déclaration portant violation ou non violation des droits humains. C'est le cas de la Cour et/ou de la Commission Africaine des Droits de l'Homme et des Peuples (Comm ADHP)[1] ; de la Cour européenne des

1 En Afrique, la Comm ADHP est, à côté de la Cour Africaine des Droits de l'Homme et des peuples (Cour ADHP), l'organe compétent pour garantir les droits humains consacrés par la CADHP. La compétence de la Cour ADHP à connaître des requêtes individuelles en contentieux des droits de l'homme résulte de l'article 5, paragraphe 3 du Protocole relatif à la Charte africaine portant création d'une Cour ADHP. Celui-ci dispose que « la Cour peut permettre aux individus ainsi qu'aux organisations non-gouvernementales (ONG) dotées du statut d'observateur auprès de la Commission d'introduire des requêtes directement devant elle conformément à l'article 34 (6) de ce Protocole ». Au terme de cet article 34 (6), il ressort que la recevabilité de ces requêtes individuelles est néanmoins conditionnée par une déclaration préalable des Etats partie au traité ou au Protocole. Autrement dit, si la Cour ADHP est compétente pour statuer sur des recours directs, ce n'est qu'à la condition que les Etats parties

Droits de l'Homme (Cour EDH)[1] et de la Cour constitutionnelle fédérale allemande[2]. La Cour constitutionnelle béninoise n'échappe donc pas à la tradition lorsqu'elle conclut aussi son contrôle par une constatation d'une violation ou d'une non-violation des droits de l'Homme. Dans cette optique, la déclaration portant violation des droits de l'Homme peut s'analyser comme une technique décisionnelle inhérente à l'office juridictionnel du juge constitutionnel béninois.

340. En effet, habilité à dire si un texte est ou non conforme à la Constitution, en contentieux des normes, ce juge ne peut faire autrement que de préciser si un fait porte ou non atteinte à un droit humain, en contentieux des faits. Ce faisant, il satisfait la victime non pas sur un plan pécuniaire mais sur un plan moral. Ainsi, la décision déclaratoire a pour but la satisfaction morale comme réparation des violations des droits humains[3]. C'est cette satisfaction morale que le juge constitutionnel béninois accorde par exemple à la victime d'une détention arbitraire en affirmant que cette détention viole la Constitution[4]. C'est encore une satisfaction morale de la victime que la Cour promeut quand elle estime qu'un cas de flagrant délit dont l'instruction a duré 14 mois a accusé un délai anormalement long et ne respecte pas les prescriptions de la Charte et de la Constitution[5]. Il en est de même quand la Cour se borne simplement à admettre que les traitements infligés aux citoyens par la Gendarmerie sont des traitements cruels, inhumains et qui violent la Constitution[6].

---

aient fait une déclaration acceptant le dépôt de plaintes individuelles contre eux (FALILOU DIOP (M), « Plaidoyer pour l'accès direct des individus à la Cour africaine des droits de l'Homme et des peuples et à la future Cour africaine de justice, des droits de l'Homme et des peuples », *RDP*, n°2, 2016, p. 5). Quant à la compétence de la seconde (la Comm ADHP), elle résulte de l'interprétation qu'elle fait de l'article 7 de la CADHP. Selon cet article : « toute personne a droit à ce que sa cause soit entendue ». C'est en effet sur le fondement de cette disposition que ladite Commission, dans sa résolution de 2003 portant sur les Principes et directives sur le droit à un procès équitable et à l'assistance judiciaire en Afrique, précise que « chaque individu a droit à un recours effectif devant les tribunaux compétents contre des actes attentatoires aux droits garantis par la Constitution, la loi ou la Charte [...] Le droit à un recours effectif intègre l'accès à la justice ». Aussi précise-t-elle qu'« une voie de recours est considérée comme existante lorsqu'elle peut être utilisée sans obstacle par le requérant, elle est efficace si elle offre des perspectives de réussite et satisfaisante lorsqu'elle est à même de donner satisfaction au plaignant ».

1 FERCOT Céline, « Les effets des arrêts de la Cour européenne des droits de l'homme en droit allemand. Analyse de la jurisprudence récente de la Cour de Karlsruhe et regards sur le droit français », *RFDC*, n°71, 2007/3, p. 639.

2 ARNOLD Rainer, « La Cour constitutionnelle fédérale allemande et la Cour européenne des droits de l'homme », *RIDC*, n°57-3, p. 812.

3 ADJOLOHOUN Horace, *Droits de l'Homme et Justice constitutionnelle en Afrique : le modèle béninois. A la lumière de la Charte africaine des droits de l'homme et des peuples*, Paris, L'Harmattan, 2011, p. 58.

4 Décision DCC 96-037 du 18 juillet 1996, *Ahonoukoun Florence*, *Recueil*, 1996, p. 173.

5 Décision DCC 97-006 du 18 février 1997.

6 Décision DCC 98-101 du 23 décembre 1998.

341. Toutes ces affaires sont révélatrices du caractère simplement déclaratoire et non répressif des décisions rendues par la Cour constitutionnelle béninoise en contentieux des droits de l'Homme. Comme nous l'avons dit précédemment, cette timidité jurisprudentielle n'est pas exclusive à cette Cour. Elle est le propre de toutes les juridictions compétentes pour garantir les droits de l'Homme.

342. Au niveau régional par exemple, la Comm ADHP procéda aussi de la sorte dans l'affaire *Free Legal Assistance Groupe.* Dans celle-ci, elle déclara que « le défaut pour le gouvernement de fournir les services de base tels que l'eau potable et l'électricité et le manque de médicament [...] constituent une violation des droits de l'homme [...] ». Elle va même parfois plus loin en proposant des règlements amiables entre les parties au litige[1]. Ces quelques illustrations témoignent de l'effectivité d'un droit à réparation des préjudices subis par la victime d'une violation d'un droit humain en Afrique et au Bénin en particulier. Mais, elles nous invitent aussi à nous interroger sur l'efficacité de ce type de réparation.

2. L'inefficacité de la déclaration portant violation des droits de l'homme

343. Les déclarations portant violation des droits de l'homme sont inefficaces, quand bien même elles participent de la satisfaction morale des victimes. Deux raisons peuvent expliquer cette inefficacité. La première concerne la portée de ces déclarations. Similaires aux arrêts rendus en contentieux international des droits l'homme, notamment en matière de requête interétatique, ces déclarations ne font que constater la violation d'un droit humain[2]. Cela étant, elles sont dépourvues de toute force obligatoire. Elles ne peuvent donc être revêtues de l'autorité de la chose jugée, dans la mesure où elles ne s'imposent à aucune autorité publique et à aucun autre individu, en dehors des parties au litige. Nous estimons qu'elles ne sont revêtues que d'une « autorité de la chose constatée », en ce sens qu'elles invitent l'auteur d'un préjudice à reconnaître qu'il a violé un droit humain, et à la victime d'éprouver une satisfaction morale. Cette simple déclaration peut alors s'analyser comme une dispense de peine. Ce faisant, plutôt que de satisfaire la victime, elle peut davantage susciter en elle un sentiment d'injustice.

344. Dès lors, nous pensons que l'absence de sanctions pénales constitue la seconde cause d'inefficacité des déclarations de violation des droits humains. En effet, si le juge constitutionnel est habilité à engager la responsabilité des

1 V., Modise c/Botswana, RADH 2000 25 (CADHP 1997) et Association pour la Défense des Droits de l'Homme et des Libertés c/Djibouti, RADHP 2000 80, (CADHP 2000).

2 SOMA KABORE Valérie Edwige, « La requête interétatique dans le contentieux international des droits de l'homme », *Afrilex* [en ligne].

auteurs d'infractions, il pourrait aussi, comme un juge pénal, développer une politique jurisprudentielle répressive. Une telle audace jurisprudentielle serait sans doute profitable aux victimes des droits de l'homme. Il est évident que la victime d'un acte de torture, à titre d'exemple, se sentirait forcément mieux si elle voyait son bourreau condamné à une peine d'emprisonnement. D'ailleurs, c'est souvent le cas dans les litiges soumis au juge pénal[1]. Pourtant, la Cour s'abstient d'agir ainsi, sûrement parce qu'elle se considère moins comme un juge pénal que comme un juge constitutionnel. Mais, puisque la Cour constitutionnelle ne sanctionne pas pénalement les auteurs de violations des droits humains, n'est-il pas judicieux de confier l'exercice intégral de ce contentieux au juge judiciaire ? Cette solution a été retenue par la majeure partie des constituants africains. C'est ainsi qu'au Gabon[2], à Madagascar[3] et au Mali[4], le juge judiciaire est le seul compétent pour connaître du contentieux des droits de l'homme.

Consciente de l'inefficacité de ses décisions déclaratives, la Cour constitutionnelle béninoise tente cependant de se rattraper en ouvrant aux victimes un droit à réparation.

B. ...À L'OUVERTURE D'UN DROIT À RÉPARATION

345. Pour mieux protéger les droits de l'homme, la Cour constitutionnelle béninoise a dû faire évoluer sa jurisprudence. À l'origine, elle refusait d'octroyer aux victimes d'un dommage le droit d'obtenir réparation. Mais avec la banalisation progressive de son office, elle permet désormais à toute personne ayant subi un préjudice d'obtenir une réparation. En conséquence, il est désormais loisible de la considérer comme une juridiction de plein contentieux[5], c'est-à-dire un juge de la responsabilité. Toutefois, cette réparation est encore lacunaire, tant elle ne précise pas le *quantum* (1). Mais, comme la jurisprudence de la Cour constitutionnelle semble évoluer au même rythme que celle de la Com ADHP, nous pensons que la Cour constitutionnelle finira par préciser le montant de l'indemnité à allouer aux victimes des dommages résultant de la violation d'un droit humain (2).

---

1 PONCELA Pierrette, *Droit de la peine*, Paris, PUF, 2001, p. 176.
2 Titre V, CG.
3 Articles 106 à 113, CM.
4 Titres VII et VIII, CML.
5 KEUTCHA TCHAPNGA Célestin, « Le juge constitutionnel, juge administratif au Bénin et au Gabon ? », *RFDC*, 2008/3, n°75, pp. 560-563.

1. Une réparation encore limitée

346. La jurisprudence de la Cour constitutionnelle du Bénin dans les années 1990 est marquée par une incompétence de cette Haute juridiction pour reconnaître aux victimes le droit d'obtenir réparation des préjudices subis. Par préjudice, il faut entendre le dommage que peut subir une personne dans son intégrité physique, dans ses biens, dans ses sentiments et qui fait naître un droit à réparation en elle[1]. L'effectivité de cette définition dans la jurisprudence de la Cour constitutionnelle du Bénin débute au lendemain de l'année 2000. En effet, c'est à partir d'une décision du 31 mai 2002[2] que la Haute juridiction va reconnaître aux victimes le droit d'obtenir réparation des préjudices subis. Un (1) mois plus tard, la Cour confirme sa nouvelle orientation jurisprudentielle lorsqu'elle affirme, dans la décision du 04 juin 2002, que Madame Adèle FAVI a droit à réparation pour les préjudices subis, à savoir les sévices et traitements cruels, inhumains et dégradants infligés par une équipe de la garde rapprochée du Président de la République béninoise[3].

347. Ces deux affaires ont une portée considérable. Tout d'abord, elles marquent le caractère évolutif des pouvoirs du juge constitutionnel du Bénin dans le domaine de la protection des droits de l'homme. Alors que par le passé la Haute juridiction se contentait de constater les violations des droits humains, actuellement, elle donne aux victimes la possibilité d'obtenir réparation[4]. Nombreuses sont d'ailleurs les décisions qui confirment cette nouvelle politique jurisprudentielle du juge constitutionnel béninois[5]. Ensuite, ces affaires montrent que le droit à réparation reconnu par la Cour ne s'étend pas au versement des dommages-intérêts. Autrement dit, si la Haute juridiction est compétente pour déclarer l'ouverture d'un droit à réparation, elle ne saurait cependant en déterminer le *quantum*. La Haute juridiction l'affirme par exemple dans la décision du 17 avril 2002 en ces termes : « la Cour est incompétente pour allouer des dommages-intérêts en réparation d'un préjudice »[6]. En l'espèce, le requérant demande à la Cour d'ordonner qu'il bénéficie d'une somme de *« 10.000.000 FCFA en réparation du préjudice subi »*. Mais la Haute juridiction se déclare incompétente. Pourtant, elle pourrait bien franchir le Rubicon.

---

1 V., CORNU Gérard, *Vocabulaire juridique*, *op. cit*, p. 790.
2 Décision DCC 02-052 du 31 mai 2002, Laurent FANOU.
3 Décision DCC 02-058 du 04 juin 2002, FAVI Adèle.
4 MEDE Nicaise, *Les grandes décisions de la Cour constitutionnelle du Bénin*, *op. cit.*, p. 24.
5 Décision DCC 03-088 du 28 mai 2003, Etienne HOUESSOU ; Décision DCC 03-144 du 16 octobre 2003, Cour constitutionnelle ; Décision DCC 10-014 du 08 mars 2010, Clément Anankpoedja.
6 Décision DCC 02-037 du 17 avril 2002, Cour constitutionnelle, Rec. 2002, p. 159.

2. La nécessité d'une réparation complète

348. La Cour constitutionnelle béninoise n'est pas la seule juridiction à avoir développé une jurisprudence compensatrice timorée. Sur le continent africain, la Cour et la Commission des DHP en firent autant. En effet, jadis ces deux organes restreignaient leur office à une simple constatation des violations des droits humains. Puis, peu à peu, ils admirent un droit de réparation aux victimes. La première tendance est bien illustrée par la Commission ADHP dans l'affaire *Krischna Achutan* et *Amnesty International c/Malawi*. Dans celle-ci, la Commission admit par exemple que le Malawi était responsable de nombreux abus des droits de l'homme, sans le condamner à une réparation[1]. De même, dans l'affaire *Alhassan ABUBAKAR c/ Ghana*, la Cour ADHP exhorta simplement l'État du Ghana à *« prendre des mesures en vue de réparer le préjudice souffert »* par le Sieur Alhassan ABUBAKAR[2].

349. Dans ces affaires, tout porte à croire que les réparations préconisées par la Cour et la Commission ADHP ne sauraient être effectives pour deux raisons. D'abord, parce que ces organes juridictionnels formulent des recommandations et non des injonctions à l'endroit des États, auteurs des violations des droits humains[3]. Puis, parce que ces organes ne fixent aucun montant quant à l'indemnité à allouer aux victimes des préjudices. Autrement dit, la Cour et la commission ADHP se bornent simplement à reconnaître l'existence d'une violation des droits de l'Homme et à exiger une réparation, sans indiquer le montant de l'indemnité à allouer aux victimes.

350. Une telle hésitation conduisait encore les victimes des violations des droits de l'homme à se rapprocher des juridictions de l'ordre interne aux fins d'exiger de l'État fautif le *quantum* de leur indemnité. C'est la même situation qui prévaut au Bénin car, après une décision de réparation rendue par la Cour, la victime doit aller saisir le juge pénal, civil ou commercial afin d'obtenir une indemnisation. Cette situation n'est pas avantageuse pour les justiciables, dans la mesure où non seulement elle est défavorable à la célérité de la justice mais aussi pourrait-elle occasionnée une concurrence des juges.

351. Pour contourner tous ces obstacles, la Commission ADHP fit preuve d'audace en admettant finalement des restitutions et des compensations aux victimes de violations des droits humains. Cette seconde tendance a lieu lorsque la Commission ADHP utilise explicitement le concept de restitution et reconnaît le principe de dommages et intérêts compensatoires. S'agissant de la restitution, la Commission l'exige par exemple lorsqu'elle appelle à la relaxation des détenus ayant contesté une élection au Nigéria[4]. Quant à la

---

1 V., affaire Krischna Achutan c/ Malawi, RADH 2000 142 (CADHP) para 12.

2 V., affaire Alhassan Abubakar c/ Ghana, RADH 2000 116 (CADHP 1996) para 17.

3 ADJOLOHOUN Horace, *Droits de l'Homme et Justice constitutionnelle en Afrique : le modèle béninois*, *op. cit.*, p. 62.

4 V. *Constitutional Rights Project and Civil Liberties Oganisation c/ Nigeria.*

compensation monétaire, elle l'évoque, à titre d'illustration, dans les affaires *Antoine BISSANGOU c/ Congo* et *Gunme et Autres c/ Cameroun*. Dans cette dernière affaire, sont en cause les droits à la non-discrimination sur la base de la langue, au procès équitable et au développement. En traitant cette affaire, la Commission estime que les victimes ont droit à une indemnité. Elle désigne alors comme débiteurs aussi bien l'État du Cameroun que le plaignant[1].

352. Nous estimons qu'il serait sans doute judicieux pour le juge constitutionnel béninois de s'inspirer de la jurisprudence de la Commission ADHP afin d'affiner son contentieux des droits de l'Homme. En effet, en tant que juge des droits de l'Homme, le juge constitutionnel béninois devrait faire preuve d'audace jurisprudentielle en ouvrant complètement un droit à réparation aux victimes des dommages. En agissant de la sorte, il arrimerait sa jurisprudence aux standards externes et internes. Sur le plan externe, sa jurisprudence ressemblerait davantage à celle de la Commission ADHP. Sur le plan interne, le juge constitutionnel béninois deviendrait totalement un juge judiciaire. D'ailleurs, son intention n'est-elle pas de s'ériger en juge suprême du contentieux des droits de l'Homme dans l'ordre juridique interne ?

SECTION II : LE JUGE CONSTITUTIONNEL BÉNINOIS, « JUGE SUPRÊME DE L'ORDRE JURIDICTIONNEL »

353. Par « Cour suprême », il faut entendre la juridiction la plus élevée au sein d'un État[2]. Tel semble le cas de la Cour constitutionnelle béninoise puisqu'elle se prononce sur la constitutionnalité des décisions rendues par le juge ordinaire, précisément celles de la Cour suprême (I). Reste alors à savoir si, ce faisant, elle ne crée pas un nouvel ordre juridictionnel, notamment en contentieux des droits humains (II).

1 V. Communication 266/2003 adopté à Banjul (Gambie) lors de la 45ème session ordinaire de la Commission (13 au 27 mai 2009) in 26ème rapport d'activités, annexe 4.
2 V. *infra*, introduction.

I. L'AUTO-HABILITATION DU JUGE CONSTITUTIONNEL À CONTRÔLER LA RÉGULARITÉ DES DÉCISIONS DE JUSTICE

Alors qu'aucun texte n'habilitait la Cour constitutionnelle à statuer sur la régularité des décisions de justice, cette dernière s'est arrogée ladite compétence au moyen d'une interprétation extensive de la Constitution. Il convient au préalable d'identifier les obstacles liés à ce type de contrôle (A), avant de montrer comment le juge les contourna (B).

A. L'IDENTIFICATION DES OBSTACLES LIÉS AU CONTRÔLE DE CONSTITUTIONNALITÉ DES DÉCISIONS DE JUSTICE

354. De son avènement dans la décennie 1990 jusqu'au début des années 2000, la Cour constitutionnelle béninoise se déclarait incompétente pour contrôler la constitutionnalité des décisions de justice. Deux arguments justifiaient son refus. Le premier était relatif à l'immunité attachée aux décisions rendues par la Cour suprême (1). Le second concernait le silence du constituant à propos du contrôle de constitutionnalité des décisions de justice (2).

1. L'immunité des décisions juridictionnelles

355. Une décision juridictionnelle ne bénéficie d'une immunité que si elle est insusceptible de recours, c'est-à-dire si elle ne peut être annulée et/ou réformée par une autre juridiction. Le fondement de cette immunité repose sur l'outil juridique qu'est l'autorité de la chose jugée. La doctrine distingue « l'autorité négative » de « l'autorité positive » de la chose jugée. La première s'oppose à ce qu'un juge statue, en dehors d'une voie de recours, sur une demande qui a déjà fait l'objet d'une décision de justice[1]. C'est l'exigence selon laquelle une affaire qui a été jugée ne peut l'être de nouveau. La seconde « met l'accent, positivement, sur le rayonnement des effets des constatations effectuées par une juridiction précédente ayant statué sur les demandes entre les mêmes parties, sur une nouvelle demande formulée devant une autre juridiction »[2]. C'est l'exigence selon laquelle ce qui a été jugé ne peut être

1 HERON Jacques et LE BARS Thierry, *Droit judiciaire privé*, Domat droit privé, Paris, Montchrestien, 5ème éd., 2012, p. 281.

2 DJOGBENOU Joseph, « Le contrôle de constitutionnalité des décisions de justice : une fantaisie de plus ? », *op. cit.*, p. 18.

contredit. En résumé, une décision n'est revêtue de « l'autorité de la chose jugée » que si elle ne peut être jugée à nouveau, si elle ne peut être contredite et si elle a une force exécutoire[1].

356. Au Bénin, l'article 131 de la Constitution confère cette autorité aux décisions rendues par la Cour suprême. Selon cet article, les décisions rendues par cette plus Haute juridiction de l'ordre judiciaire « ne sont susceptibles d'aucun recours. Elles s'imposent au pouvoir exécutif, au pouvoir législatif, ainsi qu'à toutes les juridictions ». En plus d'une telle consécration théorique, les décisions de justice bénéficièrent d'une protection pratique de la part du juge constitutionnel béninois.

357. En effet, dès 1992, le Haut Conseil de la République, statuant en qualité de Cour constitutionnelle, se déclara incompétent pour réformer un arrêt de la Cour d'assise et de manière générale pour réformer les décisions de justice[2]. La Haute juridiction récidiva en 1994 en se déclarant incompétente pour remettre en cause une décision rendue par la Cour suprême, quand bien même cette décision porterait atteinte aux droits de la défense[3].

358. Il résulte de ces quelques affaires que l'incompétence du juge constitutionnel à contrôler les décisions de justice reposait sur l'autorité de chose jugée attachée à ces dernières. Pour exercer un contrôle de constitutionnalité sur de telles décisions, le juge constitutionnel devait donc contourner cette immunité juridictionnelle. Une action de cette envergure était loin d'être évidente, car un second obstacle se posait au juge constitutionnel : le silence explicite du constituant.

2. Le silence explicite du constituant

359. Aucune disposition constitutionnelle n'habilite expressément la Cour constitutionnelle béninoise à se prononcer sur la régularité des décisions de justice. L'article 3 de la Constitution qui précise la portée du contrôle opéré par la Haute juridiction prévoit simplement que le contrôle du juge constitutionnel porte sur les lois, textes et actes présumés inconstitutionnels[4]. En ce qui concerne les lois, le constituant fait allusion à celles ayant un caractère organique, un caractère ordinaire et un caractère constitutionnel[5]. Quant à la notion de « textes », elle ne concerne nullement les décisions de justice, mais plutôt les actes administratifs réglementaires susceptibles de

1 V. *infra*, introduction générale.
2 Décision n°13 du 28 octobre 1992.
3 Décision DCC 11-94 du 11 mai 1994.
4 Article 3 CB : « […] tout citoyen a le droit de se pourvoir devant la Cour constitutionnelle contre les lois, textes et actes présumés inconstitutionnels ».
5 Dans la seconde partie de ce travail, nous montrerons en effet que le juge constitutionnel béninois apprécie la régularité des lois constitutionnelles. V. Seconde partie, titre 1, chapitre 2, section 1.

porter atteinte aux droits fondamentaux. Le mot « actes » enfin se rapporte aux actions, c'est-à-dire aux faits pouvant éroder la Constitution.

360. De même, les articles 120 et 121 de la Constitution béninoise qui fondent la compétence de la Cour à connaître du contentieux des droits de l'Homme ne l'autorisent pas explicitement à examiner la régularité des décisions de justice. Ils se limitent simplement à lui conférer la charge de protéger les individus contre les atteintes aux droits qui leur sont garantis. C'est en raison de ce silence formel que la Cour constitutionnelle refusait autrefois de soumettre les décisions de justice au test de constitutionnalité. C'est ce qui la motiva, en 1992, à juger qu'un arrêt de la Cour d'appel rendu sur dossier du requérant « est et demeure une décision de justice contre laquelle il existe d'autres voies de recours judiciaires »[1].

361. Elle adopta une solution identique dans la décision rendue le 11 mai 1994 en optant pour une politique de « rejet formel du contrôle » des décisions de justice. En réalité, dans cette affaire, la Cour voulait moins affirmer ses prérogatives que celles du pouvoir judiciaire[2]. Mais, ce silence normatif pouvant causer une divergence de jurisprudence, notamment parce que la Cour suprême et la Cour constitutionnelle connaissent du contentieux des droits de l'Homme, la Cour constitutionnelle béninoise a fini par lever les obstacles qui se dressaient sur son chemin. Elle contrôle désormais les décisions de justice.

B. La levée des obstacles liés au contrôle de constitutionnalité des décisions de justice

362. En principe, les décisions rendues par une juridiction suprême sont insusceptibles de recours. Toutefois, l'autorité de chose jugée qui leur est attachée n'est pas exclusive d'erreur matérielle, d'interprétation ou de revirement jurisprudentiel[3]. C'est le cas lorsque la Cour constitutionnelle béninoise neutralise l'immuabilité des décisions de la Cour suprême en opérant un revirement jurisprudentiel. Pour y arriver, la Haute juridiction s'érige en Tribunal de Conflits (1) afin de s'attribuer la compétence d'examiner les décisions de justice préjudiciables aux droits de l'Homme (2).

---

1 Décision 13 DC du 28 octobre 1992, *Hospice Antonio*.

2 DJOGBENOU Joseph, Obs. sous Décision DCC 95-001 du 06 janvier 1995, in *ABJC*, 2013, p. 600.

3 ADOUKI Delphine Emmanuel, « Contribution à l'étude de l'autorité des décisions du juge constitutionnel en Afrique », *RFDC*, n° 95, 2013/5, p. 621. Sur la notion d'« autorité de chose jugée », v. *infra*, introduction générale.

1. L'auto-mutation de la Cour constitutionnelle en Tribunal des Conflits : moyen d'appropriation du contrôle des décisions de justice

363. Le constituant béninois habilite la Cour suprême et la Cour constitutionnelle à connaître des affaires mettant en cause les droits de l'Homme. Cependant, il ne précise pas laquelle de ces deux juridictions devrait statuer en dernier ressort dans l'hypothèse où elles connaîtraient d'une même affaire. Pareille situation pouvant être source d'insécurité judiciaire, voire de déni de justice, la Cour constitutionnelle décida de s'ériger en Tribunal des Conflits[1] afin de préciser la portée de ses décisions ainsi que celles de la Cour suprême en contentieux des droits humains.
364. En effet, elle se transforma en Tribunal de Conflits pour arbitrer le conflit positif[2] qui l'opposait à la Cour suprême lorsqu'elle posa le principe selon lequel les arrêts rendus par la Cour suprême ne sont insusceptibles de recours que pour autant qu'ils ne violent pas les droits de l'Homme[3]. Autrement dit, si la Cour constitutionnelle est en principe incompétente pour contrôler la constitutionnalité des décisions de justice, elle peut exceptionnellement le faire si les droits de l'Homme sont en causes.
365. Ce revirement jurisprudentiel était prévisible. Et les signes avant-coureurs de cette nouvelle orientation jurisprudentielle de la Cour étaient déjà perceptibles dans sa décision du 6 janvier 1995[4]. Dans cette affaire, bien qu'elle se déclare formellement incompétente pour contrôler un arrêt de la Cour suprême aux motifs qu'il revêt une autorité de chose jugée, la Haute juridiction constitutionnelle estime néanmoins au fond que si elle bénéficiait de cette compétence, sa décision aurait été différente de celle de son homologue[5]. Huit (8) ans après, notamment avec la décision du 11 novembre 2003, la Cour constitutionnelle concrétisa son souhait de vérifier la conformité des décisions de justice, particulièrement quand elles portent atteinte aux droits de l'Homme. Actuellement, la Cour constitutionnelle béninoise ne se

1 V. BARDONNET Daniel, *Le tribunal des conflits, juge du fond*, Paris, LGDJ, 1959.
2 Selon Daniel BARDONNET, l'hypothèse du conflit positif « suppose qu'un tribunal judiciaire se déclare incompétent pour juger une affaire dont l'administration estime qu'elle ne ressortit à la compétence judiciaire, soit parce qu'elle relève de la compétence administrative, soit parce qu'il s'agit d'un acte de gouvernement [...] L'hypothèse du conflit négatif se présente différemment. Elle suppose qu'un tribunal judiciaire et un tribunal administratif, saisis d'un même litige, se soient déclarés l'un et l'autre incompétents, alors que l'un d'eux était précisément compétent. Le particulier, victime de cette double décision des tribunaux administratif et judiciaire, saisit lui-même le Tribunal des Conflits qui indiquera la juridiction compétente ». BARDONNET Daniel, *Le tribunal des conflits, juge du fond*, précité., p. 2.
3 Décision DCC 05-092 du 30 août 2005, *Kpangon Hubert.*
4 Décision DCC 95-001 du 06 janvier 1995, *Saïdou AGBANTOU.*
5 « Considérant cependant que si la Cour constitutionnelle était compétente pour statuer sur la constitutionnalité de l'Arrêt n°93-06/CJ-P du 22 avril 1993, elle aurait jugé que [...] ».

comporte donc plus comme une juridiction de conflits mais comme un juge suprême du contentieux des droits de l'Homme.

2. La neutralisation des décisions de justice

366. Les décisions rendues par la Cour suprême béninoise ne sont plus insusceptibles de recours comme le prétend pourtant la Constitution. Elles sont désormais neutralisées par le juge constitutionnel lorsqu'elles comportent des irrégularités. Plusieurs décisions permettent d'illustrer ce contrôle juridictionnel que la Cour constitutionnelle s'est octroyée. Le 18 mai 2004 par exemple, la Cour a jugé que la formation de la Cour d'Appel de Cotonou siégeant en matière civile traditionnelle qui a rendu l'arrêt n° 167/98 du 11 décembre 1998 a violé la Constitution. En l'espèce, la Cour constitutionnelle est saisie d'une requête portant sur la contestation d'un jugement rendu par la Cour d'appel. Après investigations, elle relève que

> « malgré la prorogation de tous les délibérés au 08 janvier 1998, le délibéré Lazare KAKPO contre Thomas KOUGBAKIN a été ramené au 11 décembre 1998 à l'insu du requérant, l'empêchant ainsi d'exercer les voies de recours dans les délais ; qu'un tel changement de date sans en aviser les parties constitue une fraude au droit de la défense garanti par la Constitution et la Charte Africaine des Droits de l'Homme et des Peuples ; que, dès lors, il échet de dire et juger que la formation de la Cour d'Appel de Cotonou siégeant en matière civile traditionnelle qui a rendu l'arrêt n° 167/98 du 11 décembre 1998 a violé la Constitution »[1].

367. Cette décision a une portée considérable. Elle montre que la Cour est dorénavant compétente pour contrôler les décisions juridictionnelles. Néanmoins, il y a lieu de signaler que ce contrôle ne porte pas sur le fond de l'arrêt rendu par le juge ordinaire[2] mais simplement sur le respect des droits humains par ce dernier. Dans une autre décision rendue le 13 août 2009, la Cour constitutionnelle a non seulement réaffirmé l'immuabilité des décisions de justice[3] mais aussi la suprématie de sa jurisprudence sur celle du juge ordinaire, en l'occurrence la Cour suprême, en contentieux des droits humains[4]. En l'espèce, elle avait constaté que, contrairement à ce que prétend la Cour suprême dans sa décision, le « moyen soumis à la Chambre Judiciaire

---

1 Décision DCC 04-051 du 18 mai 2004, *Lazare KAKPO contre Thomas KOUGBAKIN*.

2 BADET Gilles, *Les attributions originales de la Cour constitutionnelle du Bénin*, Friedrich Ebert Stiftung, 2013, p. 114.

3 Pour elle, « les décisions de justice ne sont pas des actes susceptibles de recours devant la Cour Constitutionnelle pour autant qu'elles ne violent pas les droits fondamentaux des citoyens et les libertés publiques ».

4 Elle poursuit plus clairement qu'« en matière des droits de l'homme, les décisions de la Cour Constitutionnelle priment celles de toutes les autres juridictions ».

[de la Cour suprême] ne tend pas à faire apprécier des faits mais pose un problème de droit s'analysant comme une atteinte à la dignité humaine garantie par la Constitution ». Elle avait alors conclu que, sur cette question de dignité humaine, « l'arrêt n° 13/ CJ-CT du 24 novembre 2006 de la Chambre Judiciaire de la Cour Suprême [...] est contraire à la Constitution »[1]. La Cour constitutionnelle béninoise adopte cette orientation jurisprudentielle dans d'autres décisions[2].

368. Il en résulte qu'en droit béninois, tout citoyen en litige devant une juridiction peut se plaindre devant la Cour Constitutionnelle de tout acte juridictionnel qui méconnaîtrait ses droits humains[3]. Seulement, il y a lieu de relever que le recours à la Cour constitutionnelle n'est point un recours judiciaire au sens classique. C'est plutôt un recours innomé, intemporel, se jouant de toute anticipation[4]. C'est la raison pour laquelle la Cour ne peut qu'anéantir les décisions de justice sans pour autant les renvoyer à un autre jugement. Elle n'est donc pas une Cour de cassation[5] au sens du droit processuel[6]. Toutefois, elle est une juridiction suprême de l'ordre judiciaire.

369. En droit comparé, la politique jurisprudentielle de la Cour constitutionnelle béninoise est similaire à celle de la Cour constitutionnelle fédérale allemande. Cette dernière est en effet habilitée à contrôler la constitutionnalité des décisions rendues par les juridictions ordinaires lorsqu'elles semblent contraires à la Constitution[7]. Comme la Cour constitutionnelle béninoise, la Cour constitutionnelle allemande n'est pas non plus une Cour de cassation. On soutiendra que ces deux Hautes juridictions s'érigent tout de même en Cours suprêmes des juridictions de droit commun. Il convient dès lors de réfléchir sur les conséquences induites par une telle politique jurisprudentielle.

---

1 Décision DCC 09-087 du 13 août 2009.

2 Décision DCC 04-107 du 7 décembre 2004, *Abul Alex* (à propos d'un jugement du Tribunal de première Instance) ; Décision DCC 06-076 du 27 juillet 2006, *Atoyo Mènonkpinzon Victoire et aliii.* (à propos d'un jugement de la Cour d'Appel).

3 BOLLE Stéphane, « Constitution, dis-moi qui est la plus suprême des cours suprêmes ». *op cit.*, p. 3.

4 DJOGBENOU Joseph, Obs. sous Décision DCC 95-001 du 06 janvier 1995, *op. cit.*, p. 603.

5Dire que la Cour constitutionnelle béninoise n'est pas une Cour de cassation suppose qu'elle n'est pas un nouveau degré de juridiction. En effet, elle ne peut casser une décision rendue par une autre juridiction et la renvoyer à une autre juridiction pour un examen supplémentaire. V. JACQUEMART Denis, *Le Conseil d'État, juge de cassation*, Paris, LGDJ, 1957, pp. 12-13.

6 Joseph DJOGBENOU, « Le contrôle de constitutionnalité des décisions de justice : une fantaisie de plus ? », *op. cit.*, p. 26.

7 STONE SWEET Alec, « Sur la constitutionnalisation de la Convention européenne des droits de l'homme : cinquante ans après son installation, la Cour européenne des droits l'homme conçue comme une Cour constitutionnelle », *RTDH*, 2009, n°80, pp. 939-940.

II. L'AMBIVALENCE DES EFFETS DU CONTRÔLE DES DÉCISIONS DE JUSTICE

370. Le contrôle de constitutionnalité que le juge constitutionnel béninois opère sur les décisions de justice le transforme, comme nous l'avons vu, en « Cour suprême de la Cour suprême ». De cette mutation résulte une série de conséquences. D'une part, la Cour suprême classique perd son prestige. En effet, inféodée à la Cour constitutionnelle, sa suprématie tend à être limitée du fait de sa mutation en « chambre constitutionnelle » en contentieux des droits humains. Si elle reste suprême, c'est-à-dire placée au sommet de la hiérarchie judiciaire, ce n'est qu'à titre partiel, notamment dans les autres contentieux (administratif et judiciaire). D'autre part, certaines exigences de l'État de droit sont renforcées, dans la mesure où le contrôle des décisions de justice n'a pour objectif que de permettre au justiciable de jouir pleinement de ses droits fondamentaux. Toutefois, cette suprématie reste inachevée, tant elle n'est pas encore formalisée. De ce fait, le contrôle de constitutionnalité des décisions de justice est certes vertueux mais il présente aussi des faiblesses. L'exposé de ses atteintes (A) sera suivi de l'examen de ses apports (B).

A. Les atteintes

Le contrôle que le juge constitutionnel béninois opère sur les décisions de justice n'est pas exempt de critiques. Trois remarques peuvent être faites à son encontre. D'abord, il modifie l'armature classique du système judiciaire ou juridictionnel béninois (1). Ensuite, il manque de légitimité car la modification de l'ordre juridictionnel n'est pas encore formalisée (2). Enfin, ce contrôle érode le principe d'indépendance fonctionnelle de la Cour suprême (3).

1. La modification de l'organisation classique du système judiciaire béninois

Pour montrer comment le contrôle des décisions de justice conduit la Cour constitutionnelle à modifier l'organisation du système judiciaire béninois, il convient d'adopter une démarche évolutive. Nous examinerons d'abord comment ce système était conçu à l'origine (a). Ensuite, on présentera l'exception qu'apporte l'audace jurisprudentielle de la Cour (b).

a. Le principe originel : l'existence d'un seul ordre juridictionnel

371. En principe, la Cour constitutionnelle béninoise ne s'insère pas dans un ordre juridictionnel, car elle n'est ni inférieure, ni supérieure à aucune autre juridiction. Elle est simplement une juridiction spécialisée dans le contentieux constitutionnel, ce qui n'est pas le cas d'un juge ordinaire. Placé en dehors et à côté de la Cour constitutionnelle, un juge ordinaire incarne un ordre de juridiction en raison du double degré de juridiction consubstantiel à son office[1]. Généralement, cet ordre juridictionnel peut être duale ou unique. Il est dual lorsqu'il existe deux juridictions séparées : une compétente pour connaître des affaires de droit administratif, ayant à sa tête un Conseil d'État, et l'autre compétente pour trancher les litiges de droit privé, présidé par une Cour de cassation. En Afrique subsaharienne, c'est le système retenu par les pays comme le Gabon, Madagascar et le Niger. En revanche, on parle d'ordre juridictionnel unique quand une seule juridiction exerce une dualité de la fonction contentieuse, c'est-à-dire lorsque les affaires de droit privé et de droit public sont traitées par un même juge. En droit comparé, les Cours suprêmes des États-Unis et d'Israël obéissent à cette logique.

372. Au Bénin, le constituant du 11 décembre 1990 a instauré, à côté et en dehors de l'appareil ordinaire coiffé par la Cour suprême, une Cour constitutionnelle dotée de très larges compétences contentieuses. Cependant, il n'a pas créé un ordre juridictionnel imbriquant les Cours constitutionnelle et suprême béninoises. Pourtant, c'est à une telle imbrication qu'opère la Cour constitutionnelle lorsqu'elle s'attribue l'exercice du contrôle des décisions rendues par la Cour suprême. Elle créé donc un ordre ou un système juridictionnel d'exception.

b. L'exception : la création d'un nouveau système juridictionnel coiffé par la Cour constitutionnelle en matière de droits humains

373. La fonction juridictionnelle comporte deux acceptions. Au sens restreint, elle réunit l'ensemble des activités mises en œuvre par les organes judiciaires. Au sens large, elle se rapporte à tous les organes investis de la mission de juger. Suivant cette dernière approche, une partie de la doctrine, fidèle au principe de la séparation des pouvoirs, admet que les juges ordinaire et

1 L'article 49 de la loi n°2001-37 du 27 août 2002 portant organisation judiciaire en République du Bénin, modifiée par la loi n°2016-15 du 28 juillet 2016 légitime cette assertion lorsqu'elle prévoit que *« les tribunaux de première instance sont juges de droit commun en matière pénale, civile, commerciale, sociale et administrative ».*

constitutionnel relèvent du pouvoir juridictionnel[1]. En tenant compte de cette théorie, on peut aisément affirmer que si la Cour constitutionnelle béninoise n'est pas inféodée au pouvoir judiciaire, elle relève néanmoins du pouvoir juridictionnel au même titre que la Cour suprême[2]. Toutefois, avec le contrôle juridictionnel que la Cour constitutionnelle opère sur les décisions de justice, elle modifie la structure classique de ce pouvoir juridictionnel. À l'articulation binaire : Cour suprême, plus haute juridiction de l'ordre judiciaire, Cour constitutionnelle, plus haute juridiction constitutionnelle, elle ajoute un élément ternaire : Cour constitutionnelle, juridiction suprême des droits de l'Homme. Ce faisant, la Cour constitutionnelle crée un nouvel ordre ou un nouveau système juridictionnel.

374. Une acception de l'expression « système juridictionnel » est par exemple proposée par Arnaud DERRIEN. Pour lui, l'existence d'un « système » suppose la réunion de divers éléments interdépendants. Autrement dit, pour qu'il y ait « système » il faut non seulement que divers éléments se recoupent mais aussi que puissent exister entre eux de véritables relations spécifiques, des interactions, des interconnexions[3]. En droit français par exemple, la Cour de cassation, le Conseil d'Etat et le Conseil constitutionnel forment un système juridictionnel parce qu'ils appliquent au fond une même norme juridique. En effet, c'est parce que

> « les normes juridiques ne sont pas juxtaposées, mais coordonnées, chacune étant liée aux autres, le tout formant un ordre — ou système — normatif, que se trouve ainsi favorisée l'émergence d'un système juridictionnel. Le "réseau" de normes appelle un "réseau" de juges, les deux participant de la structuration d'une logique contentieuse commune »[4].

375. S'il en est ainsi en France, il n'en va pas différemment en Afrique dans la mesure où les juges constitutionnel et ordinaire de cette partie du globe garantissent aussi le respect d'une même norme, la Constitution. Ce système juridictionnel prend cependant une forme originale au Bénin. S'il est

1 HOURQUEBIE (F.), *Sur l'émergence du contre-pouvoir juridictionnel sous la Vème République*, Bruxelles, Bruylant, 2004 ; BOUCOBZA Isabelle, « Un concept erroné, celui de l'existence d'un pouvoir judiciaire », *Pouvoirs*, n°143, 2012/4, pp.82-83.

2 Au terme du titre VI de la Constitution béninoise, font en effet partie de la nomenclature judiciaire : la Cour suprême, les juridictions de fond et la Haute Cour de justice. La Cour constitutionnelle, elle, constitue une juridiction spécifique et ses attributions figurent au titre V de la loi fondamentale. En s'abstenant d'intégrer la Cour constitutionnelle dans le titre VI de la Constitution qui traite du pouvoir judiciaire, le constituant béninois de 1990 a dressé « mur de Berlin » infranchissable entre la Cour constitutionnelle et la Cour suprême, témoignant par-là sa volonté d'instaurer une unicité de la fonction juridictionnelle ordinaire. Or, en se déclarant compétente pour examiner les décisions de justice, la Cour renverse ce mur de Berlin et intègre la sphère judiciaire.

3 DERRIEN Arnaud, « Dialogue et compétition des cours suprêmes ou la construction d'un système juridictionnel », *Pouvoirs*, n°105, 2003/2, pp. 42-43.

4 *Ibid*, p. 44.

manifeste en contentieux normatif, il l'est d'autant plus en contentieux substantiel. À l'occasion de ce dernier contentieux, le juge constitutionnel franchit le « mur de Berlin » qui l'oppose formellement à la Cour suprême et soumet cette dernière au respect de sa volonté. Dans le même temps, c'est une nouvelle armature juridictionnelle qui connaît l'essor. Au sommet de celle-ci figure un juge constitutionnel et en dessous une Cour suprême. Ce mécanisme tend à se rapprocher de celui que l'on rencontre devant un juge ordinaire. En effet, que ce soit dans l'ordre juridictionnel administratif ou judiciaire, il y a toujours un degré de juridiction supérieur et un degré de juridiction inférieur. En contentieux des droits humains béninois, la Cour suprême est désormais le degré de juridiction inférieur et la Cour constitutionnelle le degré de juridiction supérieur. Le contrôle des décisions de justice conduit alors le juge constitutionnel à modifier les rapports classiques entre les organes juridictionnels béninois. Mais, bien que cette situation semble légitimée par les juges béninois, force est de constater qu'elle reste en quête de légitimation législative.

2. La constitutionnalisation inachevée du nouvel ordre juridictionnel

376. On entend par constitutionnalisation le processus qui, par le moyen du principe de constitutionnalité, concourt à assurer l'unité du droit ou de l'ordre juridique en donnant un socle commun à l'ensemble des branches du droit[1]. Il s'agit, en d'autres termes, d'un processus d'irrigation de l'ensemble de l'ordre juridique par les sources constitutionnelles. Le juge constitutionnel béninois ne fait pas autre chose lorsqu'il unifie la jurisprudence des droits de l'Homme autour de son office. En termes plus clairs, en subordonnant les décisions de justice au respect de sa jurisprudence, la Cour constitutionnelle normativise et légitime son contrôle de constitutionnalité. Elle resserre la contrainte de constitutionnalité sur la Cour suprême au moyen d'une constitutionnalisation du contrôle juridictionnel des décisions de justice.

377. Cette audace jurisprudentielle de la Cour constitutionnelle béninoise semble obéir à une logique de standardisation, car elle trouve sa symétrie en droit comparé, notamment dans la jurisprudence de nombreuses Cours constitutionnelles dynamiques. C'est le cas de la Cour constitutionnelle fédérale allemande et de la Cour constitutionnelle espagnole. Alec STONE SWEET montre par exemple qu'en instruisant un recours constitutionnel, le

---

1 Cette notion a déjà fait couler beaucoup d'encre qu'il semble peu pertinent de la définir davantage. Pour une étude minutieuse, on pourrait par exemple lire : TERRÉ Dominique, « La constitutionnalisation du droit », *Les questions morales du droit*, 2007, pp. 137-165 ; DANIEL Jérôme, *Contribution à l'étude de la constitutionnalisation*, Thèse, Paris 2, 2000 ; BAUDUIN Bérénice, *La constitutionnalisation du droit du travail, étude d'une dynamique contemporaine*, Thèse, Paris 1, 2017.

Tribunal de Karlsruhe peut invalider une décision du juge ordinaire[1]. La Haute juridiction constitutionnelle allemande agit par exemple de la sorte dans l'affaire *Lüth* en 1958. La Cour constitutionnelle d'Espagne agit autant lors d'un recours d'*Amparo*[2] ; recours qui se rapproche de la requête directe en Afrique subsaharienne[3].

378. Mais, à la différence des juges constitutionnels allemand et espagnole qui sont formellement habilités à exercer un contrôle des décisions de justice, le juge constitutionnel béninois n'est pas expressément compétent pour exercer un tel contrôle. Il serait alors judicieux que le constituant béninois lui octroie expressément une telle compétence. Ce qui ne serait pas surprenant dans la mesure où les constituants africains ont souvent opté pour une constitutionnalisation explicite des instruments protecteurs des droits de l'Homme au détriment d'une constitutionnalisation implicite[4].

379. Ainsi, si le juge constitutionnel béninois veut absolument conserver la supériorité qu'il exerce sur la Cour suprême en contentieux des droits de l'Homme, nous pensons qu'il faudrait que la constitutionnalisation qu'il a instauré par voie prétorienne puisse être actée par voie législative. En effet, tant que la compétence du juge constitutionnel en matière de contrôle des décisions de justice ne sera pas formellement consacrée, on pourrait assister soit à une nouvelle guerre des juges déclenchée par la Cour suprême, soit à un autre revirement de jurisprudence, opéré par des juges constitutionnels réformateurs.

380. Pour éviter la survenance de l'une de ces hypothèses, il convient donc de donner une assise législative à la compétence conquise par le juge constitutionnel béninois. À cet effet, deux solutions nous paraissent possibles. L'une consisterait simplement à réviser la Constitution béninoise afin d'inscrire cette nouvelle compétence de la Cour constitutionnelle dans le texte constitutionnel. L'autre solution serait de réviser la loi organique sur la Cour constitutionnelle à des mêmes fins. Dans tous les cas, ce n'est qu'au moyen d'une consécration législative que la constitutionnalisation du contrôle des décisions de justice par la Cour constitutionnelle cessera d'être équivoque.

3. Un contrôle attentatoire à l'indépendance fonctionnelle de la Cour suprême

381. En contrôlant les décisions de la Cour suprême, alors que la Constitution ne lui octroie pas expressément cette compétence, la Cour constitutionnelle béninoise érode la règle de la répartition des compétences au sein du pouvoir

1 STONE SWEET Alec, *op. cit.*, pp. 939-940.
2 *Ibidem.*
3 V. *infra*, première partie, titre I, chapitre 1, section 2.
4 KAMTO Maurice, « charte africaine, instruments internationaux de protection des droits de l'homme, constitutions nationales : articulations respectives », *op. cit.*, p. 33 et s.

judiciaire ou juridictionnel. Pour comprendre cette règle, il faut réexaminer le principe de la séparation des pouvoirs dont elle découle. Dans une acception restrictive, notamment en ce qui concerne le pouvoir de juger, la séparation des pouvoirs suppose la combinaison de deux règles, la spécialisation et l'indépendance[1]. La spécialisation permet au juge d'intervenir dans un domaine de compétence qui lui est octroyé par le constituant. Elle a été bravée par la Cour constitutionnelle car, comme nous l'avons vu, aucun article de la Constitution n'autorise cette dernière à contrôler les décisions de justice.

382. Quant à l'indépendance du juge, elle s'analyse doublement. La *Summa divisio* distingue l'indépendance personnelle de l'indépendance collective du juge. L'indépendance personnelle suppose que le juge est habilité à prendre une décision sans tenir compte d'une quelconque influence extérieure[2]. Il semble que les juges de la Cour suprême béninoise aient perdu cette forme d'indépendance, dans la mesure où leurs décisions subissent désormais une influence extérieure, notamment celle de la Cour constitutionnelle. En effet, en acceptant de soumettre ses décisions au contrôle de la Cour constitutionnelle, le juge ordinaire béninois renonce à son pouvoir de jugement discrétionnaire que lui attribue le constituant pour se plier à la volonté du juge constitutionnel. Ce faisant, le juge ordinaire se mue en Chambre ou en section de la Cour constitutionnelle, car désormais tout citoyen peut d'abord le saisir, avant de se pourvoir, en cas d'insatisfaction, devant le juge constitutionnel.

383. L'indépendance collective, elle, se rapporte à la faculté pour une juridiction de fonctionner sans soutien significatif de la part des autres branches du gouvernement[3]. Cette seconde forme d'indépendance n'est pas entamée car les juges ordinaire et constitutionnel béninois exercent au fond une même fonction, trancher les litiges. L'indépendance collective de l'un ne pourrait alors être remise en cause par l'autre car ils appartiennent tous deux au pouvoir juridictionnel. *Quid* des apports du contrôle juridictionnel des décisions de justice ?

B. Les apports

384. En soumettant les décisions de justice au test de constitutionnalité, la Cour constitutionnelle béninoise renforce l'État de droit. C'est la raison pour laquelle ce contrôle semble vertueux. Deux arguments sous-tendent notre assertion. D'abord, le contrôle de constitutionnalité des décisions de justice

---

1 BOUCOBZA Isabelle, « Un concept erroné, celui de l'existence d'un pouvoir judiciaire », *Pouvoirs*, n°143, 2012/4, pp. 74-75. Cet aspect sera davantage examiné dans la seconde partie de cette étude, notamment dans le dernier chapitre.

2 DARBY Joseph J, « Garanties et limites à l'indépendance et à l'impartialité du juge aux Etats-Unis », *RIDC*, n°55/2, 2003, p. 354.

3 *Ibid.*

est opportun en ce qu'il contribue à l'unification de la jurisprudence en contentieux des droits de l'Homme (1). Ensuite, ce contrôle est indispensable en raison du dialogue qu'il favorise entre les juges (2).

1. L'unification de la jurisprudence

385. L'un des avantages du contrôle de constitutionnalité des décisions de justice est l'unification de la jurisprudence qu'il favorise en contentieux des droits de l'Homme. Sans l'audace jurisprudentielle de la Cour constitutionnelle béninoise, cette unification jurisprudentielle est peu probable pour diverses raisons. D'abord, ni le constituant, ni le législateur ne précisent les rapports hiérarchiques qui doivent prévaloir entre les juges ordinaire et constitutionnel béninois lorsqu'ils exercent une compétence identique, notamment le contentieux des droits humains.

386. En outre, l'exercice de ce contentieux offre au citoyen la possibilité de choisir un de ces juges ou les deux simultanément. Si la première hypothèse ne soulève pas de difficulté majeure, il en va différemment de la seconde. En effet, si un justiciable saisit le juge ordinaire et le juge constitutionnel d'une même affaire, les procès peuvent se conduire dans l'ignorance des conclusions dégagées par chacun des juges[1]. Les procès peuvent encore se conduire sans que l'ouverture de l'instance devant l'une des juridictions ne gèle toute autre procédure sur la même affaire devant une autre juridiction, ou sans qu'une juridiction ne prévale sur l'autre ou encore sans que la clôture de l'instance devant l'une ne conditionne l'ouverture d'unc nouvelle instance devant l'autre[2]. Dans tous les cas, cette situation peut donner lieu à une divergence de jurisprudence, ce qui est source d'insécurité juridique dans un État de droit.

387. Or, en tant que garant de l'État de droit, le juge constitutionnel béninois se doit de veiller à la sécurité juridique, et donc de limiter le risque de divergence de jurisprudence sur une même affaire. C'est ce qui l'amène à soumettre les décisions rendues par la Cour suprême, en matière de droits de l'Homme, à un examen de constitutionnalité. Ce faisant, il unifie la jurisprudence et renforce le principe de la sécurité juridique, ce qui est avantageux pour les justiciables. Cette unification de la jurisprudence est par ailleurs opportune car elle favorise un véritable dialogue « forcé » entre les juges béninois.

---

1 Il en a notamment été ainsi dans l'affaire dite « Aïdasso c. Atoyo » où le chassé-croisé entre le juge constitutionnel et le juge judiciaire a conduit à l'inévitable « guerre des juges » redoutée par la doctrine. V., AIVO Frédéric Joël, « Contribution à l'étude de la garantie juridictionnelle des droits fondamentaux. Retour sur vingt ans de jurisprudence constitutionnelle (trop active) au Bénin », p. 22.

2 *Ibid.*

2. L'instauration d'un dialogue forcé entre les juges : vers un « diktat » du juge constitutionnel

388. En principe, la Cour suprême béninoise et la Cour constitutionnelle béninoise sont deux juridictions qui interviennent dans des domaines distincts. À la Cour suprême incombe le contrôle des actes infra-constitutionnels et à la Cour constitutionnelle revient la charge de vérifier la constitutionnalité des actes législatif et réglementaire. Mais, de manière exceptionnelle, les deux juges sont amenés à exercer un office identique, notamment en matière de droits humains. La question se pose cependant de savoir si cette similarité de compétence ne pourrait pas entraîner une concurrence des juges ou un « diktat » du juge constitutionnel sur la Cour suprême. Nous répondrons par l'affirmative car, comme l'affirme Pascal JAN, la concurrence des juges « suppose un champ commun d'intervention des différentes juridictions, l'application de règles identiques dans un même espace »[1]. Cette concurrence des juges peut être négative ou positive. Et au Bénin, c'est cette seconde forme de concurrence qu'entretenaient les deux Hautes juridictions suprêmes en matière de protection des droits de l'Homme. La divergence de solutions qu'elles rendirent, alors qu'elles examinaient une même affaire, en est la preuve[2].

389. Pour mettre un terme à cette situation défavorable à une meilleure protection juridictionnelle des droits humains, la Cour constitutionnelle imposa un dialogue avec la Cour suprême. Comme nous l'avons précédemment mentionné, la technique utilisée par la Cour constitutionnelle pour instaurer ce dialogue est le contrôle juridictionnel des décisions de justice. Elle parvint à imposer ce dialogue en faisant primer son autorité de chose jugée sur celle de la Cour suprême. En droit comparé, cette façon de procédé pourrait trouver sa symétrie en droit français car le Conseil constitutionnel initie surtout un dialogue avec le juge ordinaire par le truchement de son autorité de la chose jugée[3].

---

1 JAN Pascal, « Du dialogue à la concurrence des juges », *RDP*, n°2, 2017 [Disponible en ligne].

2 V., Décision DCC 98-021 du 11 mars 1998. Dans celle-ci, la cour suprême gardienne de la Constitution considérait qu'elle ne pouvait, sans en méconnaître le texte, renverser une solution grosse d'incohérences et d'absurdités, préjudiciable au justiciable et à ses droits garantis par la Constitution.

3 DE MONTALIVET Pierre, « QPC et "dialogue des juges" », *RFDC*, 2018/4, n°116, pp. 99-932 ; GOUTTES Régis, « Le dialogue des juges », *CCC*, 2009 [en ligne]. Pour un approfondissement de la question du dialogue des juges, v. aussi : ANDRIANTSIMBAZOVINA Joël, « L'autorité de la chose interprétée et le dialogue des juges », in : *Mélanges en l'honneur de Brunon Genevois*, Paris, Dalloz, 2009, pp. 11-28 ; PHILIP Loïc, « Le dialogue des juges et l'élargissement de la compétence du Conseil constitutionnel », in : *Mélanges en l'honneur de Brunon Genevois*, Paris, Dalloz, 2009, pp. 841-858.

CONCLUSION DU CHAPITRE II :

390. Initialement chargé de veiller au respect des droits humains au même titre que le juge ordinaire, le juge constitutionnel béninois élargit son office juridictionnel en se transformant en Cour suprême. Il se base sur le contentieux des droits humains pour, en réalité, se déguiser en juge judiciaire. Deux arguments sont au cœur de cette déduction. D'abord, il est un juge du fond, notamment lorsqu'il examine la constitutionnalité des faits sociaux. En outre, il s'érige en « Cour suprême de la Cour suprême », et ce, au moyen d'un contrôle juridictionnel des décisions de la plus Haute juridiction de l'ordre judiciaire.

391. Ce faisant, il modifie l'armature classique du pouvoir judiciaire ou juridictionnel béninois. Certes, il reste une juridiction constitutionnelle, mais il devient aussi une « juridiction judiciaire d'exception ». Toutes ces mutations semblent inhérentes à son office juridictionnel qui tend à être non seulement banalisé mais aussi politisé.

CONCLUSION DU TITRE II :

392. Si, d'un point de vue formel, les juges constitutionnels d'Afrique subsaharienne apparaissent comme des juridictions spécialisées et situées en dehors de l'appareil judiciaire, il faut bien admettre que, d'un point de vue substantiel, ils agissent comme des juridictions ordinaires et s'érigent en organes suprêmes de l'ordre juridictionnel. Telle est l'idée centrale que nous pouvons retenir de ce second titre. Deux arguments ont permis de la soutenir : le glissement du contentieux constitutionnel vers le contentieux administratif et le glissement du contentieux constitutionnel vers le contentieux judiciaire. Mais, qu'en est-il de leur rapport avec le politique ?

CONCLUSION DE LA PREMIÈRE PARTIE :

393. Au terme de cette première partie, il faut retenir que la nature juridictionnelle des Cours constitutionnelles d'Afrique subsaharienne ne souffre d'aucune ambigüité. Deux éléments permettent de justifier cette affirmation : leur classicisme procédural et le caractère normal de leurs compétences contentieuses. Après avoir analysé cet office juridictionnel du juge constitutionnel en Afrique subsaharienne, il convient à présent de nous intéresser à son office politique.

SECONDE PARTIE : UN OFFICE CONSUBSTANTIELLEMENT POLITIQUE

394. Jadis, « celui qui eût rapproché les mots "droit" et "politique" eût commis un blasphème »[1]. Aujourd'hui, il en va autrement tant les « frontières entre le droit et la politique sont brouillées »[2], et le juge apparaît comme l'un des principaux acteurs de cette (r)évolution. François OST décrit ce phénomène comme une « pyramide inversée », un modèle dans lequel, tel « Hercule », le juge devient incontournable dans l'État social, notamment parce qu'il se mue en source du droit[3].

Cette seconde partie n'a pas d'autre objet que de confirmer le caractère plausible de cette thèse en Afrique subsaharienne, tant le juge constitutionnel de cet espace géographique encadre juridiquement des phénomènes politiques[4]. Pour une meilleure démonstration de cette thèse, nous mettrons d'abord en évidence les manifestations de cette politisation de l'office des juges **(Titre I)**, avant d'examiner les significations dont elle recèle **(Titre II)**.

---

1 MARTENS Paul, « "Préface". Les juges : décideurs politiques ? Essais sur le pouvoir politique des juges dans l'exercice de leur fonction », in : GRANDJEAN Geoffrey et WILDEMEERSCH Jonathan (dir.), *Les juges : décideurs politiques ? Essais sur le pouvoir politique des juges dans l'exercice de leur fonction, op. cit.*, p. 9.

2 *Ibid.*, p. 14.

3 OST François, *Dire le droit, faire justice*, 2e éd., Bruxelles, Bruylant, 2012, p. ix.

4 GOCQUEL Jean, GICQUEL Jean-Éric, *Droit constitutionnel et institutions politiques*, 34e éd., Paris, LGDJ, 2020-2021, p. 23.

TITRE I : LES MANIFESTATIONS DE LA POLITISATION DE L'OFFICE DES JUGES

395. Les juges constitutionnels d'Afrique subsaharienne exercent nécessairement un office politique car, comme nous l'avons précédemment mentionné, le contrôle de constitutionnalité les conduit à créer des normes, et donc à participer aux fonctions législative et gouvernementale. Ces normes sont, en principe, de rang législatif dans la mesure où le contrôle qu'exercent les Hautes juridictions porte essentiellement sur les lois. Nous tenterons de montrer que l'office de ces organes est consubstantiellement politique parce qu'il les amène à se transformer en législateurs lorsqu'ils invalident ou valident une loi **(chapitre 1)**.

396. Aussi arrive-t-il souvent qu'à l'occasion d'un tel contrôle, ou encore à l'occasion d'une régulation du fonctionnement des institutions constitutionnelles, les Hautes juridictions soient amenées à réécrire les constitutions soit en les épurant, soit en les enrichissant par la découverte de nouvelles normes. Ce faisant, elles se muent encore en organes politiques, précisément en constituants **(chapitre 2)**. Dès lors, il est permis d'avancer que les Cours constitutionnelles d'Afrique subsaharienne sont de véritables juridictions-politiques.

CHAPITRE I : L'OFFICE LÉGISLATIF DES JUGES

397. Si les constitutions africaines confient exclusivement l'exercice de la fonction législative aux organes politiques (Gouvernement et Parlement)[1], la pratique révèle que les Cours constitutionnelles (organes juridictionnels)[2] s'immiscent également dans l'exercice de cette fonction. Ces dernières réécrivent les lois soumises à leur examen au moyen d'un contrôle de constitutionnalité. Ce faisant, elles exercent doublement un office politique.
398. D'une part, les Cours constitutionnelles s'octroient un pouvoir normatif pour débarrasser les textes soumis à leur examen de toutes les scories susceptibles d'affecter leur constitutionnalité. D'autre part, elles s'auto-habilitent à corriger les erreurs du législateur en ajoutant à la loi les éléments défaillants afin de la sauver de la censure. On soutiendra alors que les Hautes juridictions épurent les lois au moyen d'une réécriture négative **(section I)** et positive **(section II)**.

SECTION I : LA RÉÉCRITURE NÉGATIVE DE LA LOI

399. Le passage de l'État légal à l'État de droit a eu pour principale conséquence la substitution du règne de la loi par le règne de la Constitution[3]. La loi pouvant à la fois « mal faire et être mal faite »[4], les États se sont accordés

---

1 Le constituant gabonais de 1991 s'inscrit dans le même sillage que le constituant français lorsqu'il prévoit à l'article 3 de la Constitution du 26 septembre que « L'initiative des lois appartient concurremment au Gouvernement et au Parlement ». En France, l'article 39 de la Constitution française du 04 octobre 1958 dispose à cet effet que « l'initiative des lois appartient concurremment au Premier ministre et aux membres du Parlement ».
2 V. *infra*, introduction générale.
3 Un célèbre *obiter dictum* du Conseil constitutionnel français témoigne de ce changement : « la loi votée [...] n'exprime la volonté générale que dans le respect de la Constitution » : Décision 85-187, 23 août 1985, *Loi sur l'évolution de la Nouvelle Calédonie*. V., aussi, BRUNET Pierre, « Que reste-t-il de la volonté générale ? Sur les nouvelles fictions du droit constitutionnel français », *Pouvoirs*, n°114, 2005/3, p. 7.
4 Dans l'histoire constitutionnelle française, de telles lois furent adoptées par le régime de vichy (de 1940 à 1944). V. DUHAMEL Olivier et TUSSEAU Guillaume, *Droit constitutionnel et institutions politiques*, 3ème éd., Seuil, 2013, pp. 162-181. Les exigences d'intelligibilité, de

à conditionner son entrée en vigueur par un contrôle de constitutionnalité[1]. Or, au cours de ce contrôle, le juge constitutionnel n'hésite pas à sauver la loi de la censure si la défectuosité de cette dernière est avérée. Pour ce faire, il épure la loi au moyen d'une interprétation restrictive (I). Chemin faisant, il encadre l'activité normative du législateur par le biais des verdicts « négatifs » (II).

I. L'INTERPRÉTATION RESTRICTIVE COMME MOYEN NÉGATIF DE RÉÉCRITURE DE LA LOI

400. Si les constituants africains habilitent simplement les juges constitutionnels à invalider les lois qu'ils jugent contraires à la Constitution[2], force est cependant de reconnaître que ces derniers s'octroient un pouvoir supplémentaire : la réécriture négative des lois. L'instrument qu'ils utilisent pour ce faire est l'interprétation restrictive. Par cet outil contentieux, les Hautes juridictions opèrent une réécriture de la loi et dans la loi. Alors que la réécriture de la loi est opérée à travers une suppression de ses dispositions inconstitutionnelles (A), la réécriture dans la loi est concrétisée par une annihilation des normes inconstitutionnelles (B).

A. UNE RÉÉCRITURE NÉGATIVE DE LA LOI CONCRÉTISÉE PAR LA SUPPRESSION DES DISPOSITIONS CONSTITUTIONNELLES

401. Selon Thierry DI MANNO, par la technique de l'interprétation restrictive, « le juge constitutionnel agit directement sur le contenu de la disposition de la loi en en restreignant sa portée »[3]. Cette définition est en parfaite adéquation avec celle avancée par Dominique ROUSSEAU pour qui le but d'une interprétation restrictive est de « priver d'effets juridiques les dispositions législatives litigieuses, ou d'exclure, parmi les interprétations

---

lisibilité et d'accessibilité de la loi que garantissent le juge constitutionnel témoignent également de la défectuosité de la qualité normative. Nous aurons l'occasion de le voir dans les lignes qui vont suivre.

1 Signalons une fois encore qu'il s'agit d'un contrôle obligatoire pour les lois organiques et les règlements d'assemblées, et d'un contrôle facultatif pour les lois ordinaires.

2 Ce principe est posé par les constituants africains qui n'accordent qu'une alternative binaire au juge de la constitutionnalité des lois : le rejet de celle-ci, en cas de non-conformité à la Constitution, et sa validation, en cas de conformité à la Constitution.

3 DI MANNO Thierry, *Le juge constitutionnel et la technique des décisions « interprétatives » en France et en Italie*, PUAM, Economica, 1997, p. 131.

possibles de la loi, celles qui la mettraient en contradiction avec la Constitution »[1]. Autrement dit, la finalité de l'interprétation restrictive est d'épurer la loi. Cette épuration est opérée au moyen d'une suppression des dispositions non normatives. Avant d'étayer ce propos (2), il convient d'abord de clarifier la notion de disposition (1).

1. La clarification de la notion de « disposition »

402. Le contrôle de constitutionnalité est exercé sur les dispositions législatives. Dans le jargon juridique courant, les termes « disposition » et « norme » sont souvent utilisés comme des synonymes. Ce constat est par exemple attesté par l'usage indifférencié des expressions « dispositions » ou « normes constitutionnelles », « dispositions » ou « normes législatives », « dispositions » ou « normes réglementaires ». Pourtant, ces deux notions sont totalement opposées et il suffit de se référer à la théorie de l'interprétation pour s'en convaincre.

403. D'après cette théorie, la différence entre la « disposition » et la « norme » repose sur le fait que la seconde est immanente à la première. En effet, si la disposition s'entend comme un acte, une formule ou un énoncé linguistique, la norme, elle, est le résultat de cet énoncé une fois interprété[2]. Autrement dit, la disposition est l'instrument, l'enveloppe ou le contenant de la norme[3], d'où le slogan « une disposition, une norme ». Mais, si ce slogan constitue la règle en théorie de l'interprétation, force est de constater que cette règle est confirmée par deux exceptions.

404. La première exception est relative à l'hypothèse où une disposition est polysémique ou douteuse. Dans le premier cas (disposition polysémique), le juge constitutionnel fait face à un énoncé linguistique renfermant plusieurs règles contraignantes. Et pour assurer la sécurité juridique, il est donc obligé d'opérer un *tri* et de ne retenir que la norme qui devra s'imposer lors de l'application de la loi. L'instrument qu'il utilise pour ce faire est l'interprétation restrictive, comme nous le verrons plus tard.

405. Le second cas (disposition douteuse) a lieu lorsqu'un énoncé linguistique renferme une signification complexe. Ici aussi, le juge constitutionnel doit clarifier au mieux la disposition confuse afin de satisfaire l'exigence de sécurité juridique. Et la technique qu'il utilise est non pas l'interprétation

---

1 ROUSSEAU Dominique, *Droit du contentieux constitutionnel*, 9ème éd., Paris, Montchrestien, 2010, p. 157.

2 V. GUASTINI Riccardo, « Interprétation et description des normes », *in : Interprétation et droit*, PUAM, 1995, pp. 89 et s. ; TROPER Michel, « La liberté d'interprétation du juge constitutionnel », in : *Interprétation et droit*, PUAM, 1995, pp. 240 et s.

3 DI MANNO Thierry, *Le juge constitutionnel et la technique des décisions « interprétatives » en France et en Italie*, *op. cit.*, p. 50.

restrictive mais l'interprétation neutralisante, que nous aurons aussi l'occasion d'examiner.

406. La seconde exception concerne l'hypothèse où des dispositions ne comportent aucune norme, c'est-à-dire aucun effet juridique. De prime abord, une telle hypothèse semble difficilement envisageable car, en tant que texte édicté par une autorité juridique, une disposition est objectivement un acte normateur. Pourtant, force est de constater qu'il existe aussi des dispositions purement déclaratoires et proclamatrices. En d'autres termes, aux côtés des dispositions contenant des énoncés prescriptifs (prohibitifs ou permissifs) existent des dispositions philosophiques, dépourvues de portée contraignante. Le Conseil d'État français, par exemple, a eu l'occasion de le préciser dans un rapport rendu en 1991 à propos de la sécurité juridique[1]. Dans ce document, la Haute juridiction française relève que certains articles de lois ne sont que des exposés de bonnes intentions, de simples formulations d'objectifs[2]. Ce constat est d'ailleurs légitimé par la jurisprudence constitutionnelle tant française qu'africaine à travers les déclarations d'inopérance.

407. Finalement, il y a lieu de distinguer deux types de dispositions : les dispositions normatives, c'est-à-dire des énoncés linguistiques contraignants, et les dispositions non normatives, c'est-à-dire de simples membres de phrases. Saisit d'un contrôle de constitutionnalité, le juge constitutionnel africain supprime ces deux formes de dispositions quand il estime qu'elles sont de nature à entacher la constitutionnalité de la loi. Les illustrations qui vont suivre légitiment cette assertion.

2. Les cas de suppression de dispositions litigieuses

L'épuration de la loi par les juges constitutionnels africains est réalisée, entre autres, au moyen d'une suppression des dispositions viciées. Cette suppression varie dans son intensité. Elle est tantôt simpliste (a), tantôt accompagnée d'une reformulation de la disposition interprétée (b).

a. Une suppression des dispositions litigieuses parfois simpliste

408. « Séparer le bon grain de l'ivraie »[3]. Telle est en substance la politique jurisprudentielle développée par les Cours constitutionnelles africaines

1 Conseil d'Etat, *Rapport public 1991*, *E.D.C.E*, n°43, 1991.

2 *Ibid.*, p. 33.

3 Cette métaphore est inspirée des Saintes écritures, notamment dans les livres des Évangiles. Ceux-ci évoquent l'idée d'une future « séparation du bon grain de l'ivraie », c'est-à-dire une séparation des justes d'avec les injustes. En transposant cette métaphore au contrôle de constitutionnalité, on pourrait qualifier les normes constitutionnelles de « bon grain » et les

lorsqu'elles décident de sauver une disposition litigieuse de la censure au moyen d'une interprétation restrictive. En effet, il arrive souvent que ces Hautes juridictions, à l'occasion d'un contrôle de constitutionnalité, constatent qu'une loi « respire » la constitutionnalité mais que certains de ses termes ou groupes de mots empêchent qu'elle soit déclarée conforme à la Constitution en raison de leur caractère inconstitutionnel. Face à une telle hypothèse, plutôt que d'invalider la loi, ce qui inviterait le Parlement à procéder à une seconde délibération[1], les juges décident souvent de raccourcir la procédure législative en la réécrivant eux-mêmes. Cette réécriture est matérialisée par une amputation pure et simple des expressions litigieuses.

409. Au Gabon, la Cour constitutionnelle procède de la sorte dans bon nombre de ses décisions. C'est par exemple le cas dans la décision du 4 septembre 2001[2]. Dans celle-ci, la Haute juridiction, en contrôlant la conformité à la Constitution de la résolution n°1/2001 du 27 juin 2001 portant modification du Règlement intérieur de l'Assemblée nationale, décèle de nombreuses expressions inconstitutionnelles. Celles-ci figurent dans les articles 1er et 92-a, alinéas 1 et 2 de cette résolution. S'agissant de l'article 1er, la Haute juridiction met un terme à la confusion qui prévaut au sujet de la compatibilité entre l'exercice d'un mandat parlementaire et la fonction de membre du gouvernement. Pour elle, cet article ne peut être conforme à la Constitution que sous réserve de supprimer à son deuxième alinéa le groupe de mots « le titre de député est réservé aux seuls élus qui siègent effectivement au sein de ladite chambre du parlement »[3]. Car, la nomination d'un membre du Parlement au gouvernement n'entraîne pas la perte de son mandat parlementaire[4].

410. Quant à l'article 92-a, la Cour n'admet sa constitutionnalité que sous réserve de supprimer, au deuxième alinéa de celui-ci, le groupe de mots « sauf que la priorité doit être réservée à l'ordre du jour ayant motivé la session extraordinaire », et à la fin du même alinéa 2, le groupe de mots « et que

---

normes inconstitutionnelles « d'ivraie ». Grâce à la technique de l'interprétation restrictive, les juges constitutionnels séparent donc les premiers d'avec les seconds.

1 À l'issue de l'examen d'un texte de loi par le juge constitutionnel, il peut être procédé à une seconde délibération de tout ou partie du texte si les pouvoirs publics tiennent à l'adopter. Cette seconde délibération est de droit à la demande du Gouvernement et du Président de la République (article 17 de la Constitution gabonaise).

2 Décision n°14/CC du 4 septembre 2001, relative au contrôle de constitutionnalité de la résolution n°1/2001 du 27 juin 2001 portant modification du Règlement de l'Assemblée nationale, *Hebdo informations n° 445*, pp. 145- 146.

3 V. considérant n°19.

4 La Cour confirmée sa jurisprudence de 1996. En effet, en 1996, par deux (2) décisions, la Cour constitutionnelle gabonaise parvient à lever l'équivoque qui prévaut entre la compatibilité de la fonction de membre du gouvernement et celle de député. Pour la Haute juridiction, « l'exercice du mandat de député est incompatible avec les fonctions de Membre du Gouvernement. » Il s'agit des décisions n° 005/CC du 25 mars 1996 et n°006/CC du 27 mars 1996

l'indemnité journalière de session est doublée »[1]. De ces deux exemples, il ressort que le juge constitutionnel gabonais épure les lois qu'il contrôle en effaçant toutes les dispositions litigieuses qu'elles comportent.

411. Pareille pratique est aussi observée dans la jurisprudence constitutionnelle malgache. En effet, le juge constitutionnel de ce pays conditionne par exemple la constitutionnalité d'une disposition à la suppression de certains groupes de mots dans les décisions du 1er avril 2015[2], du 12 décembre 2017[3], du 14 février 2018[4].

412. Le juge constitutionnel béninois n'est pas en reste. Si, comme les autres juges, il extirpe des lois les membres de phrases qui affectent leur constitutionnalité[5], il lui arrive aussi de supprimer purement et simplement certaines fautes d'orthographes susceptibles d'entraîner une confusion. La décision du 22 mars 1995 en est une illustration saillante[6]. Dans celle-ci, la Cour conditionne par exemple la validité d'une disposition par la suppression de la lettre « "s" au mot décision ». Sans cette suppression, le mot « décision » aurait une signification susceptible d'entacher la constitutionnalité de la disposition contrôlée car il renverrait à plusieurs décisions, alors que le législateur ne devrait s'en référer qu'à une seule. Dans tous les cas, une fois ces suppressions pure et simple des dispositions litigieuses prononcées, il arrive parfois au juge de reformuler la disposition corrigée.

---

1 Considérant n°19.

2 Décision n°22-HCC/D3 du 1er avril 2015 relative à la loi n°2015-011 portant statut particulier de la Commune Urbaine d'Antananarivo, Capitale de de la République de Madagascar. Dans celle-ci par exemple, la Haute Cour Constitutionnelle conditionne l'entrée en vigueur d'une disposition par une extirpation de certains groupes de mots qui entachent sa constitutionnalité. Il s'agit des mots ci-après : « par dérogation à l'article 3 de l'alinéa 2 de la loi n°2014-038 sur la protection des données à caractère personnel ». Ces mots figurent à l'article 3 de la loi querellée et sont sanctionnés en raison de leur caractère superflu.

3 Décision n°12-HCC/D3 du 12 décembre 2017 concernant la loi n°2017-021 portant réforme du Fonds National de l'Electricité (FNE).

4 Décision n°11-HCC/D3 du 14 février 2018 concernant la loi n°2017-049 portant régime de protection de la propriété industrielle à Madagascar.

5 Dans une décision rendue le 02 juillet 1991, le Haut Conseil de la République sanctionne en effet plusieurs dispositions du Règlement intérieur de l'Assemblée nationale, en supprimant certains de ses termes et expressions. Ainsi, à l'article 39, à titre d'exemple, il préconise de supprimer le membre de phrase « en plus des pouvoirs [...] Règlement intérieur » aux motifs qu'il entache ledit article d'inconstitutionnalité. Il recommande en outre au législateur de supprimer purement et simplement l'article 83.3 de ce Règlement, car la délibération dont fait mention cet article est de droit. La délibération étant également de droit en matière parlementaire, il déclare par ailleurs qu'il y a lieu de supprimer en conséquence le membre de phrase « Ils ne peuvent...discussion » à l'article 106.1. Toutes ces expressions entachant la loi d'inconstitutionnalité, il convient, selon la Cour, de les supprimer. L'épuration de la loi contrôlée par le Haut Conseil de la République est donc nécessaire dans la mesure où elle permet de nettoyer celle-ci de toutes ses vicissitudes afin de la rendre conforme à la Constitution.

6 Décision DCC 95-020 du 22 mars 1995, Loi organique sur la Haute Cour de Justice.

b. Une suppression des dispositions litigieuses parfois accompagnée d'une reformulation

413. Parfois, la suppression pure et simple des dispositions inconstitutionnelles ne suffit pas à sauver un article litigieux de la censure. Souvent faut-il encore que le juge constitutionnel reformule un tel article. Or en reformulant le texte adopté par le Parlement, cet organe juridictionnel réécrit la loi et se transforme *ipso facto* en législateur parallèle. Cette pratique est récurrente dans la jurisprudence constitutionnelle gabonaise.

414. La Cour constitutionnelle gabonaise procède par exemple ainsi dans la décision des 12, 13 et 14 octobre 1992[1]. En l'espèce, elle estime qu'en énonçant que « seuls sont comptés les bulletins identiques à ceux fournis par l'administration », l'article 89 de la loi portant code électoral est « de nature à porter atteinte à la légalité et à la régularité des opérations électorales dans la mesure où l'utilisation éventuelle des bulletins identiques à ceux fournis par l'administration laisse la porte ouverte à des fraudes ». Par conséquent, pour rendre cet article conforme à la Constitution, la Cour préconise de supprimer la disposition qui comporte des scories, à savoir l'expression « identiques à ceux », et de reformuler cette disposition comme suit : « seuls sont comptés les bulletins fournis par l'administration ».

415. De même, dans la décision du 5 août 2005[2], la Cour estime que l'article 121 de la loi n°7/96 portant code électoral, en édictant que « la Cour constitutionnelle est seule compétente pour statuer sur les réclamations afférentes aux résultats des élections politiques et référendaires » et qu'elle « juge en premier et dernier ressort », est contraire à la Constitution. Et, pour être conforme à la Constitution, cet article doit être reformulé ainsi qu'il suit :

> « la Cour constitutionnelle est seule compétente pour statuer sur les réclamations afférentes aux élections présidentielles, législatives, sénatoriales, référendaires, des conseils départementaux et des conseils municipaux, juge en premier et dernier ressort [...] »[3].

416. À Madagascar, c'est une démarche similaire qu'observe la Haute Cour constitutionnelle lorsqu'elle reformule l'article 7 de la loi portant institution de la Commission Nationale Indépendante des Droits de l'Homme. Elle

1 Décision n° 16/CC des 12, 13 et 14 octobre 1992, *relative à la loi n°13/92 portant code électoral, Hebdo informations*, n°262, pp. 136-137.

2 Décision n°019/CC du 05 août 2005, Loi n°015/2005 portant modification de certaines dispositions de la loi n°7/96 du 12 mars 1996, *Recueil des décisions et avis*, 1996, pp. 128-137. Décision n°022/CC du 15 septembre 2005, Promulgation de la loi n°015/2005 du 26 août 2005 portant modification de certaines dispositions de la loi n°7/96 du 12 mars 1996 portant dispositions communes à toutes les élections politiques.

3 Considérant n°5.

estime en effet qu'il convient de reformuler cet article en précisant qu'un membre de cette institution « ne peut pas être membre d'un parti politique »[1].

417. Ces illustrations jurisprudentielles confirment donc l'idée selon laquelle l'interprétation restrictive permet aux juges constitutionnels africains de supprimer les dispositions litigieuses contenues dans les textes qui leur sont déférés. Ce faisant, ils opèrent une réécriture de la loi et non dans la loi. La réécriture dans la loi, quant à elle, a lieu au moyen d'une annihilation des normes inconstitutionnelles.

B. Une réécriture opérée dans la loi à travers l'annihilation des normes inconstitutionnelles

418. Selon Thierry DI MANNO, « les décisions interprétatives annihilantes s'analysent comme le produit d'une technique contentieuse qui permet au juge constitutionnel, sans passer par l'annulation pure et simple, d'annihiler le contenu de la loi »[2]. Or, comme nous l'avons vu précédemment, une loi a pour contenu une ou plusieurs dispositions qui, à leur tour, renferment une ou plusieurs normes. Cela étant, si par l'interprétation restrictive le juge constitutionnel supprime les dispositions qu'il juge inconstitutionnelles, il annule par ailleurs les normes dépourvues d'effet juridique, et ce, au moyen d'une interprétation annihilante. Comme lors des précédents développements, il convient au préalable de clarifier la notion de norme (1), avant d'illustrer notre propos (2).

1. La clarification de la notion de « norme »

419. « Qu'est-ce qu'une norme juridique ? » Cette question classique mais toujours d'actualité[3] est au cœur de la théorie de l'interprétation. En théorie constitutionnelle, la réponse est à rechercher d'une part dans la distinction de la norme juridique d'avec les autres normes sociales (norme morale, norme religieuse, norme de bienséance, etc.) et, d'autre part, dans sa démarcation par rapport à la notion de « disposition » précédemment examinée.

420. En effet, si une norme désigne généralement une référence ou un modèle, c'est-à-dire une « description » de ce qui « devrait être », voire une

1 Décision n°13-HCC/D3 du 16 juillet 2014 concernant la loi n°2014-007 portant institution de la Commission Nationale Indépendante des Droits de l'Homme.
2 DI MANNO Thierry, *Le juge constitutionnel et la technique des décisions « interprétatives » en France et en Italie*, *op.cit.*, p.131.
3 Bien que la notion de « norme juridique » ait été abondamment traitée par Hans KELSEN, il n'en demeure pas moins qu'elle est encore sujette à des discussions de nos jours. En témoigne par exemple le n°21 des Cahiers du Conseil Constitutionnel français qui traite de la normativité.

« prescription », elle n'est juridique que si elle établit une règle[1]. Alors que les normes sociales établissent des « règles » dépourvues de caractère obligatoire, la norme juridique est une règle dont le non-respect entraîne une sanction étatique. Autrement dit, une norme juridique a nécessairement un caractère contraignant. Sa finalité est donc d'autoriser ou d'interdire une action.

421. Elle ne saurait, pour ce faire, être un simple texte ou un acte (ce n'est ni une Constitution, ni une loi, ni un règlement). Elle découle cependant de l'interprétation d'un texte ou d'un acte[2]. C'est la raison pour laquelle Hans KELSEN affirme que la norme juridique est la signification d'un acte de volonté[3]. Suivant cette approche kelsénienne, la norme relève plus de l'esprit que de la matière, elle n'est pas une chose mais un sens. Ce sens est découvert par l'opération intellectuelle qu'est l'interprétation. À son tour, cette interprétation est nécessairement réalisée sur l'acte juridique qu'est la disposition.

422. Ainsi, la disposition constitue l'objet de l'interprétation et la norme le produit de la disposition interprétée. En d'autres termes, la norme est le contenu caché, le sens ou la signification dissimulé, du contenant qu'est la disposition ; sens ou signification qui ne peut être révélé que par le biais d'une interprétation. L'interprétation a donc une fonction maïeutique : elle permet l'« accouchement des normes ».

423. Toutefois, il y a lieu de relever qu'une norme n'est pas toujours le produit de l'interprétation d'une disposition. Une norme peut aussi être le produit d'une interprétation de plusieurs dispositions. Cette hypothèse est bien illustrée dans la jurisprudence constitutionnelle africaine à travers la technique de l'interprétation combinée et croisée. On définira cette technique comme le procédé par lequel un juge constitutionnel lit une disposition à la lumière d'une autre disposition afin de dégager une norme. C'est le cas lorsque le juge constitutionnel béninois croise et combine les articles 13 et 14 de la loi organique sur la Cour constitutionnelle pour dégager la norme selon laquelle le remplaçant d'un conseiller à la Cour, en cas d'empêchement définitif, n'est pas lié par la durée de la mandature qui incombe au remplacé. Le remplaçant est plutôt soumis à la durée de la mandature normale, c'est-à-dire dix-ans au maximum[4]. C'est encore à ce type d'interprétation dont recourt la Cour pour dénier la qualité de saisissant à un requérant remettant en cause la

1 MILLARD Éric, « Qu'est-ce qu'une norme juridique ? », *CCC*, n°21 (Dossier : la normativité), 2007 [en ligne].

2 Le professeur Éric MILLARD soutient à cet effet que si la norme ne peut pas être détachée d'un acte ; c'est en tant que l'acte participe de la procédure de production de la norme. V., MILLARD Éric, « Qu'est-ce qu'une norme juridique ? », *op. cit.*

3 KELSEN Hans, *Théorie générale des normes*, Paris, PUF, 1996, pp. 2-3.

4 Décision DCC 03-082 du 26 mai 2003, Lafia Joachim.

responsabilité des juges constitutionnels[1]. Cette forme d'interprétation est aussi affectionnée par le juge constitutionnel malgache[2].

424. Par ailleurs, des normes peuvent ne pas découler des dispositions. C'est le cas des normes non-écrites. La coutume en est un exemple saillant[3]. Il en va de même pour les principes généraux du droit[4]. Toutefois, puisque cette étude s'articule autour du contrôle de constitutionnalité, seules les normes issues des textes écrits retiendront l'attention. La jurisprudence constitutionnelle africaine montre à cet effet que le juge annihile généralement celles-ci en cas de doute sur leur constitutionnalité.

2. Les cas d'annihilation des normes inconstitutionnelles

L'épuration d'une disposition législative est souvent réalisée au moyen d'une précision de la norme valide qu'elle renferme. La détection de celle-ci a pour corollaire l'invalidation des autres normes. Deux principaux instruments permettent au juge constitutionnel d'agir ainsi : l'interprétation annihilante, qui se concrétise généralement par une déclaration d'inopérance (a), et l'interprétation neutralisante (b).

a. L'annihilation des normes viciées au moyen d'une déclaration d'inopérance

425. La déclaration d'inopérance permet au juge constitutionnel d'agir sur la substance normative des dispositions législatives, et donc de modifier la loi dans son contenu. On peut la définir comme une décision par laquelle le juge constitutionnel dénie un caractère normatif à certaines dispositions de la loi parce qu'elles sont dépourvues d'effet juridique[5]. Autrement dit, la déclaration d'inopérance est une forme de décision d'invalidation ou d'annulation

1 Décision DCC 03-091 du 04 juin 2003, Quenum David Abel, La responsabilité des membres de la Cour constitutionnelle.

2 Décision n°01-HCC/D2 du 2 avril 2008 relative à une requête aux fins d'inconstitutionnalité du jugement n°149 du 05 mars 2008 de la Chambre social du Tribunal de première instance de Mahajanga ; Décision n°04-HCC/D2 du 4 novembre 2009 relative à une requête en exception d'inconstitutionnalité de l'ordonnance n°2009-003 du 18 mars 2009 portant suspension du Parlement.

3 TROPER Michel, « Du fondement de la coutume à la coutume comme fondement », *Droits*, n°3, 1986, p. 11.

4 JEANNEAU Benoît, *Les principes généraux du droit dans la jurisprudence administrative*, Paris, Sirey, 1954.

5 DRAGO Guillaume, *Contentieux constitutionnel français*, *op. cit.*, p. 429 ; BROUSSOLE Denis, « Les lois déclarées inopérantes par le juge constitutionnel », *RDP*, 1985, p. 752. Le Conseil constitutionnel français agit par exemple ainsi dans la décision n°82-142 DC, 27 juillet 1982.

déguisée[1]. Il s'agit précisément d'une annulation partielle[2] car elle ne porte pas sur la loi mais uniquement sur la norme litigieuse.

426. C'est à ce genre d'épuration normative que procède par exemple la Cour constitutionnelle gabonaise dans sa décision du 25 Novembre 1992[3]. Dans celle-ci, le requérant demande à la Haute juridiction de déclarer nul et de nul effet la session extraordinaire du Conseil Economique et Social et l'avis qu'il émet sur le projet de la loi de finances pour l'exercice de 1993, aux motifs qu'il y aurait eu un dysfonctionnement de cette institution et que cet avis pourrait revêtir un caractère contraignant. La Cour, en se prononçant, annihile la valeur normative de cet avis. Selon elle, les avis émis par le Conseil Economique et Social dans le cadre de ses attributions consultatives sont « des mesures préparatoires nécessaires à l'élaboration d'actes législatifs ou administratifs ». Pour ce faire, ils doivent être privés d'effets juridiques. La disposition querellée, poursuit la Cour, est donc inopérante.

427. Cette Haute juridiction agit par ailleurs ainsi dans la décision du 15 Mai 1992[4] relative à l'organisation du recensement général de la population. Elle annihile par exemple l'interprétation que le requérant fait de l'article 7 de la loi contrôlée en affirmant que sa formulation ne saurait s'entendre comme une marginalisation du rôle de la Cour constitutionnelle[5].

428. À partir de ces deux illustrations, il est permis de conclure que la déclaration d'inopérance est une technique de dévitalisation de la loi[6]. Son but est de paralyser toutes les significations litigieuses pouvant résulter de l'interprétation d'une disposition. Pour ce faire, elle est opportune car elle contribue à l'amélioration de la clarté et de l'intelligibilité de la loi[7]. En clair, elle conduit le juge à exercer une fonction négative de législation ; laquelle fonction se poursuit avec la neutralisation des normes viciées.

---

1 DRAGO Guillaume, *L'exécution des décisions du Conseil constitutionnel. L'effectivité du contrôle de constitutionnalité des lois*, Paris, Economica, 1991, p. 160.

2 *Ibid.*, pp. 159-160.

3 Décision n° 18/CC du 25 novembre 1992, relative à l'avis de la Cour émis sur le projet de loi de finances pour l'exercice 1993, *Hebdo informations*, n° 254, pp. 74-75.

4 Décision n°9/CC du 14 mai 1992, relative à la loi n°1/92 du 14 février 1992 portant organisation du recensement général de la population, *Hebdo Informations*, n°254, pp. 74-75.

5 L'article sus-évoqué dispose en effet que « « Les autorités gouvernementales et politiques gabonaises ne devront intervenir d'aucune façon sur les résultats obtenus de manière à les influencer. Elles s'engagent à laisser la direction générale de la statistique et des études économiques exploiter, analyser et publier les résultats selon les techniques classiques permettant d'aboutir à des données par les instances internationales ». Et pour le requérant, un tel libellé est contraire à la Constitution car ces dispositions « marginalisent la Cour et lui retirent la mission de surveillance qui lui a été assignée par la loi organique ». Au cours de son raisonnement, la Cour annihilante cette interprétation en affirmant que le pouvoir régulateur dont elle dispose l'autorise à exercer une telle mission. V., considérants n°8-11.

6 DI MANNO Thierry, « Jurisprudence du Conseil constitutionnel », *RFDC*, 1997, pp.369

7 ALLOGNON Mahoussi Gabriel, « La condition du législateur béninois dans la jurisprudence de la Cour constitutionnelle », *Afrilex*, [en ligne] p. 23.

b. La neutralisation des normes viciées

429. Les juges constitutionnels africains modifient la substance des lois qu'ils contrôlent non seulement par le biais des interprétations annihilantes, comme nous venons de le voir, mais aussi par le truchement des interprétations neutralisantes. En effet, si l'interprétation annihilante permet au juge constitutionnel de constater le caractère non contraignant d'une norme, l'interprétation neutralisante, au sens de cette étude, lui sert d'outil d'élimination de toute signification d'un énoncé linguistique susceptible d'affecter la constitutionnalité d'une disposition[1]. Autrement dit, les interprétations neutralisantes désignent des décisions « interprétatives » par lesquelles les juges constitutionnels gomment l'effet nocif de certaines dispositions en affirmant qu'elles n'ont pas la signification qui semble découler du texte[2]. Selon une expression empruntée aux administrativistes, ces interprétations permettent au juge de vider la disposition contestée de son « venin »[3]. Elles constituent donc une illustration saillante de l'usage de la « gomme » par le juge constitutionnel. Cette gomme lui permet de réduire le sens et la portée du texte de loi, et donc de le réécrire de manière négative.

430. Au Bénin par exemple, le juge constitutionnel procède de la sorte lorsqu'il précise le sens grammatical de l'article 113 de la Constitution relatif aux délais de formulation des explications au Parlement par le Gouvernement. Il juge en effet que si les ministres doivent répondre aux questions des députés dans le mois, il convient de préciser pour éviter toute équivoque que ce terme « mois » leur accorde en réalité « un délai de trente jours »[4]. Par cette précision, la Haute juridiction écarte ou élimine l'interprétation selon laquelle le mot « mois » s'entendrait comme un délai de vingt-huit ou vingt-neuf jours (tel est le cas du mois de février) ou de trente-et-un jour (le cas de certains autres mois). La Haute juridiction béninoise agit encore ainsi lorsqu'elle précise par exemple la portée des termes « lot » et « loto ». Selon elle, le terme « lot », « dans le rapport de l'énumération des jeux de hasard [...] est ce qu'on gagne et le "loto", un jeu de hasard »[5].

431. En droit comparé africain, la Haute Cour constitutionnelle malgache agit de même. Elle neutralise par exemple l'interprétation suivant laquelle les

---

1 SAMUEL Xavier, « Les réserves d'interprétation émises par le Conseil constitutionnel », *CC.*, [en ligne].

2 V., FAVOREU Louis, « La décision de constitutionnalité », *RIDC*, n°2, 1986, p. 622 et s ; DI MANNO Thierry, *Le juge constitutionnel et la technique des décisions « interprétatives » en France et en Italie*, *op.cit.*, p. 158.

3 Pour la technique du *« retrait de venin »* en contentieux administratif français, v., par exemple : AUBY Jean-Marie et DRAGO Roland, *Traité de contentieux administratif*, Paris, LGDJ, tome 2, 1962, p. 424 ; GAUDEMET Yves, *Les méthodes du juge administratif*, Paris, LGDJ, 1972, p. 143.

4 Décision 15 DC du 16 mars 1993, précitée.

5 Décision DC du 04 novembre 2003, précitée.

termes « presse en ligne » et « communication numérique » sont synonymes[1]. Si pour le législateur ces deux termes s'entendent comme une conception, une publication d'informations diverses sur les réseaux sociaux et le web[2], pour la Haute juridiction il ne saurait en être ainsi tant ces expressions renvoient à deux conceptions différentes. Alors que « la presse en ligne » poursuit un but d'intérêt général et exige une rigueur journalistique[3], la « communication numérique » a simplement pour objectif de diffuser certains messages ou informations par le biais d'un média numérique comme le web, les réseaux sociaux, les applications mobiles ou autres[4]. En précisant chacun de ces mots, le juge constitutionnel malgache neutralise l'interprétation erronée formulée par le législateur et en propose une meilleure. Dès lors, l'interprétation neutralisante lui permet de modifier le contenu normatif d'une disposition. Ce faisant, il opère une réécriture dans la loi. Il importe de préciser que cette forme d'interprétation s'adresse certes au législateur mais surtout aux autorités infra-législatives, c'est-à-dire aux autorités chargées d'appliquer la loi.

II. L'ENCADREMENT DE LA CONFECTION DE LA LOI AU MOYEN D'UNE DÉCLARATION D'INVALIDATION

432. Dans cette étude, « la déclaration d'invalidation » s'entendra comme la technique ou la décision par laquelle un juge constitutionnel clôt son contrôle par le rejet d'une loi ou d'une partie de celle-ci en raison de son caractère

1Décision n°13-HCC/D3 du 31 août 2020 relative à la loi n°2020-006 portant modification de certaines dispositions de la loi n°2016-029 du 24 août 2016 portant Code de la communication médiatisée.

2 C'est la définition retenue par le législateur à l'article 35 de la loi n°2020-006 portant modification de certaines dispositions de la loi n°2016-029 du 24 août 2016 portant Code de la communication médiatisée.

3 V. considérant n°14 : « tout service de communication au public en ligne édité à titre professionnel par une personne physique ou morale qui a la maîtrise éditoriale de son contenu, consistant en la production et la mise à disposition du public d'un contenu original, d'intérêt général, renouvelé régulièrement, composé d'informations présentant un lien avec l'actualité et ayant fait l'objet d'un traitement à caractère journalistique, qui ne constitue pas un outil de promotion ou un accessoire d'une activité industrielle ou commerciale ».

4 *Ibid.*, La communication numérique en revanche doit être définie comme « un champ des sciences de la communication relatif à l'ensemble des actions visant à diffuser des messages par le biais d'un média numérique comme le web, les médias sociaux, les applications mobiles et autres ».

inconstitutionnel. Encore appelée décision de non-conformité ou décision de rejet[1], la déclaration d'invalidation obéit à une subdivision ternaire. Il y a : la déclaration de non-conformité totale, la déclaration de non-conformité partielle et la déclaration de non-conformité sous réserve d'observations.

433. Si ces types de décisions se rapprochent naturellement de la technique de législation négative qu'est l'interprétation restrictive, elles s'en démarquent néanmoins graduellement. Alors que l'interprétation restrictive est une méthode explicite ou active de législation, la déclaration d'invalidation constitue une technique de législation implicite ou passive. Dans une perspective kélsenienne, on avancera que la déclaration d'invalidation érige le juge constitutionnel en « juge de l'annulation » des lois, c'est-à-dire en législateur négatif car l'invalidation d'une loi a la même portée que sa validation[2].

434. Mais en réalité, ce type de déclaration conduit moins le juge constitutionnel à réécrire la loi qu'à encadrer son application. Il semble plus approprié de soutenir qu'elle l'amène à jouer un rôle « d'aiguilleur » : il détecte les inconstitutionnalités et indique au législateur la voie à suivre pour les annihiler. À cet effet, l'encadrement que le juge constitutionnel opère sur l'activité normative du législateur varie selon l'intensité de l'inconstitutionnalité détectée. Cet encadrement est relativement simple si l'inconstitutionnalité entachant la loi n'est pas de nature à entraîner son annulation totale (B). L'encadrement juridictionnel de la loi est en revanche renforcé si le juge considère que la loi est tellement viciée qu'elle ne peut être adoptée (A).

A. L'ENCADREMENT IMPLICITE DE L'ACTIVITÉ NORMATIVE DU LÉGISLATEUR AU MOYEN D'UNE DÉCLARATION D'INVALIDATION TOTALE

435. Les juges constitutionnels africains prennent implicitement part à la fonction législative toutes les fois qu'ils invalident totalement un projet ou une proposition de loi. Avant d'étayer cette idée, deux remarques préliminaires sont nécessaires. D'abord, une décision d'invalidation ou d'annulation totale peut intervenir si le juge constitutionnel conclut à l'inconstitutionnalité de tous les articles de la loi contrôlée. Bien qu'elle soit prévue par les textes, cette hypothèse est cependant rare en pratique[3]. Ensuite, une décision d'annulation

---

1VIALA Alexandre, *Les réserves d'interprétation dans la jurisprudence du Conseil Constitutionnel*, Paris, LGDJ, 1998.

2 V. l'article de Hans KELSEN sur : « la garantie juridictionnelle de la Constitution (la justice constitutionnelle) », précitée.

3 En France par exemple, le professeur Guillaume DRAGO montre qu'« il n'existe pas de déclaration de non-conformité totale résultant de l'inconstitutionnalité de tous les articles du projet de loi, chacun pris séparément étant inconstitutionnel. Ce cas de figure reste relativement théorique, même s'il est réalisable ». V., DRAGO Guillaume, *L'exécution des décisions du Conseil constitutionnel : l'effectivité du contrôle de constitutionnalité des lois*, *op. cit.*, p. 111.

totale peut résulter d'une déclaration d'inséparabilité. C'est l'hypothèse où une loi est annulée dans son entièreté en raison du caractère inséparable d'un ou de plusieurs de ses articles jugés inconstitutionnels[1].

436. La Haute Cour constitutionnelle de Madagascar utilise par exemple cette technique dans sa décision du 26 décembre 2015[2] et la Cour constitutionnelle du Gabon dans celle du 18 août 1994[3]. Dans les deux cas, ce sont les conséquences attachées à cette forme d'annulation qui nous amène à soutenir que le juge constitutionnel exerce une influence sur la confection de la loi. En effet, l'annulation totale d'un texte de loi entraîne soit l'abandon définitif, soit l'abandon provisoire de son adoption[4]. En d'autres mots, la finalité d'une annulation totale est d'empêcher la promulgation de la loi[5], et donc de freiner son entrée en vigueur.

437. Toutefois, elle a aussi pour avantage de révéler au législateur les motifs ayant conduit à l'annulation de son texte. Dans cette optique, si ce dernier décide d'adopter le texte annulé, une seconde délibération a lieu au Parlement. Cette seconde délibération peut intervenir à la demande du Président de la République et/ou du Gouvernement. Elle a alors pour objectif d'amender la loi rejetée dans le sens indiqué par la Haute juridiction. En langage administrativiste, on dira que le législateur exerce une compétence liée[6], dès

1 *Ibid.* V. aussi : article 30 de la loi organique sur la Cour constitutionnelle du Bénin ; article 19 de la loi organique sur la Cour constitutionnelle gabonaise ; article 23 de la loi organique sur la Cour constitutionnelle du Niger. Et en France, article 22 de l'ordonnance du 7 novembre 1958 sur le Conseil constitutionnel.

2 Décision n°33-HCC/D3 du 26 décembre 2015 relative à la loi n°2015-024 portant octroi de Fonds Local de Développement au profit des Collectivités Territoriales Décentralisées de base. Dans cette affaire, le Président de la République demande à la Haute Cour d'apprécier la constitutionnalité de la loi n°2015-024 portant octroi de Fonds Local de Développement au profit des Collectivités Territoriales Décentralisées de base. Au cours de son contrôle, la Haute juridiction constate que l'article 1er, alinéas 2 et 3, ainsi que les articles 2 et 3 ne sont pas conformes à la Constitution. De plus, poursuit-elle, « étant des dispositions essentielles non détachables, la loi n°2015-024 ne peut être promulguée en l'état ». Ainsi, le juge constitutionnel Malagasy confirme qu'un article ou une disposition contraire aux normes de référence et déclarée inséparable de la Constitution entraîne temporairement l'invalidation totale de la loi contrôlée. Pour que cette dernière soit promulguée, il faut donc nécessairement que le législateur corrige l'article ou les dispositions en causes dans le sens donné par le juge constitutionnel. Or en indiquant au législateur la voie à suivre pour parfaire son œuvre, il est clair que le juge constitutionnel s'érige d'emblée en « législateur suprême », dans la mesure où c'est lui qui détient en réalité le dernier mot.

3 Décision n°005/94/CC du 18 août 1994, Loi organique n°3/93 du 11 mars 1993 relative à l'élection des députés à l'Assemblée nationale. La Haute juridiction affirme que les alinéas 1 et 3 de l'article 11 de la Loi organique n°3/93 du 11 mars 1993 relative à l'élection des députés à l'Assemblée Nationale sont *« non séparables de l'ensemble du texte »*. À l'instar de ses homologues, il recourt par ailleurs à une technique très proche de la décision d'inséparabilité : c'est la déclaration de séparabilité.

4 FOILLARD Philippe, *Droit constitutionnel et institutions politiques*, 24ème éd., Bruxelles, Bruylant, 2018, pp. 420-421.

5 FAVOREU Louis, « La décision de constitutionnalité », *RIDC*, n°38-2, 1986, pp. 620.

6 *Infra*, première partie, titre I, chapitre 1, section 1.

lors que la conformité à la Constitution du texte révisé dépend du respect des motifs avancés par le juge constitutionnel pour invalider la loi. Cela étant, le juge constitutionnel participe à la confection de la loi car, en orientant l'activité normative du législateur au moyen d'une invalidation totale de la loi, il exerce implicitement une fonction législative.

438. La technique juridictionnelle dite du contrôle « à double détente », récurrente dans la jurisprudence constitutionnelle africaine[1], conforte notre déduction. On appelle contrôle « à double détente » l'examen exercé par un juge constitutionnel à deux reprises à propos d'une une même loi[2]. Le juge constitutionnel malgache l'utilise par exemple dans sa décision du 04 avril 2018[3]. Il s'agit d'une sorte de deuxième examen de la loi par lequel une juridiction constitutionnelle vérifie si les directives adressées au législateur lors du premier contrôle ont été respectées. C'est donc un moyen supplémentaire, en plus de l'autorité de la chose jugée, permettant au juge constitutionnel d'imposer ses décisions au législateur.

439. L'intensité du recours à cette technique est tributaire du type de texte contrôlé par une juridiction constitutionnelle. Elle est rarement utilisée lorsque le contrôle du juge porte sur des lois ordinaires car elles ne sont pas impérativement déférées à son contrôle. En revanche, la technique du contrôle « à double détente » est récurrente en matière de contrôle de conformité des lois organiques et des Règlements des assemblées, dans la mesure où leur promulgation est conditionnée par une décision de validation du juge constitutionnel[4]. Ainsi, en conditionnant la validité de la loi à une prise en compte des orientations formulées à l'occasion de sa première censure, le juge constitutionnel encadre l'activité normative du législateur. Ce faisant, il participe indirectement à la procédure législative car il ne réécrit pas lui-même le texte de loi, mais il impose au législateur de retenir l'écriture qu'il juge conforme à la Constitution. Il franchit cependant le Rubicon lorsqu'il procède lui-même au réaménagement de la loi grâce aux déclarations d'invalidation partielles.

B. L'ENCADREMENT EXPLICITE DE L'ACTIVITÉ NORMATIVE DU LÉGISLATEUR AU MOYEN D'UNE DÉCLARATION D'INVALIDATION PARTIELLE

440. Contrairement aux décisions de non-conformité totale par lesquelles les juges constitutionnels africains influencent indirectement l'activité normative

1 À Madagascar par exemple, le contrôle à double détente trouve une illustration dans la décision n°13-HCC/D3 du 04 avril 2018, concernant la loi n°2017-020 portant Code d'Électricité à Madagascar.
2 DRAGO Guillaume, *Contentieux constitutionnel français*, *op. cit.*, p. 435.
3 Décision n°13-HCC/D3 du 04 avril 2018, précitée.
4 Pour tous ces développements, il convient de se rapporter aux analyses du professeur DRAGO Guillaume, *Contentieux constitutionnel français*, *op. cit.*, pp. 435-436.

du législateur, les décisions de non-conformité partielle leur servent d'outil de modification directe des lois contrôlées. Dans la jurisprudence constitutionnelle africaine, ces décisions d'invalidation partielle apparaissent principalement sous deux formes : les décisions de séparabilité (1) et les décisions de non-conformité sous réserve d'observations ou la séparabilité sous réserve d'observations (2).

1. Les décisions de séparabilité comme moyen d'encadrement explicite de la fonction normative du législateur

441. Les Cours constitutionnelles africaines participent expressément à la confection de la loi grâce aux décisions de séparabilité. Celles-ci renvoient à l'hypothèse où une Haute juridiction décide qu'une disposition législative est inconstitutionnelle, et donc séparable de l'ensemble de la loi[1]. Dans ce cas, la disposition litigieuse est amputée et le reste de la loi promulguée[2]. On avancera que les décisions de séparabilité permettent aux Hautes juridictions d'épurer les lois et de clore la procédure législative.

442. En effet, il y a épuration des lois par ce type de décision car elles permettent aux Cours d'identifier et d'ôter toutes les scories qui affectent leur constitutionnalité. C'est le cas lorsque la Cour constitutionnelle gabonaise décide de séparer du texte de loi une disposition étendant les prérogatives du Premier Ministre en période de circonstance exceptionnelle[3]. Il en est de même quand elle censure l'article 19 de la loi organique sur la Cour constitutionnelle par une déclaration de séparabilité aux motifs que cet article étend excessivement les compétences du Président de cette Haute juridiction[4].

443. La même politique jurisprudentielle est observée par diverses juridictions constitutionnelles africaines, à l'instar de celle du Niger. Dans ce pays, le juge constitutionnel censure une disposition législative au moyen d'une séparabilité aux motifs qu'elle l'invite à contrôler les traités ratifiés, alors

---

1 DRAGO Guillaume, *L'exécution des décisions du Conseil constitutionnel. L'effectivité du contrôle de constitutionnalité des lois*, *op. cit.*, p. 121.

2 GARRIGOU-LAGRANGE Jean-Marie, « Les partenaires du Conseil constitutionnel ou De la fonction interpellatrice des juges », *RDP*, 1986, p. 621.

3 Décision n°018/CC du 27 octobre 1993, Loi n°15/93 relative à la Haute Cour de Justice, *Recueil des décisions et avis*, 1993, pp. 103-105. En l'espèce, la Haute juridiction censure par exemple l'alinéa 2 de l'article 2 de loi contrôlée aux motifs qu'il confie au Premier Ministre le pouvoir de transférer le siège local de la Haute Cour de Justice en période de circonstance exceptionnelle, alors qu'une telle prérogative ne relève que de la compétence du Président de la République.

4 Décision n°007/CC du 15 septembre 1994, Loi organique n°13/94 du 17 septembre 1994 portant modification de la Loi Organique n°9/91 du 26 septembre 1991 sur la Cour Constitutionnelle.

qu'elle n'en est pas compétente[1]. Elle agit encore de la sorte dans l'arrêt du 13 juin 2013, lorsqu'elle déclare l'article 167 de la loi portant Statut Autonome du Cadre des Douanes séparable de l'ensemble du texte car il méconnaît le principe de la séparation des attributions entre le Parlement et l'Exécutif[2].

444. Toutes ces illustrations jurisprudentielles témoignent non seulement de l'effectivité de la décision de séparabilité en Afrique mais aussi de son influence sur la procédure de confection de la loi. En effet, en déclarant dans le même temps qu'une disposition législative est inconstitutionnelle mais séparable de la loi, le juge constitutionnel épure le texte déféré à son analyse et permet au Président de la République d'exercer sa compétence de promulgation[3]. Ce faisant, le juge constitutionnel raccourcit la procédure législative. Il s'érige en quelque sorte en « troisième chambre du Parlement », voire en « chambre souveraine du Parlement » car c'est lui qui détient en réalité « le dernier mot ». La loi ne pouvant entrer en vigueur qu'après son épuration par la Haute juridiction, et ce, au moyen d'une déclaration de séparabilité, il est donc permis de conclure que cette méthode décisionnelle est une illustration saillante de la politisation de l'office juridictionnel des juges constitutionnels africains. Le recours aux décisions de non-conformité sous-réserve d'observations confirme encore cette assertion.

2. Les décisions de non-conformité sous réserve d'observations comme moyen d'encadrement explicite de l'activité normative du législateur

445. En contentieux constitutionnel, l'expression « déclaration de conformité sous réserve » désigne en principe la troisième voie décisionnelle du juge[4]. Mais comme le propre des principes est d'admettre des exceptions, il arrive

1 Arrêt n°001/CCT/MC du 4 janvier 2013, Loi organique déterminant la composition, l'organisation, les attributions et le fonctionnement du Conseil d'État. En l'espèce, l'article 160 de la loi soumise au contrôle dispose : « Lorsque la solution d'un litige porté devant le Conseil d'État est subordonnée à l'appréciation de la conformité des dispositions d'une loi ou des stipulations d'un accord international à la Constitution, le Conseil d'État sursoit à statuer jusqu'à la décision de la Cour constitutionnelle ». Selon la Cour, cet article est inconstitutionnel car elle n'est pas compétente pour contrôler les traités ratifiés. Dès lors, il convient de déclarer contraire et séparable de la loi examinée le groupe de mots : « ou des stipulations d'un accord international à la Constitution ».

2 Arrêt n°007/CC/MC du 7 janvier 2013, Loi portant Statut Autonome du Cadre des Douanes.

3 GARRIGOU-LAGRANGE Jean-Marie, « Les partenaires du Conseil constitutionnel ou De la fonction interpellatrice des juges », *op. cit.*, p. 621.

4 Telle est l'expression la plus récurrente tant en doctrine (V., VIALA Alexandre, *Les réserves d'interprétation dans la jurisprudence du Conseil constitutionnel*, Paris, LGDJ, 1999 ; DI MANNO Thierry, *Le juge constitutionnel et la technique des décisions « interprétatives » en France et en Italie*, Paris, Economica, 1999. Louis FAVOREU, « La décision de constitutionnalité », *RIDC*, n°38-2, 1986, pp. 611-633) qu'en jurisprudence (en témoignent la plupart des décisions examinées tout au long de ce chapitre).

souvent à certaines juridictions constitutionnelles africaines de rendre des « déclarations de non-conformité sous réserve d'observations ». Pour cerner la notion de « déclaration de non-conformité sous réserve », il suffit donc de définir négativement la décision de conformité sous réserve. Il importe de rappeler que les réserves d'interprétation constituent un ensemble d'instruments par lequel le juge constitutionnel cadre et encadre les conditions de mise en œuvre de la loi, et complète ainsi l'intervention du législateur[1]. Cela étant, la déclaration de non-conformité sous réserve concourt au même but mais de manière négative. On entendra alors par cette dernière, la décision par laquelle le juge constitutionnel invalide un texte ou une partie du texte tout en agissant sur sa substance normative par une énonciation des conditions conformes à la Constitution qui devront être observées par le législateur lors d'une seconde délibération. En termes plus simples, c'est le procédé par lequel le juge constitutionnel rejette un texte ou une portion de texte tout en indiquant au législateur les corrections à faire afin de sauver le texte querellé de la censure. Chemin faisant, le juge constitutionnel participe implicitement à la confection de la loi car il influence l'activité normative du législateur. En Afrique, ce genre de décision trouve une parfaite illustration dans les jurisprudences constitutionnelles béninoise et sud-africaine.

446. La Cour constitutionnelle béninoise l'utilise par exemple dans sa décision du 22 mars 1995[2]. En l'espèce, saisie par le Président de l'Assemblée nationale pour examiner la loi organique n°93-013 sur la Haute Cour de Justice, la Haute juridiction constate que l'article 17.2 de la loi contrôlée est contraire à la Constitution. Mais, au lieu d'annuler la loi ou de la valider sous réserve de certaines observations, elle l'invalide plutôt tout en ordonnant au législateur de réécrire l'article querellé dans le sens qu'elle lui indique. La Cour l'affirme en ces termes : « [considérant] qu'[…] il y a lieu de déclarer l'article 17.2 non-conforme à la Constitution pour non-respect de la chose jugée et d'ordonner qu'il soit ajouté *in fine* au 1er alinéa dudit article "sous réserve des dispositions contraires de la présente loi" […] »[3].

447. De ce considérant, il ressort clairement que la Cour adopte une double démarche. Dans un premier temps, elle conclut à une inconstitutionnalité de l'article 17.2. Dans un second temps, elle ordonne au législateur d'ajouter à cet article l'élément défaillant. Un tel cheminement contraste avec les réserves classiques que l'on rencontre dans les jurisprudences des autres Cours constitutionnelles africaines. Tout au long de nos recherches, nous n'avons d'ailleurs trouvé aucune « réserve d'observation » de cette nature dans les jurisprudences constitutionnelles gabonaise, malgache et nigérienne, pour ne

1 MATHIEU Bertrand, « Le Conseil constitutionnel "législateur positif" ou la question des interventions du juge constitutionnel français dans l'exercice de la fonction législative », *RIDC*, n°62-2, 2010, p. 520.
2 Décision DCC 95-020 du 22 mars 1995, Loi organique sur la Haute cour de justice.
3 Considérant n°6.

citer que ces pays. Il nous est cependant arrivé de la déceler dans la jurisprudence constitutionnelle sud-africaine.

448. En effet, alors que la majeure partie des Hautes juridictions rendent des décisions de conformité sous réserve, destinée aux autorités chargées de l'application de la loi, la Cour constitutionnelle sud-africaine prononce parfois des verdicts de non-conformité sous réserve, accompagnée de l'écriture simultanée de la loi[1]. Elle agit par exemple de la sorte dans sa décision du 1er décembre 2005[2]. On pourrait penser que la Cour a simplement manqué de pédagogie dans cette affaire ou encore qu'il ne s'agirait que d'une hérésie. Mais, en réalité, il est plutôt question d'une orientation singulière de sa jurisprudence, tant elle confirme cette politique jurisprudentielle dans d'autres décisions[3]. Ce faisant, la Haute juridiction sud-africaine, à l'instar de la Cour constitutionnelle béninoise, crée un amalgame au sein de la typologie des décisions sous réserve. À quoi est-il opportun en effet de censurer une disposition tout en admettant sa conformité sous certaines conditions ? N'est-il pas plus pédagogue de plutôt valider une disposition tout en l'assortissant des conditions nécessaires à son application ? Si le juge constitutionnel africain minimise cette distinction, il semble que déclarer une disposition non-conforme à la Constitution sous réserve d'observation n'est rien d'autre qu'une aporie. Dans tous les cas, cet outil décisionnel a pour mérite de guider le législateur lors de sa réécriture de la loi ; réécriture que le juge opère aussi parfois de manière positive.

---

1 EMMANUEL Delphine Edith, « Le pouvoir normatif de la Cour constitutionnelle d'Afrique du Sud », *RDP*, 2015/6, n°6, p. 8.

2 Affaire Minister oh Home Affairs and Another v. Fourie and Others (1 december 2005). A la page 7 de l'article précitée, EMMANUEL Delphine Edith, commentant cette affaire, montre que « la réécriture jurisprudentielle de la loi par la Cour constitutionnelle s'opère notamment grâce à l'invention d'une méthode particulière d'interprétation à savoir, la déclaration de non-conformité sous réserve ».

3 Décision DCC 02-144 du 23 décembre 2002, Loi portant Code des personnes et de la famille ; Décision DCC 05-135 du 20 octobre 2005, Tidjani Falilou. V. MEDE Nicaise, *Les grandes décisions de la Cour constitutionnelle du Bénin*, *op. cit*, pp. 359-364 ; Décision DCC 09-120 du 09 octobre 2009, Loi n°2008-07 portant Code de procédure civile, commerciale, sociale et administrative ; Décision DCC 11-067 du 20 octobre 2011, Loi organique portant conditions de recours au référendum.

SECTION II : LA RÉÉCRITURE POSITIVE DE LA LOI

449. Les affirmations selon lesquelles le juge constitutionnel ne serait qu'un « législateur négatif »[1] ; qu'il ne disposerait que du « crayon et non de la gomme » ; qu'il ne serait que « la bouche de la loi »[2] sont dépassées. Actuellement, le juge constitutionnel exerce aussi une fonction positive de législation quand il achève son contrôle par une décision de conformité. Cette forme décisionnelle connaît une intensité variable. Elle est tantôt assortie de réserves d'interprétation constructive, tantôt prononcée d'office. On tentera de démontrer que la première technique transforme le juge constitutionnel en « législateur positif » car elle l'amène à reconstruire la loi (I), et que la seconde s'inscrit dans la même logique parce qu'elle conduit le juge constitutionnel à confirmer le caractère valide de la loi (II).

I. LA RECONSTRUCTION DE LA LOI AU MOYEN DE L'INTERPRÉTATION CONSTRUCTIVE

450. Selon Thierry Di MANNO, « la technique de l'interprétation constructive sert à introduire un *quid novi* dans la disposition de loi contrôlée qui permet de la mettre en conformité avec les exigences constitutionnelles et, partant, de la sauver de la censure »[3]. Pour le dire autrement, l'interprétation constructive se caractérise par l'introduction d'un élément nouveau dans la loi contrôlée afin de la rendre conforme à la Constitution[4]. La doctrine subdivise ce type

1Nous avons vu que cette thèse fut soutenue par Hans KELSEN au XXème siècle.
2Si l'on s'en tient à la thèse défendue par MONTESQUIEU à propos de la fonction judiciaire, on conviendrait que le rôle du juge constitutionnel consiste exclusivement à lire la loi fondamentale. Il n'est que la « bouche de la loi ». V. MONTESQUIEU Charles-Louis de Seconda, *De l'Esprit des lois*, *op. cit.*, p. 72.
3 DI MANNO Thierry, « Jurisprudence du Conseil constitutionnel », *NCCC*, 1992, p. 372.
4 Pour le professeur Alexandre VIALA, « ce qu'on appelle, dans le vocabulaire de la science du contentieux, "l'interprétation conforme" est le mécanisme intellectuel auquel recourt un juge pour interpréter un texte en conformité à une norme. En contentieux constitutionnel, cette norme est évidemment la Constitution. Le syntagme "interprétation conforme" implique, à première vue, une conception essentialiste de la hiérarchie des normes, à tout le moins la croyance en l'existence d'une identité ontologique de la Constitution puisqu'il s'agit d'ajuster

d'interprétation en deux catégories : les réserves substitutives (A) et les réserves additives (B).

A. Les réserves substitutives

451. La technique de l'interprétation substitutive permet au juge constitutionnel de retirer d'une disposition contrôlée une norme positive contraire à la Constitution en la remplaçant par une autre dont la conformité à la loi fondamentale est avérée[1]. Guillaume TUSSEAU précise qu'il s'agit d'une décision par laquelle le juge, sans se limiter à étendre le champ d'application d'une norme préexistante, « remplace une réglementation inconstitutionnelle par une autre de sa propre création qu'[il] estime découler des exigences constitutionnelles »[2]. Elle constitue pour ce faire un instrument de réécriture de la loi. Les Cours constitutionnelles africaines reconstruisent les lois au moyen de ce genre d'interprétation tant en réaménageant leur aspect formel (1) qu'en améliorant leur contenu (2).

1. Le réaménagement formel de la loi au moyen d'une interprétation substitutive

452. L'interprétation substitutive permet aux juges constitutionnels africains de s'immiscer dans la procédure législative par une reconstruction de la loi. Elle constitue une composante de l'interprétation constructive parce qu'elle favorise la modification du « contenu apparent d'une disposition soit pour restreindre son champ d'application, soit pour compléter son dispositif d'application »[3]. Cette modification s'opère souvent sur l'aspect formel de la loi.

453. Au Bénin par exemple, la Cour constitutionnelle procède à une réécriture formelle de la loi dans la décision du 06 octobre 2009[4] relative à la loi ordinaire portant Code de procédure civile, commerciale, sociale et administrative. En effet, après avoir constaté la qualité défectueuse de plusieurs dispositions de la loi sus-indiquée, la Cour adresse de nombreuses

---

l'interprétation d'un texte à la Constitution comme si celle-ci, contrairement à celui-là, était un donné normatif ». V., VIALA Alexandre, « De la puissance à l'acte : la QPC et les nouveaux horizons de l'interprétation conforme », *op. cit.*, p. 1.

1 DI MANNO Thierry, « Jurisprudence du Conseil constitutionnel », *op. cit.*, p. 373.

2 TUSSEAU Guillaume, « Les juges constitutionnels comme autorités normatives : éléments d'une taxonomie des sentences constitutionnelles », in : GRANDJEAN Geoffrey et WILDEMEERSCH Jonathan (dir.), *Les juges : décideurs politiques ? Essais sur le pouvoir politique des juges dans l'exercice de leur fonction*, Bruxelles, Bruylant, 2016, p. 190.

3 HAMON Francis, TROPER Michel, *Droit constitutionnel*, 40ème éd., Issy-les-Moulineaux Cedex, LGDJ, 2019-2020, p. 840.

4 Décision DCC 09-120 du 06 octobre 2009, relative à la loi ordinaire portant Code de procédure civile, commerciale, sociale et administrative en République du Bénin.

injonctions au législateur pour corriger toutes ces défections. Elle affirme par exemple que « pour une meilleure structuration du texte, écrire SECTION III au lieu de SECTION IV » ; " TITRE III" au lieu de " TITRE V" et "DE LA SAISINE" au lieu de "SAISINE" ». À travers l'expression " au lieu de", la Cour montre qu'elle utilise une interprétation substitutive pour modifier la présentation formelle de la loi.

454. Il en est de même quand la Haute juridiction préconise dans sa décision du 28 décembre 1995[1] que l'article 86 du Règlement intérieur du Conseil Économique et Social, objet du contrôle, est conforme à la Constitution sous réserve qu'il vise « l'article 85 au lieu de l'article 83 ».

455. La Cour constitutionnelle gabonaise développe une politique jurisprudentielle similaire. Dans la décision du 8 octobre 2010[2] par exemple, la Haute juridiction gabonaise admet la conformité à la Constitution de la loi organique n° 31/2010 relative aux lois de Finances et à l'Exécution du Budget sous réserve d'un réaménagement formel de certaines dispositions. Selon l'article 2 du dispositif de cette décision, il s'agit des articles 3,4, 6, 8, 9, 10, 14, 26, 33, 35, 38, 39, 45, 47, 48, 49, 50, 51, 52, 62, 65, 74 et 84. Pour la Cour, la subdivision de ces articles est préjudiciable à l'objectif de valeur constitutionnelle qu'est la lisibilité de la loi[3]. En conséquence, ils ne peuvent être déclarés conformes à la Constitution que sous réserve de leur « restructuration en les subdivisant en alinéas et tirets en cas d'énumération ». Pour sauver les articles querellés de la censure, la Cour remplace donc leurs anciennes formulations par de nouvelles. C'est dans cette optique qu'elle réaménage par exemple l'article 3 de cette loi en le reconstruisant de la manière suivante : « ont le caractère de lois de finances : Les lois de finances de l'année ; Les lois de finances rectificatives ; La loi de règlement ».

456. Cette Haute juridiction recourt encore à la même technique dans la décision du 31 octobre 2012[4]. Dans celle-ci, elle affirme par exemple que le membre de phrase : « les Membres siégeant au Conseil Economique et Social portent le titre de Conseiller Economique et Social » doit être substitué par une formulation plus appropriée, à savoir : « les Membres du Conseil Economique et Social portent le titre de Conseiller Economique et Social »[5].

1 Décision DCC 95-048 du 28 décembre 1995, Règlement intérieur du Conseil Economique et Social.

2 Décision n°31/CC du 08 octobre 2010, relative aux lois de Finances et à l'Exécution du Budget, *Recueil des décisions et avis 2010*, pp. 106-127.

3 Considérant n°5 de la décision commentée.

4 Décision n°078 TER/CC du 31 octobre 2012, Règlement Intérieur du Conseil Economique et Social, *Recueil des décisions et avis*, 2012, pp. 308-314.

5 En l'espèce, le Président du Conseil Economique et Social défère à la Haute juridiction, aux fins d'un contrôle de constitutionnalité, le Règlement intérieur du Conseil Economique et Social. Au cours de ce contrôle, les juges constitutionnels constatent que plusieurs dispositions dudit Règlement sont litigieuses en raison de leur caractère illisible. De ce fait, elles portent atteintes à l'exigence de lisibilité de la loi. Pour épargner ces dispositions de la censure, la Cour

En substituant l'expression « siégeant au » par le mot « du », la Cour rend cette disposition plus lisible. Il en est de même lorsqu'elle substitue l'ancienne formulation de l'article 45, alinéa 2, selon laquelle : « les autres Membres de la section engagés par le rapport ne peuvent intervenir pour quelques amendements que ce soit », par la nouvelle formulation suivante : « les autres Membres de la section concernés par le rapport ne peuvent intervenir pour quelques amendements que ce soit ». On le voit bien, la substitution du mot « engagés » par celui de « concernés » illustre l'usage du « stylo » par la Cour afin de sauver la loi de la censure.

457. Ces trois décisions sont donc révélatrices du pouvoir normatif que détiennent désormais les juges constitutionnels gabonais et béninois. Alors que le premier améliore la qualité formelle de la loi pour la rendre plus lisible, le second utilise l'interprétation substitutive pour rendre la loi plus compréhensible. Les objectifs de lisibilité et de compréhensibilité permettent à la loi d'être plus claire. En les défendant avec fermeté dans ces trois décisions, les Cours améliorent en définitive la qualité formelle de la loi. L'interprétation substitutive leur permet en outre d'améliorer la qualité matérielle des lois.

2. L'amélioration substantielle des lois au moyen de l'interprétation substitutive

458. Les Cours constitutionnelles africaines ne se servent pas de l'interprétation substitutive uniquement pour réaménager la loi sur la forme ; elles l'utilisent aussi pour améliorer la loi dans sa substance. Autrement dit, l'interprétation substitutive permet aux Hautes juridictions de détecter les normes inconstitutionnelles que contiennent les lois, puis de les substituer par celles jugées constitutionnelles. Thierry DI MANNO soutient à ce propos que l'interprétation substitutive a pour objectif de « réparer les lacunes de la loi »[1].

459. Au Bénin par exemple, l'interprétation substitutive est utilisée par la Cour constitutionnelle aux fins d'une perfection du contenu de la loi dans la décision du 07 décembre 1998[2]. Dans celle-ci, le juge constitutionnel exige de dire, à l'article 36 nouveau alinéa 1er du texte analysé, qu'« elle est close la veille du scrutin à minuit au lieu de zéro (00) heure ». Pour elle, le mot "minuit" est préférable à l'expression "zéro (00) heure". En procédant à la substitution de ces termes, la Haute juridiction modifie la formulation retenue par le Parlement lors de l'adoption de ce texte. Elle reconstruit donc cette loi.

---

les reconstruit en substituant les expressions et termes inappropriés par ceux dont la constitutionnalité ne souffre d'aucune contestation.

1 DI MANNO Thierry, *Le juge constitutionnel et la technique des décisions « interprétatives » en France et en Italie*, *op, cit.*, p.260.

2 Décision DCC 00-078 du 7 décembre 1998, Loi n° 98-036 portant modification de la Loi n° 94-015 du 27 janvier 1995 définissant les règles particulières pour l'élection des membres de l'Assemblée nationale.

460. Elle agit encore ainsi dans la décision du 23 décembre 2002, relative à la loi portant Code des personnes et de la famille[1]. Comme dans la précédente décision, la Cour affirme par exemple qu'il convient plutôt d'écrire à l'article 37 alinéa 2 de la loi contrôlée « [...] ou une action d'état » au lieu de « [...] en action d'état ». Elle estime que l'expression « [...] ou une action d'état » cadre avec les exigences de la Constitution, tandis que l'expression « [...] en action d'état » contrarie ces exigences.
461. Soucieuse du respect de la loi fondamentale par les pouvoirs publics, la Haute juridiction montre donc au législateur, grâce à cette interprétation substitutive, la formulation à retenir afin de ne pas méconnaître celle-ci. La Cour constitutionnelle gabonaise n'échappe pas à la tradition lorsqu'elle use de ce genre de réserve pour améliorer le contenu des lois.
462. Dans la décision n°16/CC des 12, 13 et 14 octobre 1992 portant code électoral par exemple[2], la Cour déclasse certaines dispositions relevant de la loi ordinaire, déclare non conformes à la Constitution huit articles et n'admet la conformité à la Constitution des articles 13 et 89 de ce code que sous réserve de leur modification. L'article 13 sus-évoqué n'échappe à la censure de la Cour qu'après la substitution de certains de ses termes.
463. En effet, en indiquant que « tous les électeurs sont éligibles, sous réserve des dispositions constitutionnelles et des restrictions spécialement prévues par le présent code pour chaque catégorie d'élections », la Cour estime que cet article est contraire à la Constitution, car le mot "restrictions" qu'il comporte est de nature à « restreindre la portée des dispositions de l'article 4 de la Constitution dont elle a pour objet de prévoir et de déterminer l'application ». Pour le mettre en conformité avec la loi fondamentale, il convient, selon la Cour, de le reformuler en substituant le mot "conditions" au mot "restrictions".
464. La décision du 26 septembre 2002[3] permet de renforcer ce point de vue. En l'espèce, sont en cause les dispositions de l'article 124 de l'ordonnance n°5/2002 du 14 août 2002 portant modification de certaines dispositions de la loi n°7/96 du 12 mars 1996 portant dispositions communes à toutes les élections politiques, modifiée par la loi n° 10/98 du 10 juillet 1998, en ce qu'elles violeraient la Constitution en réduisant le délai au cours duquel la Cour doit rendre ses décisions. Initialement fixé à deux (2) mois, selon l'alinéa 2 de l'article 77 de la loi organique sur la Cour constitutionnelle, le législateur voudrait le ramener à un (1) mois maximum. Or, une telle réduction viole l'article 77 précité. Pour rétablir ce délai et sauver cet article de l'invalidation, la Cour use d'une interprétation substitutive. C'est ainsi qu'elle déclare, dans le considérant n°14 de cette décision, qu'« il convient, pour rendre l'article 124 conforme, de le reformuler en substituant le groupe de mots "deux mois"

1 Décision DCC 02-144 du 23 décembre 2002, Loi portant code des personnes et de la famille.
2 Décision n° 16/CC des 12, 13 et 14 octobre 1992, relative à la loi n°13/92 portant code électoral, *Hebdo informations*, n°262, pp. 136-137.
3 Décision n°142/CC du 26 septembre 2002, relative à la requête du premier ministre tendant au report du scrutin des élections locales, *Hebdo informations*, n°460, pp. 168-169.

à celui d'"un mois" ». Ici encore, c'est au moyen d'une interprétation substitutive que la Haute juridiction parvient à faire respecter les exigences constitutionnelles au législateur.

465. À l'analyse de toutes ces décisions, il ressort que l'interprétation substitutive permet au juge constitutionnel de s'approprier la fonction législative[1]. Il se transforme en effet en « législateur-cadre positif »[2] en modifiant la substance normative des lois soumises à son examen. Les réserves additives remplissent la même finalité.

B. LES RÉSERVES ADDITIVES

466. L'interprétation additive s'entend comme celle qui a « pour objet d'enrichir le contenu normatif de la disposition de loi par extension de sa portée »[3]. C'est l'interprétation qui permet au juge constitutionnel d'ajouter au contenu normatif de la disposition de loi contrôlée ce qui lui manque pour satisfaire aux exigences constitutionnelles. Grâce à elle, le juge constitutionnel participe à la réécriture de la loi soit en sanctionnant les omissions du législateur (1), soit en corrigeant les erreurs de ce dernier (2).

1. La sanction des omissions du législateur

467. Il arrive souvent que le législateur oublie d'inclure dans les lois qu'il propose certains termes ou certaines expressions indispensables à leur constitutionnalité. Heureusement, grâce à la méticulosité des Cours constitutionnelles, de telles omissions sont généralement détectées, puis réparées au moyen d'une interprétation additive. Comme le souligne Guillaume TUSSEAU, « par les sentences additives, le juge émet lui-même les normes manquantes, notamment en étendant le champ d'application d'un dispositif législatif à une catégorie de destinataires ou de situations dont l'exclusion ou l'omission conduisaient à une inconstitutionnalité »[4].

---

1 NZE BITEGHE Jean-Christophe, « La Cour constitutionnelle gabonaise et la création normative », in : *Célébration des vingt ans de la Cour constitutionnelle du Gabon, colloque : légitimité des juridictions constitutionnelles et processus démocratiques*, 8-9 octobre 2012, p.45.

2 BEHRENDT Christian, *Le juge constitutionnel, un législateur-cadre positif*, Bruylant et LGDJ, 2005.

3DI MANNO Thierry, *Le juge constitutionnel et la technique des décisions « interprétatives » en France et en Italie*, *op. cit.*, pp.231-232.

4 TUSSEAU Guillaume, « Les juges constitutionnels comme autorités normatives : éléments d'une taxonomie des sentences constitutionnelles », in : GRANDJEAN Geoffrey et WILDEMEERSCH Jonathan (dir.), *Les juges : décideurs politiques ? Essais sur le pouvoir politique des juges dans l'exercice de leur fonction*, *op. cit.*, pp. 189-190.

468. Au Gabon, la Cour constitutionnelle se sert de cette technique dans plusieurs de ses décisions. C'est le cas dans celle du 17 janvier 2001[1]. Dans cette décision, en examinant la conformité à la Constitution de la loi de finances 2001, la Haute juridiction détecte une omission commise par le législateur. Celle-ci concerne la non-inscription par le Parlement des crédits nécessaires à son fonctionnement (au fonctionnement de la Cour) dans la loi de finances de l'année 2001. Or, selon la Cour, « il résulte de l'article 93 de la Constitution et des textes d'application qu'elle jouit de l'autonomie de gestion financière et que les crédits nécessaires à son fonctionnement, arrêtés en concertation avec les ministres concernés, doivent être inscrits dans la loi de finances de l'année ». Par conséquent, la non-inscription dans la loi de finances desdits crédits constitue une violation manifeste de la Constitution, entachant la loi en cause d'inconstitutionnalité. Cette loi est donc déclarée conforme à la Constitution, selon l'article 1er du dispositif de cette décision, sous réserve d'une inscription « des crédits alloués à la Cour constitutionnelle, nécessaires à son fonctionnement pour l'année 2001, soit : 540.000.000 de francs au titre du budget de fonctionnement ; 700.000.000 de francs au titre du budget d'investissement ; 150.000. 000 de francs au titre du budget électoral ». Ici, il est clair que la Cour utilise une interprétation additive pour combler la lacune que comporte la loi qu'elle contrôle. Plutôt que d'invalider cette loi, elle préfère la réécrire afin de la mettre en conformité avec les exigences constitutionnelles.

469. Elle garde la même position dans la décision du 28 octobre 2002[2]. Amenée à se prononcer sur la conformité à la Constitution de la loi organique n°5/2002 modifiant et complétant la loi organique fixant l'organisation, la composition, la compétence et le fonctionnement du Conseil d'État, la Cour constitutionnelle constate que plusieurs dispositions de cette loi ne peuvent être déclarées conformes à la Constitution que sous réserve d'interprétation. Il en est ainsi du cinquième (5ème) tiret de l'article 40 de la loi déférée. En effet, en contrôlant cet article, la Cour relève qu'il n'a pas inclus la mention « les opérations de référendum ». Or, une telle omission entraîne nécessairement l'inconstitutionnalité de cet article dans la mesure où il importe de préciser le champ de compétence dont dispose le Conseil d'État en matière d'opération de référendum. Ainsi, cet article n'échappe à l'invalidation que sous réserve de l'addition du groupe de mots « et les opérations de référendum »[3].

470. À l'instar du juge constitutionnel gabonais, le juge constitutionnel béninois applique également cette technique d'interprétation. La décision du

1 Décision n°1/CC du 17 janvier 2001, relative à la loi de finances 2001, *Hebdo informations*, n°433, pp. 5- 6.

2 Décision n° 144/CC du 28 octobre 2002 relative à la loi organique n° 5/2002 modifiant et complétant la loi organique fixant l'organisation, la composition, la compétence et le fonctionnement du Conseil d'Etat, *Hebdo informations*, n° 464, pp.225-227.

3 Cf., considérant n°18.

23 décembre 2002[1] en est une parfaite illustration. Dans cette dernière, est soumise à la Haute juridiction, aux fins d'un contrôle de constitutionnalité, la loi n°2002-07 portant code des personnes et de la famille. En l'examinant, les juges constitutionnels constatent que certaines de ses dispositions sont contraires à la Constitution. Ils décident alors de les épargner de la censure en les greffant de réserves d'observations. Les juges constitutionnels modifient pour ce faire plusieurs articles. C'est ainsi qu'à l'article 8, ils recommandent au législateur d'ajouter *in fine* « [...] et ne portant pas atteinte à l'honneur et à la considération de l'enfant et/ou à celle d'autrui tel que prévu à l'article 7 de la même loi »[2] ; à l'article 12 alinéa 3 d'ajouter *in fine* « [...] ou sur autorisation du juge ». Le verbe "ajouter" montre bien qu'il s'agit d'une réserve additive. En utilisant celle-ci, la Cour comble les omissions qu'elle relève dans la loi. Elle complète donc le travail du législateur, non pas en dénaturant ce qu'il a écrit, mais en reconstruisant ce qu'il a préalablement adopté. Une telle reconstruction paraît opportune dans la mesure où elle permet au juge constitutionnel de sauver la loi d'une invalidation.

471. La Cour constitutionnelle béninoise utilise encore une réserve additive afin de combler une omission législative dans sa décision du 24 novembre 1999[3]. Dans celle-ci, elle déclare par exemple l'article 103-2 de la loi n° 98-006 portant régime électoral, communal et municipal en République du Bénin conforme à la Constitution, sous réserve que soit ajoutée à l'alinéa 3 la phrase suivante : « les membres du comité de supervision ne peuvent être candidats à la fonction concernée »[4].

472. La Haute Cour constitutionnelle malgache n'est pas en reste. Dans la décision du 07 février 2018, par exemple, elle n'admet la conformité à la Constitution de l'article 54 de la loi régissant l'activité et le contrôle des Bureaux d'Information sur le Crédit que sous réserves de certaines précisions. En effet, après avoir constaté que cette disposition ne mentionne pas la nature et le mode de recouvrement des sanctions pécuniaires, la Haute Instance la complète en précisant que « les sanctions pécuniaires doivent être recouvrées comme des créances de l'État »[5]. Elle comble encore une omission du législateur lorsqu'elle n'admet la constitutionnalité de la loi relative à la sécurité sanitaire des denrées alimentaires et de l'alimentation animale que sous réserve de la précision de la composition et du mode de nomination des membres du Dispositif National d'Évaluation des Risques (DNER)[6].

---

1 Décision DCC 02-144 du 23 décembre 2002, *infra.*

2 V., considérant n° 17.

3 Décision DCC 99-052 du 24 novembre 1999, Loi n° 98-006 portant régime électoral communal et municipal en République du Bénin.

4 V. considérant n°2.

5 Décision n°10-HCC/D3 du 07 février 2018 concernant la loi n° 2017-045 régissant l'activité et le contrôle des Bureaux d'Information sur le Crédit.

6 Décision n°09 HCC/D3 du 31 janvier 2018 concernant la loi n°2017-048 régissant la sécurité sanitaire des denrées alimentaires et de l'alimentation animale.

473. Au regard de toutes ces illustrations jurisprudentielles, nous conviendrons avec Guillaume TUSSEAU que par le biais des décisions additives, les Cours exercent « visiblement un pouvoir de type législatif »[1]. Outre la sanction des omissions du législateur, les Cours constitutionnelles africaines font recours aux réserves additives pour corriger les erreurs matérielles de cet organe.

2. La correction des erreurs matérielles du législateur

474. La technique de l'interprétation additive n'a pas pour seul objectif l'ajout des omissions législatives. Sa finalité est aussi d'assurer la correction des erreurs commises par le législateur. Ce faisant, elle confère au juge constitutionnel un véritable pouvoir normatif. En effet, lorsqu'il valide une loi en l'assortissant d'une réserve d'interprétation additive, celle-ci, lors de sa promulgation ne sera plus la même que celle issue du Parlement lors de son adoption. En corrigeant les erreurs matérielles du législateur au moyen d'une interprétation additive, les Cours réécrivent la loi en la reconstruisant.
475. Au Gabon, l'analyse de trois décisions permet de justifier ces propos. La première est celle du 10 février 2003[2]. En l'espèce, la Cour est amenée à se prononcer sur la conformité à la Constitution de la loi n°6/2002 instituant un régime de répression de l'enrichissement illicite en République gabonaise. Lors de son contrôle, elle repère une inconstitutionnalité au niveau de l'article 8 de cette loi, puis la répare. Selon elle, tel que formulé initialement, cet article porte atteinte à la sécurité de l'emploi car il est contraire à l'article premier, septièmement de la Constitution[3]. Pour le sauver de la censure, la Cour préconise de le reformuler.
476. À cet effet, la formulation du Parlement selon laquelle « tout dépositaire de l'autorité de l'État qui s'abstient de se soumettre à la formalité de déclaration de fortune instituée par la présente loi est d'office démis de son emploi » doit être préférée, selon la Cour, à celle-ci : « tout dépositaire de l'autorité de l'État qui s'abstient de se soumettre à la formalité de déclaration de fortune instituée par la présente loi est démis de son emploi <u>ou de sa charge conformément aux règles qui régissent son statut ou la convention dont il relève</u> »[4]. En ajoutant à la loi les expressions qui manquaient, la Cour corrige

1 TUSSEAU Guillaume, « Les juges constitutionnels comme autorités normatives : éléments d'une taxonomie des sentences constitutionnelles », précité.
2 Décision n° 12/CC du 10 février 2003 relative à la requête présentée par Monsieur Jean Christophe NZEBITEGHE tendant à voir déclarer inconstitutionnelles certaines dispositions de la loi n° 6/2002 instituant un régime de répression de l'enrichissement illicite en République gabonaise, *Hebdo informations*, n° 468, pp. 5556.
3 Cet article dispose en effet que : « Chaque citoyen a le devoir de travailler et le droit d'obtenir un emploi. Nul ne peut être lésé dans son travail en raison de ses origines, de son sexe, de sa race, de ses opinions.
4 V. considérant n° 6.

une erreur législative, la méconnaissance du droit à la sécurité de l'emploi, et sauve ainsi cet article de la censure. Cependant, elle exerce une attribution normalement dévolue au législateur.

477. La deuxième décision qui mérite d'être examinée est celle du 04 juin 2004, concernant l'ordonnance n°8/2003 du 8 août 2003 portant création de la Haute autorité de la sûreté et de la facilitation de l'aéroport international Léon Mba. En examinant cette loi, la Cour sanctionne son article 7. Elle estime en effet que celui-ci est favorable au cumul de compétences et n'est pas conforme aux dispositions de l'article 4 de la loi n°11/82 du 24 janvier 1983 qui prévoient que le Président de la République nomme par décret le président de l'organe administrateur d'un établissement public et que la composition de cet organe est fixée par décret du Président de la République sur proposition du ministre exerçant la tutelle technique.

478. Pour épargner cet article de la censure, la Haute juridiction le reformule de la manière suivante :

> « [la] Haute autorité de la sûreté et de la facilitation de l'aéroport international Léon Mba est administrée par le Conseil de sûreté et de facilitation qui en définit les orientations générales. Les membres du Conseil de sûreté et de facilitation sont nommés par décret du Président de la République sur proposition du ministre chargé de l'aviation civile »[1].

479. Une fois de plus, en reformulant cet article, la Cour complète le texte du législateur en corrigeant ses manquements afin de le rendre conforme aux exigences constitutionnelles. Elle ajoute au texte ce qui manque à son contenu normatif, avant de lui donner un brevet de constitutionnalité. Elle reconstruit donc la loi.

480. Comme troisième exemple, on peut citer la décision du 27 février 2004 dans laquelle la Cour n'accorde le brevet de constitutionnalité à l'article 12 de la loi contrôlée que sous réserve de le reformuler comme suit : « Président de corps constitué, le président du Conseil national de la communication bénéficie du traitement, avantages et indemnités liés à son rang. Les autres membres du Conseil bénéficient du même traitement de base que le président. Leurs régimes de pension de retraite sont fixés par la loi »[2].

481. Selon la Cour, cette reformulation est meilleure que la précédente qui prévoie seulement que « les traitements et avantages alloués au président et autres membres du Conseil national de la communication sont fixés par voie réglementaire ». Car, ainsi libellé, « ledit texte prête à équivoque quant à la base de calcul du traitement des autres membres du Conseil national de la

---

1 Article 1er du dispositif de la décision commentée.

2 Décision n° 3/CC du 27 février 2004, relative à la loi organique n°16/2003 modifiant les dispositions de certains articles de la loi organique n°14/91 du 24 mars 1992 portant organisation et fonctionnement du Conseil National de la Communication, *Recueil des décisions et avis*, 2004-2006, pp. 14-24.

communication » et ne tient pas compte de l'objectif de valeur constitutionnelle qu'est la lisibilité du texte.

482. Là encore, c'est au moyen d'une interprétation additive que la Haute juridiction soigne la maladresse du législateur en reconstruisant elle-même la loi. Cette technique est très affectionnée par le juge constitutionnel gabonais. En effet, en dehors de ces quelques décisions susmentionnées, elle recourt encore à elle dans plusieurs autres. Sans être exhaustif, on peut par exemple mentionner celles du 04 mai 2004[1] ; du 07 juillet 2011[2] ; du 21 juillet 2011 et du 08 novembre 2011[3].

483. Au Bénin, la Cour constitutionnelle recourt à cette méthode d'interprétation pour parvenir à la même finalité : la correction des erreurs matérielles du législateur. Mais cette dernière va un peu plus loin que la Cour constitutionnelle gabonaise. En effet, elle l'utilise tant pour combler les lacunes de la loi en corrigeant ses fautes syntaxiques et orthographiques que pour préciser les termes équivoques qu'elle comporte. En ce qui concerne la correction des fautes d'orthographe et de syntaxe, une seule décision servira d'illustration. Il s'agit de la décision du 28 décembre 1995 précitée[4].

484. Dans cette décision, la Haute juridiction détecte, au cours de son contrôle de constitutionnalité sur le Règlement intérieur du Conseil Economique et Social, plusieurs dispositions inconstitutionnelles. Au lieu de renvoyer le texte au Parlement pour que celui-ci délibère à nouveau, elle décide d'user de son

---

1 Décision n°006/CC du 04 mai 2004 relative au décret n°000324/ PR/MCEILPLC du 7 avril 2004 fixant les modalités de la déclaration de fortune par les dépositaires de l'autorité de l'Etat et les conditions de leur conservation et de leur exploitation. Dans cette décision, la Cour use d'une interprétation additive pour corriger une erreur du législateur lorsqu'elle admet par exemple la conformité à la Constitution de l'article dudit décret, sous réserve de le reformuler comme suit : « la déclaration de fortune comporte une énumération du ou des salaires annuels, les loyers, des pensions, des immeubles bâtis ou non bâtis, des véhicules terrestres à moteur et autres véhicules. Les biens sont estimés à la date de la déclaration.

2 Décision n° 029/CC du 7 juillet 2011, Loi organique n° 049/2010 déterminant la composition et le fonctionnement de la Haute Cour de Justice ainsi que la procédure applicable devant elle. Ici également, en déclarant l'article 5 de cette loi conforme à la Constitution, sous réserve de le reformuler ainsi qu'il suit : « les Membres de la Haute Cour de Justice prêtent serment devant la Cour de Cassation, le Conseil d'Etat et la Cour des Comptes réunis », la Cour corrige une erreur du législateur en faisant recours à une interprétation additive.

3Décision n° 034/CC du 21 juillet 2011 relative à la loi n° 008/2011 modifiant et complétant l'ordonnance n°9/98 du 5 août 1998 portant régime de pension et de retraite des anciens membres de la Cour constitutionnelle. Dans cette décision, la Cour estime que les dispositions de l'article 18b in fine de la loi n° 008/2011 du 29 JUIN 2011 comportent des lacunes par le fait qu'elles limitent la détention du passeport diplomatique aux anciens membres de la Cour constitutionnelle et à leurs conjoints, alors que la Loi organique sur la Cour constitutionnelle accorde aussi cette détention aux enfants de ces derniers. Ainsi, la Cour n'accorde le brevet de constitutionnalité à cet article que sous réserve de sa reformulation suivante : « les anciens membres de la Cour constitutionnelle, leur(s) conjoint(s), leur(s) enfant(s) mineurs ou scolarisés ont droit au passeport diplomatique ». Par cette interprétation additive, la Cour comble les lacunes de la loi, elle la reconstruit.

4 Décision DCC 95-048 du 28 décembre 1995, Règlement intérieur du Conseil économique et social.

instrument incontournable qu'est la technique de l'interprétation additive pour épargner ces dispositions de la censure. C'est dans cette optique qu'elle déclare par exemple les dispositions de l'article 72 alinéa 1 du Règlement soumis à son contrôle conformes à la Constitution, sous réserve de « corriger la faute d'orthographe au mot "chargé" en ajoutant le "e" muet »[1] qui manque. Cette correction est opportune et salutaire car, en agissant de la sorte, la Haute juridiction évite une seconde délibération de la loi. Cette réserve formulée à l'endroit du Parlement prouve à suffisance que le juge constitutionnel est désormais le principal artisan des lois.

485. S'agissant des erreurs substantielles du législateur corrigées par la Cour, plusieurs décisions serviront d'exemples. D'abord, celle du 02 juillet 1991[2]. En l'espèce, le président du Bureau provisoire de l'Assemblée nationale saisit le Haut Conseil de la République[3] aux fins d'un contrôle de constitutionnalité du Règlement intérieur adopté par l'Assemblée nationale le 13 juin 1991. Après avoir déclaré bon nombre de dispositions de ce Règlement conformes à la Constitution, le Haut Conseil de la République sauve plusieurs autres de la censure en les réécrivant au moyen d'une interprétation additive. C'est ainsi qu'il recommande à l'article 77.1 et 2 du Règlement contrôlé d'ajouter aux expressions "commissions spéciales" les mots « et temporaires »[4] ; ou encore de préciser l'article 74 *in fine* avec les termes suivants : « après présentation de son rapport »[5], afin de le rendre conforme à l'article 106 de la Constitution qui dispose que « la discussion des projets de loi porte sur un texte présenté par la Commission ».

486. Ensuite, dans la décision du 25 novembre 1993[6], la Cour, en examinant la conformité à la Constitution de la loi n° 93-013 relative à la Haute Cour de Justice, sur demande du Président de la République, reconstruit encore la loi par le recours à une interprétation additive. Elle n'admet la conformité à la Constitution de l'article 20 du Règlement contrôlé que sous réserve d'une modification. En effet, elle estime qu'en prévoyant que « la chambre d'instruction [...] délibère [...] », cet article est contraire à la Constitution. Dans la pratique, une juridiction délibère pour prendre une décision. Or, la chambre d'instruction n'ayant pas compétence pour prendre une décision sur la mise en accusation comme il est démontré ci-après, le mot "délibère" n'est pas approprié. Il convient donc, selon la Cour, de ne déclarer l'article 20 querellé conforme à la Constitution que sous réserve de cette modification. Cependant, en modifiant cet article, elle ajoute forcément à son contenu

---

1 V., Cf. Considérant n°1.

2 Décision 3 DC du 02 juillet 1991, Règlement intérieur de l'Assemblée nationale.

3 En 1991, le Haut Conseil de la République exerçait, à titre provisoire, les attributions normalement dévolues à la Cour constitutionnelle.

4 Article 2 du dispositif, considérant n°20 de cette décision.

5 Considérant n°19 de cette décision.

6 Décision DCC 04-93 du 25 novembre 1993, Loi n° 93-013 relative à la Haute Cour de Justice.

normatif l'élément défaillant. Par la correction de cette imprécision, la Cour reconstruit ou réécrit alors la loi.

487. Finalement, on conviendra avec Abdoulaye SOMA que la méticulosité des Cours constitutionnelles africaines est salutaire. Elles détectent « les inconstitutionnalités, aiguillonnent le législateur sur la manière de les corriger, voire donnent les corrections matérielles à opérer. Elles inspectent même la nomenclature de la syntaxe, les imperfections grammaticales et orthographiques de la loi »[1]. La technique de l'interprétation constructive constitue alors un outil de réécriture expresse de la loi. Elle témoigne de la volonté des Cours constitutionnelles africaines de disposer non seulement de la gomme mais aussi du crayon pour réécrire les lois. Cette technique érige donc incontestablement les Hautes juridictions en organes politiques, précisément en législateurs occasionnels, voire suprêmes, et ce, parce que la promulgation de la loi est conditionnée par leur brevet de constitutionnalité.

II. La confection définitive de la loi au moyen d'une décision de validation

488. La réécriture positive de la loi par les juges constitutionnels africains ne s'opère pas seulement au moyen des interprétations constructives. Outre ces interprétations, les décisions de conformité concourent également à la même finalité. Dans la jurisprudence constitutionnelle africaine, ces décisions apparaissent sous deux formes. On distingue la déclaration partielle de conformité d'office (A) et la déclaration totale de conformité d'office (B).

A. La confection de la loi au moyen d'une déclaration partielle de conformité d'office

489. Dans cette étude, la déclaration partielle de conformité d'office désignera la technique par laquelle le juge constitutionnel accorde un brevet de constitutionnalité à certaines dispositions de la loi sans motiver sa décision. Deux principaux procédés s'inscrivent dans cette logique : le « considérant-balai » (1) et la « conformité sans motivation » (2). Si le premier procédé est classique tant dans la jurisprudence constitutionnelle africaine que dans celle

1 SOMA Abdoulaye, « commentaires de la décision DCC 95-020 du 22 mars 1995 », *ABJC*, Cotonou, n°1- 2013, p.150.

de nombreuses Cours constitutionnelles européenne[1], le second en revanche est spécifique à la Cour constitutionnelle du Niger.

1. Le considérant-balai, une technique banale

490. Le « considérant-balai » est celui qui figure généralement à la fin des motifs dans les décisions rendues par les juges constitutionnels. Il a pour objet d'attester que le contrôle des juges s'est opéré non seulement sur les dispositions contestées mais aussi sur l'intégralité du texte qui leur a été déféré[2]. Il est repérable dans les décisions par les formules suivantes : « considérant que les autres dispositions [...] sont déclarées conformes à la Constitution »[3] ; « considérant que toutes les autres dispositions sous examen sont conformes à la Constitution »[4]. Par de telles formules, le juge constitutionnel montre qu'il n'a pas détecté d'inconstitutionnalité dans les autres dispositions de la loi examinée. Il confirme alors implicitement qu'il exerce un contrôle *ultra petita*, c'est-à-dire qu'il se prononce à la fois sur les dispositions contestées par les saisissants et sur celles n'ayant pas fait l'objet d'une contestation. Ce contrôle de l'intégralité de la loi est salutaire dans la mesure où il permet au juge constitutionnel d'assainir l'ensemble des lois soumises à son contrôle avant leur mise en vigueur. C'est donc une méthode rédactionnelle par laquelle le juge constitutionnel met un terme à la procédure d'édiction de la loi. À travers son utilisation, nous pensons que le juge constitutionnel s'érige en « législateur suprême » car elle s'accompagne toujours d'une promulgation de la loi. Partagée par l'ensemble des juridictions constitutionnelles, la technique du « considérant-balai » diffère légèrement de la technique de la « conformité partielle sans motivation » que l'on retrouve surtout en contentieux constitutionnel nigérien.

2. La « déclaration de conformité partielle sans motivation », une singularité nigérienne

491. Contrairement au « considérant-balai » qui dissimule les autres dispositions de la loi déclarées conformes à la Constitution, la « déclaration

1 On retrouve par exemple cette technique dans la jurisprudence constitutionnelle française.
2 DRAGO Guillaume, *Contentieux constitutionnel français*, *op. cit.*, p. 419.
3 Formulation préférée par la Cour constitutionnelle gabonaise. V., par exemple : décision n°9/CC du 4 juin 2004 relative à la requête de Monsieur le président de la République tendant à voir déclarer inconstitutionnelles certaines dispositions de la loi n°4/2004 portant ratification de l'ordonnance n°8/2003 du 8 août 2003 portant création de la Haute autorité de la Sûreté et de la facilitation de l'aéroport international Léon Mba.
4 Formulation préférée par la Cour constitutionnelle béninoise. V., par exemple : décision DCC 18-005 du 23 janvier 2018, Président de la République.

de conformité sans motivation », elle, mentionne explicitement les articles en harmonie avec les textes de référence. En effet, la « déclaration de conformité sans motivation » peut s'entendre comme la technique par laquelle le juge constitutionnel déclare conforme à la Constitution certaines dispositions de la loi qu'il contrôle sans justifier en quoi ou pourquoi celles-ci le sont. Autrement dit, c'est un procédé par lequel le juge accorde un brevet de constitutionnalité à un ou plusieurs articles de la loi soumise à son examen sans toutefois expliquer les raisons de cette constitutionnalité. Sur le continent africain, il semble que seul le juge constitutionnel du Niger utilise régulièrement cette technique juridictionnelle.

492. En effet, c'est à elle qu'il recourt par exemple dans l'arrêt du 10 juillet 2003[1]. En l'espèce, la Cour est saisie par le Premier Ministre aux fins d'un contrôle de constitutionnalité de la loi portant Code électoral en République du Niger. Dans son considérant n°4, elle déclare que « les articles 10, 11, 12, 13, 14, 15, 17, 18, 26, 46, 51, 61, 73, 77, 78 et 86 du Titre I relatif aux dispositions Communes aux élections politiques et au référendum [...] sont conformes à la Constitution », sans pour autant motiver ce caractère constitutionnel. C'est la raison pour laquelle six (6) semaines plus tard, plusieurs requérants la saisissent à nouveau pour contester sa méthode utilisée dans l'arrêt précité. Ces derniers soutiennent que « l'arrêt du 10 juillet a déclaré dans ses motifs les articles 10, 11 [...] du Titre I de la loi soumise au contrôle de la Cour conformes à la Constitution sans qu'il n'apparaisse dans les motifs en quoi ils sont conformes à la Constitution »[2]. En répondant aux requérants, les juges affirment que l'absence de motivation « relève d'une méthodologie propre à la Cour constitutionnelle dans l'élaboration de ses décisions qui n'implique pas obligatoirement de faire apparaître dans les motifs, tout le cheminement par lequel elle aboutit à la solution retenue, notamment lorsqu'il s'agit d'un contrôle global de conformité »[3]. Il convient de s'interroger sur l'opportunité de ce type de décision en menant une réflexion comparative.

493. En droit comparé, en effet, la motivation des décisions est non seulement une exigence juridique[4], mais encore « un instrument technique processuel et une garantie politico-institutionnelle »[5]. Elle est généralement définie comme le devoir du juge de « justifier et expliquer sa décision »[6]. Comme nous avons

---

1 Arrêt n°2003-09/CC du 10 juillet 2003, Premier Ministre.

2 Arrêt n°10/CC du 22 août 2003, Député Sabo SAIDOU et autres.

3 *Ibid.*

4 En France par exemple, les articles 20, 23-11, 26-1, 28, 40 de l'ordonnance n°58-1607 du 7 novembre 1958 portant loi organique sur le Conseil constitutionnel disposent ses déclarations sont motivées.

5 LE QUINIO Alexis, « La motivation des décisions du Conseil constitutionnel au prisme du modèle ibéro-américain », *NCCC.*, 2017/2, n°55-56, p. 33.

6*Ibid.*, p. 35.

déjà eu à le mentionner[1], la motivation est un moyen de justification et de persuasion grâce auquel le juge démontre que « la solution qu'il retient repose sur une application rationnelle de la norme en écartant le risque d'arbitraire »[2]. Fort de toutes ces considérations, il semble qu'en faisant fi de l'exigence de motivation des décisions, le juge constitutionnel nigérien rend inaccessible et inintelligible la portée des dispositions qu'il valide. Ce faisant, il fragilise l'exigence de sécurité juridique. L'attitude de la Cour constitutionnelle du Niger se rapproche en ce sens de celle qu'adopte souvent le Conseil constitutionnel français. En effet, la jurisprudence récente dudit Conseil est riche de décisions aux motifs sommaires et fébriles[3]. À titre d'exemples, on mentionnera les décisions du 14 juin 2013[4] et du 21 novembre 2014[5], rendues en matière de question prioritaire de constitutionnalité. Dans celles-ci, le Conseil utilise des considérants conclusifs contenant « de manière surprenante une déclaration de conformité globale sans examen préalable de certains griefs d'inconstitutionnalité »[6].

494. Ainsi, le laconisme rédactionnel des décisions de justice est présent tant dans la jurisprudence constitutionnelle nigérienne que dans celle du Conseil constitutionnel français à certains moments. Pour y remédier, il faut donc que les juges constitutionnels renforcent la qualité de la motivation qui est une donnée essentielle d'évaluation de la qualité intrinsèque et extrinsèque de leurs décisions[7]. Au demeurant, ils peuvent s'en passer lorsqu'ils rendent une décision de conformité totale.

B. La confection définitive de la loi au moyen d'une déclaration de conformité totale

495. La décision ou déclaration de conformité totale est celle par laquelle le juge constitutionnel termine son contrôle par une validation du texte déféré dans son ensemble. On estime qu'elle constitue un outil de confection définitive de la loi pour deux raisons. D'abord, parce qu'elle est toujours suivie d'une promulgation de la loi par le Président de la République. Puis, parce qu'elle entraîne la publication de la loi au journal officiel. Il convient de rappeler que si la promulgation est le moyen par lequel un acte juridique entre en vigueur, la publication est le processus par lequel cet acte devient

---

1 *Infra*, Partie I, titre I, chapitre II, section 2.
2LE QUINIO Alexis, « La motivation des décisions du Conseil constitutionnel au prisme du modèle ibéro-américain », *op. cit.*, pp. 33 et s.
3TETANG Franck de Paul, « À propos de la qualité des décisions du Conseil constitutionnel (réflexions à la lumière de la jurisprudence récente) », *RFDC*, n°108, 2016/4, p. 7.
4 CC, décision n°2013-320/321 QPC du 14 juin 2013.
5 CC, décision n°2014-440 QPC du 21 novembre 2014.
6 TETANG Franck de Paul, « À propos de la qualité des décisions du Conseil constitutionnel (réflexions à la lumière de la jurisprudence récente), *op. cit.*, p. 9.
7 *Ibid*, p. 7.

opposable. Dans tous les cas, la décision de conformité totale marque la fin de la procédure législative et le début de l'effectivité de la loi adoptée par le Parlement. Ainsi, contrairement aux autres formes de décisions qui entraînent parfois une réécriture de la loi ou une orientation de celle-ci lors de sa mise en œuvre, la décision de conformité totale constate simplement que le législateur n'a violé aucun principe constitutionnel.

496. Cependant, les formules retenues par les juridictions constitutionnelles africaines pour conclure à une décision de conformité totale peuvent prêter à équivoque. En effet, tantôt elles utilisent la formule : « considérant que la loi [...] est conforme à la Constitution »[1] ; tantôt elles recourent à la suivante : « considérant que la loi [...] n'est pas contraire à la Constitution »[2] ou « ne comporte pas de clause contraire à la Constitution »[3], sans pour autant préciser si une déclaration de conformité est différente d'une déclaration de non-contrariété. C'est ce qui a certainement poussé le Doyen Louis FAVOREU à soutenir que par de telles formulations, le juge constitutionnel établit une distinction entre conformité simple et compatibilité entre la loi et la Constitution[4]. Il y aurait conformité lorsque le juge constitutionnel n'émet aucun doute sur le caractère constitutionnel de la loi. C'est la formule affectionnée lors du contrôle des lois organiques, des règlements des assemblées et des lois ordinaires. La compatibilité, quant à elle, supposerait simplement la non-contradiction entre deux normes. Elle obéit surtout à la logique du contrôle de conventionnalité. Elle a lieu soit à l'occasion d'un contrôle entre une Constitution et un traité, soit à l'occasion d'une confrontation entre une loi et une convention[5]. Nous pensons qu'en dépit du caractère pertinent de cette distinction, elle demeure en réalité vulnérable car il ne s'agit simplement que des variations sémantiques traduisant la même idée[6] : l'absence de disposition contraire aux normes de référence dans la loi contrôlée.

497. Ainsi, au moyen de cette technique décisionnelle, le juge constitutionnel s'érige en « chambre suprême du Parlement », dans la mesure où sa décision de conformité totale favorise la promulgation rapide de la loi, et donc son entrée en vigueur.

---

1 À Madagascar par exemple, le juge utilise ces techniques dans les décisions : n°08-HCC/D3 du 19 avril 2006, concernant la loi n°2005-046 portant création de l'Autorité Routière ; n°07-HCC/D3 du 22 mars 2006 concernant le projet d'ordonnance portant loi organique relative au statut de la magistrature.

2 Formule récurrente dans la jurisprudence nigérienne.

3 Décision n° 13 ter/CC du 17 février 2003 relative au contrôle de constitutionnalité du traité instituant la Communauté économique africaine ; Décision n°14 ter/CC du 19 février 2003, contrôle de constitutionnalité de la convention internationale pour la répression des attentats terroristes à l'explosif (au Gabon).

4 FAVOREU Louis, « La décision de constitutionnalité », *RIDC*, 1986, p. 622.

5 COHENDET Marie-Anne, *Droit constitutionnel*, 5ème éd., Paris, Montchrestien, 2011, p. 101.

6VEDEL Georges, « Doctrine et jurisprudence constitutionnelle », *RDP*, 1989, p. 16.

CONCLUSION DU CHAPITRE I :

498. Au terme de ce chapitre, il convient de retenir que l'exercice du contrôle de constitutionnalité conduit les juges constitutionnels africains à exercer une fonction politique : la réécriture jurisprudentielle des lois. Celle-ci s'opère à la fois de manière négative, au moyen d'une interprétation restrictive, et de manière positive, par le biais d'une interprétation constructive. Exerçant ainsi une fonction législative, il importe de redéfinir le terme législateur en considérant qu'il englobe désormais le Parlement, le Gouvernement et le juge constitutionnel. Cela étant, le juge constitutionnel exerce alors un office intrinsèquement politique. En Afrique, l'immixtion des Cours constitutionnelles dans la fonction constituante conforte encore cette idée.

CHAPITRE II :
L'OFFICE « CONSTITUANT » DES JUGES

499. Les Cours constitutionnelles d'Afrique subsaharienne sont de véritables « juridictions constituantes ». Pour s'en convaincre, il suffit d'examiner leur jurisprudence et le contenu des lois fondamentales. Alors que les lois fondamentales les érigent implicitement en « constituantes de droit », les Cours se muent en « juridictions constituantes de fait » grâce à leur activité jurisprudentielle. Deux idées permettent d'étayer cette affirmation : l'encadrement de l'activité normative du constituant dérivé **(section I)** et la réécriture jurisprudentielle de la constitution **(section II)**.

SECTION I : L'ENCADREMENT DE L'ACTIVITÉ NORMATIVE DU POUVOIR CONSTITUANT DÉRIVÉ

500. Par « loi constitutionnelle », il faut entendre tout projet ou toute proposition de loi portant révision de la Constitution[1]. En Afrique, il arrive souvent que le pouvoir constituant dérivé — entendu comme l'organe compétent pour réviser une constitution —, compétent pour adopter de telles lois, initie des révisions constitutionnelles « déconsolidantes »[2]. Heureusement, de telles initiatives sont parfois neutralisées par les Cours constitutionnelles, et ce, au moyen d'un contrôle des lois de révision constitutionnelle. Ce faisant, les Hautes juridictions se muent en « constituantes » car, comme l'affirme Séverin ANDZOKA ATSIMOU, si elles ont acquis le statut de co-législateur par le contrôle de la constitutionnalité des lois, elles deviennent co-constituantes par le contrôle des lois constitutionnelles[3].

501. À l'occasion d'un tel contrôle, les juges soumettent le pouvoir constituant dérivé au respect de deux exigences imposées par le pouvoir constituant

1 *Lexique des termes juridiques*, 16e éd., paris, Dalloz, 2007, p. 402 ; CABRILLAC Rémy, *Dictionnaire du vocabulaire juridique*, 8ème éd., LexisNexis, 2017, p. 350.

2 MADIOR FALL Ismaila, « La révision de la Constitution au Sénégal », *Afrilex*, 2014, p. 34.

3 ANDZOKA ATSIMOU Séverin, « La participation des juridictions constitutionnelles au pouvoir constituant en Afrique », *RFDC*, n°110, 2017/2, p. 282.

originaire. La première exigence concerne la régularité de la procédure de révision constitutionnelle (I). La seconde exigence est relative au contenu de la Constitution. À ce niveau, les juges constitutionnels veillent à ce que le pouvoir constituant dérivé ne porte pas atteinte à la lettre et à l'esprit de certains principes constitutionnels (II).

I. Le contrôle formel des lois de révision constitutionnelle

502. Sur le plan procédural ou formel, les juges constitutionnels d'Afrique subsaharienne sont de véritables organes constituants en raison du contrôle qu'ils opèrent tant lors de la phase de l'initiative de la révision (A) qu'à l'occasion de l'adoption de la proposition ou du projet de révision constitutionnelle (B).

A. Le contrôle de la phase d'initiative

503. Le contrôle juridictionnel des lois constitutionnelles est d'abord porté sur la phase d'initiative de la révision constitutionnelle. À ce stade, les juges constitutionnels opèrent une double vérification. D'une part, ils examinent si l'auteur de la révision constitutionnelle a effectivement qualité pour agir (1). D'autre part, ils s'assurent que l'initiative n'intervient pas à un moment exceptionnel et qu'elle ne porte pas sur un objet prohibé (2).

1. La vérification de la qualité de l'auteur de la révision constitutionnelle

504. De manière générale, les révisions constitutionnelles sont initiées par les autorités politiques. Mais de façon exceptionnelle, elles peuvent aussi émaner d'une fraction du peuple. Cette dernière hypothèse est par exemple prévue par la Constitution burkinabé[1], au niveau africain, et par la Constitution suisse, au niveau européen[2]. En Afrique, ces révisions constitutionnelles d'origine

1 L'article 161, tiret 3, de la Constitution Burkinabé de 1991 dispose en effet que « L'initiative de la révision de la Constitution appartient [...] au peuple lorsqu'une fraction d'au moins trente mille personnes ayant le droit de vote, introduit devant l'Assemblée nationale une pétition constituant une proposition rédigée et signée ».
2 V., articles 138 et 139 de la Constitution fédérale Suisse. V., aussi : article 192 ; « La révision totale de la Constitution peut être proposée par le peuple ou par l'un des deux conseils, ou

populaire sont assez rares en pratique, contrairement aux révisions constitutionnelles initiées par des organes politiques.

505. En effet, dans la majeure partie des États d'Afrique subsaharienne, cette initiative politique appartient concurremment au pouvoir exécutif et au pouvoir législatif. Le premier est compétent pour initier des projets de lois constitutionnelles, tandis que le second a pour compétence de faire des propositions de lois constitutionnelles.

506. Dans tous les cas, les juges constitutionnels exercent sur cette étape un contrôle strict. La Cour constitutionnelle béninoise a par exemple déclaré irrecevables plusieurs recours relatifs au contrôle d'une loi de révision constitutionnelle aux motifs que leurs auteurs ne justifiaient pas de la qualité requise pour agir[1]. La Cour constitutionnelle gabonaise agit pareillement dans la décision du 17 février 2004. En l'espèce, la Haute juridiction est saisie d'une requête tendant à lui demander de modifier certaines dispositions constitutionnelles. Elle rejette cette dernière aux motifs qu'« il résulte des prescriptions légales [...] que seules les autorités publiques limitativement énumérées peuvent prendre l'initiative d'une révision ; qu'il s'ensuit que la Cour n'est pas compétente pour initier une telle révision »[2]. La Cour achève son raisonnement par un rejet de la requête provenant d'un requérant non habilité à initier une procédure de révision constitutionnelle.

507. À ce stade, les Cours constitutionnelles opèrent en réalité un contrôle minimal sur les lois de révision constitutionnelle. Purement procédural, ce contrôle les invite simplement à authentifier la qualité de l'initiateur de la révision constitutionnelle et non à examiner le contenu d'une telle loi. Cette démarche est opportune car, en neutralisant les lois de révision constitutionnelle initiées par des personnes dont la qualité est défaillante, les Cours garantissent la souveraineté du pouvoir constituant dérivé[3]. Il en est de même lorsqu'elles prohibent des initiatives inopportunes.

2. La prohibition des initiatives inopportunes

S'il est loisible aux autorités politiques d'initier des révisions constitutionnelles, elles doivent cependant respecter deux conditions. En effet, il faut que la révision constitutionnelle intervienne en période normale et non

---

décrétée par l'Assemblée fédérale. 2 Si l'initiative émane du peuple ou en cas de désaccord entre les deux conseils, le peuple décide si la révision totale doit être entreprise. 3 Si le peuple accepte le principe d'une révision totale, les deux conseils sont renouvelés. 4 Les règles impératives du droit international ne doivent pas être violées ».

1 Décision DCC 06-074 du 8 juillet 2006, Loi constitutionnelle de prorogation du mandat des députés, v., considérant n°14.

2 Décision n° 2/CC du 17 février 2004, modification de certaines dispositions de la Constitution et de certaines lois organiques, *Recueil des décisions et avis*, 2004, pp. 11-12.

3 ONDO Télesphore, « Le contrôle de constitutionnalité des lois constitutionnelles en Afrique noire francophone », *RDIDC*, n°1, 2009, p. 113.

en période exceptionnelle (a), et que son objet soit autorisé par la Constitution (b).

a. Les prohibitions temporelles

508. Le constituant dérivé n'est jamais totalement souverain[1]. Il est par exemple soumis à des limitations d'ordre temporel. Pour le Doyen Louis FAVOREU, le but de ces prohibitions est d'empêcher qu'un changement des règles constitutionnelles surgisse à un moment où les citoyens ou les représentants ne sont pas libres de leurs décisions[2]. Les constituants africains partagent cette conception lorsqu'ils prohibent toute initiative de révision constitutionnelle lors des périodes d'instabilité. L'office des juges constitutionnels africains est donc de neutraliser le pouvoir constituant dérivé toutes les fois qu'il initie des procédures de révision constitutionnelle en période de circonstances exceptionnelles. Il en est ainsi en cas de vacance de la présidence de la République ou d'intérim[3].

509. La notion de « vacance » de la Présidence de la République est souvent confondue avec celle d'« empêchement définitif ». Pourtant, il existe une nuance entre ces deux termes. D'abord, l'« empêchement définitif » n'est que l'une des causes de la « vacance au pouvoir ». Le juge constitutionnel malgache le confirme lorsqu'il déclare que « la vacance de la Présidence de la République survient par suite de démission, de décès, d'empêchement définitif ou de déchéance »[4]. François LUCHAIRE partage également cette idée. Pour lui, la vacance est la situation d'une fonction privée de titulaire, elle concerne dès lors le poste et non l'individu. En revanche, l'« empêchement définitif » est la situation du titulaire d'une fonction qui est en incapacité permanente (physique, intellectuelle, morale ou juridique) d'exercer ladite fonction. Il concerne dès lors l'individu et non le poste[5]. Dans tous les cas, les

---

1 V., à ce sujet : YAWOVI AMEDZOFE Kpedu, « Le parlement constituant en Afrique francophone : contribution à la limitation du pouvoir de révision constitutionnelle en Afrique », *RDP*, n°1, 2016, p. 273.

2 FAVOREU Louis et al., *Droit constitutionnel*, *op. cit.*, p. 128.

3Au Cameroun, v., article 4.b de la Constitution : « Le Président de la République par intérim -le Président du Sénat ou son suppléant- ne peut modifier ni la Constitution, ni la composition du Gouvernement » ; au Gabon, article 116, alinéa 10 de la Constitution : « La révision de la Constitution ne peut être entamée ou achevée, en cas d'intérim de la Présidence de la République […] » ; au Togo, article 144, alinéa 5, de la Constitution : « Aucune procédure de révision ne peut être engagée ou poursuivie en période d'intérim ou de vacance […] ».

4 Décision n°25-HCC/D3 du 23 novembre 2006 relative à une requête aux fins de constatation de la vacance de la Présidence de la République et de disqualification du Président de la République en exercice à l'élection présidentielle du 3 décembre 2006. V., considérant n°11.

5 LUCHAIRE François et al., *La Constitution de la République française*, Paris, Economica, 2009, p. 354.

constituants africains s'opposent à ce que leurs constitutions soient modifiées en cas de « vacance » ou d'« empêchement définitif » du pouvoir présidentiel.

510. Outre cette prohibition, les constituions africaines, s'inspirant de la Constitution française[1], interdisent le recours aux révisions constitutionnelles lorsqu'il est porté atteinte à l'intégrité du territoire. Le juge constitutionnel ivoirien le rappelle par exemple au pouvoir exécutif dans son avis du 17 décembre 2003. En l'espèce, la Haute juridiction est saisie par le Président de la République aux fins de savoir si la situation qui prévaut en Côte d'Ivoire depuis le 19 septembre 2002[2] constitue un cas d'atteinte à l'intégrité du territoire. Le Président veut ensuite savoir si, dans l'affirmative, cette situation fait obstacle à la révision de la Constitution. Et enfin si, malgré cette atteinte à l'intégrité du territoire, il peut recourir à une autre consultation du peuple sur tout ou partie du territoire. En guise de réponse, le juge estime que

> « la situation que connaît la Côte d'Ivoire depuis le 19 septembre 2002 est une atteinte à l'intégrité du territoire en ce qu'une partie du pays est occupée par une force politico-militaire, indépendante du pouvoir central, qui l'administre de façon autonome avec l'interposition sur la ligne de front de forces étrangères […] ; que l'article 127 de la Constitution fait de façon non équivoque, une interdiction en pareille situation, d'engager ou de poursuivre une révision constitutionnelle ; qu'il ne peut en conséquence être initié de procédure de révision [...] ; que le peuple ne peut être consulté sur une partie seulement du territoire […] »[3].

511. Par ce considérant sans équivoque, la Haute juridiction précise aux autorités compétentes pour initier des révisions constitutionnelles les limites circonstancielles qui leurs sont imposées par le pouvoir constituant originaire.

512. Une autre limitation d'ordre circonstanciel est l'interdiction d'une révision au cours de la période qui sépare la proclamation des résultats de l'élection présidentielle du début d'un mandat présidentiel. On retrouve ce

---

1 Claude KLEIN montre que « le cas de la France est, à cet égard, particulièrement significatif : au moment où la République semble établie, l'Assemblée nationale de la III République ajouta, le 14 août 1884 un nouveau paragraphe à l'article 8 de la loi constitutionnelle du 25 février 1875 ''relative à l'organisation des pouvoirs publics'' stipulant que désormais ''la forme républicaine du Gouvernement ne peut faire l'objet d'une proposition de révision […]'' Cet article sous une forme légèrement modifiée a été repris par toutes les Constitutions françaises postérieures » (V., article 89 de la Constitution française). V., KLEIN Claude, « Le contrôle des lois constitutionnelles-introduction à une problématique moderne », *CCC*, n°27, 2010 [en ligne].

2 En Côte d'Ivoire, le pays plongea, dès le 19 septembre 2002, dans une crise politico-militaire ou guerre civile pour les raisons suivantes : le règne contesté du Président Félix HOUPHOUET-BOIGNY, la création du concept d' « ivoireté » (pour neutraliser la candidature d'un opposant à l'élection présidentielle), la réalisation d'un coup d'Etat militaire, etc.

3 Avis du 17 décembre 2003.

genre de prohibition à l'article 116 de la Constitution gabonaise[1]. Une initiative de révision constitutionnelle n'ayant pas encore eu lieu en de telles circonstances, aucune décision de justice ne saurait servir d'illustration. À ces prohibitions d'ordre temporel s'ajoutent des prohibitions objectives que les juges garantissent scrupuleusement.

b. Les prohibitions objectives

513. En dehors des limitations temporelles, il existe aussi des limitations relatives à l'objet de la révision. L'article 163 de la Constitution malgache fait une bonne synthèse de ces interdictions lorsqu'il prévoit que « la forme républicaine de l'État, [...] le principe de la séparation des pouvoirs, le principe d'autonomie des collectivités territoriales décentralisées, la durée et le nombre de mandats du Président de la République, ne peuvent faire l'objet de révision ». À ces prohibitions s'ajoutent par exemple celles portant sur l'intégrité du territoire[2] et le principe de laïcité[3].

514. Lorsqu'une révision constitutionnelle est initiée, l'office du juge constitutionnel africain est donc de s'assurer qu'aucune atteinte n'est portée à l'un de ces principes constitutionnels. Selon la doctrine constitutionnaliste, ces principes sont « intangibles » ; ils font partie des « clauses d'éternité »[4]. En termes plus clairs, ce sont des dispositions constitutionnelles non modifiables. C'est en s'inspirant de la pratique constitutionnelle allemande que les constituants africains ont consacré de tels principes. En effet, après l'effondrement du nazisme, la nouvelle République allemande affirma son attachement à la démocratie, à l'État de droit et au fédéralisme en rendant certaines dispositions constitutionnelles non révisables. L'article 79, alinéa 3 de la Loi fondamentale dispose à cet effet qu'est inadmissible « un amendement de la présente Loi fondamentale qui affecte la division de la Fédération en *Länder*, le principe de la participation des *Länder* à la législation [...] ». À ce jour et à notre connaissance, la Cour constitutionnelle fédérale n'a pas encore annulé une loi constitutionnelle aux motifs qu'elle violerait cet article 79 (3)[5].

515. En Afrique, en revanche, il est arrivé à la Cour constitutionnelle du Bénin d'invalider une loi de révision constitutionnelle aux motifs que les députés

1 Article 116, alinéa 10, de la Constitution gabonaise : « La révision de la Constitution ne peut être entamée ou achevée [...] pendant la période qui sépare la proclamation des résultats de l'élection présidentiel du début d'un mandat présidentiel ».

2 Article 156, alinéa 2, de la Constitution béninoise et article 116, alinéa 10 de la Constitution gabonaise.

3 Article 156, alinéa 2, de la Constitution béninoise.

4 V., KLEIN Claude, « Le contrôle des lois constitutionnelles-introduction à une problématique moderne », [*en ligne*] précité.

5 Néanmoins, elle a déjà admis le contrôle d'une révision constitutionnelle au regard de cette norme à cinq reprises (1970 et 1991). V., FAVOREU Louis, GAIA Patrick et autres, *Droit constitutionnel*, *op. cit.*, p. 127.

avaient porté atteinte à une clause d'éternité constitutionnelle. Il s'agit de la clause consacrant la durée du mandat des députés. Prévu pour 4 ans par le pouvoir constituant originaire, les députés béninois voulaient faire passer ce mandat à 5 ans. Mais la Cour, dans sa décision « Consensus national »[1] (que nous aurons l'occasion de réexaminer dans les prochaines lignes), estime que les députés méconnaissent la lettre et l'esprit de la Constitution. Dès lors, elle neutralise cette procédure de révision constitutionnelle en annulant simplement la loi de révision constitutionnelle. Hormis cet exemple, les cas dans lesquels le pouvoir constituant dérivé initie des révisions portant atteintes aux principes constitutionnels intangibles sont très rares.

Après ce contrôle de la phase d'initiative des lois constitutionnelles, les juges constitutionnels procèdent à un second type de contrôle : le contrôle des phases de discussion et d'adoption des lois constitutionnelles.

B. LE CONTRÔLE DES PHASES DE DISCUSSION ET D'ADOPTION

516. Après la phase d'initiative vient celles de la discussion et de l'adoption du projet ou de la proposition de loi de révision constitutionnelle. Ces deux étapes, à l'instar de la première, sont également soumises à des contraintes de nature à encadrer l'opération constituante. Ces contraintes sont relatives à l'approbation du texte révisé par une forte majorité parlementaire (1) ou par voie référendaire (2).

1. Le contrôle de l'approbation parlementaire

517. Lorsqu'une loi de révision constitutionnelle est soumise au Parlement pour examen et adoption, celui-ci la traite comme une loi organique ou ordinaire. Généralement, c'est sur le bureau de l'Assemblée nationale qu'est prioritairement déposé tout projet ou toute proposition de loi constitutionnelle. Il en est ainsi dans les parlements monocaméraux, c'est-à-dire dans les parlements composés d'une Chambre. Souvent, c'est aussi le cas dans les parlements bicaméraux, et ce, en vertu du principe du bicaméralisme inégalitaire. Il y a en effet bicaméralisme inégalitaire lorsqu'un Parlement est composé de deux chambres et que l'une exerce plus de prérogatives que l'autre[2]. Toutefois, dans les parlements bicaméraux égalitaires, hypothèse où les deux chambres sont relativement équilibrées, les lois constitutionnelles peuvent être déposées aussi bien sur le bureau de l'Assemblée nationale, lorsqu'elles émanent des députés, que sur le bureau du Sénat, si elles

---

1 Décision DCC 06-074 du 8 juillet 2006, Loi constitutionnelle de prorogation du mandat des députés, précitée.

2 C'est le cas en Allemagne, en Angleterre et en France (les attributions de l'Assemblée nationale sont supérieures à celles du Sénat).

proviennent des sénateurs[1]. C'est par exemple l'option choisie par le constituant gabonais[2].

518. Après ce dépôt, le texte est ensuite transmis à la Commission des lois de la Chambre saisie pour examen. Ce n'est qu'au terme de cet examen qu'il sera débattu en séance plénière ; séance au cours de laquelle la présence d'une forte majorité parlementaire est requise. Au cours de cette phase de discussion, le texte à réviser ne peut être adopté que si la majeure partie des parlementaires l'approuve. Cette approbation varie selon les pays et les systèmes parlementaires. Dans les systèmes monocaméraux, cette majorité est de deux tiers en Guinée[3] et au Mali[4] ; de trois quarts au Burkina Faso[5] et en Centrafrique[6] ; de quatre cinquièmes au Bénin[7], au Niger[8] et au Togo[9].

519. Dans les systèmes bicaméraux, la rigidité des constitutions est plus prégnante. Pour qu'une révision constitutionnelle soit adoptée, il faudrait par exemple que le texte soit voté respectivement par l'Assemblée nationale et le Sénat en des termes identiques avant d'être soumis pour adoption au Congrès. La Constitution gabonaise qui prévoit par exemple ce genre de mécanisme procédural exige la présence et l'approbation d'au moins deux tiers des parlementaires pour que le texte soit adopté[10]. À Madagascar, la Constitution impose aussi que le projet ou la proposition de révision soit approuvé aussi bien par l'Assemblée nationale que par le Sénat. Pour que cette approbation soit effective, trois quarts des membres du Parlement doivent être favorables[11].

520. Habilitées à contrôler les lois de révision constitutionnelle, les Cours constitutionnelles d'Afrique subsaharienne sanctionnent donc le pouvoir constituant dérivé toutes les fois qu'il méconnaît l'une des conditions susmentionnées. Au Bénin, la Cour a par exemple sanctionné le Parlement constituant au motif que le Président de l'Assemblée nationale n'avait pas transmis au Président de la République une loi constitutionnelle régulièrement adoptée. En effet, la Constitution exige que le Président de l'Assemblée nationale puisse transmettre au Chef de l'État, dans un délai de quarante-huit heures, les lois régulièrement adoptées, pour promulgation. En ignorant cette règle, la Cour indique qu'« en agissant ainsi qu'il l'a fait, le président de

1 ONDO Télesphore, « Le contrôle de constitutionnalité des lois constitutionnelles en Afrique noire francophone », *op. cit.*, p. 118.
2 Article 116, alinéa 2 de la Constitution du 26 mars 1991.
3 Article 157 de la Constitution.
4 Article 118, alinéa 2, de la Constitution.
5 Article 164, alinéa 3, de la Constitution.
6 Article 107 de la Constitution.
7 Article 155 de la Constitution.
8 Article 151, alinéa 2, de la Constitution.
9 Article 144, alinéa 2, de la Constitution.
10 Article 116, alinéa 9, de la Constitution.
11 Article 162, alinéa 2, de la Constitution.

l'Assemblée nationale a violé la Constitution plus précisément la procédure de révision de la Constitution »[1].

521. Le juge constitutionnel malien adopte une position assez similaire lorsqu'il constate qu'un texte de révision constitutionnelle publié s'avère différent de celui voté par le Parlement. Pour ce juge, un tel texte est en toute logique inconstitutionnelle dans la mesure où il n'a « pas été voté dans son entièreté et tel quel par l'Assemblée nationale à la majorité requise conformément à la Constitution »[2]. Dans cette affaire, la sanction du juge est portée non pas sur le Parlement constituant mais sur l'exécutif constituant, particulièrement sur le Chef de l'État car c'est lui qui promulgue les lois.

522. Mais, si le juge constitutionnel d'Afrique subsaharienne sanctionne le pouvoir constituant dérivé en cas d'atteinte à une règle de procédure, force est d'admettre qu'il approuve aussi l'action de ce pouvoir en cas de respect des exigences fixées par le pouvoir constituant originaire. C'est le cas de la Cour constitutionnelle gabonaise. À titre d'exemple, dans son avis n°1/CC du 8 octobre 2000, la Haute juridiction déclare qu'il « résulte de l'instruction du dossier soumis à l'examen de la Cour [...] que la procédure de révision prescrite par les dispositions constitutionnelles a été observée [...] Par conséquent, la procédure suivie en vue de la révision de la Constitution est régulière »[3].

523. Ainsi, les Cours constitutionnelles africaines encadrent efficacement le pouvoir constituant dérivé lorsqu'il est exercé par les pouvoirs exécutif et parlementaire. Reste à savoir si les Hautes juridictions peuvent aussi le restreindre lorsqu'il s'exerce par voie référendaire.

2. Le contrôle de l'approbation par voie référendaire

524. L'adoption du texte de révision constitutionnelle par la voie parlementaire n'est pas la seule option prévue par les constituants africains. Outre cette première voie, il existe celle du référendum. Celui-ci peut s'entendre comme la technique par laquelle les pouvoirs publics invitent le peuple à approuver l'adoption d'un texte en répondant par oui ou par non[4]. Il s'agit d'un instrument de « démocratie directe » car il permet au peuple d'intervenir directement dans la conduite de certains domaines de la politique nationale et locale[5]. S'agissant des lois de révision constitutionnelle, la

1 Décision DCC 06-074 du 8 juillet 2006, *op. cit.*, Considérant n°23.

2 Cour constitutionnelle du Mali, arrêt du 12 décembre 2001, Considérant n°24.

3 Avis n°1/CC du 8 octobre 2000, Proposition de loi portant modification de la Constitution de 1991, in : *Hebdo informations*, n°428, 14-28 octobre 2000, p. 179.

4 HAMON Francis, *Le référendum. Étude comparative*, Paris, LGDJ, 1995, pp. 10-11.

5 En France par exemple, la Constitution prévoit quatre cas de référendum. Deux sont prévus par l'article 11. Le premier est relatif à l'adoption d'un texte portant sur l'organisation des pouvoirs publics, sur des réformes relatives à la politique économique, sociale ou

technique du référendum permet au peuple d'exprimer directement son avis sur la réforme constitutionnelle initiée par les autorités politiques.

525. En Afrique subsaharienne, certains États font du référendum une voie alternative de révision constitutionnelle. C'est ce que prévoient les constitutions du Bénin (article155), du Burkina Faso (article 164), du Cameroun (article 63), de la Centrafrique (article 106) et du Gabon (article 116, al. 4). Dans d'autres États comme le Niger (article 173) et le Togo (article 144), l'organisation du référendum n'intervient que si le Parlement n'a pas pu adopter le texte de révision à la majorité qualifiée. À Madagascar et au Mali cependant, le référendum est l'unique voie d'adoption du texte de révision constitutionnelle. L'article 162 de la Constitution de Madagascar dispose en effet en son alinéa 3 que le projet ou « la proposition de révision [...] approuvé(e) est soumis à référendum ». Au Mali, on retrouve la même exigence à l'article 118 de la Constitution. La question se pose cependant de savoir si le contrôle qu'opèrent les juges constitutionnels doit s'étendre sur les lois référendaires.

526. En l'état actuel de la jurisprudence constitutionnelle africaine, cette question appelle une réponse négative. Les lois constitutionnelles adoptées par référendum ne sont pas soumises au même contrôle strict dès lors qu'elles sont l'expression même de la volonté du peuple souverain. Francis HAMON montre à cet effet que le référendum a une fonction légitimatrice. En effet, « les représentants du peuple ne disposent que d'un mandat limité : ils [...] ne sont pas habilités à trancher en dernier ressort les questions les plus importantes », seul le peuple le peut par voie référendaire[1].

527. Toutefois, la loi organique sur la Cour constitutionnelle du Gabon consacre un contrôle en amont. Ce texte précise que la Haute instance est consultée par le Président de la République ou par le Premier ministre sur la conformité à la Constitution de la question posée aux citoyens ainsi que sur l'organisation des opérations de référendum[2]. Ainsi, dans sa décision n° 1/95/CC du 27 avril 1995 relative au référendum constitutionnel, la Cour, après avoir indiqué que la question posée aux citoyens n'est pas contraire à la Constitution, l'a reformulée de façon plus explicite en ces termes : « êtes-vous pour la modification des articles 39, 84 et 118 de la Constitution, selon le projet de loi ci-joint, en vue de la ratification des Accords de Paris » ?

528. En effet, lorsque le peuple se prononce par voie référendaire, les juges constitutionnels africains se bornent simplement à contrôler la régularité de ces opérations et à en proclamer les résultats. Ils s'interdisent donc d'annuler

environnementale de la nation et aux services publics qui y concourent. Le deuxième peut porter sur un projet de loi tendant à autoriser la ratification d'un traité. L'autre type de référendum est celui qui intervient au niveau local, pour soumettre à la décision des électeurs d'une collectivité territoriale, un projet d'acte relevant de sa compétence (article 72-1). Le dernier cas de référendum est celui qui porte sur la révision constitutionnelle.

1 HAMON Francis, *Le référendum. Étude comparative*, *op. cit.*, p. 50.

2 Article 35 de la loi organique sur la Cour constitutionnelle gabonaise.

la décision prise par le peuple aux motifs qu'elle constitue l'expression d'une souveraineté absolue. Cette notion de souveraineté est au cœur de l'injusticiabilité des lois référendaires et constitutionnelles. Les juges constitutionnels qui défendent cette position s'appuient sur trois idées. Tout d'abord, ils constatent qu'ils sont des organes constitués et non constituants. Autrement dit, ils admettent que ce sont eux qui ont été institués par le constituant et non l'inverse. Ensuite, ils estiment que leur office originel consiste à assurer la justice constitutionnelle, c'est-à-dire à garantir la suprématie de la Constitution, au moyen d'un contrôle de constitutionnalité des lois (et non de la Constitution). Ils soutiennent enfin que si par l'exercice d'un tel contrôle le constituant leur permet de réguler l'œuvre du législateur, ils ne sauraient étendre cette régulation sur l'activité du constituant lui-même, au risque d'entamer sa souveraineté. En d'autres termes, si le législateur est substantiellement subordonné aux juges constitutionnels, notamment lorsque ces derniers exercent un contrôle de constitutionnalité, tel n'est pas le cas du constituant car c'est lui qui a institué les juges. De ce fait, les juges ne sauraient exercer un contrôle sur le constituant ; ils ne sauraient apprécier la régularité du contenu des lois constitutionnelles[1]. Tel est en effet le raisonnement développé par les juges constitutionnels du Sénégal, de la Côte d'Ivoire et même de la France[2] pour se déclarer incompétents à connaître du contentieux des lois constitutionnelles aux motifs de leur souveraineté. D'autres juridictions constitutionnelles défendent cependant la position contraire.

II. LE CONTRÔLE SUBSTANTIEL DES LOIS CONSTITUTIONNELLES

529. Si les constituants africains habilitent les Cours constitutionnelles à examiner les procédures d'adoption des lois constitutionnelles, ils sont cependant muets sur la question du contrôle substantiel de ces lois. Les formulations laconiques des textes encadrant les compétences des juges constitutionnels en contentieux normatif confirment cette assertion. Généralement, ces textes disposent simplement que la Cour constitutionnelle

---

1 MOUTOUH Hugues, « Le contrôle de constitutionnalité des lois constitutionnelles : suite et fin », Recueil Dalloz, 2003, p. 1099.

2 Dans sa décision n°92-313 du 23 septembre 1992, Maastricht III, le Conseil constitutionnel français affirme qu'« au regard de l'équilibre des pouvoirs publics établis par la Constitution, les lois que celle-ci a entendu viser dans son article 61 sont uniquement les lois votées par le Parlement et non point celles qui, adoptées par le peuple français à la suite d'un référendum constituent l'expression directe de la souveraineté nationale ».

est « la plus haute juridiction de l'État en matière constitutionnelle. Elle est juge de la constitutionnalité de la loi [...] »[1]. Mais s'agit-il des lois organiques, ordinaires, référendaires, voire constitutionnelles ?

530. À cette question, certaines constitutions précisent que ce contrôle doit obligatoirement porter sur les lois organiques avant leur promulgation, mais qu'il ne peut être exercé sur les lois référendaires[2]. Au Niger par exemple, l'article 131 de la Constitution dispose que les lois organiques [...] et [...] les lois peuvent être déférées à la Cour constitutionnelle pour contrôle de constitutionnalité.

531. En s'abstenant de mentionner les lois constitutionnelles, ces dispositions laissent entendre que ces lois sont insusceptibles de recours. En même temps, il est tout aussi soutenable qu'en habilitant les juges constitutionnels à examiner les lois ou les autres catégories de lois[3], en dehors des lois organiques, les constitutions les invitent implicitement à examiner la substance des lois constitutionnelles. Telles sont d'ailleurs les deux interprétations suivies par les juges constitutionnels en Afrique francophone (A). En Afrique anglophone en revanche, une juridiction a formellement et matériellement été associée à la fonction constituante : la Cour constitutionnelle sud-africaine. Cette dernière a en effet exercé un véritable pouvoir constituant supplétif (B).

A. L'AMBIVALENCE DE LA POLITIQUE JURISPRUDENTIELLE DES COURS CONSTITUTIONNELLES D'AFRIQUE FRANCOPHONE EN MATIÈRE DE CONTRÔLE SUBSTANTIEL DES LOIS CONSTITUTIONNELLES

532. Deux grandes tendances se dégagent en matière de contrôle des lois constitutionnelles au sein des pays d'Afrique francophone : une tendance à l'injusticiabilité de ces lois (1) et une tendance à leur justiciabilité (2). Voyons tour à tour ces deux tendances jurisprudentielles et leur incidence sur le pouvoir constituant.

---

1 Nombreuses sont les constitutions africaines qui habilitent expressément le juge constitutionnel à n'exercer qu'un contrôle de constitutionnalité de la loi : lois ordinaires et lois organiques. Au Bénin, c'est que prévoit par exemple l'article 114 CB ; au Gabon, c'est le cas de l'article 83 CB ; à Madagascar, voir article 116 CM ; au Mali, article 85 CM ; au Niger, article 120 CN ; au Sénégal, article 82 CS.

2 V., articles 84, 85 CG et article 35 de la loi organique sur la Cour constitutionnelle du Gabon.

3 C'est ainsi qu'à Madagascar par exemple, l'article 27, tirets huit et neuf (8 et 9) de la loi organique relative à la Haute Cour Constitutionnelle dispose que celle-ci contrôle la conformité à la Constitution et aux lois organiques des autres lois et règlements intérieurs Conseils provinciaux.

1. La culture jurisprudentielle d'une injusticiabilité des lois constitutionnelles en Côte d'Ivoire et au Sénégal

533. Le régime juridique des lois constitutionnelles varie d'un pays africain à l'autre. En Côte d'Ivoire et au Sénégal, les juges constitutionnels ont opté pour une immunité juridictionnelle de telles lois. En 2003 par exemple, le juge constitutionnel ivoirien avait été requis pour apprécier la constitutionnalité de l'article 35 de la loi du 1er août 2000 portant Constitution du pays. Pour déclarer son incompétence à exercer un tel contrôle, il affirma que s'il « a le pouvoir de contrôler un texte législatif, il n'entre pas dans sa compétence de censurer une disposition constitutionnelle qui demeure intangible à son égard »[1]. Dans ce considérant, le membre de phrase « disposition constitutionnelle [...] intangible » témoigne du caractère souverain des dispositions constitutionnelles d'une part, et de la volonté du juge ivoirien de promouvoir leur immunité juridictionnelle, d'autre part.

534. Le Conseil constitutionnel sénégalais partage cette politique jurisprudentielle. Il estime en effet que sa compétence est clairement délimitée par la Constitution et qu'elle n'est susceptible d'être précisée et complétée que par une loi organique dans le respect des principes posés par la Constitution. Cela étant, il ne saurait être appelé à se prononcer dans d'autres cas que ceux qui sont expressément fixés par les textes[2]. Autrement dit, il ne tient d'aucun texte « le pouvoir de statuer sur une révision constitutionnelle »[3].

535. Dans cette décision, le juge sénégalais fait une interprétation littérale des dispositions constitutionnelles[4]. Pour lui, puisqu'il ressort de la lettre et de l'esprit de l'article 92 de la Constitution qu'il n'est compétent que pour connaître « de la constitutionnalité des lois et des engagements internationaux, des conflits de compétence entre le pouvoir exécutif et le pouvoir législatif, ainsi que des exceptions d'inconstitutionnalité soulevées devant la Cour d'appel ou la Cour suprême », il ne peut donc examiner une loi de révision constitutionnelle, dès lors qu'elle ne figure pas dans l'article 92 susmentionné. Au Sénégal, cette immunité juridictionnelle des lois constitutionnelles a donné lieu à une abondante jurisprudence que la doctrine qualifie de « doctrine d'incompétence »[5]. En droit comparé, la position du Conseil constitutionnel

1 Décision n°001/SG/CC du 4 novembre 2003.

2 Conseil constitutionnel du Sénégal, décision n°1-C/2003 du 11 juin 2003.

3 *Ibid.*

4 L'interprétation exégétique est généralement opposée à l'interprétation téléologique. Si la dernière prône le dépassement du texte de la norme en fonction de l'objet et du but poursuivi, la première, quant à elle, prône un strict attachement au texte de la norme. V., en ce sens, KDHIR Moncef, *La méthode de travail du juge international*, Bruxelles, Bruylant, 1997, p. 24.

5 Le Conseil constitutionnel sénégalais se déclare en effet incompétent pour connaître du contentieux des lois constitutionnelles dans les décisions suivantes : DC N° 90/2003, Loi constitutionnelle instituant le Conseil de la République pour les affaires économiques et sociales ; CC Affaire n°2-C-2009 du 18 juin 2009, mandat du Président de la République et des

sénégalais est semblable à celle du Conseil constitutionnel français. En effet, dans une décision rendue en 1992, ce dernier se déclare incompétent pour examiner la conformité à la Constitution d'une loi de révision constitutionnelle aux motifs qu'il n'exerce qu'« une compétence d'attribution »[1]. Il réitère sa position en 1998[2] et en 2003[3].

536. De tout ce qui précède, il ressort que certains juges constitutionnels africains n'exercent qu'un contrôle formel et non un contrôle matériel sur les lois de révision constitutionnelle. Ces derniers évitent de s'approprier le pouvoir constituant. Ils se complaisent dans un rôle d'aiguilleur en indiquant simplement au pouvoir constituant dérivé la voie à emprunter pour adopter une révision constitutionnelle. Cependant, d'autres juridictions constitutionnelles intensifient leur contrôle en examinant la substance des lois de révision constitutionnelle.

2. L'admission jurisprudentielle d'une justiciabilité des lois constitutionnelles au Bénin et au Mali

537. En dépit d'une absence d'habilitation expresse à contrôler les lois constitutionnelles, un contrôle matériel est néanmoins exercé par de nombreux juges constitutionnels africains. Ceux-ci estiment qu'en les investissant de la mission d'examiner la constitutionnalité des lois, le constituant leur octroie implicitement la possibilité de vérifier la régularité matérielle des lois de révision constitutionnelle.

538. Tel est le raisonnement retenu par le juge constitutionnel malien lorsqu'il s'approprie l'exercice de la fonction constituante au moyen du contrôle des lois constitutionnelles. Pour lui, ces dernières font parties des autres catégories de lois mentionnées dans l'article 88 de la Constitution. Par conséquent, elles sont susceptibles d'un contrôle de constitutionnalité. Or, dès lors qu'une Cour constitutionnelle se reconnaît le droit de contrôler les lois de révision constitutionnelle, elle est nécessairement amenée à exercer une fonction constituante[4]. En effet, si les juges sont devenus des « législateurs cadre-positif » en contrôlant la constitutionnalité des lois, on pense qu'ils se

---

députés ; DC N°44/98, Loi portant révision des articles 21 et 28 de la Constitution, supprimant la limitation des mandats présidentiels. Des auteurs comme Frédéric Joël AIVO et Ismaila MADIOR FALL n'hésite pas à qualifier cette orientation jurisprudentielle du juge constitutionnel sénégalais de « doctrine d'incompétence ». Pour plus de précisions, voir aussi AIVOI Frédéric Joël, *op. cit* ; MADIO FALL Ismaila, « La révision de la Constitution au Sénégal », *Afrilex*, [*en ligne*] précité.

1 C.C. n°92-312 DC, 2 septembre 1992.

2 Décision n°9/C/98.

3 C.C., 2003. 469. D.C., 26 mars 2003.

4 LE PILLOUER Arnaud, « Le pouvoir de révision », in : TROPER Michel, CHAGNOLLAUD Dominique (dir.), *TIDC. Suprématie de la Constitution*, tome 1, Paris, Dalloz, 2012, pp. 33-65.

transforment aussi en « constituant-cadre positif » au moyen d'un contrôle des lois constitutionnelles. Le juge constitutionnel malien, par exemple, confirme cette déduction dans son arrêt du 12 décembre 2001[1].

539. En l'espèce, le gouvernement malien projetait de réviser l'article 5 de la Constitution qui consacrait les diverses libertés suivantes : la liberté d'aller et venir, le libre choix de la résidence, la liberté d'association, de réunion, de cortège, de manifestation. Estimant que la révision proposée par le Gouvernement entamait les droits sus-évoqués, plusieurs députés saisirent la Cour constitutionnelle aux fins de voir déclarer non-conforme à la Constitution la nouvelle rédaction proposée. Mais comme aucune disposition constitutionnelle n'habilitait ou n'interdisait formellement au juge d'exercer un tel contrôle, il se prononça donc au préalable sur sa compétence. Il affirma : « [considérant] que la loi portant révision de la Constitution qui est l'objet du référendum n'étant pas une loi organique fait donc partie des autres catégories de lois prévues à l'article 88 de la Constitution ; qu'en conséquence elle est susceptible de recours au contrôle de constitutionnalité devant la Cour constitutionnelle ». Autrement dit, pour cette Haute juridiction, la loi constitutionnelle est passible du test de constitutionnalité en ce qu'elle relève des autres catégories de lois dont elle est habilitée à apprécier.

540. Il est à relever que ses homologues du Bénin, du Burkina Faso, du Niger, du Tchad développent aussi cette politique jurisprudentielle. Mais, à la différence du juge constitutionnel malien qui justifie quand même sa compétence pour contrôler les lois constitutionnelles, les autres s'en abstiennent et contrôlent directement ces dernières. C'est par exemple le cas du juge constitutionnel béninois. La jurisprudence de ce dernier laisse en effet paraître que non seulement il n'établit aucune distinction entre les différentes catégories de lois qu'il contrôle mais en outre s'abstient-il de justifier pourquoi il est compétent pour contrôler les lois constitutionnelles. Il opère de la sorte dans une décision rendue le 08 juillet 2006[2]. Les faits sont les suivants : en 2006, une loi de révision constitutionnelle est adoptée par les députés pour augmenter la durée du mandat parlementaire avec effet rétroactif pour ce qui concerne la législature en vigueur. Perçu comme un coup de force constitutionnelle par plusieurs acteurs politiques et membres de la société civile, la Cour est donc saisie par ces derniers pour contrôler cette loi. Lors de son contrôle, elle occulte totalement la question de sa compétence pour connaître des lois constitutionnelles. Pourtant, elle exerce préalablement un contrôle formel et rejette même plusieurs recours. Se prononçant au fond, elle déclare inconstitutionnelle la loi de révision querellée aux motifs qu'elle est contraire aux « idéaux qui ont présidé à l'adoption de la Constitution du 11 décembre 1990 ». Cette démarche juridictionnelle du juge constitutionnel

1 Arrêt n°01-128 du 12 décembre 2001, précité.
2 Décision DCC 06-074 du 8 juillet 2006, Loi constitutionnelle de prorogation du mandat des députés : Consensus national, précitée.

béninois invite à penser qu'il s'abstient de soulever la question de sa compétence pour connaître du contentieux des lois constitutionnelles car, pour lui, elle est comme toutes les autres. D'ailleurs, la jurisprudence constitutionnelle béninoise est marquée par cette absence de contrôle formel des lois[1]. Tout se passe en effet comme si en droit constitutionnel béninois le juge constitutionnel était compétent pour vérifier la conformité à la Constitution de toutes lois adoptées par les autorités législatives.

541. Les Cours constitutionnelles du Burkina Faso[2] et du Mali[3] assument aussi une telle orientation jurisprudentielle lorsqu'elles déclarent inconstitutionnelles les lois de révision soumises à leur contrôle, et, pourtant adoptée par une très grande majorité de députés. Au Burkina Faso, pour ne prendre que cet exemple, le juge interprète extensivement ses compétences pour contrôler et invalider une loi constitutionnelle dans sa décision du 26 avril 2012 en ces termes :

> « [considérant] que la loi constitutionnelle, [...] du 22 mars 2012 en complétant l'article 81 de la Constitution a disposé de manière spécifique sur une situation précise, en l'espèce la durée de la législature tirée des élections du 6 mai 2007, qu'elle a de ce fait, dérogé aux principes généraux de droit sur la nature juridique de la Constitution, que les principes qui constituent le fondement de la Constitution ont été de ce fait méconnus ; qu'il s'ensuit que la loi susvisée n'est pas conforme à la Constitution ».

542. Ce considérant confirme que c'est en neutralisant le Parlement constituant[4] au moyen d'une annulation de la loi de révision constitutionnelle que le juge parvient à sauvegarder les acquis démocratiques.

543. Ainsi, si les juges constitutionnels malien et béninois contrôlent les lois constitutionnelles alors que les constitutions ne les y habilitent pas formellement, c'est sans doute pour deux raisons principales. D'abord, parce que les lois fondamentales ne le leur interdit pas non plus. Puis, parce qu'un tel contrôle est inhérent à leur office. Ce faisant, ils s'approprient inéluctablement la fonction constituante. **Toutefois, il convient de relever que c'est une fonction constituante intermédiaire qu'exercent ces juges. Supérieure au pouvoir constituant dérivé, en ce sens qu'elle le neutralise, la fonction constituante des juges reste inférieure à celle du pouvoir constituant originaire car ils ne peuvent élaborer de nouvelles constitutions.** Tout au plus peuvent-ils être associés à l'œuvre du pouvoir constituant originaire, comme ce fut le cas de la Cour constitutionnelle sud-africaine.

---

1 Cf. chapitre 1, section 1 de la présente étude.
2 Décision n°2012-008/CC du 26 avril 2012.
3 Arrêt n°01-128 du 12 décembre 2001, précité.
4 COULIBALEY Djobo Babakane, « La neutralisation du Parlement constituant (à propos de la décision n° DCC 06-074 du 8 juillet de la Cour constitutionnelle du Bénin », *RDP*, n°5, pp. 1494-1515.

544. Selon le *Robert illustré*, l'adjectif « supplétif » désigne l'action de recruter temporairement pour renforcer les forces régulières[1]. Dans le cadre de cette étude, il est utilisé pour qualifier la nature du pouvoir constituant exercé par les juges constitutionnels ayant été solennellement associés au processus constituant. Ce pouvoir supplétif du juge constitutionnel peut être exercé tant lors de l'élaboration d'une nouvelle constitution que lors d'une réécriture jurisprudentielle de cette dernière. Eu égard à la récurrence de la seconde hypothèse, il convient de l'examiner plus tard et, pour l'heure, de n'accorder d'importance qu'à la première, en raison de sa rareté.
545. En effet, en Afrique francophone, il semble qu'aucun État n'ait encore associé une juridiction constitutionnelle à l'élaboration d'une nouvelle Constitution. Au contraire, c'est plutôt lors de la rédaction de nouvelles constitutions dans les années 1990 que les constituants originaires instaurèrent des juridictions constitutionnelles[2]. Cependant, tel ne fut pas le cas dans les États d'Afrique anglophone. L'exemple le plus symptomatique est celui de la Cour constitutionnelle Sud-africaine.
546. Dans ce pays, en effet, le processus constituant s'effectua en trois grandes étapes. La première fut relative à l'adoption d'une Constitution intérimaire en 1994. Celle-ci conditionnait l'entrée en vigueur de la Constitution définitive au contrôle de la Cour constitutionnelle. La deuxième étape du processus constituant fut donc l'exercice de ce contrôle. Il eut lieu en deux mouvements. Dans un premier temps, la Cour rejeta, par une décision du 6 septembre 1996, le projet de Constitution adopté par l'Assemblée constituante aux motifs qu'il était contraire aux principes évoqués dans la Constitution intérimaire. Dans un deuxième temps, la Cour valida ce projet après que l'Assemblée constituante eut opéré des amendements. La troisième et dernière étape du processus constituant en Afrique du Sud fut donc relative à l'entrée en vigueur de la Constitution définitive, à la suite de la décision rendue par la Cour constitutionnelle le 7 février 1997[3].
547. Cette brève histoire de l'élaboration de la Constitution Sud-africaine montre à suffisance que la Cour constitutionnelle de ce pays exerça un pouvoir constituant supplétif au moyen d'un contrôle à double détente. Définit comme la technique par laquelle une juridiction constitutionnelle examine à deux

1 *Le Robert illustré et internet (son dictionnaire)*, 2016, p. 1846.
2 La décennie 1990 a été marquée en Afrique par une vague de conférences nationales. L'objectif de ces dernières était, entre autres, l'adoption de nouvelles constitutions.
3 V., EMMANUEL ADOUKI Delphine Edith, « Le pouvoir normatif de la Cour constitutionnelle d'Afrique du Sud », précité. ; KLEIN Claude, « Le pouvoir constituant », in : TROPER Michel, CHAGNOLLAUD Dominique (dir.), *TIDC. Suprématie de la Constitution*, *op. cit.*, pp. 30-31 ; VAN REENEN Tobias, « Tendances actuelles dans l'interprétation de la Constitution de l'Afrique du Sud », *RFDC*, 2002/2 n°50, pp. 335-375 ;

reprises une même loi[1], le contrôle à double détente entraîne la mise en œuvre de deux opérations successives. Tout d'abord, il invite le juge à indiquer aux auteurs du texte soumis à son appréciation les modifications à opérer pour que celui-ci soit conforme à la Constitution. Ensuite, il permet à ce dernier de vérifier, lors de la seconde saisine, si toutes les modifications proposées préalablement ont été respectées. Ce n'est que dans l'affirmative que le juge conclut à une constitutionnalité de la loi querellée. Or, en procédant à de telles modifications et à un double examen de la loi, le juge encadre sans nul doute l'activité normative des auteurs du texte. Ce faisant, il devient d'emblée le véritable producteur des normes. Dans le cas d'espèce, il est donc évident que le juge constitutionnel Sud-africain participa à l'exercice du pouvoir constituant originaire à travers ce contrôle à double détente.

548. Ainsi en Afrique du Sud, le constituant originaire de 1997 fut non seulement l'Assemblée constituante, mais aussi la Cour constitutionnelle. Dans le monde, d'autres juges constitutionnels s'associèrent aussi au processus constituant par le contrôle des textes de l'Assemblée constituante. Ce fut le cas de la Cour suprême israélienne. En effet, bien que l'État d'Israël fut officiellement créé en 1948, il a fallu attendre plus de quarante-sept ans pour qu'il puisse se doter d'une véritable Constitution formelle[2]. Cette dernière vit le jour en partie grâce à la Cour suprême d'Israël. Appelée à se prononcer sur la nature juridique des lois adoptées par l'Assemblée législative (la *knesset*)[3] et comportant des dispositions rigides, dans l'arrêt *Bank Hamizrahi* du 9 novembre 1995, la Haute juridiction retint une solution audacieuse. Non seulement elle qualifia cette *knesset* d'Assemblée disposant du pouvoir constituant, mais elle consacra aussi la supériorité des lois adoptées par cette dernière sur les lois ordinaires. Or avant cette jurisprudence, aussi bien la nature de la *knesset* que celle des lois qu'elle adoptait était controversée. En mettant un terme à cette controverse, la Cour suprême participa donc à l'essor du pouvoir constituant originaire[4]. Nous pensons qu'elle exerce dans cette décision un véritable pouvoir constituant supplétif. Comme son homologue Sud-africain, la Cour suprême d'Israël supplée non pas le constituant dérivé, mais le constituant originaire. Ce faisant, elle s'érige d'emblée en organe constituant.

---

1 DRAGO Guillaume, *Contentieux constitutionnel français*, *op. cit.*, p. 435.

2 En Israël, il a d'abord été question, au lendemain de l'acte de création de l'Etat le 14 mai 1948, de constituer une Assemblée susceptible d'exercer un pouvoir constituant. Dans ce processus, cette dernière prit deux décisions relatives à ladite entreprise constituante : une résolution du 13 juin 1950 prévoyant que la Constitution « sera préparée en forme de chapitres séparés, de sorte que chaque chapitre constitue en lui-même une loi fondamentale » ; une loi de transition habilitant la deuxième Assemblée ou *knesset* à exercer des attributions constituantes. Pour tous ces développements, V., KLEIN Claude, « Le pouvoir constituant », *op. cit.*, pp. 28-29.

3 Terme désignant l'Assemblée (constituante).

4 Pour tous ces développements, v. KLEIN Claude, « Le pouvoir constituant », *op. cit.*, pp. 28-29.

549. Mais si ces deux juridictions semblent exercer ce pouvoir constituant de droit, tel n'est pas le cas de nombreuses Cours constitutionnelles africaines. La propension de ces dernières à exercer un pouvoir constituant de fait est de plus en plus prégnante. Cela s'explique sans doute parce que l'exercice de ce pouvoir est inhérent à leur fonction jurisprudentielle. La réécriture jurisprudentielle des constitutions par ces Hautes juridictions en est la preuve.

SECTION II : LA RÉÉCRITURE JURISPRUDENTIELLE DE LA CONSTITUTION

550. À l'encadrement de l'activité normative du pouvoir constituant dérivé au moyen d'un contrôle des lois constitutionnelles par les Cours constitutionnelles africaines s'ajoute une seconde action, de type informel, la réécriture jurisprudentielle de la Constitution. Par cette audace prétorienne, les juges cherchent moins à neutraliser le pouvoir constituant dérivé qu'à s'approprier eux-mêmes l'exercice de ce pouvoir. Nous pensons qu'ils sont des constituants négatifs, lorsqu'ils contrôlent les lois constitutionnelles, mais deviennent des constituants positifs, lorsqu'ils amendent jurisprudentiellement les lois fondamentales.

551. En tant que constituants positifs, les juges font alors recours à divers procédés pour réformer les constitutions. On distingue, entre autres, *les obiter dicta*, la *lege ferenda*, l'interprétation, l'injonction[1]. Grâce à ces procédés, les Hautes juridictions réécrivent les constitutions africaines soit de manière implicite ou indirecte (I), soit de façon explicite ou directe (II).

1 En contentieux constitutionnel africain, l'interprétation et l'injonction revêtent une double nature. Tantôt elles relèvent des pouvoirs du juge constitutionnel, tantôt elles relèvent de ses techniques de contrôle. Au Gabon par exemple, l'interprétation fait partie des pouvoirs du juge constitutionnel (article 88 CG). Au Bénin, elle relève plutôt des techniques de contrôle du juge constitutionnel (Décision 14 DCC du 16 février 1993, Association des journalistes du Bénin, Président de la République). Au fond, cela laisse à penser que la frontière entre les « pouvoirs » et « techniques » du juge constitutionnel est très poreuse en Afrique.

I. La réécriture indirecte de la Constitution par les juges

552. Si les juges constitutionnels d'Afrique subsaharienne ne sont pas expressément habilités à réécrire les constitutions, force est cependant de reconnaître qu'ils sont implicitement investis de cet office. C'est d'abord le cas lorsqu'ils découvrent de nouvelles normes constitutionnelles. En théorie du droit, ces normes sont diversement catégorisées. Certains distinguent les normes individuelles des normes générales[1]. D'autres, comme Hans KELSEN et Guillaume TUSSEAU, proposent une classification entre les normes prescriptives, permissives, d'habilitation[2] et d'abrogation[3]. D'autres encore opposent les normes impératives aux normes permissives[4]. Une nette distinction est aussi établie entre les normes implicites et les normes explicites, les normes de compétence et les normes de comportement ; les normes écrites et les normes non écrites. Dans le cadre de cette étude, c'est cette dernière distinction qui retiendra l'attention. Elle a l'avantage de s'inscrire dans la position qui est la nôtre, à savoir qu'à travers son office jurisprudentiel, le juge constitutionnel octroie une valeur constitutionnelle à de nombreuses normes non écrites (A).
553. Mais, à côté de cette forme de réécriture indirecte de la constitution, les juges constitutionnels africains exercent une autre : la modification provisoire de la Constitution, notamment à l'occasion d'une régulation du fonctionnement des institutions et des activités des pouvoirs publics (B).

A. La découverte des normes constitutionnelles

554. D'origine allemande, la notion de « norme » était autrefois assimilée à celle de « règle »[5] ou de « loi ». On la définissait donc comme une référence, un modèle, une description de ce qui doit être suivant un point de vue déterminé[6]. Mais depuis les travaux du juriste autrichien Hans KELSEN, une distinction entre ces notions est désormais possible. En effet, alors que les règles et les lois sont de simples énoncées linguistiques, la norme apparait

1 HART, H. LA, *Le concept de droit*, 2ème éd., Bruxelles, Facultés universitaires Saint-Louis, 2005, p.276 et s.
2 TUSSEAU Guillaume, *Les normes d'habilitation*, Paris, Dalloz, 2006.
3 KELSEN Hans, *Théorie générale des normes*, trad. fr. EISENMANN Charles, 2e éd., Paris, Bruylant-LGDJ, 1999.
4 EISENNMAN Charles, *Cours de droit administratif*, t.2, LGDJ, 1983, p. 211.
5 DE BECHILLON Denys, *Qu'est-ce qu'une règle de droit ?* Odile Jacob, 1997.
6 *Ibid*, p. 62.

comme la signification de ces énoncées[1]. En termes plus clairs, la norme est la signification d'un acte de volonté. L'opération juridique par laquelle l'on accède à la signification de cet acte de volonté est l'interprétation. Celle-ci fera l'objet d'une étude détaillée au cours de nos prochains développements[2]. À ce stade, nous tenterons juste de démontrer que l'interprétation, en tant que technique de contrôle, permet aux juges constitutionnels africains de découvrir des normes non écrites, pourvues de valeur constitutionnelle[3]. Nous conviendrons avec Éric NGANGO YOUMBI pour définir la notion de norme non écrite comme « une manifestation de volonté, qu'elle soit explicite ou implicite, assortie d'effets juridiques, mais non pourvue d'*instrumentum* »[4], c'est-à-dire non formalisée. Dans la jurisprudence constitutionnelle africaine, ces normes non écrites sont d'une part les principes de valeur constitutionnelle (1) et, d'autre part, les objectifs de valeur constitutionnelle (2).

1. Les principes de valeur constitutionnelle

555. Les principes de valeur constitutionnelle (PVC) ont une double origine. Certains sont expressément consacrés par la Constitution, tandis que d'autres sont progressivement dégagés par les juges constitutionnels. Ce sont ces derniers qui constitueront l'objet de notre étude. Leur préférence, au détriment des PVC écrits, tient au fait qu'ils illustrent à bien des égards le pouvoir constituant qu'exercent les juges constitutionnels. Nous pensons que les juges constitutionnels réécrivent indirectement les constitutions à travers leur consécration.

556. En effet, comme les PVC écrits, les PVC non écrits ou découverts par les juges constitutionnels s'imposent à l'ensemble des pouvoirs publics. C'est d'ailleurs ce qu'affirme la doctrine française lorsqu'elle préconise d'entendre par PVC tout « principe dégagé par le Conseil constitutionnel et dont le respect s'impose au législateur comme aux autres organes de l'État[5]. Les constitutionnalistes africains partagent cette acception lorsqu'ils définissent les PVC comme des « normes ou règles non écrites dégagées par le juge constitutionnel et s'imposant au législateur avec la même force que les règles

1 V., KELSEN Hans, *Théorie pure du droit*, *op. cit.*, pp. 336-337.
2 V., *infra*, seconde partie, titre II, chapitre I, section II.
3 Au Gabon par exemple, il en est ainsi des principes suivants : l'inviolabilité du domicile, la souveraineté nationale, l'ordre public, la préservation de l'intégrité morale et mentale de l'individu, la neutralité religieuse de l'Etat (article 1er, alinéas 12 et 13 du titre préliminaire de la Constitution gabonaise). A Madagascar, le constituant s'inscrit dans la même logique lorsqu'il fait, entre autres, de la laïcité et de l'égalité des principes à valeur constitutionnelle (article 2, alinéa 2 et article 6, alinéa 2 du titre 1er de la Constitution de Madagascar).
4 NGANGO YOUMBI Éric M., « Les normes non écrites dans la jurisprudence de la Cour constitutionnelle du Bénin », *RDP*, 2018, p. 1705.
5 Fiches d'orientation, « Principe à valeur constitutionnelle », Dalloz, juillet 2019.

écrites »[1]. En résumé, les PVC non écrits font partie du bloc de constitutionnalité. Leur auteur ne peut donc être qu'un constituant.
En Afrique, la nature de ces PVC oscille entre tradition et modernité. Ainsi, si certains PVC sont consubstantiels à l'État de droit (a) et à la démocratie (b), d'autres s'analysent comme une juridicisation de nombreux principes coutumiers (c).

a. Les principes de valeur constitutionnelle consubstantiels à l'État de droit

557. Consubstantielle à la justice constitutionnelle[2], la notion d'État de droit se rapporte au fait que dans une société donnée, l'ensemble des pouvoirs publics, des individus et des personnes morales de droit privé soient soumis au droit. Cette soumission est d'abord d'ordre formel. C'est la raison pour laquelle dans son acception formelle, l'État de droit suppose l'existence d'une hiérarchie des normes[3]. Cette soumission est ensuite d'ordre matériel. Ici, l'État de droit désigne la garantie juridictionnelle des droits et libertés fondamentaux, ainsi que la promotion de la sécurité juridique[4]. C'est pour garantir toutes ces exigences inhérentes à la notion d'État de droit que les juges constitutionnels africains dégagent une multitude de PVC en officiant en tant que constituant. Sans être exhaustif, ces juges consacrent par exemple les PVC suivants : la continuité de l'État, l'indépendance d'un organe de contrôle, la légalité républicaine.
558. La continuité de l'État. Le principe de continuité de l'État est indissociable du principe de continuité du service public. Il a une double portée : internationale et nationale. Sur le plan international, ce principe signifie qu'un Gouvernement est responsable des engagements pris par ses prédécesseurs[5]. En d'autres termes, une alternance politique au sein d'un État ne saurait justifier une cessation de ses engagements internationaux. Sur le plan national, ce principe se rapporte au fonctionnement régulier de l'activité de l'État et des services publics. Il impose aux personnes publiques d'assurer

1 *Lexiques de contentieux constitutionnel*, in : *ABJC*, *op. cit.*, p. 730.
2 Autrefois on parlait d'État légal, c'est-à-dire d'un État où régnait la loi. Le respect de cette dernière était assuré par le juge ordinaire. Mais depuis le XXème siècle, le règne de la loi a été supplanté par le règne de la Constitution : c'est l'avènement de l'État de droit, avec pour corollaire la garantie juridictionnelle de la Constitution, c'est-à-dire la justice constitutionnelle. V., MBORANTSUO Marie-Madeleine, *La contribution des Cours constitutionnelles à la garantie de l'État de droit en Afrique*, Paris, Economica, 2007.
3 CHEVALLIER Jacques, *L'État de droit*, 6e éd., Issy-les-Moulineaux Cedex, LGDJ, 2017, pp. 66-84.
4 *Ibid.*, pp. 94-98.
5 COMBACAU Jean, SUR SERGE, *Droit international public*, 5ème éd., Paris, Montchrestien, 2001, p. 226 et s. ; YATALA NSOMWE C, « Fin du mandat présidentiel et le principe et le principe de continuité de l'Etat dans la Constitution congolaise », pp. 1-11.

l'ordre public et d'offrir les services de base aux citoyens quelles qu'en soient les circonstances[1].

559. Le principe de la continuité de l'État est indissociable de l'État de droit parce qu'il est favorable au respect de la légalité républicaine en toutes circonstances. La Haute Cour constitutionnelle de Madagascar a eu l'occasion de lui conférer une valeur constitutionnelle dans la décision du 23 avril 2009[2]. Dans celle-ci, les juges examinent plusieurs requêtes portant sur la transition politique. Après avoir constaté qu'elles sont formellement irrecevables, ils se déclarent néanmoins compétents pour les examiner au fond car : « par respect des principes généraux de droit et des principes ayant valeur constitutionnelle tel le principe de continuité de l'État, la constatation d'irrégularités formelles relatives au contenu ou caractéristiques des requêtes ne s'oppose pas à ce que la Haute juridiction procède à l'examen des questions fondamentales dans un contexte exceptionnel [...] ». À travers ce considérant, la Haute Cour se déclare compétente pour examiner matériellement une requête qui, d'un point de vue formel, est irrecevable. Elle procède ainsi à une « saisine d'office déguisée », et ce, sur la base du principe constitutionnel de « la continuité de l'Etat ». En réalité, ce juge s'inspire de son homologue français qui avait reconnu une valeur identique à ce principe en 1979[3]. La Haute Cour découvre par ailleurs le principe à valeur constitutionnelle d'indépendance d'un organe de contrôle.

560. Le principe d'indépendance d'un organe de contrôle. Comme nous l'avons précédemment mentionné, pour qu'il y ait État de droit, il faut que certains organes soient investis du pouvoir de contrôler l'administration et les citoyens. L'efficacité de ces organes dépend de leur degré d'indépendance. C'est fort de cette idée que, dans sa décision du 12 décembre 2017, la Haute Cour constitutionnelle malgache affirme que « l'indépendance d'un organe de contrôle constitue un principe à valeur constitutionnelle »[4].

561. Dans cette décision, les juges montrent que cette indépendance est tributaire de la composition de l'organe de contrôle. En ce qui concerne la société d'électricité malgache, dans le cas d'espèce, cette indépendance ne peut être effective que si le Collège des commissaires de l'électricité est composé comme suit : deux représentants de l'Administration, un représentant de l'Ordre des Ingénieurs désigné par l'Ordre, un représentant des Exploitants du secteur Electricité désigné par les Exploitants, un représentant des usagers désigné par les associations d'usagers ou de consommateurs d'électricité et un représentant des clients industriels désigné par les groupements du secteur privé[5]. Tout porte donc à croire que la Haute

1 TRUCHET Didier, *Droit administratif*, 5ème éd., Paris, PUF, 2013, p. 359.
2 Décision n° 03-HCC/D2 du 23 avril 2009 concernant des requêtes à la situation de transition.
3 C. C. 25 juillet 1979.
4 Décision n°13-HCC/D3 du 04 avril 2018 concernant la loi n°2017-020 portant Code de l'Electricité à Madagascar.
5 V., considérant n°9.

juridiction renforce l'indépendance formelle dont bénéficient déjà les organes de contrôle par une indépendance organique. Celle-ci repose sur le mode de composition de telles instances. Or en réformant cette indépendance, la Haute Cour complète la Constitution. Elle l'enrichit d'une norme non écrite. Elle devient constituante, et ce, pour le plus grand bonheur de l'État de droit. La Cour constitutionnelle gabonaise agit également de la sorte lorsqu'elle accorde la même valeur à l'exigence de légalité républicaine.

562. La légalité républicaine. À l'instar du juge constitutionnel malgache, le juge constitutionnel gabonais enrichit aussi le bloc de constitutionnalité par des PVC consubstantiels à l'État de droit. C'est le cas lorsqu'il fait de la légalité républicaine un PVC dans sa décision du 27 novembre 1992[1]. En l'espèce, la Haute juridiction est saisie par plusieurs requérants aux fins de faire déclarer inconstitutionnelles plusieurs dispositions du décret fixant les modalités de délivrance et de renouvellement de la carte nationale d'identité. C'est ainsi qu'en soulevant d'office de nouveaux moyens, la Haute juridiction censure les articles 10 et 11 du décret contrôlé aux motifs qu'ils instaurent une confusion entre le pouvoir discrétionnaire de l'Administration et sa compétence liée[2]. Elle précise à cet effet que si le pouvoir discrétionnaire repose sur « des appréciations d'opportunité », il en va autrement de la compétence liée qui implique une obligation pour l'Administration d'utiliser son pouvoir, d'accorder un droit, qu'elle le veuille ou non. À cet effet, la Haute juridiction précise que si les dispositions querellées reconnaissent à l'Administration le droit de délivrer discrétionnairement des cartes d'identité aux citoyens, cela relève moins du pouvoir discrétionnaire de l'Administration que de sa compétence liée. Par conséquent, les articles 10 et 11 sont « contraires au principe à valeur constitutionnelle qu'est la légalité républicaine ».

563. Mais que faut-il entendre par légalité républicaine ? Dans la décision à commenter, la Haute juridiction ne définit pas ce principe de valeur constitutionnelle. En France cependant, cette expression désigne souvent toute législation opposée à celle qui était en vigueur sous le régime de Vichy. En effet, si sous le régime de Vichy la tendance était à une législation oppressive, dans une République, la tendance serait alors à une législation démocratique. Ainsi, dans le cas gabonais, le principe de la légalité républicaine pourrait s'entendre comme toute législation conforme aux exigences de l'État de droit et de la démocratie. Les juges constitutionnels africains enrichissent d'ailleurs les Constitutions de normes non écrites attachées à la démocratie.

---

1 Décision n°002/93/CC du 28 janvier 1993, Décret n°2056/PR/MDNSI du 27 novembre 1992 fixant les modalités de délivrance et de renouvellement de la carte nationale d'identité.

2 La compétence liée « se dit du pouvoir qu'exerce une autorité quand elle n'a pas le choix entre plusieurs solutions ». V., CORNU Gérard, *Vocabulaire juridique*, *op. cit.*, p. 213.

b. Les principes de valeur constitutionnelle inhérents à la démocratie

564. Dans son acception traditionnelle, la « démocratie » s'entend comme le gouvernement de tous[1], c'est-à-dire « la souveraineté collective s'exprimant par la décision majoritaire des citoyens à l'aide d'un droit de vote exercé par référendum ou élection des représentants »[2]. Mais selon une conception moderne, la « démocratie » est assimilée, entre autres, à la représentation[3], comme nous le verrons ultérieurement[4]. Ces deux acceptions de la démocratie ont conduit le juge constitutionnel béninois à dégager deux grands principes à valeur constitutionnelle : la représentation proportionnelle majorité/opposition et la transparence électorale.

565. La représentation proportionnelle. En contentieux constitutionnel béninois, la représentation proportionnelle majorité/minorité s'entend comme la prise en compte et le respect de la règle de la proportionnelle par l'Assemblée nationale dans le choix des députés appelés à la représenter en tant que corps, à animer ses organes de gestion ou à siéger au sein d'autres institutions de l'État[5]. Pour être plus précis, le principe de la représentation proportionnelle majorité/minorité s'oppose à ce que l'Assemblée Nationale soit monocolore ; il impose plutôt qu'il y ait en son sein « une configuration politique de telle sorte qu'on distingue clairement une majorité et une minorité, c'est-à-dire l'opposition politique, même si celle-ci peut être majoritaire »[6]. En résumé, ce principe confère un statut constitutionnel à l'opposition, qu'elle soit minoritaire ou majoritaire.

556. C'est à l'occasion d'une décision du 21 juillet 2011 que la Cour constitutionnelle béninoise a découvert ce PVC[7]. Dans cette décision, la Haute juridiction déclare contraire à la Constitution l'échéance électorale des membres des Bureaux des Commissions Permanentes de l'Assemblée nationale aux motifs que les résultats obtenus ne traduisent pas fidèlement la configuration politique de cette Assemblée. Pour elle, ces élections « doivent être reprises sans délai selon le principe à valeur constitutionnelle de représentation proportionnelle majorité/minorité »[8].

567. La Cour rappelle ce principe dans sa décision du 5 décembre 2017 afin de préciser son champ d'application. Dans celle-ci, la Haute juridiction montre

---

1 Abraham LINCOLN, 16e président des Etats-Unis, définissait la démocrate comme : « le pouvoir du peuple, par le peuple et pour le peuple ».

2 LE POURHIET Anne-Marie, « Définir la démocratie », *RFDC*, n°87, 2011/3, p. 464. Nous définirons davantage ce concept dans le dernier chapitre de la présente étude.

3 *Ibid*, p. 457.

4 V. *infra*, seconde partie, titre II, chapitre II, section 2.

5 V. *Lexique de contentieux constitutionnel*, *ABJC*, *op. cit.*, p. 731.

6 *Ibid.*

7 Décision DCC 11-047 du 21 juillet 2011, Désignation des membres du Parlement dans les organes parlementaires.

8 Considérant n°24.

que la représentation proportionnelle dont il s'agit ne s'appliquerait qu'à l'Assemblée nationale où coexistent en principe deux mouvances politiques : la majorité et la minorité. Elle ne saurait s'appliquer au gouvernement en vertu du principe de la solidarité qui sous-tend son mode de fonctionnement[1]. En dehors de cette norme constitutionnelle non écrite à forte connotation démocratique, il existe une autre : la transparence électorale.

568. La transparence électorale. Ambiguë. Tel est le qualificatif qu'il convient de donner à l'audace jurisprudentielle du juge constitutionnel béninois par laquelle il érige la « transparence électorale » en PVC. En effet, c'est dans sa décision du 23 décembre 1994 que ce juge s'approprie le pouvoir constituant pour intégrer le principe susmentionné au sein du bloc de constitutionnalité[2]. D'une part, ce principe a le mérite d'imposer à la classe politique de toujours organiser des échéances électorales crédibles, ce qui constitue un gage pour la démocratie et une avancée dans la consolidation de l'État de droit. Les spécialistes du contentieux constitutionnel béninois soutiennent d'ailleurs que ce principe promeut « le respect, par l'organe attributaire de la fonction législative, de la clarté dans le vote des lois électorales ou dans la désignation de ses membres devant siéger au sein de l'organe de gestion des élections et/ou de ses démembrements s'il en existe »[3]. Tout cela porte à croire que sa consécration est opportune.

569. D'autre part, ce principe semble utopique et pourrait même être une source d'insécurité juridique. Les contestations régulières des résultats électoraux, tant en Afrique qu'ailleurs en sont les preuves. Pour ne parler que de l'Afrique, les crises post-électorales sont révélatrices d'une jurisprudence constante à l'occasion d'une échéance électorale, à tel point que le journal panafricain « Jeune Afrique » a publié un numéro spécial intitulé : « ces présidents africains en attente », pour décrédibiliser les résultats des échéances électorales en Afrique[4]. Nous pensons qu'en accordant une valeur constitutionnelle au principe de « la transparence électorale », le juge constitutionnel béninois enrichit ses normes de références. Mais en même temps, il invite, bon gré mal gré, la classe politique à méconnaître la Constitution car cette dernière s'accommode difficilement de la transparence électorale. Au demeurant, l'office constituant de ce juge est salutaire, tant il s'efforce d'allier tradition et modernité en constitutionnalisant le droit coutumier.

---

1 Décision DCC 17-254 du 5 décembre 2017, Sylvestre Kinyidé Biaou.

2 V. à ce propos la décision DCC 34-94 du 23 décembre 1994, contrôle de constitutionnalité de la loi créant la Commission Electorale Nationale Autonome (CENA) au Bénin.

3 V., *ABJC*, *op. cit.*, p. 730 et s.

4 V. dossier : « série : Ping, Kamto, Fayulu, Kodjo…Enquête sur ces « présidents » en salle d'attente », disponible sur l'hebdomadaire *Jeune Afrique* [en ligne].

c. Les principes de valeur constitutionnelle d'origine coutumière

570. Les PVC d'origine coutumière sont sûrement nombreux dans la jurisprudence constitutionnelle africaine. Mais au terme de nos recherches, nous n'avons pu identifier que trois. L'un est dégagé par la Cour constitutionnelle béninoise, c'est le principe du « Consensus national ». Le deuxième est consacré par la Cour constitutionnelle sud-africaine, c'est le principe « Ubuntu ». Le troisième est identifié par le juge constitutionnel gabonais, c'est le principe de la primogéniture.

571. Le Consensus national, au Bénin. Jadis, « le Consensus national » était considéré comme un vœu pieux de nature coutumière. Nicaise MEDE rappelle à ce propos qu'en droit traditionnel africain, « dire le droit c'est placer en absolu l'harmonie sociale et amener les parties à la conciliation »[1], c'est-à-dire « rechercher en définitive le consensus »[2]. Mais actuellement, et ce, grâce à l'activisme du juge constitutionnel béninois, ce principe coutumier est devenu une exigence constitutionnelle. C'est dans sa décision du 8 juillet 2006 que ce juge procède à cette constitutionnalisation du droit traditionnel. Le rappel des faits à l'origine de cette décision permettra de mieux mesurer sa portée.

572. En effet, en 2006, le mandat des députés béninois était arrivé à son terme. Mais contre l'avis du Gouvernement, ces derniers décidèrent de faire passer leur mandat de 4 ans à 5 ans. Amenée à se prononcer sur la possibilité d'une telle modification de la Constitution, la Cour souligna que la révision initiée par les députés était contraire aux idéaux ayant présidé à l'adoption de la Constitution du 11 décembre 1990 et notamment au principe à valeur constitutionnelle qu'est le Consensus national[3]. En vertu de ce consensus, poursuit la Cour, on ne saurait modifier la durée de la mandature des représentants du peuple. Cette mandature fait donc partie de ce que nous avons précédemment qualifié de clauses d'éternité constitutionnelle.

573. Pour ce qui est de la portée de ce principe, la Cour précise que loin de signifier l'unanimisme, le Consensus national est d'abord un processus de choix ou de décision sans passer par le vote. Il « permet, sur une question donnée, de dégager par une voie appropriée, la solution satisfaisant le plus grand nombre de personnes »[4]. Il s'agit donc d'un principe d'origine coutumière et aux visés démocratiques, en ce sens qu'il promeut le respect de la volonté du plus grand nombre. Nous pensons qu'il est consubstantiel au principe de paix et d'unité nationale que la Cour a découvert à l'occasion d'un

1 MEDE Nicaise, « La fonction de régulation des juridictions constitutionnelles en Afrique francophone », *AIJC*, n°23-2007, 2008, p. 59.
2 *Ibid.*
3 Décision DCC 06-074 du 8 juillet 2006, Président de la République
4 V. considérant n°20 de la décision DCC 10-049 du 05 avril 2010.

contentieux électoral[1]. Il est cependant différent du PVC « Ubuntu » découvert par son homologue Sud-africain.

574. Ubuntu, en Afrique du Sud. Si le juge constitutionnel béninois constitutionnalise certains principes coutumiers, c'est sans doute parce qu'il s'inspire de son homologue sud-africain. Très tôt, en effet, ce dernier a jugé nécessaire de combler l'œuvre du constituant originaire en accordant une valeur constitutionnelle à certains principes traditionnels. Tel est le cas lorsqu'il reconnaît au concept africain « Ubuntu » une valeur constitutionnelle dans deux décisions rendues en 1995 et 1996[2]. Dans celle de 1996 par exemple, le juge constitutionnel sud-africain conclut, d'une part, à l'inconstitutionnalité de la peine de mort et, d'autre part, à la légalité de la loi d'amnistie, en se fondant notamment sur le PVC Ubuntu.

575. En effet, « Ubuntu » est un terme zoulou et xhosa (langue Sud-africaine), composé du préfixe abstrait ubu et de la racine lexicale ntu, qui veut dire personne humaine. Ce terme synthétise l'aphorisme traditionnel « Umuntu ngumuntu ngabantu » que l'on peut traduire ainsi : « Une personne est une personne à travers les autres personnes ». Autrement dit, « c'est par sa relation aux autres qu'une personne s'humanise totalement »[3]. Pour être plus clair, « Ubuntu » désigne « l'ensemble des valeurs humanistes africaines » ; « c'est un sentiment extériorisé par l'hospitalité, la compassion, le désir d'aider les autres »[4]. Nous pensons qu'un tel PVC a une dimension universelle. C'est un PVC d'origine africaine mais exportable en dehors de l'Afrique car il est fortement attaché à l'essence de l'homme. Felix Murove MUNYARADZI résume bien cette position lorsqu'il affirme que manquer d'humanité envers autrui (comme lors de l'esclavage) est « considéré comme une absence d'humanité ou d'Ubuntu et qu'en conséquence quelqu'un qui ne posséderait pas l'Ubuntu ne pourrait pas être considéré comme un être humain à part entière »[5]. En érigeant ce concept en PVC, le juge constitutionnel sud-africain constitutionnalise alors une doctrine ou un principe de droit traditionnel et devient en même temps un co-constituant. Il en est de même du juge constitutionnel gabonais.

576. La primogéniture, au Gabon. À l'instar de ses homologues béninois et sud-africain, le juge constitutionnel gabonais enrichit la Constitution de normes traditionnelles. Cette constitutionnalisation du droit coutumier gabonais trouve son illustration la plus saillante avec l'érection de la règle de

1 Décision DCC 13-071 du 11 juillet 2013, Serge Roberto Agbodjan ; décision DCC 08-113 du 09 septembre 2008, Augustino John Francey.

2 V. Arrêt du 6 juin 1995, SV. MACKWANYANE and Another et arrêt du 25 juillet 1996, AZAPO and Others VS. President of South Africa and Others.

3 KOULAYAN Nicole, « Mondialisation et dialogue des cultures : l'Ubuntu d'Afrique du Sud », Hermès, La revue, n°51, 2008/2, p. 185.

4 EMMANUEL ADOUKI Delphine Édith, « Le pouvoir normatif de la Cour constitutionnelle d'Afrique du Sud », *op. cit.*, p. 81.

5 MUNYARADZI Felix Murove, « L'Ubuntu », *Diogène*, n°235-236, 2011/3, p. 46.

la primogéniture en principe à valeur constitutionnelle. La Cour agit ainsi dans sa décision du 7 février 1997. En l'espèce, elle est invitée à interpréter une loi organique à la suite d'un blocage institutionnel résultant d'une égalité de suffrages entre deux candidats au poste de sénateur. Dans son verdict, la Haute Instance considère que la disposition soumise à son interprétation est lacunaire parce qu'elle est silencieuse dans la situation où les électeurs n'ont pas pu départager deux candidats au poste de sénateur au second tour du scrutin. Pour départager les deux candidats, la Cour se réfère à la règle coutumière de la primogéniture qui voudrait que l'individu le plus âgé soit privilégié par rapport à l'individu le moins âgé. La Cour l'affirme en ces termes :

577. « en vertu d'une règle regardée comme figurant au nombre des principes généraux du droit, et au demeurant, répondant non seulement à la nécessité de se conformer à l'esprit des valeurs traditionnelles nationales, mais aussi au besoin de mettre en relief le caractère de notabilité qui doit s'attacher à la nature même de la fonction sénatoriale, l'élection doit être acquise au bénéfice du plus âgé si, au second tour, les deux candidats restés en ballotage obtiennent le même nombre de suffrages ; qu'ils s'ensuit que les sièges restant à pourvoir après le second tour doivent être attribués suivant le critère de l'âge, soit au plus âgé des deux candidats en présence » [1].

578. Elle a donc décidé qu'« en l'état actuel de la législation, le siège restant à pourvoir est attribué au plus âgé si au second tour les candidats restés en ballotage obtiennent le même nombre de suffrages »[2]. Avec cette décision, la règle coutumière de la primogéniture acquiert alors une valeur constitutionnelle sous la plume du juge constitutionnel gabonais. En conséquence, ce juge est un constituant. Mais, si cette fonction constituante est incontestable lorsque ce juge ainsi que ses homologues consacrent des PVC, elle semble cependant contestable quand ils découvrent des objectifs à valeur constitutionnelle.

2. Les objectifs de valeur constitutionnelle : une catégorie juridique controversée

579. Outre les PVC, les juges constitutionnels africains découvrent de nombreux objectifs de valeur constitutionnelle (OVC). Avant d'être consacrés par les juges constitutionnels africains, les OVC sont apparus pour la première fois dans la jurisprudence du Conseil constitutionnel français en 1982, notamment dans la décision 141 DC du 27 juillet 1982. Dans celle-ci, le Conseil, statuant sur une loi relative à la communication audiovisuelle,

---

1 Décision n°004/97/CC du 7 février 1997, Interprétation de l'article 16 de la loi organique n°18/96, in : *Constitution de la République gabonaise. Textes, commentaires, doctrine, jurisprudence*, Presses de Melum, 2012, p. 270.
2 *Ibid.*

découvre ce nouvel instrument de référence lorsqu'il qualifie d'OVC « la sauvegarde de l'ordre public[1], le respect de la liberté d'autrui[2] et la préservation du caractère pluraliste des courants d'expression socio-culturels »[3]. Guillaume DRAGO les définit comme « des exigences tirées de la combinaison de normes du bloc de constitutionnalité que le Conseil constitutionnel impose au législateur pour le guider dans l'énoncé d'une législation plus conforme à la Constitution »[4]. Sur ce, ils sont tantôt considérés comme des normes constitutionnelles, tantôt comme des techniques juridictionnelles. Cette ambivalence relative à la nature des OVC (c) n'est pas exclusivement rencontrée dans la jurisprudence française. On la retrouve aussi, de façon assez originale, dans la jurisprudence constitutionnelle africaine (a). Les assimilant surtout à des normes, cette jurisprudence permet de s'interroger sur la place que ces objectifs occupent dans la hiérarchie des normes (b).

a. Les OVC comme normes

580. La nature des OVC n'est pas aisée à cerner. En France, cette question fit couler énormément d'encre. Résumant cette abondante littérature, Pierre de MONTALIVET[5] montre que pour une partie de la doctrine, les OVC constitueraient des normes non écrites que découvre le juge constitutionnel[6]. À cet effet, leur normativité se déploierait au niveau de leur fonction prohibitive, permissive et impérative (à l'égard du législateur et des autorités

1 Au sens général, l'ordre public désigne, pour un pays donné, à un moment donné, un état social dans lequel la paix, la tranquillité, la sécurité publique, ainsi que la moralité publique et la dignité de la personne humaine ne sont pas troublées ; V., entre autres, CORNU Gérard, *op. cit.*, p. 721.
2 On peut assimiler l'expression ''liberté d'autrui'' à celle de ''liberté individuelle''. Elle se définirait alors comme le « Droit fondamental de faire tout ce que la société n'a pas le droit d'empêcher ; exercice des volontés légitimes de chacun dans la limite des nécessités de l'ordre social » ; V., CORNU Gérard, *Vocabulaire juridique*, *op. cit.*, p. 613.
3 LUCHAIRE François, « Brèves remarques sur une création du Conseil constitutionnel : l'objectif de valeur constitutionnelle », *RFDC*, n°64, 2005/4, p. 677.
4 *Ibid.*
5 DE MONTALIVET Pierre, « Les objectifs de valeur constitutionnelle », *CCC*, n°20, Juin 2006 [en ligne].
6 V., BLACHER Philippe, « Objectif de valeur constitutionnelle », in CABRILLAC Rémy (dir.) *Dictionnaire du vocabulaire juridique*, Paris, Litec, Éditions du Juris-Classeur, coll. « Objectif droit », 2ème éd., 2004, p. 271 ; LAVROFF Dimitri Georges, « À propos de la Constitution, *in : L'esprit des institutions, l'équilibre des pouvoirs », Mélanges en l'honneur de Pierre PACTET*, Paris, Dalloz, 2003, p. 288 ; ROUSSEAU Dominique, *Droit du contentieux constitutionnel*, Paris, Montchrestien, coll. « Domat droit public », 7ème éd., 2006, pp. 111-112 ; MOLFESSIS Nicolas, « La dimension constitutionnelle des libertés fondamentaux », in : CABRILLAC Rémy, FRISON-ROCHE Marie-Anne, REVET Thierry (dir.), *Libertés et droits fondamentaux*, Paris, Dalloz, 11ème éd., 2005, p. 83

infra-législatives)[1]. En tant que normes créées par les juges constitutionnels, nous pensons que les OVC sont la preuve de leur exercice du pouvoir constituant. Ainsi est-il légitime de soutenir qu'un juge constitutionnel s'érige nécessairement en constituant lorsqu'il découvre des OVC. La jurisprudence constitutionnelle gabonaise permet de justifier cette affirmation.

581. En effet, dans sa décision du 27 février 2004[2], la Cour constitutionnelle gabonaise affirme que les OVC font partie de ses normes de référence, c'est-à-dire des instruments qu'elle utilise pour exercer son contrôle de constitutionnalité. Dans les considérants n°6 et 13 de cette décision, on peut y lire : « la conformité d'un texte de loi s'apprécie non seulement par rapport aux dispositions de celle-ci, mais aussi par rapport, entre autres, aux objectifs à valeur constitutionnelle [...] que sont l'applicabilité et la lisibilité de la loi »[3]. Autrement dit, en contentieux constitutionnel gabonais, les OVC ont une nature similaire aux dispositions de la Constitution *stricto sensu*. Ils peuvent être invoqués par un justiciable aux fins d'une annulation d'une loi. Cependant, force est de reconnaître que les OVC constituent par ailleurs des techniques de contrôle juridictionnel, notamment parce qu'ils permettent au juge de justifier les limitations à certains droits fondamentaux.

b. Les OVC comme technique de contrôle

582. Si, comme nous l'avons précédemment relevé, une partie de la doctrine soutient que les OVC sont des normes, une autre partie estime qu'ils constituent plutôt des « orientations », des « finalités » assez générales ou encore une simple « technique d'interprétation »[4]. En tant que technique, ils permettent de concilier certains principes constitutionnels, voire de limiter certains droits fondamentaux. En France, le Doyen Henry ROUSSILLON soutient à leur sujet qu'ils ne sont ni des normes, ni des droits fondamentaux mais simplement une technique d'interprétation. « Ceci a pour conséquence que, à l'inverse des droits fondamentaux, ils ne sont pas directement invocables par les individus »[5]. Ainsi, le recours aux OVC par le Conseil constitutionnel français obéit moins à une logique d'enrichissement des normes de référence qu'à une logique d'affinement des techniques de contrôle de constitutionnalité.

---

1 DE MONTALIVET Pierre, « Les objectifs de valeur constitutionnelle », *CCC*, n°20, Juin 2006, *op. cit.*

2 Décision n°3/CC du 27 février 2004, in : *Hebdo informations*, n°487.

3 V., considérants n° 6 et 13. Le juge constitutionnel gabonais se réfère encore aux objectifs à valeur constitutionnelle d'applicabilité et de lisibilité dans ses décisions du 17 avril 2004 et du 25 août 2005.

4 DE MONTALIVET Pierre, « Les objectifs de valeur constitutionnelle », *CCC*, n°20, Juin 2006, *op. cit.*

5 ROUSSILLON Henry, ESPULGAS Pierre, *Le Conseil constitutionnel*, Paris, Dalloz, coll. « Connaissance du droit », 6ème éd., 2008, pp. 88-89.

583. En Afrique subsaharienne, l'usage de nombreux OVC comme moyen de contrôle et de conciliation de certains principes constitutionnels est récurrent. Au Gabon par exemple, c'est le cas lorsque le juge constitutionnel fait du respect de l'ordre public, de la liberté d'autrui, de la dignité du citoyen et du pluralisme des courants socioculturels des OVC. En effet, le juge constitutionnel gabonais consacre par exemple ces OVC dans la décision du 27 octobre 1993[1] en ces termes : « [considérant] que, s'agissant de la liberté de la presse écrite, la loi ne peut en réglementer l'exercice que pour rendre celui-ci plus effectif ou pour le concilier avec les objectifs à valeur constitutionnelle que sont le respect de l'ordre public, de la liberté d'autrui, de la dignité du citoyen et du pluralisme des courants socioculturels ». Or, tels sont sensiblement les mêmes OVC consacrés par son homologue français[2]. Mais qu'est-ce qui expliquerait cette similarité de solution jurisprudentielle ?

584. La réponse la plus facile à avancer est celle du mimétisme juridique. Celui-ci est récurrent en Afrique à cause du passé colonial des États de ce continent. En effet, il était — et il reste encore — difficile pour les jeunes démocraties de s'affranchir des modèles de justice hérités du passé colonial. L'autre réponse pourrait découler du caractère universaliste du droit. Ainsi, s'il est admis qu'il existe un droit naturel, il n'est pas vain de soutenir qu'une fois « positivé », ce droit pourrait avoir des similitudes, des symétries, de par le monde. Dans une telle optique, l'universalité de certaines normes n'a donc rien d'insolite.

585. Toutefois, bien qu'elles s'inspirent du juge constitutionnel français, les Hautes juridictions constitutionnelles africaines s'efforcent de se réapproprier les instruments importés. C'est le cas lorsqu'elles utilisent les OVC aussi bien en tant que normes qu'en tant que technique d'interprétation.

c. Les OVC comme normes et techniques de contrôle : de l'antagonisme à la conciliation

586. Pour mettre un terme au débat lié à la nature des OVC, certains juges constitutionnels africains ont préféré leur accorder une double nature. Ils les utilisent tantôt comme normes, tantôt comme techniques de contrôle. C'est le cas du juge constitutionnel sénégalais. Ce dernier utilise les OVC comme norme de contrôle lorsqu'il les assimile aux PVC, et comme technique de contrôle lorsqu'il les utilise pour limiter certains droits fondamentaux.

587. Dans une décision du 9 juillet 1995 par exemple, le juge constitutionnel sénégalais affirme que les restrictions apportées aux libertés fondamentales par le législateur ne sont possibles que dans la seule invocation « d'autres

1 Décision n°19/93/CC du 02 novembre 1993, précitée.

2 Le Conseil constitutionnel français dégage certains de ces OVC (tel la sauvegarde de l'ordre public) dans sa décision 141 DC du 27 juillet 1982 à propos de la loi relative à la communication audiovisuelle.

principes de valeur constitutionnelle telles que la préservation de l'ordre public ou la sauvegarde de l'intérêt général »[1]. Or, comme mentionné précédemment, ce sont les OVC qui permettent d'imposer des limitations à l'exercice du pouvoir législatif, et non les PVC. D'ailleurs selon la doctrine constitutionnaliste française, la sauvegarde de l'ordre public n'est pas une règle mais un objectif constitutionnel, en ce sens qu'elle est un but à atteindre[2]. En l'assimilant à un OVC dans la décision précitée, le juge constitutionnel sénégalais opère donc une confusion terminologique. Nous pensons qu'il estime que les OVC font partie des normes non écrites au même titre que les PVC et qu'en même temps, ils peuvent servir de justification aux atteintes de certains droits fondamentaux. Dans ce dernier cas, ils sont aussi des techniques de contrôle.

588. Il est enfin possible de se demander si Bertrand MATHIEU et Michel VERPEAUX ne reconnaissent pas implicitement cette double nature aux OVC quand ils affirment que les OVC sont « des normes de conciliation qui fixent pour le législateur des orientations ; mais ils ne peuvent être invoqués, devant le juge, par un particulier »[3]. Autrement dit, les OVC, bien que ne pouvant être invoqués par les particuliers, restent des normes, dans la mesure où ils s'imposent au législateur. Dans le même temps, ils constituent des techniques de contrôle parce qu'ils permettent au juge de restreindre certaines libertés fondamentales pour assurer le respect de certains principes constitutionnels et, au demeurant, d'assurer sans restriction la suprématie de la Constitution.

589. En définitive, les OVC sont à la fois des normes non écrites et des techniques de contrôle. En tant que normes non écrites, leur découverte est la matérialisation du pouvoir constituant exercé par les juridictions constitutionnelles africaines de façon indirecte. Cette auto-attribution implicite du pouvoir constituant est encore manifeste lorsque ces Hautes juridictions modifient provisoirement la Constitution à l'occasion d'une régulation du fonctionnement des institutions et de l'activité des pouvoirs publics.

B. La modification provisoire de la Constitution

590. En Afrique, il y a réécriture indirecte des constitutions par les juges constitutionnels non seulement lorsqu'ils découvrent des normes non écrites au moyen de leur activité interprétative, mais aussi quand ils modifient provisoirement les lois fondamentales à l'occasion d'une régulation du fonctionnement des institutions et des activités des pouvoirs publics. En l'état

1 Conseil constitutionnel du Sénégal, Décision 3/C/95 du 9 juillet 1995.

2 ROUSSEAU Dominique, *Droit du contentieux constitutionnel*, *op. cit.*, p. 105.

3V., MATHIEU Bertrand et VERPEAUX Michel, *Contentieux constitutionnel des droits fondamentaux*, *op. cit.*, p. 275.

actuel de la jurisprudence constitutionnelle africaine, cette modification provisoire de la Constitution apparaît sous deux formes principales : la modification provisoire du régime politique (1) et la modification provisoire des compétences des autorités instituées (2).

1. La modification provisoire du régime politique

591. En leur qualité d'organes régulateurs du fonctionnement des institutions et des activités des pouvoirs publics[1], les juges constitutionnels africains s'estiment compétents pour temporairement modifier les régimes politiques. L'arme juridique qu'ils utilisent pour ce faire est l'injonction. Bien connu des administrativistes, le pouvoir d'injonction permet généralement au juge de faire respecter ses décisions[2].

592. L'injonction prend cependant une autre tournure dans la jurisprudence constitutionnelle africaine car elle permet au juge d'assurer à la fois une effectivité décisionnelle et une meilleure résolution des crises. C'est en effet à l'occasion de ce dernier point que les Hautes juridictions s'approprient le pouvoir constituant pour modifier provisoirement l'ordre constitutionnel, particulièrement la structure politique de l'État. Ce faisant, elles exercent un « excès de pouvoir juridictionnel », pour reprendre la formule chère à Cyrille MONEMBOU[3]. Selon ce dernier, « l'excès de pouvoir juridictionnel » s'entend comme « une action hardie et exorbitante d'un juge constitutionnel se considérant au-dessus de tous les pouvoirs, sans aucune limite à son action ». Il se matérialise par « la non-soumission à une norme fut-elle la Constitution, le pouvoir de sanction non pas des normes, mais des autres pouvoirs constitutionnels, le pouvoir d'injonction à l'endroit des autres pouvoirs constitutionnels, la réécriture formelle de la Constitution »[4].

593. Cette définition est en parfaite adéquation avec l'activité jurisprudentielle des Cours constitutionnelles africaines. Au Gabon par exemple, il en est ainsi

1 BOLLE Stéphane, « Les Cours constituantes d'Afrique », *op. cit.*, pp. 252-256. Cette idée sera davantage examinée dans cette seconde partie, au titre II, chapitre 1, section 2 § 2.

2 Jean-François LAFAIX relève par exemple que « le pouvoir d'injonction du juge administratif reste largement indexé sur la chose jugée. Techniquement, la chose jugée est au centre, alors même que l'injonction constitue la finalité du procès ». V., LAFAIX Jean-François, « L'injonction au principal : une simplification de l'exécution ? », *Civitas Europa*, n°39, 2017/2, p. 119.

3 MONEMBOU Cyrille, « De ''l'excès de pouvoir juridictionnel'' en Afrique noire francophone. Réflexion à partir des décisions récentes des juridictions constitutionnelles du Gabon et de Madagascar », in : *Mélanges en l'honneur du Président Robert DOSSOU, L'amphithéâtre et le prétoire au service des droits de l'homme et de la démocratie*, AIVO Frédéric Joël, DE GAUDUSSON Jean du Bois, DESOUCHES Christine, MAILA Joseph (dirs.), Paris, L'Harmattan, 2020, pp. 787-810.

4 *Ibid.*, p. 791.

dans la décision du 30 avril 2018[1]. En l'espèce, le mandat des députés en fonction est expiré. Le Gouvernement étant dans l'incapacité d'organiser de nouvelles élections, le Premier Ministre demande à la Cour de se prononcer sur le blocage institutionnel qui résulte de cette situation. De façon plus détaillée, il souhaite que la Haute juridiction apporte des éclairages sur les divers points suivants : le sort des membres de l'Assemblée nationale après le 30 avril 2018, vue que leur mandat est déjà expiré ; les compétences du Sénat avant le renouvellement de l'Assemblée nationale ; le sort du Gouvernement après le 30 avril 2018 et sur le nouveau délai d'organisation des élections en vue du renouvellement de l'Assemblée nationale.

594. En réponse aux demandes du Premier ministre, la Haute juridiction met un terme aux fonctions du Gouvernement et, par une formule péremptoire, contraint le Président de la République à nommer un nouveau Gouvernement qui ne sera responsable que devant lui[2]. Or en agissant de la sorte, la Cour ne modifie-t-elle pas temporairement le régime politique gabonais ? Si oui, ne révise-t-elle pas la Constitution de manière informelle ? Mieux, ne devient-elle pas constituante ? Nous soutenons que toutes ces interrogations obéissent à des réponses positives.

595. En effet, en rendant le Gouvernement responsable uniquement devant le Président de la République, la Cour transforme le régime politique gabonais. Normalement, ce régime est de type semi-présidentiel car il regroupe les caractéristiques d'un régime parlementaire et celles d'un régime présidentiel. Généralement, le régime parlementaire se caractérise par la responsabilité politique du Gouvernement devant le Parlement et la collaboration des pouvoirs[3]. L'article 28, paragraphe 3, de la Constitution du Gabon consacre cette forme de responsabilité quand il dispose que « le Gouvernement est responsable devant le Président de la République et l'Assemblée nationale, dans les conditions et les procédures prévues par la présente Constitution ». Il est donc légitime de soutenir qu'en rendant le Gouvernement responsable devant l'Assemblée nationale, le constituant avait pour objectif d'instaurer un régime parlementaire. Seulement, cette déduction est à nuancer rapidement, dans la mesure où le même constituant a prévu que le Président de la République soit issu du suffrage universel direct[4]. Or, l'élection au suffrage

1 Décision n°022/CC du 30 avril 2018 relative à la requête présentée par le premier ministre aux fins d'interprétation des articles 4, 28, 28a, 31, 34, 35 et 36 de la Constitution.

2 V., article 3, tirets 4 et 5 de la décision à commenter. On y lit en effet ce qui suit : au tiret 4, « les fonctions du Gouvernement en place cessent par la démission présentée par le Premier Ministre dès notification de la présente décision au Président de la République » ; au tiret 5, « le Président doit nommer, dans les meilleurs délais, un nouveau Gouvernement qui ne sera responsable que devant lui ».

3 ARDANT Philippe et MATHIEU Bertrand, *Droit constitutionnel et Institutions politiques*, 30e éd., Paris, LGDJ, 2018-2019, pp. 229-285.

4 Article 9 CG : « Le Président de la République est élu pour sept (7) ans, au suffrage universel direct. Il est rééligible ».

universel direct étant l'une des caractéristiques du régime présidentiel[1], tout porte à croire que l'on est aussi en présence d'un tel régime. Au demeurant, il serait judicieux et plus convaincant de convenir que ce constituant a, en réalité, opté pour un régime semi-présidentiel dans la mesure où l'on retrouve à la fois des éléments du présidentialisme et du parlementarisme.

596. Mais pour la Cour constitutionnelle du Gabon, ce choix du constituant originaire est modulable lorsque les institutions et/ou les pouvoirs publics connaissent un dysfonctionnement. C'est la raison pour laquelle elle décide de le modifier en ne rendant le nouveau Gouvernement responsable que devant le Président de la République. Ce faisant, elle bouleverse complètement la nature du régime politique gabonais. Elle ne le transforme ni en régime parlementaire, ni en régime présidentiel, encore moins en régime d'Assemblée, mais en un régime politique *sui generis*[2]. La hardiesse de la Cour se poursuit lorsqu'elle déclare vacant tous les sièges de l'Assemblée nationale. Pour elle, étant donné que la mandature des députés est expirée, il importe de les congédier et de ne conserver que le Sénat.

597. Cette décision semble contraire à la lettre et à l'esprit de la Constitution. Cette dernière prévoit en effet un bicaméralisme et non un monocaméralisme. Cela étant, nous pensons que la Cour aurait dû trouver le moyen de préserver ce bicaméralisme tout en résolvant la crise à laquelle faisait face le Parlement, au lieu de congédier les députés. En les congédiant, il ne fait l'ombre d'aucun doute que la Cour transforme la forme Républicaine de l'État en monarchie constitutionnelle, dès lors qu'elle transfert l'essentiel des pouvoirs au seul Président de la République en lui accordant en plus le privilège de n'être contrôlé par personne. Ce faisant, la Cour s'érige en constituant intermédiaire ou en co-constituant car elle modifie temporairement le régime politique gabonais. À la structure semi-présidentialiste du régime, la Cour impose une structure au mieux *sui generis*, au pire monarchique. Cette forme de révision temporaire de la Constitution est encore observable lorsque la Cour confère momentanément de nouvelles compétences à certaines autorités instituées.

2. La modification temporaire des compétences des autorités instituées

598. Pour régler les dysfonctionnements institutionnels, les Cours constitutionnelles d'Afrique subsaharienne procèdent parfois à une nouvelle répartition des compétences entre les organes institués. L'une des juridictions

1 ARDANT Philippe et MATHIEU Bertrand, *Institutions politiques et droit constitutionnel*, *op. cit.*, p. 288.

2 ONDO Télesphore, « La Cour constitutionnelle gabonaise est-elle au-dessus de la Constitution ? Essai d'analyse de la décision n°22/CC du 30 avril 2018 » [en ligne].

dont l'audace en la matière a suscité un certain intérêt ces dernières années est la Haute Cour Constitutionnelle malgache.

599. Cette dernière agit par exemple ainsi dans la décision du 25 mai 2018 relative à une requête en déchéance du Président de la République pour carence dans la mise en place de la Haute Cour de justice[1]. Dans cette décision, la Haute juridiction s'approprie tout d'abord le pouvoir constituant afin de s'octroyer un nouveau pouvoir, le pouvoir régulateur. Elle use ensuite de cette nouvelle compétence pour accorder certaines prérogatives au Président de la République afin de remédier à la crise institutionnelle que traverse le pays.

600. Pour s'auto-habiliter à exercer un pouvoir régulateur, la Haute Cour utilise les arguments de droit comparé et de standardisation de la fonction juridictionnelle. Dans un considérant sans équivoque, elle affirme que la compétence régulatrice dont elle s'approprie est

> « actuellement établie et reconnue par des Cours constitutionnelles ou institutions voisines des pays de la zone Afrique pour ne citer que celles du Gabon et du Benin ; que la Haute Cour Constitutionnelle de Madagascar est membre et adhère aux principes des diverses Associations de Cours Constitutionnelles ou Institutions voisines de par le monde : Conférence des Juridictions Constitutionnelles Africaines (CJCA), Association des Cours Constitutionnelles ayant en Partage l'Usage du Français (ACCPUF) [...] »[2].

601. Une fois affirmé, la Cour assume ensuite l'exercice de ce pouvoir régulateur en donnant de nombreuses injonctions au Chef de l'État. Ces injonctions sont en réalité des transferts de compétences car plutôt que de se prononcer sur la déchéance du Président, comme le souhaitaient les requérants, la Cour l'habilite au contraire à exercer de nouvelles prérogatives. Elle les formule en effet de la manière suivante : « le Président de la République met fin aux fonctions du Gouvernement et procède à la nomination d'un Premier Ministre de consensus, dans un délai de 7 jours pour compter de la publication de la présente Décision [...] »[3] ; ou encore : « le Président de la République nomme les Ministres sur proposition du Premier Ministre, dans un délai de sept (07) jours pour compter de la nomination du Premier Ministre [...] »[4].

602. Il résulte de toutes ces injonctions que le juge constitutionnel malgache estime que la fonction régulatrice qu'il s'est approprié l'autorise à s'ériger en constituant. Comme son homologue gabonais, le juge constitutionnel malgache se comporte en effet comme si les autres pouvoirs constitués lui étaient inférieurs. Il semble donc loisible aux deux juges de modifier les

---

1 Décision n°18-HCC/D3 du 25 mai 2018 Relative à une requête en déchéance du Président de la République Hery RAJAONARIMAMPIANINA.

2 Considérant n°18.

3 V., article 4 du dispositif.

4 V., article 6 du dispositif.

compétences dévolues aux pouvoirs institués en cas de crise, alors que d'un point de vue formel il n'en est rien.

603. Pour limiter leur audace jurisprudentielle, le constituant dérivé devrait peut-être clairement délimiter la portée du pouvoir de régulation que les Cours exercent, ce d'autant plus qu'elles accroissent de plus en plus leurs compétences. C'est le cas lorsqu'elles réécrivent directement les constitutions, alors qu'elles ne devraient en principe réécrire que les lois.

II. La réécriture directe de la Constitution

604. La réécriture directe de la Constitution intervient lorsque les Cours constitutionnelles, exerçant les fonctions d'interprète et de régulateur, prennent crayon et gomme pour réécrire les constitutions. Deux procédés leur permettent d'agir de la sorte. Le premier est la constitutionnalisation des normes contenues dans le Préambule de la Constitution (A). Le second est la mise en œuvre d'une *lege ferenda* (B).

A. La réécriture directe de la Constitution au moyen d'une constitutionnalisation des normes contenues dans les préambules

605. Le « Préambule d'une Constitution » peut s'entendre comme un prélude à la loi fondamentale, « un texte en soi, qui énonce les principes et les droits des personnes »[1]. En Afrique, ce texte n'est pas de moindre valeur : c'est une norme de référence. Il est composé de Déclarations de droits, tant universelles que régionales[2]. Il convient donc d'examiner tout d'abord comment les juges constitutionnels africains participent aux opérations d'incorporation des Préambules dans le bloc de constitutionnalité (1), avant de voir les conséquences qui en résultent, à savoir l'internalisation des Déclarations universels et la constitutionnalisation des Déclarations régionales, voire locales (2).

---

1 VEIL Simone, *Redécouvrir le Préambule de la Constitution, Rapport au Président de la République*, Paris, La documentation Française, 2009, p. 9. V. aussi : CONAC Gérard et al., *Le Préambule de la Constitution de 1946. Histoire, analyse et commentaires*, Paris, Dalloz, 2001.
2 TETANG Franc De PAUL, « La normativité des préambules des constitutions des États africains d'expression française », *RFDC*, 2015/4, n°104, pp. 953-978.

1. La participation des juges constitutionnels aux opérations d'incorporation des Préambules au sein du bloc de constitutionnalité

606. Par quel processus le Préambule intègre-t-il le bloc de constitutionnalité en Afrique ? L'analyse du droit positif révèle que deux procédés concourent à cet objectif : l'intégration directe et l'intégration indirecte. Le premier invite les juges à jouer un rôle passif dans le processus de constitutionnalisation des Préambules (a). Le second les amène à jouer un rôle actif dans la constitutionnalisation des Préambules (b).

a. La participation passive des juges constitutionnels dans le processus de constitutionnalisation des Préambules

607. L'incorporation directe du Préambule dans le bloc de constitutionnalité est opérée par le pouvoir constituant originaire. Ici, le juge constitutionnel ne joue aucun rôle dans la constitutionnalisation du Préambule. C'est lors de la rédaction d'une Constitution que le peuple, dans sa plus grande souveraineté, décide parfois d'intégrer les éléments du Préambule dans le bloc de constitutionnalité. Le constituant béninois de 1990 fit ainsi lorsqu'il affirma que toutes les dispositions du Préambule font partie intégrante de la Constitution[1].
608. Au Niger, la même méthode est employée par le constituant de 2010. Dans le Préambule de la Constitution nigérienne du 25 novembre 2010, on y lit en effet ce qui suit : « Nous, Peuple nigérien souverain [...] Adoptons solennellement la présente Constitution [...] dont ce préambule fait partie intégrante »[2]. À Madagascar, c'est subtilement que le constituant fait du Préambule une norme de référence. Cette subtilité est manifeste au neuvième (9ème) paragraphe du Préambule lorsque le constituant affirme qu'il fait sienne la Charte internationale des droits de l'Homme[3].
609. Dans ces pays, la question de la valeur juridique du Préambule ne se pose donc pas. Lors d'un contentieux, il est donc loisible au justiciable d'invoquer aussi bien une disposition du Préambule qu'une disposition de la Constitution pour soutenir sa requête. Ne faisant qu'un, il n'y a alors pas lieu de s'étonner si dans la rédaction de ses décisions le juge constitutionnel ne « vise »[4] pas à la fois le texte de la Constitution et son Préambule.

---

1 Lire le paragraphe n°6 du Préambule de la Constitution béninoise.
2 V., dernière phrase du Préambule de la Constitution du Niger.
3 Ce paragraphe est en effet rédigé ainsi : « Considérant la situation géopolitique de Madagascar et sa participation volontariste dans le concert des nations, et le pays faisant siennes, notamment : la Charte... »
4VIDAL-NAQUET Ariane, « Les visas dans les décisions du Conseil constitutionnel », *RFDC*, n°67, 2006/3, p. 537.

610. En droit comparé, cependant, le juge constitutionnel français a expressément « visé » la Constitution et le Préambule dans sa décision liberté d'association du 16 juillet 1971[1], montrant ainsi la voie à suivre à certains de ses homologues africains.

b. La participation active du juge constitutionnel gabonais dans le processus de constitutionnalisation du Préambule

611. L'autre procédé d'intégration du Préambule dans le bloc de constitutionnalité est l'incorporation par voie jurisprudentielle. Elle a été retenue par le juge constitutionnel gabonais dans sa première décision du 28 février 1992[2]. Dans celle-ci, le juge constitutionnel a précisé les instruments à partir desquels son contrôle devra se fonder. En l'espèce, après avoir constaté le silence du constituant sur la valeur juridique du Préambule, la Haute juridiction constitutionnelle n'hésite pas à s'inspirer de la solution retenue par son homologue français en 1971, notamment l'élargissement des normes de référence au Préambule. Le juge constitutionnel gabonais précise à cet effet que

> « la conformité d'un texte de loi à la Constitution doit s'apprécier non seulement par rapport aux dispositions de celle-ci, mais aussi par rapport au contenu des textes et normes de valeur constitutionnelle énumérés (sic) dans le Préambule de la Constitution, auxquels le peuple gabonais a solennellement affirmé son attachement et qui constituent, avec la Constitution, ce qu'il est convenu d'appeler bloc de constitutionnalité »[3].

612. L'autorité de la chose jugée s'attachant non seulement aux dispositifs d'une décision mais aussi à ses motifs qui en constituent le soutien nécessaire[4], il est évident que par ce considérant le juge constitutionnel gabonais érige le Préambule de la Constitution de 1991 en norme de référence. Ce faisant, il s'érige lui-même en constituant parallèle.

613. Mais, quels sont les textes auxquels renvoient ces différents Préambules ? À la lecture de ceux-ci, il ressort que les constituants africains ont recherché un juste équilibre entre les exigences traditionnelles et modernes. C'est la raison pour laquelle la plupart des Préambules ont à la fois une portée internationale, régionale et locale. Il y a donc d'une part une internalisation des Déclarations universelles et, d'autre part, une constitutionnalisation des Déclarations ou textes africains.

---

1 C. C. 71-44 DC., 16 juillet 1971, Liberté d'association, R. p. 29.

2 Décision n°001/CC du 28 février 1992, Loi organique portant organisation et fonctionnement du Conseil National de la Communication.

3 V. considérant n°1.

4 C.C. 16 janvier 1962, Loi d'orientation agricole.

2. Les textes incorporés dans les Préambules

614. La constitutionnalisation des Préambules par le pouvoir constituant originaire et par le pouvoir constituant de l'interprète, en l'occurrence le juge constitutionnel gabonais, a pour conséquence l'enrichissement du bloc de constitutionnalité, et donc la réécriture de la Constitution. Cette réécriture de la Constitution se traduit par l'incorporation des textes juridiques à caractère universel (a), régional et local (b) au sein des Préambules.

a. L'internalisation des Déclarations universelles

615. Les Préambules des constitutions africaines font référence à une pluralité de Déclarations universelles. Ces textes exogènes, une fois incorporés dans le bloc de constitutionnalité ou dans l'ordre juridique des États africains, deviennent immédiatement des sources de leur droit interne. Dès lors, la question de leur origine ne se pose plus. Il en est ainsi de la Déclaration des Droits de l'Homme et du Citoyen du 26 août 1789 (DDHC) au Gabon, et de la Déclaration Universelle des Droits de l'Homme du 10 décembre 1948 (DUDH) au Bénin, au Gabon et au Niger.

616. Une lecture approfondie des Préambules des constitutions africaines révèle que les constituants sont plus attachés au texte de la DUDH qu'à celui de la DDHC. Pourtant, il semble que le second devrait être priorisé car il consacre à la fois des valeurs individualistes et collectivistes, alors que le premier ne protège que les Droits universels. Cependant, la réticence exprimée à l'égard du texte de 1789 semble découler de l'origine même de ce texte dans la mesure où, pour certains constituants africains, bien qu'elle proclame des Droits universels, cette Déclaration a surtout été taillée à la hauteur du Peuple français, ce qui n'est pas le cas de la DUDH qui s'adresse à tous les citoyens du monde.

617. Font en outre partie des Déclarations « africanisées », les grandes Chartes internationales. La Charte des Nations Unies de 1945, intégrée dans le Préambule de la Constitution du Bénin en est un parfait exemple. Il en va de même de la Charte internationale des droits de l'Homme adossée au Préambule de la Constitution de Madagascar. Ce Préambule se réfère à la DUDH précitée, au Pacte international relatif aux droits économiques, sociaux et culturels, au Pacte international relatif aux droits civils et politiques, ainsi qu'à ses deux protocoles facultatifs. Ces deux Pactes internationaux sont également mentionnés dans le Préambule de la Constitution du Niger.

618. Une fois intégrées au sein des Préambules des constitutions africaines, ces Déclarations constituent toutes des textes constitutionnels africains. Le juge constitutionnel s'en réfère alors pour apprécier les lois. De même, tout citoyen peut s'appuyer sur ces Déclarations pour contester une loi. En dehors de ces Déclarations universelles, y figurent aussi des textes africains. Le deuxième mouvement du constituant africain consiste donc à constitutionnaliser les textes régionaux et locaux.

b. La constitutionnalisation des Déclarations régionales et locales

619. Le texte régional de référence est la Charte Africaine des Droits de l'Homme et des Peuples de 1981 (CADHP). Ayant déjà été examinée lors de nos développements antérieurs[1], il convient simplement de rappeler que cette Charte s'inspire fortement de la Charte de l'Organisation de l'Unité Africaine, de la Charte des Nations Unies ainsi que de la DUDH. Elle tient tout de même compte des vertus et des traditions historiques, ainsi que des « valeurs de civilisation africaine qui doivent inspirer et caractériser » les « réflexions sur la conception des droits de l'homme et des peuples »[2].

620. Presque tous les pays sélectionnés pour cette étude ont fait de cette dernière une norme de référence, à l'exception notable de Madagascar. Désireux de promouvoir et de défendre les valeurs qui fondent la société africaine, constituants et juges constitutionnels ont ainsi trouvé en la Charte « un bien savant cocktail, unique en son genre ; d'une approche juridique des Droits de l'Homme entre tradition et modernité »[3]. En effet, en faisant des « valeurs de civilisation africaine » une exigence, la CADHP donne au juge constitutionnel la possibilité de juridiciser plusieurs principes de droit coutumier africain. En intégrant la CADHP dans le bloc de constitutionnalité, c'est le droit traditionnel africain qui s'en trouve donc constitutionnalisé[4].

621. Pour ce qui est des instruments ou des textes locaux, le constat est à leur rareté. Des différents pays étudiés, seul le Gabon semble avoir inclus dans le Préambule de sa Constitution un texte original, la Charte Nationale des Libertés (CNL) du 26 juillet 1990. Celle-ci constitue une ratification des Recommandations formulées par la Conférence Nationale sur la Démocratie qui s'est tenue au Gabon (précisément à Libreville) du 23 Mars au 19 Avril

---

1 V., *infra*, première partie, titre II, chapitre 2.

2 V. à ce propos, Préambule de la Charte Africaine des Droits de l'Homme et des Peuples (CADHP), adopté le 27 juin 1981 à Nairobi lors de la 18ème Conférence de l'Organisation de l'Unité Africaine.

3 Propos du juge F. OUGUERGOUZ, repris par H. ADJOLOHOUN, in *Droits de l'Homme et Justice constitutionnelle en Afrique : Le modèle béninois*, Paris, L'Harmattan, 2011, pp. 74-75.

4 Nous avons tenté de démontrer cela dans le chapitre II du titre II de la première partie de ce travail.

1990. En réalité, il s'agit d'une déclaration de droits et de libertés[1]. Le titre consacré aux seules libertés semble dès lors trompeur[2].

622. En constitutionnalisant tous ces textes, le juge constitutionnel réécrit donc directement la Constitution. Et, à cette première forme de réécriture directe de la Constitution s'ajoute une seconde : la réécriture directe des dispositions constitutionnelles au moyen d'une *lege ferenda.*

B. La réécriture directe des dispositions constitutionnelles par la technique de la *lege ferenda*

623. La réécriture directe des constitutions par les juges constitutionnels africains ne s'opère pas seulement au moyen d'une constitutionnalisation des textes contenus dans les Préambules. Elle a aussi lieu lorsqu'un juge prend son stylo pour réécrire expressément une disposition constitutionnelle qu'il juge lacunaire ou défaillante. Nous qualifierons cette technique de *lege ferenda.* Cette expression signifie « quant à la loi que l'on doit appliquer ». Elle semble appropriée pour mieux décrire l'attitude observée par le juge constitutionnel gabonais lorsqu'il réécrit directement certaines dispositions constitutionnelles. Actuellement, cette réécriture directe des dispositions constitutionnelles par voie jurisprudentielle est essentiellement constructive, positive, voire additive. On ne la rencontre qu'au Gabon.

624. En effet, c'est à l'occasion de son office juridictionnel non contentieux que la Haute juridiction gabonaise procède à cette addition des omissions du constituant. Il en est ainsi quand elle est saisie en vertu de l'article 88 de la Constitution[3], à savoir en matière d'interprétation, ou en vertu de l'article 83 de la Constitution, en matière de régulation du fonctionnement des institutions

---

1 Les six articles qui composent cette Charte se résument en effet en droits et libertés. C'est ainsi qu'à l'article 5, alinéa 1er figurent par exemple les droits classiques suivants : le droit à la vie et à la dignité ; le droit à la propriété privée ; le droit à un logement décent...Tandis qu'à l'alinéa 2 du même article sont mentionnées de nombreuses libertés fondamentales, telles : la liberté d'aller et venir à l'intérieur des frontières Territoriales et d'en sortir ; la liberté de pensée ; d'opinion et de croyance ; la liberté d'association, etc.

2 Pour M. J-C. NZE BITEGHE, cette Charte aurait dû être intitulée ''Charte Nationale des Droits'', car le terme ''Droit'' est plus englobant que celui de ''Liberté''. Mieux, elle aurait pu être titrée de la sorte : ''Charte Nationale des Droits et Libertés''. Le constituant a donc légèrement manqué de précision, sûrement volontairement, lors de la qualification de cette Charte. V., NZE-BITEGHE Jean Christophe, *Le système gabonais de justice constitutionnelle, l'exemple de la Cour constitutionnelle*, Thèse de doctorat, Toulouse, 2000, p. 151.

3 Article 88, CG : « En dehors des autres compétences prévues par la Constitution, la Cour constitutionnelle dispose du pouvoir d'interpréter la Constitution, et les autres textes à valeur constitutionnelle, à la demande du Président de la République, du Premier Ministre, du Président du Sénat, du Président de l'Assemblée nationale, du dixième des Députés ou de Sénateurs ».

et de l'activité des pouvoirs publics[1]. La Cour assume par exemple cet office dans deux décisions rendues en 2018.

625. La première décision est celle du 30 avril 2018[2]. L'importance de cette décision impose un rappel des faits. En juillet 2017 étaient censées se tenir des élections législatives en République gabonaise. Mais à la suite d'un cas de force majeure constaté par le Gouvernement, la Cour constitutionnelle, sur la base d'une saisine du Premier ministre, reporta l'organisation des échéances électorales, comme le suggérait le Gouvernement. Par la même occasion, la Haute juridiction, par sa décision n°20/CC du 11 juillet 2017, prononça le maintien en fonction des membres de l'Assemblée nationale, en dépit de l'expiration de leur mandat. Elle donna cependant injonction au Gouvernement d'organiser des élections législatives au plus tard le 30 avril 2018. Mais, ces élections n'ayant pas été organisées dans les délais imposés par la Cour, le Premier Ministre décide de la saisir à nouveau le 30 avril 2018 aux fins, entre autres, d'une interprétation de certains articles de la Constitution du fait de la non tenue des élections.

626. En principe, il est demandé à la Cour d'interpréter les articles 4, 28a, 31, 34, 35 et 36 de la Constitution, c'est-à-dire de dégager leur signification, leur sens et leur portée. Il ne lui est pas demandé de combler leur éventuelle lacune car, comme le soutient le Doyen Georges VEDEL, le juge n'a droit qu'à la gomme pas au crayon[3]. Cependant, la Cour semble en accord avec la théorie réaliste de Michel TROPER pour qui l'interprétation est nécessairement une activité créatrice[4]. Pour ce dernier, le juge peut être un législateur positif « co-auteur de la Constitution »[5]. En réalité, la théorie réaliste de l'interprétation n'est pas nouvelle. Edouard LAMBERT l'évoquait déjà lorsqu'il développa la thèse d'un gouvernement des juges[6], ceux-ci ayant cessé d'être la bouche qui prononce les paroles de la loi, des êtres inanimés qui n'en peuvent modérer ni la force, ni la rigueur pour se transformer en faiseurs de lois. Dans le cas d'espèce, le juge constitutionnel gabonais s'inspire de ces théories pour s'ériger en véritable co-auteur de la Constitution.

627. En effet, ce juge estime que si les articles 28, 28a, 31 et 35 de la Constitution ne comportent ni doute, ni la lacune, il en est autrement des articles 4, 34 et 36. Ces derniers doivent être complétés. En ce qui concerne

1 Article 83, CG : « La Cour constitutionnelle est [...] l'organe régulateur du fonctionnement des institutions et de l'activité des pouvoirs publics ».

2 Décision n°022/CC du 30 avril 2018 relative à la requête présentée par le premier ministre aux fins d'interprétation des articles 4, 28, 28a, 31, 34, 35 et 36 de la Constitution.

3GENEVOIS Bruno, « Un universitaire au Conseil constitutionnel : le doyen Georges Vedel », *RFDA*, 2004, p. 215.

4 Nous examinerons davantage cette question dans le chapitre 1er du titre II de cette seconde partie.

5 TROPER Michel, HAMON Léon, *Droit constitutionnel*, Paris, LGDJ., 2014, p. 63.

6 LAMBERT Edouard, *Le gouvernement des juges et la lutte contre la législation sociale des Etats-Unis. L'expérience américaine du contrôle judiciaire de la constitutionnalité des lois*, Paris, Giard, 1921, Dalloz, 2005, 276 p.

par exemple l'article 4, la Cour soutient que si son alinéa 3 indique qu'en « cas de force majeure dûment constatée par la Cour constitutionnelle saisie par le Gouvernement, le ou les membre(s) de l'institution concernée demeure(nt) en fonction jusqu'à la proclamation des résultats de l'élection organisée dans les délais fixés par la Cour constitutionnelle », cet article reste muet lorsqu'à l'expiration de nouveaux délais fixés par la Cour, l'élection n'a pas été organisée. Puisqu'une telle omission, poursuit la Cour, doit être regardée comme une lacune que comporte cet article 4 de la Constitution, il y a lieu de le compléter par les dispositions ci-après :

> « [s]i à l'expiration de ces délais, l'élection n'a pas été organisée et aucun cas de force majeure dûment constaté par la Cour constitutionnelle, les fonctions du ou des membre(s) de l'institution concernée cessent immédiatement. Il est procédé à des élections organisées dans les délais fixés par la Cour Constitutionnelle saisie par le Président de l'autorité administrative chargée de l'organisation des élections en République Gabonaise »[1].

628. De même, la Cour estime que l'article 36 de la Constitution gabonaise qui traite des prérogatives du Parlement ne prévoit pas que si le fonctionnement de l'une des Chambres qui le compose est interrompu, l'autre puisse assurer la continuité du service public. Pour combler cette lacune, elle propose d'ajouter les dispositions suivantes à cet article :

> « [lorsque] les pouvoirs de l'Assemblée Nationale ou du Sénat cessent pour quelque cause que ce soit, la chambre dont la législature reste à courir exerce la plénitude des compétences dévolues au Parlement jusqu'à la proclamation par la Cour Constitutionnelle des résultats des élections organisées pour le renouvellement de la chambre concernée, à l'exception de la révision de la Constitution par voie parlementaire. Toutefois, lorsque la vacance concerne l'Assemblée Nationale, le Sénat ne peut exercer les compétences prévues aux articles 63, alinéa 1er et 64, alinéa 1er de la Constitution, relatives à la question de confiance et à la motion de censure »[2].

629. Enfin, la Haute juridiction déclare l'article 34 de la Constitution lacunaire en ce qu'il n'énumère pas tous les cas de cessation de fonction du Gouvernement. Pour combler cette lacune, elle reformule ledit article comme suit :

> « [les] fonctions du Gouvernement cessent à l'issue de la prestation de serment du Président de la République, de la proclamation des résultats des élections législatives par la Cour Constitutionnelle, en cas de non renouvellement du mandat des députés à l'Assemblée Nationale dans les délais constitutionnels ou dans les délais fixés par la Cour Constitutionnelle et en cas de vacance de la Présidence de la

1 V. considérant n°8.
2 Considérant n°10.

république pour quelque cause que ce soit ou d'empêchement définitif du Président de la République »[1].

630. Toutes ces additions normatives sont « révélatrices d'un pouvoir normatif exceptionnel de la jurisprudence constitutionnelle »[2]. Elles confirment en effet qu'au Gabon, la Constitution est composée à la fois du texte constitutionnel *stricto sensu* mais aussi de la jurisprudence constitutionnelle. En réalité, il s'agit d'une « jurisprudence constituante ». La décision du 14 novembre 2018 rend plausible cette déduction. Comme la précédente, l'exposé des faits à l'origine de cette décision permettra de mieux comprendre la hardiesse de la juridiction constitutionnelle gabonaise.

631. En effet, cette dernière intervient dans un contexte particulier. Le Président Ali BONGO est victime d'un accident vasculaire cérébral au cours d'un forum en Arabie Saoudite. Son état de santé le contraint à rester en marge des affaires publiques. Or, des dossiers dont l'examen ne peut être différé sont pendants au Gouvernement. De plus, le Gouvernement se propose d'adopter d'importants textes réglementaires et législatifs, ce qui ne peut se faire sans la tenue d'un Conseil des Ministres qui ne peut être convoqué que par le Président de la République. Le Premier Ministre saisit alors la Cour aux fins d'une interprétation des dispositions des articles 13 et 16 de la Constitution qui traitent respectivement de la vacance au pouvoir et de la présidence des Conseils de ministres. En ce qui concerne particulièrement l'article 13 de la Constitution, la Cour considère qu'il comporte une lacune dès lors qu'il fait seulement mention de la vacance au pouvoir et de l'empêchement définitif, abstraction faite de la notion d'« indisponibilité temporaire »[3]. Par conséquent, elle préconise d'ajouter un alinéa à cet article et de le libeller comme suit :

> « [en] cas d'indisponibilité temporaire du Président de la République pour quelque cause que ce soit, certaines fonctions dévolues à ce dernier, à l'exception de celles prévues aux articles 18, 19 et 109, alinéa 1er, peuvent être exercées, selon le cas, soit par le Vice-Président de la République, soit par le Premier Ministre, sur autorisation spéciale de la Cour Constitutionnelle saisie par le Premier Ministre ou un dixième des membres du Gouvernement, chaque fois que nécessaire »[4].

---

1 Considérant n°14.

2 MONEMBOU Cyrille, « De ''l'excès de pouvoir juridictionnel'' en Afrique noire francophone. Réflexion à partir des décisions récentes des juridictions constitutionnelles du Gabon et de Madagascar », *op. cit.*, pp. 787-788.

3 L'article 13 de la Constitution gabonaise dispose en effet que qu' « en cas de vacance de la Présidence de la République pour quelque cause que ce soit ou d'empêchement définitif de son titulaire, constaté par la Cour Constitutionnelle saisie par le Gouvernement statuant à la majorité absolue de ses membres, le Président du Sénat exerce provisoirement les fonctions du Président de la République, ou en cas d'empêchement de celui-ci dûment constaté par la Cour Constitutionnelle saisie dans les mêmes conditions, le premier Vice-président du Sénat ».

4 Considérant n°5.

632. Par l'ajout de toutes ces nouvelles dispositions dans la Constitution, la Cour complète le travail du pouvoir constituant originaire. On dira qu'elle s'approprie le pouvoir constituant dérivé. Or, elle ne dispose pas formellement de cette attribution. Dès lors, l'office juridictionnel qu'exerce la Cour constitutionnelle gabonaise, à l'instar de celui des autres Cours constitutionnelles africaines, est incontestablement politique. La question se pose alors de savoir quelles en sont les causes et quelles pourraient en être les conséquences.

Conclusion du chapitre II :

633. Au terme de ce chapitre, nous retiendrons que les juges constitutionnels africains exercent un office politique parce qu'ils s'immiscent dans la fonction constituante. Cette immixtion a d'abord lieu lorsque ces juges encadrent l'activité normative du pouvoir constituant dérivé. Elle est ensuite observée quand les Hautes Instances réécrivent les constitutions.

634. Fort de ce constat, nous pensons que la subdivision classique pouvoir constituant originaire/pouvoir constituant dérivé semble inadaptée à la réalité africaine. En effet, il existe un troisième type de pouvoir constituant en Afrique : le pouvoir constituant intermédiaire de type juridictionnel. Exercé par les juges constitutionnels, ce pouvoir constituant serait intermédiaire parce qu'il se situe en-dessous du pouvoir constituant originaire, en ce que les juges ne sauraient écrire de nouvelles constitutions, et au-dessus du pouvoir constituant dérivé, parce que les juges encadrent l'activité normative de celui-ci. Toute la question est de savoir si cette fonction est légitime ou non.

Conclusion du titre I :

635. L'étude des manifestations de la politisation de l'office juridictionnel des Cours constitutionnelles d'Afrique subsaharienne révèle que ces organes sont de véritables législateurs et constituants. En tant que législateurs, ils réécrivent les lois négativement, grâce à leurs décisions d'invalidation, et positivement, au moyen de leurs décisions de validation.

636. En tant que constituants, ils réécrivent positivement les lois fondamentales en découvrant des normes non écrites et en comblant directement leurs lacunes. De même s'érigent-ils en constituants lorsqu'ils contrôlent les lois constitutionnelles, notamment en neutralisant ou en confirmant la volonté du pouvoir constituant dérivé. Il se pose alors la question de savoir quelle est leur place dans la hiérarchie des organes constituants.

637. Nous avancerons qu'il est possible que ces organes occupent une place intermédiaire au sein de cette hiérarchie pour la raison suivante : ne pouvant pas créer de nouvelles constitutions, les Cours restent subordonnées au pouvoir constituant originaire ; mais puisqu'elles encadrent l'activité normative du constituant dérivé, elles sont alors au-dessus de ce dernier. Ces juges apparaissent, en fin de compte, comme des constituants originaux. Analysons maintenant les significations de cette politisation de l'office des juges.

TITRE II :
LES SIGNIFICATIONS DE LA POLITISATION DE L'OFFICE DES JUGES

638. La politisation de l'office des juges constitutionnels d'Afrique subsaharienne est réelle, elle se manifeste par leur érection en organes législatif et constituant. Ce qui suppose que ce sont des organes mixtes, c'est-à-dire des juridictions et des décideurs politiques. Dans ce dernier titre, il s'agira alors de dégager les interprétations, les significations ou la portée du caractère hybride de l'office des juges constitutionnels africains. Un tel objectif est digne d'intérêt dans la mesure où il permet d'identifier non seulement les causes mais aussi les conséquences de la politisation de l'office de ces juges. Ce qui reviendra en réalité à réfléchir sur la sempiternelle question de leur légitimité. En effet, on ne saurait analyser les causes et les conséquences de la dévolution de la fonction normative aux juges constitutionnels sans se demander si elle est démocratique.

639. À cette question fort embarrassante, une réponse nuancée nous a semblé la plus plausible. Tout d'abord, nous essayerons d'y répondre par l'affirmative en montrant que l'office politique des juges constitutionnels est légitime parce qu'il est inévitable **(chapitre 1)**. Puis, on tentera de relativiser cette affirmation en insistant sur le fait que la politisation de l'office des juges est discutable **(chapitre 2)**.

CHAPITRE I : UNE POLITISATION INÉVITABLE

640. Pourquoi les Cours constitutionnelles d'Afrique subsaharienne, institutions éminemment juridictionnelles[1], s'affirment-elles de plus en plus comme des organes politiques ?[2] Telle est la question centrale à laquelle nous tenterons de répondre dans ce chapitre. Loin d'être anodine, cette interrogation est digne d'intérêt tant elle permet de réfléchir sur la ligne de démarcation qui prévaut entre « droit » et « politique ». Il s'agit d'une sempiternelle question aussi bien en théorie du droit qu'en contentieux constitutionnel qui mérite d'être réexaminée à l'aune de l'expérience constitutionnelle africaine.

641. À l'analyse des textes et de la pratique constitutionnelle, deux grandes raisons peuvent justifier cette politisation à la fois originelle et acquise de l'office des « Sages »[3]. La première est relative à l'influence exercée par le pouvoir politique tant lors de la sélection des juges que tout au long de leur carrière. Il semble que la politisation de l'office des juges soit inhérente à leur statut **(section I).** La seconde raison a trait à la nature politique des problèmes soumis aux juges[4]. Il sera démontré que la politisation de l'office des juges constitutionnels est inhérente à la nature de leur activité **(section II).**

SECTION I : UNE POLITISATION INHÉRENTE AU STATUT DES JUGES

642. Paradoxal. Tel est le qualificatif qui traduit au mieux le « statut » attribué aux Cours constitutionnelles par les constituants en Afrique subsaharienne. En effet, les constituants créent d'authentiques juridictions en accordant formellement aux juges constitutionnels la garantie statutaire classique

1 V. *infra*, introduction ; et toute la première partie.
2 V. les développements qui précèdent (seconde partie, titre I).
3 Cette expression est habituellement utilisée pour désigner les juges constitutionnels. Elle servira donc de synonyme tout au long de nos développements.
4 TUSSEAU Guillaume, *Contentieux constitutionnel comparé. Une introduction critique au droit processuel constitutionnel*, Paris, LGDJ, 2021, pp. 405 et s.

d'indépendance[1]. En même temps, les constituants laissent la procédure de recrutement des juges à la discrétion du pouvoir politique.

643. Ce faisant, rien ne s'oppose à ce que les juges soient sélectionnés sur la base de leurs affinités politiques et non au regard de leur expérience judiciaire[2]. Plausible, cette seconde hypothèse favorise la politisation de l'office des Cours constitutionnelles africaines. Nous nous efforcerons de le démontrer en analysant tour à tour la composition partisane des Cours constitutionnelles d'Afrique subsaharienne (I) et la vulnérabilité statutaire de leurs membres (II).

I. La composition partisane des juridictions constitutionnelles, signe avant-coureurs de la politisation de leur office

644. En Afrique subsaharienne, l'accès à la fonction de juge constitutionnel est conditionné par la satisfaction de deux exigences : une exigence objective et une exigence subjective. L'exigence objective a trait à la notoriété intellectuelle[3] ou à la légitimité charismatique[4] dont doit jouir la personne pressentie à ce poste. L'exigence subjective, quant à elle, est relative à la proximité idéologique ou sociologique qui doit prévaloir entre le pressenti au

---

1 HOURQUEBIE Fabrice, « L'indépendance de la justice dans les pays francophones », *Les Cahiers de la Justice*, 2012/2, n°2, p. 41. La *summa divisio* distingue l'indépendance personnelle de l'indépendance collective du juge. L'indépendance personnelle suppose que le juge est habilité à prendre une décision sans tenir compte d'une quelconque influence extérieure. Quant à l'indépendance collective, elle renvoie à la faculté pour une juridiction de fonctionner sans soutien significatif de la part des autres branches du gouvernement. V., article 6 de la CEDH ; DARBY, Joseph J. « Garanties et limites à l'indépendance et à l'impartialité du juge aux Etats-Unis », *RIDC*, n°55/2, 2003, pp. 351-362.

2 Les Constitutions africaines ne font pas de la compétence juridique un critère exclusif de sélection au poste de juge constitutionnel. Certes, elles ouvrent l'accès à cette fonction aux enseignants du supérieur, ainsi qu'aux magistrats. Mais elles prônent aussi pour une désignation des personnalités de grande renommée (article 115 CB ; article 89 CG).

3 Comme on le verra par la suite, certaines Constitutions exigent d'être : un professeur de droit (Gabon), un magistrat de 1re ou de 2ème classe, un avocat ou un docteur en droit (Niger).

4 Certaines constitutions (au Bénin et au Gabon par exemple) requièrent d'être une éminente personnalité politique. Au Bénin, l'article 115-3 de la Constitution prévoit la nomination de « deux personnalités de grande réputation professionnelle ». Au Gabon, l'article 89, alinéa 3 de la Constitution exige que soient nommées à la Cour : « les personnalités qualifiées ayant honoré le service de l'État ».

poste et les organes politiques. Si la première condition reste pertinente, elle n'est pas pour autant décisive comme la seconde. En réalité, les organes politiques habilités à choisir discrétionnairement les Sages expriment surtout une préférence à l'égard de l'élite qui les côtoie.

645. S'il en est ainsi, c'est parce que la procédure de recrutement des juges constitutionnels d'Afrique subsaharienne le permet. Plus subjective qu'objective, cette procédure ne s'opère pas sur concours, comme en Belgique[1], mais sur titre. Or, si le concours a pour mérite de garantir l'égal accès de tous les citoyens aux emplois publics[2], le recrutement sur titre, bien qu'étant légal et légitime, a pour inconvénient d'être plus enclin à une instrumentalisation par les acteurs politiques. Nous tenterons de soutenir cette idée en montrant que tant le recrutement des membres des juridictions constitutionnelles que celui des présidents de ces institutions obéissent à une logique partisane (A). En plus d'être sélectionné de manière stratégique, le président d'une juridiction constitutionnelle est également sujet à la politisation du fait de la délicatesse des missions qui lui sont assignées (B).

A. La sélection partisane des membres des juridictions constitutionnelles

646. De manière générale, les juridictions constitutionnelles sont composées des membres nommés et/ou élus, ainsi que des membres de droit. Seuls les anciens Présidents d'une République relèvent de la seconde catégorie. Seulement, aucun Président en Afrique subsaharienne ne siège au sein d'une juridiction constitutionnelle à ce jour soit à cause d'une longévité au pouvoir[3], soit en raison d'un passé pénal[4]. Fort de ce constat, il conviendra d'examiner exclusivement la procédure de sélection des autres membres.

---

1 FAVOREU Louis, MASTOR Wanda, *Les Cours constitutionnelles*, 2e éd., Paris, Dalloz, 2016, p. 55.

2 La fonction de juge constitutionnel n'est pas accessible suivant le procédé du concours comme l'est l'accès à la fonction de juge ordinaire. Or, le concours a pour avantage de promouvoir l'égale admissibilité aux emplois publics. D'ailleurs, son organisation a pour base juridique l'article 6 de la Déclaration de 1789, texte à valeur constitutionnelle dans de nombreux pays d'Afrique subsaharienne (comme nous l'avons vu), qui dispose : « Tous les citoyens [...] sont également admissibles à toutes dignités, places et emplois publics, selon leur capacité et sans autre distinction que celle de leurs vertus et de leurs talents ». Le concours amoindrit donc les risques de discriminations. Celles qu'il admet ont simplement une dimension positive en ce sens qu'elles sont fondées sur les vertus et les talents. Il en est différemment des procédés d'élection et de nomination. Sur l'égal admissibilité aux emplois publics, v° aussi : CE, 28 mai 1954, *Barel.*

3 On imagine mal le Président camerounais Paul BIYA siégé au Conseil constitutionnel car à 87 ans il est toujours à la tête du pays. De même, l'ancien Président de la République gabonaise, Omar BONGO ONDIMBA, n'a pas pu siéger à la Cour constitutionnelle parce qu'il est décédé au pouvoir.

4 Les poursuites pénales à l'encontre de l'ancien Président ivoirien Laurent GBAGBO annihile ses chances de le voir rentrer dans son pays, et donc de siéger au Conseil constitutionnel.

647. Mise à la disposition du Président de la République et du Parlement[1], la procédure de désignation des juges a incontestablement un caractère politique parce qu'elle s'opère au moyen d'une nomination (1) et/ou d'une élection (2). Certes, ces deux procédés sont légitimes, mais ils restent discutables en raison de leur dimension partisane.

1. La dimension partisane du choix des juges par le procédé de la nomination

648. La nomination est un « acte administratif unilatéral et individuel qui conduit une autorité publique à choisir une personne pour remplir une fonction particulière dans l'État »[2]. Elle met donc au prise deux catégories d'acteurs : la personne sélectionnée pour remplir un office spécifique, le « nommé », et son « sélectionneur », l'autorité « nommante »[3]. Dans les pays sélectionnés pour cette étude, les autorités de nomination sont diverses. En dehors du constituant sénégalais qui fait du Président de la République[4] l'unique détenteur du pouvoir de désignation des juges, nombreux sont les constituants qui étendent cette compétence au Parlement et au Conseil Supérieur de la Magistrature. Il en est ainsi au Bénin[5], au Cameroun[6], en République

1 Il en est ainsi dans la majeure partie des pays relevant de notre champ d'étude. Mais il existe aussi des exceptions. Au Niger par exemple, outre le Président et les parlementaires, d'autres autorités interviennent dans le choix des membres de la juridiction constitutionnelle. Nous le verrons dans les lignes suivantes.

2 HOURQUEBIE Fabrice, *Sur l'émergence du contre-pouvoir juridictionnel sous la Vème République*, Bruxelles, Bruylant, 2004, p. 369 ; Elle est considérée comme un acte politique ou de Gouvernement lorsqu'elle s'inscrit dans le cadre d'une désignation d'un juge constitutionnel : AVRIL Pierre, GICQUEL Jean, *Le Conseil constitutionnel*, Paris, Montchrestien, 1992, p. 75.

3 Cette expression est par exemple utilisée par Dominique ROUSSEAU dans son ouvrage : *Droit du contentieux constitutionnel*, 10e éd., Paris, LGDJ, 2013, p. 71.

4 Article 89, alinéa 4, CS : « Le Président de la République nomme les membres du Conseil constitutionnel dont deux sur une liste de quatre personnes proposées par le Président de l'Assemblée nationale ».

5 L'article 115 de la Constitution béninoise prévoit que la Cour constitutionnelle est composée de trois magistrats, ayant une expérience de quinze années au moins, dont deux sont nommés par le Bureau de l'Assemblée Nationale et un par le Président de la République ; deux juristes de haut niveau, professeurs ou praticiens du droit, ayant une expérience de quinze années au moins, nommés l'un par le Bureau de l'Assemblée Nationale et l'autre par le Président de la République ; deux personnalité de grande réputation professionnelle, nommées l'une par le Bureau de l'Assemblée Nationale et l'autre par le Président de la République.

6 L'article 51 (1) de la Constitution camerounaise indique que le Conseil constitutionnel comprend onze (11) membres nommés par le Président de la République et désignés de la manière suivante : trois par le Président de la République, dont le Président du Conseil ; trois par le Président de l'Assemblée nationale après avis du bureau ; trois par le Président du Sénat après avis du bureau ; deux par le Conseil Supérieur de la Magistrature.

démocratique du Congo[1], au Gabon[2] et au Mali[3]. Tout porte alors à croire que le procédé de la nomination est le plus efficace. Or, il suffit d'examiner la portée de l'acte de nomination pour constater qu'en réalité, ce procédé n'est pas favorable à l'indépendance des juges. Nous pensons que la nomination entraîne une politisation de l'office des Cours constitutionnelles d'Afrique subsaharienne parce qu'elle obéit à la logique de la déconcentration.

649. Définie par Jean GICQUEL et Jean-Éric GICQUEL comme « une modalité ou un relais de la centralisation ; une redistribution territoriale du pouvoir étatique [...] un principe d'autorité [...] »[4], la déconcentration s'opère nécessairement au moyen d'une nomination. Les agents ainsi nommés font partie d'une hiérarchie et sont soumis au contrôle de leurs supérieurs[5]. Cela étant, ils ne disposent théoriquement pas d'une liberté d'action. S'ils prennent des décisions, ce n'est que sous l'impulsion de l'autorité administrative les ayant choisis. En tenant compte de cette réalité immanente à la procédure ou à l'acte de nomination, il est évident qu'un juge constitutionnel nommé par un président de la République, un président de Chambre du Parlement ou par une institution judiciaire, tel le Conseil Supérieur de la Magistrature, pourrait parfois faire montre de laxisme. Une fois en fonction, le juge nommé pourrait adopter des postures favorables à l'autorité l'ayant désigné car avec la déconcentration, « c'est toujours le même marteau qui frappe, mais on en [...] raccourci le manche [...] pour mieux en ajuster les coups »[6]. Avec le procédé de la nomination, les autorités politiques piloteraient alors l'institution juridictionnelle de loin, mais laisseraient les juges nommés l'administrer de près[7].

650. Par ailleurs, la nomination semble peu favorable à l'indépendance individuelle des juges constitutionnels d'Afrique subsaharienne à cause de la

---

1 L'article 158 de la Constitution de République démocratique du Congo confirme que la Cour constitutionnelle comprend « neuf membres nommés par le Président de la République dont trois sur sa propre initiative, trois désignés par le Parlement réuni en Congrès et trois désignés par le Conseil supérieur de la magistrature ».

2 L'article 89, alinéa 4 de la Constitution gabonaise dispose que la Cour constitutionnelle comprend neuf (9) membres désignés comme suit : trois par le Président de la République, dont le Président ; trois par le Parlement, à raison de deux (2) par l'Assemblée nationale et un (1) par le Sénat ; trois par le Conseil Supérieur de la Magistrature.

3 L'article 91 de la Constitution malienne affirme que la Cour constitutionnelle comprend neuf (9) membres désignés de la manière suivante : trois nommés par le Président de la République dont au moins deux juristes ; trois nommés par le Président de l'Assemblée nationale dont au moins deux juristes ; trois magistrats désignés par le Conseil Supérieur de la Magistrature.

4 GICQUEL Jean, GICQUEL Jean-Éric, *Droit constitutionnel et institutions politiques*, 33e éd., Issy-les-Moulineaux, LGDJ, 2019-2020, p. 84.

5 HAMON Francis, TROPER Michel, *Droit constitutionnel*, 38e éd., Issy-les-Moulineaux, LGDJ, 2017, p. 94.

6 BORROT Odilon, cité et paraphraser par GICQUEL Jean, GICQUEL Jean-Éric, *Droit constitutionnel et institutions politiques*, *op. cit.*, p. 84.

7 Cette idée est bien résumée par NAPOLÉON III en France qui, vantant les mérites de la déconcentration, affirme : « on peut gouverner de loin, mais on n'administre bien que de près ».

prégnance du « fait majoritaire »[1]. Cette hypothèse est difficilement envisageable en période de cohabitation[2]. En revanche, elle est inéluctable lorsque le Président, le Gouvernement et la majorité parlementaire appartiennent à la même mouvance politique, c'est-à-dire en période de « concordance de majorité ». Dans ce genre de cas, Julie BENETTI montre qu'il se crée généralement une « soudure » entre ces trois pouvoirs théoriquement séparés et dont la fusion donne naissance au pouvoir majoritaire[3]. Cette notion de pouvoir majoritaire tend à se rapprocher de celle de démocratie gouvernante qu'Olivier DUHAMEL et Guillaume TUSSEAU définissent comme « un pouvoir majoritaire dirigé par un leader désigné par les électeurs » ; un pouvoir qui « exige une démocratie délibérante pour compenser les effets monocratiques du leadership majoritaire »[4].

651. Menant une étude sur le droit parlementaire gabonais, Télesphore ONDO relève que le fait majoritaire est une réalité dans ce pays. Par son truchement, le chef de l'État contrôle le pouvoir exécutif et maîtrise en même temps le pouvoir législatif et l'autorité judiciaire[5] depuis 1990. La même

---

1 KERLÉO Jean-François, « Le fait majoritaire, chronique d'une mort annoncée ? », *Jus Politicum* [*en ligne*] n°18, p. 338 ; pour une étude plus approfondie sur le fait majoritaire, notamment en France, voir : BENETTI Julie, *Droit parlementaire et fait majoritaire à l'Assemblée nationale sous la Ve République*, Thèse dactyl., Université Paris 1, 2004, 468 p.

2 En Afrique, les cas de cohabitation sont extrêmement rares, tant les élections présidentielles précèdent généralement les élections législatives. En République Démocratique du Congo cependant, on peut mentionner la cohabitation entre le Président Félix TSHISEKEDI, élu le 30 décembre 2018, et Monsieur Sylvestre ILUNGA ILUNKAMBA, Premier Ministre, chef du gouvernement et partisan du principal parti de l'opposition majoritaire au Parlement, en l'occurrence le Parti du peuple pour la reconstruction et la démocratie (PPRD), crée par Joseph KABILA, président de ce pays du 17 janvier 2001 au 25 janvier 2017. En France par exemple, on assista à une cohabitation de mars 1986 à mai 1988 entre le Président de la République François MITTERRAND, de gauche, et le Premier Ministre Jacques CHIRAC, de droite.

3 BENETTI Julie, « L'impact du fait majoritaire sur la nature du régime », *LPA*, n°138, 2008, pp. 20-25.

4 Empruntant cette expression au professeur Georges BURDEAU, qui l'utilisa le premier dans son *Traité de science politique*, les professeurs Olivier DUHAMEL et Guillaume TUSSEAU définissent la notion de démocratie gouvernante en l'opposant à celle de la démocratie ingouvernée. Alors que cette dernière renvoie à un système dans lequel le peuple ne choisit pas ceux qui gouvernent ; la seconde (la démocratie gouvernante) implique un pouvoir majoritaire dirigé par un leader désigné par les électeurs. Elle exige une démocratie délibérante pour compenser les effets monocratiques du leadership majoritaire. V. DUHAMEL Olivier, TUSSEAU Guillaume, *Droit constitutionnel et institutions politiques*, 3e éd., 2013, Paris, Le Seuil, 2013, p. 31.

5 Il précise en effet que « depuis 1990, alors que l'on a cru à une déchéance de l'ancien parti unique (PDG), on observe plutôt son retour en force dans toutes les institutions politiques et notamment au Parlement où il dispose d'une majorité absolue : 99 députés pour le PDG au Gabon et 18 sièges pour ses alliés sur 120 députés sous la 10e Législature contre près de 80 pour le parti au pouvoir et ses alliés sous la 8e Législature ». Au début des années 2000 le PDG et ses alliés disposaient de 102 sièges contre 13 pour l'opposition et 5 pour les indépendants. En 2003, cette majorité présidentielle était de 82 sièges sur 120. Voir : ONDO Télesphore, *Le droit parlementaire gabonais*, Paris, L'Harmattan, 2008, p. 261. À l'issue des élections législatives de 2011 par exemple, le Parti Démocratique Gabonais (PDG), parti dont le

observation peut être faite au Bénin et à Madagascar, avec une nuance tout de même. En effet, si au Bénin et à Madagascar la tendance est à une alternance régulière au sommet de l'État, et donc à un changement des majorités présidentielles[1], au Gabon la tendance est plutôt à une pérennisation d'un même parti politique au sommet de l'État[2].

652. Dès lors, ce fait majoritaire n'influence-t-il pas la procédure de nomination des juges ? Une réponse affirmative peut être avancée dans la mesure où il est difficile d'imaginer des parlementaires sélectionner des juges qui ne partagent pas leur idéologie. De même est-il inenvisageable qu'un Président de la République choisisse un juge dont les opinions s'éloignent des siennes. La nomination de la juge Amy CONEY BARRETT à la Cour suprême américaine par le Président Donald TRUMP confirme cette sélection partisane des membres des juridictions constitutionnelles par les politiques. De l'avis de certains spécialistes de la politique américaine, certes cette juge a été nommée pour ses compétences, mais elle a surtout été choisie à l'aune de ses positions conservatrices[3]. D'ailleurs, depuis son accession au pouvoir en 2016, le Président TRUMP a nommé trois (3) autres juges conservateurs à la Cour suprême. Par conséquent, la plus Haute institution judiciaire de cet État fédéral est composée de six juges conservateurs et de trois juges libéraux. Cet exemple de droit comparé prouve à suffisance que le procédé de nomination des juges obéit plus à une logique partisane qu'à une logique objective ou juridique. Qu'elle soit approuvée ou décriée, il faut bien admettre que cette technique est légitime.

Président de la République est le chef de file, obtint 119 sièges sur 120. Mais depuis l'ordonnance n°00003/PR/2018 du 26 janvier 2018 portant fixation et répartition des sièges de députés par province, département et commune, le nombre députés élus à l'Assemblée nationale est passé de120 à 143. Pour l'instant, cette réforme est favorable au parti au pouvoir car au terme des élections législatives partielles de 2018 et de 2019, la configuration politique gabonaise actuelle permet au Président de la République d'avoir le dernier mot sur toutes les institutions.

1 Au Bénin par exemple, 4 personnalités différentes ont été élues au sommet de l'États depuis l'avènement du multipartisme en 1990. Il s'agit de Nicéphore SOGLO (1991-1996) ; Mathieu KEREKOU (1996-2006) ; Thomas Yayi BONI (2006-2016) et Patrice TALON (depuis avril 2016). Tous ces présidents n'ont pas toujours appartenu à la même mouvance politique. À Madagascar, depuis 1993, l'État a été gouverné par 8 présidents : Albert ZAFY (1993-1996) ; Norbert RATSIRAHONANA (1996-1997) ; Didier RATSIRAKA (1997-2002) ; Marc RAVALOMANANA (2002-2009) ; Hyppolite RAMAROSON (2009-2009 : présidence de fait) ; Andry RAJOELINA (2009-2010 et depuis 2019) ; Hery RAJAONARIMAMPIANINA (2013-2018) et Rivo RAKOTOVAO (2018-2019). Cette pléthore de chefs d'États en un laps de temps s'explique par la culture des coups d'État militaire et institutionnel à Madagascar.

2 Depuis 1990, la présidence de la République gabonaise a toujours été assurée par un membre du Parti Démocratique Gabonais (PDG). En effet, la fonction de Président de la République a été exercée par Omar BONGO ONDIMBA de 1990 à 2009, et de cette date jusqu'alors est assurée par son fils Ali BONGO ONDIMBA. Cette situation est à l'origine de l'exacerbation du fait majoritaire.

3 Journal *Le Monde* : « Le Sénat américain confirme la nomination à la Cour suprême de la juge conservatrice Amy Coney Barrett » [en ligne].

653. Moins démocratique en ce qu'elle ne bénéficie pas de l'onction du suffrage universel, la désignation des juges constitutionnels par le procédé de la nomination est au cœur de la problématique sur leur légitimité. En effet, comment comprendre ou expliquer que des personnes nommées soient compétentes pour remettre en cause un acte pris par des autorités élues par le peuple ? Si cette question a longtemps préoccupé les constitutionnalistes[1], force est de reconnaître qu'elle est aujourd'hui dépassée.

654. Actuellement, la légitimité de la justice constitutionnelle est, comme le pense le Doyen Louis FAVOREU, « fonction de son acceptation par ceux qu'elle va contrôler et aussi par l'opinion publique »[2]. Cette acceptation est tacitement formalisée dans les constitutions lorsque celles-ci instituent des Cours constitutionnelles et réglementent leur composition, attributions et fonctionnement. Il est donc permis de distinguer la légitimité sociale de la légitimité juridique. C'est à la première que fait référence le Doyen Louis FAVOREU. La seconde en revanche est évoquée par Fabrice HOURQUEBIE quand il affirme que la question de « la légitimité doit être ramenée de manière primordiale à celle de la validité du titre juridique »[3]. Pour lui, la légitimité juridique est synonyme de légalité en ce qu'elle « procède directement de la loi et de la Constitution »[4]. De ce fait, nul n'a besoin d'être élu pour être légitime, dès lors qu'on a été nommé et qu'on agit selon les règles de l'État de droit. La soumission récurrente des citoyens aux autorités déconcentrées, ministres et préfets pour ne citer que ces deux exemples, conforte cette idée. La nomination des juges n'a donc rien de contraire à l'idéal démocratique puisque c'est le peuple lui-même qui a décidé, soit dans la Constitution, soit par ses lois, de conférer la puissance judiciaire à des personnes nommées.

655. Par ailleurs, le système de nomination ne peut être illégitime dans la mesure où il découle indirectement du suffrage universel. La nomination peut donc s'analyser comme une procédure de « désignation "au second degré", car, *in fine*, l'investiture des juges procède toujours des élus de la Nation »[5]. Légitimée par les textes, la technique de la nomination est en outre approuvée par de nombreux États dont l'expérience en matière de justice constitutionnelle est plus ancienne que celle des pays de l'Afrique

---

1 Voir par exemple : H. Kelsen, « La garantie juridictionnelle de la Constitution », *RDP.*, 1928, p. 227 » ; FAVOREU Louis, « La légitimité du juge constitutionnel », *RIDC*, n°42-6, 1994.
2 FAVOREU Louis, « La légitimité du juge constitutionnel », *op. cit.* pp. 557-581.
3 HOURQUEBIE Fabrice, *Sur l'émergence du contre-pouvoir juridictionnel sous la Vème République*, *op. cit.*, p. 355.
4 *Ibid.*, p. 357.
5HOURQUEBIE Fabrice, *Sur l'émergence du contre-pouvoir juridictionnel sous la Vème République*, *op. cit.*, p. 361.

subsaharienne. Il en est ainsi en France[1] et en Autriche[2]. Menant une réflexion en rapport avec le dernier pays cité, Hans KELSEN estime préférable d'accepter une participation légitime des partis politiques à la formation du « tribunal », plutôt que d'accepter leur « influence occulte et par suite incontrôlable »[3]. Ce qui suppose qu'il approuve la sélection des juges au moyen d'une nomination. Toutefois, il admet implicitement qu'elle est source de politisation de la fonction de juger.

656. En réalité, le problème n'est pas tant de savoir si la nomination est ou non démocratique, il consiste plutôt à déterminer si elle permet aux juges, une fois en fonction, d'affirmer leur indépendance vis-à-vis des autorités politiques. En France, le Doyen Georges VEDEL apporte une réponse suffisamment claire à cette interrogation : « la fonction saisit l'homme quand c'est un honnête homme »[4]. En d'autres termes, les membres d'une juridiction constitutionnelle peuvent à la fois avoir des affinités avec les acteurs politiques et assumer leurs charges en toute indépendance. Robert BADINTER, ancien Président du Conseil constitutionnel français, exhortait à cet effet les juges constitutionnels à faire preuve d'un devoir d'ingratitude à l'égard des autorités de nomination[5]. Bien que ces propos émanent de deux éminents juristes, ils s'analysent au fond comme de simples exhortations, tant ils ne lient aucun juge. C'est sans doute la raison pour laquelle d'autres constituants estiment préférable de sélectionner les juges en fusionnant les procédés de nomination et d'élection.

2. La dimension partisane du choix des juges par la fusion des procédés de nomination et d'élection

657. Pour réduire les risques de politisation de la procédure de sélection des juges constitutionnels, certains constituants associent le procédé de la

---

1 En France, la technique de la nomination des juges constitutionnels est consacrée par l'article 56 de la Constitution. Il ressort de ce texte que le nombre des membres du Conseil constitutionnel est fixé à neuf (9). Trois (3) sont nommés par le Président de la République, trois (3) par le Président du Sénat et les trois (3) autres par le Président de l'Assemblée nationale.

2 En Autriche, l'article 147-(1) de la Loi fondamentale fédérale dispose que « La Cour constitutionnelle comprend un président, un vice-président, douze autres membres et membres suppléants ». À l'article 177-(2) il est indiqué que ce pouvoir de nomination appartient au président de la Fédération sur proposition : du Gouvernement fédéral, pour le président, le vice-président, six juges titulaires et deux juges suppléants ; du Conseil national, pour trois juges titulaires et deux juges suppléants ; du Conseil fédéral pour trois juges titulaires et un juge suppléant. Pour une analyse plus approfondie de cette procédure, v. FAVOREU Louis et MASTOR Wanda, *Les Cours constitutionnelles*, 2e éd., Paris, Dalloz, 2016, p. 39.

3 KELSEN Hans, « La garantie juridictionnelle de la Constitution », *RDP*, 1928, p. 227.

4 VEDEL Georges, *Le Conseil constitutionnel a quarante ans*, Paris, LGDJ, 1999, p. 66

5 SCHNAPPER Dominique, *Une sociologue au Conseil constitutionnel*, Paris, Gallimard, essais, 2010, p. 194.

nomination à celui de l'élection. En apparence objective, la fusion de ces deux procédés peut être sujette à une politisation si elle est maîtrisée par les autorités politiques. *A contrario*, la combinaison des procédés de nomination et d'élection semble plus légitime lorsque ce sont les acteurs apolitiques qui les maîtrisent.

658. La première hypothèse est rencontrée à Madagascar. Dans ce pays, les membres de la Haute Cour Constitutionnelle sont à la fois nommés et élus. Il importe cependant de préciser qu'il ne s'agit pas d'un suffrage universel direct, en ce sens que ce n'est pas le peuple qui élit directement les juges à la Cour constitutionnelle. Il est question d'un suffrage universel indirect, dans la mesure où ce sont les représentants du peuple qui, à leur tour, élisent les juges constitutionnels[1]. L'article 114, alinéa 3 de la Constitution de Madagascar précise à ce sujet que des sept (7) membres siégeant à la Haute Cour, seuls trois (3) sont nommés par le Président de la République ; les quatre (4) autres sont élus par l'Assemblée nationale et le Sénat, dont deux (2) membres par Chambre.

659. Cette disposition témoigne de la différence de nature qui prévaut entre les procédés de nomination et d'élection, mais aussi de la convergence quant à leur degré. La différence de nature repose sur le caractère discrétionnaire de la nomination et le caractère démocratique de l'élection. La convergence de degré découle de la politisation du choix des juges que les deux techniques favorisent. Certes, d'un point de vue théorique, une telle procédure permettrait à l'opposition, en cas de majorité au Parlement, de désigner quatre (4) juges à la Haute Cour constitutionnelle. Dans une telle hypothèse, la composition de la Haute juridiction serait plus équilibrée. Il y aurait par exemple trois juges partisans du régime au pouvoir, notamment ceux nommés par le Président de la République, et quatre juges représentants la classe politique de l'opposition. Mais, d'un point de vue pratique, cette hypothèse est difficilement réalisable à cause du fait majoritaire précédemment mentionné. En effet, il est difficile d'imaginer le Parlement malgache élire des juges appartenant à la mouvance politique de l'opposition. Et, tant que la sélection des juges constitutionnels dépendra fortement des autorités politiques, il serait difficile pour cette Haute juridiction d'échapper à la critique d'une politisation.

660. D'ailleurs, le même constat est perceptible en droit comparé, notamment allemand. Dans cet État, les juges constitutionnels sont nommés pour moitié par le *Bundestag* et le *Bundesrat* (le Parlement) à la majorité des 2/3. De façon précise, sur les 16 juges siégeant à la Cour constitutionnelle fédérale allemande, le *Bundestag* et le *Bundesrat* élisent chacun 4 des 8 juges de chaque chambre que comprend cette Haute juridiction. Comme à Madagascar, la politisation de cette procédure de désignation des juges constitutionnels est

---

1 Pour un examen approfondi des modes de scrutin, voir par exemple : MARTIN Pierre, *Les systèmes électoraux et mode de scrutin*, 3e éd., Paris, Montchrestien (coll. LGDJ), 2006 ; PAUVRET Bernard, *Election et modes de scrutin*, Paris, L'Harmattan, 2007.

inéluctable soit en raison du fait majoritaire, soit en raison des alliances susceptibles de se nouer entre les différents partis politiques composant le Parlement. Jérôme GERMAIN souligne cet aspect quand il relève qu'aucun parti n'étant majoritaire dans les deux Chambres, les principaux partis s'entendent pour nommer à tour de rôle un candidat[1]. En 2020, « la clef de répartition des sièges accorde ainsi trois (3) juges chacun à la CDU et à la SPD ainsi qu'un juge chacun aux Verts et aux Libéraux dans chaque chambre »[2]. Le Doyen Louis FAVOREU et Wanda MASTOR confirment cette idée de politisation du mode de désignation des juges de la Cour de *Karlsruhe* lorsqu'ils affirment : « la répartition des sièges se fait en réalité après accord entre les deux grands partis et les juges ont une appartenance politique marquée, la plupart étant des adhérents des partis CDU ou SPD »[3].

661. En somme, ni la nomination, ni l'élection au sein d'une assemblée parlementaire ne permettent d'éviter la politisation du choix des juges constitutionnels. Celle-ci pourrait cependant être amoindrie si des acteurs sociaux accompagnent les autorités politiques dans le choix des Sages. C'est la solution retenue par le constituant nigérien.

662. Dans ce pays, en effet, la procédure de désignation des juges constitutionnels est considérablement démocratisée. Certes, elle n'est pas entièrement maîtrisée par le peuple, néanmoins elle l'implique énormément. Cette interprétation découle de l'article 121 de la Constitution. Selon cette disposition, des sept (7) membres que comprend la Cour, le Président de la République et le Bureau de l'Assemblée nationale ne sont compétents que pour nommer un (1) membre chacun, dont deux (2) au total. Les cinq autres membres sont non pas nommés mais élus. On distingue alors : deux magistrats élus par leurs pairs, dont un (1) du premier grade et un (1) du deuxième. Sont en outre élus par leurs pairs : un (1) avocat ayant au moins dix (10) ans d'exercice ; un (1) enseignant-chercheur titulaire au moins d'un doctorat. Est enfin élu : un (1) représentant des associations de défense des droits humains et de la promotion de la démocratie, titulaire au moins d'un diplôme de 3ème cycle en droit public.

663. Il semble que cette méthode de sélection des sages est des plus démocratique. Cosmopolite, elle anesthésie les risques de politisation de l'institution dans la mesure où les membres choisis incarnent toutes les élites de l'État (élite politique, élite juridique, élite intellectuelle, etc.) Avec une telle procédure, le fait majoritaire n'exercerait aucune influence sur la sélection des juges car les pouvoirs publics, le Président de la République et l'Assemblée nationale, ne disposent que de deux sièges sur sept au sein de la Cour. La juridicité ou l'objectivité des débats est alors garantie puisque quatre des sept

1 GERMAIN Jérôme, « Droit constitutionnel et pandémie en Allemagne : la Constitution économique, les droits fondamentaux et les pouvoirs parlementaires à l'épreuve de la crise », *Civitas Europa*, 2020/1, n°44, p. 252.
2 *Ibid.*
3 FAVOREU Louis, Wanda MASTOR, *Les Cours constitutionnelles*, *op. cit.*, p. 41.

sièges sont occupés par des membres normalement indépendants du pouvoir politique[1]. C'est sûrement la raison pour laquelle cette juridiction a fait montre d'audace en défiant, voire en destituant, le président de la République Mamadou TANDJA en 2009[2]. Ce mode de désignation des juges constitutionnels devrait inspirer d'autres constituants africains afin de renforcer l'indépendance et l'impartialité des juges. Exportable, il pourrait également inspirer les constituants des grandes démocraties européennes. En France par exemple, tant que le choix des membres du Conseil constitutionnel incombera aux principaux organes politiques, le spectre d'une sélection partisane, et donc d'une politisation de l'office du juge, planera toujours sur l'institution. Par ailleurs, ce spectre persistera tant que le Président de la juridiction constitutionnelle sera choisi de manière stratégique et non objective.

B. LE CARACTÈRE POLITIQUE DE LA FONCTION DE PRÉSIDENT DE JURIDICTION CONSTITUTIONNELLE

664. Les Présidents des juridictions constitutionnelles d'Afrique subsaharienne exercent une autorité morale à forte connotation politique[3]. Deux raisons sont au cœur de cette déduction : le caractère technique de leur fonction (1), ainsi que sa dimension politique (2).

1. Une fonction ostensiblement technique

665. La fonction de Président de juridiction constitutionnelle est éminemment technique en raison de sa nature administrative. En sa qualité

1 Même si par le jeu des alliances, certains juges peuvent toujours former une majorité au sein de l'institution et instaurer une politique jurisprudentielle conforme à leur idéologie, au détriment de celle des autres juges.

2 Nous reviendrons sur cette affaire dans le second paragraphe de cette section.

3 En effet, le Président d'une juridiction constitutionnelle est sélectionné soit discrétionnairement, soit au suffrage universel indirect. Le choix discrétionnaire renvoie à la situation où un Chef de l'État nomme un Président de juridiction constitutionnelle : c'est le cas au Cameroun (article 51 CCM), au Gabon (article 89) et en France (article 56 CF).
En revanche, la sélection par la voie du suffrage universel indirect s'opère lors d'une désignation du Président de juridiction constitutionnelle par ses pairs : il en est ainsi au Bénin (article 116 CB), à Madagascar (114, alinéa 3 CMD) et au Niger (article 123 CN). Or, comme nous l'avons précédemment soutenu, la nomination et l'élection entraînent la politisation de l'office juridictionnel des Cours constitutionnelles. Dès lors, la désignation des Présidents de ces Hautes juridictions au moyen d'une nomination ou d'une élection est source de politisation de leur office ; DIAKHATE Meïssa, « Les ambiguïtés de la juridiction constitutionnelle dans les États de l'Afrique noire francophone », *RDP*, n°3, 2015 [en ligne] p. 5.

d'administrateur[1], le titulaire d'une telle fonction assure le fonctionnement régulier de l'institution, d'une part, et joue le rôle d'interlocuteur entre l'institution et les autres pouvoirs publics, d'autre part. Il exerce alors une fonction moins politique que technique à la fois au sein et en dehors de l'institution.

666. Au sein de l'institution, le Président de juridiction constitutionnelle assure la gestion des procédures. Cette tâche technique le conduit tout d'abord à choisir le Secrétaire Général (SG) de la juridiction et le rapporteur compétent pour instruire une affaire[2]. Ces prérogatives ne sont pas anodines, dans la mesure où l'issue de l'affaire soumise aux juges constitutionnels dépend des analyses fournies par le SG et le membre rapporteur. Ensuite, la technicité de la fonction transforme le Président d'une Haute juridiction en véritable administrateur, notamment quand il dirige les débats. À cet effet, il lui incombe de veiller au respect des règles du procès équitable tout au long des discussions[3]. Enfin, il apparaît encore comme le gestionnaire de la procédure délibérative quand il use de sa voix prépondérante. Cette hypothèse intervient lorsqu'aucune majorité ne se dégage entre les membres d'une juridiction constitutionnelle à l'issue d'un délibéré.

667. En dehors de l'institution, le Président d'une Cour constitutionnelle apparaît surtout comme un agent administratif parce qu'il certifie les actes des pouvoirs publics. Pour ce faire, deux principales compétences lui sont dévolues : l'authentification des serments d'entrée en fonction des représentants de l'État et la délivrance des avis sur des questions politiques[4]. S'agissant premièrement des serments, leur prestation devant le Président d'une Cour constitutionnelle est un devoir incombant à diverses autorités politiques. La prestation de serment du Président de la République en est la plus illustrative. Les prestations de serments de ce dernier en République béninoise, par exemple, ont permis au juge constitutionnel de se prononcer sur la portée normative de cet acte. En effet, à la suite de son élection à la tête de l'État béninois en 1996, le Président Mathieu KÉRÉKOU omet de prononcer le bout de phrase les « mânes de nos ancêtres » lors de sa prestation de serment. Or, ces mots figurant à l'article 53 de la Constitution[5], la Cour estime

1 AIVO Frédéric Joël, « Le président de juridiction constitutionnelle. Portrait négro-africain », *RDP*, 2019, n°3, p. 783.

2 Au Bénin par exemple, voir articles 10, 12, 13 et 14 du Règlement intérieur de la Cour constitutionnelle. Au Gabon, de telles prérogatives figurent à l'article 20 du Règlement intérieur de la Cour constitutionnelle.

3 Voir *infra*, titre I, chapitre 2.

4 AIVO Frédéric Joël, « Le président de juridiction constitutionnelle. Portrait négro-africain », *op. cit.*, pp. 783 et s.

5 Article 53 CB : « Devant Dieu, les Mânes des Ancêtres, la Nation et devant le peuple béninois, seul détenteur de la souveraineté ;
Nous [...], président de la République, élu conformément aux lois de la République jurons solennellement [...] ».

que le Président ne saurait les oublier. Elle l'oblige alors à reprendre sa prestation de serment[1].

668. La Haute juridiction maintient cette position dans l'affaire Yayi BONI en 2006. En l'espèce, le Président Yayi BONI avait édicté un acte réglementaire alors qu'il n'avait pas encore prêté serment. La question se posait donc de savoir si un Président élu pouvait valablement prendre des décisions avant sa prestation de serment. La Cour répondit par la négative. Pour la Haute juridiction, un Président élu ne peut prendre aucune décision valable tant que son serment n'a pas été certifié par le Président de la Cour constitutionnelle[2]. Nous pensons que le raisonnement retenu par la Cour est logique en ce que la prestation de serment conditionne l'entrée en fonction : c'est l'acte qui confirme la titularisation d'une personne à une fonction officielle. En habilitant les Présidents des Cours constitutionnelles africaines à authentifier les prestations de serments, les constituants les invitent en réalité à se saisir de la politique. Car, en précisant par exemple le régime juridique de la prestation de serment, ces Présidents deviennent des législateurs ou des constituants et, par-là, ils politisent leur office juridictionnel.

669. Par ailleurs, les consultations qu'ils donnent aux acteurs externes à leur institution confortent ce constat. En termes plus clairs, il s'agit des attributs exercés par les juges constitutionnels en dehors de tout litige. C'est le cas lorsqu'un Chef d'État saisit une juridiction constitutionnelle, particulièrement son Président, aux fins d'une demande d'avis sur un éventuel recours aux pouvoirs exceptionnels ou sur une initiative référendaire[3].

670. En définitive, la fonction de Président de juridiction constitutionnelle n'est pas seulement honorifique[4]. Elle a un véritable caractère technique, tant le juge qui l'occupe est en réalité un administrateur. Il est aussi un acteur politique.

---

1 Décision DCC 96-017 du 05 avril 1996, prestation de serment.

2 AIVO Frédéric Joël, « Le président de juridiction constitutionnelle. Portrait négro-africain », précité.

3 Les questions relatives à la théorie des circonstances exceptionnelles et au référendum ont été examinées dans le chapitre 2, titre I de la seconde partie de cette étude.

4 ROUSSEAU Dominique, *Droit du contentieux constitutionnel*, *op. cit.*, p. 61.

2. Une fonction intrinsèquement politique

671. La présidence d'une juridiction constitutionnelle est une fonction hybride. Elle a non seulement une nature juridictionnelle, administrative ou technique, comme nous l'avons précédemment examiné, mais aussi un caractère politique. La dimension politique de ce poste est à mettre à l'actif des constituants. Ces derniers accordent en effet aux Présidents des juridictions constitutionnelles le droit d'accéder à la magistrature suprême, c'est-à-dire la possibilité de devenir Président de la République.

672. Toutefois, l'accès à la magistrature suprême par un Président de juridiction constitutionnelle ne s'opère pas au moyen d'une élection et ne saurait être définitif. Il s'agit d'un accès à titre intérimaire, notamment en cas de vacance du poste de Président de la République en raison d'une mise en cause devant une Haute Cour de Justice. Parmi les constituants d'Afrique subsaharienne qui s'inscrivent dans cette logique figurent ceux du Bénin et du Niger. Au Bénin par exemple, l'article 50, alinéa 3 de la Constitution du 11 décembre 1990 le prévoit lorsqu'il dispose qu'en cas de mise en accusation du Président de la République devant la Haute Cour de Justice, « son intérim est assuré par le Président de la Cour constitutionnelle qui exerce toutes les fonctions de Président de la République, à l'exception de celles mentionnées aux articles 54, alinéas 3, 58, 60, 101, et 154 ». Au Niger, la même exigence est consacrée à l'article 53, alinéa 10 de la Constitution de 2010[1]. En droit comparé francophone, le constituant algérien confère un pouvoir identique au Président du Conseil constitutionnel[2].

673. Bien que ces États ouvrent formellement aux responsables des juridictions constitutionnelles l'accès à la fonction de Président de la République à titre intérimaire, il est cependant difficile de voir ce genre de situations se produire. L'exemple le plus saillant d'une occupation du poste de Président de la République par un Président d'une juridiction constitutionnelle est plutôt fourni par l'Égypte. Dans ce pays, à la suite des manifestations organisées par le mouvement Tamarrod (rebelle) en juillet 2013, le Président de la Haute Cour constitutionnelle, Adli MANSOUR, fut

1« En cas de mise en accusation du président de la République devant la Haute Cour de justice, son intérim est assuré par le président de la Cour constitutionnelle qui exerce toutes les fonctions de président de la République, à l'exception de celles mentionnées à l'alinéa 8 du présent article. Il ne peut se porter candidat aux élections présidentielles ».

2 L'article 88, alinéas 7 et 8 de la Constitution algérienne de 1996, modifiée en 2008 dispose : « En cas de conjonction de la démission ou du décès du Président de la République et de la vacance de la Présidence du Conseil de la Nation, pour quelque cause que ce soit, le Conseil Constitutionnel, se réunit de plein droit et constate à l'unanimité la vacance définitive de la Présidence de la République et l'empêchement du Président du Conseil de la Nation. Dans ce cas, le Président du Conseil Constitutionnel assume la charge de Chef de l'Etat dans les conditions fixées aux alinéas précédents du présent article et à l'article 90 de la Constitution ».

porté à la tête de l'État[1]. Cet événement atteste du caractère ténu entre le juge constitutionnel et le pouvoir politique en Afrique en général. Cette situation résulte d'une démarche paradoxale des constituants : en créant des organes juridictionnels, les constituants les ont également dotés d'attributions aussi diverses que variées. S'agissant particulièrement du président d'une juridiction constitutionnelle, nous conviendrons avec Frédéric Joël AIVO qu'il est un administrateur qui s'assume et un politique qui s'ignore[2]. Du reste, même son statut, à l'instar de celui des autres membres de la juridiction, ne favorise pas une émancipation de l'institution à l'égard du politique.

II. La vulnérabilité statutaire des juges constitutionnels

Sur le plan statutaire, la révocabilité des mandats des juges (A) et la remise en cause de leur impartialité (B) sont autant de raisons susceptibles de justifier les soupçons pesant sur le caractère politique de leur office.

A. La révocabilité des mandats des juges

674. En droit constitutionnel, le mandat peut s'entendre comme une mission que « les citoyens (mandants) confient à certains d'entre eux (mandataires) d'exercer le pouvoir en leur nom et pour leur compte »[3]. Dans un régime démocratique, ce mandat peut être impératif ou représentatif. Il est impératif quand les mandants ont la possibilité de révoquer les mandataires lorsque ceux-ci ne respectent pas rigoureusement le mandat pour lequel ils sont élus[4]. En revanche, il est représentatif lorsque les mandataires sont exempts de toute révocation de la part de leurs mandants[5]. En principe, seule la deuxième option devrait s'appliquer aux juges constitutionnels en raison de leur inamovibilité. Il s'agit d'une garantie d'indépendance statutaire attribuée aux juges afin de les protéger contre le risque d'éviction arbitraire par le pouvoir politique[6].

1 Journal *Le Monde* : « Égypte : Adli Mansour, président par intérim, a prêté serment ».
2 AIVO Frédéric Joël, « Le président de juridiction constitutionnelle. Portrait négro-africain », précité.
3 *Lexique des termes juridiques*, *op. cit.*, p. 1299.
4 *Ibid.* C'est l'hypothèse des élus qui, « tenant leur mandat des électeurs (souveraineté populaire), doivent se conformer à leurs directives et peuvent être révoqués par eux ».
5 *Ibidem.*
6 PLUEN Olivier, *L'inamovibilité des magistrats : un modèle ?* Thèse, Institut Universitaire Varenne (Paris, LGDJ), 2013.

675. Pourtant, force est de constater que les acteurs politiques africains, notamment les Chefs d'État, n'hésitent pas à écourter les mandats des juges constitutionnels aux fins de satisfaire leurs ambitions politiques. Dès lors, l'émancipation des juges constitutionnels d'Afrique subsaharienne du pouvoir politique paraît improbable. Nous pensons que la politisation de leur office découle alors du fait que la consécration formelle du mandat représentatif est un leurre (1) car la réalité invite plutôt à conclure à un mandat de très contraignant (2).

1. La consécration formelle des mandats représentatifs : un leurre

676. Comme nous l'avons précédemment mentionné, le mandat représentatif se rapporte à la situation où un élu est responsable de ses agissements devant la Nation et non devant ses électeurs[1]. Tel est le cas des juges constitutionnels qui, nommés ou élus, n'ont aucun ordre à recevoir de leurs mandataires. Cette indépendance de principe des juges vis-à-vis du politique est par exemple constitutionnalisée par le principe de l'immunité juridictionnelle. Selon ce principe, aucune poursuite pénale ne peut être engagée contre un juge constitutionnel pendant l'exercice de son mandat. Une exception existe cependant en cas de flagrant délit[2].

677. Mais, bien qu'elle soit formalisée, cette indépendance des Sages n'est pas pour autant absolue. En effet, les constituants tentent de la renforcer en assainissant le régime juridique des mandats. Ils considèrent qu'en limitant la durée et le renouvellement de la durée des fonctions des juges, leurs verdicts seraient moins influencés par les autorités politiques. Or, il en est autrement dans la pratique.

678. De façon générale, deux sortes de mandats sont exercés par les juges constitutionnels : les mandats renouvelables et les mandats non renouvelables. Sur le continent africain, les constituants expriment une préférence pour les seconds au détriment des premiers. Parmi les rares pays ayant opté pour les mandats renouvelables figurent par exemple le Bénin et le Togo. Au Bénin, la

---

1 Le régime représentatif s'oppose à l'absolutisme formulé par Bossuet en ces termes : « Le prince ne doit rendre compte à personne de ce qu'il ordonne ». Autrement dit, le régime représentatif traduit l'idée non plus d'un gouvernement du peuple par lui-même, mais d'un gouvernement du peuple par ses représentants. Parmi ces derniers figurent au premier rang le Président de la République et les parlementaires. Mai, parce qu'il est désigné par ces autorités et non directement par le peuple, nous pouvons affirmer que le juge constitutionnel est aussi un organe représentatif. Pour plus de détails sur la notion de régime représentatif, v., par exemple : GICQUEL Jean et GICQUEL Jean-Éric, *Droit constitutionnel et institutions politiques*, 33e éd., Issy-les-Moulineaux Cedex, LGDJ, 2019-2020, pp. 151-186.

2DIAGNE Mayacine, « La mutation de la justice constitutionnelle en Afrique : l'exemple du Conseil constitutionnel sénégalais », *AIJC*, n°12, 1997, p. 110.

durée de ce mandat est de 5 ans renouvelable une seule fois[1], alors qu'au Togo cette durée est de 6 ans renouvelable une seule fois également[2]. En apparence, ces mandats de courte durée seraient opportuns en raison de leur caractère démocratique, notamment parce qu'ils favorisent l'alternance au sein des juridictions constitutionnelles. En réalité, ils ont pour inconvénient de plonger les juges constitutionnels dans une situation de dépendance vis-à-vis des autorités de désignation. Dès lors, un mandat court, de surcroît renouvelable, ne peut échapper à une politisation dans la mesure où il contribue à « une composition des cours semblables à celle des organes titulaires du pouvoir de nomination »[3].

679. Pour éviter cette situation, d'autres États optent pour un mandat long et non renouvelable. Comme en France, la durée de ce mandat est de 9 ans au Cameroun[4], au Gabon[5] et en République Démocratique du Congo[6]. En revanche, sa durée est de 7 ans à Madagascar[7] et de 6 ans au Niger[8]. Pour les défenseurs de ces types de mandats, ils seraient avantageux pour deux principales raisons. Premièrement, ils créeraient les affinités nécessaires entre les membres, et non plus entre les membres et les autorités politiques, pour prendre une décision dans un contexte consensuel[9]. En outre, ils assureraient l'autorité de l'institution, notamment son indépendance parce que les Sages délibéreraient « librement sans être tentés de rechercher les faveurs des autorités nommantes »[10]. En conséquence, ils cultiveraient une jurisprudence constante, ce qui est un gage pour la sécurité juridique.

680. En dépit de cette légitimité théorique, les mandats longs et non renouvelables présentent cependant des inconvénients sur le plan pratique. Leur politisation est parfois attestée lors des révisions constitutionnelles en Afrique subsaharienne. Au cours de ces périodes, il arrive souvent au constituant dérivé de prolonger le mandat des juges en exercice en modifiant sa durée et ses modalités d'extinction. Au Gabon par exemple, le mandat des juges constitutionnels s'échelonnait sur une période de 7 ans avant la révision constitutionnelle de 2018. Mais depuis cette révision constitutionnelle, ce

1 Article 115, alinéa 1 CB : « La Cour constitutionnelle est composée de sept membres » désignés « pour un mandat de cinq ans renouvelable une seule fois ».
2 Article 100 CT : « La Cour constitutionnelle est composée de neuf (9) membres de probité reconnue, désignés pour un mandat de six (06) ans renouvelable une seule fois ».
3 ROUSSEAU Dominique, *La justice constitutionnelle en Europe,* 3e éd., Paris, Montchrestien, Clefs, Politique, 1998, p. 57.
4 Article 51, alinéa 1 CC.
5 Article 89, alinéa 2 CG.
6 Article 158, alinéa 3 CRDC.
7 Article 114, alinéa 1 CM.
8 Article 121, alinéa 4 CN.
9 HOURQUEBIE Fabrice, *Sur l'émergence du contre-pouvoir juridictionnel sous la Vème République*, *op. cit.*, p. 444.
10 ROUSSEAU Dominique, *Droit du contentieux constitutionnel*, *op. cit.*, p. 71.

mandat s'étend sur une durée de 9 ans. Il s'ensuit une reconduction tacite des membres de la juridiction constitutionnelle.

681. Cette technique est récurrente en droit gabonais. Grâce à elle, certains membres sont en fonction depuis 1991[1], date de création de la Haute juridiction. Cette situation pourrait fragiliser la légitimité de l'institution dans la mesure où elle est favorisée par une instrumentalisation des révisions constitutionnelles. Pour légitimer la longévité des membres de la Cour constitutionnelle gabonaise, le constituant dérivé devrait peut-être non pas modifier la Constitution aux fins d'une prorogation des mandats des juges, mais plutôt accorder aux juges un mandat à vie comme aux États-Unis. Car, en réalité, seul le mandat à vie « protège très efficacement les juges de toute pression extérieure »[2]. La récusation, autre cause de politisation des juridictions constitutionnelles en Afrique subsaharienne, témoigne, *in fine*, de la nécessité de leur conférer un mandat à vie.

2. La culture des mandats impératifs : une réalité

682. « Tout mandat impératif est nul ». Cette exigence consacrée dans de nombreuses lois fondamentales africaines[3] fonde l'indépendance de toute autorité élue. Elle renforce l'autonomie des juges constitutionnels vis-à-vis des autorités de désignation. Toutefois, il s'agit d'un leurre en Afrique subsaharienne car les agissements de certains Chefs d'État laissent penser que le mandat octroyé aux Sages est moins représentatif qu'impératif. La technique qu'ils utilisent pour ce faire est la révocation des juges constitutionnels. Or en agissant de la sorte, ils portent atteinte à l'indépendance des juges, précisément à leur droit d'inamovibilité. En Afrique subsaharienne, cette prérogative fut par exemple entamée par les Chefs d'État nigérien et malien.

683. Au Niger, le Président Mamadou TANDJA mit fin au mandat des sept membres de la Cour constitutionnelle le 29 juin 2009, à la suite de leur refus d'avaliser son projet de consultation sur une nouvelle Constitution devant lui permettre de rester au pouvoir trois années supplémentaires[4]. Pour légitimer son action, il se fonda sur la règle du parallélisme des formes selon laquelle

---

1 Il en est ainsi de la présidente de la Cour constitutionnelle : Madame Marie-Madeleine MBORANTSUO.

2 HOURQUEBIE Fabrice, *Sur l'émergence du contre-pouvoir juridictionnel sous la Vème République*, *op. cit.*, p. 435.

3 Ce principe figure par exemple à l'article 39 de la Constitution gabonaise et l'article 27 de la Constitution française.

4 Le 29 juin 2009, le Président de la République notifie à la présidente de la Cour constitutionnelle la suspension par décrets des articles 104 et 105 de la Constitution sur les modalités de nomination des sept membres de la Cour et surtout leur inamovibilité durant leur mandat de six ans. Il a également abrogé trois décrets de 2004, 2006 et 2008 sur les nominations de ces juges constitutionnels

l'autorité compétente pour établir un acte l'est aussi pour l'abroger. Il abrogea alors trois décrets de 2004, 2006 et 2008 sur les nominations des juges constitutionnels.

684. Au Mali, le Président Boubacar KEITA fit de même le 11 juillet 2020. Pour calmer les manifestants qui exigeaient une refonte des institutions politiques à la suite de l'incapacité et du manque de volonté de l'État malien à assurer ses missions régaliennes, le Président KEITA décida de mettre un terme au mandat des juges constitutionnels. Cette « dissolution de fait », pour reprendre les expressions utilisées par le Président, fut matérialisée par une abrogation des décrets de nomination des juges encore en poste[1].

685. Ces deux exemples sont révélateurs du caractère impératif des mandats de certains juges constitutionnels d'Afrique subsaharienne. Les Présidents nigérien et malien agissent en effet comme s'ils disposaient de la juridiction constitutionnelle. Suivant leur raisonnement, s'il est vrai que la Présidence de la République et la juridiction constitutionnelle sont des organes constitués, force est de conclure à une supériorité de la présidence sur la Cour. De ce fait, le juge constitutionnel est forcément saisi par le politique ; d'où la politisation inéluctable de son office juridictionnel. *Quid* alors de son impartialité ?

B. LE CARACTÈRE DISCUTABLE DE L'IMPARTIALITÉ DES JUGES CONSTITUTIONNELS

686. Pour échapper à la critique d'une politisation de la justice, le juge doit non seulement affirmer son indépendance à l'égard du pouvoir politique, mais encore faire montre d'impartialité lors des jugements[2]. Or, en Afrique, tant l'impartialité subjective (1) que l'impartialité objective (2) des juges constitutionnels demeurent critiquables.

1. La difficile détermination de l'impartialité subjective des juges

687. Dire qu'un juge est impartial suppose qu'il n'a pas d'*a priori* en son for intérieur[3] ou encore qu'il exerce sa mission avec une neutralité sans faille[4]. Théoriquement, tel est (ou devrait être) le cas des juges constitutionnels d'Afrique subsaharienne car, lors de leur prestation de serment, ils jurent d'exercer leur fonction en toute impartialité[5].

---

1 Journal *Le figaro* : « Au Mali, le président annonce une "dissolution de fait" de la Cour constitutionnelle » [en ligne].

2 BONDUELLE Matthieu, RENAULT Thérèse, « De l'impartialité à la neutralité. Critique à deux voix d'un devoir dévoyé », *Délibéré*, 2018/3, n°5, p. 21.

3 QUENTIN Bruno, « L'impartialité du juge : un enjeu pour l'institution judiciaire », *La semaine juridique*, 4 mai 2015.

4 GOYET Charles, « Remarques sur l'impartialité du tribunal », Recueil Dalloz, 2001, p. 328.

5 Au Bénin par exemple, l'article 7 de la Loi n°91-009 du 4 mars 1991 portant loi organique sur la Cour constitutionnelle modifiée par la loi du 31 mai 2001 dispose qu'avant d'entrer en

688. Mais sur un plan purement pratique, l'effectivité du serment semble relative à cause du caractère subjectif de l'impartialité. Abstraite, l'impartialité subjective relève en effet du domaine de l'insaisissable dans la mesure où elle est consubstantielle à la pensée du juge. Il s'agit d'un principe quelque peu incantatoire parce que l'intériorité du juge est par définition incontrôlable[1]. Dès lors, on ne peut mesurer le degré d'impartialité subjective d'un juge que s'il extériorise ses idées. Or, au regard de la pratique constitutionnelle africaine, il est difficile pour un juge d'extérioriser ses idées du fait de l'obligation de réserve.

689. Toutefois, les constituants essaient de renforcer l'impartialité subjective des juges en les soumettant à un régime d'incompatibilités. En vertu de la règle naturelle *« nemo judex in causa sua »*[2], les constituants neutralisent les risques de conflits d'intérêts susceptibles de surgir si un juge constitutionnel exerce une activité parallèle. C'est ainsi qu'il est prohibé aux juges de cumuler leurs charges avec celle de membre de Gouvernement, avec les autres emplois publics, avec les emplois civils ou militaires, ainsi qu'avec toute activité professionnelle[3], exception faite de la fonction d'enseignant au supérieur[4]. De même ne sauraient-ils exercer une activité au sein d'un parti politique ou d'un syndicat[5]. Avec ce régime d'incompatibilité, toute remise en cause de l'impartialité des juges relèverait simplement d'un procès d'intention. Mais, encore faut-il que ce régime soit effectif. En effet, s'il est vrai que les juges sélectionnés pour cette étude n'exercent pas cumulativement des fonctions administratives, il est néanmoins possible de s'interroger sur leurs affinités avec le milieu politique et le monde des affaires. Dans tous les cas, la partialité ou l'impartialité personnelle d'un juge reste difficile à déterminer. Nous pensons toutefois que la pratique du recrutement partisan des juges peut contribuer à une fragilisation de leur impartialité subjective. Il en est de même pour leur impartialité objective.

---

fonction, les membres de la Cour « […] jurent de bien et fidèlement remplir leurs fonctions, de les exercer en toute impartialité dans le respect de la Constitution […] » ; au Gabon, l'impartialité du juge est implicitement consacré par le constituant lorsqu'il évoque la neutralité du juge dans ses juments à l'article 90 (alinéa 3) de la Constitution. Ce texte dispose : « […] Les membres de la Cour constitutionnelle […] prêtent le serment suivant […] « Je jure de remplir consciencieusement les devoirs de ma charge dans le strict respect de ses obligations de neutralité et de réserve, et de me conduire en digne et loyal magistrat ».

1 BONDUELLE Matthieu, RENAULT Thérèse, « De l'impartialité à la neutralité. Critique à deux voix d'un devoir dévoyé », *op. cit.*, p. 24.

2 Cette expression latine signifie littéralement en français que « personne n'est juge dans sa propre cause ».

3 Article 115, alinéa 6 CB ; article 90, alinéa 1 CG ; article 115 CMD.

4 Au Gabon par exemple, Madame Afrikita AGONDJO est à la fois juge constitutionnel et enseignante à l'Université Omar Bongo de Libreville.

5 Voir les dispositions constitutionnelles précitées, précisément l'article 115 de la Constitution de Madagascar. En France par exemple, le même régime d'incompatibilité est attaché à la fonction de juge constitutionnel. Seule une démission permet à ce juge de s'en affranchir.

2. La possible fragilisation de l'impartialité objective des juges

690. Systématisée par la Cour Européenne des Droits de l'Homme, l'impartialité objective du juge s'entend comme la garantie suffisante qu'il offre d'exclure tout doute légitime lors de la conduite d'une affaire[1]. En contentieux constitutionnel africain, elle est promue par le caractère collégial des décisions rendues. En effet, l'impartialité objective des juges constitutionnels s'attache moins à leur personnalité qu'à l'institution qu'ils incarnent. Ainsi, contrairement à l'impartialité subjective dont la détection relève de l'improbable, la certification ou la contestation de l'impartialité objective relève du possible puisqu'elle s'apprécie à l'aune des décisions rendues. Le dévoiement d'une critique sur la partialité d'un juge dépend alors de la qualité de ses motivations[2], et donc de ses décisions.

691. Dans les pays étudiés, il est possible de s'interroger sur la vulnérabilité de cette forme d'impartialité parce que certains juges se ravisent parfois, et ce, pour des mobiles politiques. L'exemple le plus patent de ce changement d'avis de la part d'une Haute juridiction est celui du Conseil constitutionnel ivoirien. Dans ce pays, la Haute juridiction, par la voix de son président, valida le mandat présidentiel de Monsieur Alassane DRAMANE OUATTARA le 28 novembre 2010 alors qu'elle avait au préalable attesté que Monsieur Laurent GBAGBO était le candidat victorieux[3]. Ce revirement s'opère au mépris de l'autorité de la chose jugée. Nous pensons qu'il est la preuve d'une politisation de l'office juridictionnel du Conseil constitutionnel ivoirien.

692. De même au Burkina Faso, le juge constitutionnel se prononça différemment sur un même acte. Après avoir invalidé l'accord de financement entre l'État burkinabé et la Banque islamique de développement au motif que la soumission de cet accord au principe de la Charia était contraire au principe de laïcité de l'État, le juge se ravisa en rendant une seconde décision de conformité[4]. Il convient alors de se poser la question de savoir à quel moment ce juge a fait preuve d'impartialité et d'objectivité. Serait-ce lors de la première délibération ou lors de la seconde ? Dans les deux cas, l'attitude de ce juge, comme celle du juge constitutionnel ivoirien, est équivoque et témoigne de la délicatesse du principe d'impartialité[5].

693. Pour prouver leur impartialité, certains juges n'hésitent donc pas souvent à justifier publiquement leurs décisions lorsque les citoyens émettent des

---

1 La Cour utilise cependant la formule « démarche objective » au lieu « d'impartialité objective ». CEDH, 1er octobre 1982, Piersack c. Belgique.

2 V., cette étude, première partie, titre I, chapitre 2.

3 Conseil constitutionnel ivoirien, Décision n°CI-2010-EP-34/03-12/CC/SG portant proclamation des résultats définitifs de l'élection présidentielle du 28 novembre 2010.

4 Conseil constitutionnel du Burkina Faso, Avis du 20 avril 2007.

5 DARBY Joseph J., « Garanties et limites à l'indépendance et à l'impartialité du juge aux États-Unis », *op. cit.*, pp. 351-362

critiques à leur encontre. La communication publique de la présidente de la Cour constitutionnelle gabonaise en date du 16 novembre 2018 s'inscrit dans ce cadre[1]. En effet, après avoir « dissous » l'Assemblée Nationale à cause de l'invalidité du mandat des parlementaires[2], Marie Madeleine MBORANTSUO s'efforça de légitimer la décision de la Cour en donnant une interview sur les ondes de Radio France Internationale. Il convient cependant de se demander s'il est du devoir d'une juridiction constitutionnelle de justifier son raisonnement en dehors des motivations de ses décisions. Dans tous les cas, on admettra avec Fabrice HOURQUEBIE et Wanda MASTOR que le « sempiternel débat relatif à la neutralité totale du juge sera vain tant que ce sont des hommes et non des dieux ou des machines qui rendront la justice »[3].

SECTION II : UNE POLITISATION INHÉRENTE AUX FONCTIONS DES JUGES CONSTITUTIONNELS

694. La politisation des juridictions constitutionnelles ne résulte pas exclusivement de l'influence que le pouvoir politique exerce sur leur statut. Elle est aussi consubstantielle aux fonctions qui leurs sont dévolues par les constituants. En Afrique subsaharienne, ces fonctions sont : le contrôle de constitutionnalité[4] et la régulation du fonctionnement des organes constitutionnels. S'agissant du contrôle de constitutionnalité, il conduit inéluctablement les juges à politiser leur office parce qu'il leur confère un pouvoir normatif, notamment au moyen d'une interprétation (I). De même, le pouvoir de régulation permet à ces juges de créer des normes au moyen d'une injonction à l'occasion d'un arbitrage ou d'une médiation politique (II).

1 Cet entretien est disponible sur la presse écrite gabonaise *L'union* parue le samedi 17 novembre 2018. Il est aussi disponible sur le site de rfi.
2 Nous avons analysé cette décision dans le cadre de cette étude, notamment dans la seconde partie, titre I et au chapitre 2.
3 HOURQUEBIE Fabrice, MASTOR Wanda, « Les Cours constitutionnelles et suprêmes étrangères et les élections présidentielles », *NCCC*, 2012/1, n°34, p. 154.
4 Nous avons vu que ce contrôle est à la fois textuel et factuel. Il est textuel lorsque le juge examine la conformité d'une loi à la Constitution (voir cette étude : première partie, titre I ; Titre 2, chapitre 1 ; seconde partie, titre I). En revanche, le contrôle de constitutionnalité est factuel lorsqu'il porte sur un comportement, une parole, voire une voie de fait (dans la présente étude, cet aspect a été développé dans la première partie, au titre II et au chapitre 2).

I. L'INTERPRÉTATION : SOURCE DU POUVOIR NORMATIF DES JUGES

695. Pour cerner la notion d'interprétation juridique, il faut nécessairement la rattacher à son objet : le texte. On le sait, un texte est un ensemble d'énoncés linguistiques ou de dispositions renfermant plusieurs sens ou normes[1]. Ces normes n'étant accessibles qu'à la suite d'une interprétation des dispositions[2], l'interprétation juridique est alors l'opération intellectuelle par laquelle on accède à la signification d'un texte, et donc à ses normes[3]. Elle est inhérente à l'activité juridictionnelle car, comme le relève Hans KELSEN, « si un organe juridique doit appliquer le droit, il faut nécessairement qu'il établisse le sens des normes qu'il a mission d'appliquer, il faut nécessairement qu'il interprète ces normes »[4].

696. Or, établir le sens d'une norme revient à faire œuvre de jurisprudence, c'est-à-dire à créer du droit. Tel est le cas du juge administratif français qui exerce nécessairement un office jurisprudentiel en raison de son activité juridictionnelle. Cette thèse défendue par Yves GAUDEMET[5] et Damien CONNIL[6] est aussi admise en droit constitutionnel. Alexis ESSONO OVONO la partage implicitement lorsqu'il soutient que le Conseil constitutionnel français dispose d'un pouvoir créateur[7]. Ainsi, l'interprétation est au cœur de l'activité jurisprudentielle du juge. Seulement, à la différence du juge administratif qui crée des normes infra-législatives au moyen de son activité jurisprudentielle, le juge constitutionnel, lui, crée nécessairement des normes législatives et constituantes. En conséquence, il s'octroie inéluctablement des compétences politiques.

696. Dans ce paragraphe, il ne sera pas question de revenir sur les manifestations de ce pouvoir créateur détenu par les juges constitutionnels d'Afrique subsaharienne. Il s'agira plutôt de justifier cette politisation à partir de leur activité interprétative. Pour ce faire, il importe de montrer

---

1 V. *infra*, seconde partie, titre I, chapitre 2, section1.

2 Nous avons déjà eu l'occasion de préciser les notions de normes et de dispositions dans le cadre de cette étude, notamment dans la seconde partie, au titre I et dans le premier chapitre.

3 Il existe une littérature abondante en matière d'interprétation juridique. On se bornera à citer quelques auteurs : GUASTINI Riccardo, « Réalisme et anti-réalisme dans la théorie de l'interprétation », in : *Mélanges en l'honneur de Paul AMSELEK*, Bruxelles, Bruylant, 2005, p. 431 ; DI MANNO Thierry, Le juge constitutionnel et la technique des décisions « interprétatives » en France et en Italie, PUAM, Economica, 1997, p. 29.

4 KELSEN Hans, *Théorie pure du droit*, trad. de Charles EISENMANN, Dalloz, 1962, p. 435.

5 GAUDEMET Yves, *Les méthodes du juge administratif*, Paris, LGDJ, 2012 (version publiée).

6 CONNIL Damien, *L'office du juge administratif et le temps*, Paris, Dalloz, 2012.

7 ESSONO OVONO Alexis, *Théorie de l'interprétation et pouvoir créateur du juge constitutionnel français*, Thèse, Toulouse, 2000.

premièrement que ce pouvoir est consacré par le droit positif et apparait sous deux formes (A). Dans un deuxième temps, il conviendra de voir qu'il est aussi légitimé par la doctrine (B). Dans un troisième temps, enfin, il sera question de réfléchir sur ses limites (C).

A. La double nature de l'interprétation en droit positif

En Afrique subsaharienne, l'interprétation est un des offices des Cours constitutionnelles parce qu'elle est tantôt considérée comme un droit, tantôt appréhendée comme un devoir. En tant que droit, l'interprétation relève alors du pouvoir du juge (1). En tant que devoir, elle constitue simplement une technique de contrôle du juge (2).

1. Interprétation comme pouvoir

697. Aucun juge ne peut convenablement remplir son office sans faire recours à l'herméneutique juridique[1]. Face à cette évidence, certains constituants africains ont estimé nécessaire d'habiliter solennellement leur juge constitutionnel à exercer un pouvoir d'interprétation. En Afrique du Sud par exemple, le constituant invite le juge constitutionnel à tenir compte, entre autres, du droit international, du droit comparé et des législations préexistantes ou pré-constitutionnelles lors de l'interprétation de la Constitution[2]. Alors que cette consécration du pouvoir normatif du juge constitutionnel est implicite en Afrique du Sud, elle est explicite au Gabon. L'article 88 de la Constitution gabonaise du 26 mars 1991 précise à cet effet qu'en « dehors des autres compétences prévues par la Constitution, la Cour constitutionnelle dispose du pouvoir d'interpréter la Constitution et les autres textes à valeur constitutionnelle ».

698. On avancera que cet article consacre une norme d'habilitation[3]. C'est fort de cette constitutionnalisation du pouvoir d'interprétation que le juge constitutionnel gabonais fait œuvre prétorienne en comblant les lacunes contenues dans la loi et la Constitution. Il en est ainsi quand il accorde une valeur constitutionnelle à la règle coutumière de « la primogéniture »[4]. De

1 La pensée herméneutique admet qu'un texte n'a de présence que par et dans l'interprétation. V., ROUSSEAU Dominique, *Droit du contentieux constitutionnel*, *op. cit.*, p. 144.

2 REENEN Tobias Van, « Tendances actuelles dans l'interprétation de la Constitution de l'Afrique du Sud », *RFDC*, n°50, 2002/2, pp. 361-363.

3 TUSSEAU Guillaume, *Les normes d'habilitation*, Paris, Dalloz, 2006, pp. 4-10.

4 Dans la décision n°004/97/CC du 7 février 1997, interprétation de l'article 16 de la loi organique n°18/96, la Cour affirme : « constitue une lacune au sens des articles 88 de la Constitution, 60 et 61 de la loi organique n°9/91 susvisés, le silence de la loi dans la situation où les électeurs n'ont pas pu départager les deux candidats au second tour du scrutin ; [...] qu'en vertu d'une règle regardée comme figurant au nombre des principes généraux du droit, et au demeurant, répondant non seulement à la nécessité de se conformer à l'esprit des valeurs

même comble-t-il une lacune de la Constitution lorsqu'il indique qu'il n'est pas nécessaire d'être préalablement élu membre du bureau du Sénat pour prétendre à la présidence de l'institution ; il suffit d'être sénateur[1]. En plus d'être un pouvoir, l'interprétation est aussi utilisée par les Cours constitutionnelles comme une technique de contrôle de constitutionnalité.

2. Interprétation comme devoir

699. Si l'interprétation ne figure pas expressément dans le champ de compétences dévolues à certaines juridictions constitutionnelles d'Afrique subsaharienne, elle constitue tout de même un devoir. Il s'agit plus précisément d'une technique de contrôle de constitutionnalité. En tant que technique, l'interprétation permet aux juges de vérifier si les textes soumis à leur examen sont conformes ou non à la Constitution. S'inspirant du Conseil constitutionnel français[2], la Cour constitutionnelle béninoise le précise dans sa décision du 16 février 1993 en ces termes :

> « [considérant] que parmi les moyens dont dispose la Cour pour vérifier la constitutionnalité figurent les techniques d'interprétation qui sont le principal moyen de contrôle ; [...] Considérant que pour se prononcer sur la conformité des dispositions de la Constitution, la Cour dispose d'un instrument obligé et nécessaire à l'exercice de sa mission qui est l'interprétation »[3].

700. Dans un rapport publié par l'Association des Cours Constitutionnelles Ayant en Partage l'Usage du Français (ACCPUF), plusieurs pays d'Afrique subsaharienne partagent la position de la Cour constitutionnelle béninoise. À Madagascar par exemple, la Haute Cour constitutionnelle affirme qu'elle fait régulièrement recours à l'interprétation et, d'ailleurs, au rang de ses méthodes d'interprétation figurent : sa propre jurisprudence, la jurisprudence des autres Cours constitutionnelles et l'évolution de la doctrine constitutionnelle[4]. Dans le même rapport, la Cour constitutionnelle gabonaise soutient qu'elle se sert

traditionnelles nationales, mais aussi au besoin de mettre en relief le caractère de notabilité qui doit s'attacher à la nature même de la fonction sénatoriale, l'élection doit être acquise au bénéfice du plus âgé si, au second tour, les deux candidats restés en ballotage obtiennent le même nombre de suffrages ; qu'il s'ensuit que les sièges restant à pourvoir après le second tour doivent être attribués suivant le critère de l'âge, soit au plus âgé des deux candidats en présence ».

1 Décision n°013/CC du 13 avril 2006 relative à la demande d'interprétation des dispositions des articles 7 alinéa 4 et 15 du Règlement du Sénat.

2 C.C. 91-298 D.C., 24 juillet 1991, R. p. 82.

3 Décision 14 DC du 16 février 1993, Association des journalistes du Bénin, Président de la République.

4 Association des Cours Constitutionnelles Ayant en Partage l'Usage du Français (accpuf), actes du 7e congrès : *La suprématie de la Constitution*, 2015. V° questionnaire soumis à la Cour constitutionnelle béninoise.

de deux principales méthodes d'interprétation, à savoir l'interprétation additive et l'interprétation restrictive[1].

701. Dans une perspective kelsenienne, on dira que toutes ces Hautes juridictions exercent une interprétation authentique[2]. Encore appelée interprétation efficiente, l'interprétation organique ou authentique émane nécessairement d'une Cour suprême parce que c'est elle qui détermine définitivement la signification des textes[3]. Légitimée par les constituants et la pratique juridictionnelle, l'interprétation est aussi attestée par les acteurs dépourvus du pouvoir normatif. Mais si ces derniers reconnaissent son utilité, ils divergent cependant quant à sa nature.

B. La légitimité scientifique de l'interprétation

En théorie du droit, deux grandes écoles contribuent à la légitimation de l'interprétation. La première école s'appuie exclusivement sur la portée *cognitive* de l'acte d'interprétation : c'est la théorie de l'interprétation-connaissance (1). La seconde école met l'accent sur le caractère *volitif* de l'interprétation : c'est la théorie de l'interprétation-volonté (2).

1. L'interprétation comme acte de connaissance

702. La thèse de l'interprétation-connaissance repose sur des postulats critiquables. Elle soutient que le sens d'un énoncé constitutionnel est immanent au texte lui-même. Pour ce faire, interpréter un texte c'est découvrir son sens caché[4]. Ce qui suppose que tout texte comporte un sens « vrai », « unique », et que le rôle du juge constitutionnel consiste à l'énoncer[5].

703. Les fondements de cette théorie sont à rechercher dans deux directions. D'une part, elle est légitimée par l'école du droit naturel. Selon cette doctrine, les droits fondamentaux ne peuvent être polysémiques à cause de leur nature transcendantale, intemporelle et universelle. Le juge constitutionnel ne peut donc révéler que leur signification objective[6]. D'autre part, la théorie de

---

1 *Ibid.*

2Résumant la théorie kelsenienne de l'interprétation, Michel TROPER souligne que H. KELSEN distingue l'interprétation authentique de l'interprétation non authentique. La première émane des organes d'application du droit, surtout des Cours suprêmes. L'autre est donnée par les personnes privées, en particulier par la science juridique. V° TROPER Michel, « Chapitre V. Kelsen, la théorie de l'interprétation et la structure de l'ordre juridique », in : *Pour une théorie juridique de l'État*, Paris, PUF, coll. Léviathan, 1994, p. 86.

3 PFERSMANN Otto, « Contre le néo-réalisme juridique. Pour un débat sur l'interprétation », *RFDC*, 2020/2, n°50, p. 291.

4 ROUSSEAU Dominique, *Droit du contentieux constitutionnel*, *op. cit.*, p. 142.

5 DRAGO Guillaume, *Contentieux constitutionnel français*, *op. cit.*, p. 120.

6 *Ibid.*

l'interprétation comme acte *cognitif* s'explique par la doctrine du sens clair forgé par certains auteurs allemands[1]. Thierry DI MANNO synthétise cette théorie en cinq principes : il existe des textes clairs dont le sens est « en soi » évident ; les termes que le législateur n'a pas défini conservent normalement leur signification habituelle ; l'obscurité d'un texte découle nécessairement de l'indétermination courante de ses termes ; la clarté d'un texte est une règle essentielle et enfin la détermination du caractère clair ou obscur d'un texte n'implique pas nécessairement une interprétation préalable[2]. Cette doctrine du sens clair est précisée par Riccardo GUASTINI lorsqu'il montre que l'interprétation-connaissance consiste à « constater les différentes interprétations qu'un certain énoncé normatif a reçu *de facto* »[3] tout en tenant compte de certaines contraintes[4]. En résumé, la théorie de l'interprétation-connaissance suppose que le juge ne crée pas les normes mais les découvre, les décèle ou les révèle simplement.

704. Pertinente, cette thèse n'est pas pour autant exempte de critiques. Premièrement, le postulat d'une signification immuable des droits de l'Homme est contestable car, en réalité, l'interprétation de tout texte dépend de son contexte. À titre d'exemple, l'évolution sémantique des concepts comme la démocratie, la souveraineté, la séparation des pouvoirs prouve qu'une interprétation contenue dans un texte aujourd'hui n'est pas nécessairement celle d'hier et ne sera assurément pas celle de demain[5].

705. En outre, la thèse du sens clair achoppe sur une aporie : il est impossible d'établir la clarté ou l'obscurité d'un texte sans passer par son interprétation. Dire qu'un texte est clair ou obscur, n'est-ce pas déjà l'interpréter ? Comme Monsieur Jourdain, qui faisait de la prose sans le savoir, les tenants de la doctrine du sens clair font également de l'interprétation sans le savoir[6]. Dès lors, l'interprétation est une opération juridique inéluctable. Par conséquent, elle est créatrice de normes et source de politisation de l'office des juges constitutionnels.

---

1 V., VAN DE KERCHOVE Michel, « La doctrine du sens clair des textes et de la jurisprudence de la Cour constitutionnelle de Belgique », in : VAN DE KERCHOVE Michel (dir.), *L'interprétation en droit ; approche pluridisciplinaire*, Bruxelles, Publications des Facultés universitaires de Saint-Louis, 1978, p. 13 et s.

2 DI MANNO Thierry, *Le juge constitutionnel et la technique des décisions « interprétatives » en France et en Italie*, *op. cit.*, p. 30.

3 GUASTINI Riccardo, « Réalisme et anti-réalisme de la théorie de l'interprétation », in : *Mélanges en l'honneur de Paul AMSELEK*, Bruxelles, Bruylant, 2005, pp. 441-442.

4 Cet aspect sera développé dans les lignes qui vont suivre.

5 La mutation de tous ces concepts fera l'objectif du prochain chapitre de ce tire II.

6 DI MANNO Thierry, *Le juge constitutionnel et la technique des décisions « interprétatives » en France et en Italie*, *op. cit.*, p. 33.

2. L'interprétation comme acte de volonté

706. Comme l'interprétation *cognitive*, l'interprétation *volitive* comporte à la fois des mérites et des limites. En son principe, elle suppose de croire que tout texte normatif est, *de facto*, interprété de plusieurs manières. La tâche du juge constitutionnel consiste alors à choisir parmi les significations attribuées au texte celle qui semble « valide ». La validité d'un énoncé linguistique ne suppose pas nécessairement à sa véracité. En effet, un énoncé peut être faux mais « valide », « authentique » ou « efficient » s'il émane d'un organe habilité à le délivrer[1]. Les interprétations formulées par le juge constitutionnel ou encore le Président de la République s'inscrivent parfois dans cette logique. En permettant de déterminer la signification des énoncés linguistiques, l'interprétation est alors créatrice du droit.

707. En France, cette thèse est principalement défendue par Michel TROPER[2]. S'inspirant de la théorie pure du droit (la TPD) de Hans KELSEN, Michel TROPER élabore une théorie réaliste de l'interprétation (TRI). Il s'agit moins d'une théorie générale du droit que d'une théorie spécifique de l'interprétation[3]. Cependant, certains auteurs considèrent que la TRI ne peut avoir pour socle la TPD. C'est le cas d'Olivier JOUANJAN pour qui une théorie réaliste d'armature kelsénienne est « une *contradictio adjecto* dans la mesure où, mettant en exergue la plus complète liberté de l'interprète dans le moment de l'application de la norme, c'est précisément la normativité de la

---

1 TROPER Michel, « Réplique à Otto PFERSMANN », *RFDC*, 2002/2, n°2, p. 343 ; GUASTINI Riccardo, « Réalisme et anti-réalisme de la théorie de l'interprétation », in : *Mélanges en l'honneur de Paul AMSELEK*, *op. cit.*, p. 432 ; PFERSMANN Otto, « Contre le néo-réalisme juridique. Pour un débat sur l'interprétation », *RFDC*, 2020/2, n°50, p. 294. Dans cet article, Otto PFERSMANN précise que l'interprétation est « organique (ou authentique) parce que ce sont les organes (d'application) qui déterminent la signification des textes, mais ce ne sont que les organes suprêmes qui opèrent une telle détermination au sens strict puisque le choix auquel ils procèdent est par définition incontestable ».

2TROPER Michel, « Réplique à Otto PFERSMANN », *op. cit.*, pp. 335-353 ; REGIS Nicolas, « Juger, est-ce interpréter ? », *Cahiers philosophiques*, 2016/4, n°147, p. 27. V. aussi : AGOSTINI Christophe, « Pour une théorie réaliste de validité », in : Denis de BÉCHIOLON et al., *Mélanges en l'honneur de Michel TROPER. L'architecture du droit*, Paris, Economica, 2006, pp. 1-20 ; HAMON Francis, « Quelques réflexions sur la théorie réaliste de l'interprétation », in : Denis de BÉCHIOLON et al., *Mélanges en l'honneur de Michel TROPER. L'architecture du droit*, Paris, Economica, 2006, pp. 487-500 ; MILLARD Eric, « Quelques remarques sur la signification politique de la théorie réaliste de l'interprétation », in : Denis de BÉCHIOLON et al., *Mélanges en l'honneur de Michel TROPER. L'architecture du droit*, Paris, Economica, 2006, pp. 725-734.

3 TROPER Michel, « La liberté d'interprétation du juge constitutionnel », *Interprétation et droit*, PUAM, 1995, p. 240.

norme qui s'évanouit en ce moment même »[1]. Otto PFERSMANN partage cette position lorsqu'il conclut que la TRI est une théorie sans objet[2].

708. Bien qu'elle soit critiquée, la TRI comporte néanmoins des mérites. Elle est pertinente parce qu'elle rend compte de la réalité du pouvoir créateur du juge. Elle se résume à partir d'une combinaison raffinée de trois positions : l'empirisme, le volontarisme et la détermination. L'empirisme est le critère d'identification de l'effet tangible d'un acte par l'expérience. Le volontarisme concerne l'idée de choix qu'opère un juge entre plusieurs significations : c'est l'interprétation politique, dans une perspective kelsénienne[3]. Le principe de détermination, quant à lui, « exige que toute norme ait un objet précisément défini, une action exactement circonscrite »[4]. C'est en tenant compte de ces trois critères que la théorie réaliste de l'interprétation reconnaît un véritable pouvoir créateur au juge constitutionnel. Réaliste, le juge constitutionnel est en effet obligé de réécrire les textes qui lui sont soumis au moyen d'une interprétation parce qu'ils sont pour la plupart du temps indéterminés. L'indétermination des textes est alors une source de politisation de l'office juridictionnel en ce sens qu'elle les invite à réécrire les lois.

709. Les causes de l'indétermination des textes sont multiples. Pour Gérard TIMSIT, par exemple, trois hypothèses peuvent justifier l'indétermination d'un texte. La première hypothèse concerne celle où il n'y a ni trace ni code : c'est l'indétermination du fait d'une lacune. La deuxième hypothèse a trait à l'indétermination en raison de la polysémie des textes. La troisième hypothèse enfin est celle des codes sans trace s'appliquant aux cas des principes et directives[5]. La distinction entre les principes et les directives ou les règles tient au fait que les règles commandent alors que les principes recommandent. Hans KELSEN résume ces sources d'indétermination des textes en deux : l'indétermination des textes du fait de la volonté de leur auteur et l'indétermination des textes du fait d'une circonstance extérieure à la volonté de leur auteur[6]. C'est dans cette optique qu'Alexis ESSONO OVONO soutient que le Conseil constitutionnel français exerce un pouvoir créateur au moyen de son activité interprétative du fait de l'indétermination volontaire et involontaire des textes par leurs auteurs[7].

---

1 JOUANJAN Olivier, « La théorie des contraintes juridiques de l'argumentation et ses contraintes », *Droits*, n°54, p. 28.

2 PFERSMANN Otto, « Contre le néo-réalisme juridique. Pour un débat sur l'interprétation », *RFDC*, 2020/2, n°50, p. 334.

3 GUASTINI Riccardo, « Réalisme et anti-réalisme de la théorie de l'interprétation », in : *Mélanges en l'honneur de Paul AMSELEK*, *op. cit.*, p. 437.

4 PFERSMANN Otto, « Contre le néo-réalisme juridique. Pour un débat sur l'interprétation », *RFDC*, 2020/2, n°50, p. 288.

5 TIMSIT Gérard, *Les noms de la loi*, Paris, PUF, 1991, p. 112.

6 KELSEN Hans, *Théorie pure du droit*, *op. cit.*, pp. 455-456.

7 ESSONO OVONO Alexis, *Théorie de l'interprétation et pouvoir créateur du juge constitutionnel français*, *op. cit.*, p. 40.

710. Comme nous l'avons précédemment soutenu, le pouvoir créateur que s'octroie le juge constitutionnel est fonction de la nature du texte soumis à son contrôle. S'il est appelé à déterminer le sens d'une disposition constitutionnelle, il fera inéluctablement œuvre de constituant[1]. C'est le cas du juge constitutionnel gabonais qui, compétent pour combler les lacunes de la Constitution et pour préciser le sens de certaines dispositions en cas de doute, se mue incontestablement en constituant « informel »[2]. De même, le juge constitutionnel s'approprie un pouvoir législatif lorsqu'il détermine le sens d'une disposition législative[3].

Ainsi, l'interprétation apparait comme l'outil par lequel le juge constitutionnel exerce un office politique ; mais sous réserve, en principe, de certaines conditions.

C. L'ENCADREMENT SUPPOSÉ DU POUVOIR D'INTERPRÉTATION DU JUGE : LA THÉORIE DES CONTRAINTES INTERPRÉTATIVES

711. S'il est vrai que l'interprétation permet au juge de produire du droit, disposent-ils pour autant d'une totale liberté ? C'est cette question que la théorie des contraintes juridiques[4] s'efforce de résoudre. Selon cette théorie, une réponse négative s'impose car, en dépit de la liberté de l'interprétation juridique que reconnaît la théorie réaliste de l'interprétation, les juges restent soumis à des contraintes tant internes (1) qu'externes (2).

1. Les contraintes internes : l'exigence d'une méthode de travail

712. Par contraintes internes, il faut entendre tout devoir incombant au juge constitutionnel en raison de ses compétences, de son organisation, de son fonctionnement et de sa propre jurisprudence[5]. Il s'agit de l'ensemble des exigences méthodologiques pesant sur le juge lors du traitement d'une affaire. L'une de ces exigences est le respect de sa jurisprudence antérieure. Encore

---

1 Le chapitre 2 du titre I de la seconde partie de cette étude est consacré à la question du pouvoir constituant des Cours constitutionnelles d'Afrique subsaharienne.

2 Rappelons à toute fin utile qu'en vertu de l'article 88 de la Constitution gabonaise, le juge constitutionnel est habilité à exercer un pouvoir d'interprétation en cas de doute ou lacune contenue dans la Constitution.

3 V. seconde partie, titre I, chapitre 1.

4 Il est possible de distinguer la théorie des contraintes juridiques, à savoir celles pesant sur les acteurs juridictionnels, d'avec les contraintes de l'argumentation, entendues comme « l'activité intellectuelle des juristes savants, avant tout des professeurs de droit ». Seule la première forme sera examinée dans le cadre de cette étude. Pour une étude plus approfondie de cette distinction, v° MIGUEL HERRERA Carlos, « Concepts juridiques et contraintes de l'argumentation », *Droits*, n°55, 2013, p. 3.

5 DRAGO Guillaume, « La qualité de l'argumentation constitutionnelle », *RFDC*, 2015/2, n°102, p. 346 ; ESSONO OVONO Alexis, *Théorie de l'interprétation et pouvoir créateur du juge constitutionnel français*, *op. cit.*, pp. 283-341.

appelée technique du précédent, la contrainte de la jurisprudence antérieure permet au juge d'éviter des décisions contradictoires. Elle ne prohibe pas les revirements de jurisprudence mais promeut la cohérence de la politique jurisprudentielle d'un juge. Cette technique est fréquemment utilisée par le juge constitutionnel béninois[1]. Elle a pour conséquence la standardisation des décisions[2]. L'usage récurrent de certaines expressions témoignent de cette standardisation des méthodes décisionnelles des juges[3].

713. La contrainte majeure qui s'impose au juge reste cependant la motivation des décisions. C'est une obligation juridique car elle permet au juge de justifier son raisonnement, et donc de légitimer sa jurisprudence. Cette question ayant déjà été examinée dans le cadre de cette étude[4], il convient simplement d'apporter quelques précisions supplémentaires.

714. La motivation d'une décision s'opère au moyen d'une interprétation et/ou d'une argumentation juridique. L'argumentation juridique est alors consubstantielle à l'interprétation. Mais, « si l'interprétation s'occupe de la *sémantique*, du sens des lois, l'argumentation juridique porte sur la *syntaxe* du droit, c'est-à-dire l'articulation des arguments ». Dès lors, l'argumentation « juridique exploite l'interprétation juridique comme un de ses éléments pour construire un propos visant à emporter l'adhésion d'un auditoire »[5]. Michel TROPER la définit comme : « un ensemble d'énoncés visant à persuader qu'une thèse, une décision ou bien encore une institution, est juste, soit parce qu'elle est formellement valide, soit parce qu'elle est conforme à une norme morale, soit parce qu'elle aura des conséquences bénéfiques »[6]. Ainsi, les raisonnements juridiques que sont : l'analogie ou l'*a pari*, l'*a fortiori*, l'*a majori ad minus*, l'*a minori ad majus*, l'*a contrario*[7] se chevauchent toujours avec les méthodes d'interprétation exégétique et sociologique précédemment examinées.

---

1 Décision DCC 10-144 du 14 septembre 2010, Raphaël Akotégnon ; Décision DCC 05-117 du 20 septembre 2005, Gagou Bonaventure. Pour les revirements de jurisprudence, voir par exemple Décision DCC 11-065 du 30 septembre 2011, Louis Vlavonou.

2 DRAGO Guillaume, *Contentieux constitutionnel*, *op. cit.*, p. 124.

3 C'est le cas de l'expression « délais anormalement long » en contentieux constitutionnel béninois. V. Décision DCC 01-023 du 16 mai 2001, Hounmenou Jean-Marie ; Décision DCC 02-029 du 10 avril 2002, Honétognankou jude. C'est aussi le cas du considérant de principe par lequel le juge constitutionnel malgache s'interdit d'exercer un contrôle d'opportunité : « [...] il n'appartient pas à la Haute Cour Constitutionnelle, dans l'accomplissement du contrôle de constitutionnalité des lois qui lui sont soumises, de substituer sa propre appréciation à celle du législateur ». V. décision n°30-HCC/D3 du 12 août 2016 concernant la loi n°2016-020 sur la lutte contre corruption.

4 V. première partie, titre I, chapitre 2.

5 GOLTZBERG Stefan, *L'argumentation juridique*, Paris, Dalloz, coll. Connaissance du droit, 2013, p. 4.

6 TROPER Michel, « Argumentation et explication », *Droits*, n°54, 2012, p. 3.

7 ESSONO OVONO Alexis, *Théorie de l'interprétation et pouvoir créateur du juge constitutionnel français*, *op. cit.*, pp. 300-304.

En définitive, le but de toutes ces contraintes internes est de légitimer la qualité des décisions. Elles permettent au juge constitutionnel de rendre des décisions politiques sous une forme juridictionnelle.

2. Les contraintes externes : le devoir de légitimation des décisions

715. Les contraintes externes ont une visée intentionnelle. Elles s'analysent comme le devoir du juge de tenir compte des considérations juridiques, sociologiques, historiques, philosophiques et politiques lors du délibéré. La principale contrainte externe a trait au périmètre de l'activité interprétative du juge. C'est l'exigence selon laquelle la norme de référence doit nécessairement être en rapport avec la norme contrôlée[1].

716. Quant aux autres contraintes externes, elles invitent le juge constitutionnel à statuer en opportunité en raison de la sensibilité des questions qui lui sont soumises. Selon Anne Foubert, il s'agit, pour le juge, de rendre des « jugements manifestants l'esprit d'une société »[2]. C'est en tenant par exemple compte des considérations sociologiques que le juge constitutionnel sud-africain constitutionnalise la règle coutumière « Ubuntu », entendue par-là le devoir d'humanisme[3]. C'est aussi pour des raisons sociologiques que la Cour constitutionnelle gabonaise constitutionnalise par exemple la règle coutumière de la « primogéniture »[4]. Au Bénin, c'est à la fois pour des considérations historiques et politiques, voire sociologiques que le juge constitutionnel érige « le consensus national » ou la « transparence électorale » au rang de principe à valeur constitutionnelle[5].

De ces illustrations jurisprudentielles résulte l'idée selon laquelle les contraintes externes pesant sur le juge constitutionnel l'invitent à politiser son office juridictionnel. Il semble en aller de même lorsqu'il exerce un pouvoir régulateur.

---

1 DRAGO Guillaume, « La qualité de l'argumentation constitutionnelle », *op.cit.*, p. 342.

2 FOUBERT Anne, « Les contraintes pesant sur le juge. L'exemple du droit don », *Droits*, n°54, 2012, p. 105.

3 V. *infra*, seconde partie, titre I, chapitre 2, section 2.

4 Décision n°004/97/CC du 7 février 1997, Interprétation de l'article 16 de la loi organique n°18/96, précité. V. *infra*, seconde partie, titre 1, chapitre 2, section 2, paragraphe 1.

5 Tous principes à valeur constitutionnelle d'essence prétorienne ont été examinée dans le cadre de la présente étude, notamment au chapitre 2 du titre I de cette seconde partie.

II. La régulation : une technique de pacification des conflits politiques

717. Pour assurer le respect de l'État de droit, les Cours constitutionnelles d'Afrique subsaharienne doivent juger non seulement de la constitutionnalité des dispositions législatives ou réglementaires mais encore assurer la pacification de la vie politique[1]. C'est à l'occasion de cette seconde hypothèse que la régulation[2] favorise la politisation de leur office[3].

718. Ce pouvoir régulateur a par exemple pour fondement juridique les articles 114 et 83 des constitutions béninoise et gabonaise qui disposent : « [la] Cour constitutionnelle est [...] l'organe régulateur du fonctionnement des institutions et de l'activité des pouvoirs publics ». Une formule quasi-identique est consacrée à l'article 116, alinéa 2 de la Constitution malgache[4]

1 V. *Constitution de la République gabonaise. Textes, commentaires, doctrine, jurisprudence*, Presses de Melum Impressions, 2e éd., 2011, p. 254.

2 Notion encore imprécise, la régulation désigne tantôt une activité d'« arbitrage », tantôt « un exercice d'équilibre », tantôt un pouvoir qui « donne des ordres ». Arthur BRAUN synthétise ces trois dimensions du pouvoir régulateur lorsqu'il le définit comme : « un pouvoir de l'État spécialement chargé d'assurer le fonctionnement régulier et la continuité du régime politique, compris comme un ensemble d'organes en interaction, dans le respect des règles du droit constitutionnel ». Voir à ce propos : BARBAROUSSIS Nicolas, dans son étude portant sur la fonction de régulation du Président de la République hellénique, conclut par exemple que le rôle régulateur confié au Président de la République renferme une « notion vague et générale ». V° BARBAROUSSIS Nicolas., *La fonction régulatrice du Président hellénique*, Paris, LGDJ, 2000, p. 257. Préfaçant cet ouvrage, Jean GICQUEL partage l'avis de l'auteur en affirmant que la régulation est une expression « suggestive autant qu'imprécise ». C'est donc sans surprise que Jean FRAYSSINET partage aussi l'idée selon laquelle ce concept est incertain en droit. V° FRAYSSINET Jean, « La régulation de la protection des données personnelles », *in LEGICOM*, 2009/1 (n°42), pp. 5-9 ; Benjamin CONSTANT estime que le pouvoir régulateur a nécessairement un caractère neutre. V° BRAUN Arthur, *Le pouvoir régulateur du régime politique. Étude d'une notion de droit constitutionnel institutionnel*, Thèse, Université de Lorraine, 2019 ; CALANDRI Laurence, *Recherche sur la notion de régulation en droit administratif français*, Paris, LGDJ, « BDP », t. 259, 2008, p. 5 ;

3 La fonction de régulation est souvent confondue avec la fonction de régularisation, surtout en matière juridictionnelle. En contentieux constitutionnel, la régularisation désigne le fait de vérifier si un acte est conforme à un autre (KELSEN ; jurisprudence Rwanda). Or la régulation consiste à s'assurer du caractère régulier, fonctionnement sans à-coup, sans interruption d'un organe.

4 Article 116, alinéa 2 CM : la Haute Cour Constitutionnelle est compétente pour régler les « « les conflits de compétence entre deux ou plusieurs Institutions de l'Etat ou entre l'Etat et une ou plusieurs collectivités territoriales décentralisées ou entre deux ou plusieurs collectivités territoriales décentralisées ».

et à l'article 126, tiret 3 de la Constitution nigérienne[1]. De ces dispositions constitutionnelles et analyses doctrinales, il résulte que l'office régulateur des juridictions constitutionnelles d'Afrique subsaharienne est éminemment politique pour deux raisons : il a pour objet d'assurer le fonctionnement sans à-coup de l'État (A) et conduit les juges à rendre des décisions atypiques (B).

A. UNE TECHNIQUE PACIFICATRICE DANS SON OBJET

719. En Afrique subsaharienne, la fonction régulatrice des Cours constitutionnelles va bien au-delà de leur office juridictionnel. Comme le précise Marie-Madeleine MBORANTSUO, Présidente de la Cour constitutionnelle gabonaise, la régulation est une « prérogative additionnelle, un étage supplémentaire de l'architecture de superposition des compétences des Cours constitutionnelles africaines francophones »[2]. Il s'agit alors moins d'un office juridictionnel que d'un office politique, puisque son objet consiste à assurer le fonctionnement sans à-coup des organes étatiques[3]. Les juges constitutionnels étudiés atteignent cet objectif en réglant, d'une part, les conflits survenant au sein d'une institution (1) et, d'autre part, en pacifiant les rapports entre les pouvoirs publics (2).

1. La régulation intra-institutionnelle

720. S'intéressant à l'évolution de l'objet du droit constitutionnel, Jacques CHEVALIER montre qu'à l'origine ce droit a été perçu comme « indissolublement lié aux institutions politiques, ce qui en faisait un "droit politique" »[4]. En dépit d'une séparation du droit constitutionnel d'avec les institutions politiques dès les années 1945[5], il faut bien admettre qu'aujourd'hui il s'agit d'un « couple fusionnel »[6]. La doctrine constitutionnaliste est en effet unanime pour attester que le droit

---

1 Article 126, titre 3 CN : la Cour « se prononce par arrêt sur [...] les conflits d'attribution entre les Institutions et l'Etat » ; elle est par ailleurs « compétente pour statuer sur toute question d'interprétation et d'application de la Constitution ».

2 MBORANTSUO Marie-Madeleine, *La contribution des Cours constitutionnelles à l'État de droit en Afrique*, Paris, Economica, 2007, p. 241.

3 Le principe de continuité de l'État renvoie à la permanence de l'activité de l'État et de ses services publics. Il signifie que les personnes publiques doivent assurer l'ordre public et offrir les services de base aux citoyens quelles qu'en soient les circonstances. V. TRUCHET Didier, *Droit administratif*, Paris, PUF, 5e éd., 2013, p. 389.

4 CHEVALIER Jacques, « Droit constitutionnel et institutions politiques : les mésaventures d'un couple fusionnel », in : *La République-Mélanges Pierre Avril*, Paris, Montchrestien, p. 185.

5 *Ibid.*, p. 194.

6 *Ibidem*. p. 183.

constitutionnel contemporain s'intéresse à la fois aux normes, aux libertés et aux institutions[1]. Confier aux juges constitutionnels la charge de veiller au fonctionnement continu d'une institution politique revient alors à les inviter à s'immiscer dans la sphère politique. C'est la raison pour laquelle ils politisent leur office juridictionnel afin de mieux remplir leur rôle de régulateur intra-institutionnel.

721. S'agissant par exemple de la présidence de la République, sa régulation par le juge constitutionnel intervient fréquemment en Afrique subsaharienne en cas de vacance du pouvoir. Selon la Cour constitutionnelle du Niger, « la vacance est l'état d'un emploi ou d'une fonction qui n'est pas occupée »[2]. Elle peut survenir par suite d'une absence prolongée et non justifiée d'un chef d'institution[3], d'une démission, d'un décès, d'un empêchement définitif ou d'une déchéance du Président de la République[4].

722. Au Gabon, la Cour constitutionnelle constate par exemple la vacance de la présidence de la République en 2009, à la suite du décès du Président Omar BONGO ONDIMBA[5]. Pour éviter la paralysie de cette institution, la Haute juridiction confie à la Présidente du Sénat, Rose Francine ROGOMBE, la charge d'assurer l'intérim de la Présidence de la République gabonaise. Dans cette affaire, la Cour fait certes une application littérale de l'article 13 de la loi fondamentale gabonaise[6], mais elle assure en même temps sa fonction de régulation, à savoir la garantie de la continuité de la Présidence de la République.

723. En 2018, la Haute Cour Constitutionnelle de Madagascar constate et résout également le problème de la vacance de la Présidence de la République. À la différence de la vacance de la présidence gabonaise qui résultait d'un décès, celle de Madagascar avait pour cause la démission du Président de la

---

1 V. DENQUIN Jean-Marie, « L'objet du droit constitutionnel : État, Constitution, Démocratie ? », *in Traité international de droit constitutionnel*, Michel TROPER, Dominique CHAGNOLLAUD (dir.), Paris, Daloz, 2012, t. 1, pp. 40-65 ; MAUS Didier, « Où en est le droit constitutionnel ? », *in Mélanges en l'honneur de Franck MODERNE. Mouvement du droit public*, Paris, Dalloz, 2004, pp. 692-737.

2Arrêt n°16/CC/MC du 20 novembre 2014, Abdou BOUKARI et autres.

3 *Ibid.*

4 Décision n°25-HCC/D3 du 23 novembre 2006 relative à une requête aux fins de constatation de la vacance de la Présidence de la République et de disqualification du Président de la République en exercice à l'élection présidentielle du 3 décembre 2006 ; v ° aussi : article 52 de la Constitution de Madagascar : « [par] suite de démission, d'abandon du pouvoir sous quelque forme que ce soit, de décès, d'empêchement définitif ou de déchéance prononcée, la vacance de la Présidence de la République est constatée par la Haute Cour Constitutionnelle ».

5 Décision n°031/CC du 09 juin 2009, vacance de la Présidence de la République, *in : Hebdo informations*, n°615, pp. 7-9.

6 Article 13 de la Constitution gabonaise du 26 mars 1991 : « En cas de vacance de la Présidence de la République [...] le Président du Sénat exerce provisoirement les fonctions du Président de la République [...] ».

République, Hery Martial RAJAONARIMAMPIANINA[1]. Comme au Gabon, la Haute juridiction malgache pallie la vacance constatée en habilitant le Président du Sénat, Rivo RAKOTOVAO, à assurer l'intérim de la fonction présidentielle.

724. Comme autre exemple, le Parlement aussi fait souvent l'objet d'une régulation intra-institutionnelle, en témoigne une décision de la Cour constitutionnelle béninoise. Dans la décision DCC 03-078 du 12 mai 2003, en effet, la Haute instance est obligée de recourir à son pouvoir régulateur pour éviter la paralysie de l'Assemblée nationale du fait d'un comportement déviant de la doyenne d'âge de l'institution, Rose-Marie VIEYRA SOGLO[2]. Chargée d'assurer le bon déroulement des opérations relatives à la composition du Bureau de l'Assemblée nationale, cette dernière exige qu'il y ait un partage de postes entre la mouvance de la majorité et celle de l'opposition. Se heurtant au refus des Députés de la majorité, elle bloque le processus électoral des membres du Bureau et suspend à plusieurs reprises la séance. Il en résulte une paralysie de l'Assemblée nationale. Pour rétablir le fonctionnement de cette institution, la Cour constitutionnelle donne de nombreuses injonctions à la doyenne d'âge. Elle exige de celle-ci, par exemple, de « convoquer l'Assemblée nationale dès la date de la présente décision de poursuivre sans discontinuité, c'est-à-dire au cours de la même séance, l'élection des autres membres du Bureau » ; et qu'en cas de résistance, « il sera procédé immédiatement à son remplacement par le doyen d'âge suivant, et ainsi de suite jusqu'à l'aboutissement du processus électoral ». En adoptant une tonalité injonctive, la Cour rappelle aux acteurs politiques que « les hommes passent mais les institutions demeurent ».

725. Véritable « lubrifiant institutionnel »[3], la fonction de régulation confère en définitive un pouvoir décisionnel aux juges constitutionnels africains[4]. Ce constat est valable tant au niveau intra-institutionnel qu'au niveau inter-institutionnels, c'est-à-dire entre les pouvoirs publics.

2. La régulation inter-institutionnelles

726. Il est possible de cerner la notion de « pouvoir public » en faisant recours soit à un critère formel, soit à un critère matériel. Le critère formel concerne

---

1 Décision n°30-HCC/D3 du 7 septembre 2018 portant constatation de la vacance de la présidence de la République et désignant le président du Sénat en tant que Président de la République par intérim.

2 Décision DCC 03-078 du 12 mai 2003, GOUGBEDJI Cyrille, AKOBI Issifou Ahmed.

3 MEDE Nicaise, « La fonction de régulation des juridictions constitutionnelles en Afrique francophone », *AIJC*, 2008, p. 50.

4 MBORANTSUO Marie-Madeleine, *La contribution des Cours constitutionnelles à l'État de droit en Afrique*, précitée.

« toutes les autorités immédiatement instituées par la Constitution »[1]. Il s'agit alors non seulement du Parlement, du Gouvernement et du Président de la République mais aussi des organes de contre-pouvoir institutionnel (autorité de régulation des médias par exemple), des juridictions de tous ordres et des organes de démocratie corporatiste comme les Conseils économiques et sociaux[2]. Bien qu'elle soit pertinente, cette approche nous paraît néanmoins discutable en ce qu'elle assimile « pouvoirs publics » et « institutions politiques ». Pour rester fidèle à la logique du constituant originaire africain lorsqu'il opère une distinction entre « régulation intra-institutionnelle » et « régulation inter-institutionnelles », il convient plutôt de retenir une acception matérielle de la notion de « pouvoirs publics ». Cette dernière permet de constater que les termes « pouvoirs publics » et « institutions politiques » ont certes une convergence de nature mais qu'ils comportent une divergence de degré.

727. D'un point de vue matériel, la notion de « pouvoir public » se rapporte alors aux différentes activités exercées par les organes étatiques. Systématisant ces activités régaliennes, Gérard DRUESNE identifie trois types de pouvoirs publics au sein de l'État : « un pouvoir de suffrage », « des pouvoirs délibérants » et « des pouvoirs exécutifs »[3]. Cette trilogie tend à se rapprocher de celle de MONTESQUIEU selon laquelle il y aurait un pouvoir législatif, un pouvoir exécutif et un pouvoir judiciaire. Effective en théorie, cette indépendance des pouvoirs est cependant limitée en pratique en raison des collusions inéluctables entre les institutions. Cette idée est implicitement admise par MONTESQUIEU lorsqu'il préconise qu'« il faut que par la disposition des choses, le pouvoir arrête le pouvoir »[4]. C'est dans ce cadre qu'il convient de situer la régulation juridictionnelle entre les institutions.

728. Au Gabon, cette forme de régulation intervient par exemple dans la décision rendue par la Cour constitutionnelle le 30 avril 2018[5]. Dans cette affaire, le Premier Ministre demande à la Haute juridiction de trouver une solution à la crise qui secoue l'exécutif, particulièrement le Gouvernement, et le législatif à la suite de l'absence d'organisation des élections législatives dans les délais prévus par la Constitution[6]. Pour résoudre cette crise entre

1 CORNU Gérard, *Vocabulaire juridique*, *op. cit.*, p. 784.

2 MEDE Nicaise, « La fonction de régulation des juridictions constitutionnelles en Afrique francophone », *op. cit.*, p. 51.

3 DRUESNE Gérard, « Réflexions sur la notion de pouvoirs publics en droit français », *RDP*, 1976, p. 1149.

4MONTESQUIEU, *De l'esprit des lois*, t., I, Livre XI, chap. IV, 2011, p. 167. 5

5 Décision n°22/CC du 30 avril 2018.

6 En effet, le 11 juillet 2017, la Cour, après avoir constaté le cas de force majeure invoqué par le Gouvernement pour justifier la non-organisation des élections législatives dans les délais constitutionnels, avait prononcé le maintien en fonction des membres de l'Assemblée nationale jusqu'au 30 avril 2018, date butoir pour organiser et proclamer les résultats des élections. Mais ces élections n'ayant pas été organisées dans les délais impartis, le Premier Ministre la saisit à nouveau. Il sollicite à la Haute juridiction non seulement qu'elle interprète plusieurs

organes étatiques, la Cour prend plusieurs mesures dont la portée politique ne souffre d'aucune contestation. La première mesure consiste à dissoudre l'Assemblée nationale et à transférer l'exercice de ses attributions au Sénat. La deuxième mesure porte sur la cessation des fonctions des membres du Gouvernement. Commentant cette décision, Cyrille MONEMBOU estime que le juge constitutionnel gabonais fait montre d'un « excès de pouvoir juridictionnel »[1].

729. Cette auto-attribution des compétences exorbitantes[2] est la preuve d'une réelle politisation de l'office juridictionnel des Cours constitutionnelles d'Afrique subsaharienne. La décision rendue par la Haute Cour Constitutionnelle de Madagascar le 25 mai 2018[3] conforte cette conclusion. Dans celle-ci, 53 députés saisissent la Haute juridiction aux fins d'une déchéance du Président de la République pour avoir manqué à son devoir constitutionnel de mise en place de la Haute Cour de Justice dans les délais requis. Face à ce dysfonctionnement inter-institutionnels, le juge constitutionnel malgache donne une série d'injonctions au Président de la République afin de rétablir le fonctionnement régulier des pouvoirs exécutif et judiciaire. C'est ainsi qu'il lui ordonne de prendre le décret de constatation de la désignation des membres de la Haute Cour de Justice, de dissoudre le Gouvernement et de nommer un nouveau Premier Ministre[4].

730. La Cour constitutionnelle du Bénin développe une politique jurisprudentielle quasi-identique dans une affaire opposant la Commission Électorale Nationale et Autonome (CENA) au Gouvernement. En l'espèce, il y a un blocage du processus électoral en raison de la non-subvention de la CENA par le Gouvernement. Pour résoudre cette crise, la Haute juridiction « ordonne au Gouvernement et spécialement au Ministre des Finances et de l'Economie de mettre dans les vingt-quatre (24) heures [...] à la disposition de la CENA une avance substantielle de fonds pour assurer le démarrage immédiat de ses activités »[5].

731. Au regard de ces audaces jurisprudentielles, il convient de s'accorder avec Nicaise MEDE que l'activité régulatrice conduit les juges constitutionnels à revendiquer un « statut d'acteurs qui s'immiscent dans le

---

dispositions constitutionnelles mais qu'elle tire aussi la solution juridique permettant de sortir de la crise institutionnelle qui prévaut.

1 MONEMBOU Cyrille, « De "l'excès de pouvoir juridictionnel en Afrique noire francophone". Réflexions à partir des décisions récentes des juridictions constitutionnelles du Gabon et de Madagascar », *in Mélanges en l'honneur du Président Robert DOSSOU. L'amphithéâtre et le prétoire*, Frédéric Joël AIVO et al., Paris, L'Harmattan, 2020, pp. 787-810.

2 *Ibid.*, p. 791.

3 Décision n°18-HCC/D3 du 25 mai 2018 relative à une requête en déchéance du Président de la République Hery RAJAONARIMAMPIANINA.

4 V° Dispositif de la décision précitée, article 3 et 4.

5 Décision DCC 05-139 du 17 novembre 2005, EQUITE Juste, HODONOU Armand.

fonctionnement des institutions »[1]. D'ailleurs, la nature atypique des décisions qu'ils rendent à l'occasion d'une régulation témoigne de la dimension amplement politique de leur office juridictionnel.

B. Une technique normatrice en raison de la nature des décisions : essai de systématisation des décisions régulatrices

732. Afin d'assurer le fonctionnement sans à-coup des organes étatiques, les juges constitutionnels africains sont obligés de prendre des décisions dont la nature est tributaire du cas qui leur est soumis. Aucune systématisation de ces décisions n'ayant été faite à ce jour, à notre connaissance, il importe d'en esquisser une. À l'analyse des différentes affaires précédemment mentionnées, il est possible de distinguer les « décisions régulatrices restrictives » (1) « des décisions régulatrices constructives » (2).

1. La modification de la Constitution par les « décisions régulatrices restrictives »

733. Le dénominateur commun des décisions juridictionnelles régulatrices est leur caractère injonctif. C'est la raison pour laquelle Laurence CALENDRI soutient qu'on ne saurait réguler sans « donner des ordres »[2]. En Afrique subsaharienne, ces ordres peuvent avoir une portée restrictive. On avancera que les juges constitutionnels de cet espace géographique rendent des « décisions régulatrices restrictives ». Il convient de définir une « décision régulatrice restrictive » comme celle par laquelle le juge constitutionnel restreint les compétences d'une institution politique afin d'assurer le fonctionnement sans à-coup des organes étatiques. C'est le cas lorsque la Cour constitutionnelle gabonaise décide de suspendre la fonction de Vice-Président de la République aux motifs que la constatation de la vacance présidentielle entraîne immédiatement celle de la Vice-Présidence[3]. C'est encore le cas lorsque ce juge dissout l'Assemblée nationale[4] et transforme *ipso facto* le Parlement bicaméral en Parlement monocaméral. En conséquence, il réécrit indirectement la Constitution. Il en est de même quand le juge constitutionnel

1 MEDE Nicaise, « La fonction de régulation des juridictions constitutionnelles en Afrique francophone », *op. cit.*, p. 47.
2 CALANDRI Laurence., *Recherche sur la notion de régulation en droit administratif français*, *op. cit.*, p. 5.
3 Décision n°031/CC du 09 juin 2009. En l'espèce, la Cour fonde son raisonnement sur l'article 14 e de la Constitution qui prévoit que « les fonctions de Vice-président de la République cessent à l'issue de la proclamation de l'élection présidentielle par la Cour constitutionnelle et en cas de vacance de la présidence de la République [...] ».
4 Décision n°22/CC du 30 avril 2018, précitée.

malgache prononce la déchéance du Président de la République ou quand il exige à ce dernier de faire cesser les fonctions du Gouvernement[1].

734. Nous pensons qu'en rendant opératoire le concept de « décision régulatrice restrictive », les juges constitutionnels pourraient pousser le constituant dérivé à préciser la nature des décisions qu'ils édictent en matière de régulation. Ils pourraient ainsi combler la liste des décisions intervenant en contentieux de la régularisation[2]. Ces décisions sont, entre autres, l'annulation, la validation, la qualification, la déqualification[3], la recevabilité et l'irrecevabilité[4]. En effet, l'article 65 de la loi organique sur la Cour constitutionnelle gabonaise précise juste qu'en matière d'interprétation, technique inhérente à la régulation[5], les organes politiques « remédient, chacun en ce qui le concerne, à la situation juridique découlant de la décision ». Cette disposition montre que le législateur organique gabonais considère la régulation comme une « fonction-fin » ou une « fonction-rôle »[6], c'est-à-dire qu'il impose au juge non pas une obligation de moyens mais une obligation de résultat. C'est ce qui justifie la nature atypique des décisions de ces juridictions constitutionnelles en matière de régulation.

2. La modification de la Constitution par les « décisions régulatrices constructives »

735. Comme les « décisions régulatrices restrictives », les « décisions régulatrices constructives » permettent aux juges constitutionnels d'Afrique subsaharienne d'amender les lois fondamentales. C'est par leur truchement que les Hautes juridictions se transforment en organes constituants en découvrant les principes de valeur constitutionnelle et en réécrivant expressément les constitutions[7]. Il est possible de les entendre comme « celles par lesquelles les juges constitutionnels renforcent les attributions d'une

---

1Décision n°18-HCC/D3 du 25 mai 2018 précitée.

2 Une définition claire et précise de la régularisation est fournie par la Cour constitutionnelle du Rwanda. Selon cette dernière, le contrôle de régularité s'entend comme le rapport de compatibilité ou de conformité des lois aux normes supérieures. Elle indique en effet que « le rôle du juge constitutionnel est de vérifier, grâce à cette hiérarchie, la *régularité* des règles de droit litigieuses qui lui sont présentées et tirer les conséquences de leur examen » (Cour constitutionnelle de la République rwandaise, arrêt n°33/CS-SCC du 11 févr. 2001) ».

3 V° *infra*, chapitre 1, titre I, seconde partie ; FAVOREU Louis, « La décision de constitutionnalité », *RFDC*, 1986, n°38-2, pp. 615-624.

4 V° *infra*, chapitre 1, titre 1, première partie.

5 V° *Constitution de la République gabonaise. Textes, commentaires, doctrine, jurisprudence*, Presses de Melum Impressions, p. 254.

6 La notion de fonction-fin permet de s'interroger sur le la mission, le but de l'institution. La notion de fonction-rôle invite à réfléchir au rôle que cette mission joue par rapport à un tout. V° PERROUD Thomas, *La fonction contentieuse des autorités de régulation en France et au Royaume-Uni*, Thèse, Université Panthéon-Sorbonne-Paris I, 2011, pp. 55-56.

7 Cette idée est amplement exposée au chapitre 2 du titre I de cette seconde partie.

institution politique ou comblent les lacunes constitutionnelles afin d'assurer le fonctionnement sans à-coup des organes étatiques ».

736. Au Bénin par exemple, c'est par une « décision régulatrice constructive » que le juge constitutionnel entérine la création d'un poste de Premier Ministre alors que cette institution n'existe nullement dans la Constitution[1]. Le choix d'un régime présidentiel par le constituant béninois de 1990 explique cette absence formelle du poste de Premier Ministre dans la loi fondamentale. Pour la Cour, certes cette institution n'est pas prévue par les textes, mais sa création n'entache en rien la nature présidentialiste du régime politique[2]. Elle affirme à cet effet que :

> « [...] le critère juridique essentiel qui définit le régime parlementaire est la responsabilité politique du Gouvernement devant le Parlement [...] en revanche, le régime présidentiel retenu par la Constitution du 11 décembre 1990 se caractérise par l'élection du président de la République au suffrage universel direct et par le fait que, détenteur du pouvoir exécutif, le président de la République est le chef du Gouvernement et n'est pas responsable devant l'Assemblée nationale »[3].

737. Du raisonnement de la Cour, quand bien même il y aurait un Premier ministre au Bénin, le régime présidentiel ne saurait muter en régime parlementaire dans la mesure où le Président de la République demeure irresponsable devant le Parlement. Cet argument semble néanmoins discutable parce que l'émergence d'un Premier ministre entraîne un bicéphalisme au sein de l'Exécutif. Or, le bicéphalisme, entendu comme un système de fonctionnement du pouvoir exécutif au sein duquel les compétences relevant de l'organe exécutif sont assumées à la fois par le chef de l'État et par le Gouvernement, est inhérent au régime parlementaire[4]. Il est alors possible de se demander si la régulation n'a pas conduit la Haute juridiction à modifier la nature du régime politique. Il convient en outre de s'interroger sur le refus implicite d'une création du poste de Vice-Président qui, comme le montre le modèle américain[5], paraît pourtant plus adapté à la logique du présidentialisme.

---

1 Décision DCC 96-020 du 26 avril 1996, GBETIN Dézégni et consorts.

2 Pour la Haute juridiction, le fait que la Constitution n'impose au Président de la République « ni la structure du Gouvernement, ni la dénomination et les attributions de ses membres » n'empêche en rien la création d'un poste de Premier Ministre. Ce dernier ne serait que le *premier* des ministres parce qu'il assurerait uniquement la coordination de l'action gouvernementale et les relations avec les institutions. Par conséquent, conclut la Cour, « la création [...] d'un poste de Premier ministre ne porte pas atteinte au régime présidentiel choisi par le peuple béninois ».

3 Décision DCC 96-020 du 26 avril 1996, précitée.

4 PRIVAT MEL Agnéro, « La réalité du bicéphalisme du pouvoir exécutif ivoirien », *RFDC*, 2008/3, n°75, pp. 514-517.

5 GICQUEL Jean, GICQUEL Jean-Éric, *Droit constitutionnel et institutions politiques*, *op. cit.*, pp. 354-355.

738. Au Gabon, le juge constitutionnel modifie également la nature du régime politique par ses « décisions régulatrices constructives ». Si l'on s'en tient à la systématisation des régimes politiques faite par Maurice DUVERGER, il ressort que le régime politique gabonais est de type semi-présidentiel. Selon Maurice DUVERGER, constitue en effet un régime semi-présidentiel (ou semi-parlementaire) celui qui comporte à la fois les caractéristiques d'un régime parlementaire et celles d'un régime présidentiel. Ces caractéristiques sont généralement au nombre de deux, à savoir l'élection du chef d'État au suffrage universel direct et la responsabilité du Gouvernement devant le Parlement[1]. Au Gabon, les deux premières conditions sont prévues au titre 2 de la Constitution[2]. La dernière condition est mentionnée à l'article 28, alinéa 2 de la Constitution qui dispose : « [le] Gouvernement est responsable devant le Président de la République et devant l'Assemblée Nationale [...] ».

739. Or, dans la décision du 30 avril 2018[3], la Haute juridiction met un terme aux fonctions de l'Assemblée nationale et contraint le Président de la République à nommer un nouveau Gouvernement qui ne sera responsable que devant lui[4]. En agissant de la sorte, la Cour annihile provisoirement l'exigence constitutionnelle selon laquelle le Gouvernement est responsable devant l'Assemblée nationale. Concomitamment, la Cour renforce les attributions du Président de la République et reconstruit le régime politique gabonais. On conviendra avec Télesphore ONDO que la Cour consacre un régime *sui generis*[5].

---

1 V. DUHAMEL Olivier, « Remarques sur 2la notion de régime semi-présidentiel », in Dominique COLAS, Claude ÉMERI (dir.), *Mélanges en hommage à Maurice Duverger, Droit, institutions et systèmes politiques*, Paris, PUF, Hors coll. 1988, p. 581.

2 L'article 9 du titre 2 de la Constitution gabonaise du 26 mars 1991 dispose en effet que le Président de la République est « élu pour sept (7) ans au suffrage universel direct ». Quant aux prérogatives du Président de la République, elles sont mentionnées dans les articles 15, 16, 17, 18, 19, 20, 21, 22, 23, 24, 25 et 26 de la Constitution.

3 Décision précitée.

4 V. article 3, tirets 4 et 5 de la décision à commenter. On y lit en effet ce qui suit : au tiret 4, « les fonctions du Gouvernement en place cessent par la démission présentée par le Premier Ministre dès notification de la présente décision au Président de la République » ; au tiret 5, « le Président doit nommer, dans les meilleurs délais, un nouveau Gouvernement qui ne sera responsable que devant lui ».

5 ONDO Télesphore, « La Cour constitutionnelle gabonaise est-elle au-dessus de la Constitution ? Essai d'analyse de la décision n°22/CC du 30 avril 2018 », éditions harmattan [en ligne].

740. Au regard de toutes ces illustrations jurisprudentielles, il est permis de conclure que les « décisions régulatrices constructives » permettent aux juges constitutionnels africains de s'approprier un véritable pouvoir créateur. Par leur truchement, les Cours peuvent non seulement réécrire les lois fondamentales de manière explicite, mais encore modifier la nature des régimes politiques de façon implicite. La politisation de leur office est alors inévitable.

CONCLUSION DU CHAPITRE I :

741. Dans ce chapitre, il était question d'analyser les causes de la politisation de l'office des Cours constitutionnelles d'Afrique subsaharienne. À la lumière de la théorie du droit et du droit positif, nous en avons identifié plusieurs apparaissant cependant sous deux formes principales. Les premières sont extrinsèques à l'office du juge. Il faut les rechercher du côté des autorités politiques, notamment auprès de celles habilitées à désigner les membres des juridictions constitutionnelles. En effet, la procédure de désignation des juges n'est pas favorable à leur indépendance parce qu'elle repose fondamentalement sur des procédés généralement maîtrisés par les acteurs politiques au pouvoir, à savoir la nomination et le suffrage indirect. Les secondes causes de politisation des juridictions constitutionnelles sont inhérentes aux fonctions dévolues aux juges. Investies des pouvoirs d'interprétation et de régulation, les Hautes Instances ne peuvent s'empêcher de réécrire les lois soumises à leur examen. Si elles sont amenées à combler les lacunes contenues dans la Constitution au moyen de leur activité interprétative, elles modifient parfois la nature des régimes politiques des États africains par le biais de leur compétence régulatrice. Grâce à cette compétence, elles assurent certes la continuité de l'État, mais se transforment surtout en acteurs politiques en donnant des injonctions aux autres organes constitués. En conséquence, il y a lieu de se demander si, en Afrique subsaharienne, les acceptions classiques des grands principes constitutionnels comme la séparation des pouvoirs, la démocratie et la souveraineté nationale ne doivent pas évoluer et s'adapter à l'audace jurisprudentielle des Cours constitutionnelles.

CHAPITRE II : UNE POLITISATION DISCUTABLE

742. La politisation de l'office des juges constitutionnels d'Afrique subsaharienne est avérée[1] ; ses causes sont bien connues[2] ; il ne reste plus qu'à mesurer sa portée. C'est cet objectif que nous essayerons d'atteindre dans ce chapitre. En termes plus clairs, les développements qui vont suivre auront pour but de répondre à la question de savoir si la dimension politique de l'office des juges constitutionnels africains est légitime.

743. Pour résoudre cette interrogation, il convient de mesurer l'impact de la politisation de l'office de ces juges sur les deux grands principes du droit public moderne indéfectiblement liés à l'État de droit et à la démocratie que sont la séparation des pouvoirs **(section I)** et la souveraineté nationale **(section II).**

SECTION I : VERS UNE ÉROSION DU PRINCIPE DE LA SÉPARATION DES POUVOIRS PAR LES JUGES ?

744. Pour éviter tout despotisme, une limitation du pouvoir est nécessaire. Avec le constitutionnalisme, ce noble objectif semble atteint grâce à la séparation des pouvoirs[3]. Principe cardinal du droit public moderne[4], la séparation des pouvoirs[5] paraît pourtant utopique en raison de l'unité du

---

1 Nous avons vu que les Hautes juridictions politisent leur office juridictionnel en participant au processus de réécriture de la loi et de la Constitution. V., *infra*, seconde partie, titre I.

2 Dans le chapitre qui précède, nous avons tenté de montrer que la politisation de l'office des juges constitutionnels d'Afrique subsaharienne résulte de leur situation statutaire et de leurs attributions.

3 FELDMAN Jean-Philippe, « La séparation des pouvoirs et le constitutionnalisme. Mythes et réalités d'une doctrine et de ses critiques », *RFDC*, n°83, 2010/3, p. 496.

4 L'article 16 de DDHC de 1789, texte de portée universelle, dispose que « Toute société dans laquelle la garantie des droits n'est pas assurée, ni la séparation des pouvoirs déterminée, n'a point de constitution ».

5 Si l'origine de ce principe est à rechercher dans les écrits de certains philosophes post socratiques, comme ARISTOTE, son enrichissement est à mettre à l'actif du penseur anglais

pouvoir étatique. Les immixtions récurrentes des juges constitutionnels dans les affaires politiques et inversement en sont les preuves. Nous estimons que ces organes juridictionnels tendent à dépasser la conception « rigide » ou organique de la séparation des pouvoirs (I) et à promouvoir la conception « souple » ou fonctionnelle de ce principe (II).

I. La thèse affirmative : le dépassement de la conception « rigide » de la séparation des pouvoirs

745. Par l'expression « séparation rigide des pouvoirs », il faut entendre l'organisation d'un État dans lequel les trois pouvoirs Législatif, Exécutif et Judiciaire (juridictionnel) sont spécialisés et organiquement séparés ou indépendants[1]. C'est le choix fait par les constituants africains, notamment

John LOCKE5, et sa modernisation est l'œuvre du français MONTESQUIEU5. S'inspirant de John LOCKE, MONTESQUIEU développe trois thèses pour élaborer sa théorie de la séparation des pouvoirs. La première est relative à la distinction des pouvoirs. Exposée au début de son œuvre, « *De l'Esprit des lois* », cette thèse milite, selon certains auteurs, pour la reconnaissance de trois fonctions au sein de l'État : la législature, l'exécution des lois et le règlement des litiges, c'est-à-dire la fonction judiciaire (ou juridictionnelle actuellement)5. Voir : V. ARISTOTE, *La politique*, Paris, Librairie Philosophique de Ladrange, 1974, Livre VI [disponible en ligne] ; V. aussi CICÉRON, *La République*, Paris, Libraires-éditeurs, 1858, [disponible en ligne] ; LOCKE John, *Traité du gouvernement civil*, Awnsham Churchill, 1969, rééd., par Jean-Marie TREMBLAY à Chicoutimi, Québec, 2002, [disponible en ligne]. Si John LOCKE insiste sur l'étendue du pouvoir législatif dans le chapitre XI de cet ouvrage, il précise, au chapitre XII, qu'il convient de le distinguer du pouvoir exécutif et du pouvoir fédératif. Pour cet auteur, le pouvoir législatif est chargé d'élaborer les lois, le pouvoir exécutif a pour mission de les mettre en œuvre et le pouvoir fédératif s'occupe de la sécurité et des intérêts extérieurs de la communauté ; Il est unanimement admis par la doctrine que la conception contemporaine du principe de la séparation des pouvoirs doit sa paternité à MONTESQUIEU. Cette assertion résulte de l'analyse de son œuvre majeur : *De l'Esprit des lois*, t. 1 et 2, Folio essais, Gallimard, 1995.

1 HAMON Francis et TROPER Michel, *Droit constitutionnel*, précité ; CERDA-GUZMAN Carolina, *Droit constitutionnel et institutions de la Ve République*, *op. cit.*, éd., p. 239.

lorsque, s'inspirant des écrits de MONTESQUIEU, ils consacrent ces trois pouvoirs[1] distincts au sein de l'État[2].

746. Mais ces différents pouvoirs n'ayant pas la même spécialité et étant, naturellement et de surcroît, séparés, le risque d'un empiètement de certains sur d'autres est très élevé[3]. Pour limiter ce risque, d'ailleurs susceptible de déboucher sur une hiérarchisation entre les pouvoirs[4], seul un organe neutre devrait arbitrer les conflits entre les trois principaux pouvoirs étatiques : c'est le rôle qui est confié aux juges constitutionnels d'Afrique subsaharienne. Seulement, si ces derniers imposent aux autres organes le respect du principe de la séparation des pouvoirs en promouvant une indépendance des organes (A), ils tendent eux-mêmes à l'éroder en raison de la politisation de leur office (B).

A. L'INDÉPENDANCE DES ORGANES : UNE EXIGENCE IMPOSÉE AUX AUTRES POUVOIRS PAR LES JUGES

747. Il ne suffit pas qu'une Constitution comporte des dispositions relatives à la séparation des pouvoirs pour que ce principe soit respecté et clarifié ; encore faut-il que le juge constitutionnel précise sa portée. Car, comme le soutient Michel TROPER en France, « [ce] n'est pas le principe de la séparation des pouvoirs qui informe les décisions du Conseil, mais les décisions du Conseil qui donnent un contenu et une signification à la séparation des pouvoirs comme principe »[5]. Cette idée est également sous-tendue par la doctrine américaine, de manière implicite, lorsqu'elle affirme que « *all law is judge-made law* », c'est-à-dire que la loi est ce que les juges disent qu'elle est[6].

748. En analysant la jurisprudence constitutionnelle des pays d'Afrique subsaharienne à l'aune de ces théories, il ressort que les juges privilégient ou imposent aux autres organes l'acception « rigide » de la séparation des pouvoirs au détriment de l'acception souple, notamment lorsqu'ils sont amenés à résoudre un litige entre l'Exécutif et le Législatif. Une analyse succincte de cette jurisprudence montre que c'est surtout en matière financière

---

1 ROSSATANGA-RIGNAULT Guy, *L'État au Gabon. Histoire et Institutions*, Libreville, Éditions Raponda Walker, 2009, p. 264.

2 Pour le pouvoir exécutif, v° titre III de la CB ; titre II CG et sous-titre I de la CM. Pour le pouvoir législatif, v° titre IV de la CB ; titre III de la CG et sous-titre II de la CM. S'agissant enfin du pouvoir juridictionnel, v° titre VI de la CB ; titre V de la CG et sous-titre III de la CM.

3 ROSSATANGA-RIGNAULT Guy, *L'État au Gabon. Histoire et Institutions*, *op. cit.*, p. 266.

4 *Ibid.*, pp. 266-267.

5 TROPER Michel, « À quoi sert la séparation des pouvoirs ? Le point de vue de la théorie du droit », *Titre VII*, 2019/2, n°3, p. 8.

6 Selon la doctrine américaine, « la loi est ce que les juges disent qu'elle est ». Voir en ce sens, GRAY John Chipman, *The nature and sources of the law*, 2nd éd., New York, MacMillan, 1938, pp. 124-125.

que les Hautes juridictions affirment cette indépendance organique des autorités constitutionnelles.

749. La Cour constitutionnelle béninoise défend par exemple cette conception stricte de la séparation des pouvoirs en matière financière dans sa décision du 14 décembre 2010[1]. En l'espèce, le requérant, Raphaël AKOTÈGNON, demande à la Haute juridiction de censurer le projet de loi de finances exercice 2011 et le décret de transmission dudit projet à l'Assemblée nationale, actes pris par les organes exécutifs, aux motifs qu'ils violent le principe de la séparation des pouvoirs parce qu'ils modifient la loi de finances adoptée par les députés, organes législatifs. Dans sa décision, la Haute juridiction fait droit à la demande du requérant en soutenant qu'en raison de l'autonomie financière dont jouit le Parlement, le Gouvernement ne peut substituer une loi de finances adoptée par le Parlement par son projet de loi sans porter atteinte au principe de la séparation des pouvoirs. Autrement dit, pour la Cour constitutionnelle du Bénin, le principe de la séparation des pouvoirs s'oppose, en matière financière, à toute immixtion d'un organe dans la sphère de compétence dévolue à un autre organe.

750. Au Gabon, le juge constitutionnel développe une politique jurisprudentielle similaire lorsqu'il reconnaît une souveraineté budgétaire à chacune des chambres du Parlement. Selon cette Haute juridiction, en effet, l'autonomie financière du Parlement suppose que « chacune (des) chambres dispose d'un budget spécial distinct du budget général de l'État et qu'elle en assure souverainement l'exécution et le contrôle à travers ses propres organes internes »[2].

751. Outre la matière financière, la séparation stricte des pouvoirs, dans la jurisprudence constitutionnelle des pays d'Afrique subsaharienne, s'applique en matière de répartition des compétences dans des domaines divers et variés. Pour rester sur le cas gabonais, la Cour constitutionnelle estime par exemple que le cumul des fonctions est contraire au principe de la séparation des pouvoirs, surtout si les fonctions cumulées ont un caractère hybride. Dans deux décisions rendues respectivement les 25 et 27 mars 1996, à titre d'exemples, la Haute juridiction précise que le principe de la séparation des pouvoirs interdit qu'une même personne exerce dans le même temps des fonctions exécutive et législative. Dans la décision du 25 mars 1996, la Cour impose cette prohibition du cumul de fonctions aux députés en affirmant que l'exercice de leur mandat est « incompatible avec les fonctions de membre du gouvernement ». Par conséquent, poursuit-elle, « le député qui entre au gouvernement ne perd pas son mandat, mais cesse d'exercer ses activités parlementaires pendant la durée de ses fonctions ministérielles »[3]. Dans la

1 Décision DCC 10-144 du 14 décembre 2010, Raphaël Akotègnon.

2 Décision n°2/CC du 17 mars 1999, précité.

3 Décision n°005/96/CC du 25 mars 1996, Loi organique n°11/96 relative à l'élection des députés de l'Assemblée nationale, *Recueil des décisions et avis*, 1996, pp. 19-22.

décision du 27 mars 1996, la Cour étend la prohibition de cumul de fonctions aux Sénateurs[1].

752. Au Bénin, le juge constitutionnel veille aussi au respect de la règle de la répartition des compétences en montrant lui-même l'exemple aux autres organes constitués. En effet, il s'abstient parfois de s'immiscer dans le domaine exécutif, quand bien même la tentation est grande, et ce, afin de ne pas porter atteinte au principe de la séparation des pouvoirs. Il agit ainsi dans ses décisions DCC 03-052 du 14 mars 2003 et DCC 04-047 du 18 mai 2004 en soulignant qu'il n'a pas « compétence pour donner des injonctions au pouvoir exécutif ». Toutefois, la Cour considère qu'il lui est loisible de donner des injonctions à l'exécutif, et donc de porter atteinte au principe de la séparation des pouvoirs, dans son acception stricte, lorsque l'intégrité constitutionnelle est menacée[2]. C'est la thèse qu'elle défend, entre autres, dans les décisions DCC 03-077 du 07 mai 2003 ; DCC 04-065 du 29 juillet 2004 et DCC 08-072 du 25 juillet 2008. Ainsi, le juge constitutionnel béninois impose aux organes constitués de respecter la conception stricte du principe de la séparation des pouvoirs, mais lui-même l'outrepasse en prétextant protéger la Constitution. Il s'agit d'une politique jurisprudentielle paradoxale commune aux juges constitutionnels d'Afrique subsaharienne. L'érosion de la séparation stricte des pouvoirs lors de la politisation de leur office l'atteste.

B. L'ÉROSION DU PRINCIPE DE LA SÉPARATION « RIGIDE » DES POUVOIRS : UNE POLITIQUE JURISPRUDENTIELLE ASSUMÉE PAR LES JUGES

753. Les juges constitutionnels d'Afrique subsaharienne imposent aux autres organes constitués de respecter le principe de la séparation des pouvoirs, mais l'érodent eux-mêmes. Ils se comportent en effet comme si l'indépendance organique des pouvoirs n'était qu'un leurre. Deux arguments peuvent être avancés à l'appui de cette idée. D'abord, en annulant ou en approuvant les lois adoptées par le législateur, les juges se muent en quelque sorte en « chambres suprêmes des parlements » (1). En outre, les juges se transforment en autorités infra-législatives (juge ordinaire et administration) chaque fois qu'ils émettent des interprétations directives (2).

---

1 Décision n°006/96 CC du 27 mars 1996, Loi organique n°8/96 relative à l'élection des sénateurs, *Recueil des décisions et avis*, 1996, pp. 23-26.

2 La Cour « justifie en général cette posture en alléguant soit une violation de la Constitution, soit une atteinte portée à une des libertés publiques ou droits fondamentaux de la personne humaine ». V. KPODAR Adama, « commentaire de la décision DCC 03-052 du 14 mars 2003 », *AIJC*, 2013, p. 196.

1. La mutation des juges en « chambres suprêmes des parlements »

754. En usant des techniques d'interprétation et d'injonction à l'occasion d'un contrôle de constitutionnalité ou d'une régulation du fonctionnement des institutions politiques, le juge constitutionnel s'approprie les fonctions législative et constituante[1]. En conséquence, il est possible d'affirmer qu'il entame le principe de la séparation des pouvoirs dans son acception « rigide » car il agit en réalité comme une chambre supplémentaire du Parlement.

755. En effet, si d'un point de vue formel un Parlement se compose soit d'une seule chambre, lorsqu'il est monocaméral, soit de deux chambres, s'il est bicaméral, il faut bien admettre que sur le plan substantiel, il comprend une autre chambre, en l'occurrence la juridiction constitutionnelle parce qu'elle produit aussi des normes. Entre cette chambre informelle et la (ou les) chambre (s) du Parlement prévaut un rapport hiérarchique à la faveur de la première. Il en est ainsi car, en matière législative, c'est en réalité le juge constitutionnel qui dispose du « dernier mot »[2]. Comme l'affirme Otto PFERSMANN et de nombreux juristes contemporains, « le véritable maître de la loi ne serait pas le "législateur", mais le juge — c'est-à-dire celui qui est censé l'appliquer —, parce qu'il est le maître de la dernière décision et que c'est elle qui s'impose »[3], notamment tant qu'une révision constitutionnelle n'a pas lieu. Un examen minutieux de la procédure législative permet d'étayer cette assertion.

756. Normalement, cette procédure comprend cinq grandes étapes : la phase préliminaire, la discussion parlementaire, le vote, le contrôle de constitutionnalité et la promulgation. Il est cependant possible de regrouper ces cinq étapes en deux[4]. La première concerne la procédure législative parlementaire. À ce niveau, le juge constitutionnel n'intervient pas dans le processus de confection de la loi. Il ne porte donc pas atteinte à la séparation des pouvoirs. Cette phase commence avec l'initiative des lois qui appartient concurremment aux membres de l'Exécutif et au Parlement[5]. Elle se poursuit

---

1 V. *infra*, seconde partie, titre I.

2 PFERSMANN Otto, « Le juge dans la démocratie constitutionnelle », *Cités*, 2017/1, n° 69, p. 9.

3 *Ibid.*

4 On conviendra avec Alexandre VIALA que la procédure législative comprend en réalité deux grandes étapes : la phase parlementaire ou non juridictionnelle et la phase contentieuse. VIALA Alexandre, *Les réserves d'interprétation dans la jurisprudence du Conseil constitutionnel*, Paris, LGDJ, 1999, p. 211.

5 Au Bénin, l'article 105, alinéa 1 de la Constitution prévoit que l'initiative des lois « appartient concurremment au Président de la République et aux membres de l'Assemblée Nationale ». Selon l'article 53 de la Constitution gabonaise, cette initiative appartient « concurremment au Gouvernement et au Parlement ». Comme en France (article 39 de la Constitution du 4 octobre 1958), l'article 86, alinéa 1 de la Constitution malgache confie cette initiative « concurremment au Premier ministre, aux députés et aux sénateurs ».

par un examen du projet de loi, s'il émane de l'Exécutif, ou de la proposition de loi, si elle provient des parlementaires. Au cours de cet examen, le texte soumis au Parlement doit être discuté et faire consensus, c'est-à-dire qu'il doit être voté à l'identique par les deux chambres du Parlement, dans un système bicaméral, ou voté par le Bureau de l'Assemblée nationale, dans un système monocaméral[1].

757. Le contrôle de constitutionnalité des lois constitue le second mouvement de de cette procédure législative. Selon Alexandre VIALA, c'est l'étape de la « procédure législative contentieuse »[2]. Au cours de cette phase, c'est à la juridiction constitutionnelle qu'incombe la charge de sceller le sort de la loi. Cette dernière tend à se muer en « chambre suprême » du Parlement dans la mesure où sa décision s'impose aux parlementaires et « oblige » le Président de la République à promulguer la loi. Comme le souligne Philippe BLACHÈR, par « la délivrance du "brevet de constitutionnalité " sur la loi votée, la Haute juridiction constitutionnelle permet à la loi d'entrer en vigueur » ; par sa censure, elle « bloque la procédure législative »[3].

758. Pour Philippe BLACHÈR, ces deux types de décisions transforment moins la juridiction constitutionnelle en troisième chambre (ou en une instance *sui generis*) qu'en « une juridiction qui intervient "à sa manière" dans la fabrication de la loi »[4], alors qu'une autre partie de la doctrine pense le contraire. Pour Jiangyuan JIANG, par exemple, l'annulation ou la validation d'une loi par un juge constitutionnel transforme inévitablement ce dernier en « une sorte de troisième chambre législative »[5]. Sandrine BAUME semble se rapprocher de cette analyse lorsqu'elle affirme qu'« autoriser la juridiction constitutionnelle à invalider une norme, c'est lui permettre de se substituer au rôle du législateur et donc d'entraver le principe de la séparation des pouvoirs »[6]. Deux arguments permettent encore de défendre cette idée.

759. Premièrement, la juridiction constitutionnelle peut être considérée comme une « chambre informelle du Parlement », voire une « chambre suprême », car c'est devant son prétoire que les discussions initiées au Parlement se poursuivent et prennent fin. La généralisation de la procédure de

1 C'est le cas au Bénin et au Niger.

2 Comme le soutient Alexandre VIALA, « il est désormais permis de penser qu'après la procédure législative parlementaire intervient, avec la saisine du Conseil, la procédure législative contentieuse ». V° *Les réserves d'interprétation dans la jurisprudence du Conseil constitutionnel*, *op. cit.*, pp. 210-211.

3 BLACHER Philippe, *Contrôle de constitutionnalité et volonté générale*, *op. cit.*, p. 43.

4 Dans la *Préface* à la thèse de Philippe BLACHER, Dominique ROUSSEAU affirme que « l'auteur ne cherche pas à biaiser : le Conseil n'est pas une troisième chambre, ni une instance *sui generis* ; c'est bien une juridiction qui intervient "à sa manière" dans la fabrication de la loi ». V° ROUSSEAU Dominique, *Préface* à la thèse de Philippe BLACHER, *Contrôle de constitutionnalité et volonté générale*, *op. cit.*, p. 9.

5 JIANG Jiangyuan, *Théorie du droit public*, Paris, L'Harmattan, 2010, p. 153.

6 BAUME Sandrine, « De l'usage des pouvoirs neutres », *Pouvoirs*, 2012/4, n°143, p. 24.

saisine des juridictions constitutionnelles africaines[1] conforte cette supériorité matérielle du juge constitutionnel sur le Parlement. En effet, c'est devant le juge constitutionnel que la minorité parlementaire, et donc l'Opposition, conteste souvent en dernier ressort les lois adoptées par le Parlement[2]. Alexandre VIALA affirme à cet effet que le juge constitutionnel bénéficie d'un « *veto* » qui parfois permet à la minorité d'obtenir une victoire sur la Majorité[3]. De même, c'est devant le prétoire de ce juge que les justiciables peuvent remettre en cause les lois ordinaires et les actes réglementaires susceptibles de porter atteinte à leurs droits fondamentaux[4].

760. Deuxièmement, la juridiction constitutionnelle serait une « chambre suprême » du Parlement dans la mesure où elle est habilitée à garantir le respect de l'État de droit, en conséquence elle assure la primauté de la Constitution sur la loi. En droit comparé par exemple, un célèbre *obiter dictum* du Conseil constitutionnel français résume bien cette soumission matérielle de la loi à la Constitution : « la loi votée [...] n'exprime la volonté générale que dans le respect de la Constitution »[5]. Analysant cet *obiter dictum*, Philippe BLACHÈR montre qu'il existe deux expressions de la volonté générale en droit positif : le régime traditionnel légicentriste où la loi est parfaite et achevée avec le vote parlementaire, et le « régime constitutionnaliste qui apparaît comme étant plus complexe que le précédent dans la mesure où il repose sur une procédure à la fois représentative (le vote) et juridictionnelle (le contrôle de constitutionnalité) »[6].

761. Si cette affirmation était indiscutable en France avant la réforme constitutionnelle de 2008, il faut bien admettre qu'avec l'avènement de la question prioritaire de constitutionnalité (QPC) en mars 2010, la loi votée n'est plus parfaite et achevée ; son applicabilité peut dorénavant être remise en cause par le juge constitutionnel à l'occasion d'un contrôle *a posteriori*. En Afrique subsaharienne, il en est ainsi depuis l'émergence des Cours

---

1 V. Partie I, titre I, chapitre 1.

2 Dans la section 2 de cette étude, on examinera davantage cet aspect, notamment lorsqu'il s'agira de montrer que les juges constitutionnels d'Afrique subsaharienne garantissent la démocratie constitutionnelle.

3 VIALA Alexandre, *Les réserves d'interprétation dans la jurisprudence du Conseil constitutionnel*, *op. cit.*, pp. 62-174.

4 Tel est le cas dans les pays sous étude avec la technique de l'exception d'inconstitutionnalité que nous analyserons, une fois de plus, dans la section 2. En France, la garantie de ces droits est davantage assurée par la technique de la question prioritaire de constitutionnalité (QPC).

5 Décision n°85-197 DC du 23 août 1985, Nouvelle Calédonie.

6 ROUSSEAU Dominique, *Préface* à la thèse de Philippe BLACHER, *Contrôle de constitutionnalité et volonté générale*, *op. cit.*, p. 8 ; VIALA Alexandre, « L'État de droit et le positivisme sociologique : une alternative au modèle kantien », in : Christophe BOURIAU et Jochen SOHNLE (dir.), *La dimension kantienne de l'État de droit, Nancy*, Presses universitaires de Nancy, 2020, pp. 143-156 ; GERMAIN Jérôme, « La critique kantienne de la justice constitutionnelle chez Ingeborg Maus », in : Christophe BOURIAU et Jochen SOHNLE (dir.), *La dimension kantienne de l'État de droit, Nancy*, Presses universitaires de Nancy, 2020, pp. 123-141.

constitutionnelles dans la décennie 1990, et ce, grâce à la technique de l'exception d'inconstitutionnalité[1].

762. Ainsi, qu'il intervienne *a priori* ou *a posteriori*, le contrôle de constitutionnalité a pour conséquence l'atteinte du principe de la séparation des pouvoirs dans son acception stricte ou « rigide » parce qu'il conduit le juge constitutionnel à s'ériger, de manière informelle, en « chambre suprême du Parlement ». Il est par ailleurs possible d'avancer que les Hautes juridictions sapent le principe de la séparation « rigide » des pouvoirs lorsqu'elles s'approprient l'activité normative des autorités infra-législatives.

2. La mutation des juges en « organes infra-législatifs »

763. Les Cours constitutionnelles d'Afrique subsaharienne ne réécrivent pas seulement les lois, elles encadrent également leur application. Dans le premier cas, elles érodent le principe de la séparation des pouvoirs en raison de leur mutation en « chambres suprêmes des parlements », comme nous l'avons précédemment montré. Dans le second cas, elles entament également ce principe du fait de leur immixtion dans la sphère de compétence dévolue aux autorités infra-législatives. Celles-ci s'entendrons comme l'ensemble des organes chargés de l'application de la loi. Il s'agit pour l'essentiel des organes des pouvoirs Exécutif et Judiciaire que sont : le Gouvernement, l'administration et le juge ordinaire (juge administratif, juge judiciaire).

764. Pour s'approprier l'activité normative de ces organes, et donc outrepasser le principe de la séparation organique des pouvoirs, le juge constitutionnel dispose d'un instrument redoutable, la réserve d'interprétation. Sans revenir sur la définition de cette technique[2], on conviendra avec Agnès ROBLOT-TROIZIER que si les réserves conduisent le juge constitutionnel à prendre part à l'élaboration de la norme législative, « elles ont surtout vocation à indiquer aux autorités exécutives la manière dont la loi doit être appliquée pour être conforme à la Constitution »[3]. Dans le même temps, elles s'adressent indirectement « aux juges qui auront à appliquer la loi pour résoudre des litiges concrets et à apprécier son exacte application »[4].

765. Précisons cependant que de toutes les formes de réserves d'interprétation[5], celle qui s'adresse généralement et/ou directement aux

---

1 V. *infra*, première partie, titre I, chapitre 1, section 2.

2 L'acception de cette technique ainsi que ses modalités ont été examinées dans la présente étude. V° partie II, titre I, chapitre 1.

3 ROBLOT-TROIZIER Agnès, « Un concept moderne : séparation des pouvoirs et contrôle de la loi », *Pouvoirs*, 2020/4, n°143, p. 96.

4 *Ibid.*

5 Nous avons déjà vu qu'il existe trois principaux types de réserves d'interprétation : les réserves constructives, les réserves restrictives et les réserves directives. V° partie II, titre I, chapitre 1.

autorités infra-législatives est la réserve directive. Comme l'affirme Xavier SAMUEL, « une réserve est dite directive lorsque l'interprétation comporte une prescription à l'égard d'une autorité chargée de l'application de la loi : pouvoir réglementaire, juge judiciaire ou administratif »[1]. En effet, le processus d'interprétation de la loi comporte une double dimension. On distingue l'interprétation indispensable à l'appréciation de la constitutionnalité de la loi et celle nécessaire à son application. Autrement dit, « l'interprétation se déploie sur deux "pôles" : le premier est constitué par le droit, le second est constitué par le cas à régler selon le droit »[2]. En principe, seule la première forme d'interprétation relève de la compétence de la juridiction constitutionnelle car son office consiste à apprécier la conformité d'un texte à la Constitution[3]. En revanche, la seconde forme d'interprétation devrait relever de la compétence du juge ordinaire parce qu'il a pour office d'appliquer la loi[4].

766. Or, avec l'interprétation directive, les juges constitutionnels s'approprient ces deux modalités d'interprétation. Ils établissent non seulement un rapport de constitutionnalité, c'est-à-dire une relation de subordination entre les deux règles constitutionnelle et législative[5], mais ils déterminent en plus l'interprétation nécessaire à l'application de la loi, entendue comme celle que devront suivre l'administration et/ou les juges administratif et judiciaire lors de l'application de la loi. Ce faisant, les Hautes juridictions enfreignent la règle de la répartition des compétences, qui constitue une composante du principe de la séparation des pouvoirs[6]. Elles affaiblissent en effet le principe de la séparation des pouvoirs car, en imposant au juge ordinaire leur interprétation, elles agissent comme des Cours suprêmes de l'ordre juridictionnel, alors même qu'elles constituent des organes spécialisés et non des organes intégrés à l'ordonnancement juridictionnel classique[7].

---

1 SAMUEL Xavier, « Les réserves d'interprétation émises par le Conseil constitutionnel », *op. it.* [En ligne].

2 DI MANNO Thierry, *Le juge constitutionnel et la technique des décisions « interprétatives » en France et en Italie*, *op. cit.*, p. 36.

3 Les lois organiques des juridictions constitutionnelles d'Afrique n'offrent qu'une sèche alternative binaire, pour reprendre l'expression d'Alexandre VIALA, au juge constitutionnel : le rejet ou la validation de la loi contrôlée. La troisième voie décisionnelle qu'est la réserve d'interprétation se situe à mi-chemin entre les deux autres et a surtout pour corollaire l'appropriation de la fonction interprétative du juge ordinaire et de l'administration.

4 ESSONO OVONO Alexis, « Les normes et techniques du contrôle de constitutionnalité des lois au Gabon », *op. cit.*, p. 173.

5 *Ibid.*, p. 172.

6 GOESEL-LE BIHAN Valérie, « La violation de la séparation des pouvoirs : quels fondements ? Quels griefs ? Retour sur une critique doctrinale », *Titre VII*, 2019/2, n°3, p. 10.

7 Les Cours constitutionnelles du Bénin, du Gabon et de Madagascar ne sont pas, comme la Cour suprême des États-Unis, au-dessus des autres juridictions ordinaires car elles ne relèvent pas du pouvoir « judiciaire », au sens classique du terme.

767. C'est ainsi que la Cour constitutionnelle béninoise entame la règle de la répartition des compétences lorsqu'elle impose à l'administration et au juge ordinaire de retenir que le terme "lot" « dans le rapport de l'énumération des jeux de hasard [...] est ce qu'on gagne et le loto, un jeu de hasard »[1]. À Madagascar, la Haute Cour Constitutionnelle influence également l'activité interprétative des autorités infra-législatives au moyen des réserves directives. Se prononçant par exemple sur la constitutionnalité du Code de la communication médiatisée, elle relève que le basculement vers la technologie TNT que promeut cette loi ne « doit pas favoriser certains des professionnels de la télédiffusion et pénaliser d'autres en leur opposant des contraintes insurmontables [...] notamment en matière de droits et taxes, d'attribution de licence, d'infrastructure, ce qui constituerait une forme de censure ». Pour ce faire, poursuit-elle, « il est indispensable de préciser que dans l'application de la loi, les termes des appels d'offre doivent être impartiaux et raisonnables »[2].

768. Par cette injonction, la Haute juridiction encadre l'activité interprétative des organes infra-législatifs. En conséquence, elle s'approprie leur fonction normative et altère la règle de la répartition des compétences. Dès lors, la réserve d'interprétation est le moyen utilisé par le juge constitutionnel pour avoir prise sur la norme dégagée par le juge ordinaire[3].

769. Cette technique semble opportune pour diverses raisons. D'abord, en donnant une directive d'interprétation, le juge constitutionnel réduit les risques d'application inappropriées de la loi. En réalité, il invite le Gouvernement et l'administration à respecter les exigences constitutionnelles lors de l'édiction des décrets d'application des lois déclarées conformes sous réserves.

770. Puis, le juge constitutionnel limite les éventuelles interprétations erronées de la loi par le juge ordinaire puisqu'il éclaire d'avance sa lanterne[4]. Avec cette technique, le juge constitutionnel resserre alors la contrainte de constitutionnalité sur les autorités infra-législatives[5]. Comme l'affirme Alexandre VIALA, les réserves d'interprétation érigent le juge constitutionnel

---

1 Décision DCC 03-159 du 04 novembre 2003 relative à la loi n°2002-28 portant réglementation des jeux de hasard, d'argent et de paris en République du Bénin.

2 Décision n°13-HCC/D3 du 31 août 2020 relative à la loi n°2020-006 portant modification de certaines dispositions de la loi n°2016-029 du 24 août 2016 portant Code de la communication médiatisée.

3 VIALA Alexandre, *Les réserves d'interprétation dans la jurisprudence du Conseil constitutionnel*, *op. cit.*, p. 220.

4 À Madagascar par exemple, la Haute Cour attire l'attention de la Cour des comptes sur la nécessité de vérifier que la loi de finances pour 2021 respecte véritablement les principes budgétaires d'égalité devant les charges publiques et de sincérité budgétaires. V. Décision n°18-HCC/D3 du 24 décembre 2020 concernant la loi n°2020-013 portant loi de finances pour 2021.

5 VIALA Alexandre, *Les réserves d'interprétation dans la jurisprudence du Constitutionnel*, *op. cit.*, pp. 95-113.

en « gardien de la constitutionnalité de l'interprétation de la loi par le juge ordinaire »[1].

771. Ainsi, en encadrant l'activité normative du juge ordinaire et de l'administration, les juges constitutionnels montrent que la séparation « rigide » des pouvoirs n'est pas absolue. En effet, le constituant et les autres organes promeuvent une séparation « souple » des pouvoirs. Celle-ci se manifeste par une collaboration organique des pouvoirs séparés dans l'exercice des différentes fonctions étatiques.

II. La relativisation : la promotion d'une séparation « souple » des pouvoirs

772. Avec le contrôle juridictionnel de la constitutionnalité de la loi, la séparation stricte des pouvoirs est devenue obsolète. La spécialisation des organes, c'est-à-dire le fait pour chaque organe ou groupe d'organes d'exercer une des grandes fonctions étatiques sans s'immiscer dans l'exercice des autres fonctions dévolues aux autres organes[2], s'efface au profit d'une collaboration des pouvoirs. Si le juge constitutionnel est l'un des artisans de cette modernisation du principe de la séparation des pouvoirs[3], force est d'admettre que le pouvoir constituant originaire n'est pas en reste. En effet, l'imbrication de tous les pouvoirs constitués dans l'exercice des fonctions législative (A), infra-législative (B) et juridictionnelle (C) témoigne de cette modernisation du principe de la séparation des pouvoirs à laquelle adhèrent les juges constitutionnels d'Afrique subsaharienne.

---

1 *Ibid.*, p. 219.

2 TROPER Michel, *La séparation des pouvoirs et l'histoire constitutionnelle française*, Paris, LGDJ, 1973, p. 19.

3 ROBLOT-TROIZIER Agnès, « Un concept moderne : séparation des pouvoirs et contrôle de la loi », *op. cit.*, p. 92. Dans la même veine, Michel TROPER, s'interrogeant sur l'utilité du principe de la séparation des pouvoirs en France, affirme que : « Ce n'est pas la séparation des pouvoirs qui informe les décisions du [juge] constitutionnel, mais les décisions du [juge] constitutionnel qui donnent un contenu et une signification à la séparation des pouvoirs comme principe ». V. TROPER Michel, « À quoi sert la séparation des pouvoirs ? Le point de vue de la théorie du droit », précitée.

A. La collaboration des organes contitués dans l'exercice de la fonction législative

773. Il n'est plus pertinent de reprocher au juge constitutionnel d'écorner le principe de la séparation des pouvoirs lorsqu'il s'immisce dans la fonction législative, tant celle-ci est exercée par l'ensemble des pouvoirs publics. Ce « régime d'énonciation concurrentiel de la volonté générale », pour reprendre les termes de Dominique ROUSSEAU, regroupe en effet quatre principales institutions : le Gouvernement, le Parlement, le juge constitutionnel et le Président de la République[1]. Comme nous l'avons abondamment relevé, le Gouvernement est un législateur parce qu'il est habilité à initier les lois. Il partage formellement cette compétence avec le Parlement qui, lui aussi, initie les lois, mais encore les discute, les amende et les vote. Sur le plan substantiel, le juge constitutionnel est aussi un législateur car il réécrit la loi et encadre son application. D'ailleurs, il s'agit d'un office inhérent à tout organe chargé d'exercer un contrôle de constitutionnalité. Julien BOUDON soutient qu'il en est ainsi depuis l'arrêt *Marbury v. Madison* de 1803 rendu par la Cour suprême des États-Unis[2].

774. Quant au Président de la République, enfin, il intervient dans la procédure législative grâce à deux instruments : le droit de *veto* et le droit de promulguer la loi. Par conséquent, la séparation stricte des pouvoirs est un leurre puisque la fonction législative est désormais exercée par tous les pouvoirs publics. En effet, par droit de *veto*, il est possible d'entendre la technique par laquelle le Président de la République peut tenir en échec une loi adoptée par le Parlement[3]. Sa mise en œuvre obéit à la logique suivante : après adoption d'une loi en des termes identiques par les deux assemblées parlementaires, celle-ci est présentée au Chef de l'État afin qu'il la promulgue. Or, ce dernier peut retarder la promulgation et solliciter du Parlement une énième délibération de la loi, s'il estime qu'elle est partiellement ou totalement inconstitutionnelle. Au cours de cette nouvelle délibération, la loi contestée par le Président de la République ne peut être promulguée que si une majorité renforcée de parlementaires la vote en des termes identiques. Pareille situation étant difficile en pratique, dans la mesure où le Président de la République compte toujours des alliés indéfectibles au Parlement, ce droit de *veto* constitue alors un instrument de mise en échec des lois adoptées par le Parlement. C'est la raison pour laquelle le droit de *veto* peut s'analyser comme

1 ROUSSEAU Dominique, *Droit du contentieux constitutionnel*, 10e éd., Paris, LGDJ, 2013, p. 558.

2 BOUDON Julien, « Le mauvais usage des spectres. La séparation "rigide" des pouvoirs », *RFDC*, 2009/2, n°78, p. 261. Pour un commentaire détaillé de cet arrêt fondateur du contrôle judiciaire de constitutionnalité aux États-Unis, le pouvoir de *judicial review* pour reprendre la terminologie en vigueur dans ce pays, v. ZOLLER Elisabeth, *Grands arrêts de la Cour suprême des États-Unis*, Paris, Puf, 2000, pp. 71-106.

3 GOHIN Olivier, *Droit constitutionnel*, 4e éd., Paris, LexisNexis, 2019, p. 1365.

un moyen négatif de législation détenu par le Chef de l'État[1]. D'ailleurs, sur un plan purement historique, ce droit de *veto* était déjà détenu par le monarque britannique à l'époque de MONTESQUIEU et s'analysait comme un pouvoir de faire les lois[2]. Dans les grandes démocraties contemporaines, cette faculté d'empêcher l'entrée en vigueur d'une loi reconnue au Président de la République trouve son illustration la plus saillante dans l'article 1er, section 7 de la Constitution des États-Unis de 1787[3].

775. Selon la doctrine constitutionnaliste française, cette disposition confère au Président américain un *veto* exprès sur les lois adoptées par le Parlement[4]. Mais il bénéficie aussi d'un *veto* de poche (*pocket veto*) qui se rapporte à l'hypothèse où, sans mettre « expressément son veto, il suffit [que le Président] ne promulgue pas le texte adopté pendant [le] délai au cours duquel il dispose du droit de *veto*, c'est-à-dire, au figuré, qu'il mette ce texte dans sa poche, pour lui interdire alors de devenir une loi »[5].

776. S'inspirant assurément du constituant américain, certains constituants d'Afrique subsaharienne ont également habilité leurs chefs d'État à exercer un *veto* exprès. Au Bénin par exemple, c'est l'article 57 alinéas 2, 3 et 4 de la Constitution de 1990 qui consacre ce droit de veto[6]. Au Gabon, cette prérogative est également octroyée au Président de la République dans l'article 17, alinéa 2 de la Constitution de 1991[7]. À Madagascar cependant, ce droit de *veto* est dénié au Président de la République.

777. Contrairement à ses homologues béninois et gabonais, le Président malgache est en la matière dans une situation de compétence liée. Il peut certes exiger une seconde délibération de la loi, mais les chances de voir sa requête

---

1 PIMENTEL Carlos-Miguel, « Le sanctuaire vide : la séparation des pouvoirs comme superstition juridique ? », *Pouvoirs*, 2002/3, n°102, p. 119.

2 *Ibid.*

3 « [tout] projet adopté par la Chambre des représentants et par le Sénat devra, avant d'acquérir force de loi, être soumis au président des États-Unis. Si celui-ci l'approuve, il le signera ; sinon il le renverra, avec ses objections, à la chambre dont il émane, laquelle insérera les objections *in extenso* sur son procès-verbal et procédera à un nouvel examen du projet. Si, après ce nouvel examen, le projet de loi réunit en sa faveur les voix des deux tiers des membres de cette chambre, il sera transmis, avec les objections qui l'accompagnaient, à l'autre chambre qui l'examinera également de nouveau, et, si les deux tiers des membres de celle-ci l'approuvent, il aura force de loi ».

4 GOHIN Olivier, *Droit constitutionnel*, *op. cit.*, pp. 1365-1366.

5 *Ibid.*, p. 1366.

6 « [Le Président de la République] peut [...] demander à l'Assemblée nationale une seconde délibération de la loi ou de certains de ses articles [alinéa 2]. Cette seconde délibération ne peut être refusée. Si l'Assemblée nationale est en fin de session, cette seconde délibération a lieu d'office lors de la session suivante [alinéa 3]. Le vote pour cette nouvelle seconde délibération est acquis à la majorité absolue des membres composant l'Assemblée nationale [...] ».

7 « [le] Président de la République peut, pendant le délai de promulgation, demander au Parlement une nouvelle délibération de la loi ou de certains de ses articles. Cette nouvelle délibération ne peut être refusée. Le texte ainsi soumis à une seconde délibération doit être adopté à la majorité des deux tiers de ses membres, soit sous sa forme initiale, soit après modification [...] ».

aboutir, c'est-à-dire la réécriture de la loi dans le sens qu'il souhaite, sont extrêmement minces, tant aucune exigence n'est imposée au Parlement lors de cette délibération exceptionnelle[1]. En droit comparé, la situation du Président malgache a pour symétrie celle du Président de la République française[2]. Toutefois, comme leurs homologues béninois et gabonais d'ailleurs, les Présidents des Républiques française et malgache participent à la fonction législative non pas de manière négative mais de manière positive lorsqu'ils promulguent les lois.

778. Par l'expression « promulgation de la loi », il faut entendre une « déclaration officielle intervenant après l'élaboration d'une loi comme condition de son entrée en vigueur »[3]. Nous pensons qu'elle constitue une technique positive de législation parce qu'elle accorde à la loi son brevet définitif de constitutionnalité. C'est par son truchement que le Président de la République atteste qu'il est un garant de la Constitution, au même titre que le juge constitutionnel. Cette idée est par exemple soutenue par Fabien BOTTINI lorsqu'il affirme que la promulgation constitue « une forme de contrôle de constitutionnalité ». Plus précisément, il s'agit d'une « sorte de contrôle de constitutionnalité formel minimum confié au chef de l'exécutif, la loi ne pouvant exister qu'autant qu'elle a été votée par le parlement dans les conditions requises par la Constitution »[4]. Cependant, il s'agit d'une simple participation à la procédure de législation et non d'une co-législation. Michel TROPER précise à cet effet qu'il est possible que

> « le Président de la République, quand il promulgue une loi, veuille, tout comme les parlementaires qui l'ont votée, que la conduite prescrite ait lieu, mais il peut aussi avoir la volonté contraire. Il promulguera dans les deux cas. Sa volonté n'est pas une condition à l'entrée en vigueur de l'acte. Il n'est pas co-auteur. Seul peut donc être retenu comme un critère de la qualité de l'auteur de l'acte, l'exercice d'une participation décisionnelle »[5].

779. Autrement dit, seul le juge constitutionnel est le véritable co-auteur de la loi. Le droit de *veto* et l'habilitation à promulguer la loi permettent certes au

---

1 Article 59, CM : « Le Président de la République promulgue les lois dans les trois semaines qui suivent la transmission par l'Assemblée Nationale de la loi définitivement adoptée. Avant l'expiration de ce délai, le Président de la République peut demander au Parlement une nouvelle délibération de la loi ou de certains de ses articles. Cette nouvelle délibération ne peut être refusée ».

2 L'article 10 de la Constitution française est quasiment rédigé de la même manière que l'article 59 de la Constitution malgache : « Le Président de la République promulgue les lois dans les quinze jours qui suivent la transmission au Gouvernement de la loi définitivement adoptée. Il peut, avant l'expiration de ce délai, demander au Parlement une nouvelle délibération de la loi ou de certains de ses articles. Cette nouvelle délibération ne peut être refusée ».

3 BOTTINI Fabien, « La promulgation des lois parlementaires », *RFDC*, 2008/4, n°76, p. 763.

4 *Ibid*, p. 770.

5 TROPER Michel, « Démocratie continue et justice constitutionnelle », in : ROUSSEAU Dominique (dir.), *La démocratie continue*, Bruylant, LGDJ, 1992, p. 131.

Président de la République de participer à la fonction législative, mais à un degré moindre que le Gouvernement, le Parlement et le juge constitutionnel. Dans tous les cas, ces deux techniques montrent suffisamment que la séparation des pouvoirs au sens de spécialisation organique des fonctions devient une superstition juridique[1] car, en réalité, tous les organes institués sont associés à l'exercice de cette fonction, malgré la divergence de leur degré d'implication.

780. Ainsi, comme le relève Jérôme GERMAIN, si séparation des pouvoirs il y a, ce n'est que dans une acception réactualisée qu'il convient de l'entendre[2]. Celle-ci prône pour une collaboration des pouvoirs[3]. Et c'est justement à cette logique qu'obéit la politisation de l'office des juges constitutionnels d'Afrique subsaharienne. D'ailleurs, il ne peut en être autrement, tant la fonction exécutive est aussi exercée par l'ensemble des pouvoirs étatiques.

B. LA COLLABORATION DES ORGANES CONSTITUÉS DANS L'EXERCICE DE LA FONCTION EXÉCUTIVE

781. Le pouvoir exécutif s'entend généralement comme celui qui applique ou met en œuvre la loi. Dans les pays d'Afrique francophone, ce pouvoir est principalement détenu par le Président de la République et le Gouvernement[4]. Toutefois, il est également attribué, de manière subtile, aux autres organes constitués. Comme l'affirme Julien BOUDON, « Une fonction étatique n'est jamais confiée en monopole à un organe car la Constitution met en place toute une série d'intrusions de tel autre organe dans une fonction qui n'est pas la sienne à titre principal »[5]. Cette intrication des pouvoirs étant favorisée par le constituant lui-même, il n'est donc plus pertinent de reprocher au juge constitutionnel d'éroder le principe de la séparation des pouvoirs en raison du caractère politique de son office. L'empiètement de ce juge sur les fonctions

---

1 PIMENTEL Carlos-Miguel, « Le sanctuaire vide : la séparation des pouvoirs comme superstition juridique ? », *op. cit.*, pp. 119-131.

2 GERMAIN Jérôme, *Le Parlement et la Cour des Comptes*, thèse, Toulouse I, 2007, pp. 17-20.

3À titre d'exemple, la distinction entre le régime présidentiel, fondé sur la séparation des pouvoirs, et le régime parlementaire, fondé sur la collaboration des pouvoirs, est abusive. Normalement, ainsi que l'énonce Olivier GOHIN, le « régime présidentiel américain, comme le régime parlementaire français, sont […] des régimes de pouvoirs séparés qui collaborent ». V. GOHIN Olivier, *Droit constitutionnel*, *op. cit.*, pp. 219-220.

4 À l'analyse des Constitutions des pays appartenant à cet espace géographique, on constate que le titre réservé au pouvoir exécutif comprend généralement, d'une part, l'autorité présidentielle et, d'autre part, l'autorité gouvernementale. C'est que prévoient par exemple le titre II de la Constitution gabonaise et le sous-titre premier de la Constitution de Madagascar. Au Bénin, en revanche, le pouvoir exécutif est formellement concentré entre les mains du Président de la République (titre 3 de la CB), et ce, en raison de la nature présidentielle du régime politique.

5 BOUDON Julien, « Séparation des pouvoirs aux États-Unis », *op. cit.*, p. 119.

législative et exécutive devrait alors être interprété comme une promotion de la conception réaliste de la séparation des pouvoirs. Celle-ci repose moins sur une séparation absolue des pouvoirs que sur une collaboration entre les organes séparés. Ainsi, à l'instar de la fonction législative, la fonction exécutive est partagée entre le Président de la République, le Gouvernement, le Parlement (lorsqu'il légifère) et les juges.

782. S'agissant du législateur, il peut être considéré comme un organe exécutif dans la mesure où son pouvoir normatif le conduit inévitablement à appliquer la Constitution. Telle est l'idée qui ressort de l'analyse de la théorie de la hiérarchie des normes développée par Hans KELSEN. Pour cet auteur, la législation et l'exécution sont des fonctions qui « ne s'opposent pas de façon absolue [...]. À y regarder de plus près, chacune d'elles se présente en effet comme un acte de création et d'application du droit »[1]. D'ailleurs, précise encore KELSEN, « il est impossible de confier la création du droit à tel organe et l'application (exécution) du droit à tel autre d'une manière si exclusive qu'aucun organe ne puisse exercer les deux fonctions simultanément »[2]. Partageant cette thèse, Carlos-Miguel PIMENTEL conclut que « tout législateur est en même temps un exécutant, et le pouvoir d'État n'est plus que l'exercice d'une fonction normative indivise »[3]. Jean-Philippe FELDMAN, s'inspirant d'une analyse faite en 1934 par René CAPITANT, précise à cet effet que « le pouvoir législatif, comme le pouvoir exécutif, est devenu un pouvoir gouvernemental » et que « gouverner c'est légiférer[4]. Soulignons tout de même avec Jérôme GERMAIN que le pouvoir gouvernemental dont il est question est celui de la majorité au pouvoir, étant donné qu'elle comporte une branche exécutive et une branche parlementaire[5].

783. Or, en permettant au Gouvernement, mieux, à la majorité au pouvoir d'exercer ces deux activités, le constituant promeut moins une séparation absolue des pouvoirs qu'une collaboration entre les organes constitués. Dès lors, la réécriture de la loi et de la Constitution par le juge constitutionnel ne devrait plus exclusivement être interprétée comme une atteinte à la séparation des pouvoirs ; on devrait aussi l'analyser comme la conséquence d'une interdépendance fonctionnelle des organes. Cette interdépendance organique s'illustre encore lorsque les juges participent à la fonction exécutive. Tel est le cas du Conseil d'État.

1KELSEN Hans, « La garantie juridictionnelle de la Constitution (la justice constitutionnelle) », *RDP*, 1928, p. 199.

2 KELSEN Hans, *Théorie générale du droit et de l'État*, II, 3, trad. fr., Paris-Bruylant, LGDJ, p. 319.

3 PIMENTEL Carlos-Miguel, « Le sanctuaire vide : la séparation des pouvoirs comme superstition juridique ? », *op. cit.*, p. 130.

4 V. CAPITANT René, « La réforme du parlementarisme », in id., *Écrits d'entre-deux-guerres (1928-1940)*, Paris, Éd. Panthéon-Assas, 2004, p. 327. Cité par : FELDMAN Jean-Philippe, « La séparation des pouvoirs et le constitutionnalisme. Mythes et réalités d'une doctrine et de ses critiques », *op. cit.*, p. 489.

5 GERMAIN Jérôme, *Le Parlement et la Cour des Comptes*, précité.

784. Investie d'une fonction consultative, à côté de sa fonction contentieuse, cette juridiction suprême de l'ordre administratif donne son avis sur les projets de loi, les ordonnances et les décrets, avant que ceux-ci ne soient soumis au Conseil des ministres. Elle émet en outre un avis sur la régularité juridique des textes, sur leur forme, leur opportunité administrative, ainsi que sur toute question ou difficulté d'ordre juridique ou administratif que lui soumet le Gouvernement[1]. Ce faisant, elle s'implique dans l'exercice de la fonction exécutrice parce qu'elle encadre l'activité normative du Gouvernement. À en croire Nicole BELLOUBET-FRIER, en France, cette juridiction est incontestablement « un acteur majeur du processus de décision gouvernementale »[2]. Cette analyse est corroborée par Jacques CHEVALLIER lorsqu'il affirme que la fonction consultative transforme le Conseil d'État en « un instrument au service de l'exécutif »[3]. Le juge constitutionnel n'est pas en reste.

785. En Afrique francophone par exemple, les Cours constitutionnelles sont, à l'instar des Conseils d'État, également associées à l'exercice de la fonction exécutive en raison de leur compétence consultative. Il leur est en effet loisible de donner des avis aux organes exécutifs, notamment au Président de la République et, à Madagascar précisément, à tout Chef d'Institution et à tout organe des Collectivités Territoriales Décentralisées[4]. Ces consultations interviennent lorsque ces autorités veulent, entre autres, interpréter un texte[5], ratifier un traité[6], initier une révision constitutionnelle[7] ou prendre des mesures susceptibles de limiter les droits et libertés fondamentaux des citoyens en période de circonstances exceptionnelles[8].

786. Certes, les avis délivrés par les juges constitutionnels africains francophones sont formellement dépourvus de force contraignante[9]. C'est d'ailleurs la raison pour laquelle on les assimile à dc simples conseils[10] ou à des opinions[11]. Abdoulaye SOMA par exemple estime à ce propos que « dans

---

1 Pour les attributions dévolues au Conseil d'État gabonais par exemple, v. Articles 74, 75, 75a, 75b et 75c.

2 BELLOUBET-FRIER Nicole, « Conseiller l'État », *Pouvoirs*, 2007/4, n°123, p. 50.

3 CHEVALLIER Jacques, « Le Conseil d'État, au cœur de l'État », *Pouvoirs*, 2007/4, n° 123, p. 7.

4 Article 119 CM, déjà cité.

5 Article 88 de la CG, déjà cité.

6 Article 146 CB ; article 113 CG ; article 137 CM (déjà cités).

7 Article 116 CG ; article 117, tiret 7, pour les opérations de référendum au Bénin, déjà cités.

8 Article 26 CG ; article 68 CB ; article 61, alinéa 1 CM, déjà cités.

9 Dans les pays étudiés, les avis émis par les juridictions constitutionnelles ne sont pas formellement revêtus de l'autorité de la chose jugée. Les dispositions constitutionnelles confèrent cette force contraignante exclusivement aux décisions rendues par les Hautes juridictions. V., en ce sens : article 124 CB ; article 92 CG et article 120, alinéa 3 CM.

10 ARSAC Rodolphe, « La fonction consultative du Conseil constitutionnel », *RFDC*, 2006/4, n°68, p. 782.

11 La Haute Cour constitutionnelle malgache, par exemple, définit ainsi l'avis : « une « opinion qu'une juridiction peut émettre à la demande d'un organe habilité à le faire sur toute question

l'exercice de sa fonction consultative, le juge constitutionnel est un conseiller technique à la fois du pouvoir législatif et du pouvoir exécutif »[1]. Mais, une récente étude menée par Adamou ISSOUFOU montre que, dans les faits, l'autorité des avis émis par ces Hautes juridictions est de moins en moins contestable[2]. En conséquence, les Hautes juridictions apparaissent désormais comme des organes exécutifs déguisés dans la mesure où, par leurs avis, elles influencent le processus de mise en œuvre de la loi.

787. Au Gabon singulièrement, la Cour constitutionnelle dispose d'une attribution originale lui permettant de collaborer efficacement avec le pouvoir exécutif : la mission pédagogique. Celle-ci a pour fondement juridique l'article 91 de la Constitution du 26 mars 1991 qui dispose :

> « [la] Cour constitutionnelle adresse chaque année un rapport d'activités au Président de la République [...] Et peut, à cette occasion, appeler l'attention des pouvoirs publics sur la portée de ses décisions en matière législative et réglementaire et faire toute suggestion qu'elle juge utile à la consolidation de l'État de droit ».

788. Il ressort de ce texte que par cette fonction « pédagogique », la Cour explique d'une part sa politique jurisprudentielle au chef de l'Exécutif et, d'autre part, l'invite à mettre en œuvre ses décisions pour éviter les contentieux potentiels[3]. Cela étant, elle participe indirectement à la fonction exécutive parce qu'elle recommande au chef de l'État la politique à suivre pour mieux mettre en œuvre les lois. Or, en habilitant une juridiction à exercer une portion de la fonction exécutive, le constituant montre que la séparation des pouvoirs ne s'oppose pas à l'idée d'une collaboration entre les organes. Dès lors, la critique selon laquelle un juge constitutionnel méconnaîtrait le principe de la séparation des pouvoirs parce qu'il se mue en législateur et en constituant devient moins pertinente. L'immixtion des organes législatif et exécutif dans la fonction juridictionnelle conforte encore cette idée.

---

juridique ». V° Avis n°03-HCC/AV du 11 avril 2014 relatif à la nature et à la portée de toute procédure consultative engagée auprès de la Haute Cour constitutionnelle. V° aussi : ISSOUFOU Adamou, « L'autorité des avis du juge constitutionnel en Afrique francophone », *Afrilex* [*en ligne*] p. 6.

1 SOMA Abdoulaye, « Le statut du juge constitutionnel africain », in : *La Constitution béninoise du 11 décembre 1990 : un modèle pour l'Afrique ? Mélanges en l'honneur de Maurice AHANHANZO-GLÉGLÉ*, Paris, L'Harmattan, 2014, p. 501.

2 *Ibid.*, pp. 1-39.

3 V. Cour constitutionnelle du Gabon, *Constitution de la République gabonaise. Textes, commentaires, doctrine, jurisprudence*. 2e éd., presses de Melum Impressions, 2012, pp. 280-281.

C. La collaboration des organes constitués dans l'exercice de la fonction juridictionnelle

789. Pour désigner l'ensemble des institutions chargées de dire le droit et de trancher les litiges, le droit positif utilise l'expression « pouvoir judiciaire »[1]. Mais eu égard au caractère équivoque de cette expression, soit parce qu'elle assimile à tort les juges administratif et constitutionnel à des autorités judiciaires, soit parce qu'elle dénierait la qualité d'organe juridictionnel au juge constitutionnel, la doctrine suggère de plutôt user du concept « pouvoir juridictionnel »[2]. Celui-ci semble plus précis car il englobe toutes les juridictions étatiques. C'est la raison pour laquelle Thierry RENOUX le définit comme « le pouvoir appartenant aux juridictions de dire le droit avec force de vérité légale et d'exprimer ainsi la souveraineté nationale dans le domaine propre de leur compétence tel qu'il résulte de la constitution, des lois et des règlements [...] »[3].

790. Si l'on s'en tient à cette définition doctrinale, il faudrait alors admettre que ce pouvoir, à l'instar des deux autres principaux pouvoirs étatiques, est partagé entre divers organes. Il est non seulement conféré à plusieurs juges, comme le relève Isabelle BOUCOBZA, mais encore « partagé avec le pouvoir politique qui tente discrètement de le maîtriser »[4]. Or, s'il y a une division du pouvoir juridictionnel entre plusieurs juges et une immixtion du pouvoir politique dans la fonction juridictionnelle, il est tout à fait logique qu'il y ait également une appropriation des fonctions politiques par les juges. Dès lors, la politisation de l'office des juges constitutionnels d'Afrique subsaharienne ne doit plus seulement être analysée comme une violation du principe de la séparation des pouvoirs ; elle pourrait aussi être comprise comme une acclimatation de ces Hautes juridictions à l'exigence moderne d'une collaboration des pouvoirs séparés.

791. En effet, l'exigence d'une collaboration entre les organes politiques et les juges est prônée par le constituant lorsqu'il investit le Président de la République de certains attributs juridictionnels non contentieux[5]. Deux principaux attributs peuvent servir d'illustration. D'abord, le Président de la République, autorité suprême du pouvoir Exécutif, dispose d'une compétence juridictionnelle en raison de son statut de membre du Conseil Supérieur de la

---

1 V. CORNU Gérard, *Vocabulaire juridique*, 10e éd., Paris, PUF, 2014, p. 580 ; *Lexique des termes juridiques*, 21e éd., Paris, Dalloz, 2014, p. 535.

2 V. HOURQUEBIE Fabrice, *Sur l'émergence du contre-pouvoir juridictionnel sous la Vème République*, Bruxelles, Bruylant, 2004.

3 RENOUX Thierry, « Pouvoir juridictionnel », in : Olivier Duhamel et Yves Mény, *Dictionnaire constitutionnel*, 2e éd., PUF, 1992, p. 758.

4 BOUCOBZA Isabelle, « Un concept erroné, celui de l'existence d'un pouvoir judiciaire », *Pouvoirs*, 2012/4, n°143, p. 87.

5 Une analyse de Marcel WALINE montre que la fonction juridictionnelle comporte un aspect contentieux et un aspect non contentieux. V. introduction générale.

Magistrature (CSM)[1]. Cet organe s'entend comme l'institution juridictionnelle qui « veille à la bonne administration de la justice, et statue de ce fait sur les nominations, les affectations, les avancements, et la discipline des magistrats »[2]. L'article 127 de la Constitution béninoise, par exemple, confère ce statut au Chef de l'État en ces termes : « [le] Président de la République est garant de l'indépendance de la justice. Il est assisté par le Conseil Supérieur de la Magistrature ».

792. Assisté, et non associé, par le CSM dans la garantie de l'indépendance de la justice, le Président de la République béninoise est donc hiérarchiquement supérieur aux autres membres de ce Conseil. Il en est de même au Gabon dans la mesure où le Président de la République est aussi le Président du CSM[3]. Menant une réflexion sur l'office de ce Conseil, Énagnon Gildas NONNOU relève qu'il a un caractère ambivalent. En effet conçu comme le bouclier du pouvoir judiciaire, il apparaît davantage comme le sujet du pouvoir exécutif, tant c'est le Président de la République qui, dans certains pays d'Afrique subsaharienne, « pourvoit à la fois au recrutement des membres du Conseil supérieur de la magistrature et à l'organisation de son travail »[4].

793. Quant au droit de grâce, il constitue un attribut juridictionnel du Président de la République parce qu'il lui permet de dispenser une personne condamnée de l'exécution de sa peine. Cette prérogative présidentielle de type juridictionnel est par exemple prévue par l'article 60 de la Constitution béninoise[5], par l'article 23 de la Constitution gabonaise[6] et par l'article 58 de la Constitution malgache[7].

794. Fort de ces deux exemples, la question se pose de savoir si la séparation des pouvoirs n'est pas entachée du fait de la soumission des organes juridictionnels à un organe exécutif. Il est possible d'y répondre par l'affirmative si l'on s'en tient à la conception absolue de la séparation des pouvoirs, c'est-à-dire celle qui privilégie l'indépendance totale de chaque organe constitué. Toutefois, il est loisible de relativiser ce point de vue si l'on considère la seconde conception de la séparation des pouvoirs, à savoir celle qui promeut l'unité étatique à travers les interférences entre organes. C'est à cette seconde conception qu'adhèrent les juges constitutionnels africains

---

1 MARTINEL Agnès, NATALI Franck, « Le Conseil Supérieur de la Magistrature, protecteur des magistrats ou des justiciables ? », *Après-Demain*, 2014/2, n° 30, NF, p. 34.

2 V. Article 70, CG.

3Article 71 CG : « Le Conseil supérieur de la magistrature est présidé par le Président de la République […] ».

4 NONNOU Énagnon Gildas, « Le conseil supérieur de la magistrature et l'indépendance du pouvoir judiciaire dans les États francophones d'Afrique », *Les Cahiers de la Justice*, 2018/4, n°4, p. 726.

5 Article 60 CB : « Le Président de la République a le droit de grâce ».

6 Article 23 CG : « Le Président de la République a le droit de grâce ».

7 Article 58 CM : « Le Président de la République exerce le droit de grâce ».

lorsqu'ils politisent leur office en s'immisçant, eux aussi, dans les fonctions législative et exécutive.

795. Le partage de la fonction juridictionnelle par d'autres organes peut en outre être illustré par le rôle juridictionnel exercé par le Parlement. En effet, celui-ci est associé à la procédure de destitution du Président de la République en cas de violation de serment, de haute trahison ou de manquement à toute autre obligation liée à sa charge. Cette association a lieu si le Parlement vote à la majorité des deux tiers la mise en accusation du Président de la République[1]. Telle est par exemple la condition *sine qua non* à la tenue d'un procès en destitution du Président de la République par la Haute Cour de Justice en Afrique francophone. Pareille situation trouve sa symétrie aux États-Unis avec l'*impeachment.*

796. Définie comme une procédure de destitution[2], l'*impeachment* est en effet un instrument qui permet au Parlement (au Congrès) d'être le juge du Président de la République. L'échec de la procédure de destitution de Donald Trump, en 2020, en est une parfaite illustration[3]. Seulement, alors qu'avec l'*impeachment* aux États-Unis la mise en accusation du Président a lieu au niveau de la chambre basse (la chambre des représentants) et son inculpation ou acquittement au niveau du Sénat, en Afrique francophone, si le Parlement est compétent pour mettre en accusation un Chef d'État, l'issue du procès dépend de la décision de la Haute Cour de Justice.

797. Au regard de tout ce qui précède, un constat s'impose : le pouvoir juridictionnel n'englobe plus exclusivement le juge ordinaire et le juge constitutionnel. Si tel semble être le cas d'un point de vue formel, force est de reconnaître qu'en pratique, ce pouvoir comprend à la fois les juges, le Parlement et le Président de la République. On assiste alors à une collaboration des pouvoirs à laquelle adhèrent les juges constitutionnels africains.

798. Conscientes du danger que constitue un régime de confusion des pouvoirs, les Hautes juridictions exercent un office politique afin d'assurer un meilleur équilibre entre tous les organes. On admettra alors avec Agnès ROBLOT-TROIZIER qu'« on peut aujourd'hui affirmer que le contrôle juridictionnel de constitutionnalité de la loi, tant redouté, a été un vecteur de modernisation du concept de séparation des pouvoirs »[4]. La question se pose de savoir si cette analyse s'applique aussi au principe de la souveraineté nationale.

---

1 V. Article 137, alinéa 2 CB ; article 78, alinéa 3 CG et l'article 131, alinéa 2 CM.

2 V. ZOLLER Elisabeth, « L'impeachment aux États-Unis », in : CHAGNOLLAUD Dominique (dir.), *Responsabilité pénale et vie publique en France et à l'étranger*, Paris, LGDJ, 2002, p. 25.

3 EDZODZOMO NKOUMOU Téphy-Lewis, « Le procès en destitution de Trump », *Civitas Europa*, 2020/1, n°44, p. 209.

4 ROBLOT-TROIZIER Agnès, « Un concept moderne : séparation des pouvoirs et contrôle de la loi », *op. cit.*, p. 92.

Section II : Vers une érosion du principe de la souveraineté nationale par les juges ?

799. La politisation de l'office des juges constitutionnels d'Afrique subsaharienne ne déteint pas seulement sur le principe de la séparation des pouvoirs ; elle impacte aussi le principe de la souveraineté nationale. Ainsi, alors que certains estiment qu'elle constitue la réalisation même de la souveraineté nationale (I), d'autres considèrent qu'elle porte atteinte à ce principe (II).

I. La thèse négative : L'existence d'une souveraineté nationale de type juridictionnelle

800. Les juges constitutionnels d'Afrique subsaharienne participent à l'exercice de la souveraineté nationale parce qu'ils réécrivent les lois et les constitutions. En conséquence, il est désormais possible de les considérer comme les « représentants du peuple », au même titre que les parlementaires (A), ce qui paraît d'ailleurs conforme à la logique de la démocratie constitutionnelle (B).

A. Les prémices d'une reconnaissance des juges constitutionnels comme « représentants » du souverain

801. Toutes les critiques qui pèsent sur la légitimité du juge constitutionnel reposent sur son mode de désignation. Elles peuvent être résumées de la sorte : en tant qu'organe nommé, et non élu, le juge constitutionnel ne peut être considéré comme un représentant du peuple et, dès lors, il ne devrait pas désavouer les parlementaires qui, eux, bénéficient de la confiance du peuple parce qu'ils exercent une démocratie représentative. Logiques et pertinentes, ces critiques peuvent néanmoins être relativisées. Actuellement, plusieurs arguments confortent en effet la thèse d'un « juge constitutionnel/représentant ».

802. D'abord, en Afrique subsaharienne, certaines lois fondamentales organisent la sélection des juges constitutionnels autour des procédés de nomination et d'élection. Nous avons vu qu'il en est ainsi à Madagascar, au Niger et au Togo[1]. Dans ces pays, le choix des juges par la technique du suffrage indirect leur confère une légitimité représentative dans la mesure où ils sont désignés par les représentants directs du peuple, à savoir les députés et même la société civile, pour ce qui est du Niger et du Togo[2].
803. En outre, sur un plan purement théorique, Michel TROPER, s'appuyant sur l'expérience constitutionnelle française, montre que dans la Constitution de 1791, « les représentants ne sont pas ceux qui sont désignés par le souverain lui-même, qui n'est d'ailleurs qu'une fiction. Ce sont ceux qui exerçant le pouvoir législatif, expriment la volonté du souverain, la volonté générale »[3]. Sont ainsi législateurs à cette époque, le corps législatif et le roi[4]. Le premier parce qu'il a l'initiative des lois et le second en raison du droit de *veto* dont il dispose sur les lois initiées[5]. Ainsi, poursuit l'auteur, « la participation décisionnelle au pouvoir législatif ne découle pas de la qualité de représentant ; c'est la qualité de représentant qui fournit une justification théorique à une participation décisionnelle, qui résulte d'une règle positive »[6].
804. En faisant un parallèle avec le juge constitutionnel des temps modernes, il est permis d'affirmer qu'il représente également le souverain car, comme nous l'avons précédemment soutenu, il est désormais le principal artisan des lois[7]. C'est d'ailleurs la thèse que défend Philippe BLACHÈR lorsque, s'inspirant des écrits de Michel TROPER, il conclut que l'*obiter dictum* du Conseil constitutionnel selon lequel « la loi votée n'exprime la volonté générale que dans le respect de la Constitution »[8] a pour effet de révéler le caractère représentatif de cette Haute juridiction. Cependant, souligne encore Philippe BLACHÈR, la représentation du Conseil n'est pas identique à celle des élus. Alors que « ces derniers représentent le "peuple actuel", le Conseil constitutionnel représente le "peuple perpétuel", unique souverain »[9].

---

1 Cette question a été traitée dans le chapitre 1 du titre II de la seconde partie de cette étude.
2 *Ibid.*
3 TROPER Michel, « Démocratie continue et justice constitutionnelle », *op. cit.*, p. 132. V° PAVIA Marie-Luce, « Démocratie continue et volonté générale », in : ROUSSEUAU Dominique (dir.), *La démocratie continue*, Bruylant, LGDJ, 1995, p. 142.
4 *Ibid.*
5 Il a précédemment été montré que le droit de *veto* faisait des Chefs d'États des colégislateurs.
6 *Ibidem*, pp. 132-133.
7 V° *infra*, première partie, titre I.
8 Décision du 23 août 1985, déjà citée.
9 BLACHÉR Philippe, *Contrôle de constitutionnalité et volonté générale*, Paris, PUF, 2001, p. 174 ; V. aussi : ROUSSEAU Dominique, « La jurisprudence constitutionnelle : quelle "nécessité démocratique" ? », in : DRAGO Guillaume, FRANçOIS Bastien, MOLFESSIS Nicolas, *La légitimité de la jurisprudence du Conseil constitutionnel*, Paris, Economica, 1999, pp. 363-376 ; TROPER Michel, « Quelques remarques à propos de l'analyse de Dominique ROUSSEAU », in : DRAGO Guillaume, FRANçOIS Bastien, MOLFESSIS Nicolas, *La*

805. Il résulte de ces quelques observations théoriques que la thèse d'une représentation/élection tend à s'effacer au profit de la thèse d'une représentation/législation. Ce faisant, le contrôle de constitutionnalité et la démocratie ne sont plus antinomiques mais compatibles. Michel TROPER résume bien cette idée par la formule syllogistique suivante :

> « tous ceux qui participent à l'expression de la volonté générale, de la volonté imputée au souverain, qui exercent donc la souveraineté nationale, sont les représentants du peuple. Donc, le juge constitutionnel, qui participe à la volonté législative, contribue à l'expression de la volonté générale, une volonté imputée au souverain. Il est lui aussi un représentant du peuple souverain »[1].

En s'appuyant sur ces considérations théoriques, il est alors permis d'avancer que l'office politique des juges constitutionnels d'Afrique subsaharienne a pour conséquence de les transformer en « représentants du peuple ».

806. D'ailleurs, cette posture du juge semble légitimée par le droit positif. Au Gabon, par exemple, le constituant confère un statut de représentant au juge constitutionnel lorsqu'il l'habilite à exercer la souveraineté nationale de manière indirecte. Telle est l'interprétation pouvant résulter de l'article 3 de la Constitution du 26 mars 1991 lorsqu'il dispose : la « souveraineté nationale appartient au peuple qui l'exerce directement, par le référendum ou par l'élection, [...] et indirectement par les institutions constitutionnelles ». Dans cette disposition, le membre de phrase « et indirectement par les institutions constitutionnelles » a une portée considérable. En effet, si l'on entend par « institutions constitutionnelles » l'ensemble des institutions politiques souvent décrites dans les manuels de droit constitutionnel, on devrait admettre qu'en droit gabonais, sont titulaires de la souveraineté nationale, et donc représentants du peuple : le Président de la République, le Gouvernement, le Parlement, la Cour constitutionnelle et tous les autres organes constitués[2].

807. Assurément, c'est pour confirmer ce statut de « juge/représentant » que le constituant gabonais précise encore dans l'article 67 de la loi fondamentale que la « justice est rendue au nom du peuple gabonais par la Cour constitutionnelle [...] ». Depuis 1992, date d'émergence de cette Haute juridiction, la mention « Au nom du peuple gabonais » figure d'ailleurs sur

---

légitimité de la jurisprudence du Conseil constitutionnel, *op. cit.*, pp. 377-380 ; OST François, *Le temps du droit*, Paris, Odile Jacob, 1999, pp. 207-213.

1 TROPER Michel, « Démocratie continue et justice constitutionnelle », in : ROUSSEAU Dominique (dir.), *La démocratie continue, op. cit.*, p. 133.

2 Dans les manuels de droit constitutionnel, les institutions politiques sont généralement : l'exécutif ou le pouvoir gouvernemental, le Parlement, le pouvoir juridictionnel (juge ordinaire et juge constitutionnel), le Conseil Économique et Social, les autorités administratives indépendantes. V. Les manuels suivants (déjà cités) : ARDENT Philippe, et MATHIEU Bertrand, *Droit constitutionnel*, 29e éd., Issy-les-Moulineaux Cedex, LGDJ, 2017 ; MÉLIN-SOUCRAMANIEN Ferdinand et PACTET Pierre, *Droit constitutionnel*, 39e éd., Paris, Dalloz, 2021.

toutes ses décisions[1]. Ce qui voudrait dire que le juge constitutionnel gabonais est un délégataire du peuple, voire son représentant. Dès lors, il lui est loisible de participer aux fonctions législative et constituante, c'est-à-dire qu'il est compétent pour exercer la souveraineté nationale. Cependant, cette formule « Au nom de… » est à prendre avec précaution car elle peut se révéler trompeuse. Comme le relève Dominique ROUSSEAU, elle peut à la fois être utilisée pour légitimer toutes les formes de représentations et aussi toutes les contestations[2]. En d'autres termes, c'est aussi en recourant à la formule « Au nom de… » que certains groupes portent atteinte aux principes démocratiques. C'est le cas des groupes rebelles ou encore des organisations terroristes dans un État[3]. De ce fait, cette formule est certes pertinente mais pas déterminante pour conforter le statut représentatif d'un organe.

808. Contrairement au constituant gabonais qui érige explicitement la Cour constitutionnelle en organe représentatif, les constituants béninois et malgache le font implicitement. S'inspirant de l'article 3 de la Constitution française[4], ils affirment simplement que la souveraineté nationale appartient au peuple qui l'exerce par ses représentants élus et par voie de référendum[5]. Toutefois, au Bénin, une disposition constitutionnelle peut être invoquée pour étayer l'idée d'une mutation du juge constitutionnel en « représentant ». Il s'agit de l'article 4 de la Constitution qui habilite la Cour constitutionnelle à veiller à la régularité du référendum et à en proclamer les résultats[6]. En effet, si la Cour doit encadrer le déroulement de cette votation populaire[7] et en donner le verdict final, cela suppose qu'elle est la « voix authentique du peuple », c'est-à-dire la voix qui donne une force légale à l'expression populaire. Ainsi, la Cour mérite d'être considérée comme un représentant du peuple car elle dispose en réalité du dernier mot en matière législative. Elle assure alors, comme ses homologues, une démocratie constitutionnelle.

1 Dans la présente étude, il a été soutenu que cette formule traduit le caractère juridictionnel de l'institution. V. *infra*, première partie, titre I, chapitre II.
2 ROUSSEAU Dominique, « La démocratie continue », in : ROUSSEAU Dominique (dir.), *La démocratie continue*, *op. cit.*, p. 6.
3 Les revendications terroristes des groupes comme Daesh sont assez illustratives de cette instrumentalisation de la formule « Au nom de… ».
4 Article 3 CF : « La souveraineté nationale appartient au peuple qui l'exerce par ses représentants et par la voie du référendum ».
5 V. Articles et 3 et 4 CB ; article 5 CM.
6 Article 4, alinéa 2 CB : « La Cour constitutionnelle veille à la régularité du référendum et en proclame les résultats ».
7 GICQUEL Jean, « Démocratie continue et référendum », in : ROUSSEAU Dominique (dir.), *La démocratie continue*, *op. cit.*, p. 149.

B. La confirmation d'une assimilation des juges constitutionnels en réprésentants du peuple : le recours à la théorie de la démocratie constitutionnelle

809. L'avènement de l'État de droit s'est accompagné d'une juxtaposition de l'État constitutionnel à l'État légal[1]. Il en résulte une coexistence entre un constitutionnalisme démocratique et une démocratie constitutionnelle[2]. Le constitutionnalisme démocratique désigne l'exercice de la souveraineté populaire et élective. Il dénie toute qualité représentative au juge constitutionnel. Il se rapporte à l'idée classique selon laquelle la démocratie est le pouvoir du peuple, par le peuple et pour le peuple[3]. Autrement dit, le constitutionnalisme démocratique s'oppose à l'« Aristocratie », c'est-à-dire au gouvernement de quelques-uns, et à la « Monarchie », entendue comme le gouvernement d'un seul.

810. Quant à la « démocratie constitutionnelle », elle désigne « une nouvelle forme de démocratie ayant pour caractéristique d'être conforme aux préceptes du constitutionnalisme »[4]. En d'autres termes, il y a « démocratie constitutionnelle » lorsque la Constitution s'impose dans un État comme la norme juridique suprême. Or, le respect de la Constitution étant principalement assuré par le juge constitutionnel, depuis l'essor de l'État de droit, la « démocratie constitutionnelle » s'entend alors comme celle dans laquelle le juge constitutionnel a le dernier mot, notamment avant la révision constitutionnelle[5].

811. En France par exemple, cette nouvelle forme de démocratie est théorisée par Dominique ROUSSEAU. Il la désigne sous le vocable de « démocratie continue ». Pour lui, il y a aujourd'hui une « démocratie continue » car l'onction du suffrage universel ne suffit plus à légitimer l'action des gouvernants. En effet, on assiste à une crise du monopole de l'expression de l'opinion publique par la représentation et à un essor de l'opinion publique exprimée par deux catégories d'acteurs. La première, non juridictionnelle, concerne les citoyens. Ces derniers extériorisent de plus en plus leurs opinions

---

1 GERMAIN Jérôme, *Le renouvellement de la limitation des pouvoirs, notamment en matière financière et au regard du droit comparé franco-allemand*, Mémoire de soutenance. Habilitation à diriger des recherches en droit public, Tomes 1 et 2, Metz, 2014.

2 KLEIN Luc, « Démocratie constitutionnelle et constitutionnalisme démocratique : essai de classification des théories juridiques de la démocratie », *RFDC*, 2017/1, n°109, pp. 121-141.

3 Cette célèbre formule doit sa paternité à l'ancien Président américain Abraham LINCOLN. Elle a le mérite de traduire en des termes on ne peut plus clairs l'étymologie du terme « démocratie » tel qu'il découle du grec. Dans cette langue, « la démocratie » est en effet désignée par le vocable « demos-kratos » qui signifie le gouvernement de tous, c'est-à-dire la souveraineté collective.

4 KLEIN Luc, « Démocratie constitutionnelle et constitutionnalisme démocratique : essai de classification des théories juridiques de la démocratie », *op. cit.*, p. 124.

5 PFERSMANN Otto, « Le juge dans la démocratie constitutionnelle », *op. cit.*, p. 9.

à travers les techniques telles, les médias, la presse (écrite ou audiovisuelle), les sondages, le monde associatif, etc[1].

812. Le second acteur, de nature juridictionnelle, n'est autre que le juge constitutionnel[2]. Avec son contrôle juridictionnel des lois, il dispose en effet de l'usage d'une véritable contrainte juridique à l'endroit des gouvernants, celle d'interdire la promulgation d'une loi ou/et d'en imposer une nouvelle écriture. Dominique ROUSSEAU ainsi qu'Alexandre VIALA soutiennent à ce propos que ce juge exerce un « droit de regard » sur les gouvernants qui l'érigent en un « véritable contre-pouvoir »[3], mieux, en un pouvoir contre majoritaire. Anne-Marie LE POURHIET estime à cet effet que le critère juridique de définition de la démocratie n'est plus le suffrage universel, mais le contrôle juridictionnel de constitutionnalité[4]. Permettant aux citoyens d'exprimer leur opinion et de désavouer leurs représentants en dehors des seuls moments électoraux, le contrôle juridictionnel de constitutionnalité s'analyse alors comme un moyen de réalisation de la « démocratie continue » ou « permanente ». Telle est en définitive l'acception du concept « démocratie constitutionnelle ou continue ».

813. En confrontant ce concept avec les pratiques constitutionnelles africaines, il est permis d'avancer que les juges constitutionnels de cet espace géographique exercent aussi une « démocratie constitutionnelle ». L'admettre signifierait qu'ils concourent moins à l'érosion du principe de la souveraineté nationale qu'à sa redéfinition lorsqu'ils politisent leur office. Cette hypothèse peut par exemple être vérifiée à l'aune de l'expérience constitutionnelle sud-africaine. Analysant le système démocratique de cet État, Xavier PHILIPPE montre que les trois piliers sur lesquels il repose, la garantie des droits fondamentaux, l'équilibre des pouvoirs et le contrôle des pouvoirs publics par les autorités administratives indépendantes, s'inscrivent dans la logique de la « démocratie continue »[5]. S'agissant par exemple du premier pilier, la garantie des droits fondamentaux, la Cour constitutionnelle sud-africaine affirme sa volonté d'être considérée comme une institution active de la démocratie participative lorsqu'elle rend des décisions conforment aux aspirations de l'opinion publique. C'est le cas quand elle déclare inconstitutionnelle la peine de mort[6] ou encore quand elle confère une valeur contraignante au droit à un

---

1 ROUSSEAU Dominique, « La démocratie continue », in ROUSSEAU Dominique (dir.), *La démocratie continue*, *op. cit.*, pp. 6-25.

2 *Ibid.*, pp. 7-17.

3 ROUSSEAU Dominique, « La démocratie continue », *op. cit.*, pp. 7-17 ; ROUSSEAU Dominique, *La justice constitutionnelle en Europe*, 2e éd., Paris, Montchrestien, 1996, pp. 44-48 ; VIALA Alexandre, *Les réserves d'interprétation dans la jurisprudence du Conseil constitutionnel*, *op. cit.*, p. 176.

4 LE POURHIET Anne-Marie, « Définir la démocratie », *RFDC*, 2011/3, n°87, p. 459.

5 PHILIPPE Xavier, « La démocratie constitutionnelle Sud-Africaine : un modèle ? », *Pouvoirs*, 2009/2, n°129, pp. 159-161.

6 S. v. Makwanyane and Another, CCt 3/94, 6 juin, 1995, [1995] ZACC 3.

logement décent[1]. En ce qui concerne le deuxième pilier, l'équilibre des pouvoirs, la Haute juridiction contribue également à sa réalisation lorsqu'elle régule les rapports entre le pouvoir législatif et le pouvoir exécutif[2]. À travers le troisième pilier, enfin (le contrôle des pouvoirs publics par les autorités administratives indépendantes), les constituants promeuvent une « démocratie continue » parce que les autorités susmentionnées sont compétentes pour « contrôler l'activité des autorités publiques »[3].

814. L'hypothèse d'une « démocratie continue » se vérifie aussi dans la jurisprudence constitutionnelle africaine francophone. Au Bénin par exemple, le juge constitutionnel est d'ailleurs perçu comme la « clef de voûte » de l'architecture démocratique[4]. Théodore HOLO, ancien Président de la Cour constitutionnelle, l'admet implicitement lorsqu'il relève que la jurisprudence de cette Haute juridiction penche souvent du côté de la minorité parlementaire et des citoyens[5].

815. Deux décisions peuvent témoigner de cette protection de la minorité parlementaire par le juge constitutionnel béninois. La première est celle du 07 décembre 2000[6]. Dans celle-ci, une minorité parlementaire décide de saisir la Cour pour contester le mode de répartition des sièges des personnalités appelées à intervenir au sein de la Commission Électorale Nationale et Autonome (CENA) ; mode de réparation imposé par la majorité parlementaire. Dans son verdict, la Cour protège la minorité parlementaire en exigeant à la majorité de tenir compte de la configuration politique de l'Assemblée nationale. Ce qui favoriserait une participation de toutes les forces politiques représentées au Parlement. La Haute juridiction va d'ailleurs plus loin en affirmant que la prise en compte de la configuration politique du Parlement, entendue comme l'ensemble des forces politiques représentées à l'Assemblée nationale et organisées en groupes parlementaires, participe de la transparence électorale, qui est un principe à valeur constitutionnelle[7]. En dégageant ce principe à valeur constitutionnelle, la Haute juridiction témoigne alors son attachement au respect de la démocratie.

816. De même promeut-elle la « démocratie continue » lorsqu'elle juge que la majorité parlementaire porte atteinte aux principes de transparence et de

---

1 Government of the Republic of of South Africa and Others v Grootboom and Others, CCT 11/00, 4 octobre 2000, [2000A] ZACC 19.

2 PHILIPPE Xavier, « La démocratie constitutionnelle Sud-Africaine : un modèle ? », *op. cit.*, p. 160.

3 *Ibid.*, p. 161.

4 HOLO Théodore, « Émergence de la justice constitutionnelle », *Pouvoirs*, 2009/2, n°129, p. 102.

5 *Ibid.*, pp. 105-107.

6 Décision DCC 00-078 du 07 décembre 2000 relative à la loi n° 2000-18 portant règles générales pour les élections en République du Bénin et 2000-19 définissant les règles particulières pour l'élection du Président de la République.

7 *Ibid.*

sincérité des élections comme l'exige un État de droit de démocratie pluraliste quand cette majorité confisque la CENA en monopolisant sa composition[1].

817. Pour ce qui est de la protection des citoyens béninois par la jurisprudence constitutionnelle, le contentieux le plus patent en la matière est celui des droits de l'Homme. Dans ce pays, en effet, tout individu peut engager la responsabilité de l'État devant la Cour s'il estime que ses droits ont été violés par les pouvoirs publics[2]. Tout individu peut en outre saisir directement le juge constitutionnel pour contester un acte réglementaire ou une loi qu'il juge inconstitutionnel[3].

818. Sur un plan sociologique, Théodore HOLO relève que la légitimité de la Cour constitutionnelle béninoise ne souffre d'aucune contestation dès lors que, « pour la défense de leur liberté garantie par la Constitution », les citoyens s'adressent plus « au juge constitutionnel qu'aux juges administratif et judiciaire »[4]. En effet, poursuit l'auteur, cette préférence, « expression de la confiance du citoyen en la justice constitutionnelle, se fonde sur le prestige et l'autorité dudit juge dont les décisions sont sans appel, mais surtout sur la célérité, la simplicité et la gratuité de la procédure »[5].

819. Au Gabon et à Madagascar, la technique de l'exception d'inconstitutionnalité pourrait également contribuer à la réalisation de la « démocratie continue ». Par son truchement, les citoyens peuvent en effet saisir le juge constitutionnel à tout moment, et ce, aux fins d'une remise en cause des lois promulguées, soupçonnées d'être entachées d'inconstitutionnalité[6]. Seulement, force est de constater que cet instrument de contrôle permanent des citoyens sur l'action des gouvernants est timidement utilisé à Madagascar et quasiment délaissé par les justiciables gabonais. À Madagascar par exemple, 8 décisions seulement ont été rendues par la Haute Cour en matière d'exception d'inconstitutionnalité en 2019 et 7 décisions en 2020[7]. Certes, ce nombre est insignifiant si l'on compare la jurisprudence malgache à celle des autres juridictions constitutionnelles exerçant aussi un contrôle *a posteriori*[8], mais il prouve à suffisance que les citoyens malgaches exercent un contrôle continu sur les gouvernants.

820. Au Gabon, en revanche, les justiciables semblent sous-estimer la portée de la technique de l'exception d'inconstitutionnalité, tant les décisions y

1 Décision DCC 001-0011 du 12 janvier 2001, précité.

2 V. *Infra*, première partie, titre II, chapitre 2.

3 V. *Infra*, première partie, titre II, chapitre 1.

4 HOLO Théodore, « Émergence de la justice constitutionnelle », *op. cit.*, p. 110.

5 *Ibid.*

6 Cette technique a déjà fait l'objet d'un examen dans le cadre de cette étude, notamment dans la première partie, titre I et au chapitre 1.

7 Ces chiffres sont conformes au nombre de décisions publiées par la Haute Cour Constitutionnelle sur son site internet.

8 En France par exemple, entre le 1er mars 2010 et le 31 décembre 2019, la matière fiscale, à elle seule, représente 22% des décisions QPC rendues par le Conseil constitutionnel. V° « QPC et droit fiscal. Les apports croisés du droit fiscal et de la QPC », *Titre VII*, octobre 2020.

relatives sont extrêmement rares dans la jurisprudence constitutionnelle. Une analyse sociologique révèle que cette situation résulte d'une méfiance des citoyens à l'égard du juge constitutionnel car il se prononce généralement en faveur du pouvoir, notamment en période électorale[1]. Mais, ce que les citoyens gabonais tendent à ignorer c'est la différence de politique jurisprudentielle de la Cour en fonction de la nature des contentieux. En effet, si elle est moins sévère à l'égard des pouvoirs publics en période électorale, elle tend plutôt à être ferme à leur égard en matière de régulation et en contentieux des libertés et droits fondamentaux. S'agissant de ce dernier domaine, nous avons par exemple vu que la Haute juridiction s'est arrogée l'essentiel du contentieux de l'excès de pouvoir afin de mieux protéger les administrés[2]. De ce fait, elle pourrait aussi, si elle est davantage saisie en matière d'exception d'inconstitutionnalité, transformer la Constitution gabonaise en charte jurisprudentielle des droits et libertés[3]. Dans tous les cas, les justiciables gabonais et malgaches contribueraient au renforcement de la « démocratie continue » en faisant fructifier le contentieux de l'exception d'inconstitutionnalité.

821. D'ailleurs, dans les années 90 en France, en dépit de son échec en 1989, Marie-Luce PAVIA par exemple voyait en cette technique une manière de concilier le contrôle de constitutionnalité avec la « démocratie continue ». Elle soutient implicitement cette idée lorsqu'elle se demande si, avec cette technique, il n'y aurait pas « alors expression d'une volonté individuelle/générale dans un intérêt individuel/général »[4]. L'avènement de la question prioritaire de constitutionnalité (QPC) en 2010 lui a finalement donné raison car ce procédé permet aux individus de contester en permanence les lois adoptées par les gouvernants.

822. Au regard de tout ce qui précède, il y a lieu de retenir que les juges constitutionnels d'Afrique subsaharienne s'efforcent de légitimer leur office en se comportant comme des représentants du peuple et en assurant (timidement parfois) la « démocratie continue ». Cependant, force est de constater que leur audace jurisprudentielle peut aussi être interprétée comme une volonté d'instaurer un « gouvernement des juges » ou un « constitutionnalisme autoritaire ». Plusieurs décisions rendues par les Hautes juridictions sont à ce propos révélatrices d'une tendance : la substitution de la souveraineté nationale par la souveraineté juridictionnelle.

---

1 Elle est souvent qualifiée de « Tour de pise » par la classe politique de l'opposition parce qu'elle se penche toujours d'un seul côté. En effet, la « Tour de pise » est un monument architectural italien situé en Région Toscane (dans la commune de Pise). Elle est célèbre du fait de son inclinaison qui est actuellement de 3° 59 vers le sud.

2 V. *Infra*, première partie, titre II, chapitre 1.

3 V. ROUSSEAU Dominique, *Droit du contentieux constitutionnel*, 10e éd., Paris, LGDJ, 2013, p. 447.

4 PAVIA Marie-Luce, « Démocratie continue et volonté générale », *in : ROUSSEUAU Dominique (dir.), La démocratie continue*, *op. cit.*, p. 142.

II. La relativisation : la souveraineté nationale supplantée par la souveraineté juridictionnelle

823. En tant qu'organe institué, le juge constitutionnel bénéficie d'une légitimité incontestable. S'il sanctionne les représentants du peuple, c'est parce que le constituant originaire, et donc le peuple, lui-même l'y autorise à travers le contrôle de constitutionnalité qu'il l'invite à exercer. Une question se pose cependant : jusqu'où s'étend le pouvoir de sanction du juge constitutionnel ? Cette question est certes classique mais elle demeure d'actualité dans la mesure où, par leur activité jurisprudentielle, les juges constitutionnels modifient sans cesse leur place au sein des institutions. Conçus en effet comme des institutions juridictionnelles, les juges constitutionnels tendent parfois à s'ériger en gouvernants (A). Ce faisant, la souveraineté nationale est supplantée par une souveraineté de type juridictionnelle. Pareille situation pouvant prêter à équivoque, il est nécessaire de réfléchir sur de nouveaux moyens d'encadrement des pouvoirs des juges constitutionnels, au risque d'assister à un essor d'un « constitutionnalisme autoritaire » (B).

A. La tendance à une suprématie du juge constitutionnel dans l'ordre constitutionnel : le spectre d'un gouvernement des juges

824. D'origine américaine, l'expression « gouvernement des juges » a été importée en France sous la plume d'Edouard LAMBERT qui la définissait comme le fait pour une juridiction de privilégier son interprétation personnelle au détriment de celle retenue par le législateur[1]. Cette acception semble corroborée par la doctrine contemporaine lorsqu'elle admet qu'il y a « gouvernement des juges » chaque fois que la classe politique estime que les juges ont empiété sur la souveraineté du Parlement[2]. Mais, à partir de quel moment un juge empiète-t-il sur la souveraineté parlementaire et se met-il à

1 LAMBERT Edouard, *Le gouvernement des juges et la lutte contre la législation sociale aux États-Unis. L'expérience américaine du contrôle judiciaire de la constitutionnalité des lois*, Paris, Giard, 1921.

2 CANIVET Guy, « Les limites de la mission du juge constitutionnel », *Cités*, 2017/1, n°69, p. 49.

gouverner ? Serait-ce lorsqu'il s'abstient d'utiliser son pouvoir ou quand il utilise mal son pouvoir ?[1].

825. À l'analyse des pratiques constitutionnelles tant africaine, européenne qu'américaine, il résulte que la critique d'un « gouvernement des juges » est valable dans ces deux hypothèses. En effet, il y a premièrement « gouvernement des juges » lorsque ceux-ci font montre d'une autolimitation lors de l'interprétation de la Constitution afin de neutraliser la volonté du souverain formel. Tel peut être le cas s'ils développent une « jurisprudence d'incompétence »[2]. Deuxièmement, la critique d'un « gouvernement des juges » est légitime si ces derniers interprètent extensivement les dispositions constitutionnelles pour s'octroyer de nouvelles prérogatives. La doctrine estime qu'il en est ainsi en Europe et en Afrique lorsque les juridictions constitutionnelles s'érigent en organe législatif[3]. Dans cette seconde hypothèse, il y a « gouvernement des juges » parce que leur pouvoir d'interprétation devient un véritable substitut du contrôle de constitutionnalité, avec pour conséquence le remplacement de la souveraineté nationale par la souveraineté juridictionnelle.

826. Plusieurs décisions rendues par les juges constitutionnels africains s'inscrivent dans cette logique. À l'analyse de celles-ci, une double tendance se dégage. D'une part, les Hautes juridictions « gouvernent » parce qu'elles s'accaparent du pouvoir normatif. Il en est d'abord ainsi toutes les fois qu'elles réécrivent les lois négativement et/ou positivement[4]. C'est encore le cas quand elles réécrivent implicitement ou explicitement la Constitution, comme nous l'avons précédemment mentionné[5]. En effet, ces fonctions étant originellement dévolues au Parlement, il est indéniable qu'en se les octroyant, les juges se substituent aux représentants directs du peule. Pour ce faire, il est incontestable qu'ils « gouvernent ».

827. D'autre part, les Hautes juridictions « gouvernent » car leur immixtion dans les fonctions législative et constituante a pour conséquence d'établir un rapport hiérarchique entre les autres pouvoirs constitués et elles. Il a par exemple été vu qu'avec la technique de l'interprétation directive, le juge constitutionnel encadre les activités normatives des autorités infra-

---

1 Cette question est par exemple soulevée par Luc HEUSCHLING dans sa note de lecture sur l'ouvrage d'Edouard LAMBERT précédemment mentionné (*Le gouvernement des juges et la lutte contre la législation sociale aux États-Unis. L'expérience américaine du contrôle judiciaire de la constitutionnalité des lois*) paru à la *RIDC*, n°4, Octobre-Décembre 2007, pp. 958-961.

2 Nous avons vu que le juge constitutionnel sénégalais développe une jurisprudence en matière de contrôle des lois constitutionnelles. Cette attitude pourrait être interprétée comme un signe de gouvernance des juges, dans la mesure où ils peuvent imposer leur volonté aux autres acteurs politiques du fait leur autolimitation

3 WAFEU TOKO Patrick, « Le juge qui crée le droit est-il un juge qui gouverne ? », *Les Cahiers de droit*, n°1, vol. n°54, 2013, p. 147.

4 V. *Infra*, seconde partie, titre I, chapitre 1 ; titre II, chapitre 2, section 1.

5 V. *Infra*, seconde partie, titre I, chapitre 2.

législatives : juge ordinaire et administration[1]. Cela étant, il s'érige en quelque sorte en « Cour suprême exceptionnelle », dans la mesure où son interprétation s'impose à celle du juge ordinaire (juge judiciaire et juge administratif). Or, n'étant pas une juridiction « suprême », mais une juridiction « spécialisée », le juge constitutionnel outrepasse incontestablement ses compétences.

828. De même gouverne-t-il lorsque, pour réguler le fonctionnement des institutions et l'activité des pouvoirs publics, il donne des injonctions aux autres pouvoirs constitués, lesquelles injonctions apparaissent en réalité comme de véritables sanctions disciplinaires. Il en est ainsi lorsque la Cour constitutionnelle gabonaise, après avoir constaté l'illégitimité des parlementaires du fait de la non-organisation d'une élection législative dans les délais constitutionnels, sanctionne le pouvoir exécutif, en ordonnant la démission du gouvernement, et le pouvoir législatif, en mettant fin aux fonctions de l'Assemblée nationale[2].

829. La Haute Cour Constitutionnelle malgache fait également montre d'une hardiesse jurisprudentielle similaire lorsqu'elle enjoint au Président de la République, dans la décision du 25 mai 2018, de mettre fin aux fonctions du Gouvernement et de procéder *hic et nunc* à la nomination d'un nouveau Premier Ministre, afin de résoudre la crise qui secoue le pouvoir Exécutif[3]. Commentant ces deux décisions, Cyrille MONEMBOU affirme que les Hautes juridictions gabonaise et malgache exercent inexorablement un « excès de pouvoir juridictionnel »[4], c'est-à-dire qu'elles gouvernent.

830. Cet excès de zèle jurisprudentiel a également été reproché au juge constitutionnel béninois par Dandi GNAMOU lorsqu'elle se demande si ce juge n'en fait pas trop[5]. Une réponse positive semble la plus plausible dans la mesure où il est arrivé à la Cour de s'opposer au souverain dérivé en faisant échec à sa tentative de modification de la durée de la mandature des parlementaires, alors même qu'aucune disposition constitutionnelle ne l'habilite expressément à examiner les lois de révision constitutionnelle[6].

---

1 V. La section qui précède, précisément le paragraphe II.

2 Décision du 30 avril 2018, déjà commentée et citée. V. seconde partie, titre I, chapitre 2, section 2, paragraphe 2 ; seconde partie, titre II, chapitre 1, section 2, paragraphe II.

3 Décision n°18-HCC/D3 du 25 mai 2018, déjà commentée et citée. V. seconde partie, titre I, chapitre 2, section 2, paragraphe 2 ; seconde partie, titre II, chapitre 1, section 2, paragraphe II.

4 MONEMBOU Cyrille, « De "l'excès de pouvoir juridictionnel" en Afrique noire francophone. Réflexions à partir des décisions récentes des juridictions constitutionnelles du Gabon et de Madagascar », *in : AIVO Frédéric Joël, DE GAUDUSSON Jean du Bois, DESOUCHES Christine (dir.), Mélanges en l'honneur du Président Robert DOSSOU. L'amphithéâtre et le prétoire. Au service des droits de l'homme*, Paris, L'Harmattan, 2020, pp. 787-810.

5 GNAMOU Dandi, « La Cour constitutionnelle du Bénin en fait-elle trop ? », *in : AIVO Frédéric Joël (dir.), La Constitution béninoise du 11 décembre 1990 : un modèle pour l'Afrique ? Mélanges en l'honneur de AHANHANZO Maurice*, Paris, L'Harmattan, 2014, pp. 687-716.

6 V. Décision DCC 06-074 du 8 juillet 2006, déjà citée. V. seconde partie, titre I, chapitre 2, section 1.

831. Cette Haute juridiction se comporte encore tel un gouvernant quand elle limite les questions susceptibles d'être soumises au référendum. Elle agit par exemple ainsi dans la décision du 20 octobre 2011 en prohibant toute tentative de révision constitutionnelle susceptible d'être portée sur les options fondamentales de la Conférence nationale de février 1990, à savoir :

> « la forme républicaine de l'État et la laïcité ; l'atteinte à l'intégrité du territoire national ; le mandat présidentiel de cinq ans, renouvelable une seule fois ; la limite d'âge de 40 ans au moins et 70 ans au plus pour tout candidat à l'élection présidentielle ; le type présidentiel du régime politique du Bénin »[1].

832. Nous pensons que cette jurisprudence est la preuve d'une usurpation regrettable des prérogatives constituantes[2] par la Cour constitutionnelle dans la mesure où elle interdit au peuple de « défaire ce qu'il a fait » alors qu'en vertu de la règle du parallélisme des formes, l'organe compétent pour prendre un acte l'est aussi pour l'abroger.

833. Cela dit, puisque c'est le peuple béninois de 1990 qui a, à travers ses représentants, fixé les principes démocratiques ne pouvant faire l'objet d'une révision constitutionnelle, il lui est tout à fait loisible, en 2011, de se raviser ou de compléter la liste de ces principes. Or en limitant les questions susceptibles d'être révisées par ce même peuple, la Cour constitutionnelle se hisse au-dessus de la volonté nationale. En neutralisant le constituant dérivé, elle prétend représenter le constituant originaire, mais au fond elle usurpe la souveraineté nationale et la remplace par la souveraineté de type juridictionnelle. Supplantant la souveraineté nationale, la souveraineté juridictionnelle transforme alors ce juge en véritable gouvernant.

834. Ainsi, comme ses homologues gabonais et malgache, le juge constitutionnel béninois est un « gouvernant » dans la mesure où son activité jurisprudentielle le place au-dessus des autres organes constitués. En réalité, il ne peut en être autrement car le contrôle juridictionnel de constitutionnalité des lois conduit nécessairement le juge à gouverner[3]. La jurisprudence constitutionnelle comparative légitime d'ailleurs cette assertion.

835. En France par exemple, Philippe BLACHÈR relève que le Conseil constitutionnel « en fait [également] trop »[4]. Pour lui, deux types de jurisprudences confirment cette assertion. Les premières sont relatives à

---

1 Décision DCC 11-067 du 20 octobre 2011, déjà citée. V. Seconde partie, titre I, chapitre 2, section 1.

2 V° KOKOROKO Dodzi K., « Commentaire croisé de la décision DCC 11-067 du 20 octobre 2011 de la Cour constitutionnelle du Bénin », *in : ABJC*, 2013, p. 722.

3 ROUSSEAU Dominique, « La jurisprudence constitutionnelle : quelle "nécessité démocratique" ? », *in : DRAGO Guillaume, FRANçOIS Bastien, MOLFESSIS Nicolas, La légitimité de la jurisprudence du Conseil constitutionnel*, Paris, Economica, 1999, pp. 363-376 p. 372.

4 BLACHÈR Philippe, « Le Conseil constitutionnel en fait-il trop ? », *Pouvoirs*, 2003/2, n°105, pp. 17-28.

l'« excès de pouvoir constitutionnel » dont fait montre le Conseil lorsqu'il outrepasse ses compétences. Il en est ainsi des jurisprudences assorties des réserves d'interprétation parce qu'elles confèrent un pouvoir normatif au juge[1]. Les autres concernent les hypothèses où le Conseil refuse d'exercer pleinement le contrôle de constitutionalité d'une loi votée. C'est le cas lorsque le Conseil refuse de contrôler les lois référendaires[2]. « Il s'agit ici, conclut-il, d'une sorte de "déni de justice constitutionnelle" qui révèle que parfois le Conseil constitutionnel en fait trop car il n'en fait pas assez ! »[3].

836. Aux États-Unis, le « gouvernement des juges » dont faisait allusion Edouard LAMBERT, se manifesta également sous deux formes. La première fut marquée par une jurisprudence conservatrice de la part de la Cour suprême. Ce fut l'ère de la jurisprudence *« Lochner »*. L'origine de ce terme est à rechercher, selon Idris FASSASSI, dans une affaire opposant Monsieur Lochner à l'État de New York. Dans cette affaire, la Cour fit une interprétation « personnelle » de la Constitution pour affirmer sa politique jurisprudentielle conservatrice[4]. Depuis lors, aux États-Unis, le terme *« Lochner »* est évoqué toutes les fois que la Cour agit davantage en tant que législature qu'en tant que Cour ; à chaque fois que sa décision traduit « un acte de volonté » plus qu'« un acte de jugement » et que les juges confondent « leurs préférences personnelles avec les exigences du droit ». En définitive, ce mot est utilisé toutes les fois que les juges créent un nouveau droit, usurpant ainsi la souveraineté du peuple[5].

837. Quant à la deuxième forme de « gouvernement des juges », elle est apparue sous l'ère de la Cour WARREN. Elle est marquée par une jurisprudence progressiste. Idris FASSASSI estime que cette période se caractérise par une véritable « révolution des juges » concrétisée par une « transformation fondamentale de la société américaine, qu'il s'agisse de la lutte contre la ségrégation raciale, de la protection de la liberté d'expression,

1 *Ibid.*, pp. 21-23.
2 *Ibid.*, p. 23.
3 *Ibid.*, p. 19.
4 En l'espèce, une loi de l'État de New York (Bakeshop Act), adoptée en 1895, limitait les horaires de travail dans les boulangeries à dix heures par jour ou soixante heures par semaine. Mais Joseph Lochner, propriétaire d'une boulangerie, fit travailler un de ses employés plus de soixante heures par semaine. Pour ce faire, il fut, en 1902, condamné à payer une amende de 50 $. Mécontent, il contesta sa condamnation devant les cours de l'État de New York. Après avoir essuyé des échecs en première instance comme en appel, il porta son affaire devant la Cour suprême. Devant cette dernière, il obtint gain de cause. En effet, la Haute juridiction « annula la condamnation de Lochner en considérant la loi de l'État inconstitutionnelle au motif qu'elle portait atteinte à la liberté contractuelle qui préside à la formation du contrat de travail ». Commentant cette affaire, Elisabeth ZOLLER relève qu'elle « préfigure la politique jurisprudentielle d'autolimitation (*self-restraint*) qui sera celle que la Cour adoptera plus tard, en 1937, lorsqu'elle se verra contrainte de répudier *Lochner* ». V° ZOLLER Elisabeth, *Grands arrêts de la Cour suprême des États-Unis*, 1re éd., Paris, Puf, 2000, pp. 321-322.
5 FASSASSI Idris, *La légitimité du contrôle juridictionnel de la constitutionnalité des lois aux États-Unis. Étude critique de l'argument contre-majorité*, Paris, Dalloz, 2017, p. 146.

du droit constitutionnel à la vie privée, des droits de procédure en matière pénale, ou encore de la garantie de l'égalité en matière électorale »[1].

838. Ainsi, comme leurs homologues africains et européens, les juges américains exercent une sorte d'« oligarchie judiciaire ». Seulement, alors que cette « oligarchie de type juridictionnelle » semble mesurée en Europe et aux États-Unis, elle paraît parfois très poussée en Afrique subsaharienne, au point où une partie de la doctrine considère que les juges de cet espace géographique favorisent l'instauration d'un « constitutionnalisme autoritaire ». D'où la nécessité d'un encadrement (ou recadrement) de leur pouvoir normatif.

B. Le soupçon d'un constitutionnalisme autoritaire

839. Si le pouvoir normatif des juges constitutionnels d'Afrique subsaharienne est critiquable parce qu'il les transforme en « gouvernants », il est aussi à redouter à cause du « constitutionnalisme autoritaire » qu'il favorise. Opposé au constitutionnalisme libéral, qui a partie liée avec l'idée de liberté politique, le constitutionnalisme autoritaire se traduit par une ignorance ou un mépris des « valeurs fondamentales associées aux droits de l'homme, à l'État de droit, à la séparation des pouvoirs, au contrôle politique, à la démocratie, etc. »[2].

844. Dans la pensée collective, le spectre d'un tel constitutionnalisme plane sur les États d'Afrique subsaharienne, tant ceux-ci sont marqués par de nombreuses crises politiques, une récurrence des coups d'État et des atteintes persistantes aux droits de l'Homme[3]. On conviendra avec Jean DU BOIS DE GAUDUSSON que ces faits sont pour la plupart du temps perpétrés par les gouvernants, notamment lorsqu'ils « utilisent, en toute régularité formelle, toutes les ressources à des fins non démocratiques et non libérales, comme l'illustrent les nombreuses révisions constitutionnelles »[4].

841. En effet, si l'on s'en tient à la lettre et à l'esprit des constitutions modernes, ainsi qu'aux expériences constitutionnelles des grandes démocraties, la révision d'une Constitution, notamment rigide, relève de la compétence du pouvoir constituant dérivé, à savoir le Parlement ou le peuple par voie référendaire. Ce qui suppose que l'office jurisprudentiel d'une juridiction constitutionnelle ne saurait la conduire, dans un constitutionnalisme libéral ou démocratique, à réécrire expressément la Constitution. Tout au plus lui est-il loisible de réécrire une loi au moyen d'une

---

1 *Ibid.*, p. 194.

2 TUSSEAU Guillaume, « Constitutionnalisme autoritaire et créativité institutionnelle : remarques sur quelques évolutions récentes du droit constitutionnel gabonais », *Politeia*, n°34, 2018, p. 105.

3 DU BOIS DE GAUDUSSON Jean, « Les tabous du constitutionnalisme en Afrique. Introduction thématique », *Afrique contemporaine*, 2012/2, n°242, p. 56.

4 *Ibid.*

réserve d'interprétation restrictive ou constructive, et ce, non seulement en raison de la supériorité de la Constitution (qu'elle interprète) sur la loi, mais encore parce qu'elle est censée assurer la sécurité juridique[1].

842. *A contrario*, la réécriture expresse d'une Constitution par un juge constitutionnel peut être un indicateur d'un « constitutionnalisme autoritaire »[2], dans la mesure où elle traduirait une usurpation de la fonction constituante par la Haute juridiction.

843. Au Gabon par exemple, telle est la lecture qui se dégage de l'analyse de la décision du 30 avril 2018[3] par laquelle la Haute juridiction prend son « stylo » pour ajouter des dispositions dans la loi fondamentale, alors qu'elle n'est pas formellement habilitée à l'amender. Il importe de rappeler les faits à l'origine de cette affaire afin de mieux mesurer la portée du pouvoir normatif qu'exerce le juge.

844. En l'espèce, le Premier ministre saisit la Cour aux fins d'interprétation des articles 4, 28, 28a, 31, 35 et 36 de la Constitution. L'objectif visé est de tirer les conséquences des décisions rendues précédemment par la Haute juridiction. En effet, par décision n°020/CC du 11 juillet 2017, elle avait, à la suite d'une décision n°064/CC du 22 novembre 2016 dans le même sens, constaté un cas de force majeure et prononcé le maintien en fonction des membres de l'Assemblée nationale au-delà du terme normal de leur mandat et jusqu'à la proclamation d'une élection qui devait être organisée au plus tard le 30 avril 2018. Or, ce scrutin n'ayant pas eu lieu en raison d'une mise en place tardive de l'organe censé l'organiser, le Centre gabonais des élections, il est demandé à la Cour de se prononcer sur l'avenir de l'Assemblée nationale car les députés qui y siègent sont désormais illégitimes.

845. Dans sa décision, la Haute juridiction constate que « le renouvellement de cette chambre du Parlement ne peut plus se faire dans les délais fixés », de sorte qu'un risque de vide institutionnel se présente. Pour éviter cette paralysie, la Cour s'appuie sur l'article 4, alinéa 2 de la Constitution qui traite de la régulation du fonctionnement des institutions en cas de force majeure. Elle estime cependant qu'en disposant simplement qu'en « cas de force majeure dûment constatée par la Cour constitutionnelle saisie par le Gouvernement, le (ou les) membre(s) de l'institution concernée demeure(nt) en fonction jusqu'à la proclamation des résultats de l'élection organisée dans les délais fixés par la Cour constitutionnelle », cet article demeure « muet sur la situation de l'institution dont elle a reporté le renouvellement à une période

1 ROSA Audrey, « La référence aux travaux parlementaires dans la jurisprudence du Conseil constitutionnel : un instrument de renforcement de la légitimité du juge et du législateur », *RFDC*, 2014/3, n°99, p. 641.

2 TUSSEAU Guillaume, « Constitutionnalisme autoritaire et créativité institutionnelle : remarques sur quelques évolutions récentes du droit constitutionnel gabonais », *op. cit.*, p. 105.

3 Décision n°022/CC du 30 avril 2018 relative à la requête présentée par le premier ministre aux fins d'interprétation des articles 4, 28, 28a, 31, 34, 35 et 36 de la Constitution.

postérieure au terme normal du mandat, lorsqu'à l'expiration des nouveaux délais ainsi fixés, l'élection n'a pas été organisée ». Cette situation étant révélatrice d'une lacune que comporte l'article précité, poursuit la Cour, il importe de combler cette lacune en ajoutant les dispositions ci-après :

> « si à l'expiration des délais fixés par la loi fondamentale, l'élection n'a pas été organisée et aucun cas de force majeure dûment constaté par la Cour Constitutionnelle, les fonctions du ou des membre(s) de l'institution concernée cessent immédiatement. Il est procédé à des élections organisées dans les délais fixés par la Cour constitutionnelle saisie par le Président de l'autorité administrative chargée de l'organisation des élections en République gabonaise ».

Par ces ajouts, la Cour se substitue donc au pouvoir constituant dérivé car elle modifie elle-même les dispositions de l'article 4 de la Constitution. Commentant cette décision, Guillaume TUSSEAU estime que

> « les conséquences d'une telle rédaction, purement juridictionnelle, de l'article 4 sont considérables : elles ne consistent rien moins qu'en la dissolution pure et simple de l'Assemblée nationale, dont le mandat avait été prorogé à deux reprises par la Cour. Celle-ci s'octroie donc un droit de dissolution qui, selon le texte constitutionnel antérieur au comblement de lacune, ne revenait qu'au chef de l'État »[1].

846. En conséquence, la Cour devient une « constituante originale » car non seulement elle s'approprie les fonctions dévolues au Chef de l'État, mais aussi révise-t-elle la Constitution de manière informelle. Certes, la Cour affirme qu'elle fait preuve d'une telle audace afin de réguler le fonctionnement des institutions, mais à la vérité il s'agit d'une nouvelle orientation jurisprudentielle qu'elle veut imposer, tant elle adopte encore une posture similaire dans la décision n°219/CC du 14 novembre 2018.

847. Sans insister sur les faits de l'espèce[2], il convient simplement de relever que la Haute juridiction trouve l'article 13 de la Constitution lacunaire en ce qu'il ne prévoit que les causes de cessation de la fonction présidentielle avant l'expiration du mandat : la vacance au pouvoir pour quelque cause que ce soit et l'empêchement définitif, omettant ainsi l'hypothèse où un Chef d'État peut être temporairement indisponible, pour des raisons sanitaires par exemple[3]. Pour combler cette lacune, la Cour ajoute alors expressément cette notion

---

1 TUSSEAU Guillaume, « Constitutionnalisme autoritaire et créativité institutionnelle : remarques sur quelques évolutions récentes du droit constitutionnel gabonais », *op. cit.*, p. 127.

2 Pour le rappel des faits à l'origine de cette décision, v° seconde partie, titre I, chapitre 2, section 2.

3 Cette hypothèse est par exemple prévue par le constituant malgache. V. article 50 CM : « L'empêchement temporaire du Président de la République est déclaré par la Haute Cour Constitutionnelle, saisie par l'Assemblée Nationale, statuant à la majorité des deux tiers de ses membres, pour cause d'incapacité physique ou mentale d'exercer ses fonctions dûment établie ».

d'« indisponibilité temporaire » à l'article 13 de la loi fondamentale. Ce faisant, elle usurpe le pouvoir constituant[1] ; elle sape le principe de la séparation des pouvoirs parce qu'elle s'octroie une attribution dévolue au pouvoir constituant dérivé. Or, le non-respect du principe de la séparation des pouvoirs étant, comme mentionné à titre liminaire, l'un des indicateurs d'un constitutionnalisme autoritaire, on peut se demander si la jurisprudence de la Cour n'est pas révélatrice d'une telle tendance.

848. La réponse à cette question semble difficile. Car, si en droit constitutionnel le pouvoir constituant dérivé peut toujours faire échec à une décision du juge lors de la révision constitutionnelle, c'est d'ailleurs en vertu de ce dernier mot reconnu au véritable titulaire de la souveraineté nationale, le Parlement ou le peuple, que le juge constitutionnel, titulaire de la « souveraineté juridictionnelle », est légitime[2], force est de constater qu'au Gabon, c'est plutôt le juge constitutionnel qui détient le dernier mot aussi bien en matière électorale qu'en matière constitutionnelle[3].

849. La révision constitutionnelle de décembre 2020, soit deux ans après les décisions relatives à la réécriture jurisprudentielle explicite de la Constitution par la Cour, témoigne de l'acceptation par le Parlement de cette suprématie imposée par la Haute juridiction dans l'ordre constitutionnel. En effet, à l'issue de cette révision constitutionnelle formelle, tant l'article 4 que l'article 13 de la Constitution ont été réécrits par le constituant dérivé dans les sens indiqués par la Haute juridiction.

850. Dès lors, tout porte à croire qu'en droit positif gabonais, il existe un second constituant : la Cour constitutionnelle. Il pourrait s'agir d'un constituant « intermédiaire » de « type juridictionnel » ou « original » car, ne

---

1 NGANGO YOUBI Éric, « La décision de la Cour constitutionnelle gabonaise n°219/CC du 14 novembre 2018 : splendeur et stupeur ? », *Politeia*, n°33, 2018, p. 192.

2 « Ce qui fonde la légitimité du juge constitutionnel, affirme Louis FAVOREU, c'est que, normalement, le contrôle qu'il exerce et la censure qu'il peut prononcer à l'encontre d'un texte législatif, ne s'analysent pas comme un verrou ou un barrage, mais comme un aiguillage : c'est-à-dire que l'obstacle opposé par le juge constitutionnel à une loi ordinaire n'est pas définitif et peut être levé par le vote d'une loi constitutionnelle ; en conséquence, le contrôle de constitutionnalité joue le rôle d'un aiguillage en orientant les réformes vers la voie normative adéquate, en l'occurrence, la voie constitutionnelle ». V. FAVOREU Louis, « La légitimité du juge constitutionnel », *RIDC*, 1994, n°46-2, p. 578.

3 Au Gabon, comme ailleurs, la théorie du « juge aiguilleur » a montré ses limites, tant c'est le juge constitutionnel qui détient en réalité le « dernier mot » dans la procédure législative. Menant une analyse comparée sur « le gouvernement [contraint] des juges », Guillaume TUSSEAU montre qu'aussi bien la théorie du « juge aiguilleur » que sa variante : la théorie du « lit de justice constitutionnelle », entendue comme la procédure par laquelle une autorité normative dont la norme est censurée pour inconstitutionnalité peut modifier le droit constitutionnel formel afin d'entériner la norme censurée, présentent des limites. Celles-ci tiennent, entre autres, sur la procédure de révision constitutionnelle, sur les dispositions susceptibles d'être révisées et sur l'étendue de compétences des juges. V. TUSSEAU Guillaume, « Le gouvernement [contraint] des juges constitutionnels face au pouvoir de réplique des autres acteurs juridiques-ou l'art partagé de ne pas pouvoir avoir toujours raison », *Droits*, 2012/1, n°55, pp. 73-81.

pouvant créer une nouvelle Constitution, il reste inférieur au pouvoir constituant originaire ; compétent pour réviser la Constitution de fait, il semble se situer au même niveau que le pouvoir constituant dérivé ; habilité à neutraliser le pouvoir constituant dérivé, à l'instar du juge constitutionnel béninois[1], il lui est en définitive supérieur. Cette mutation de la place des juges dans l'ordre constitutionnel témoigne de la réalité d'un « gouvernement des juges ». Or, la ligne de démarcation entre la « gouvernance par les juges » et le « constitutionnalisme autoritaire » étant très infime, il convient de réfléchir sur les mécanismes de limitations du pouvoir normatif des juges.

851. Dans cette étude, il a déjà été soutenu que les juges sont soumis à la fois aux contraintes internes et externes[2], ce qui suppose qu'ils ne se prononcent pas nécessairement de manière discrétionnaire. Mais comme ces contraintes s'avèrent inefficaces en raison de la prégnance de la politisation de l'office des juges et de leur notoriété sur les autres pouvoirs constitués, il importe peut-être de créer un autre mécanisme de contrôle des juges constitutionnels. L'instauration d'un référendum d'initiative citoyenne, comme c'est le cas en Suisse, pourrait, pour ce faire, être une piste de réflexion sérieuse.

852. Dans ce pays, en effet, les citoyens peuvent directement participer au processus législatif de trois manières. Premièrement, ils sont autorisés à proposer l'annulation d'une loi déjà adoptée : c'est le référendum facultatif. Deuxièmement, les citoyens peuvent tenter d'obtenir l'adoption d'une loi : c'est l'initiative populaire législative. Troisièmement, il leur est loisible d'initier une modification de la Constitution : c'est l'initiative populaire constitutionnelle[3]. Certes, ces modalités de référendum s'appliquent surtout dans les rapports entre les citoyens et les organes politiques, et n'impliquent pas explicitement les juges, les pays d'Afrique subsaharienne pourraient néanmoins s'en inspirer et se les approprier. Ils ouvriraient par exemple aux citoyens le droit d'initier un référendum aussi bien pour proposer une loi que pour contester une décision politique, en l'occurrence la jurisprudence constitutionnelle, quand ils la jugent inopportune. Cette situation aurait l'avantage de renforcer la démocratie car le dernier mot reviendrait directement aux citoyens et non plus à leurs représentants. Ainsi, c'est peut-être en « contrôlant » le « contrôleur » que l'office juridictionnel des juges constitutionnels d'Afrique subsaharienne gagnerait davantage en légitimité.

---

1 COULIBALEY Babakane, « La neutralisation du parlement constituant (à propos de la décision n° 06-074 DCC du 08 juillet 2006 de la Cour constitutionnelle du Bénin) », *RDP*, 2009/n°5, [en ligne], p. 1.

2 V. *Infra*, seconde partie, titre II, chapitre 1, section 2, paragraphe 2.

3 V. Articles 138, 139, 139a, 139b, 140, 141, 193, 194 de la Constitution fédérale de la Confédération suisse du 18 avril 1999.

CONCLUSION DU CHAPITRE II :

853. La politisation de l'office des juges constitutionnels d'Afrique subsaharienne est ambiguë. De prime à bord, on pourrait croire que ces juges sapent le principe de la séparation des pouvoirs en s'immisçant dans l'exercice des fonctions législative et constituante. Mais, il suffit d'analyser les prérogatives dévolues aux autres organes institués pour relativiser cette critique. En effet, comme les autres organes constitués, les juges portent atteinte au principe de la séparation des pouvoirs dans son acception « organique » ou « rigide », tout en promouvant une collaboration entre les organes séparés. Dès lors, ils concourent à la modernisation ou à la redéfinition du principe de la séparation des pouvoirs.

854. Dans le même temps, leur légitimité se trouve controversée. Tandis que certains estiment qu'il faut désormais les considérer comme des « représentants » du peuple au même titre que le Parlement et le Président de la République parce qu'ils participent aussi à l'exercice de la souveraineté nationale ; d'autres y voient plutôt le signe d'un gouvernement des juges, pouvant d'ailleurs déboucher sur un « constitutionnalisme autoritaire ». Classique, ce débat doctrinal ne saurait connaître d'issue décisive en Afrique subsaharienne pour l'heure, tant la jurisprudence constitutionnelle est révélatrice de ces deux tendances.

855. Néanmoins, pour renforcer la légitimité de ces juges, il conviendrait d'intensifier les mécanismes de démocratie constitutionnelle. Pour ce faire, il serait par exemple judicieux d'accorder aux citoyens la possibilité d'initier un référendum afin de faire échec aux éventuels « excès de pouvoir juridictionnel » de ces juges.

Conclusion du titre II :

856. L'examen des significations de la politisation de l'office des juges montre qu'elle est à la fois inévitable et discutable. Elle est inévitable pour deux raisons principales. La première est relative à la vulnérabilité statutaire des juges. Sélectionnés à partir des procédés peu démocratiques comme la nomination, les juges bénéficient certes d'une légitimité juridique mais perdent en crédibilité sociologique. Le peuple ne les ayant pas directement choisis, leurs décisions s'interprètent parfois comme des manifestations de volonté moins juridiques que politiques. Dès lors, la politisation de leur office est inhérente à leur statut.

857. La seconde raison concerne la nature de leurs compétences incontournables. Celles-ci, comme leur statut, sont intrinsèquement politiques parce qu'elles amènent les juges à créer les normes. Il en est ainsi des pouvoirs ou des techniques d'interprétation et de régulation grâce auxquelles les Hautes juridictions réécrivent les lois et les constitutions.

858. On pourrait alors penser que cette appropriation du pouvoir normatif par les Cours est « antidémocratique » parce qu'elle s'opère au détriment des principes de la séparation des pouvoirs et de la souveraineté nationale. Il pourrait en effet en être ainsi si l'on tient compte des acceptions rigoureuses de ces deux grands principes ; acceptions qui prohibent toute immixtion d'un organe dans la sphère de compétences d'un autre organe, pour ce qui est de la séparation des pouvoirs, et tout exercice de la fonction délibérante par un autre organe, en dehors du peuple et/ou ses représentants, pour ce qui est de la souveraineté nationale.

859. Bien qu'elles soient pertinentes, ces interprétations ne sont pas pour autant absolues. À la vérité, la politisation de l'office des juges constitutionnels apparaît moins comme une manière de bafouer les principes de la séparation des pouvoirs et de la souveraineté nationale que comme une manière de les redéfinir ou de les actualiser. Ceci s'explique par le fait qu'en s'appropriant la fonction normative, les Hautes juridictions transcendent la conception stricte de ces deux principes et imposent une conception souple qui, d'ailleurs, est promue par l'ensemble des pouvoirs publics. La question se pose cependant de savoir si, en définitive, les Hautes juridictions ne se muent pas en représentants du peuple, voire en gouvernants.

CONCLUSION DE LA SECONDE PARTIE :

860. Il résulte de tout ce qui a été examiné dans cette seconde partie que les juges constitutionnels d'Afrique subsaharienne modernisent, actualisent ou standardisent leur office juridictionnel. Cette standardisation s'explique par le fait qu'ils s'inscrivent dans la tendance actuelle qui consiste à rendre poreuse la distinction entre le droit et la politique.

861. En effet, saisis par le politique pour contrôler une loi ou exercer une fonction de régulation, ils se transforment automatiquement en autorités législative et constituante. Ce faisant, puisqu'ils bénéficient d'une légitimité juridique, ils transcendent les acceptions classiques des principes de séparation des pouvoirs et de souveraineté nationale et en imposent de nouvelles acceptions. À la séparation rigide des pouvoirs fondée sur l'isolement des pouvoirs exécutif, législatif et judiciaire, les juges promeuvent une séparation souple des pouvoirs marquée par une interférence entre les organes dans l'exercice des différentes fonctions étatiques. À la souveraineté nationale exclusivement exercée par le peuple et ses représentants, les juges promeuvent une souveraineté nationale de type juridictionnelle, c'est-à-dire étendue à l'ensemble des juges.

862. Cette situation pouvant transformer les juges en représentants du peuple et en gouvernant, au même titre que les parlementaires alors qu'ils ne sont généralement pas élus, nous paraît peu démocratique. Il importe dès lors d'imposer des limites à leur action afin d'éviter l'essor d'un gouvernement des juges et par les juges. Peut-être serait-il judicieux de permettre aux citoyens, par la voie d'une pétition, de disposer du droit de faire échec aux jurisprudences constitutionnelles qu'ils estimeraient oppressives. Cette solution nous paraît logique tant, non seulement elle s'inscrit dans la logique de la démocratie continue mais encore est-elle conforme à l'idéologie selon laquelle dans un État démocratique, seul le peuple dispose du dernier mot.

CONCLUSION GÉNÉRALE

863. En commençant cette recherche, nous avions un présupposé : en Afrique subsaharienne, le juge constitutionnel exerce un office singulier. Au terme de nos analyses, ce présupposé parait partiellement vrai (ou encore partiellement erroné) car, en réalité, ce juge exerce un office hybride. Hybride, cet office l'est d'abord du fait de sa nature juridico-politique. À cet effet, si le juge constitutionnel apparaît comme un organe juridictionnel en Afrique subsaharienne, c'est parce qu'il dirige un véritable procès constitutionnel et bénéficie des compétences contentieuses quasi-identiques à celles des juridictions ordinaires. S'il est juge de l'excès de pouvoir au Gabon, juge administratif d'exception au Bénin et à Madagascar, il tend à être juge de plein contentieux au Bénin.

864. Et, s'il est considéré comme un organe politique, c'est parce que son office l'amène nécessairement à se transformer en législateur et constituant. En conséquence, il est désormais loisible de soutenir que ce juge est titulaire d'une portion de la souveraineté nationale. Il ne sape donc pas forcément les principes de séparation des pouvoirs et de souveraineté nationale lorsqu'il exerce son pouvoir normatif ; il participe plutôt à leur modernisation. Cette (r)évolution est inévitable, tant la politisation est inhérente au statut et aux missions de ce juge. C'est fort de toutes ces considérations que nous avancerons que l'office des juges constitutionnels d'Afrique subsaharienne est adapté à notre temps ; il a un caractère contemporain en ce qu'il ne diffère pas foncièrement de celui de ses homologues européens et américains.

865. Cela étant, l'office des juges constitutionnels d'Afrique subsaharienne est par ailleurs hybride parce qu'il est empreint de particularisme et d'universalisme. Cette dialectique apparaît sur tous les plans. S'agissant des spécificités, nous avons par exemple montré que sur le plan procédural, les phases de saisine et de l'instance sont amplement banalisées. Ce qui n'est pas souvent le cas ailleurs. Sur le plan des compétences contentieuses, il a aussi été vu que le contrôle de constitutionnalité tend à se « normaliser ». Or, cette tendance est difficilement perceptible sous d'autres cieux.

866. Quant à l'universalisme, il est avéré du fait du dépassement de l'opposition entre le droit et la politique par les juges. En effet, comme la majeure partie des juridictions actuelles, les juges constitutionnels d'Afrique subsaharienne exercent un office politique parce qu'ils disposent d'un pouvoir normatif. Toutefois, ils font peut-être preuve d'audace plus que les juges constitutionnels d'autres continents parce qu'ils réécrivent explicitement la constitution[1].

867. Hybride, enfin, l'office des juges constitutionnels d'Afrique subsaharienne l'est parce qu'il poursuit un double objet : la garantie de l'État de droit et le respect de la démocratie. Si l'État de droit se rapporte au respect de la hiérarchie des normes et à la garantie des droits fondamentaux, nous pensons que les Hautes juridictions participent à sa réalisation parce qu'elles assurent le contrôle de la régularité des lois et des actes administratifs ; protègent les administrés contre les voies de fait ; assurent la continuité de l'État et encadrent l'activité normative du législateur et du constituant. Quant à la démocratie, elle se trouve renforcée parce que les juges promeuvent une démocratie constitutionnelle non seulement en renforçant la généralisation du droit d'accès à leur prétoire, mais encore en modernisant les acceptions des notions de séparation des pouvoirs et de souveraineté nationale.

868. Cependant, des efforts restent encore à faire. En effet, l'audace du juge constitutionnel en Afrique subsaharienne est parfois exacerbée au point où, "en voulant bien faire, il finit souvent par mal faire". C'est le cas du juge constitutionnel gabonais qui supplante le constituant dérivé en réécrivant explicitement la Constitution aux motifs qu'elle comporterait une lacune[2]. C'est aussi le cas du juge constitutionnel malgache qui révoque un Gouvernement et confère des compétences considérables à un premier ministre[3]. Il en est de même au Bénin lorsque le juge constitutionnel s'érige en juridiction suprême de l'ordre juridictionnel, alors même qu'aucune disposition constitutionnelle ne lui accorde une telle habilitation.

869. On le voit, l'office du juge constitutionnel en Afrique subsaharienne est en quête de légitimité. Ce constat ne nous paraît pas alarmant car les Hautes juridictions sont encore relativement jeunes. En trente années d'expérience, il n'est pas commode d'attendre de leur part un dynamisme jurisprudentiel similaire à celui des juridictions qui en ont le double. Il convient surtout de retenir qu'en trente ans à peu près, les juges constitutionnels d'Afrique subsaharienne ont, dans le domaine du contrôle de constitutionnalité, contribué (ne serait-ce que timidement) à la garantie de l'État de droit.

870. Nous pensons qu'ils pourraient davantage assurer cet office si deux principales réformes sont initiées par les constituants dérivés. La première réforme devrait porter sur le statut des juges constitutionnels, principalement sur leur mode de sélection. Nous estimons que la sélection des juges par le procédé de la nomination fragilise leur indépendance lorsque ce procédé est maîtrisé par la majorité au pouvoir. Ce qui conduit souvent les juges, par devoir de reconnaissance, à développer une politique jurisprudentielle laxiste à l'égard des pouvoirs publics lorsque ceux-ci portent atteintes aux principes

---

1 V. *infra*.
2 V. *infra*.
3 V. *infra*.

prônés par l'État de droit. Pour limiter de tels agissements, il serait opportun de réviser la procédure de sélection des juges non pas en délaissant le procédé de nomination, mais en modifiant les autorités de nomination. À cet effet, nous préconisons l'intervention de trois acteurs dans la procédure de sélection des juges constitutionnels : l'Opposition, la Majorité au pouvoir et la Société civile. Cette procédure nous semble plus démocratique en ce qu'elle regroupe toutes les forces vives d'une nation.

871. La seconde réforme devrait porter sur l'encadrement de l'office politique des juges constitutionnels. Certes, ces derniers sont soumis à des contraintes internes et externes, mais nous estimons qu'il serait convenable pour les constituants dérivés d'identifier les seuils que les juges ne pourraient franchir et de les consacrer dans les lois fondamentales. Comme exemple, les constituants dérivés pourraient expressément interdire aux juges constitutionnels d'amender explicitement la Constitution. Ces constituants pourraient aussi permettre à une franche de la population de disposer du droit de remettre en cause toute décision de la juridiction constitutionnelle soupçonnée d'être partiale. Cette réforme pourrait favoriser le renforcement de la démocratie en Afrique subsaharienne dans la mesure où, en contentieux électoral, il est très rare de voir une juridiction constitutionnelle annuler un scrutin électoral quand bien même celui-ci serait entaché d'irrégularités. Permettre aux citoyens de remettre en cause les décisions des juges constitutionnels reviendrait alors à leur donner le dernier mot de manière effective, ce qui est un gage pour la démocratie. Avec de tels réformes, nous pensons que les systèmes de justices constitutionnelles en vogue en Afrique subsaharienne se transformeraient en de véritables modèles de justices constitutionnelles. Il serait d'ailleurs intéressant de poursuivre cette réflexion en esquissant un modèle africain de justice constitutionnelle.

BIBLIOGRAPHIE

(Cette bibliographie est sélective ; elle ne comporte donc pas tous les documents cités tout au long de l'étude)

I. DOCTRINE

A. DICTIONNAIRES

ALLAND (D.) et RIALS (S.), *Dictionnaire de la culture juridique*, 1re éd., Paris, Puf, 2003.

ARNAUD (A-J.) (dir), BELLEY (J-G.), CARTY (J. A.), CHIBA (M.), COMMAILLE (J.), DEVILLE (A.), LANDOWSKI (E.), OST (F.), PERRIN (J-F.), PERRIN (J-F.), VAN DE KERCHOVE (M.), WROBLEWSKI (J.), *Dictionnaire encyclopédique de théorie et de sociologie du droit*, Paris, LGDJ, 1993.

AVRIL (P.) et GICQUEL (J.), *Lexique de droit constitutionnel*, 3e éd., Paris, PUF, 2012.

CORNU (G.), *Vocabulaire juridique*, 10e éd., Paris, PUF, 2014.

DUHAMEL (O.) et MENI (Y.), *Dictionnaire constitutionnel*, 1re éd., Paris. PUF, 1992.

B. TRAITÉS ET MANUELS

ACHOUR (R.B.), *Le droit constitutionnel normatif : développement récents*, Bruxelles, Bruylant, 2009.

ADJOLOHOUN (H.), *Droits de l'Homme et Justice constitutionnelle en Afrique : le modèle béninois*, Paris, L'Harmattan, 2011.

ARDANT (P.), MATHIEU (B.), *Institutions politiques et droit constitutionnel*, 30e éd., Paris, LGDJ, 2018-2019.

AVRIL (P.) et GICQUEL (J.), *Le Conseil constitutionnel*,3e éd., Paris, Montchrestien, 1995.

BADET (G.), *Les attributions originales de la Cour constitutionnelle du Bénin*, Friedrich Ebert Stiftung, 2013.

BEN ACHOUR (R.), GUELDICH (H), *Les juridictions internationales régionales et sous-régionales en Afrique*, Tunis, Konrad-Adenauer-stiftung, 2020.

BIOY (X.), *Droits fondamentaux et libertés publiques*, 5e éd., Paris, Montchrestien, 2018.
BORRICAND (J.), SIMON (A-M.), *Droit pénal. Procédure pénale*, 8ème éd., Paris, Dalloz, 2013.
BRAIBANT (G.), *L'Etat de droit*, Paris, Dalloz, 1996.
CADIET (L.), *Théorie générale du procès*, 3e éd., Paris, PUF, 2020.
CAILLOSSE Jacques et al., *Les grandes arrêts politiques de la jurisprudence administrative*, 1re éd., Paris, LGDJ, 2019.
CHAGNOLLAUD DE SABOURET (D.), *Droit constitutionnel contemporain. La Constitution de la Ve République*, 7e éd., Paris, Dalloz, 2015.
CALLEJON (F. B.), PINON (S.) et VIALA (A.), *Le pouvoir constituant au XXIème siècle*, Institut Universitaire Varenne, 2017.
CAMBY (J-P.), *Elections parlementaires : règles contentieuses générales et contentieux du déroulement des élections-procédure*, Paris, Dalloz, 2018.
CAPPELLETTI (M.), *Le pouvoir des juges*, PUAM, Economica, 1990.
CARCASSONE (G.) et GUILLAUME (M.), *La Constitution introduite et commentée*, Paris, Le Seuil, 2016.
CAUDAL (S.) (dir.), *La motivation en droit public*, Paris, Dalloz, 2013.
CHAGNOLLAUD DE SABOURET (D.), *Droit constitutionnel contemporain. La Constitution de la Ve République.*, t. 2., 7e éd., Paris, Dalloz, 2015.
CHANTEBOUT (B.), *Droit constitutionnel*, 31e éd., Paris, Dalloz, 2016.
CHAPUS (R.), *Droit administratif général*, 15e éd., Paris, Montchrestien, t. 1, 2001.
CHÉROT (J-Y) et FRYDMAN (B.) (dir.), *La science du droit dans la globalisation*, Bruxelles, Bruylant, 2012.
CHEVALLIER (J.), *L'État de droi*t, 6e éd., Paris, LGDJ, 2017.
CHRETIEN (P.), CHIFFLOT (N.), TOURBE (M.), *Droit administratif*, 16e éd., Paris, Dalloz, 2018-219.
COHENDET (M-A.), *Droit constitutionnel*, 3e éd., Paris, LGDJ, 2017.
COMBACAU (J.), SUR (S.), *Droit international public*, 5e éd., Paris, Montchrestien, 2001.
CONSTANTINESCO (V.), PIERRE-CAPS (S.), *Droit constitutionnel*, 6e éd., Paris, PUF, 2013.
DAEL (S.), *Contentieux administratif*, 3e éd., Paris, PUF, 2010.
DE BECHILLON (D.), *Qu'est-ce qu'une règle de droit ?*, Odile Jacob, 1997.
DENIZEAU (C.), *Droits et libertés fondamentales*, Vuibert, 2012.
DESPORTES (F.), LE GUNEHEC (F.), *Droit pénal général*, 16e éd., Paris, Economica, 2009.
DRAGO (G.), *Contentieux constitutionnel français*, 4e éd., Paris, PUF, coll. « Thémis Droit », 2016.
DUHAMEL (O.), TUSSEAU (G.), *Droit constitutionnel et Institutions politiques*, 4e éd., Paris, Seuil, 2016.
EISENNMAN (C.), *Cours de droit administratif*, t.2, Paris, LGDJ, 1983.
ERGEC (R.), *Protection européenne et internationale des droits de l'homme*, Bruxelles, Bruylant, 2004.

FAVOREU (L.), *La politique saisie par le droit : alternances, cohabitation et Conseil constitutionnel*, PUAM, Economica, 1988.
FAVOREU (L.) et PHILIP (L.), *Les grandes décisions du Conseil constitutionnel*, 16e éd., Paris, DALLOZ, 2013.
FAVOREU (L.), MASTOR (W.), *Les Cours constitutionnelles*, 2e éd., Paris, Dalloz, 2016.
FAVOREU (L.), GAIA (P.), GHEVONTIAN (R.), MESTRE (J-L.), PFERSMANN (O.), ROUX (A.), SCOFFONI (G.), *Droit constitutionnel*, 22e éd., Paris, Dalloz, 2020.
FRIER (P-L.), PETIT (J.), *Droit administratif*, 12e éd., Paris, LGDJ, 2018-2019.
FRICERO (N.), GUINCHARD (S.), *Droit et pratique de la procédure civile*, Paris, Dalloz, 2017-2018.
GAUDEMET (Y.), *Droit administratif*, 22e éd., Paris, LGDJ, 2018.
GELARD (P.), *Droit Constitutionnel*, (Mélanges), Paris, Montchrestien, 1999.
GICQUEL (J.), GICQUEL (J-E.), *Droit constitutionnel et institutions politiques*, 32e éd., Paris, Montchrestien, 2018-2019.
GRAWITZ (M.), *Méthodes des sciences sociales*, 11e éd., Paris, Dalloz, 2001.
GRAY (J. C.), *The nature and sources of the law*, 2nd éd., New York, MacMillan, 1938.
GRANDJEAN Geoffrey, WILDEMEERSCH Jonathan, *Les juges : décideurs politiques ? Essais sur le pouvoir politique des juges dans l'exercice de leur fonction*, Bruxelles, Bruylant, 2016.
GUINCHARD (S.), *Droit processuel. Droits fondamentaux du procès*, 9e éd., Paris, Dalloz, 2017.
GUINCHARD (S.), BUISSON (J.), *Procédure pénale*, 11e éd., Paris, LexisNexis, 2018.
HAURIOU (M.), *Précis de droit constitutionnel*, Paris, librairie du Recueil Sirey, 1929.
HERON (J.) et LE BARS (T.), *Droit judiciaire privé*, 5e éd., Domat droit privé, Paris, Montchrestien, 2012.
KWAHOU (S.), *Le Contentieux administratif gabonais en 13 leçons*, Saint-Dénis, Publibook, 2016.
KELSEN (H.), *Théorie générale des normes*, trad. fr. EISENMANN Charles, 2e éd., Paris, Bruylant-LGDJ, 1999.
LAFOURCADE (M.), *Les droits de l'homme*, Paris, PUF, 2018.
LAMBERT (E.), *Le gouvernement des juges et la lutte contre la législation sociale aux Etats-Unis*, Paris, Marcel Giard, 1921.
LASCOMBE (M.), *Le Droit constitutionnel de la Vème République*, 12e éd., Paris, L'Harmattan, 2012.
LONG (M.), WEIL (P.), BRAIBANT (G.), DELVOLVE (P.), GENEVOIS (B.), *Les grands arrêts de la jurisprudence administrative*, 15e éd., Paris, Dalloz, 2015.
LOCKE (J.), *Traité du gouvernement civil*, Londres, Awnsham Churchill, 1689.
MATHIEU (B.) (dir.), *Les grandes délibérations du Conseil constitutionnel*, Paris, Dalloz, 2009.
MATHIEU (B.) et ROUSSEAU (D.), *Les grandes décisions de la question prioritaire de constitutionnalité*, Paris, LGDJ, 2013.

MATHIEU (B.), VERPEAUX (M.), *Contentieux constitutionnel des droits fondamentaux*, Paris, LGDJ, 2002.
MEDE (N.), *Les grandes décisions de la Cour constitutionnelle du Bénin*, Saarbrücken, Éditions universitaires européens, 2012.
MELIN-SOUCRAMANIEN (F.), PACTET (P.), *Droit constitutionnel*, 38e éd., Paris, Sirey, 2020.
MERLE (P.), *Droit commercial. Sociétés commerciales*, 22e éd., Paris, Dalloz, 2018.
MONTAGUT (M.), *L'être et la torture*, Paris, PUF, 2014.
MONTESQUIEU, *De l'esprit des lois*, Genève, Chatelain, 1748.
MUTOLSKY (H.), *Droit processuel*, Paris, Montchrestien, 1973.
ONDO (T), *Le droit parlementaire gabonais*, Paris, L'Harmattan, 2008.
OST (F.),
Dire le droit, faire justice, 2e éd., Bruxelles, Bruylant, 2012.
Le temps du droit, Paris, Odile Jacob, 1999.
À quoi sert le droit ? Usages, Fonctions, Finalités, Bruxelles, Bruylant, 2017.
ROMAN (D.), HENNETTE (S.), *Droits de l'homme et libertés fondamentales*, 3e éd., Paris, Dalloz, 2017.
ROSSATANGA-RIGNAULT Guy, *L'État au Gabon. Histoire et Institutions*, Libreville, Éditions Raponda Walker, 2009.
ROUAULT (M. C.), *Contentieux administratif*, 5e éd., Paris, Gualino, 2008.
ROUQUETTE (R.),
Le procès administratif, 4e éd., Paris, Dalloz, 2010.
Petit traité du procès administratif, 8e éd., Paris, Dalloz, 2018.
ROUSSEAU (D.),
Droit du contentieux constitutionnel, 10ème éd., Paris, LGDJ-Lextenso, 2013.
La justice constitutionnelle en Europe, 2e éd., Paris, Montchrestien, 1996.
ROUSSILLON (H.), ESPULGAS (P.), *Le Conseil constitutionnel*, 7ème éd., Paris, Dalloz, 2011.
SINDJOUN (L.), *Les grandes décisions de la justice constitutionnelle africaine. Droit constitutionnel jurisprudentiel et politiques constitutionnelles au prisme des systèmes politiques africains*, Bruxelles, Bruylant, 2009.
STEFANI (G.), LEVASSEUR (G.), BOULOC (B.), *Droit pénal général*, Paris, Dalloz, 2003
SUDRE (F.), *La Convention européenne des droits de l'homme*, Paris, PUF, 2015.
SUDRE (F.), MARGUENAUD (J-P.), ANDRIANTSIMBAZOVINA (J), GOUTTENOIRE (A), LEVINET (M), *Les grands arrêts de la Cour européenne des Droits de l'homme*, Thémis droit, 5e éd., PUF, 2009.
TROPER (M.), *La motivation des décisions constitutionnelles, in : C. PERELMAN et P. FORIERS (dir.), La motivation des décisions de justice*, Bruxelles, Bruylant, 1978.
TROPER (M.), CHAGNOLLAUD (D.), *Traité international de droit constitutionnel*, Paris, Dalloz, t. 3., 2012.
TUSSEAU Guillaume, *Contre les « modèles » de justice constitutionnelle. Essai de recherche méthodologique*, Bononia University, 2009.

Contentieux constitutionnel comparé : une introduction critique au droit processuel constitutionnel, Paris, LGDJ, 2021.
VEIL (S.), *Redécouvrir le Préambule de la Constitution, Rapport au Président de la République*, Paris, La documentation Française, 2009.
WALINE (J.), *Droit administratif*, 26e éd., Paris, Dalloz, 2016.
ZOLLER Elisabeth, *Grands arrêts de la Cour suprême des États-Unis*, Paris, Puf, 2000.

C. THÈSES ET MÉMOIRES

ANDRIANTSIMBAZOVINA (J.), *L'autorité des décisions de justice constitutionnelles et européennes sur le juge administratif français : Conseil constitutionnel, Cour de Justice des Communautés Européennes et Cour Européenne des Droits de l'Homme*, Paris, LGDJ, 1998.
AMOI KOUAME (J-J.), *La juridictionnalisation de l'exécution de la peine : analyse comparative en droit français et en droit ivoirien*, Thèse de doctorat, Paris 8, 2015.
ARPIN-GOUNET (F.), *Exécution des peines et autorité de la chose jugée*, Thèse de doctorat, Lyon III, 1992
BARBAROUSSIS (N.), *La fonction régulatrice du Président hellénique*, Paris, LGDJ, 2000.
BARDONNET Daniel, *Le tribunal des conflits, juge du fond*, Paris, LGDJ, 1959.
BAUDUIN (B.), *La constitutionnalisation du droit du travail, étude d'une dynamique contemporaine*, Thèse, Paris 1, 2017.
BEHRENDT (C.), *Le juge constitutionnel, un législateur-cadre positif. Une analyse comparative en droit français, belge et allemand*, Bruxelles, Bruylant, LGDJ., 2006.
BESSE Magalie, *Les transitions constitutionnelles démocratisantes : analyse comparative à partir de l'expérience du Bénin*, Thèse, Université Clermont Auvergne, 2017.
BENZINA (S.), *L'effectivité des décisions QPC du Conseil constitutionnel*, Thèse, Paris, LGDJ, 2017.
BLACHER Philippe, *Contrôle de constitutionnalité et volonté générale*, Paris, PUF, 2001.
BLANQUER (J-M.), *Les méthodes du juge constitutionnel*, Thèse de doctorat, Paris, 1993.
BOUCOBZA Isabelle, *La fonction juridictionnelle. Contribution à une analyse des débats doctrinaux en France et en Italie*, Paris, Dalloz, 2005.
BOLLE (S.), *Le nouveau régime constitutionnel du Bénin, Essai sur la construction de l'Etat d'une démocratie africaine par la Constitution, thèse de droit public*, Université de Montpellier I, 1997
CASTERA (P.), *Les professeurs de droit membres du Conseil constitutionnel*, thèse, université de Bordeaux, 2015.
CONNIL Damien, *L'office du juge administratif et le temps*, Paris, Dalloz, 2012.

DANIEL (J.), *Contribution à l'étude de la constitutionnalisation*, Thèse, Paris 2, 2000.
DANILENKO (D.), *Le procès constitutionnel et le droit processuel*, Thèse, Aix-en-Provence, 2008.
DISANT (M.), *L'autorité de la chose interprétée par le Conseil constitutionnel*, Paris, LGDJ, 2010.
DI QUAL (L.), *La compétence liée*, Paris, LGDJ, 1946.
DRAGO (G.), *L'exécution des décisions du Conseil constitutionnel. L'effectivité du contrôle de constitutionnalité des lois*, PUAM-Economica, 1991.
DUCLERCQ (J-B.), *Les mutations du contrôle de proportionnalité dans la jurisprudence du Conseil constitutionnel*, Paris, LGDJ, 2015.
ESSONO OVONO (A.), *Théorie de l'interprétation et pouvoir créateur du juge constitutionnel français, thèse de droit public*, Toulouse 1, 2000
FASSASSI (I.), *La légitimité du contrôle juridictionnel de la constitutionalité des lois aux États-Unis*, volume 165, Paris, Dalloz, 2017.
FOUMANE ZE Edmond Claude, *Le contentieux constitutionnel en Afrique noire francophone et à Madagascar*, Thèse, Université de Limoges, 1992.
GAUDEMET (Y.), *Les méthodes du juge administratif*, Paris, LGDJ, 1972.
GERMAIN Jérôme,
- *Le Parlement et la Cour des Comptes*, thèse, Toulouse I, 2007.
- *Le renouvellement de la limitation des pouvoirs, notamment en matière financière et au regard du droit comparé franco-allemand*, Mémoire de soutenance. Habilitation à diriger des recherches en droit public, Tomes 1 et 2, Metz, 2014.
HOURQUEBIE (F.), *Sur l'émergence du contre-pouvoir juridictionnel sous la Vème République*, Bruxelles, Bruylant, 2004
JACQUEMART Denis, *Le Conseil d'État, juge de cassation*, Paris, LGDJ.
JAN (P.), *La saisine du Conseil Constitutionnel*, Paris, LGDJ, 1999.
LEBRUN (G.), *Office du juge administratif et questions préjudicielles. Recherches sur la situation du juge a quo*, Issy-les-Moulineaux Cedex, 2017.
LESTRADE (E.), *Les principes directeurs du procès dans la jurisprudence du Conseil constitutionnel*, Thèse, Université Montesquieu-Bordeaux IV, 2013.
MALHIERE (F.), *La brièveté des décisions de justice (Cour de cassation, Conseil d'Etat, Conseil constitutionnel) : Contribution à l'étude des représentations de la justice*, thèse, Montpellier, 2011.
MBORANTSUO (M.M.), *La contribution des Cours constitutionnelles à l'Etat de droit en Afrique*, Paris, Economica, 2007.
MBOUSNGOK (A-D.), *La protection constitutionnelle des droits de l'homme dans les Etats d'Afrique noire francophone*, thèse, Nancy, 2016.
MEYNAUD-ZEROUAL Ariane, *L'office des parties dans le procès administratif. Contribution à l'émancipation du droit du procès administratif*, Paris, LGDJ, 2020.
MOUHAMADOU MOUNIROU (S.), *La protection constitutionnelle des droits fondamentaux en Afrique : L'exemple du Sénégal*, Paris, L'Harmattan, 2007.

NDIAYE (A.), *La nouvelle juridiction constitutionnelle en Afrique noire francophone et la construction de l'Etat de droit : exemples du Gabon et du Sénégal, Thèse de Doctorat en droit public*, Université de Montpellier I, 2003.
NDJIMBA Kévin (F.), *L'internationalisation des Constitutions des Etats en crise : réflexion sur les rapports entre Droit international et Droit constitutionnel*, Thèse, Nancy, 2011.
NGUELE ABADA (M.), *État de droit et démocratisation. Contribution à l'étude de l'évolution politique et constitutionnelle du Cameroun*, Thèse, Université Paris, I, 1995.
NICOT (S.), *La sélection des recours par la juridiction constitutionnelle (Allemagne, Espagne et Etats-Unis)*, Paris, LGDJ, 2006.
NZE-BITEGHE (J-C.), *Le système gabonais de justice constitutionnelle, l'exemple de la Cour constitutionnelle*, Thèse de doctorat, Toulouse 2000.
SENAC (C.E.), *L'office du juge constitutionnel*, Paris, LGDJ, 2015.
SEVERINO (C.), *La doctrine du droit vivant*, Paris/Aix-en-Provence, Economica/PUAM, « collection droit public positif », 2003.
TROPER (M.), *La séparation des pouvoirs et l'histoire constitutionnelle française*, Paris, LGDJ, 1973.
TUSSEAU (G.), *Les normes d'habilitation*, Paris, Dalloz, 2006
VAUTROT-SCHWARZ (C.), *La qualification juridique en droit administratif*, Thèse, Paris, LGDJ, 2009.
VIALA (A.), *La technique des réserves d'interprétation dans la jurisprudence du Conseil constitutionnel*, Paris, LGDJ, 1999.
VIDAL-NAQUET (A.), *Les « garanties légales des exigences constitutionnelles » dans la jurisprudence du Conseil constitutionnel*, Paris, éd. Panthéon-Assas, 2007.

D. ARTICLES

(Les articles dont les numéros de pages ne seront pas mentionnés sont ceux qui ont été consultés en ligne)

AIVO (J.F.), « La Cour constitutionnelle du Bénin », *RFDC*, n°99/3, 2014.
« Contribution à l'étude de la garantie juridictionnelle des droits fondamentaux. Retour sur vingt ans de jurisprudence constitutionnelle (trop active) au Bénin », *Afrilex*, 2016, [en ligne].
« Radioscopie sommaire de la justice constitutionnelle au Bénin », *NCCC*, 2015/2, n°47, pp. 99-112.
« La crise de la normativité de la Constitution en Afrique », *RDP*, 2016, [en ligne].
ADOUKI (D. E.), « Contribution à l'étude de l'autorité des décisions du juge constitutionnel en Afrique », *RFDC*, 2013/5, n° 95, pp. 611-638.
AGOSTINI Christophe, « Pour une théorie réaliste de validité », *in : Denis de BÉCHIOLON et al., Mélanges en l'honneur de Michel TROPER. L'architecture du droit*, Paris, Economica, 2006, pp. 1-20.
AKACHA (N.), « Les techniques de participation du juge constitutionnel à la fonction constituante », *in : Le droit constitutionnel normatif : développements*

récents, sous la direction de ACHOUR (R. B), Bruxelles, Bruylant, 2009, pp. 121-154.

AKEREKORO (H.), « Le procès constitutionnel au Bénin », *ABJC.*, I-2013, pp 59-94.

ALPA (G.), « La rédaction de la décision de justice en Italie », *RIDC*, 1998, pp. 853-861.

AMSELEK (P.), « L'évolution générale de la technique juridique dans les sociétés occidentales », *RDP*, 1982, p. 287.

ANDRIANTSIMBAZOVINA (J.),

« De l'autorité à l'effectivité des décisions du Conseil constitutionnel. De quelques paradoxes de l'usage du formalisme et du pragmatisme juridiques », *Politeia*, n°4, 2003, p. 25.

« L'autorité de la chose interprétée et le dialogue des juges », *in : Mélanges en l'honneur de Brunon Genevois*, Paris, Dalloz, 2009, pp. 11-28.

ANDZOKA ATSIMOU Séverin, « La participation des juridictions constitutionnelles au pouvoir constituant en Afrique », *RFDC*, n°110, 2017/2, p. 282.

ANCEL (J-P.), « La rédaction de la décision de justice en France », *RIDC*, 1998, n°50-3, pp. 841-852.

ARLETTAZ (J.), « l'interprétation négative à l'étranger », *NCCC*, n°46, 2015/1, p. 55-75.

ARNOLD (R.),

« Constitution et droits sociaux, Allemagne », Table ronde, *AIJC*, 2016/31-2015, pp. 139-148.

« La Cour constitutionnelle fédérale allemande et la Cour européenne des droits de l'homme », *RIDC*, n°57-3, 2005, pp. 805-815.

ARSAC Rodolphe, « La fonction consultative du Conseil constitutionnel », *RFDC*, 2006/4, n°68, p. 782.

ASSOUMA (A.), « Les juridictions constitutionnelles et les crises : l'expérience de la Cour constitutionnelle du Togo », *in : 5e congrès de l'ACCPUF, les Cours constitutionnelles et les crises, Cotonou, Bénin, 2009* [en ligne].

ATIAS (C.), « La qualité du raisonnement juridique contemporain », *Defrénois*, 2004, n°23, p. 1607.

ATIENZA (M.), « L'argumentation », *TIDC*, 2012, pp. 505-543.

ATSIMOU (S. A.), « La participation des juridictions constitutionnelles au pouvoir constituant en Afrique », *RFDP*, n°110/2, 2017, p. 279-316.

AZOUAOU (P.), « L'écrit, vecteur suffisant de l'instruction ? », *Civitas Europa*, n°42, 2019/1, pp. 63-68

BARBE (V.), « Le débat sur l'effet horizontal des droits de l'homme au Royaume-Uni depuis l'entrée en vigueur du Human Rights Act de 1998 », *RDP*, n°2, 2007, [en ligne].

BADET Gilles,

« Commentaire de la décision DCC 02-014 du 19 février 2002 », *in : ABJC*, pp. 496-497.

« Commentaire de la décision DCC 99-11 du 04 février 1999 », *in : ABJC*, p. 532.

BARAK (A.), « L'exercice de la fonction juridictionnelle vu par un juge : le rôle de la Cour suprême dans une démocratie », *RFDC*, n°66, 2006/2, pp. 234.
BARANGER (D.), « Sur la manière française de rendre la justice constitutionnelle. Motivations raisons politiques dans la jurisprudence du Conseil constitutionnel », *in : Jus Politicum*, 2012, n°7, p. 5 et s.
BARRUE-BELON (R.), « Le développement des références juridictionnelles dans les visas du Conseil constitutionnel : vers une fonction de Cour suprême ? », *RFDC*, n°106, 2016, pp. 259-282.
BARTHELEMY (J.) et BORE (L.), « Juges constitutionnels négatifs et interprète négatif de la loi », *Constitutions*, 2011, n°1, p. 69.
BAUME Sandrine, « De l'usage des pouvoirs neutres », *Pouvoirs*, 2012/4, n°143, p. 24.
BEAU (O.),
« La multiplication des pouvoirs », *Pouvoirs*, 2012/4, n°143, p. 47.
« Doctrine », in : Denis ALLAND et Stéphane RIALS (dir.), Dictionnaire de la culture juridique, Paris, PUF, 2003, pp. 384-388.
BELL (J.), « Le juge administratif anglais est-il un juge politique ? », *RIDC*, n°38-3, 1986, p. 792.
BELLOIR (P.), « Le contrôle de la régularité de la procédure », Dalloz, 2015 (actualisation, septembre 2019).
BELLOUBET (N.),
« La motivation des décisions du Conseil constitutionnel : justifier et réformer », *NCCC*, 2017/2-3, n°55-56, pp. 5-21.
« L'intérêt à agir devant le Conseil constitutionnel », *in : TEITGEN-COLLY Catherine (dir.), L'accès au juge : l'intérêt à agir. Actes du colloque organisé le 20 juin 2014 par l'Association des juristes de contentieux public (AJCP) et l'Institut des sciences juridique et philosophique de la Sorbonne (ISJPS)*, Paris, LGDJ, 2016, p. 49.
« Conseiller l'État », *Pouvoirs*, 2007/4, n°123, p. 50.
BENETTI (J.), « La saisine parlementaire (au titre de l'article 61 de la Constitution) », *NCCC*, n°38-12, 2013, 2013, p. 85.
BERGOUGNOUS (G.), « Le Conseil constitutionnel et le législateur », https://www.conseil-constitutionnel.fr (consulté le 28 août 2016).
BERTEGI (B.), « Le Conseil constitutionnel tunisien et la hiérarchie des normes », *in : Le droit constitutionnel normatif*, Bruxelles, Bruylant, 2009, p. 173-185.
BILCHITZ (D.), « La distinction entre contrôle concret et concret abstrait en Afrique du Sud », *AIJC*, 2013, pp. 11-16.
BLACHER (P.),
« Le contrôle par le Conseil constitutionnel des lois constitutionnelles », *RDP*, 2016.
« L'obiter dictum dans la jurisprudence du Conseil constitutionnel », *REDP*, vol. 12, n°3, 2000.
« Objectif de valeur constitutionnelle », *in : CABRILLAC Rémy (dir.), Dictionnaire du vocabulaire juridique*, Paris, Litec, Éditions du Juris-Classeur, coll. « Objectif droit », 2ème éd., 2004, p. 271.

« Le Conseil constitutionnel en fait-il trop ? », *Pouvoirs*, 2003/2, n°105, pp. 17-28.
BLANQUET (P.), « Les lois organiques spécifiques au sénat et les justifications du Conseil constitutionnel », *RFDC*, 2020/1, n°121, p. 72.
BOLLE Stéphane,
« Les Cours constituantes d'Afrique », *in : Frédéric Joël AIVO et al., Mélanges en l'honneur du Président Robert DOSSOU. L'amphithéâtre et le prétoire*, Paris, L'Harmattan, 2020, pp. 248-279.
« La Constitution en Afrique : pour le meilleur et pour le pire », *in Mélanges en l'honneur de Dominique ROUSSEAU, Constitution, justice, démocratie*, Paris, LGDJ, 2020, p. 855.
BONNET (J.),
« Les instruments du contrôle de constitutionnalité », *RA*, n°335, 2003, p. 448.
« Les contrôles a priori et a posteriori », *NCCC*, n°40 (Dossier : le Conseil constitutionnel : trois ans de QPC) — juin 2013.
BOUCOBZA (I.), « Un concept erroné, celui de l'existence d'un pouvoir judiciaire », *Pouvoirs*, n°143, 2012/4, pp.74-83.
BOUDON (J.),
« Le mauvais usage des spectres. La séparation "rigide" des pouvoirs », *RFDC*, 2009/2, n°78, p. 261.
« La séparation des pouvoirs aux États-Unis », *Pouvoirs*, 2012/4, n°143, pp. 113-122.
BOTTINI (F.), « La promulgation des lois parlementaires », *RFDC*, 2008/4, n°76, p. 763.
BOURGI (A.), « L'évolution du constitutionnalisme en Afrique : du formalisme à l'effectivité », *RFDC*, 2002/4, n°52, p. 722.
BOUVIER (V.), « La juridiction constitutionnelle », *RFTJ*, Paris, Puf, 1989.
BROUSSOLE (D.), « Les lois déclarées inopérantes par le juge constitutionnel », *RDP*, 1985 [en ligne].
BRUNET (P.), « Le juge constitutionnel est-il un juge comme les autres ? Réflexions méthodologiques sur la justice constitutionnelle », *in : C. GREWE, O. JOUANJAN, E. MAULIN, P. WACHSMANN, La notion de justice constitutionnelle*, Paris, Dalloz, 2005.
BRUNO Schoumaker, TABUTIN Dominique, « La démographie de l'Afrique subsaharienne au XXIe siècle. Bilan des changements de 2000 à 2020, perspectives et défis d'ici 2050 », *Population*, 2020/2-3, (vol 75), p. 169.
BOUDOU (G.), « Autopsie de la décision du Conseil constitutionnel du 16 juillet 1971 sur la liberté d'association », *RFDC*, 2014, n°97, pp. 5-120.
BUGNICOURT (J.), « Le mimétisme administratif en Afrique : obstacle majeur au développement », *RFSP*, n°23-6, 1973, pp. 1239-1267.
CAMPBELL (I-B.), « Réflexions autour de la rédaction de la décision de justice », *RIDC*, n°50-3, 1998, pp. 827-840.
CANIVET (G.),
« La motivation des décisions du Conseil constitutionnel », *in : Sylvie CAUDAL (dir.), La motivation en droit public*, Paris, Dalloz, 2013, pp. 231-239.
« Les limites de la mission du juge constitutionnel », *Cités*, 2017/1, n°69, p. 49.

CARPENTIER (E.), « L'organe, l'acte et le conflit constitutionnels », *AIJC*, 2005, pp. 57-91. CARPENTIER (M.), « Pour de nouveaux "modèles" de justice constitutionnelle », *RIDC*, 2016/68-1, pp. 183-184.
CARCASSONE (G.), « La place de l'opposition : le syndrome français », *Pouvoirs*, 1998, n°85, p. 77.
CASSARD-VALEMBOIS (A.-L.),
« De l'usage de la gomme, comme crayon par le Conseil constitutionnel face aux malfaçons législatives », *Constitutions*, 2011, n°3, p. 316.
« Le Conseil constitutionnel face aux malfaçons législatives », *Constitutions*, 2011, n°2, p. 316.
CAYLA (O.), « L'obscure théorie du pouvoir constituant originaire ou l'illusion d'une identité souveraine inaltérable », *in : Mélanges en l'honneur de Michel Troper*, Economica, 2006, pp. 249-265.
CAYLA (O.) et BEAUD (O.), « Les nouvelles méthodes du Conseil constitutionnel », *RDP*, 1987 [en ligne].
CAYROL (N.),
« La procédure devant le tribunal de grande instance », Dalloz, avril 2015 (Actualisation : Décembre 2019).
« Les métamorphoses de l'office du juge », *in : la Gazette du Palais*, n°212, 2014.
CAZIN (B.), « La requête », Dalloz, 2019
CHARITE (M.),
« Les commentaires autorisés des décisions du Conseil constitutionnel », *RDP*, 2015, p. 451.
« Réserves d'interprétation transitoires dans la jurisprudence QPC », *AJDA*, 2015, p. 1621.
CHALTIEL TERRAL (F.), « Le pouvoir constituant, marque contemporaine de souveraineté. À propos du refus présidentiel de révision constitutionnelle », Recueil Dalloz, 2000, p. 225.
CHEVALIER (J.), « La police est-elle encore une activité régalienne ? », *Archives de politique criminelle*, 2011/1, n°33, pp. 13-27.
CHOPPLET (A.), « L'articulation des offices du juge constitutionnel », *RFDC*, 2014/2, n°98, p. 293.
CIAUDO (A.), « Un acteur spécifique du procès constitutionnel : le secrétaire général du Conseil constitutionnel », *RFDC*, 2008, n°73, p. 17.
CROTTET (B.), « Une tentative de reformulation de la théorie des contraintes », *Jus Politicum*, 2012, n°7 [en ligne].
CHAGNOLLAUD (D.), « Les techniques de contrôle », *in : TIDC*, Paris, Dalloz, 2012.
CHALTIEL (F.), « Le pouvoir constituant, marque contemporaine de souveraineté. À propos du refus présidentiel de révision constitutionnelle », Recueil Dalloz, 2000, p. 225.
CHARITE (M.), « Réflexions sur la modernisation du mode de rédaction des décisions du Conseil constitutionnel », *in : RGD*, 2017, n°1, pp. 1-16.
CHAUVAUX (D.), « L'office du juge administratif : constantes et mutations », *Justice et cassation*, Paris, Dalloz, 2010, p. 58.

CHEVALLIER (J.), « Le Conseil d'État, au cœur de l'État », *Pouvoirs*, 2007/4, n° 123, p. 7.
CONAC (G.), « Le juge et la construction de l'Etat de droit en Afrique francophone », *in : BRAIBANT Guy, L'Etat de droit*, Paris, Dalloz, pp 105-119.
COUDRAIS (M.), « Pour une synthèse entre technique juridique et justice ou le nécessaire abandon de la séparation des fins et des moyens », *in : RIEJ*, Vol. 62, Bruxelles, 2009.
COULIBALEY (B.), « La neutralisation du Parlement constituant (à propos de la décision DCC 06-074 du 8 juillet de la Cour constitutionnelle du Bénin) », *RDP*, 2009/5, n°5, pp. 1494-1515.
DARBY Joseph (J.), « Garanties et limites à l'indépendance et à l'impartialité du juge aux Etats-Unis », *RIDC*, 2003, n°55/2, p. 354.
DAVALLON Jean, « Objet concret, objet scientifique, objet de recherche », *Hermès,* 2004/1 (n°38), pp. 30-37.
DE BÉCHILLON Denys, « La vraie nature des ordonnances », *in Mélanges en l'honneur du Président Bruno GENEVOIS. Le dialogue des juges*, Paris, Dalloz, 2009, pp. 209-215.
DELGRANGE (X.), DUMONT (H.), ROMAINVILLE (C.), VERDUSSEN (M.), « Juge constitutionnel et interprétation des normes-Le juge constitutionnel face aux transformations de la démocratie », *AIJC*, 2018, n°33-2017, p. 195.
DE PAUL TETANG (F.), « A propos de la qualité des décisions du Conseil constitutionnel (réflexions à la lumière de la jurisprudence récente) », *RFDC*, 2016, n°108, pp. 1-36.
DERRIEN Arnaud, « Dialogue et compétition des cours suprêmes ou la construction d'un système juridictionnel », *Pouvoirs*, 2003/2, n°105, pp. 42-43.
DESIRE (S.), « Le délibéré : l'office secret du juge ? », *RRJ*, 2011-4, p. 1887.
DI MANNO (T.), « chronique de contentieux constitutionnel », *RFDC*., 1996.
« L'influence des réserves d'interprétation », *in G. DRAGO et al., (dir.), La légitimité de la jurisprudence du Conseil constitutionnel*, Actes du colloque de Rennes, 20 et 21 septembre 1996.
« Jurisprudence du Conseil constitutionnel », *RFDC*, 1997, pp 372-378.
DISANT (M.), « L'autorité de la chose interprétée par le Conseil constitutionnel », *NCCC*, n°28, 2010 [en ligne].
DE BECHILLON (D.), « Plaidoyer pour l'attribution aux juges ordinaires du pouvoir de contrôler la constitutionnalité des lois et la transformation du Conseil constitutionnel en Cour suprême », *in : Mélanges en l'honneur du Doyen Louis Favoreu*, 2007, p. 109.
DE CAZALS (M.), « La saisine du Conseil Economique, Social et Environnement par voie de pétition citoyenne : gage d'une Ve République "plus démocratique" ? », *RFDC*, 2010, p. 290.
DEGUERGUE (M.), « Le contentieux de la responsabilité : politique jurisprudentielle et jurisprudence politique », *AJDA*, 1995, chr. p. 212.
DHINA (K.), « Les méthodes de travail du Conseil constitutionnel algérien en matière de contrôle de conformité et de constitutionnalité », *in : ACCPUF*, novembre 2007, bulletin n°8, pp. 81-86.

DELGRANGE (X.), DUMONT (H.), ROMAINVILLE (C.), VERDUSSEN (M.), « Juge constitutionnel et interprétation des normes. Le juge constitutionnel face aux transformations de la démocratie », *AIJC*, 2018, 33-2017, pp. 165-200.
DE MONTALIVET (P.),
« Les révisions constitutionnelles sous la Vème République : paradoxes et ambivalences », *in : les 60 ans de la Constitution*, 1958-2018, Paris, Dalloz, pp. 33-34.
« Les objectifs de valeur constitutionnelle », *CCC*, 2006, n°20. Disponible sur : https://www.conseil-constitutionnel.fr/nouveaux-cahiers-du-conseil-constitutionnel/les-objectifs-de-valeur-constitutionnelle.
« QPC et "dialogue des juges" », *RFDC*, 2018/4, n°116, pp. 99-932.
DERRIEN Arnaud, « Dialogue et compétition des cours suprêmes ou la construction d'un système juridictionnel », *Pouvoirs*, 2003/2, n°20, pp. 42-43.
DESCHAMPS (M.), « Les juridictions constitutionnelles et les crises : l'expérience de la Cour suprême du Canada », *in : 5e Congrès de l'ACCPUF, les Cours constitutionnelles et les crises, Cotonou, Bénin, 2009*, [en ligne].
DIAKHATE (M.), « Les ambiguïtés de la juridiction constitutionnelle dans les Etats de l'Afrique noire francophone », *RDP*, 2016, [en ligne].
DIOP (M.), « Plaidoyer pour l'accès direct des individus à la Cour africaine des droits de l'Homme et des peuples et à la future Cour africaine de justice, des droits de l'Homme et des peuples », *RDP*, n°2, 2016 [en ligne].
DITTMANN (A.), « Le recours constitutionnel en droit allemand », *CCC*, n°10, Dossier : l'accès des personnes à la justice constitutionnelle, mai 2001. Disponible sur : https://www.conseil-constitutionnel.fr
DJOGBENOU (J.),
« Le contrôle de constitutionnalité des décisions de justice : une fantaisie de plus ? », *Afrilex*, 2014, [en ligne].
« Commentaire de la décision DCC 95-001 du 06 janvier 1995, *ABJC*, 2013, p. 600.
DONNAT (F) et CASAS (D), « L'office du juge administratif dans la jurisprudence récente du Conseil d'Etat », *in : Droit administratif*, étude n°9, 2004.
DRAGO (G.),
« La légitimité du contrôle de la puissance législative », Actes du colloque, Vive la loi, http://www. senat.fr (consulté le 14 octobre 2016)
« La qualité de l'argumentation constitutionnelle », *RFDC*, 2015, n° 102, pp. 335-352.
« Les droits fondamentaux entre juge administratif et juge constitutionnel et européen », *Revue mensuelle du Juris Classeur-Droit administratif*, juin 2004, pp. 7 et s.
« L'effectivité des sanctions de la violation des droits fondamentaux dans les pays de la communauté francophone », *in : L'effectivité des droits fondamentaux dans les pays de la communauté francophone*. Colloque international, 29 et 30 septembre, 1er octobre 1993, Port-Louis, éd., AUPELF-UREF, 1994, pp. 535-540.

« Quels principes directeurs pour le procès constitutionnel ? », *in : Justice et droit au procès : du légalisme procédural à l'humanisme processuel, Mélanges en l'honneur de Serge GUINCHARD*, Paris, Dalloz, 2010.
DU BOIS DE GAUDUSSON (J.),
« Les tabous du constitutionnalisme en Afrique. Introduction thématique », *Afrique contemporaine*, 2012/2, n°242, p. 56.
« Point d'actualité sur les modalités de production du droit constitutionnel dans les Etats africains francophones », *in : Mélanges en l'honneur de Patrice Gélard. Droit constitutionnel*, Paris, Montchrestien, 1999, pp 341-346.
« Les décisions de la solution constitutionnelles des conflits politiques », *in : Afrique contemporaine*, n° spécial « l'Afrique face aux conflits », octobre-décembre 1996, n°180, p. 250.
« La justice en Afrique : nouveaux défis, nouveaux acteurs », *Afrique contemporaine*, 2014/2, n°250, p. 17.
DUFFY-MEUNIER (A.), « La réforme de la motivation des décisions du Conseil constitutionnel à l'épreuve des modèles étrangers : l'exemple du Royaume-Uni », *NCCC*, n°55-56, 2017/2-3, pp. 45-46.
DUTHEILLET DE LAMOTHE (O.),
« La procédure devant le Conseil constitutionnel français », *in : ACCPUF*, bulletin n°8-novembre 2007, pp. 67-69.
« Les modes de décisions du juge constitutionnel », Séminaire international de justice constitutionnelle, 2001, disponible sur : http://www.conseil-constitutionnel.fr.
DYERE (A.), « Comprendre et analyser l'activité décisionnelle des cours et des tribunaux : l'intérêt de la distinction entre interprétation et concrétisation », *Jus Politicum*, 2010, n°4, [en ligne].
EDZODZOMO NKOUMOU (T-L.), « Le procès en destitution de Trump », *Civitas Europa*, 2020/1, n°44, p. 209.
ESSONO OVONO (A.),
« Les normes et techniques de contrôle de la constitutionnalité des lois au Gabon », *Afrique juridique et politique*, la Revue du CERDIP, Volume 2, n°2, 02 juillet-Décembre 2006, pp. 148-181.
« La question préjudicielle de constitutionnalité dans les constitutions africaines », in : Mélanges en l'honneur de Maurice Ahanhanzo-Glélé. La Constitution béninoise du 11 décembre 1990 : un modèle pour l'Afrique ? Paris, L'Harmattan, 2014, p. 526.
« Commentaire de la décision DCC 03-140 du 25 septembre 2003 », *in : ABJC*, 2013, p. 545.
« Commentaire de la décision DCC 03-140 du 25 septembre, « Commentaires de la décision bre 2003. Liberté de culte ou de religion », *ABJC*, pp. 2013.
EMMANUEL (D. E.), « Le pouvoir normatif de la Cour constitutionnelle d'Afrique du Sud », *RDP*, n° 06, 2015 [en ligne].
EQUY (L.), « Le Conseil constitutionnel est devenu un lieu important de lobbying », *Libération*, 2018.

FALILOU DIOP (M.), « Plaidoyer pour l'accès direct des individus à la Cour africaine des droits de l'Homme et des peuples et à la future Cour africaine de justice, des droits de l'Homme et des peuples », *RDP*, 2016, n°2, p. 5.
FARDET Christophe, « Les dispenses d'instruction. De la pertinence et des dangers d'un outil régulateur », *Civitas Europa*, 2019/1, n°42, pp. 9-26.
FAVOREU (L.), « La décision de constitutionnalité », *RIDC.*, 2-1986, pp. 611-633.
« La légitimité du juge constitutionnel », *RIDC.*, 46-2, 1994, pp. 557-581.
« L'exception d'inconstitutionnalité est-elle indispensable en France ? », *AIJC*, n°8 — 1992, 1994, pp. 11-22.
« Légalité et constitutionnalité », *CCC*, 1997, n°3, p. 6.
FELDMAN Jean-Philippe, « La séparation des pouvoirs et le constitutionnalisme. Mythes et réalités d'une doctrine et de ses critiques », *RFDC*, n°83, 2010/3, p. 496.
FERCOT (C.), « Les effets des arrêts de la Cour européenne des droits de l'homme en droit allemand. Analyse de la jurisprudence récente de la Cour de Karlsruhe et regards sur le droit français », *RFDC*, 2007/3, n°71, pp. 639-665.
FLÜCKIGER (A.), « Le principe de clarté de la loi ou l'ambigüité d'un idéal », *CCC*, n° 21, Dossier : La normativité, janvier 2007 [en ligne].
FRANCOIS (L.), « La sécurité juridique en droit constitutionnel français », http://www.conseil-constitutionnel.fr (consulté le 17 juillet 2016)
FRAYSSINET (J.), « La régulation de la protection des données personnelles », *in : LEGICOM*, 2009/1, n°42, pp. 5-9.
FRISON-ROCHE (M.-D.), « Les offices du juge », *in : FOYER Jean, auteur et législateur : lege tulit, jura docuit. Écrits en hommage de à Jean Foyer*, Paris, PUF, pp. 466-472.
FROMONT (M.), « Présentation de la Cour constitutionnelle fédérale d'Allemagne », *CCC*, n°15 (Dossier : Allemagne) – Janvier 2004.
GAUDEMET Yves, « Synthèse », *Justice et cassation*, Paris, Dalloz, 2010, p. 162.
GAY (L.), « De la "Cour suprême junior" au "dixième membre du Conseil constitutionnel". Le pouvoir des assistants juridiques des juridictions constitutionnelles en question », *in : Les cahiers de l'Institut Louis Favoreu*, n°6 (Dossier : les pouvoirs d'instruction des juridictions constitutionnelles et la formation de l'intime conviction des juridictions constitutionnelles), Presses Universitaires d'Aix-Marseille, 2015.
GBEHA-AFOUADA (M.), « La procédure de règlement des recours par la Cour constitutionnelle du Bénin », *in ACCPUF*-Bulletin n°8-Novembre 2007, pp. 87-90.
GENEVOIS (B.),
« Un universitaire au Conseil constitutionnel : le doyen Georges Vedel », *RFDA*, 2004, p. 215.
« L'enrichissement des techniques de contrôle », *in : CCC*, hors-série 2009-colloque du cinquantenaire, 3 Novembre 2009 [en ligne].
« Les limites d'ordre juridique à l'intervention du pouvoir constituant », *RFDA*, 1998 [en ligne].

« Les politiques juridiques des Etats d'Afrique francophone au lendemain des indépendances », *in : Mélanges en l'honneur de Gustave Peiser. Droit public*, PUG, 1995, pp. 141-161.
GERMAIN Jérôme,
« La critique kantienne de la justice constitutionnelle chez Ingeborg Maus », *in : Christophe BOURIAU et Jochen SOHNLE (dir.), La dimension kantienne de l'État de droit, Nancy*, Presses universitaires de Nancy, 2020, pp. 123-141.
« Vivre ensemble grâce au droit : le pouvoir communicationnel et la démocratie délibérative selon Habermas », *in : Christophe BOURIAU et al., Le vivre ensemble saisi par le droit*, Paris, Pedone, 2021, p. 110.
GICQUEL Jean, « Démocratie continue et référendum », *in : ROUSSEAU Dominique (dir.), La démocratie continue*, Bruylant, LGDJ, 1995, p. 149.
GILLET (J-L.), « L'office du juge dans les procédures orales », *Justice & Cassation*, Paris, Dalloz, p. 97.
GNAMOU (D.), « La Cour constitutionnelle du Bénin en fait-elle trop ? », *in : Mélanges en l'honneur de Maurice AHANHANZO-GLELE*, Paris, L'Harmattan, p. 687-715.
GOESEL-LE BIHAN Valérie, « La violation de la séparation des pouvoirs : quels fondements ? Quels griefs ? Retour sur une critique doctrinale », *Titre VII*, 2019/2, n°3, p. 10.
GOLTZBERG (S.), « L'argumentation juridique », Paris, Dalloz, coll. « Connaissance du droit », 2013, p. 4 et s.
GOUTTES Régis, « Le dialogue des juges », *NCCC*, 2009. Disponible sur : https://www.conseil-constitutuionnel.fr.
GRANGER (G.-G.), « A quoi sert l'épistémologie ? », *Droit et société*, n°20/21, 1992, p. 35.
GRANGER (M.-A.), « secret et publicité dans la procédure de la question prioritaire de constitutionnalité devant le Conseil constitutionnel », *JCPG*, 2012, p. 877.
GRANDJEAN (G.), « Les fonctions politiques des juges. Propos introductifs sur le pouvoir politique des juges dans l'exercice de leur fonction », *in : GRANDJEAN Geoffrey et WILDEMEERSCH Jonathan (dir.), Les juges : décideurs politiques ? Essais sur le pouvoir politique des juges dans l'exercice de leur fonction*, Bruxelles, Bruylant, 2016, p. 21.
GRIMM (D.), « La souveraineté », *in : TROPER Michel et CHAGNOLLAUD (dir.), Traité international de droit constitutionnel. Théorie de la Constitution*, t. 1, Paris, Dalloz, 2012, pp. 568-572.
GRZEGORCZYK (C.), « Jurisprudence : phénomène judiciaire, science ou méthode ? », *in : Archives de philosophie du droit*, t. 30, Paris, Sirey, 1985.
GUASCH (J.), « La mise en cause de la constitutionnalité des lois à travers le recours d'Amparo en Espagne », *AIJC*, n°8-1992, 1994, p. 27.
GUASTINI (R.), « Interprétation et description des normes », *in : Interprétation et droit*, Bruxelles, PUAM., 1995, pp 89-101.
« L'interprétation de la Constitution », *in : TIDC*, Paris, Dalloz, 2012.
« Michel Troper sur la fonction juridictionnelle », *RFTPCJ*, Paris, PUF, 2003.

GUEYE (B.), « La démocratie en Afrique : succès et résistances », *Pouvoirs*, 2009/2, n° 129, pp. 7-9.
GUILLAUME (M.), « Le Règlement intérieur sur la procédure suivie devant le Conseil constitutionnel pour les questions prioritaires de constitutionnalité », *in : ''Les petites affiches''*, n°38 et *''La gazette du palais''*, n°54 du 23 février 2010.
HABIB (L.), « La notion d'erreur manifeste d'appréciation dans la jurisprudence du Conseil constitutionnel », *RDP*, 1986 [en ligne].
HADDAR (I.), « Le rôle créateur du juge constitutionnel », http://www.esprit-créative.org (consulté le 20 mai 2016).
HAMON Francis, « Quelques réflexions sur la théorie réaliste de l'interprétation », *in : Denis de BÉCHIOLON et al., Mélanges en l'honneur de Michel TROPER. L'architecture du droit*, Paris, Economica, 2006, pp. 487-500.
HENRION (H.), « La présomption d'innocence, un "droit à..." ? Comparaison franco-allemande », *RIDC*, 2005/57-4, pp. 1031-1054.
HEUSCHLING (L.), note de lecture sur : *Le gouvernement des juges et la lutte contre la législation sociale aux États-Unis. L'expérience américaine du contrôle judiciaire de la constitutionnalité des lois, in : RIDC*, 2007, n°4, pp. 958-961.
HAÏM Victor, « Requête », Dalloz, Février 2019 (actualisation : Mars 2019).
HOCHMANN (T.), « L'expertise requise est avant tout juridique, pas politique », *Le Monde*, 2019.
HOLO (T.),
« Émergence de la justice constitutionnelle », *Pouvoirs*, 2009/2, n°129, p. 102.
« Le citoyen : pierre angulaire de la justice constitutionnelle au Bénin », *in : Communication au 6ème congrès de l'ACCPUF*, Marrakech-Royaume du Maroc, les 4, 5 et 6 juillet 2012 [en ligne].
HOURQUEBIE (F.), « L'indépendance de la justice dans les pays francophones », *Cahiers de la justice*, 2012/2, pp. 41-61
ILOKI (A.), « Les méthodes de travail et le contrôle de constitutionnalité de la Cour constitutionnelle du Congo-Brazzaville », *in : ACCPUF*-Bulletin n°8, Novembre 2007, pp. 77-80.
ISSOUFOU Adamou, « L'autorité des avis du juge constitutionnel en Afrique francophone », *Afrilex*, 2020 [*en ligne*]
JAN (P.),
« Qui instruit au sein des juridictions constitutionnelles ? », *in : Les cahiers de l'Institut Louis Favoreu*, n°6 (Dossier : les pouvoirs d'instruction des juridictions constitutionnelles et la formation de l'intime conviction des juridictions constitutionnelles), Presses Universitaires d'Aix-Marseille, 2015.
« Du dialogue à la concurrence des juges », *RDP*, n°2, 2017 [en ligne].
JANUEL (P.), « Le lobbying devant le Conseil constitutionnel : derrière les portes étroites », Dalloz, actualité : 17 juillet 2019.
JEAMMAUD (A), « Conflit, différend, litige », *Droits*, 2002, n°34, p. 15.
JOUANJAN (O.),
« Christian Behrendt. Le juge constitutionnel, un législateur-cadre positif », *RFDC*, n°57-2, 2007, pp. 433-437.
« Modèles et représentations de la justice constitutionnelle en France : un bilan critique », *Jus Politicum*, n°2, 2009 [en ligne].

JULLIARD (P), « L'aménagement de l'article 61 de la Constitution », *RDP*, 1974, p. 1703 et s.
KAIEM-DRIDI (M.), « Les limites du pouvoir du juge constitutionnel », *in : Le droit constitutionnel normatif : développements récents, sous la direction de ACHOUR (R. B)*, Bruxelles, Bruylant, 2009, p. 31-51.
KAMBOU (B. G.), « Les juridictions constitutionnelles et les crises : l'expérience du Conseil constitutionnel du BURKINA FASO », *in :5ème congrès de l'ACCPUF, les Cours constitutionnelles et les crises,* Cotonou, Bénin, 2009 [en ligne].
KAMTO (M.), « charte africaine, instruments internationaux de protection des droits de l'homme, constitutions nationales : articulations respectives », *in : FLAUSS Jean-François, LAMBERT-ABDELGAWAD Elisabeth (dir.), L'application nationale de la Charte africaine des droits de l'homme et des peuples*, Bruxelles, Bruylant, 2004, pp. 30-46.
KANTE (B.), « Les méthodes et techniques d'interprétation de la Constitution : l'exemple des pays de l'Afrique noire francophone », *in : MELIN-SOUCRAMANIEN (F.) (dir.), L'interprétation constitutionnelle*, Paris, Dalloz, 2005.
KAYISSON POGNON (E.), « La Cour constitutionnelle et la protection juridique des droits de l'homme en République du Bénin », *in : Développement et Coopération*, n°5, sept.-oct. 1998, pp. 23-25.
KELSEN (H.), « La garantie juridictionnelle de la Constitution », *RDP*, 1928, p. 199.
KEUTCHA TCHAPNGA (C.), « Le juge constitutionnel, juge administratif au Bénin et au Gabon ? », *RFDC*., n°75, 2008, pp. 551-583.
KLEIN (L.), « Démocratie constitutionnelle et constitutionnalisme démocratique : essai de classification des théories juridiques de la démocratie », *RFDC*, 2017/1, n°109, pp. 121-141.
KOKOROKO (D.) et KPODAR (A.), « La Cour constitutionnelle du Bénin peut-elle soumettre, aux « options fondamentales de la Conférence nationale », le peuple dans l'exercice de son pouvoir de révision ? Commentaire croisé de la décision DCC 11-067 du 20 octobre 2011 de la Cour constitutionnelle du Bénin », *in : ABJC*, Cotonou, 2013, pp. 703-716.
KORA GOUNOU (Z.), « Perceptions et réalité du contrôle citoyen en République du Bénin à l'ère de la Décentralisation », *RFFP*, 2019, n°145, p. 315.
KOSTOGLOU (N.), « juges constitutionnels et doctrine », *in : AIJC*, n°XXX, 2014, p. 383.
KPODAR (A.),
« Les juridictions constitutionnelles et les crises en Afrique noire francophone », *in : 5ème congrès de l'ACCPUF, les Cours constitutionnelles et les crises*, Cotonou, Bénin, 2009 [en ligne]
« Commentaire de la décision DCC 01-005 du 11 janvier 2001 », *in : ABJC*, 2013, p. 174.
« Commentaire de la décision DCC 03-052 du 14 mars 2003 », *in : AIJC*, 2013, p. 196.

KLEIN (C.),
« Théorie et pratique du pouvoir constituant », *RIDC*, 1997, pp. 737-739.
« Le pouvoir constituant », *in : TIDC. Suprématie de ma Constitution*, t. 3., Paris, Dalloz, 2012, pp. 5-64.
« Le contrôle des lois constitutionnelles-introduction à une problématique moderne », *CCC*, 2010, n°7, disponible sur : https://www.conseil-constitutionnel.fr/nouveaux-cahiers-du-conseil-constitutionnel.
KOSTOGLOU (N.), « Juges constitutionnels et doctrine », *in : AIJC*, n° xxx, 2014, p. 383 et s.
LACABARATS (A.), « Autorité de la chose jugée au civil : la concentration des moyens au cours d'une même instance et le droit d'accès au juge », *in : Justice & Cassation* (Dossier : L'accès au juge), Paris, Dalloz, p. 116.
LANZELOT (A.), « La légitimité du juge constitutionnel », 2003, disponible sur : http://www.conseil-constitutionnel.fr.
LASCOMBE (M.), « Faut-il réviser les dispositions relatives à la révision ? », *in : 60 ans de la Constitution, 1958-2018*, Paris, Dalloz, 2018, pp. 343-349.
LASSERRE (V.), « Loi et règlement », Dalloz, juillet 2015 (actualisation : janvier 2016).
LAUGIER (S.), « Performativité, normativité et droit », *Archives de Philosophie*, 2004, n°4, t. 67, p. 607.
L'ECUYER (Y.), « Le secret du délibéré, Les opinions séparées et la transparence », *RTDH*, n°57, 2004, p. 197.
LAFAIX (J.-F.), « L'injonction au principal : une simplification de l'exécution ? », *Civitas Europa*, n°39, 2017/2, p. 119.
LE PILLOUER (A.), « Le pouvoir de révision », *in : TROPER Michel, CHAGNOLLAUD Dominique (dir.), TIDC. Suprématie de la Constitution*, tome 1, Paris, Dalloz, 2012, pp. 33-65.
LAVROFF (D. G.), « À propos de la Constitution », *in : L'esprit des institutions, l'équilibre des pouvoirs », Mélanges en l'honneur de Pierre PACTET*, Paris, Dalloz, 2003, p. 288.
LEMAIRE (E), « Réformons en profondeur le Conseil constitutionnel », *Libération*, 2019.
LE PILLOUER (A.), « Le pouvoir de révision », *in : TIDC. Suprématie de la Constitution*, t. 3., Paris, Dalloz, pp. 33-65.
LE POURHIET (A.-M.), « Définir la démocratie », *RFDC*, n°87, 2011/3, p. 464.
LE PRADO (D.), « Éditorial », *Justice et cassation*, Paris, Dalloz, 2010, p. 8.
LE QUINO (A.), « La motivation des décisions du Conseil constitutionnel au prisme du modèle ibéro-américain », *NCCC*, 2017/2-3, n°55-56, pp. 33-43.
LETOURNEUR, « sur Lino DI QUAL. La compétence liée », *RIDC*, 1965/17, n°2, pp. 513-514.
LO (G.), « Quelques réflexions sur la ''démocratisation'' en Afrique », *in : Mélanges en l'honneur de Patrice Gélard. Droit constitutionnel*, Paris, Montchrestien, 1999, pp 421-434.
LOEWENSTEIN Karl, « Réflexions sur la Valeur des Constitutions dans une Epoque Révolutionnaire. Esquisse d'une ontologie des Constitutions », *RFSP*, 1952, p. 20.

LUCHAIRE (F.), VEDEL (G.), « La transposition des opinions dissidentes en France est-elle souhaitable ? « Contre » : Le point de vue de deux anciens membres du Conseil constitutionnel », *NCCC*, n°8, 2000 [en ligne].
LUCHAIRE (F.),
« Le Conseil constitutionnel est-il une juridiction ? », *RDP*, 1979, p. 27
« L'objectif à valeur constitutionnelle », *RFDC*, p. 675 et s.
« Brèves remarques sur une création du Conseil constitutionnel : l'objectif à valeur constitutionnelle », *RFDC*, n°64, 2005/4, p. 677.
MAGNON (X.), « Qu'est-ce qu'"instruire" le procès constitutionnel ? », *in : Les cahiers de l'Institut Louis Favoreu*, n°6 (Dossier : les pouvoirs d'instruction des juridictions constitutionnelles et la formation de l'intime conviction des juges constitutionnels), Presses universitaires d'Aix-Marseille, 2016.
MALAURIE (P.), « Les précédents et le droit », *RIDC*, 2006, n°58-2, pp. 319-326.
MARTENS (P.), « Préface. Les juges : décideurs politiques ? Essais sur le pouvoir politique des juges dans l'exercice de leur fonction », *in : GRANDJEAN Geoffrey et WILDEMEERSCH Jonathan (dir.), Les juges : décideurs politiques ? Essais sur le pouvoir politique des juges dans l'exercice de leur fonction*, Bruxelles, Bruylant, 2016, pp. 9-14.
MARTINEL (A.), NATALI (F.), « Le Conseil Supérieur de la Magistrature, protecteur des magistrats ou des justiciables ? », *Après-Demain*, 2014/2, n° 30, NF, p. 34.
MASSINA (P.), « Le juge constitutionnel africain francophone : entre politique et droit », *RFDC*, 2017, n°111, pp. 641-670.
MASTOR (W.),
« Point de vue scientifique sur les opinions séparées des juges constitutionnels », Recueil Dalloz, 2010, p. 714.
« L'influence de la doctrine sur la formation des convictions pré-délibératives », *in : Les pouvoirs d'instruction des juridictions constitutionnelles et la formation de l'intime conviction des juges constitutionnels : actes de la journée d'études Question sur la question, QsQ5,* Toulouse, 5 juin 2015, Xavier MAGNON et al., PUAM, série "*Les cahiers de l'Institut Louis Favoreu*", n°6, pp. 61-64.
MATHIEU (B.), « Le Conseil constitutionnel "législateur positif" ou la question des interventions du juge constitutionnel français dans l'exercice de la fonction législative », *RIDC*, 2010, 507-531.
« La sécurité juridique, un principe constitutionnel clandestin mais efficient », *in : Mélanges en l'honneur de Patrice Gélard*, Paris, Montchrestien, 2000.
MAURO (B.), « Le futur passé de la séparation des pouvoirs », *Pouvoirs*, 2012/4, n°143, p. 6.
MBONGO (P.), « La banalisation du pouvoir constituant », Recueil Dalloz, 2004 [en ligne].
MEDE (N.), « La fonction de régulation des juridictions constitutionnelles en Afrique francophone », *AIJC*, 2008, pp. 45-66.
MELEDJE (D. F.), « L'ouverture ignorée aux sources extérieures. Le cas de la Côte d'Ivoire », *in : BURGORGUE-LARSEN Laurence (dir.), Les défis de*

l'interprétation et de l'application des droits de l'homme : de l'ouverture au dialogue, Paris, Pedone 2017, pp. 169-178.
MELIN-SOUCRAMANIEN (F.), « Les lacunes du droit constitutionnel », *in : Le droit constitutionnel normatif*, Bruxelles, Bruylant, 2009.
MEYER (L.), « La modulation pro futuro des décisions constitutionnelles de non-conformité des délits et des peines », *RFDC*, 2017, n°112, pp. 919-940.
MILLARD (E.), « Quelques remarques sur la signification politique de la théorie réaliste de l'interprétation », *in : Denis de BÉCHIOLON et al., Mélanges en l'honneur de Michel TROPER. L'architecture du droit*, Paris, Economica, 2006, pp. 725-734.
MINEUR Didier, « Qu'est-ce que la démocratie illibérale ? », *Cités*, 2019/3, n°79, pp. 105-117.
MIRANDA (J.), « Le contrôle et les limites de la Constitution », *AIJC*, 2005, 20-24, pp. 441-457.
MOHAMED RAFSANDJANI Hassani, « La culture constitutionnelle dans les États d'Afrique francophone : le paradoxe du peuple constituant », *RFDC*, 2020/123, n°123, pp. 613-629.
MODERNE (F.), « La déclaration de conformité sous réserve », *in : AFC, Le Conseil constitutionnel et les partis politiques*, 1988, pp. 92 et s.
MOLFESSIS (N.),
« La réécriture de la loi relative au pacs par le Conseil constitutionnel », http://www.lexisnexis.fr (consulté le 5 novembre 2016).
« Loi et jurisprudence », *Pouvoirs*, 2008/3, n°126, pp. 87-100.
« La dimension constitutionnelle des libertés fondamentaux », *in : CABRILLAC Rémy, FRISON-ROCHE Marie-Anne, REVET Thierry (dir.), Libertés et droits fondamentaux*, 11e éd., Paris, Dalloz, 2005, p. 83.
MOLLION (G.), « Les garanties légales des exigences constitutionnelles », *in : RFDC*, 2005/2 (n°62), p. 257-289.
MONTIS Audrey, « Le Sénat et le dernier mot accordé à l'Assemblée nationale », in PUIGELIER Catherine (dir.), *Mélanges en l'honneur de Jean-Louis HÉRIN : un haut fonctionnaire au service du Parlement*, mare & martin, 2020, p. 382.
MOUSSEBBIH (A.), « L'office du Conseil constitutionnel marocain, juge électoral », *RFDC*, n°110/2, 2017, pp. 437-464.
MONEMBOU (C.), « De ''l'excès de pouvoir juridictionnel'' en Afrique noire francophone. Réflexion à partir des décisions récentes des juridictions constitutionnelles du Gabon et de Madagascar », *in : Mélanges en l'honneur du Président Robert DOSSOU, L'amphithéâtre et le prétoire au service des droits de l'homme et de la démocratie, AIVO Frédéric Joël, DE GAUDUSSON Jean du Bois, DESOUCHES Christine, MAILA Joseph (dirs.),* Paris, L'Harmattan, 2020, pp. 787-810.
MUBIALA (M.), « Chronique de droit pénal de l'Union africaine. Vers une justice pénale régionale en Afrique », *RIDP*, 2012/3-4 (vol-83), pp. 547-557.
MUNYARADZI (F. M.), « L'Ubuntu », *Diogène*, 2011/3, n°235-236, p. 46.
MVAEBEME (E. S.), « Regard récent sur les tendances du constitutionnalisme africain : le cas des Etats d'Afrique noire francophone », *RIDC*, 2019, n°1, pp. 163-196.

NEIL (M.), « Raisonnement juridique et théorie du droit », coll. « Les voies du droit », 1996, *in : François Michaut, Droit et société*, 1997, n°36-37, pp. 491-494.
NGANGO YOUMBI (É.M.),
« Les normes non écrites dans la jurisprudence de la Cour constitutionnelle du Bénin », *RDP*, 2018, p. 1705.
« La décision de la Cour constitutionnelle gabonaise n°219/CC du 14 novembre 2018 : splendeur et stupeur ? », *Politeia*, n°33, 2018, p. 192.
NONNOU (É.G.), « Le conseil supérieur de la magistrature et l'indépendance du pouvoir judiciaire dans les États francophones d'Afrique », *Les Cahiers de la Justice*, 2018/4, n°4, p. 726.
OBERDORF (H.), « Le Conseil constitutionnel », http://www.conseil-constitutionnel.com (25 juillet 2016).
OLIVIER (J.), « Christian Behrendt. Le juge constitutionnel, un législateur-cadre positif », "compte rendu", *RIDC*, 2007, pp. 433-437.
ONDO (T.),
« Réflexions sur le contentieux électoral au Gabon », *RDIDC*, 2018/4, pp. 529-583.
« La Cour constitutionnelle gabonaise est-elle au-dessus de la Constitution ? Essai d'analyse de la décision n°22/CC du 30 avril 2018 ». Disponible sur htt://www.editions-harmattan.fr.
« Le contrôle de constitutionnalité des lois constitutionnelles en Afrique noire francophone », *RDIDC*, 2009, n°1, p. 113.
ONILLOU (T.), « Les opinions séparées, une piste pour la modernisation de la justice française », *Délibéré*, 2019, n°6, pp. 42-47.
OUEDRAOGO (D.),
« Le contrôle de constitutionnalité des règlements des Assemblées parlementaires dans les Etats de l'Afrique de l'ouest francophone », *RFDC*, 2019/1, n°117, pp. 119-143.
« La Commission africaine des droits de l'homme et des peuples : Présentation et bilan d'activités (1988-1989), *in : AFDI*, 1989, pp. 557-571.
OUINSOU (C. D.), « Le contrôle de constitutionnalité des lois au Bénin », http://www.Cour-constitutionnelle-Bénin.org (consulté le 20 novembre 2016).
OULD BOUBOUTT Ahmed Salem, « Les juridictions constitutionnelles en Afrique-Evolutions et enjeux », *in : AIJC*, 1998, n°13-1997, p. 33.
OST (F.), VAN DE KERCHOVE (M.), « De la pyramide au réseau ? Pour une théorie dialectique du droit », *RIDC*, n°55-3, 2003, pp. 730-742.
PAVIA (M-L.), « Démocratie continue et volonté générale », *in : ROUSSEUAU Dominique (dir.), La démocratie continue*, Bruylant, LGDJ, 1995, p. 142.
PELLISSIER Gilles, « Recours pour excès de pouvoir : conditions de recevabilité-intérêt pour agir », Dalloz, janvier 2010 (actualisation : Mai 2018).
PERROT (R.) et FRICERO (N.), « Autorité de la chose jugée au civil sur le civil », *Juris-Classeur*, proc. civ., fasc. n° I, 554.
PETEV (V.), « Jugement juridique et jugement moral », *Archives de philosophie du droit*, t. 39, le procès, Paris, Dalloz, 1995.
PFERSMANN (O.), « contre le néo-réalisme juridique. Pour un débat sur l'interprétation », *RFDC*, 2002, n°50, p. 279.

« Ontologie des normes juridiques et argumentation », *in : Pfersmann (O), Timsitt (G) (dir), Raisonnement juridique et interprétation*, Pub. Sorbonne, 2001, p. 11-34.
« De l'impossibilité du changement de sens de la Constitution », *Revue juridique de l'USEK*, 2009, n°10, pp. 423-446.
« Une théorie sans objet, une dogmatique sans théorie. » *RFDC*, 2002/4, n°52, pp. 759-788.
« Le juge dans la démocratie constitutionnelle », *Cités*, 2017/1, n°69, pp. 7-18.
PHILIPPE (X.),
« Le juge constitutionnel et la proportionnalité en Afrique du Sud », *in : AIJC*, 2009, pp. 87-114.
« La légitimation constitutionnelle des démocratures », *Pouvoirs*, 2019/2, n°169, p. 33.
« La démocratie constitutionnelle Sud-Africaine : un modèle ? », *Pouvoirs*, 2009/2, n°129, pp. 159-161.
PIMENTEL Carlos-Miguel, « Le sanctuaire vide : la séparation des pouvoirs comme superstition juridique ? », *Pouvoirs*, 2002/3, n°102, p. 119.
PONTHOREAU (M-C.,
« Le recours à « l'argument de droit comparé » par le juge constitutionnel. Quelques problèmes théoriques et techniques », *in : L'interprétation constitutionnelle. Ferdinand Mélin-Soucramanien (dir)*, Paris, Dalloz, 2005, p.167.
« Quels pouvoirs d'instruction des juridictions constitutionnelles. Observations comparatives », *in : Les pouvoirs d'instruction des juridictions constitutionnelles et la formation de l'intime conviction des juges constitutionnels : actes de la journée d'études Question sur la question, QsQ5,* Toulouse, 5 juin 2015, Xavier MAGNON et al., PUAM, série "*Les cahiers de l'Institut Louis Favoreu*", n°6, PUAM, 2015.
RAYNAUD (P), « Le juge, la loi, le droit : de Platon à Aristote », *in : CAYLA (O) et RENOUX-ZAGAME (M-F) (dir.), L'office du juge : part de souveraineté ou puissance nulle ?* Bruylant, LGDJ, 2001, P. 5.
REENEN (T. V.), « Tendances actuelles dans l'interprétation de la Constitution de l'Afrique du Sud », *RFDC*, 2002, p. 355-575.
RIALS (S.), « L'office du juge », *Droits*, 1989, n°9, p. 3.
RIBES (D.), « Le juge constitutionnel peut-il se faire législateur ? À propos de la décision de
la Cour constitutionnelle d'Afrique du Sud du 2 décembre 1999 », *CCC*, (Dossier : Afrique du Sud février 2001, n°9 [en ligne].
RENAULD (B., « La procédure et les modes de travail internes aboutissant à la confection d'un projet d'arrêt/ La délibération à la Cour d'arbitrage de Belgique », *in : ACCPUF*-Bulletin n°2, novembre 2007, pp. 97-98.
RENOUX Thierry, « Pouvoir juridictionnel », *in : Olivier Duhamel et Yves Mény, Dictionnaire constitutionnel*, 2e éd., PUF, 1992, p. 758.
REENEN (T. V., « Tendances actuelles dans l'interprétation de la Constitution de l'Afrique du Sud », *RFDC*, 2002, p. 355-575.

REZAI SHAGHAJI (D.), « Les crimes de jus cogens, le refus de l'immunité des hauts représentants des Etats étrangers et l'exercice de la compétence universelle », *in : RQDI*, 2015, n°28-2, p. 145.
RIBES (D.), « Le juge constitutionnel peut-il se faire législateur ? A propos de la décision de la Cour constitutionnelle d'Afrique du Sud du 2 décembre 1999 », *CCC*, n° 9 (Dossier : Afrique du Sud) février 2001 [en ligne].
ROBERT (J.), « La protection des droits fondamentaux par le juge constitutionnel français, bilan et réformes », *RDP*, 1992, n°2 [en ligne].
ROBLOT-TROIZIER Agnès, « Un concept moderne : séparation des pouvoirs et contrôle de la loi », *Pouvoirs*, 2020/4, n°143, p. 96.
ROLIN (F.), « Pour un discours sur la méthode du contrôle de constitutionnalité par voie d'exception », *in : AJDA*, 2010, pp. 2385-2387.
ROSA (A.), « La référence aux travaux parlementaires dans la jurisprudence du Conseil constitutionnel : un instrument de renforcement de la légitimité du juge et du législateur », *RFDC*, 2014/3, n°99, p. 641.
ROUSSEAU (D.),
« L'interprétation du juge dans la hiérarchie des normes et des organes », *NCCC*, n°6, 1998 [en ligne].
« La transposition des opinions dissidentes en France est-elle souhaitable ? ''Pour'' : une opinion dissidente en faveur des opinions dissidentes », *NCCC*, n°8 (Dossier : Débat sur les opinions dissidentes), juillet 2000 [en ligne].
« Le procès constitutionnel », *Pouvoirs*, 2011/2, n°137, pp. 47-55.
« La jurisprudence constitutionnelle : quelle "nécessité démocratique" ? », *in : DRAGO Guillaume, FRANçOIS Bastien, MOLFESSIS Nicolas, La légitimité de la jurisprudence du Conseil constitutionnel*, Paris, Economica, 1999, pp. 363-376.
« Préface », *in : DISANT Mathieu et al., Les standards constitutionnels mondiaux*, Bruxelles, Bruylant, 2018, p. 2.
ROUSSILLON (H.) « La saisine du Conseil constitutionnel. Contribution à un débat », *RIDC*, vol. 54, 2002, n°2, p. 487.
ROUX (A.), « L'accessibilité et l'intelligibilité de la loi », *in : le droit constitutionnel normatif*, Bruxelles, Bruylant, 2009, p. 155-172.
RUIZ (J. J.), « Droit de décider, démocratie constitutionnelle et pouvoir constituant en Espagne », *Civitas Europa*, 2017/1, n°38, pp. 287-315.
RUIZ MIGUEL (C.), « L'amparo constitutionnel en Espagne : droit et politique », *CCC*, n°10, Dossier : l'accès des personnes à la justice constitutionnelle, mai 2001. Disponible sur : https://www.conseil-constitutionnel.fr.
SAMUEL (X.), « Les réserves émises par le Conseil constitutionnel », Accueil des nouveaux membres de la Cour de Cassation au Conseil d'Etat, http://www.conseil-constitutionnel.fr (consulté le 10 novembre 2016).
SANTULLI (C), « Qu'est-ce qu'une juridiction internationale ? Des organes répressifs internationaux à l'O.R.D. », *in : AFD*, volume 46, 2000, p. 61.
SARFATTI Mario, « Le droit comparé en fonction de l'unification du droit », *in : RIDC*, n° 1951, n°3-1, p. 69.
SHULGA-MORSKAYA (T.), « Le numérique saisi par le juge, l'exemple du Conseil constitutionnel », *NCC*, 2017/4, n°57 [en ligne].

SCHRAMECK (O.), « Les aspects procéduraux de la saisine », *in : 20 ans de la saisine parlementaire*, Economica, 1994, p. 4. Disponible sur : http//www.conseil-constitutionnel.fr.
SCOFFONI (G.), « La légitimité du juge constitutionnel en droit comparé : les enseignements de l'expérience américaine », *RIDC*, Volume 51-2, 1999, n°2, pp. 243-280.
SCOFFONI (G.) et PHILIPPE (X.), « L'actualité constitutionnelle dans les pays de Common Law et de droit mixte (janvier-juin 2002) : Afrique du Sud », *RFDC*, 2003/2, n°54, p. 435-451.
SEVERINO (C.),
« La réglementation de l'instruction devant le Conseil constitutionnel », in : *AIJC*, 2001, pp. 87-100.
« L'influence de la doctrine sur la jurisprudence du Conseil constitutionnel », *RFDC*, 2016/1, n°105, p. 81.
SHULGA-MORSKAYA (T.), « Le numérique saisi par le juge, l'exemple du Conseil constitutionnel », *NCCC*, 2017/4, n°57, pp. 93-105.
SOMA (A.), « Le statut du juge constitutionnel africain », *in : La Constitution béninoise du 11 décembre 1990 : un modèle pour l'Afrique ? Mélanges en l'honneur de Maurice AHANHANZO-GLÉGLÉ*, Paris, L'Harmattan, 2014, p. 501.
SOMA KABORE (V. E.), « La requête interétatique dans le contentieux international des droits de l'homme », *Afrilex*, 2018, [en ligne].
SPITZ (E.), « L'acte de juger », *RDP*, 1995, p. 289.
STIRN (B.), « Constitution et droit administratif », *in : NCCC*, n°37, 2012 [en ligne].
STONE SWEET (A.), « Sur la constitutionnalisation de la Convention européenne des droits de l'homme : cinquante ans après son installation, la Cour européenne des droits l'homme conçue comme une Cour constitutionnelle », *RTDH*, 2009, n°80, p. 923.
TERRÉ (D.), « La constitutionnalisation du droit », *in : Les questions morales du droit*, 2007, pp. 137-165.
TETANG (F. P.),
« La normativité des préambules des constitutions des Etats africains d'expression françaises », *RFDC*, 2015/4, n°104, p. 953-978.
« À propos de la qualité des décisions du Conseil constitutionnel (réflexions à la lumière de la jurisprudence récente) », *in : RFDC*, 2016/4, n°108, p. 7.
TIMSIT (G.
« La loi et ses doubles. Thématiques du raisonnement juridique », *in : Droits*, Paris, Puf, 2002, n°36, pp. 135-160.
« Les noms de la loi », PUF, coll., les voies du droit, 1991.
« Normativité et régulation », *in : NCCC*, 2007, n°21, [en ligne].
TROPER (M.),
« La motivation des décisions constitutionnelles », *in : PERELMAN (C.) et FORIERS (P.), (dir.), La motivation des décisions de justice*, Bruxelles, Bruylant, 1978.
« Réplique à Otto PFERSMANN », *RFDC*, n°50, 2002, pp. 335-353.

« À quoi sert la séparation des pouvoirs ? Le point de vue de la théorie du droit », *Titre VII*, 2019/2, n°3, p. 8.
TUSSEAU (G.),
« Constitutionnalisme autoritaire et créativité institutionnelle : remarques sur quelques évolutions récentes du droit constitutionnel gabonais », *Politeia*, n°33, 2018.
« Les juges constitutionnels comme autorités normatives : éléments d'une taxonomie des sentences constitutionnelles », *in : GRANDJEAN Geoffrey et WILDEMEERSCH Jonathan (dir.), Les juges : décideurs politiques ? Essais sur le pouvoir politique des juges dans l'exercice de leur fonction*, Bruxelles, Bruylant, 2016, pp. 189-190.
« Le gouvernement [contraint] des juges constitutionnels face au pouvoir de réplique des autres acteurs juridiques-ou l'art partagé de ne pas pouvoir avoir toujours raison », *Droits*, 2012/1, n°55, pp. 73-81.
« Les causes du choix d'un modèle de contrôle de constitutionnalité. Observations critiques sur un dogme explicatif de l'étude du contentieux constitutionnel », *in* www.juspoliticum.com/article/Les-causes-du-choix-d-un-modele-de-controle-de-constitutionnalite-911.html, pp. 15-16.
« Un chaos conceptuel qui fait sens : la rhétorique du constitutionnalisme global », *in : CHÉROT Jean-Yves et FRYDMAN Benoît (dir.), La science du droit dans la globalisation*, Bruxelles, Bruylant, 2012, p. 184.
VAN DE WALLE Nicolas, « Démocratisation en Afrique : *un bilan critique* », *in Mamoudou GAZIBO et al., Le politique en Afrique*, Khartala, coll. « Hommes et sociétés », 2009, p. 135.
VAN REENEN (T.), « Tendances actuelles dans l'interprétation de la Constitution de l'Afrique du Sud », *RFDC*, 2002/2, n° 50, pp. 335-375.
VEDEL (G.),
« L'accès des citoyens au juge constitutionnel. La porte étroite », *in : la vie judiciaire*, n°2344, 11-17 mars 1991.
Les bases constitutionnelles du droit administratif », *EDCE*, 1954.
« Excès de pouvoir législatif et excès de pouvoir administratif », *CCC*, n°1, 2ème semestre, 1996 [en ligne].
« Réflexions sur les singularités de la procédure devant le Conseil constitutionnel », *in : Mélange en l'honneur de Roger Perrot*, 1996, p. 541.
VIALA (A.),
« La pensée juridique peut-elle se passer de la dualité être/devoir être ? », *in : D. ROUSSEAU (dir.), Le droit dérobé*, Paris, Montchrestien, 2007, p. 71.
« Le droit constitutionnel à l'heure du tournant arrêtiste. Questions de méthode », *RDP*, 2016, n°4, p. 1137.
« L'État de droit et le positivisme sociologique : une alternative au modèle kantien », *in : Christophe BOURIAU et Jochen SOHNLE (dir.), La dimension kantienne de l'État de droit, Nancy*, Presses universitaires de Nancy, 2020, pp. 143-156.
VIDAL-NAQUET (A.),
« Les visas dans les décisions du Conseil constitutionnel », *RFDC*, 2006/3, n°67, p. 537.

« La pratique des obiter dicta dans la jurisprudence du Conseil constitutionnel », *in P. RAIMBAULT (dir.), La pédagogie au service du droit*, Actes du colloque des 28 et 29 janvier 2010, PUT, 2011, p. 2.
VINCENT (A.), « Le juge constitutionnel : législateur et constituant ? », http://www.lecultedudroitwordpress.fr (consulté le 17 novembre 2016).
VIRALLY (M.), « Réflexions sur le ''jus cogens'' », *in : AFDI*, n°2, 1996.
VLACHOGIANNIS (A.), « Le Conseil constitutionnel face au changement de circonstances de fait : réflexions à la lumière de l'expérience américaine », *Jus Politicum*, n°11-2013 [en ligne].
WAFEU TOKO (P.), « Le juge qui crée le droit est-il un juge qui gouverne ? », *Les Cahiers de droit*, n°1, vol. n°54, 2013, p. 147.
WALINE (M.),
« Eléments d'une théorie de la juridiction constitutionnelle en droit positif français », *RDP*, 1928, p. 441.
« Le pouvoir normatif de la jurisprudence », in : La technique et les principes du droit public. Etudes en l'honneur de Georges Scelle, Paris, LGDJ, 1950, t. 2, p. 613.
« Préface », in : GAIA Patrick et al., Les grandes décisions du Conseil constitutionnel, 18e éd., Paris, Dalloz, 2016, pp. 9-10.
WIEBRINGHAUS (H.), « La règle de l'épuisement préalable des vois de recours internes dans la jurisprudence de la Commission européenne des Droits de l'Homme », *in : AFDI*, 1959, n°5, pp. 685-704.
WODIE (F.) « Le Conseil constitutionnel de Cote d'Ivoire », *NCCC*, 2013/3, n°40, pp. 137-153.
XAVIER (P.), « Le contrôle de proportionnalité en Afrique du Sud », *in : AIJC*, 2009, p. 39.
YAWOVI AMEDZOFE (K.), « Le parlement constituant en Afrique francophone : contribution à la limitation du pouvoir de révision constitutionnelle en Afrique », *RDP*, n°1, 2016, p. 273.
ZAKARIA Fareed, « De la démocratie illibérale », *Le Débat*, 1998/2, n°99, p. 17.
ZOLLER (E.),
« L'impeachment aux États-Unis », in : CHAGNOLLAUD Dominique (dir.), Responsabilité pénale et vie publique en France et à l'étranger, Paris, LGDJ, 2002, p. 25.
« Présentation de la Cour suprême des Etats-Unis », *CCC*, n°5 (Dossier : Etats-Unis), Novembre, 1998 [en ligne].

II. JURISPRUDENCE

A. JURISPRUDENCE CONSTITUTIONNELLE AFRICAINE

1. En Afrique du Sud

Arrêt du 6 juin 1995, SV. MACKWANYANE and Another.
Arrêt du 25 juillet 1996, AZAPO and anothers VS. President of South Africa and anothers.

2. Au Bénin

Décision 3DC du 02 juillet 1991, Règlement intérieur de l'Assemblée Nationale (Président du Bureau provisoire de l'assemblée nationale).
Décision 5 DC du 03 février 1992, Président de l'assemblée nationale.
Décision 10 DC du 09 juillet 1992, Président de l'assemblée nationale.
Décision DCC du 13 août 1992, Mohamed AMADOU CISSE.
Décision n°14 DC du 16 février 1993, Association des journalistes du Bénin.
Décision DCC 08-94 du 8 avril 1994, BOSSOU.
Décision DCC 11-94 du 11 mai 1994.
Décision DCC 16-94 du 27 mai 1994, BOSSOU Moise.
Décision DCC 18-94 du 03 juin 1994, AHOSSI BASILE.
Décision DCC 28-94 du 02 septembre 1994.
Décision DCC 34-94 du 23 décembre 1994, contrôle de constitutionnalité de la loi créant la Commission Electorale Nationale Autonome (CENA) au Bénin.
Décision DCC 16-94, Ministre de l'intérieur, de la Sécurité et de l'Administration Territoriale.
Décision DCC 95-001 du 6 janvier 1995, AGBANTOU Saïdou.
Décision DCC 95-020 du 22 mars 1995, Loi organique sur la Haute Cour de justice.
Décision DCC 95-035 du 1er septembre 1995, Société OLUWA LONY KPE KOYENI, DOVONOU Corneille.
Décision DCC 95-048 du 28 décembre 1995, Règlement intérieur du Conseil économique et social.
Décision DCC 96-037 du 18 juillet 1996, Ahonoukun Florence.
Décision DCC 96-042 du 25 juillet 1996, FAGBETTI Badarou.
Décision DCC 96-049 du 12 août 1996.
Décision DCC 96-060 du 26 septembre 1996.
Décision du 21 octobre 1996.
Décision DCC 97-006 du 18 février 1997.
Décision DCC 97-019 des 29 avril et 6 mai 1997, Chrétiens de l'Union Renaissance d'Hommes en Christ (URHC) Région Allada.
Décision DCC 97-019 du 6 mai 1997.
Décision DCC 97-033 du 10 juin 1997, Dako Fortuné, Kakpo Damien, L'inamovibilité des magistrats.

Décision DCC 97-045 du 13 août 1997, Sven PEDERSEN.
Décision DCC 97-055 du 8 octobre 1997, HOUESSOU.
Décision DCC 97-057 du 08 octobre 1997, AWADON Victoria et AKPARI Dama.
Décision DCC 98-021 du 11 mars 1998, AIDASSO c/ ATOYO.
Décision DCC 98-065 du 05 août 1998.
Décision DCC 00-078 du 7 décembre 1998, Loi n°98-036 portant modification de la Loi n°94-015 du 27 janvier 1995 définissant les règles particulières pour l'élection des membres de l'Assemblée nationale.
Décision DCC 98-101 du 23 décembre 1998.
Décision DCC 99-004 du 13 janvier 1999, DAWENON.
Décision DCC 99-052 du 24 novembre 1999, Loi n°98-006 portant régime électoral communal et municipal en République du Bénin.
Décision DCC 99-048 du 18 août 1999, Collectif des moniteurs de 2ème classe des eaux-forêts et chasses.
Décision DCC 00-003 du 20 janvier 2000, Bureau directeur de l'association de développement Wanignon de Toffo (ADWAT).
Décision DCC 00-016 du 09 février 2000, KOKOSSOU Anicette.
Décision DCC 00-025 du 05 avril 2000, Comité des Sages et Notables de Djassin-Zoumé.
Décision DCC 00-067 du 15 novembre 2000, MIDIOHOUAN OSSITO Guy.
Décision DCC 00-070 du 15 novembre 2000, Secrétaire général de l'Union nationale des conducteurs du Bénin, QUENUM Claude.
Décision DCC 01-021 du 16 mai 2001, Association des Parents d'élèves du CEG de Gbégamey.
Décision DCC 01-024 du 16 mai 2001, Ministre du commerce, de l'artisanat et du tourisme.
Décision DCC 01-025 du 16 mai 2001, imorou Aziz.
Décision DCC 01-046 du 21 juin 2001, Cour constitutionnelle.
Décision DCC 01-082 du 17 août 2001, Enfants Okpéitcha Mathieu.
Décision DCC 02-014 du 19 février 2002, Boris GBAGUIDI.
Décision DCC 02-037 du 17 avril 2002, Cour constitutionnelle.
Décision DCC 02-052 du 31 mai 2002, Laurent FANOU.
Décision DCC 02-058 du 04 juin 2002, FAVI Adèle.
Décision DCC 02-074 du 20 juin 2002.
Décision DCC 02-069 du 12 juin 2002.
Décision DCC 02-136 du décembre 2002, Franck KOI.
Décision DCC 02-144 du 23 décembre 2002, Loi portant Code des personnes et de la famille.
Décision DCC 03-028 du 27 février 2003, Comités paroissiaux de l'église « Union renaissance d'homme en Christ ».
Décision DCC 03-056 du 18 mars 2003, Population du quartier de ville de DOWA BOLADJI LOUKMAN.

Décision DCC 03-078 du 12 mai 2003, GOUGBEDJI Cyrille, AKOBI Issifou Ahmed.
Décision DCC 03-082 du 26 mai 2003, Lafia Joachim.
Décision DCC 03-088 du 28 mai 2003, Etienne HOUESSOU.
Décision DCC 03-091 du 04 juin 2003, Quenum David Abel.
Décision DCC 03-140 du 25 septembre 2003/
Décision DCC 03-144 du 16 octobre 2003, Cour constitutionnelle.
Décision DCC 03-166 du 11 novembre 2003.
Décision DCC 04-009 du 08 janvier 2004, Président du Tribunal de première instance de Ouidah.
Décision DCC 04-036 du 20 avril 2004, Daniel LOUDE Z.
Décision DCC 04-044 du 23 avril 2004, Tanimo Pascal.
Décision DCC 04-046 du 23 avril 2004, LAMASSI Fidèle.
Décision DCC 04-051 du 18 mai 2004, KAKPO Lazare contre KOUGBAKIN Thomas.
Décision DCC 04-091 du 08 octobre 2004, Cour d'appel de Cotonou.
Décision DCC 04-107 du 7 décembre 2004, ABUL Alex.
Décision DCC 05-075 du 28 juillet 2005, Mamah MAGAZI.
Décision DCC 05-135 du 20 octobre 2005, Tidjani Falilou.
Décision DCC 05-092 du 30 août 2005, KPOGNON Hubert.
Décision DCC 05-139 du 17 novembre 2005, EQUITE Juste, HODONOU Armand.
Décision DCC 06-045 du 05 avril 2006, Secrétaire Général du Syndicat National des Vendeurs d'œuvres Musicales et Audiovisuelles du Bénin (SYNAVOMAU-BENIN).
Décision EL-P O6-025 du 05 avril 2006, Cercle de Conviction pour une Jeunesse Active (CCJA), représenté par Luc KOSSOUHO.
Décision DCC 06-074 du 8 juillet 2006, Président de la République.
Décision DCC 06-076 du 27 juillet 2006, MENONKPINZON VICTOIRE Atoyo et alii.
Décision DCC 06-0922 du 03 août 2006, la Générale des Assurances du Bénin.
Décision DCC 06-116 du 1er septembre 2006, Bank of Afrika.
Décision DCC 06-134 du 27 septembre 2006, Collectif des membres des commissions électorales communales (CES) et Commissions électorales d'arrondissement (CEA).
Décision DCC 06-157 du 19 Octobre 2006, Commission de l'histoire, de la réconciliation et du patrimoine culturel Houédah.
Décision DCC 07-093 du 21 août 2007, Serge Roberto Prince Agbodjan.
Décision DCC 07-112 du 18 octobre 2007, AGBANTOU Saidou.
Décision DCC 07-144 du 20 novembre 2007, AHOUANDJINOU.
Décision DCC 07-172 du 27 décembre 2007, Dowou Lamboudi Dayou et alii.
Décision DCC 08-172 du 04 décembre 2008, Maître TCHIAKPE, Conseil de la société MOBILIA.

Décision DCC 08-174 du 04 décembre 2008, Société YASMINE SHIPPING Sarl.
Décision DCC 09-087 du 13 août 2009.
Décision DCC 09-120 du 09 octobre 2009, Loi n°2008-07 portant Code de procédure civile, commerciale, sociale et administrative.
Décision DCC 06-134 du 27 septembre 2006, Collectif des membres des commissions électorales communales (CES) et Commissions électorales d'arrondissement (CEA).
Décision DCC 06-157 du 19 Octobre 2006, Commission de l'histoire, de la réconciliation et du patrimoine culturel Houédah.
Décision DCC 08-174 du 04 décembre 2008, Société YASMINE SHIPPING SARL.
Décision DCC 09-087 du 13 août.
Décision DCC 10-014 du 8 mars 2010, Clément Anankpoedja.
Décision DCC 10-048 du 05 avril 2010.
Décision DCC 10-049 du 05 avril 2010, Président de la République.
Décision DCC 10-085 du 15 juillet 2010, Aline Abalo.
Décision DCC 10-108 du 26 août 2010, Président de la République.
Décision DCC 10-144 du 14 décembre 2010, Raphaël AKOTEGNON.
Décision EP 11-014 du 22 février 2011, Désignation de l'Assemblée Nationale à la CENA.
Décision DCC 11-014 du 04 mars 2011.
Décision DCC 11-042 du 21 juin 2011, institution d'un coefficient de revalorisation des traitements indiciaires des agents de l'Etat du ministère de l'économie et des finances.
Décision DCC 11-047 du 21 juillct 2011, Désignation de l'Assemblée Nationale à la CENA.
Décision DCC 11-067 du 20 octobre 2011, Loi organique portant conditions de recours au référendum.
Décision DCC 12-183 du 08 novembre 2012, S. Boris R. SOHOUE.
Décision DCC 16-129 du 24 novembre 2016, Serge Roberto AGBODJAN.
Décision DCC 17-225 du 07 novembre 2017, S. KINNINVO.
Décision DCC 17-260 du 12 décembre 2017, Collectif des retraités de la recette perception 2 de Honinmé à Porto-Novo.
Décision DCC 17-261 du 12 décembre 2017, Isidore OKPEICHA.
Décision DCC 18-005 du 23 janvier 2018, Président de la République.
Décision DCC 18-019 du 1er février 2018, KOLADJO ADELAKOUNI Landry Angelo.
Décision DCC 18-141 du 28 juin 2018.
Décision DCC 18-227 du 15 novembre 2018, Bertin HOUNGNIBO.
Décision DCC 18-265 du 13 décembre 2018, Casimir GNANHOUI.
Décision DCC 18-266 du 13 décembre 2018, Samadou OROU.

3. Au Burkina Faso

Décision n°2012-008/CC du 26 avril 2012.

4. En Côte d'Ivoire

Décision n°001/SG/CC du 14 novembre 2003.

5. Au Gabon

Décision 5 DC du 03 février 1992, Président de l'Assemblée nationale.

Décision n°001/CC du 28 février 1992.

Décision n°006/CC du 30 avril 1992, Décrets n°1135/PR et 1278/PR.

Décision n°007/CC du 7 mai 1992, Requête présentée par le Sieur Samuel NTOUTOUME NZENG.

Décision n°010/CC du 10 juin 1992, Requête présentée par le Sieur NDOUTOUME-MISSO Thomas.

Décision 10 DC du 09 juillet 1992, Président de l'Assemblée nationale.

Décision n°16/BIS/CC des 12, 13 et 14 octobre 1992.

Décision n°017/CC du 27 octobre 1992, Décrets n°17/33/PR, 1735/PR et 1736/PR du 06 octobre 1992.

Décision n°13 du 28 octobre 1992, HOSPICE Antonio.

Décision n°001/CC du 21 janvier 1993, EKAMA.

Décision n°002/93/CC du 28 janvier 1993, Décret n°2056/PR/MDNSI du 27 novembre 1992 fixant les modalités de délivrance et de renouvellement de la carte nationale d'identité.

Décision n°11/CC du 11 avril 1993, COSYGA.

Décision n°011/93/CC du 14 avril 1993, Décret n°224/PR/MPEAT fixant les règles de désignation des membres du Conseil Economique et Social.

Décision n°012/93/CC du 21 avril 1993, Règlement intérieur du Conseil Economique et Social.

Décision n°017/93/CC du 27 octobre 1993, Conflit d'attribution entre le Conseil National de la Communication et Gouvernement, et annulation de l'ordonnance n°007/PR sur la communication.

Décision n°19/93/CC du 02 novembre 1993.

Décision n°025/CC du 16 décembre 1993, Interprétation de l'article 52 de la Constitution

Décision DCC 11-94 du 11 mai 1994.

Décision n°005/94/CC du 18 août 1994, Loi organique n°3/93 relative à l'élection des députés à l'Assemblée nationale.

Décision n°007/94/CC du 15 septembre 1994, Loi organique n°013/94 portant modification de la loi organique n°9/91 sur la Cour constitutionnelle.

Décision n°16/CC du 15 septembre 1994, Cour administrative.

Décision n°005/95/CC du 14 novembre 1995, Loi n°16/95 fixant les statuts particuliers des fonctionnaires du secteur communication.

Décision n°002/96/CC du 04 mars 1996, Procédure de la loi n°07/96 portant dispositions communes à toutes les élections politiques.

Décision n°008/CC du 18 avril 1996, Interprétation des articles 8 et 118 alinéas 1 à 4 de la Constitution.

Décision n°009/CC du 3 mai 1996, Loi relative à la Décentralisation.

Décision n°011/96/CC du 12 septembre 1996, Décret de nomination.
Décision n°01/CC du 14 janvier 2000 relative à la requête des députés de l'opposition tendant à l'annulation de la loi n°13/99 déterminant les ressources et les charges de l'Etat pour l'an 2000.
Décision n°006/CC du 10 février 2000, Inconstitutionnalité de la durée de la détention provisoire.
Décision n°007/CC du 20 juin 2000, interprétation de l'article 52 de la Constitution.
Décision n°008/CC du 22 juin 2000 rendue par la Cour constitutionnelle du Gabon, à propos d'un Accord de coopération en matière de pêches maritimes entre le Gouvernement de la République Gabonaise et le Gouvernement du Royaume du Maroc.
Décision du 23 juin 2000, COGAPNEU.
Décision n°1/CC du 17 janvier 2001 relative à la loi de finances 2001.
Décision n°008/CC du 17 avril 2001, COGAPNEU.
Décision n°10/GCC du 29 juin 2001, COSYGA.
Décision n°14/CC du 4 septembre 2001, relative au contrôle de constitutionnalité de la résolution n°1/2001 du 27 juin 2001 portant modification du Règlement de l'Assemblée nationale.
Décision n°53/CC du 7 décembre 2001, Décret n°1177/PR/MISDP du 12 novembre portant convocation du collège pour l'élection des Députés à l'Assemblée Nationale des 9 et 23 décembre 2001.
Décision n°144/CC du 28 octobre 2002 relative à la loi organique n°5/2002 modifiant et complétant la loi organique fixant l'organisation, la composition, la compétence et le fonctionnement du Conseil d'Etat.
Décision n°001/CC du 8 janvier 2003, Loi organique n°003/2003 du 2 juin 2003 modifiant et complétant la Loi Organique n°9/91 du 26 septembre 1991 sur la Cour Constitutionnelle.
Décision n°12/CC du 10 février 2003, Loi n°006/2002 instituant un régime de répression de l'Enrichissement Illicite en République Gabonaise.
Décision n°11/CC du 10 février 2003 relative à la requête présentée par Monsieur Jean Christophe Nze-Bitheghe tendant à voir déclarer inconstitutionnelles certaines dispositions de la loi n°5/2002 portant création, organisation et fonctionnement de la commission nationale de lutte contre l'enrichissement illicite.
Décision n°12/CC du 10 février 2003, Jean Christophe NZE-BITEGHE.
Décision n°003/93/CC du 16 février 2003, Loi n°13/92 du 07 janvier 1993 portant code électoral.
Décision n°13 ter/CC du 17 février 2003 contrôle de constitutionnalité du traité instituant la communauté économique africaine.
Décision n°14 ter/CC du 19 février 2003, contrôle de constitutionnalité de la convention internationale pour la répression des attentats terroristes à l'explosif.
Décision DC 03-79 du 14 mai 2003.

Décision n°091/CC du 29 juillet 2003, Décret n°000851/PR du 28 juillet 2003.
Décision DCC 03-120 du 20 août 2003, SOMASSE Valentin.
Décision DCC 03-166 du 11 novembre 2003.
Décision n° 2/CC du 17 février 2004, modification de certaines dispositions de la Constitution et de certaines lois organiques.
Décision n°9/CC du 04 juin 2004 relative à la requête de Monsieur le président de la République tendant à voir déclarer inconstitutionnelles certaines dispositions de la loi n°4/2004 portant ratification de l'ordonnance n°8/2003 du 8 août 2003 portant création de la Haute autorité de la sûreté et de la facilitation de l'aéroport international de Léon Mba.
Décision n°023/CC du 10 août 2006 relative à la requête de la Fédération Nationale de l'Association des personnes Handicapées du Gabon aux fins d'annulation de la désignation des représentants de l'Association Nationale des personnes Handicapées du Gabon.
Décision DCC 06-170 du 24 Octobre 2006, ADJEODA Mesmin, ADJIBODOU Assomption et autres.
Décision DCC 07-172 du 27 décembre 2007, Dowou Lamboudi Dayou et alii.
Décision DCC 08-008 du 17 janvier 2008, Abel Ayikpola et alii.
Décision n°031/CC du 09 juin 2009, vacance de la présidence de la République.
Décision n°11/CC du 10 février 2003 relative à la requête présentée par Monsieur Jean Christophe NZE-BITEGHE tendant à voir déclarer inconstitutionnelles certaines dispositions de la loi n°5/2002 portant création, organisation et fonctionnement de la commission nationale de lutte contre l'enrichissement illicite.
Décision n°31/CC du 08 octobre 2010 relative aux lois de Finances et à l'exécution du Budget.
Décision DCC 11-042 du 21 juin 2011, institution d'un coefficient de revalorisation des traitements indiciaires des agents de l'Etat du ministère de l'économie et des finances
Décision n°078 TER/CC du 31 octobre 2012, Règlement intérieur du Conseil Economique et Social.
Décision n°22/CC du 29 avril 2013, Report des élections des Membres des Conseils départementaux, des Conseils municipaux et des Conseils d'arrondissement Urbains
Décision du 30 avril 2016.
Décision n°085/CC du 10 novembre 2016, Atteinte aux droits fondamentaux des personnes en situation de détention provisoire.
Décision n°22/CC du 30 avril 2018 relative à la requête présentée par le premier ministre aux fins d'interprétation des articles 4, 28, 28a, 31, 34, 35 et 36 de la Constitution.
Décision n°219/CC du 14 novembre 2018 relative à la requête du premier ministre tendant à l'interprétation des dispositions des articles 13 et 16 de la Constitution.

6. À Madagascar

Décision n°01— HCC/D2 du 7 avril 2004 relative à une requête en exception d'inconstitutionnalité de dispositions de la loi n°98-005 du 19 février 1998 instituant une section de la Chambre commerciale et une procédure particulière pour le recouvrement de certaines créances des banques nationales.

Décision n°01— HCC/D3 du 15 février 2006 relative à un projet d'arrêté modifiant et complétant l'arrêté portant règlement intérieur du Sénat.

Décision n°07— HCC/D3 du 22 mars 2006 concernant le projet d'ordonnance portant loi organique relative au statut de la magistrature.

Décision n°08— HCC/D3 du 19 avril 2006 concernant la loi n°2005-046 portant création de l'Autorité Routière.

Décision n°25— HCC/D3 du 23 novembre 2006 relative à une requête aux fins de constatation de la vacance de la Présidence de la République et de disqualification du Président de la République en exercice à l'élection présidentielle du 3 décembre 2006.

Décision n°16— HCC/D1 du 19 novembre 2007 concernant la loi 2005-035 autorisant la ratification du Statut de Rome de la Cour Pénale Internationale.

Décision n°16— HCC/D3 du 22 juillet 2008, loi n°2008-020 portant Loi de règlement 2005

Décision n°3— HCC/D2 du 23 avril 2009 concernant des requêtes relatives à la situation de transition.

Décision n°01— HCC/D2 du 02 avril 2008 relative à une requête aux fins d'inconstitutionnalité du jugement n°149 du 05 mars 2008 de la Chambre social du Tribunal de première instance de Mahajanga.

Décision n°4— HCC/D2 du 4 novembre 2009 relative à une requête en exception d'inconstitutionnalité de l'ordonnance n°2009-003 du 18 mars 2009 portant suspension du Parlement.

Décision n°01— HCC/D3 du 27 juin 2011, projet de loi organique n°007-2011 du 5 mai 2011 relatif à la création d'une Cour spéciale.

Décision n°02— HCC/D3 du 15 mai 2013 concernant le règlement intérieur Filankevitry ny Fampihavanana Malagasy (FFM) et la procédure relative à l'instruction des requêtes aux fins d'amnistie devant le FFM.

Décision n°09— HCC/D3 du 21 août 2013, demande pour question préjudicielle et révision de la décision de la Cour spéciale.

Décision n°11— HCC/D3 du 28 août 2013 concernant une demande « pour annulation et sursis à exécution de la décision inconstitutionnelle de la Cour Electorale spéciale.

Décision n°09— HCC/D3 du 04 septembre 2013, requête d'instance pour cause de violations flagrantes des textes réglementaires par des institutions de la Transition.

Décision n°33— HCC/D3 du 26 décembre 2015 relative à la loi n°2015-024 portant octroi de Fonds Local de Développement au profit des Collectivités Territoriales Décentralisées de base.

Décision n°10— HCC/D3 du 29 janvier 2016 relative à la loi n°2015-039 sur le Partenariat Public Privé.
Décision n°10— HCC/D3 du 27 janvier 2016 concernant la loi n°2016-037 relative à la Réconciliation nationale.
Décision n°18— HCC/D3 du 06 avril 2016 concernant un projet d'arrêté portant modification de l'article 19 alinéa 6 du règlement intérieur du Sénat.
Décision n°30— HCC/D3 du 12 août 2016 relative à la loi n°2016-029 portant Code de la communication médiatisée.
Décision n°12— HCC/D3 du 15 juin 2017 concernant la loi n°2017-001 instituant l'Ordre National Malagasy et la loi n°2017-002 portant Code de la route à Madagascar.
Décision n°20— HCC/D3 du 24 juillet 2017 concernant la loi n°2017-015 portant loi de règlement pour 2018.
Décision n°12— HCC/D3 du 12 décembre 2017 concernant la loi n°2017-021 portant réforme du Fonds National de l'Electricité (FNE).
Décision n°22— HCC/D3 du 12 décembre 2017 concernant la loi n°2017-020 portant Code de l'Electricité à Madagascar.
Décision n°06— HCC/D3 du 22 janvier 2018 concernant la loi n°2017-027 relative à la coopération internationale en matière pénale.
Décision n°09 HCC/D3 du 31 janvier 2018 concernant la loi n°2017-048 régissant la sécurité sanitaire des denrées alimentaires et de l'alimentation animale.
Décision DCC 18-019 du 1er février 2018, KOLADJO ADELAKOUN Landry Angelo
Décision n°10— HCC/D3 du 07 février 2018 concernant la loi n°2017-045 régissant l'activité et le contrôle des Bureaux d'Information sur le Crédit.
Décision n°11— HCC/D3 du 14 février 2018 concernant la loi n°2017-049 portant régime de protection de la propriété industrielle à Madagascar.
Décision n°18— HCC/D3 du 25 mai 2018 relative à une requête en déchéance du Président de la République Hery RAJAONARIMAMPIANINA.
Décision n°2— HCC/D2 du 23 août 2018 concernant une requête en exception d'inconstitutionnalité.
Décision n°30— HCC/D3 du 7 septembre 2018 portant constatation de la vacance de la présidence de la République et désignant le président du Sénat en tant que président de la République par intérim.
Décision n°25— HCC/D3 du 18 décembre 2018, loi n°2017-024 portant loi de finances pour 2018.
Décision n°13— HCC/D3 du 5 juillet 2019 concernant l'ordonnance n°2019-020 portant abrogation des dispositions législatives relatives à la création du Fonds d'Entretien Routier et l'ordonnance n°2019-013 portant création de l'Autorité Routière.
Décision n°12— HCC/D3 du 5 juillet 2019 concernant l'ordonnance n°2019-008 portant abrogation totale de la loi n°2017-011 du 26 juillet 2017 portant Politique Nationale du Cinéma et de l'Image Animée.

Avis n°08— HCC/AV du 22 août 2019 relatif à une demande d'avis sur les dispositions à prendre pour les autorités communales jusqu'aux prochaines élections communales.
Décision n°16— HCC/D3 du 05 septembre 2019 relative au Règlement intérieur de l'Assemblée nationale.

7. Au Mali

Arrêt n°01-128 du 12 décembre 2001.

8. Au Niger

Arrêt n°01-128 du 12 décembre 2001.
Arrêt n°2002-001/CC/MC du 15 janvier 2002.
Arrêt n°18/CC/2002 du 20 décembre 2002.
Arrêt n°001/CC/2003 du 07 janvier 2003.
Arrêt n°2003-09/CC du 10 juillet 2003.
Arrêt n°10/CC du 22 août 2003.
Arrêt n°06/CC/MC du 10 août 2004.
Arrêt n°7/CC/MC du 27 octobre 2004.
Arrêt n°02/05/CC/MC du 05 juillet 2005.
Arrêt n°03/CC/MC du 05 juillet 2005.
Arrêt n°06/CC/MC du 1er décembre 2005.
Arrêt n°2/2007/CC/MC du 8 mars 2007.
Arrêt n°07/08/CC/MC du 20 novembre 2008.
Arrêt n°002/CC/MC du 26 février 2009.
Arrêt n°04/09/CC/MC du 24 novembre 2009.
Arrêt n°50/09/CC/ME du 24 décembre 2009.
Arrêt n°53/09/CC/ME du 30 décembre 2009.
Arrêt n°001/CCT/MC du 04 janvier 2013.
Arrêt n°007/CC/MC du 21 juin 2013.
Arrêt n°008/CC/MC du 10 septembre 2013.
Arrêt n°01/04/CC du 14 janvier 2014.
Arrêt n°12/CC/MC du 04 septembre 2014.
Arrêt n°13/CC/MC du 09 septembre 2014.
Arrêt n°16/CC/MC du 20 novembre 2014.
Arrêt n°17/CC/MC du 28 novembre 2014.
Arrêt n°003/CC/MC du 25 avril 2016.
Arrêt n°008/CC/MC du 15 novembre 2016.
Arrêt n°06/CC/MC du 26 septembre 2017.

9. Au Sénégal

CCS., Décision 3/C/95 du 9 juillet 1995.
CCS., Décision n°1-C/2003 du 11 juin 2003.
CCS., DC n°90/2003, Loi constitutionnelle instituant le Conseil de la République pour les affaires économiques et sociales.
CC., Affaire n°2-C-2009 du 18 juin 2009, mandat du Président de la République et des députés.

CC., DC n°44/98, Loi portant révision des articles 21 et 28 de la Constitution, supprimant la limitation des mandats présidentiels.

B. JURISPRUDENCE ADMINISTRATIVE AFRICAINE

1. Au Bénin

Arrêt n°93-06/CJ-P du 22 avril 1993.

2. Au Gabon

T.A de Libreville, 7 juin 1961, MAINDO-SIPAMIO, Rép. n°4 : cadre supérieur.

C.A.C.S., 30 novembre L'URBAINE ET LA novembre 1964, SOCIETE SEINE, Rép. n°117.

C.A.C.S., 23 mai 1966, SOCERO et ALLOGHO-MINTSA, Rép. n°76.

T.A., 17 janvier 1971, BOUROUBOU-NZIGOU et autres.

C.A.C.S., 9 juillet 1971, WOJDYLA, Rép. n°95 ; 31 mars 1978, DIENGA, Rép. n° 75.

C.A.C.S., 4 juillet 1980, MOUROU, Rép. n°144 : commissaire régional de police.

TA de Libreville, 10 avril 1987, RENOMBO, Rép. n°8 : inspecteur des affaires administratives et financières.

C.A.C.S., 26 février 1988, KUENTZ ANZIANO.

Cour Administrative Ass., 27 février 1998, Gapresse international c/Etat Gabonais, Rép. n° 22.

Cour Administrative, 23 juin 20002, Comptoir Gabonais du Pneumatique c/Etat Gabonais

CE., MOUENDINGUI Jean Claude, Rép. n°17/2004-2005.

CE, 11 mars, MAVIOGA Adrien, Rép. n°20/2004-2005 : Adjudant-Chef de l'Armée de Terre

CE, 7 avril 2006, BOUMA MAURICE c/Etat Gabonais ; Rép. n°11/2005-2006 : professeur de l'enseignement supérieur.

CE, 12 octobre 2005, LEBONDO LEMALI Vincent, Rép. n°02/2005-2006 : Magistrat.

CE, 23 juin 2006, RETENOT ONOUVIET Guy c/Etat Gabonais, Rép. n°36/2005-2006 : Officier des Forces de Police National.

CE, 25 juin 2010, Assoumou Essono c/Etat Gabonais.

CE, 30 avril 2010, MOUENDINGUI Jean Claude.

CE, 30 avril 2010, MAISSA François c/Etat Gabonais, Rép. n°17/2009-2010 : Greffier retraité.

CE, 28 mai 2010, Etablissement Roc Séculaire c/Etat Gabonais, Rép. n°6/09-10.

CE, 25 juin 2010, Société Batimaq c/Etat Gabonais, Rép. n°31/09-10.

CE., 19 décembre 2014, Akué Adolé Mireille c/Etat Gabonais (Prison Centrale), Rép. n°02/2014-2015.

CE., 30 janvier 2015, Entreprise Entretien Construction Bâtiments Fournitures de Bureau (ECBENGAO) c/Etat Gabonais, Rép. n°13/2014-2015.

CE., 27 mars 2015, Obanga Eustache c/Etat Gabonais, Rép. n°13/2014-2015.

C. Jurisprudence communautaire africaine

Arrêt n° ECW/CCJ/JUD/09/11 du 7 octobre 2011, Affaire Ameganvi Manavi Isabelle et autres c/ Etat du Togo.
Affaire Modise c/Botswana, 1997.
Affaire Association pour la Défense des Droits de l'Homme et des Libertés c/Djibouti, 2000
Affaire Alhassan Abubakar c/ Ghana, 1996.
Modise c/Botswana, RADH 2000 25 (CADHP 1997) et Association pour la Défense des Droits de l'Homme et des Libertés c/Djibouti, RADHP 2000 80, (CADHP 2000).
Affaire Krischna Achutan c/ Malawi, RADH 2000 142 (CADHP) para 12.
Affaire Alhassan Abubakar c/ Ghana, RADH 2000 116 (CADHP 1996) para 17.
Affaire Constitutionnal Rights Project and Civil Liberties Organisation c/ Nigeria.
Arrêt n°ECW/CCJ/JUD/09/11 du 7 octobre 2011, Affaire Ameganvi Manavi Isabelle et autres c/ Etat du Togo **(CEDEAO).**

D. Jurisprudence extra africaine

1. Jurisprudence de la Cour européenne des droits de l'homme

Cour eur. DH., *Irland c/Royaume-Uni*, 18 janvier 1978, §167.
Cour eur. DH., Arrêt *Tyrer c/Royaume-Uni*, 25 avril 1978, A., 26 §29 et §32, J.D.I., 1980, 457, obs. P. Rolland.
Cour eur. DH., Arrêts *Campbell et Consorts c/Royaume-Uni* du 25 février 1982 et *Castello-Roberts c/Royaume-Uni* du 25 mars 1993.
Cour eur. DH., *Selmouni c/France*, 28 juillet 1999.
CIJ., *Belgique c/Sénégal*, Questions concernant l'obligation de poursuivre ou d'extrader, 2012, rec. 422 au paragraphe 99.

2. Aux États-Unis

Affaire Huidekoper's V. Douglass, 7 US (3 Cranch 1), 1805.
Affaire Marbury vs Madison, 1803.
Affaire Lochner vs New York, 1905.

3. En France

a. Jurisprudence administrative

CE, ass., 17 fév. 1950, Min. Agriculture c/ Dame Lamotte : Rec. CE 1950, p. 50. 110.

CE. Ass. 30 mai 1952, *Dame Kirkwood*, Rec. p. 291.
CE. 26 juin 1959, *Syndicat général des ingénieurs-conseils*, Rec. p. 934.
CE. Quillère, 1985.
CE., 20 octobre 1989, Nicolo.
CE., 5 juillet. 1993, req. N°115583, Clément Lebon.
Cour eur. DH., *Selmouni c/France*, 28 juillet 1999.
CE., 16 février 2009, sté ATOM, Req. n° 274000.
b. Jurisprudence constitutionnelle
CC., 60-80 D.C., 11 août 1960.
CC., 16 janvier 1962, Loi d'orientation agricole.
CC, 66-28 D.C, 8 juillet 1966.
CC., 71-44 DC, 16 juillet 1971, Liberté d'association.
CC., 74-54 D.C., 15 janvier 1975, IVG.
CC., 78-96 D.C, 27 juillet 1978, n°78-839, AN, Martinique.
CC., 25 juillet 1979.
CC., n°81-132, 16 janvier 1982, Loi d'orientation agricole.
CC. 3 mars 1987, n°86-1023/1025, Sénat, Guadeloupe.
CC., n°91-290 DC, 9 mai 1991, Rec. 50.
CC., n°92-312 DC, 2 septembre 1992, Maastricht II.
Cons. const., décis. n°96-386 DC du 30 décembre 1996, Rec. 154.
CC., décision n°9/C/98.
CC., 325 DC du 13 avril 1993.
CC., 359 DC du 19 janvier 1995.
CC., 377 DC du 16 juillet 1996.
CC., n°98-401 DC, 10 juin 1998.
CC., 411 DC du 16 juin 1999.
CC., n°99-421 DC, 16 déc. 1999.
CC., 463 DC du 12 décembre 2000.
CC., n°2001-451 DC 27 nov. 2001.
CC., n°2001-455 DC, 12 janv. 2002.
CC., 2003. 469. D.C., 26 mars 2003.
CC., Déc. 03-483 DC du 22 août 2003, Réforme des retraites.
CC., 489 DC du 29 décembre 2003.
CC., 490 DC du 12 février 2004.
CC., 2004-496 D.C., 10 juin 2004.
CC., DC., n°2004-491.
CC., n°2009-593 DC, 19 novembre 2009, Loi pénitentiaire, Rec. 196.
CC, n°2012-286 QPC, 7 décembre 2012, Société Pyrénées services et autres.
CC, décision n°2013-320/321 QPC du 4 juin 2013.
CC., décision n°2013-320/321 QPC du 14 juin 2013.
CC., n°2014-694 DC, 28 mai 2014, Loi OGM.
CC, décision n°2014-440 QPC du 21 novembre 2014.
CC, n°2017-5330, AN, du 27 septembre 2018.

c. Jurisprudence judiciaire
Cass, chambre commerciale, 18 novembre 2014.
Cass., 24 mai 1975, Société des cafés Jacques Vabre.
d. Jurisprudence du Tribunal des Conflits
TC., 8 avril 1935, Action française.

INDEX THÉMATIQUE

(Les numéros renvoient aux paragraphes)

TABLES DES MATIÈRES

Structures éditoriales du groupe L'Harmattan

L'Harmattan Italie
Via degli Artisti, 15
10124 Torino
harmattan.italia@gmail.com

L'Harmattan Hongrie
Kossuth l. u. 14-16.
1053 Budapest
harmattan@harmattan.hu

L'Harmattan Sénégal
10 VDN en face Mermoz
BP 45034 Dakar-Fann
senharmattan@gmail.com

L'Harmattan Cameroun
TSINGA/FECAFOOT
BP 11486 Yaoundé
inkoukam@gmail.com

L'Harmattan Burkina Faso
Achille Somé – tengnule@hotmail.fr

L'Harmattan Guinée
Almamya, rue KA 028 OKB Agency
BP 3470 Conakry
harmattanguinee@yahoo.fr

L'Harmattan RDC
185, avenue Nyangwe
Commune de Lingwala – Kinshasa
matangilamusadila@yahoo.fr

L'Harmattan Congo
219, avenue Nelson Mandela
BP 2874 Brazzaville
harmattan.congo@yahoo.fr

L'Harmattan Mali
ACI 2000 - Immeuble Mgr Jean Marie Cisse
Bureau 10
BP 145 Bamako-Mali
mali@harmattan.fr

L'Harmattan Togo
Djidjole – Lomé
Maison Amela
face EPP BATOME
ddamela@aol.com

L'Harmattan Côte d'Ivoire
Résidence Karl – Cité des Arts
Abidjan-Cocody
03 BP 1588 Abidjan
espace_harmattan.ci@hotmail.fr

Nos librairies en France

Librairie internationale
16, rue des Écoles
75005 Paris
librairie.internationale@harmattan.fr
01 40 46 79 11
www.librairieharmattan.com

Librairie des savoirs
21, rue des Écoles
75005 Paris
librairie.sh@harmattan.fr
01 46 34 13 71
www.librairieharmattansh.com

Librairie Le Lucernaire
53, rue Notre-Dame-des-Champs
75006 Paris
librairie@lucernaire.fr
01 42 22 67 13

www.ingramcontent.com/pod-product-compliance
Lightning Source LLC
LaVergne TN
LVHW021152061026
849535LV00002B/442
9782140354373